# 苏州市吴文化地名保护名录（市区卷续编）

主编 马亚中
副主编 潘君明 柯继承

苏州大学出版社
Soochow University Press

图书在版编目(CIP)数据

苏州市吴文化地名保护名录. 市区卷续编／马亚中主编. —苏州：苏州大学出版社，2021.12
ISBN 978-7-5672-3755-1

Ⅰ.①苏… Ⅱ.①马… Ⅲ.①地名-苏州 Ⅳ.①K925.33

中国版本图书馆 CIP 数据核字(2021)第 219487 号

| | |
|---|---|
| 书　　名： | 苏州市吴文化地名保护名录（市区卷续编） |
| | SUZHOUSHI WUWENHUA DIMING BAOHU MINGLU(SHIQUJUAN XUBIAN) |
| 主　　编： | 马亚中 |
| 策划编辑： | 周建国 |
| 责任编辑： | 周建国 |
| 装帧设计： | 吴　钰 |
| 出版发行： | 苏州大学出版社（Soochow University Press） |
| 社　　址： | 苏州市十梓街1号　邮编：215006 |
| 印　　装： | 苏州工业园区美柯乐制版印务有限责任公司 |
| 网　　址： | www.sudapress.com |
| 邮　　箱： | sdcbs@suda.edu.cn |
| 邮购热线： | 0512-67480030 |
| 销售热线： | 0512-67481020 |
| 开　　本： | 889 mm×1 194 mm　1/16　印张：29.75　插页：6　字数：750 千 |
| 版　　次： | 2021 年 12 月第 1 版 |
| 印　　次： | 2021 年 12 月第 1 次印刷 |
| 书　　号： | ISBN 978-7-5672-3755-1 |
| 定　　价： | 180.00 元 |

凡购本社图书发现印装错误，请与本社联系调换。服务热线：0512-67481020

# 《苏州市吴文化地名保护名录》编委会

## 总编纂委员会组成人员

主    任    曹后灵（市政府副市长）
副主任    马九根（市政府副秘书长）
            蒋亚亭（市民政局局长）
委    员    严  强（市民政局副局长）
            徐克明（市自然资源和规划局总规划师）
            陈瑞近（市文广旅游局副局长）
            周  达（市园林绿化局副局长）
            张建国（市民族宗教局副局长）
            陈其弟（市地方志办公室副主任）
            王  钢（常熟市民政局局长）
            范一明（张家港市民政局局长）
            陶桂荣（昆山市民政局局长）
            黄  海（太仓市民政局局长）
            蔡  薇（吴江区民政局局长）
            龚  艳（吴中区民政局局长）
            朱  佐（相城区民政局局长）
            钱艳虹（姑苏区民政与卫生健康局局长）
            顾三强（苏州工业园区社会事业局局长）
            周咏梅（苏州高新区、虎丘区社会事业局局长）
            莫俊洪（市民政局区划地名处处长）

## 《苏州市吴文化地名保护名录（市区卷续编）》编纂委员会

主　　任　蒋亚亭
副 主 任　严　强
执行主任　莫俊洪
编　　委　（按姓氏笔画为序）
　　　　　丁　瑾　马亚中　朱建勇　刘　榆　刘　赟
　　　　　吴为公　吴恩培　何　谦　宋莉莉　畅　永
　　　　　金志洪　周　明　周建中　周晓峰　胡立才
　　　　　柯继承　费　颖　莫　君　程法华　谢晓婷
　　　　　潘　凌　潘君明

## 《苏州市吴文化地名保护名录（市区卷续编）》编写组

主　　编　马亚中
副 主 编　潘君明　柯继承
编 写 者　（按姓氏笔画为序）
　　　　　马亚中　沈建东　柯继承　俞　前　臧寿元
　　　　　潘君明　潘振亮
编务主任　陈东兴　詹雪莱

\* 编者按：本页与前一页人员名单为 2021 年 6 月付稿之前所定，其后职务变化及人员调整本书暂不考虑。

# 凡　例

一、本编按照苏州市政府公布的《苏州市区第二批吴文化地名保护名录》确定的条目进行编写，总计958条，包括自然地理实体地名115条，行政区域及居民点地名125条，道路与桥梁地名426条，纪念地和旅游地地名292条。

二、由于当前苏州社会和经济的迅速发展，区域人文地理状况有巨大的变迁，本编除采录现存实体地名外，还选录实体虽已不存，但名称尚在的历史地名，以保存有丰富文化价值的历史记忆，贯通现实与历史的文脉。

三、本编采用国家标准地名编写的一些规范，但重在发掘地名的吴文化内涵，以彰显地名的历史文化意义。

四、为了让地名编写更直观形象，本编选用了一批实体照片作为插图，还选用了今天名存实亡的地名老照片，以唤醒激活历史文化记忆。

五、为凸显地名的具体空间位置，并且促进本区域文化旅游的开发和应用，本编还编制附录吴文化地名地图，让读者可以"按图索骥"。

六、本编具有一定的地名词典性质，旨在客观载录呈现地名的历史文化，务必言而有据，绝不杜撰，故在编撰过程中考稽、参考、引用了大量古今方志和有关文史著述，为了做到表达的清通简洁，按辞书编写惯例不再随处一一出注，正文中引文出处可采用约定俗成的简称，如明洪武卢熊所撰《苏州府志》简称卢《志》，但在书尾附录全部参考引用书目。

# 目　录

凡例

## 第一部分　自然地理实体地名（115条）

### 一、山（峰、岭、岗、洞）名（23条）

| | | | |
|---|---|---|---|
| 001. 茶磨山 | /1 | 002. 大禹山 | /1 |
| 003. 贺九岭 | /2 | 004. 观音山 | /2 |
| 005. 金芝岭 | /3 | 006. 陆墓山 | /4 |
| 007. 安山 | /4 | 008. 官山岭 | /5 |
| 009. 凤鸣岗 | /6 | 010. 赤山 | /6 |
| 011. 金牛岭 | /7 | 012. 铜鼓山 | /7 |
| 013. 干山岭 | /8 | 014. 白沙岭 | /8 |
| 015. 牛场山 | /9 | 016. 片牛山 | /9 |
| 017. 毛公山 | /9 | 018. 潜龙岭 | /10 |
| 019. 黄犊山 | /10 | 020. 瓦山 | /11 |
| 021. 碧云洞 | /12 | 022. 玄阳洞 | /12 |
| 023. 七阳山 | /13 | | |

### 二、岛（屿、洲、墩）名（5条）

| | | | |
|---|---|---|---|
| 024. 浮庙墩 | /14 | 025. 平波台 | /14 |
| 026. 浮玉洲 | /15 | 027. 浮玉墩 | /15 |
| 028. 莲花墩 | /16 | | |

### 三、河流名（40条）

| | | | |
|---|---|---|---|
| 029. 葑门塘 | /16 | 030. 相门塘 | /16 |

| 031. 外塘河 | /17 | 032. 斜塘河 | /17 |
| 033. 鲇鱼口 | /17 | 034. 面杖港 | /19 |
| 035. 蠡墅港 | /19 | 036. 墅浦塘 | /20 |
| 037. 旋马桥港 | /20 | 038. 南宫塘 | /21 |
| 039. 席墟浦 | /21 | 040. 界浦 | /22 |
| 041. 虎溪 | /23 | 042. 福溪河 | /24 |
| 043. 白塔浜 | /24 | 044. 走马塘河 | /25 |
| 045. 石马塘河 | /26 | 046. 横泾塘 | /26 |
| 047. 大缺港 | /27 | 048. 雕鹗河 | /28 |
| 049. 葛家溇 | /29 | 050. 白浮门港 | /29 |
| 051. 郑泾港 | /30 | 052. 蠡塘河 | /31 |
| 053. 洋泾塘 | /31 | 054. 石牌泾 | /32 |
| 055. 钱巷臼河 | /32 | 056. 济民塘 | /33 |
| 057. 月城河 | /34 | 058. 沙墩港 | /34 |
| 059. 永昌泾 | /35 | 060. 东溪河 | /35 |
| 061. 烂溪 | /36 | 062. 双杨河 | /36 |
| 063. 螃鲏港 | /37 | 064. 武陵溪 | /37 |
| 065. 石佛浜 | /38 | 066. 窑港 | /38 |
| 067. 西濠 | /39 | 068. 鸾轿浜 | /39 |

### 四、湖泊、湖湾名（32条）

| 069. 白洋湖 | /40 | 070. 赭墩湖 | /40 |
| 071. 万千湖 | /41 | 072. 千亩潭 | /42 |
| 073. 东崦湖 | /43 | 074. 候王荡 | /43 |
| 075. 练渎 | /44 | 076. 黄洋湾 | /45 |
| 077. 画师湖 | /45 | 078. 雪湖 | /46 |
| 079. 周生荡 | /46 | 080. 马字漾 | /47 |
| 081. 三庙址漾 | /47 | 082. 寨湖 | /48 |
| 083. 南麻漾 | /48 | 084. 南镜荡 | /49 |
| 085. 牛头湖 | /49 | 086. 漳水圩荡 | /50 |
| 087. 御儿滉 | /50 | 088. 蛇泽荡 | /51 |
| 089. 木瓜荡 | /51 | 090. 双珠荡 | /51 |
| 091. 大渠荡 | /52 | 092. 揽桥荡 | /52 |
| 093. 莲荡 | /53 | 094. 鬼头潭 | /53 |

| | | | |
|---|---|---|---|
| 095. 韩郎荡 | /53 | 096. 乌龟漾 | /54 |
| 097. 沧洲荡 | /54 | 098. 稽五漾 | /55 |
| 099. 肖甸湖 | /55 | 100. 仙人漾 | /56 |

## 五、名泉（古井）名（15条）

| | | | |
|---|---|---|---|
| 101. 墨泉 | /56 | 102. 七宝泉 | /57 |
| 103. 八德泉 | /58 | 104. 百丈泉 | /58 |
| 105. 玉椒泉 | /59 | 106. 鹿饮泉 | /59 |
| 107. 画眉泉 | /60 | 108. 无碍泉 | /61 |
| 109. 长寿泉 | /62 | 110. 金泉 | /62 |
| 111. 百龄泉 | /63 | 112. 仲英泉 | /63 |
| 113. 洙泗泉 | /64 | 114. 源源泉 | /64 |
| 115. 济急井 | /64 | | |

# 第二部分　行政区域及居民点地名（125条）

## 一、历史乡名（6条）

| | | | |
|---|---|---|---|
| 001. 金鹅乡 | /65 | 002. 益地乡 | /66 |
| 003. 彭华乡 | /66 | 004. 依仁乡 | /66 |
| 005. 留良乡 | /67 | 006. 藏龙乡 | /67 |

## 二、自然集镇名（34条）

| | | | |
|---|---|---|---|
| 007. 白马涧 | /68 | 008. 石帆 | /68 |
| 009. 后巷桥 | /69 | 010. 潄庄 | /69 |
| 011. 水桥头 | /70 | 012. 枫庄 | /70 |
| 013. 双板桥 | /71 | 014. 塘村 | /71 |
| 015. 潭东 | /72 | 016. 官桥 | /72 |
| 017. 石码头 | /73 | 018. 西跨塘 | /73 |
| 019. 外塘桥 | /74 | 020. 黄垆 | /74 |
| 021. 石塘 | /75 | 022. 湖桥 | /75 |
| 023. 渡桥 | /76 | 024. 官庄 | /77 |
| 025. 吴巷 | /77 | 026. 石桥 | /78 |
| 027. 东河 | /78 | 028. 后堡 | /79 |
| 029. 前湾 | /79 | 030. 鹿村 | /80 |

| | | | |
|---|---|---|---|
| 031. 涵村 | /80 | 032. 占上 | /81 |
| 033. 下堡街 | /81 | 034. 强芜 | /82 |
| 035. 车渡 | /82 | 036. 倪汇 | /83 |
| 037. 消泾 | /83 | 038. 南塘港 | /84 |
| 039. 北顾里 | /84 | 040. 南津口 | /85 |

### 三、自然村落名（85条）

| | | | |
|---|---|---|---|
| 041. 梅湾村 | /85 | 042. 茭白荡 | /86 |
| 043. 朱塔里 | /86 | 044. 朱墩 | /86 |
| 045. 铜墩庙 | /87 | 046. 通济庵 | /87 |
| 047. 芦场圩 | /87 | 048. 山姑庙 | /88 |
| 049. 大石坞 | /88 | 050. 养蚕里 | /88 |
| 051. 栈廊浜 | /88 | 052. 舟坞 | /89 |
| 053. 蛟龙圩 | /89 | 054. 浮漕 | /90 |
| 055. 莫舍 | /90 | 056. 郎里 | /91 |
| 057. 张家桥 | /92 | 058. 官渡村 | /92 |
| 059. 明溪 | /93 | 060. 木里 | /93 |
| 061. 梅舍里 | /94 | 062. 舟山村 | /94 |
| 063. 盖河 | /95 | 064. 铜坑 | /95 |
| 065. 费家河头 | /96 | 066. 窑上 | /97 |
| 067. 涧里 | /97 | 068. 上沙 | /97 |
| 069. 下沙 | /98 | 070. 篁村 | /99 |
| 071. 塘湾里 | /99 | 072. 捞桥村 | /100 |
| 073. 饭箩村 | /100 | 074. 沙埂圩 | /101 |
| 075. 石舍 | /101 | 076. 丰圻 | /102 |
| 077. 翁巷 | /102 | 078. 席家湖 | /103 |
| 079. 绮里 | /104 | 080. 劳家桥 | /104 |
| 081. 疃里 | /105 | 082. 大埠里 | /105 |
| 083. 葛家坞 | /105 | 084. 旸坞 | /106 |
| 085. 养马圩 | /106 | 086. 前堡 | /107 |
| 087. 朱家庄 | /107 | 088. 张花巷 | /108 |
| 089. 歇墩浜 | /108 | 090. 施埂巷 | /109 |
| 091. 御窑里 | /109 | 092. 马家浜 | /110 |
| 093. 囤里 | /110 | 094. 牛车浜 | /111 |

| | | | |
|---|---|---|---|
| 095. 朱家坝 | /111 | 096. 水营浜 | /111 |
| 097. 花出里 | /112 | 098. 先生桥 | /112 |
| 099. 旺巷 | /113 | 100. 白马之沿 | /113 |
| 101. 北阙 | /113 | 102. 矫埂上 | /114 |
| 103. 吹打巷 | /114 | 104. 沈士桥港 | /115 |
| 105. 坞墩上 | /115 | 106. 白头尖 | /115 |
| 107. 叠楼头 | /116 | 108. 石廊 | /116 |
| 109. 消泾溇 | /117 | 110. 圣堂头 | /117 |
| 111. 下营甸 | /117 | 112. 斜宅 | /118 |
| 113. 渡僧堰 | /118 | 114. 霭和浜 | /119 |
| 115. 桑磐村 | /119 | 116. 庙头 | /120 |
| 117. 来秀里 | /120 | 118. 鹤脚扇 | /121 |
| 119. 龙泾 | /121 | 120. 沙绛 | /122 |
| 121. 庞山村 | /122 | 122. 石里 | /123 |
| 123. 梅里 | /123 | 124. 吴模 | /124 |
| 125. 简村 | /125 | | |

## 第三部分　道路与桥梁地名（426 条）

### 一、街巷、里弄（坊）名（253 条）

| | | | |
|---|---|---|---|
| 001. 西汇上塘街 | /126 | 002. 西汇下塘街 | /127 |
| 003. 九龙街 | /127 | 004. 光福上街 | /128 |
| 005. 光福下街 | /128 | 006. 小巨角 | /129 |
| 007. 杨树街 | /129 | 008. 迁里路 | /130 |
| 009. 苏福公路 | /130 | 010. 景范路 | /130 |
| 011. 木渎街 | /131 | 012. 东山街 | /132 |
| 013. 席河石塘 | /132 | 014. 崦里街 | /133 |
| 015. 镇夏街 | /134 | 016. 陆墓街 | /134 |
| 017. 太平老街 | /135 | 018. 黄埭大街 | /136 |
| 019. 湘城街 | /136 | 020. 虎啸塘岸 | /137 |
| 021. 万年桥大街 | /137 | 022. 胥台乡弄 | /138 |
| 023. 宋家弄 | /138 | 024. 小施家弄 | /138 |
| 025. 申衙弄 | /138 | 026. 庙湾街 | /138 |

| | | | |
|---|---|---|---|
| 027. 念珠街 | /139 | 028. 新桥巷 | /139 |
| 029. 地方弄 | /139 | 030. 蛇门路 | /140 |
| 031. 织里弄 | /140 | 032. 伍子胥弄 | /140 |
| 033. 近泮村 | /141 | 034. 财帛司弄 | /141 |
| 035. 府东巷 | /141 | 036. 中军弄 | /141 |
| 037. 余天灯巷 | /142 | 038. 接官厅 | /142 |
| 039. 蜜蜂洞（含吉祥街） | /142 | 040. 梅家桥弄 | /143 |
| 041. 西吏舍 | /143 | 042. 石皮弄 | /143 |
| 043. 吕公桥弄 | /144 | 044. 皮匠浜 | /144 |
| 045. 炒米浜 | /144 | 046. 大河浜 | /145 |
| 047. 盘门横街 | /145 | 048. 五十六间 | /145 |
| 049. 葑门如意里 | /146 | 050. 九十间 | /146 |
| 051. 后庄 | /146 | 052. 前橹巷湾 | /146 |
| 053. 肇源弄 | /146 | 054. 七公堂弄 | /147 |
| 055. 皇宫后 | /147 | 056. 青石弄 | /147 |
| 057. 百步街 | /147 | 058. 带城桥下塘 | /148 |
| 059. 网师巷 | /148 | 060. 蔡贞坊 | /148 |
| 061. 一人弄 | /149 | 062. 定慧寺巷 | /149 |
| 063. 石家湾 | /150 | 064. 升龙桥下塘 | /150 |
| 065. 顾亭桥下塘 | /151 | 066. 东灰堆园 | /151 |
| 067. 百龙坊 | /152 | 068. 打线弄 | /152 |
| 069. 望星桥北堍 | /152 | 070. 西瓦爿弄 | /152 |
| 071. 东小桥弄 | /153 | 072. 迎枫桥弄 | /153 |
| 073. 迎枫桥下塘 | /153 | 074. 船舫巷 | /154 |
| 075. 彭耆巷 | /154 | 076. 怀厚里 | /154 |
| 077. 巷门里 | /154 | 078. 沈衙弄 | /154 |
| 079. 沧浪亭街 | /155 | 080. 永定寺弄 | /155 |
| 081. 敬文里 | /156 | 082. 骆驼桥浜 | /156 |
| 083. 斑竹巷 | /156 | 084. 松鹤板场 | /157 |
| 085. 大成坊 | /157 | 086. 天后宫大街 | /157 |
| 087. 雍熙寺弄 | /158 | 088. 前庙巷 | /158 |
| 089. 吉由巷 | /159 | 090. 兰花街 | /159 |
| 091. 松筠里 | /159 | 092. 阔巷 | /159 |

| | | | | |
|---|---|---|---|---|
| 093. 西北街 | /160 | | 094. 怡园里 | /160 |
| 095. 官厍巷 | /161 | | 096. 磨坊弄 | /161 |
| 097. 砂皮巷 | /161 | | 098. 诗巷 | /162 |
| 099. 谈家弄 | /162 | | 100. 桑叶巷 | /162 |
| 101. 白塔下塘 | /163 | | 102. 大王家巷 | /163 |
| 103. 桃源村 | /163 | | 104. 小曹家巷 | /163 |
| 105. 三贤祠巷 | /164 | | 106. 小太平巷 | /164 |
| 107. 范祠弄 | /164 | | 108. 荷花弄 | /165 |
| 109. 土圣巷 | /165 | | 110. 桥湾街 | /165 |
| 111. 猛将弄 | /165 | | 112. 金家花园 | /166 |
| 113. 北园路 | /166 | | 114. 狮林寺巷 | /166 |
| 115. 民生里 | /167 | | 116. 祝家园 | /167 |
| 117. 凤池弄 | /167 | | 118. 东北街 | /168 |
| 119. 丑弄 | /170 | | 120. 渔郎桥浜 | /170 |
| 121. 娄门横街 | /170 | | 122. 徐家弄 | /170 |
| 123. 状元弄 | /170 | | 124. 南显子巷 | /171 |
| 125. 管家园 | /171 | | 126. 北张家巷 | /171 |
| 127. 天宫寺弄 | /172 | | 128. 朱马交桥下塘 | /172 |
| 129. 营门弄 | /172 | | 130. 大唐家巷 | /172 |
| 131. 石家角 | /172 | | 132. 楚春巷 | /173 |
| 133. 普福寺路 | /173 | | 134. 狮子口 | /173 |
| 135. 板刷村 | /174 | | 136. 糖坊湾 | /174 |
| 137. 娄门路 | /174 | | 138. 崇安里 | /175 |
| 139. 杨家院子巷 | /175 | | 140. 半仙弄 | /175 |
| 141. 乌龙巷 | /175 | | 142. 东混堂弄 | /175 |
| 143. 尚义桥街 | /176 | | 144. 花驳岸 | /176 |
| 145. 绣线巷 | /176 | | 146. 老虹村 | /177 |
| 147. 舒巷 | /177 | | 148. 周五郎巷(含婆娘弄) | /177 |
| 149. 敦仁里 | /178 | | 150. 龙兴里 | /178 |
| 151. 沈家弄 | /178 | | 152. 吴西弄(西吏库) | /179 |
| 153. 梅园弄 | /179 | | 154. 花萼里 | /179 |
| 155. 西角墙 | /181 | | 156. 厚德里 | /181 |
| 157. 长寿里 | /181 | | 158. 通和坊 | /181 |

| | | | | |
|---|---|---|---|---|
| 159. | 镇抚司前 | /182 | 160. 十间廊屋 | /182 |
| 161. | 汪家弄 | /182 | 162. 更楼里 | /183 |
| 163. | 梵门桥弄 | /183 | 164. 长鎏村 | /183 |
| 165. | 回龙阁 | /184 | 166. 荷花场 | /184 |
| 167. | 盛泽码头 | /185 | 168. 唐寅坟 | /185 |
| 169. | 五峰园弄 | /186 | 170. 阊门横街 | /186 |
| 171. | 石幢弄 | /186 | 172. 石塔横街 | /186 |
| 173. | 肃封里 | /187 | 174. 吴县直街 | /187 |
| 175. | 汤家巷 | /187 | 176. 文衙弄 | /188 |
| 177. | 前同仁街 | /188 | 178. 宝林寺前 | /188 |
| 179. | 高井头 | /189 | 180. 宝城桥街 | /189 |
| 181. | 凤凰弄 | /189 | 182. 水潭巷 | /189 |
| 183. | 道堂巷 | /190 | 184. 桃花坞下塘 | /190 |
| 185. | 救国里 | /190 | 186. 缸甏河头 | /190 |
| 187. | 太子码头 | /191 | 188. 东角墙 | /191 |
| 189. | 杨院巷 | /191 | 190. 万人码头 | /191 |
| 191. | 南丁家巷 | /192 | 192. 双井弄 | /192 |
| 193. | 夹剪弄 | /192 | 194. 佑圣观弄 | /192 |
| 195. | 药王庙弄 | /193 | 196. 淮阳路 | /193 |
| 197. | 古沈里 | /193 | 198. 谈家巷 | /193 |
| 199. | 宝莲寺巷 | /193 | 200. 石佛寺弄 | /194 |
| 201. | 南新园 | /194 | 202. 阊胥路 | /194 |
| 203. | 北五泾浜 | /194 | 204. 仁安场 | /194 |
| 205. | 杨安弄 | /195 | 206. 茶厂弄 | /195 |
| 207. | 猪行河头 | /195 | 208. 东长善浜 | /195 |
| 209. | 丹阳码头 | /195 | 210. 石牛头 | /195 |
| 211. | 半边街 | /196 | 212. 西园路 | /196 |
| 213. | 路头堂 | /196 | 214. 清洁路 | /197 |
| 215. | 冰厂街 | /197 | 216. 西叶家弄 | /197 |
| 217. | 李继宗巷 | /197 | 218. 八字桥弄 | /198 |
| 219. | 会馆场 | /198 | 220. 求签弄 | /198 |
| 221. | 吉庆寺弄 | /199 | 222. 殳家墙门 | /199 |
| 223. | 知家栈 | /199 | 224. 郁家浜 | /199 |

| | | | |
|---|---|---|---|
| 225. 薛家湾 | /199 | 226. 桐桥西圩 | /200 |
| 227. 渡僧桥下塘 | /200 | 228. 尚志弄 | /200 |
| 229. 寺浜街 | /201 | 230. 黄大丰弄 | /202 |
| 231. 袁家弄 | /202 | 232. 竖头斋圄 | /202 |
| 233. 蒯家弄 | /203 | 234. 伏虎洞 | /204 |
| 235. 司浜里 | /204 | 236. 轿子湾 | /204 |
| 237. 东亭街 | /204 | 238. 梨花街 | /205 |
| 239. 中山街 | /205 | 240. 小园弄 | /206 |
| 241. 永康路 | /206 | 242. 四维弄 | /206 |
| 243. 紫石街 | /207 | 244. 航前街 | /207 |
| 245. 尚书巷 | /208 | 246. 积善弄 | /208 |
| 247. 大树下 | /208 | 248. 仙里桥弄 | /208 |
| 249. 筘店弄 | /209 | 250. 人和里 | /209 |
| 251. 种善堂弄 | /210 | 252. 卜家弄 | /210 |
| 253. 砥定街 | /210 | | |

## 二、桥梁名（173条）

| | | | |
|---|---|---|---|
| 254. 状元泾桥 | /211 | 255. 阜民霖雨桥 | /211 |
| 256. 隔塘桥 | /211 | 257. 唯亭桥 | /212 |
| 258. 孙武子桥 | /212 | 259. 晋源桥 | /212 |
| 260. 行春桥 | /212 | 261. 越城桥 | /213 |
| 262. 普福桥 | /214 | 263. 西津桥 | /214 |
| 264. 五龙桥 | /215 | 265. 须茂桥 | /215 |
| 266. 永兴桥 | /216 | 267. 大浮桥 | /216 |
| 268. 尹山桥 | /217 | 269. 寒桥 | /218 |
| 270. 淑东桥 | /218 | 271. 镇泽桥 | /219 |
| 272. 恩荣桥 | /219 | 273. 万福桥 | /220 |
| 274. 邵昂桥 | /220 | 275. 炙鱼桥 | /221 |
| 276. 吕浦桥 | /221 | 277. 鸳鸯桥 | /222 |
| 278. 环玉桥 | /222 | 279. 众安桥 | /223 |
| 280. 寿仁桥 | /223 | 281. 富昌桥 | /224 |
| 282. 环璧桥 | /224 | 283. 南昌桥 | /225 |
| 284. 永福桥 | /225 | 285. 西美桥 | /226 |
| 286. 中美桥 | /226 | 287. 东美桥 | /226 |

| | | | |
|---|---|---|---|
| 288. 寿昌桥 | /227 | 289. 三元桥 | /228 |
| 290. 金安桥 | /228 | 291. 寿康桥 | /229 |
| 292. 兴隆桥 | /229 | 293. 正阳桥 | /230 |
| 294. 进利桥 | /231 | 295. 金鼎桥 | /232 |
| 296. 大石桥 | /232 | 297. 华阳桥 | /232 |
| 298. 凤阳桥 | /233 | 299. 交会桥 | /233 |
| 300. 大觉寺桥 | /234 | 301. 安福桥 | /234 |
| 302. 哑子桥 | /234 | 303. 行门桥 | /235 |
| 304. 菱塘桥 | /235 | 305. 光福寺桥 | /236 |
| 306. 同春桥 | /236 | 307. 郏巷桥 | /236 |
| 308. 斜桥 | /237 | 309. 西安桥 | /237 |
| 310. 永安桥 | /238 | 311. 翠坊桥 | /239 |
| 312. 善人桥 | /239 | 313. 廊桥 | /240 |
| 314. 津桥 | /240 | 315. 里尺桥 | /240 |
| 316. 具区风月桥 | /241 | 317. 震泽底定桥 | /242 |
| 318. 盛河桥 | /243 | 319. 积善桥 | /243 |
| 320. 绿野桥 | /244 | 321. 永丰桥 | /244 |
| 322. 南星桥 | /244 | 323. 玉虹桥 | /245 |
| 324. 宋泾桥 | /245 | 325. 福昌桥 | /246 |
| 326. 含秀桥 | /246 | 327. 石家桥 | /246 |
| 328. 沈垫桥 | /247 | 329. 利民桥 | /247 |
| 330. 凤凰桥 | /248 | 331. 响水桥 | /248 |
| 332. 项路桥 | /248 | 333. 望亭桥 | /249 |
| 334. 两瑞桥 | /250 | 335. 伍象桥 | /250 |
| 336. 古市桥 | /250 | 337. 浪浒桥 | /250 |
| 338. 观桥 | /251 | 339. 通渭桥 | /251 |
| 340. 大日晖桥 | /251 | 341. 吉利桥 | /252 |
| 342. 乐桥 | /252 | 343. 公和桥 | /253 |
| 344. 歌薰桥 | /253 | 345. 芮家桥 | /253 |
| 346. 师古桥 | /253 | 347. 陈千户桥 | /254 |
| 348. 觅渡桥 | /254 | 349. 朝天桥 | /255 |
| 350. 烧香桥 | /255 | 351. 祝家桥 | /255 |
| 352. 大云桥 | /255 | 353. 相门桥 | /256 |

| | | | | |
|---|---|---|---|---|
| 354. 帝赐莲桥 | /256 | | 355. 乘鱼桥 | /256 |
| 356. 吴衙桥 | /257 | | 357. 船舫桥 | /257 |
| 358. 饮马桥 | /257 | | 359. 船场桥 | /257 |
| 360. 迎枫桥 | /258 | | 361. 平桥 | /258 |
| 362. 苏公桥 | /258 | | 363. 百步桥 | /258 |
| 364. 善耕桥 | /258 | | 365. 天后宫桥 | /259 |
| 366. 醋坊桥 | /259 | | 367. 百口桥 | /260 |
| 368. 娄门桥 | /260 | | 369. 崇真宫桥 | /260 |
| 370. 仓桥 | /261 | | 371. 南新桥 | /261 |
| 372. 龙兴桥 | /261 | | 373. 皋桥 | /262 |
| 374. 钓桥 | /262 | | 375. 白姆桥 | /263 |
| 376. 明月桥 | /263 | | 377. 泗洲寺桥 | /264 |
| 378. 里仁桥 | /264 | | 379. 古木桥 | /265 |
| 380. 子来桥 | /265 | | 381. 大陵桥 | /265 |
| 382. 泗通桥 | /265 | | 383. 通源桥 | /266 |
| 384. 博士桥 | /266 | | 385. 聚龙桥 | /267 |
| 386. 流虹桥 | /267 | | 387. 邑宁桥 | /268 |
| 388. 文星桥 | /268 | | 389. 大通桥 | /269 |
| 390. 种德桥 | /269 | | 391. 万善桥 | /269 |
| 392. 獬豸桥 | /270 | | 393. 履泰桥 | /270 |
| 394. 碓坊桥 | /270 | | 395. 定海桥 | /270 |
| 396. 双龙桥 | /270 | | 397. 延陵桥 | /271 |
| 398. 如意桥 | /271 | | 399. 仁寿桥 | /272 |
| 400. 带福桥 | /272 | | 401. 终慕桥 | /272 |
| 402. 坍溪桥 | /273 | | 403. 目莲桥 | /273 |
| 404. 祠山庙桥 | /273 | | 405. 张公桥 | /274 |
| 406. 虹呈桥 | /274 | | 407. 连腾桥 | /275 |
| 408. 天到桥 | /275 | | 409. 乌金桥 | /275 |
| 410. 中元桥 | /275 | | 411. 泰来桥 | /276 |
| 412. 长庆桥 | /276 | | 413. 九里桥 | /277 |
| 414. 云龙桥 | /277 | | 415. 大善桥 | /277 |
| 416. 凤仙桥 | /278 | | 417. 洪福桥 | /278 |
| 418. 政安桥 | /278 | | 419. 梅家桥 | /279 |

| | | | |
|---|---|---|---|
| 420. 报恩桥 | /279 | 421. 池塘桥 | /279 |
| 422. 竺光桥 | /280 | 423. 中济桥 | /280 |
| 424. 通运桥 | /280 | 425. 大庆桥 | /280 |
| 426. 裒腰桥 | /281 | | |

## 第四部分　纪念地和旅游地地名（292 条）

### 一、古典园林、公园名（59 条）

| | | | |
|---|---|---|---|
| 001. 渔庄 | /282 | 002. 梅花墅 | /283 |
| 003. 遂初园 | /284 | 004. 潜园 | /285 |
| 005. 羡园 | /285 | 006. 古松园 | /286 |
| 007. 虹饮山房 | /287 | 008. 水木明瑟园 | /287 |
| 009. 启园 | /288 | 010. 春在楼 | /289 |
| 011. 夏荷园 | /290 | 012. 爱日堂花园 | /291 |
| 013. 春熙堂花园 | /291 | 014. 笑园 | /292 |
| 015. 亦园 | /293 | 016. 乐圃 | /293 |
| 017. 卢园 | /294 | 018. 壶园 | /294 |
| 019. 西圃 | /295 | 020. 晦园 | /295 |
| 021. 翕园 | /296 | 022. 韬园 | /297 |
| 023. 废园 | /297 | 024. 向庐 | /298 |
| 025. 济园 | /298 | 026. 绣园 | /298 |
| 027. 荆园 | /299 | 028. 勺湖 | /299 |
| 029. 志圃 | /300 | 030. 真趣园 | /300 |
| 031. 香草垞 | /301 | 032. 塔影园 | /301 |
| 033. 芳草园 | /302 | 034. 桃花庵 | /303 |
| 035. 无梦庵 | /303 | 036. 绣谷园 | /304 |
| 037. 绿荫园 | /304 | 038. 凤池园 | /304 |
| 039. 五柳园 | /305 | 040. 秀野园 | /306 |
| 041. 听枫园 | /306 | 042. 范家园 | /307 |
| 043. 紫兰小筑 | /307 | 044. 渔隐小圃 | /308 |
| 045. 圆峤仙馆 | /309 | 046. 辟疆小筑 | /309 |
| 047. 真如小筑 | /310 | 048. 石涧书隐 | /310 |
| 049. 罗家花园 | /311 | 050. 葑溪草堂 | /311 |

| | | | |
|---|---|---|---|
| 051. 拥翠山庄 | /311 | 052. 双塔影园 | /312 |
| 053. 八慵园 | /313 | 054. 采柏园 | /313 |
| 055. 复古桃源 | /313 | 056. 震泽公园 | /314 |
| 057. 谐赏园 | /314 | 058. 共怡园 | /315 |
| 059. 芳草园 | /315 | | |

## 二、寺庙、宫观、祠堂名（75条）

| | | | |
|---|---|---|---|
| 060. 重元寺 | /316 | 061. 楞伽寺 | /316 |
| 062. 石佛寺 | /317 | 063. 治平寺 | /318 |
| 064. 范文穆公祠 | /319 | 065. 白鹤寺 | /319 |
| 066. 中峰寺 | /320 | 067. 法螺寺 | /320 |
| 068. 观音寺 | /321 | 069. 万佛寺 | /321 |
| 070. 兰风寺 | /322 | 071. 崇福寺 | /323 |
| 072. 保圣寺 | /323 | 073. 碛砂延圣寺 | /324 |
| 074. 司徒庙 | /325 | 075. 宁邦寺 | /326 |
| 076. 上真观 | /327 | 077. 明月寺 | /327 |
| 078. 还带寺 | /328 | 079. 慈云庵 | /329 |
| 080. 灵源寺 | /329 | 081. 雨花禅院 | /330 |
| 082. 紫金庵 | /331 | 083. 三峰寺 | /331 |
| 084. 水月寺 | /332 | 085. 罗汉寺 | /332 |
| 086. 禹王庙 | /333 | 087. 悟真道院 | /333 |
| 088. 河泾侯庙 | /334 | 089. 觉林寺 | /335 |
| 090. 太平禅寺 | /335 | 091. 皇罗禅寺 | /336 |
| 092. 圣堂寺 | /337 | 093. 妙智庵 | /338 |
| 094. 濮陀庙 | /338 | 095. 陆云土地庙 | /339 |
| 096. 采宝庙 | /339 | 097. 灵应观 | /340 |
| 098. 况公祠 | /340 | 099. 伍相祠 | /341 |
| 100. 曹沧洲祠 | /342 | 101. 圆通寺 | /342 |
| 102. 报国寺 | /342 | 103. 苏州文庙 | /343 |
| 104. 冯桂芬祠 | /344 | 105. 在理堂 | /344 |
| 106. 报恩寺 | /344 | 107. 长洲县城隍庙 | /345 |
| 108. 蒋侯庙 | /346 | 109. 让王庙 | /346 |
| 110. 昭庆寺 | /346 | 111. 文山寺 | /347 |
| 112. 王鏊祠 | /347 | 113. 唐寅祠 | /348 |

| | | | |
|---|---|---|---|
| 114. 云岩禅寺 | /348 | 115. 花神庙 | /349 |
| 116. 名宦祠 | /349 | 117. 三忠祠 | /350 |
| 118. 乡贤祠 | /350 | 119. 施相公庙 | /350 |
| 120. 太湖庙 | /351 | 121. 三贤祠 | /351 |
| 122. 明庆教寺 | /352 | 123. 关壮缪侯祠 | /353 |
| 124. 圆明禅院 | /353 | 125. 秋泽寺 | /353 |
| 126. 罗汉讲寺 | /354 | 127. 汾湖先哲祠 | /355 |
| 128. 杨公祠 | /355 | 129. 翊灵道院 | /356 |
| 130. 瑞云观 | /357 | 131. 邱老太庙 | /357 |
| 132. 双塔寺 | /358 | 133. 隐读祠山庙 | /358 |
| 134. 普慈寺 | /358 | | |

## 三、古建筑、名人故居名（99条）

| | | | |
|---|---|---|---|
| 135. 光福塔 | /359 | 136. 笃行堂 | /360 |
| 137. 承德堂 | /360 | 138. 怡泉亭 | /361 |
| 139. 轩辕宫 | /361 | 140. 惠和堂 | /362 |
| 141. 务本堂 | /362 | 142. 诸公井亭 | /363 |
| 143. 敦裕堂 | /363 | 144. 凝德堂 | /364 |
| 145. 裕德堂 | /365 | 146. 遂高堂 | /365 |
| 147. 绍德堂 | /365 | 148. 尊德堂 | /366 |
| 149. 瑞霭堂 | /366 | 150. 松风馆 | /367 |
| 151. 明善堂 | /367 | 152. 怀荫堂 | /369 |
| 153. 熙庆堂 | /369 | 154. 念勤堂 | /370 |
| 155. 椿桂堂 | /370 | 156. 敬修堂 | /371 |
| 157. 栖贤巷门 | /371 | 158. 敦仁堂 | /372 |
| 159. 畲庆堂 | /372 | 160. 后埠双井亭 | /373 |
| 161. 樟坞里方亭 | /373 | 162. 榜眼府第 | /374 |
| 163. 熙馀草堂 | /375 | 164. 嘉靖堂 | /375 |
| 165. 有竹居 | /376 | 166. 邓邦述故居 | /376 |
| 167. 沈飚民故居 | /376 | 168. 章太炎故居 | /377 |
| 169. 袁学澜故居 | /378 | 170. 李根源故居 | /378 |
| 171. 彭启丰故居 | /379 | 172. 金城新村 | /379 |
| 173. 沈德潜故居 | /380 | 174. 叶楚伧故居 | /380 |
| 175. 钱大钧故居 | /381 | 176. 吴云故居 | /381 |

| | | | |
|---|---|---|---|
| 177. 吴梅故居 | /382 | 178. 吴待秋故居 | /382 |
| 179. 艾步蟾故居 | /383 | 180. 吴钟骏故居 | /383 |
| 181. 洪钧故居 | /383 | 182. 费仲琛故居 | /384 |
| 183. 潘奕藻故居 | /384 | 184. 潘奕隽故居 | /385 |
| 185. 许乃钊故居 | /385 | 186. 方嘉谟故居 | /386 |
| 187. 吴振声故居 | /386 | 188. 荫庐 | /386 |
| 189. 盛宣怀故居 | /387 | 190. 毛啸岑旧居 | /387 |
| 191. 东蔡宅 | /388 | 192. 灵芬别馆 | /388 |
| 193. 三凤堂 | /389 | 194. 流云馆 | /389 |
| 195. 承裕堂 | /389 | 196. 内省堂 | /390 |
| 197. 闻诗堂 | /390 | 198. 树萱堂 | /391 |
| 199. 宁俭堂 | /391 | 200. 鸳鸯厅 | /392 |
| 201. 德心堂 | /392 | 202. 德芬堂 | /392 |
| 203. 敬承堂 | /393 | 204. 瑞文堂 | /393 |
| 205. 修敬堂 | /393 | 206. 凌太常祠 | /394 |
| 207. 蔚文堂 | /394 | 208. 陈御史府 | /395 |
| 209. 经笥堂 | /396 | 210. 世德堂 | /396 |
| 211. 承恩堂 | /397 | 212. 孚寄堂 | /397 |
| 213. 慎修堂 | /397 | 214. 恩泽堂 | /398 |
| 215. 范家埭世芬堂 | /398 | 216. 颐贞楼 | /399 |
| 217. 怀新堂 | /399 | 218. 兴仁堂 | /399 |
| 219. 周龄旧宅 | /400 | 220. 倪征燠旧居 | /400 |
| 221. 南溆书庄 | /400 | 222. 柳塘别业 | /401 |
| 223. 臞庵 | /401 | 224. 致德堂 | /402 |
| 225. 正修堂 | /403 | 226. 余庆堂 | /403 |
| 227. 一本堂 | /404 | 228. 敬胜堂 | /405 |
| 229. 懋德堂 | /405 | 230. 凝庆堂 | /406 |
| 231. 康庄 | /406 | 232. 世泽堂 | /407 |
| 233. 盛尚书第 | /408 | | |

## 四、旧（遗）址、纪念地（物）名（49条）

| | | | |
|---|---|---|---|
| 234. 李公堤 | /408 | 235. 鸭城 | /409 |
| 236. 越公井 | /410 | 237. 窑墩遗址 | /410 |
| 238. 越城遗址 | /411 | 239. 郭新河新石器遗址 | /411 |

| 240. 摇城遗址 | /412 | 241. 洄溪草堂遗址 | /412 |
| 242. 绩断厅 | /413 | 243. 小狮林寺 | /413 |
| 244. 三堰二池五闸 | /414 | 245. 橘庄 | /414 |
| 246. 柳毅井 | /415 | 247. 陆慕御窑址 | /415 |
| 248. 荻溪仓 | /417 | 249. 望亭驿 | /417 |
| 250. 望亭堰 | /418 | 251. 湘城粮仓 | /419 |
| 252. 和靖书院 | /419 | 253. 学道书院 | /420 |
| 254. 鹤山书院 | /420 | 255. 紫阳书院 | /421 |
| 256. 正谊书院 | /421 | 257. 文星阁 | /422 |
| 258. 梓义公所 | /422 | 259. 范义庄 | /423 |
| 260. 太平天国忠王府 | /423 | 261. 蛇王庙 | /424 |
| 262. 眼目司庙 | /425 | 263. 外安齐王庙 | /426 |
| 264. 铁铃关 | /426 | 265. 群乐旅社 | /427 |
| 266. 艺英书院 | /427 | 267. 平望驿 | /428 |
| 268. 望仙亭 | /428 | 269. 放鸭滩 | /429 |
| 270. 唐家湖遗址 | /429 | 271. 升记绸庄旧址 | /429 |
| 272. 庄面 | /430 | 273. 思子亭 | /431 |
| 274. 竹堂 | /431 | 275. 龙庵厂 | /432 |
| 276. 江丰农工银行旧址 | /432 | 277. 松陵驿 | /433 |
| 278. 圣寿禅寺 | /433 | 279. 崇吴教寺 | /434 |
| 280. 感梅亭 | /434 | 281. 何家坟遗址 | /434 |
| 282. 龙船渚 | /435 | | |

**五、古墓、名人墓名（10条）**

| 283. 章钰墓 | /435 | 284. 大休上人墓 | /436 |
| 285. 金圣叹墓 | /436 | 286. 路振飞墓 | /437 |
| 287. 阚泽墓 | /437 | 288. 文徵明墓 | /438 |
| 289. 王皋墓 | /438 | 290. 陆贽墓 | /439 |
| 291. 沈周墓 | /440 | 292. 梁鸿墓 | /441 |

**参考文献** /443

**编后记** /453

# 第一部分　自然地理实体地名

## （115 条）

### 一、山（峰、岭、岗、洞）名（23 条）

#### 001　茶磨山

也称磨盘山，位于苏州市虎丘区（苏州高新区）横塘街道上方山东北，因三面临水，故又称茶磨屿。莫震《石湖志》云："茶磨山，上方之支陇，其形如磨，绝顶平坦，广数十亩，如磨脐，然即吴王姑苏台之故址也。周围有沟道，阔丈许，引水放舟，与西施游乐之处。"山高82.4 米，山顶平坦宽广，南北宽 180 米，东西长 200 米，整块土地形如磨盘，故俗称"磨盘山"。蔡羽《石湖草堂记》载："北起行春桥，南尽紫薇村，五步之内风景辄异，是茶磨使之也。"茶磨山麓有石佛寺，因有石雕观音一尊，故又称观音寺。始建于南宋淳祐年间（1241—1252），明洪武年间重修寺，置"石湖佳山水"匾额（参见"石佛寺"条）。清乾隆皇帝游赏石湖，至茶磨山，观赏风景时诗兴勃发，赋诗赞曰："吴中山水致人怜，最爱石湖茶磨前。万顷烟波连震泽，一堤花柳绘春天。"茶磨山上植松成林，郁郁葱葱，是观赏石湖风景的佳处之一。现属上方山森林公园。

#### 002　大禹山

位于苏州市虎丘区（苏州高新区）枫桥街道高景山西。南与支硎山（观音山）相连，北与高景山相接，西为龙池山及龙池山庄生态园林。原系高景山的一部分。山高 142 米，长 900 米，南北走向，山体为花岗石。山以治水先贤大禹而命名。大禹，即禹，姒姓，鲧之子。又称夏禹、戎禹。古代夏后氏部落领袖。他奉舜命治理洪水，吸取父亲鲧堵水的教训，采用疏的方法，终于战胜洪水，使百姓平安而居。相传他治理洪水时，曾来到吴地，并在太湖西山开过治水会议，故太湖西山有"禹期山"。宋范成大《吴郡志》云:"禹期山,在太湖中,旧说禹导吴江,以泄具区,会诸侯于此。"此山亦为纪念大禹治水而得名。

山的东坡原是以松树为主的森林,林中坟墓星罗棋布。随着社会的发展,历经开荒、种粮种菜、繁殖苗木等,又经开山采石取泥,现东坡已挖成两处很大的池塘。山顶上有两个水泥池,传为日本侵占者所建的军事工地。

## 003　贺九岭

位于苏州市虎丘区(苏州高新区)枫桥街道华山之北,即华山与鹿山之间的谷口处。"贺九"者,庆贺重九也。"重九"即重阳。相传春秋时吴王伐齐后得胜归来,途经此处,正好是农历九月初九,便在此举行庆贺仪式,因而得名"贺九"。"岭",此指山道、可以通行的山。此山道为古代苏州西部农民从光福、东渚、镇湖等地进苏州城的交通要道,故名。

岭上有贺九岭庙,又称普济道院,始建于明正统二年(1437),内有"玄武""关圣""观音""玉皇"诸殿,规模甚大。明隆庆年间(1567—1572),在庙外建有东西两石关,跨于古道上。道家讲究阴阳平衡,东石关拱券用花岗石(寓为阳);西石关拱券用太湖石(寓为阴),道家认为"一阴一阳之道"。石关建筑结构均为拱券式,与江南石拱桥相同。拱券的侧砌均有"金刚墙",置长条石,出头处雕刻成龙头。券石5块并列,东石关44块,西石关48块。券

贺九岭

石上大多刻有功德碑,碑额刻倒覆荷叶状,碑座刻荷花状。清代,在两石关之间铺砌人字形砖街,称为"御道"。现两石关已渐残败。1986年3月,两石关被公布为吴县文物保护单位,现为苏州市文物保护单位。

## 004　观音山

又称支硎山、报恩山,位于苏州市虎丘区(苏州高新区)西南部,北为大禹山,西南为天平山,西傍寒山、华山。长约2.8千米,海拔147米,山体由花岗岩构成。山上有观音寺,始建于五代吴越时期,为中峰寺的下院。观音寺坐北朝南,其建筑的中轴线上,有山门、香花桥、天王殿、圆通殿、念佛堂和罗汉堂。东侧为祖师殿、集贤馆和斋堂,西侧为大悲殿、转藏殿和地藏殿。集贤馆后有一座白塔。观音寺的白塔和转藏殿颇有特色。"转藏"是一个可以旋转的木制物体,高约6米,共6面,每一面都放置佛像,可以旋转。佛教的说法是,推动"转藏"转一圈,等于念一万遍佛经,可破众生烦恼恶业。院内有一青石雕刻的石观音像,真人大小,惜曾遭到破坏,现仅剩头部。旧时,农历二月十九日为观音生日,此日观音山香火最盛,邻近的上海、无锡、嘉兴等地的善男信女,也赶来进香,并成为苏州的传统民俗。清《百城烟水》载:"支

硎山俗称观音山，三春香市最盛。"历代文人墨客如白居易、皮日休、刘禹锡、王宠等都曾经登临此山，并且留下无数优美的诗篇，白居易诗云："云外支硎寺，名声敌虎丘。"清人《竹枝词》云："东南风吹庙门开，红男绿女进香来。西施洞边踏青去，观音山下棹船回。"

观音山

观音山路径高低不平，步行上山十分费劲。旧时妇女裹着小脚，上山行走十分不便。于是，那些贫苦农民便在山脚下准备轿子，供妇女乘坐，挣些苦力钱。观音山的轿子十分简陋，用一只竹靠椅，穿进两根竹竿，就算是"轿子"了。这种轿子既无顶盖，也无门帘，只须二人扛着即可上山，俗称"观音山轿子"。其特点是由年轻力壮的女苦力抬轿，因而备受进香女士的欢迎。清诗人沈朝初《忆江南》词云："苏州好，二月到支硎。大士焚香开宝座，小姑联袂斗芳辀。放鹤半山亭。"苏州人有句歇后语，叫"观音山轿子——人抬人"。此处"抬"有"抬举"之意，即看重、称赞别人或提携别人。在日常生活中，大家在一起办事，或相互之间有工作联系，你抬举我，我抬举你，人们就称这种现象为"观音山轿子——人抬人"。另一种意思是借吴语"抬""待"谐音而读成"人待人"，意即"以礼相待"，你待我好，我待你好，双方和和气气，和睦可亲。因其他地方的轿子讲究装饰，称为"花轿"，故也说成"花花轿子——人抬人"。这句歇后语苏州人至今仍在使用。

## 005　金芝岭

位于苏州市虎丘区（苏州高新区）通安镇南部，浒墅关镇与通安、东渚两镇交界处，有阳山，长约5千米。金芝岭为阳山之余脉。《通安镇志》云："阳山，大峰有五……山岭有六：白墡岭、金芝岭……"相传宋代抗金名将岳飞曾在此安营扎寨，与金兵对阵。岳飞的部将金芝在此得病身亡，墓葬于山麓。后人为纪念金芝将军，称为金芝岭。

金芝岭盛产白土，即白垩，又名白墡土，俗称白土子。该白土实为石灰岩的一种，白色，软质而轻，工业用途甚广。清乾隆年间，有些土棍在金芝岭私挖白土，被官府勒令禁止。清乾隆六十年（1795）十月初一日，官府贴出《禁金芝岭私挖白土告示》："……今遭土棍在金芝岭一带开采白土。此山为一镇来龙，实权署后脉，兼有祖宗坟墓均在此岭，豪棍乡愚伤残地脉，合亟呈禀饬禁等情。据此，查金芝岭乃关镇风水所系，先经禁止开采有案；今土人复在该处聚众开挖，既伤地脉，亦且滋事，当经檄饬苏州府并长洲县驱逐匪徒，一体示禁在案，合行勒石永禁！……自示之后，倘有匪徒仍于金芝岭一带地方聚众开挖、滋事，许地保、居民立时扭解本部堂衙门，听候饬县究办，决不宽贷！各宜禀遵毋违。特示！"

金芝岭山麓有一村庄，亦名金芝岭。清属长洲县彭华乡功成里第三都。1931年属吴县第一区公所（浒关区）暘西乡。中华人民共和国成立后属寒心村保丰37社，属通安乡。1958年为树山大队第十生产队，属通安公社。1983年改称树山村委会第十村民小组，属通安乡。1994年撤乡建镇，属吴县市。2002年属虎丘区通安镇。2003年始动迁，部分村民入住今华通花园。

## 006　陆墓山

又名龙头山。位于吴中区越溪街道张桥村。属七子山南麓一条南出山脉，北与云墩相连，因起伏如腾龙之首，故又名龙头山。后因六朝梁时陆云公归葬此山，故称陆墓山。清同治《苏州府志》（卷四十九·塚墓）载：梁"给事黄门侍郎陆云公墓"，"在横山，俗称陆墓山。卢《志》旧录讹为陆士龙坟，今相传为陆机墓，皆非是也。云公，字子龙，武帝恩遇甚厚，太清元年（547）卒，年三十七。帝悼惜之，诏尅日举哀，赙钱五万，布四十匹"。据《梁书》载：陆云公，字子龙，吴郡（今苏州）人，祖父陆闲，（齐）扬州治；父陆完，（梁）琅琊、彭城二郡丞。陆云公早年曾撰《太伯（泰伯）庙碑》，时人喻为"当今蔡伯喈"（蔡文姬之父蔡邕）。梁武帝授"中书黄门郎，并掌著作"，惜英年早逝。其子陆琼，曾被时人称为京师"神童"，后为陈后主陈叔宝的老师，累官"领步兵校尉，又领大著作，撰国史"，事见《陈书》。陆氏父子属两个朝代，后人"梁""陈"不分，将陆云公称为"陈"人。如清《吴江县志》载："陆墓山支县治西北二十里，为吴县横山中条南支。北有陈侍郎陆云公墓，故名。"

陆墓山"三面环山，惟东南临太湖，颇为佳胜"，为揽赏湖光山色佳处。清金兰《登陆墓山》诗云："弥棹白洋湾，林峦在指顾。起高扶铁君，重英莽回互。"郑树珪《陆墓山感怀》诗曰："东南称泽国，往复皆汀洲。人家临水住，凭栏狎轻鸥。萧萧荻苇满，疑是港已收。堤回波转涧，浩渺豁远眸。烟开露山椒，一望草木稠。上有侍郎墓，马鬣围松楸……但见牛羊下，夕阳在荒丘。"

陆墓山原有金沙庵，有《重修金沙庵碑记》两块碑，一为明崇祯元年（1628），张世伟撰，文震孟篆额，刘锡玄书丹；一为清乾隆四十三年（1778），吴江王曾翼撰，吴县潘奕隽篆额。李根源《吴郡西山访古记》载，1926年4月他曾登陆墓山，访金沙庵，他特地询问寺僧陆云公墓的位置，寺僧说他的师父圆寂时说，"陆墓在观音座下"。并出示晚清朱记荣绘《陆墓山古迹图》，请李根源题跋。20世纪50年代，金沙庵被废，尚存门楼及3进殿宇。1958年至1961年下半年，庵址为越溪农业中学校址。70年代中，金沙庵被拆除，今存青石栏古井1口。

陆墓山现属张桥村一组，山西坡为山西村，山南坡、东坡为南浜村，正面为旺山荡。陆墓山今建清泉公墓。

## 007　安山

位于吴中区光福镇迂里行政村。因山势形似匍匐"神犬"，民间传其护佑一方，故名安山。清《光福志》（卷二·山）云："安山在乌龙山西北，东有坳里山。"民国《光福诸山记》载："安山，在铜坑隔岸，西北近游湖，东麓居民多种杨梅。有钱武肃王庙，子孙世守其祀。附近有坳里、葛沙二小山。"李根源《吴郡西山访古记》（1926年4月）载，至迂里，"过葛舍，至安山。有钱武肃王庙，守庙者云：安山居民近百户，皆文穆王钱元瓘、忠献王弘佑子孙"。祠庙藏有钱氏祖先图谱。"登安山顶，望三洋、新城、洗马、银沙、秀峰、姚风诸屿，下至古柏禅院。"

安山长约 1 100 米，面积 0.5 平方千米，海拔 103 米。山体主要由石英砂岩构成，由于长期受湖浪冲蚀，安山太湖石玲珑剔透，为园林湖石假山珍品。20 世纪 60 年代中始，因肆意开山采石，部分山体遭严重破坏。90 年代中，禁止开山后，宕口复绿，所幸主体山形基本保持原状。

安山踞太湖之滨，曾为春秋吴国要塞。1981 年 5 月，南京博物院与吴县文管会联合在安山山顶发掘吴越古战场三座军事设施，出土了一批古兵器等文物。现山上尚残存古烽火台、堑壕、石室、石屋等遗迹。

安山突兀于太湖之中，别有一番景致。明娄坚《从青芝泛湖到安山作》诗云："中林楼阁带岩阿，鼛石长通溅沫过。欲共扁舟凌浩渺，为怜深树更婆娑。连村桑柘炊烟合，狎浪帆樯渔网多。斜日背山山色紫，采樵人散满劳歌。"

安山东侧有南北走向安山河，又称安山港，河道将安山切入太湖中，使其形如"独岛"。清《光福志》（卷三·水）载："安山港，在游湖东南，铜坑之北，安山下。内通光福，今皆淤浅，或湖水盛，亦有时入港。"20 世纪六七十年代，安山河经疏浚，全长 4 600 米左右，河底宽 14 米，河口宽 40 米，两端通太湖，为安山村民出入主要水道。

安山边有安山村、山前村两个自然村，2001 年合并为安山村，2003 年并入迁里村委会。村民以种植桂花、橘子、杨梅等为业，有特产"安山绿茶"。

## 008　官山岭

位于吴中区光福镇窑上村。民国《光福诸山记》载，"铜井山，在邓尉西，去青芝仅半里，一山两名：北曰铜坑……南曰铜井山"，"在铜坑、铜井两山中凹处，名官山村"。铜井与铜坑之间山岭，原为窑上与外界的陆路通道，山岭两旁旧时多官宦人家的坟墓，人称"官山"，岭由此得名。或称当初官宦人家雇佣的看墓人，其在此安家落户，兼以种植苗木花草为业，渐成村落，形成上官山、中官山和下官山自然村。

20 世纪 70 年代末、80 年代初，官山岭木荷林被发现，东以道士岭小路为界，南至林科队果园，西到大王界山岗小路，北达六亩尖岗顶，面积 19.88 万平方米（其中窑上村 13.34 万平方米，香雪村 6.54 万平方米）。1981 年 8 月 12 日，该林区获批建立省级光福森林自然保护区，包括穹窿山茅蓬坞（北亚热带落叶常绿阔叶混交林 40.82 万平方米）在内，总面积 60.7 万平方米。

木荷本产于我国南方，一名荷树，属山茶科，常绿小乔木，初夏开白花，花期约 20 天，因类似荷花，故名木荷。官山岭地理位置特殊，处于太湖之北、卧龙山铜坑山之南，由于太湖巨大水体对气温的调节作用及地形坡向等局部水热条件，形成了适应木荷生长的独特的生态环境。官山岭以木荷为建群种的常绿阔叶林，处我国纬度最北，是天目山、黄山、庐山以北唯一残存的地带性常绿阔叶植被。官山岭木荷物种从何而来？至今仍是未解之谜。官山岭木荷林保护区，经 40 多年蔓延，现有 33.35 万平方米左右。今光福"香雪海"景区"梅花亭"西专辟"木荷幽径"，方便游客观赏木荷林，每年 6 月木荷花期来临之际，当地还举办香雪海"木荷花节"。

### 009 凤鸣岗

又称百步顶。位于吴中区光福古镇西北、西崦湖畔。"凤鸣岗"的由来，明顾天叙《晚香林记略》称："所居山名凤岗，曾见吴文定公《游光福记》。于群峰中，虽培塿乎，远从邓尉发脉，蜿蜒而北，断而复起，如凤首览辉。而下里人知有百步顶，不知有凤岗也。"清《光福志》（卷二·山）载："凤鸣岗，俗呼百步顶，在镇西。山势不甚高峻，故有百步之称。"

凤鸣岗为览赏湖光山色之佳处。登百步顶望太湖中诸山，尽收眼底。元倪瓒有《中秋夜欢饮凤鸣岗》诗："凤鸣岗头秋月明，一尊能为故人倾。月明满地青蘋影，琪树飘香露气清。"明吴宽《登凤岗》诗云："昔年曾学登山法，纵步不忧山石滑。舍舆径上凤岗头，趁此凉风当晚发。远山朝士抱牙笏，近山美人盘鬓发。我身如在巨海中，青浪低昂出复没……"清黄中坚《春日登此》诗曰："邓尉郁嵯峨，驰突结兹岭。高仅过百步，亦足穷途迥。龟山伏其前，香塔可摩顶。烟树数百家，花柳被闾井。两崦夹明镜，翠嶂列画屏。茫茫太湖波，滉漾空明影。松风吹我衣，恍欲超溟涬。俯仰一旷然，欣慨忽交并。……兹地僻且陋，灵鸟岂延颈。号为凤鸣岗，虚声何侥幸。安得立朝阳，五色同彪炳。不然学孙登，舒啸相与永。庶解山灵嘲，名实千秋耿。"

凤鸣岗山麓，原有庭园、寺庵及山泉。清《光福志》（卷二·山）载："山之西麓有大石可二三亩，旧名西林翠竹，今呼为小元墓，仍顾封翁天叙晚香林遗址，左有石址庵，南有岭曰峙崦，地藏殿在焉。岭西有箬帽泉。"顾天叙（？—1645），字礼初，号笋洲，昆山人，明万历十六年（1588）进士，授铅山知县，明崇祯间他70岁时筑"晚香林"别业，内构筑石浪亭、画不如轩、赐官堂、蝉叶斋、清音阁、景花台、秉烛室等。"石址庵"（又称石阶庵），宋咸淳初建在"石髻墩"，内有古榆称晋时物。傍有宋先贤黄策祠。还有建于宋元丰间（1078—1085）的"三官堂"。西崦畔称"小云台"，有"崦西小筑"，相传为石址庵下院，有水阁3楹，擅湖山之胜，旧时里人士结文社于此。旁有土阜，上建旷望亭。

### 010 赤山

又名敕山。位于吴中区木渎镇天平村。赤山，因土石呈赭色而得名。天平山之右有秦台山，秦台山南有羊肠岭。明王鏊《姑苏志》（卷八·山）载："（羊肠）岭之南为赤山，长可数里，土石多赭色。洪武初诗人杨基家其下。"民国《吴县志》载："杨基宅，在天平山南赤城下，因名赤山。"清《横金志》载："《明史》：（杨）基有别业，在紫石山坞。"紫石山坞，即赤山坞。杨基（1326—1378），字孟载，号眉庵，祖籍嘉州（今四川乐山），生于吴中，与高启、张羽、徐贲并称"吴中四杰"。元末，杨基曾入张士诚幕府。明初为荥阳知县，累官至山西按察使，后被谗夺官，罚服劳役，死于工所，著有《眉庵集》。杨基有《赤山旧事》诗云："旧向溪南看艺麻，竹扛兜子一肩斜。秧苗尚短仍含谷，荷叶才高已上花。蚕屋柘烟朝焙茧，鹊炉沈火昼熏茶。而今风雨成抛绝，卧听西园两部蛙。"《赤山漫兴》称："松梢吹粉落衣裳，踯躅花开竹笋长。可是山中朝洗药，一渠春水茯苓香。"《怀赤山旧业》二首，其一曰："东林携策处，南垞释耕时。一径都缘石，诸泉尽到池。"其二曰："静怜松响续，凉爱竹阴移。盛世容归隐，毋令解组迟。"

清乾隆《吴县志》（卷八十五·塚墓）载："泰伯墓在灵岩山西北麓敕山坞，前代屡有敕赠故名。又呼赤山。其地有三让原、至德乡。"元末明初吴中名医倪维德曾卜筑敕山。明朱右《敕山老人倪维德传》称："敕山老人者，三吴名医也……敕山在胥门之西二十余里，盘纡郁秀，有岩壑卉竹之美"，"有草堂数间……有裕秾田数十亩"。明宋濂《倪维德墓碣铭》曰："晚年建别墅敕山之下，每乘扁舟，具酒肴，与二三宾客，放浪于水光山色之间。翛然高举，如在世外，因自号曰：敕山老人。寿七十五……葬于县之至德乡上沙村两重山之下。"倪氏别业及田园，实在赤山坞。

赤山，曾被开采取石，今西北坡宕口为复绿区。照山嘴赤山坞，近建"天平寺"，据称原天平村的下沙庙、下旺庙和太平庵迁移而来。赤山东侧今有天灵路，北侧隔马路为江苏省木渎高级中学新校区。

## 011 金牛岭

位于吴中区东山镇金家湖村。相传山岭上出现过金牛，故名。清《太湖备考》（卷五·湖中山）载："其最高者名莫厘峰，一支自北而东，为芙蓉峰，为翠峰。历翠峰而南，为金牛岭，为吟风冈。"金牛岭属莫厘"一山"之体。

据东山民间传说，宋朝时岭上有金牛出现，该金牛总在半夜时分从雾霭中出来，蹀躞道上觅食，黑夜中能见到一团艳艳金光游动，一到晨曦乍现，便消失得无影无踪，藏在山岭何处无人能知晓。后来金牛被江西觅宝人用"宝草"引诱擒获，连夜带走了。另有传说，金牛岭藏有金牛，打开金牛岭的钥匙在葫芦中，有兄弟俩得此葫芦，弟弟贪心偷拿葫芦独自进山，结果没有擒获金牛，反而惹得金牛作怪，从此全村不太平。于是村民遵风水大师之言，在通金牛岭北坡的村口长涧上，造了一座石桥，取名"普安桥"，青石桥栏上刻有"双鹤祥云""金牛岭""鲤鱼跳龙门"图案。并在村巷两端建筑巷门，巷门上书"金牛岭"大字。据称这样才"镇"住了金牛，人畜出入才平安（综合《东山镇志》）。

普安桥为单孔青石拱桥，宋元时由金氏建造，现桥为清康熙十六年（1677）重修，桥上镌刻有"新丰里人刘菱奚重修""康熙丁巳年六月吉旦"。桥堍附近有明代修的普安井。

金牛岭属金家湖村，又称金家河，在席家湖之北。今金家湖、翁巷、汤家场、鹅潭头自然村，属莫厘行政村。

## 012 铜鼓山

位于吴中区东山镇西南角，长圻港口南侧，俗称"东山好望角"，西面隔湖即是三山岛。"铜鼓山"，实是太湖边石矶石墩，因石窍中空，脚踩踏上面，便有"咚咚"之声，如击铜鼓，故名。铜鼓山突兀于浩瀚太湖之中，在此极目远望，晴天湖面水天一色，无边无际；若风雨之日，则波涛汹涌，铺天盖地，十分震撼。铜鼓山湖滨泥土乌黑油亮，细而疏松，异于他处，为盆景最佳用土，当地喜栽花木者常来此取土。

东山镇政府将铜鼓山，包括西大圩、东大圩一带定位"太湖渔文化"园地，建铜鼓渔村、垂钓中心、渔家乐等。铜鼓山自然村属于渔业村，东至杨湾村鱼池，西到太湖，南到西大圩（与圩头相连），北至环山公路。与杨湾湖沙、陆巷、蒋湾三个自然村原属于湖新村，2003年10月，并入太湖行政村。村民从事太湖捕捞及水产养殖，后又多从事太湖网围养殖。2020年10月起，太湖实施禁捕退捕，村民都转行了。铜鼓山所处东太湖水域，建有江苏大闸蟹出口基地，有专为香港"菜篮子"养殖的50余亩太湖蟹。

### 013　干山岭

位于吴中区东山镇南部，俞坞东南，涧桥东北，因有南北朝时北齐干将军遗迹而得名。清《太湖备考》（卷五·湖中山）载：莫厘峰"中一支平岭而南，为白沙岭，为虾蟆岭……虾蟆之东为栲栳墩，过东为偃月冈，折而南为屏风山，又南为干山岭。逾干山岭而南为俞坞"。又载："干将军教场，在东山干山岭下，相传为干将军演武处"，"北齐干将军墓，《震泽编》：'在东山俞坞。'今按：在干山岭路旁"，"兴福寺，在东山俞坞。梁天监二年，干将军舍宅建"。此寺在明成化中重修，有吴宽记。明嘉靖间建慧云堂，有文徵明记。李根源《吴郡西山访古记》（卷五）载："寺为齐干将军舍宅建，大雄殿雄伟无伦，三世佛、十八尊者象工精美。正德间，僧智勤塑壁，砌吴文定、王文恪、文待诏诸碑。"今寺院不存。

干山岭北有金塔村，清顺治十六年（1659）《重建古金塔记》云："干山之北有村焉，其名曰金塔。"以前从东山前山去后山杨湾，必经干山岭，有两条山路，一为"干山岭"，由金塔村往南经夏家河、周家河、吴家坟至张家湾始上岭翻山而下，其东侧现已筑公路；另一为"里干山岭"，由金塔村往西南经狗头岭由南坡斜侧下山，在山南麓并入大路至俞坞，大路口旧有兴福寺。"干山岭"山道，原是西坞至东山镇的捷径，西坞口有名刹古紫金庵，"西坞闲行"为"东山古八景"之一。

干山岭，民间曾讹传"甘山岭"，称三国时吴国名将甘宁卜葬此岭之巅，实属子虚，亦不见史志文献记载。

### 014　白沙岭

位于吴中区东山镇白沙村。清《太湖备考》（卷五·湖中山）称：东洞庭山"其最高者名莫厘峰……中一支平岭而南，为白沙岭，为虾蟆岭"。清同治《苏州府志》（卷二十九）载：二十八都二图"白沙、白沙岭"。白沙岭左麓，有吴仲雍祠，南宋初建，清康熙二十九年（1690）吴文灏重建。汪琬《吴仲雍祠碑记》载："吴君文灏，为有唐史官兢之裔孙，其家于白沙也……谓吾祖承正肃公后，始迁白沙，首建祖祠，阅世既久……"白沙村落，很早就形成。李根源《吴郡西山访古记》（卷五）载："白沙，叶调生廷琯故里。谒周恭孝王仲雍祠，为阁三楹，中奉三让王，而以恭孝王、延陵王左右之。吴文灏重建也"。仲雍祠，俗称"吴王庙"，附近还有明万历年间修的关帝庙，"吴东洞庭乡名白沙者，汉寿亭侯云长庙在焉"。清《太湖备考》（卷六·寺观）载："荷盘寺，在东山白沙。为九寺之一，建废无考。今白沙岭之西有峰曰荷盘寺顶，相传寺基在此。高峰寺僧云：'往时尚有亭三间，移入本寺。'年代亦无考。"

"白沙岭山道"，自新庙至白沙村，翻越白沙岭的一条石砌便道，为清桂昌倡修。桂昌为镶红旗满籍，举人出身，光绪四年至八年（1878—1882）出任太湖同知。里人为感其恩，捐资建前山、后山两座凉亭，俗称"桂公亭"。两亭石柱分刻"前山绅民敬立""后山绅民拜立"，署"光绪六年岁次庚辰季春"，另立"功德碑"，镌刻捐款人及捐钱明细。现前山凉亭已塌圮，后山凉亭基本完整，但年久失修。今已修筑环山公路，白沙岭山道不再是前山和后山村民出入的唯一道路了。

白沙岭不甚高，浓荫蔽覆，每当枇杷成熟时，满岭金果累累。"白沙枇杷"虽不因产于白沙而得名，却是东山著名特产之一。

## 015　牛场山

又名游赏岭，俗称牛场岭、牛肠岭。位于吴中区金庭镇角里村东。因山形似牛而得名。清康熙《林屋民风》（卷三）载：缥缈之西"慈里湾，陡起高峰曰霄峰。峰之北为华山，萦青缭白，忽断忽续，又有形如牛者曰牛场山。牛场之西为角头、雷头、龟头、龙舌、西崮、寿山、小步诸山，皆由华山发脉，逶迤至大步山而止"。牛场岭与东明山相连，东明山有郑氏祖茔。据西山《郑氏家谱》载："郑泾有东明山，山巅危石离列者，为石屋可以盘桓游憩。其下石板磅礴数亩，古木挺翠凌霄，尽可游览也，其岭则曰游赏。""游赏岭"即牛场岭。李根源《吴郡西山访古记》（卷五）载："过游赏岭，俗名牛场岭。大石磅礴，长二十余丈，平坦如砥。游雷渚，巉岩奇崛，洪波冲激，声若金鼓，立岩头观之，惊喜交集。"李根源乘兴挥毫留下墨宝，今牛场岭西麓摩崖有竖刻"游赏岭"大字，左署"民国十八年李根源"。

牛场山在角里、慈里两村之间，海拔143.7米。其西麓山顶名石屋顶，石屋顶北侧为东明山。

## 016　片牛山

又名中腰山。位于吴中区金庭镇前堡、后堡二村之间。因山上有一块大青石，状似耕牛，其肩膀被敲去一片，故名片牛山。因地处前堡"中腰里"，又称中腰山。清王维德《洞庭七十二峰》载："缥缈之东，有重岗回抱者曰包山，攒云峰、父子山峙其前，北望而至崦里，椒山、中腰山、栖贤山在其东，东石、西石峙其北。"片牛山，海拔44.8米，南到前堡，北至后堡；东到中腰里，西至七墩山。片牛山属前堡村，山上种植杨梅树、枇杷树、茶树、橘树等。

据当地民间传说，从前，中腰里村有位马氏乐善好施，感动了天帝，特地派一只神牛来帮助马氏，可是神牛到了凡间，却暗地里去东山做坏事，触犯了天条。天帝闻知，派土地神带天将下来，惩罚神牛，将神牛一侧肩膀敲掉，破了法道，从此神牛化为巨石，永留人间，"片牛山"之名由此而来。清末《林屋村歌》有云："一进中腰片刻间，袁家脚下有龟山。片牛望月奔前堡，策马洞山下岭艰。"

## 017　毛公山

位于吴中区金庭镇梅益村，缥缈峰东麓。因山下有毛公坛而得名，毛公石坛在毛公坞底。

毛公山，海拔311.9米。毛公坞有独特的地理环境，每当严冬降雪，雪花回旋漫舞，坞里积雪最多，而融雪最晚，玉砌山谷，银树琼花，俨然一派"北国风光"。"毛公积雪"，为西山古十景之一。

南宋范成大《吴郡志》（卷九·古迹）称："毛公坛，即毛公坛福地，在洞庭山中，汉刘根得道处也。根既仙，身生绿毛，人或见之，故名毛公。今有石坛在观旁，犹汉物也。"据称唐贞元中，周隐遥（字息元）来游包山神景观，"距观五里，见白鹿跪止，即毛公坞也。得异石一方，上有虫篆，即毛公镇地符也。得一井泉，色白味甘，即炼丹井也。旁又有古池，深广丈，旱岁水不竭，即毛公泉也"。于是在此建道观。清同治《苏州府志》（卷四十）载："仙坛观，在洞庭西山毛公坛上。初名洞真宫，唐开成三年建。"唐白居易有《毛公坛》诗云："毛公坛上片云闲，得道何年去不还。千载鹤翎归碧落，五湖空镇万重山。"皮日休、陆龟蒙亦有《太湖诗二十首·毛公坛》唱和诗。明高启《姑苏杂咏毛公坛》诗曰："欲观汉坛符，东上缥缈峰。""真境久寂寥，苍苔闷灵踪。""归出白云外，空闻仙观钟。"道观早废，唯毛公泉依旧。清乾隆《吴县志》（卷五·山）："毛公泉，在毛公坛下。《府志》：'味甘美，即炼丹井也。'旁有石池，岁旱不涸。"毛公坛遗址，现存摩崖石刻"毛公仙坛"4个大字，为清光绪十三年（1887）二月易顺鼎篆书。

## 018　潜龙岭

位于吴中区金庭镇明月湾村。因山势弯曲起伏似龙，故名潜龙岭。清乾隆二十一年（1756）《明月湾修治街埠碑记》载："明月湾里居在潜龙岭下，而岭之形势雄峻东，南北依次就坦，环而独缺其西，临湖以望，山抱水湾，波光摇漾着明月，然此明月湾所由称也。"潜龙岭海拔101.1米，为明月湾北部屏障。明月湾古村落三面环山，一面临太湖，整个村庄如坐落在一张"太师椅"中，村北潜龙岭似椅子"靠背"，左边陈毛山，右边庙山嘴，则似椅子的两"扶手"。东山岭、陈毛山、潜龙岭、里山、南湾山、石牌山等诸山岭环抱，即称为"大明湾"，古村落则居于"小明湾"中。

据说，从前明月湾常遭受山洪水患，冲毁民房，卷走人畜，人们以为是潜龙岭"水龙"作怪，于是族长带领村民上岭开渠。在潜龙岭上挖成一条水沟，竟一夜见效，"水龙"从此匿迹，山洪之患消除。其实清乾隆年间明月湾古村中修筑了棋盘式"石板街"，街面石板下设泄水沟渠，从此根治了洪水之患。民谚有曰："明湾石板街，雨后着绣鞋。"

潜龙岭之阳、炼丹池之右，旧有西山吴氏始祖吴咸墓，吴咸本名吴挺，为南宋抗金名将吴璘幼子，为避其侄子降金株连之祸，于南宋嘉泰间（1201—1204）由蜀中辗转明月湾，易名隐居。后吴姓为明月湾大姓，村中曾建有泰伯庙分祠。潜龙岭下"金家坞"，原聚居金姓一族，为明月湾古村五大姓氏（邓、秦、黄、吴、金）之一，亦为南宋退隐贵族后裔。清同治初，金家坞突遭太平军袭击，金氏大宅毁于大火，从此金姓一族在明月湾消失。

## 019　黄犊山

古名鸿鹤山。位于吴中区金庭镇辛村。因山形似牛背而得名。清王维德《洞庭七十二峰》

称："崦里东去五里为渡渚、老鹤渚、鸿鹤、黄犊、唐介、乌峰，再东禹期、囤山诸峰直至元山焉。"黄犊山位辛村与后埠之间，海拔34.8米，山不高，山断层面有一段小的不规则的向斜构造，沉积岩中层厚、薄层都有，且夹有少部分泥岩。裂隙比较发育，有铁、锰等矿物填充，呈灰色、红色等。黄犊山向斜，由距今约3亿5千万年沉积而成的擂鼓台组中细粒岩屑石英砂岩组成，形成于6500万年前的燕山运动时期。据勘探，紫泥矿储量约18万吨，适宜做紫砂工艺品。因山体构造特殊，称为"省级地质遗迹"，山前今有地质部门立"黄犊山向斜构造"石碑。"黄犊山向斜与紫泥矿"为太湖西山国家地质公园的组成部分。

黄犊山北坡旧有报忠寺，梁天监九年（510）建，南宋宝祐年间（1253—1258）修，咸淳年间（1265—1274）重建。清乾隆五十五年（1790），报忠寺僧凌云法师曾重建淀紫山麓实积寺。报忠寺废于20世纪50年代初。黄犊山之阴，自后埠"报忠寺"（寺圮，现黄沙矿）向南至辛村湾"荫园背"（原大樟树旁）的北山坡地，俗呼"烧人场头"，为南宋时梅梁里平民火化场，遗址埋有许多莲座纹饰青石石椁。

## 020　瓦山

又称众安洲、众安山、南崞。位于吴中区金庭镇消夏湾。清翁澍《具区志》（卷四）载："众安洲，一名众安山，在消夏湾中，俗称瓦山。"清乾隆间里人徐开云《霖泉记》载："众安洲在消夏湾中，四面环水，水外环山，红菱碧莲，紫荷绿萍，左萦右拂，俨一泓洲也。洲之高，不过一仞，大不逾数亩，虽巨浸不没……"据说远望其形状如浮水一瓦，故称瓦山。

清道光《吴门表隐》（卷三）载："太湖中有四崞，山甚小而不没，称地肺……南崞在销（消）夏湾众安洲，名瓦山，并祀水平王。""水平王，旧传后稷庶子，佐禹平水至会稽，诲人浚导，因祀之。"民间又称祭祀其地为禹王庙。庙前有霖泉。《霖泉记》称："庙前有水一泓，深九尺，广四尺，曰'霖泉'，其名不知厥始。是泉也，色清若铉，味甘茗醴。与湖绝殊挨。其品贵不在惠山下也……"李根源《吴郡西山访古记》（卷五）载，1929年7月10日，"过瓦山，又名众安洲。访水平王庙，汲霖泉，得徐开云《霖泉记》"。井栏石镌篆书"霖泉"，为清乾隆四十八年（1783）郑永鸣所题；井旁立有《霖泉记》石碑。20世纪50年代始，消夏湾逐步筑圩围垦，瓦山由湖湾中洲变为圩田中小墩，与圩村连成一片。1966年"文化大革命"爆发，水平王庙被毁，神像被填入霖泉井，霖泉被填没。近有村民自发在瓦山址建"水平王庙"。

瓦山禹庙供石神像均缺头。清乾隆《吴县志》（卷八十二）载："水平王庙，在西洞庭消夏湾水心，祀太湖水神。宋庆历七年（1047），知苏州军事胡宿奏列祀典，神像与几案，皆石为之，乡人祀之甚谨。其地本水中一洲，常与水平，虽巨浸不没，故名。"据传明时倭寇进犯西山，被阻击后，退至瓦山，发现庙内供神很像击败他们的将士，于是竟然把神像头都毁掉了。相传瓦山霖泉求雨灵验。据载，清乾隆二十八年（1763），吴中大旱，巡按陈子恭祷于水平王庙，"乃取泉一盂，拜至神前。方出庙，大雨如注"。

瓦山庙会，每年农历六月二十四日即吴俗"荷花生日"为期。据称，消夏湾"中涵池沼，宽周二十里"，旧时遍种荷花，称为"荷香十里"。"荡舟自荷花丛中，饶有游黄天荡之风趣，黄天荡荷花皆白色，此间花则红色也。"庙会之夜，当地有"水上漂"放"荷叶灯"祈福风俗，

将纸扎彩灯放置在荷叶上,随水漂流,水面千灯闪烁与夜空繁星相映,极为壮观。

## 021　碧云洞

位于吴中区东山镇北望村。原为天然岩洞,在王舍山丘下湖角僻地,洞口濒临浩瀚太湖。《莫厘游志》载:"过王舍,至北望山麓滨湖之碧云岩。岩下有洞,名碧云洞,深约四丈,中供佛像,壁镌观音大士灵笥。"碧云洞镌佛像,始于何年不详。碧云洞洞口较大,大洞后面有内洞,"洞内颇幽邃,可以蛇行入内,深不可测"。20世纪60年代,当地曾有村民进入内洞,内洞入口很小,仅容一人跻身,洞宽不过1米,沿石阶往下走3~4米,下面地面比较平缓,前行约20米,能听到洞上面有湖浪激石声,村民感觉洞内空气稀薄,心生惧怕,未敢再往前。此后无人再下去,村里便将洞口填封了。今石洞外筑二间禅房,石洞进深约10米,分隔为二,前面供人烧香礼佛,后供一尊青石雕塑观音像,据称佛像后即内洞穴口。碧云洞外的岩石上,原有摩崖石刻"碧云洞"3字,为李根源于1929年题写,近因修筑东山新环山公路时削去山角而毁。环山公路已将碧云洞与太湖水滨隔开。

碧云洞原"背山面湖,独擅佳胜"。近人朱润生(朱自清次子)有《碧云洞》诗云:"秋日寻幽结伴来,碧云洞口偶徘徊。湖波辽阔山光淡,遥见风帆一例开。"(朱润生《湖山诗影录》)碧云洞外湖滨山石平整,湖水清澈见底。在此遥望湖中诸山,或远或近,若浮若沉,出没波涛之间。

## 022　玄阳洞

亦作玄旸洞。位于吴中区金庭镇鹿村。玄阳洞在老鹤渚山坡,相传汉玄阳道人在此修炼而得名。清翁澍《具区志》(卷八)载:"玄阳洞,在鼋山,春时桃花最盛。"老鹤渚山,俗称"鹿山",山高海拔60米,山之东、南面至鹿村,而西、北面至辛村。20世纪70年代中期,当地在此山开采石灰石,至1997年停止采石,整座山体被挖去三分之二,山麓东坡成峭壁,幸玄阳洞一角较完整保存。玄阳洞位于山西南坡,洞口半掩略呈半圆状,朝南略偏东,洞体为箱形,洞内高超过3米,宽2~3米,洞顶穹形,据称能容300人。现洞体石灰石(太湖石)上,仍留有数处摩崖题刻遗痕,洞口上端有双勾行楷"玄阳洞"3字,右侧篆书"南巢上人书";洞壁一直立巨石,刻篆书"观音岩"大字,洞壁间有"南无阿弥陀佛"等残存摩崖题刻,及勾勒石体上的佛像与饰带等。

玄阳洞外旧有禅房等建筑。清初潘耒(1646—1708)《玄阳洞》诗曰:"禅房倚绝壁,俯视云容容。湖天白无影,明涛荡我胸。小舟如伏槛,远屿如张篷。宛宛海浸月,稍稍林受风。此中有奇趣,吾将问支公。"清《林屋民风》诗有"玄阳洞旁有柴庵,屋顶结草形状圆"。李根源《吴郡西山访古记》(卷五)载:"泊鹿村,游玄阳洞。张凤翼、沈尧中有咏诗。"明张凤翼(1527—1613)诗曰:"金庭玉柱镜中悬,传道玄阳洞壑偏。小有自来元借日,大罗何处又成天。云开地肺留丹诀,水接桃花长碧莲。会得童颜如可驻,还骑白鹿逗苍烟。"沈尧中(明万历间苏州府丞)诗云:"苦乏登山足,犹堪入洞腰。搴衣沙作袴,秉炬石为瓢。曲窦吞云髓,深房坠玉管。赤龙入已矣,银简未全消。憩石形将蜕,升台势欲飘。睇仙何处是,海上有王乔。"

旧时山周围尽是稻田，"玄阳稻浪"，曾称西山十景之一。清末徐炎《玄阳稻浪》诗云："危石厅礧挂薜萝，玄阳洞口白云多。秋来田野风初动，一望平畴翻绿波。"现已无稻田，村民多以种植果树为业。

## 023　七阳山

位于吴江区松陵街道松陵公园内。公园地处老县城东侧城墙内，北靠玉带河（现为流虹路），南依县府街，东枕城墙，西邻紫石街、磨坊弄。由南、北两山组成，两山相隔19米，南山有2峰，主峰高5米，副峰高3米；北山峰高7米。山旁原有"松陵书院"，书院的文人墨客常常登山俯瞰西面的松陵街市，再看东面的垂虹卧波。尤其当夕阳西下时，彩霞增色，苍茫如画，有"垂虹相依七阳，七阳光照垂虹"之说，故题名为"七阳山"。

此处原为两个土埠，19世纪中叶，太平天国战争以后，松陵人用毁坏的房砖碎瓦、石块和垃圾以及清理玉带河时挖出的淤泥堆积在土墩上，形成了"山"，占地28.5米，但仅是两座秃山。由于山前地势较平，清末曾用作县衙的操练场，也称为"七阳山校场"。1918年，吴江县知事李世由和知名士绅费仲笆等人，先后在七阳山上遍植松树。遂有了"七阳听松"的景点。1934年，由县政府主持开浚城区市河共1 455米，挖出的淤泥垃圾堆在七阳山上，两山增高至现高度。又在山上种植松树及建亭筑路，并决定于七阳山建公园以供居民休憩。1937年，日军侵占吴江县城，七阳山遭到了毁灭性的破坏，成了放牧场和秃山头。1953年，吴江县人民政府引进了大批的黑松、罗汉松、玉兰等名贵树种，发动吴江乡村师范全体师生多次进行义务植树活动，七阳山的面貌得到全面整改，一直保存至今。

1982年，在七阳山上重新建起了亭子，构筑了上山石阶，筑通了770多米的环山小道。1983年植树节，县、镇二级领导带领干部群众在七阳山上广植各种名贵花木近9 000株。

2007年4月，费孝通先生的墓在公园内落成。费孝通（1910—2005），吴江松陵镇人，著名社会学家、人类学家、民族学家、社会活动家，中国社会学和人类学的奠基人之一，第七届、第八届全国人民代表大会常务委员会副委员长，中国人民政治协商会议第六届全国委员会副主席。费孝通墓坐落在朝南向阳的七阳山小山坡上，处山水之间，绿树丛中，别具一格。缩小一点看，墓地就是墓园，放大一点看，一座小山就是墓地，寓人文景点于自然景色之中。墓碑的正前，墓穴的上方，无声地展开着一本大约1米见方的石雕书卷。硕大的墓碑，是整块形体自然的花岗岩水冲石，上面镌刻着非常独特的墓志铭："逝者如斯而未尝往也，生命劳动和乡土结合在一起就不怕时间的冲洗了。"松陵公园内除有费孝通墓外，还有钱涤根纪念碑、张应春纪念碑，是青少年教育基地。

## 二、岛（屿、洲、墩）名（5条）

### 024　浮庙墩

位于吴中区光福镇西崦湖中。浮庙墩为湖中小岛，面积8 000多平方米。由于西崦湖围垦，今浮庙墩与对岸仅一河之宽，河上建有坞山桥，与外界连通。

清《光福志》载："浮庙墩，一土阜也，在西崦湖中，四面环水，非舟不达。而庐舍田园，桑麻鸡犬，俨然一村落也。土阜之上有一庙，杂树扶疏，颇惬意趣矣……此墩虽遇大水不淹，故有浮庙之名。"清顾震涛著《吴门表隐》（卷六）称："浮庙墩，在下崦内，明董氏所筑。"明徐枋《铜坑记

浮庙墩

略》提到浮庙墩："过虎山桥为龟山，龟山之麓直接平堤，夹岸榆柳，皆在下崦。遥望水面有物如螺，杂树蒙之，浮庙墩也。崦之尽，长虹缥缈如线，铜坑桥也。外则太湖具区矣，烟波渺然，一望无际，风平浪息，湖光如镜。则孤帆出没于天末，远山浮沉于波面，而渔舢如叶与凫相泛。"浮庙墩上原有一座禹王庙，民间曾流传"神鳌驮庙"故事，传说庙下面有只神鳌驮负，所以不沉不淹，故称浮庙墩。禹王庙原在浮庙墩最高处，毁于1966年爆发的"文化大革命"，现村民自发在原庙址建小庙供奉"猛将"。

浮庙墩亦为村落名。清同治《苏州府志》（卷二十九）载，穹隆乡阜安里二十都二图"山前头、安溪、浮庙墩、坳里"。浮庙墩自然村，东为西崦湖，南接涧上村，西连坞山头，北为铜坑港。原属铜坑村，2003年后属香雪村行政村。村民以种植及栽培花果苗木业为主。

### 025　平波台

位于吴江区平望镇南莺脰湖之中，是高出水面2～3米的土墩，故名。明天启六年（1626），由道人周妙圆所筑。官居中书舍人的平望人潘有功作《平波台记》赞誉其为"澄波万顷而波心一点，天地俱轻"。时人把平波台与嘉兴南湖湖心岛、同里罗星洲称为江南三大水上奇景。

清乾隆三年（1738），平望巡检司巡检孙泰来同本地人一起在平波台上铸指迷钟一座。嘉庆年间（1796—1820），平望人陆俊曾书同为平望人的袁枚女弟子吴琼仙诗33首，勒石嵌在平波台石壁。平望人邵国栋将唐代诗人张志和石像移入平波台东屋内。嘉庆十三年（1808）邵国栋又与戚汉源在平波台募建佛殿楼宇，次年在佛殿西重建元真子祠。

"平波台"又名"平倭台"。相传有倭寇的船队驻扎在莺脰湖，设关卡收费。并在平望台前设30根梅花桩，摆下擂台，用凶悍的石猴设擂，扬言如百日之内无人打败石猴，就永远驻扎在此。有当地浑身上下长着像金丝一样黄毛的金孩，踏上梅花桩，在擂台上收拾了石猴，赶走了倭寇。

清代，平波台是文人雅集的好去处，平望人殷增（1782—1822），字曜庭，号东溪，有《闰上巳修禊平波水榭，集兰亭叙》诗；震泽画家钟圻有《丙子上巳前一日，殷东溪招同人登平波台修禊，分得苔字》诗；平望画家翁小海（1790—1849），名雒，字小海，有《同人平波台修禊》诗。

清咸丰十年（1860），平波台毁于战乱，到抗日战争爆发前夕，平波台上仅存瓦房3间。20世纪90年代后期，扩大了平波台的面积，在平波台上建造了四星级的新世纪酒店及新世纪居民小区。

## 026　浮玉洲

位于吴江区松陵街道，东为吴淞江和孔庙，南为垂虹桥，西为吴江城，东北为运河，因土墩如玉浮于水面而得名。清光绪《吴江县续志》载："四面皆水，中为浮玉洲，洲前垂虹桥，锁太湖西来诸水。洲后庞山湖汇吴淞江入海。"有浮玉洲桥，明天顺六年（1462）重建，今不复存。

明嘉靖（1522—1566）至万历年间（1573—1619）著名文学家吴国伦曾登浮玉洲。吴国伦（1524—1593），字明卿，号川楼、惟楚山人、南岳山人，与李攀龙、王世贞、谢榛、宗臣、梁有誉、徐中行等7人并称"后七子"。他写有《吴江徐善长明府邀过浮玉洲同诸君宴集》诗："太湖平绕洞庭山，渺渺松陵一水间。城堞半浮芳树出，石梁横跨曲江还。无妨进酒歌相乐，只惜当筵鬓已斑。见道吴中多胜迹，漫同仙令一追攀。"

浮玉洲上原有爱遗亭、三高祠等古迹，相传为陆龟蒙隐居之地，现均已不存。明代画家张元士有《垂虹亭》画，画中垂虹桥前，吴淞江内有一岛，上有一屋，即浮玉洲三高祠。清代，浮玉洲上的"中秋踏灯"是吴江独特的民俗文化盛会。

20世纪80年代，在浮玉洲建"垂虹遗址公园"，占地面积为90亩。公园内有华严塔，原在吴江东门外，为仿宋方塔，4面7级，砖木结构，建于宋元祐四年（1089），毁于民国，2005年移地重建于垂虹遗址公园内。

## 027　浮玉墩

又名张墩，位于吴江区震泽镇北部长漾（又名牛娘湖、牛羊湖）中，为一土墩，地广两亩，四面环水。相传因墩上"大旱不见水甚减，大涝不见水甚增"，与湖水同步上下浮动，故名。

"张墩"之名缘于唐代诗人张志和。张志和（732—774），字子同，初名龟龄，号玄真子（一说元真子），祖籍婺州金华（今浙江金华）。相传张志和行至牛娘湖，泊舟登浮玉墩，由爱思居，筑屋垂钓。于是，后人将浮玉墩改名为"张墩"。清道光《震泽镇志》载："张墩，张志和垂钓处也。其诗云：'数椽结庐，一水环境。玉山浮游，震泽清净。'"震泽旧八景中有"张墩

怀古"一景。

历朝以来，文人墨客途经长漾，泛舟水天间，无不抚今追昔，留下诗咏。明代范允有《题张墩》诗云："蒹葭迷望远，浩渺碧湖深。沙屿晴浮玉，只园旧布金。钟敲明月冷，渔唱夕阳沉。欲挹元真子，烟波不可寻。"清代王棠有《春日泛舟牛娘湖过张墩》诗曰："东西廿里水云长，旧是元真泛宅乡。不少名流耽啸咏，惜无贤尹重词章。野梅白糁离尘地，细柳青扶唤渡航。栋宇倾欹钟磬寂，一番历劫小沧桑。"

浮玉墩因战乱和自然灾害逐渐荒废，现已消失在牛娘湖中。

### 028　莲花墩

古名濯缨矶，位于吴江区盛泽镇雁湖东北，浙江省王江泾西北。清乾隆《盛湖志》载："濯缨矶四面皆水，是元人某遗迹。有石刻隶书三大字没于水涯，水落则见。明万历间筑澄溪桥，取置圯下，今具在焉。"明末清初学者蒋之翘有《濯缨矶》诗曰："宛在中央绿树围，云根移却藓痕微。我来笠底缨如雪，静数浮鸥天际归。"清诗人王明福读了蒋诗而即兴和韵："渺渺烟波碧四围，濯缨矶畔晚风微。扣舷高唱沧浪曲，菱女渔师次第归。"

墩如莲花浮在水上，后改名"莲花墩"，莲花墩上曾建有莲花墩庙。清乾隆五十年（1785），新杭人宋景和与同道在莲花墩庙旁筑屋结诗社，屋如舟式，取名"小沧浪"。清光绪《盛湖志补》收录了诗人张楷的《小沧浪雅集》诗，诗曰："却喜拏舟至，无劳著屐过。湖云含雨重，小鸟避人多。宿酒倾桑落，新诗写衍波。濯缨兼濯足，何处入高歌。"小沧浪在咸丰十年（1860）遭毁。清同治（1862—1874）初，有当地人在隔岸筑一亭，题名"濯缨"。

## 三、河流名（40条）

### 029　葑门塘

位于姑苏区葑门外，源于护城河，流经姑苏区、苏州工业园区，东入金鸡湖，因起于葑门，故名。实乃旧时"葑溪"的城外部分，清代得名，沿用至今。该河长约3.7千米，苏州工业园区境内河长约2.99千米，宽15～20米，是苏州古城出葑门向东的主要河道，也是护城河东泄水道。

### 030　相门塘

位于姑苏区相门外，源于护城河，流经姑苏区、苏州工业园区，东入金鸡湖，因起于相门，故名。民国时得名，长约3.7千米，苏州工业园区境内长约3.35千米，宽10～30米，是苏州古城出相门向东的主要河道，也是护城河东泄水道。

## 031 外塘河

位于姑苏区外东北角,又名官渎河,南起苏州外城河官渎桥,东北向通阳澄湖,因在苏州古城东外围,故名外塘河。该河是苏州工业园区与姑苏区的界河,全长3.59千米,宽15~30米,也是苏州城河的一条东泄水道。

## 032 斜塘河

一名西吴淞江。位于苏州工业园区斜塘街道境内,西起金鸡湖,东至吴淞江,全长约6千米,最宽处达200多米,最窄处约25米。"斜塘"之名,最早出现在南宋苏州郡守郑霖写于南宋淳祐九年(1249)的《重修昆山塘记略》一文中。郑霖的文章中详尽地记述了南宋淳熙六年(1179)发运使魏峻疏浚娄江、治理沙湖的过程,文中记疏浚前的航道时说,"从新洋江出吴淞江、斜塘以至蔀门"。这里记载的"斜塘",应为河道名称。民国《吴县志》(卷二十)载:"斜塘河在金鸡湖东岸,有南斜塘、北斜塘、古鸡陂、鸭城等处,东过唐浦,通吴淞江。"由于斜塘河东接吴淞江,故一名西吴淞江。

斜塘河横贯原斜塘乡镇(今苏州工业园区斜塘街道),经斜塘大桥,跨斜塘河南北,其周边区域即为原斜塘老镇区所在地。历史上,民间谚有"先有北斜塘,后有南斜塘"。清乾隆五年(1740)《元和县志》已有"南斜塘""北斜塘"的称谓。据《斜塘镇志》记载,斜塘河畔的斜塘集镇,形成于清朝初年,时称南斜塘镇。明王鏊《姑苏志》记载,明朝初期,斜塘境内的集市以王墓市(今苏州工业园区仁爱路东段一带)最为繁荣,而斜塘还只是在中塘江(南距斜塘河600多米)北岸的一个村落名称(今东湖大郡花园一区附近),后逐渐形成集市,即"北斜塘"。随着航运交通的发展,在斜塘河北岸也逐渐形成了新的集市,即"南斜塘"。清中叶后,王墓集市逐渐衰落,渐沦为一般的乡间村落,而南、北斜塘渐兴起。至清末,南斜塘因金鸡湖堤坝建成,交通便捷,商铺日茂,经济渐盛,遂取代北斜塘的集市地位。民国初年,吴县政府在南斜塘设斜塘乡治所,成为斜塘境内的中心区。

在斜塘河北岸,原有长约200米、宽2~3米的斜塘街,前河后街,街河相依,小桥流水,粉墙黛瓦,为传统江南水乡民居风貌。民国期间,沿街商铺南北相向排列,路面用碎石和条石铺设,上有护棚覆盖。东、西街口均设有防盗木栅,称"巷门"。巷门朝启暮闭,北部诸村从陆路来的赶集人均由西巷门进入街市。街西曾有"油车坊",街东原有经销当地传统手工业产品芦席的"芦席角"。至2005年,斜塘街全部拆除。2013年,在松涛街以东的原斜塘街东段开发建设了"斜塘老街区",成为一处仿江南古镇风貌的餐饮文化商业中心。

斜塘河西接金鸡湖,入湖口的北岸有琼姬墩,为苏州市级文物保护单位,相传为2 000多年前春秋时吴王夫差女儿琼姬的墓地。另一说为吴王张士诚女儿的墓地。

## 033 鲇鱼口

又称东湖、太湖梢。位于吴中区长桥街道南部。长5千米,阔2.5千米,是苏州城南的太湖泄水道，通往吴江、浙西的重要航道，为古时属吴县与吴江县（今吴中区与吴江区）的界河，也是兵防要地。

鲇鱼口因河口开阔，形容为鲇鱼阔嘴巴而得名。处于东太湖的尾端，故称太湖梢。明杨循吉《吴邑志》载："盘门外一水洪阔而南行者谓之'鳌塘'。其长约十里，分二水口出太湖。在东阔一百三十丈者曰'鲇鱼口'。"鲇鱼口属古"三江"之一。明王鏊《姑苏志》（卷十）称"按今三江：一自太湖从吴县鲇鱼口北入运河……"

鲇鱼口，南宋以来为吴县、吴江县（震泽县）界河。清《太湖备考》称："鲇鱼口，吴江县自析置震泽县后，太湖之隶县界，止鲇鱼口外一隅。湖水北流之尽境也，内（纳）鲇鱼口，直达娄江、瓜泾港，沛下吴淞。"清乾隆《吴县志》（卷六·水）载："鲇鱼口，在县南十里。阔五里许，西承太湖水，东至分水墩。自分水墩东流入长洲县界，为瓜泾、柳胥等港。南北互流，转入澹台湖。又自分水墩南流入吴江县界，为庞山湖。"清乾隆《吴江县志》（卷二·山水）载："鲇鱼口，去县治北十八里（属一都）。南受太湖之水，北流汇为鳌塘，又北过五龙桥，入吴县界盘门运河。其鳌塘之东折者，至分水墩为古塘口，入长洲县（今属元和）澹台湖，过宝带桥，与运河合。"同治《苏州府志》（卷八·水）载："鲇鱼口，在（吴江）县北十八里，太湖之北。自太湖分流出此，又北汇为鳌塘，又北过五龙桥，入吴县界，为盘门运河。"

清代，鲇鱼口有驻兵设防，并设防汛署。《太湖备考》（卷四·兵防）载："雍正二年（1724），为钦奉上谕，事议分江浙营制，左营千总一员，分防苏州府吴江县鲇鱼口（乾隆十年改把总），战守兵共九十六。""千总署，一在鲇鱼口，凡十九间，署傍汛房十二间，雍正二年建。乾隆十年，与把总调汛，今为把总署。""自牛眠泾汛，至此，并江南左营鲇鱼口千总管辖。"

鲇鱼口一直为苏州城南主要航道之一，鲇鱼口航道，长6.8千米，宽300米，水深5.5米，枯水期水深3.5米，可通百吨货船，年货物通过量500余万吨。由吴县、吴江县交界处的瓜泾港西口直北入长桥境内，经东湖村、蠡墅镇、南库村、新江村、庄桥村、新塘村、龙南村，过五龙桥入西塘河（大龙港），穿裕棠桥，接入盘门外城濠（苏州古运河）。20世纪70年代中，长桥公社开展"农业学大寨"，在鲇鱼口围垦造田，鲇鱼口航道于1977年年底断航。1975年，鲇鱼口东侧人工开挖一条改道河。

鲇鱼口被围垦部分，改造成东湖、方池潭、新江圩、邵昂圩4个水产养殖场和东湖林场，为长桥镇的水产养殖、苗圃和果园基地。20世纪90年代始，又进行了大规模填土兴建住宅区。原鲇鱼口包括鳌塘演变为泄水河道，属大龙港（西塘河）直通东太湖部分，现大龙港的东太湖入口建有"大鲇鱼口闸"，其北侧绕城高速（沪常高速）跨河有"大龙港桥"。另有"小鲇鱼口闸"，在东太湖环湖大堤A区段，为石湖补充太湖水的入口。此外有鲇鱼港，南起南港河，北至澹台湖（南段即斜港南，又称泥河田河），长2.1千米。

又：鲇鱼口（渡口），位于常熟白茆塘中。清康熙《常熟县志》（卷二·水）载："水有汇而排之使注白茆者曰洪，若王家洪、苏家洪、赵大洪、三父洪、新开洪，东通鲇鱼口，西通半湖漕。"清光绪《常昭合志稿》（卷三·水）载："白茆塘起迎春门外城濠……又东行有杨树洪南北贯之，北通罟里口，南通新开洪诸水。至鲇鱼口，北与挂墩接畛，两塘交会，是名三丫港。"

### 034　面杖港

位于吴中区长桥街道，在鲇鱼口东，南起瓜泾港，北至澹台湖，属航道。面杖港，因河道较直且不太长，形似擀面杖而得名。明杨循吉《吴邑志》称："……鲇鱼口在西，阔八丈者曰面杖港。二口之外，湖水渺茫，直通湖、常二郡，难于控御。"面杖港，与鲇鱼口同为南北向并行河道，泄太湖水。

面杖港历史上也是县境界河，唐武周万岁通天元年（696），析吴县东部地置长洲县，面杖港以东，即今长桥境域东部，划归长洲县。五代十国开平三年（909），再析吴县南部地置吴江县，今长桥境域南部（澹台湖南、面杖港西、鲇鱼口东及邵昂港南）地划归吴江县。这一区域时为吴县、长洲县、吴江县三县分治，经宋、元、明三朝未变。清同治《苏州府志》（卷三十三·桥梁一）载："簖桥，跨面杖港。"

面杖港，从瓜泾港中段向北，经浏河浜村、长浜村、沙田浜村、石灰浜村、坝棋上村、盛庄村、张角村、下塔村入澹台湖。现全长4.2千米，其中位于吴中经济技术开发区内一段长3.6米。面杖港航道长3.6千米，宽25米，水深3.5米，枯水期水深2米，可通80吨以下货船，年货物通过量100余万吨。因与大运河、鲇鱼口并行，而相比之下，面杖港河面稍窄，水流平缓，因此成为一些载重船只避强风或改道行驶的便道。

### 035　蠡墅港

位于吴中区长桥街道蠡墅社区。蠡墅港东自鲇鱼口，西至石湖，因东西横贯蠡墅镇而得名，为镇区主干水道。"蠡墅"之得名，相传因春秋越国大夫范蠡曾居此，或说由此入太湖。蠡墅港与南北两侧的四条支河成十字相交，东段南侧庞家浜、北侧庙泾浜，西段南侧栈郎浜、北侧有中港（俗称水老鸦浜）。民间传说蠡墅港形如"游龙"，两侧4支流即龙脚，龙头在东白场，潜出鲇鱼口，龙尾深藏石湖。

蠡墅港，为宣泄太湖水的重要河道，也是原蠡墅镇区主要航道，长6千米，宽15米，水深3米，枯水期1.3米，可通50吨以下货船，年货物通过量200余万吨。航道路线东连苏杭大运河，穿苏嘉公路，经南港河、吴桥港、杨青港进鲇鱼口，入蠡墅港，西通石湖。1927年，蠡墅镇开通了至苏州的"苏蠡航班"，在镇东南庞家浜北口西岸设"蠡墅船码头"，并在龙桥镇中西塘河东岸设"龙桥船码头"。所谓"船码头"，仅在河岸边打两根木桩，横木铺板，供乘客上下船，无论刮风还是下雨，乘客都只能站在岸边候船。"苏蠡航班"每天开两个来回，从蠡墅码头起航，由蠡墅港入鲇鱼口，往北穿鳖塘，途经龙桥码头、盘门外裕堂桥码头，终点站为胥门外苏州航运公司万年桥码头。日客流量一般为50人至150人，客运高峰期间达200人左右，届时会增加航班。苏州解放前夕，"苏蠡航班"一度中断，蠡墅、龙桥船码头荒废。苏州解放后，"苏蠡航班"恢复，两码头由政府修复。1977年，鲇鱼口围湖造田后断航。1978年5月1日，苏州城至蠡墅镇开通14路公交车，"苏蠡航班"停航，蠡墅、龙桥船码头废止。

蠡墅港为蠡墅镇市河，集镇区分布在蠡墅港包括支流沿岸，主要商业街为蠡墅港的蠡墅上

塘街和下塘街。民国《吴郡地理志要》称："吴县在府治西，与长、元分境而治，擅湖山之胜。其市镇之最著者以木渎为首，而胥口则入太湖之要道也。附郭有枫桥镇，其西则光福、元墓夙称胜地。横塘在城之西南，又西南则有横泾，南则有蠡墅，皆巨镇也。"蠡墅自古以造船业著称，老镇区多船坞，曾独创轻便型"蠡墅船"，风靡江南水乡。蠡墅传统产业为刺绣、眼镜制作，酿酒亦闻名遐迩。尤其苏绣一绝"盘金绣"（被誉为苏州金针），流传在蠡墅镇及周边的南厍村、张家村、华村一带。原蠡墅镇及庞家浜、永兴村、庙金浜、洋海廊、马家村、西浜、南厍村7个自然村，现属长桥街道蠡墅社区。

蠡墅港及支河至今保留着4座古石桥，1997年同被列为市级文物保护单位。蠡墅桥跨蠡墅港中段，为清光绪四年（1878）重建石拱桥；须茂桥在蠡墅港西头，为清道光十三年（1833）九月重建石拱桥；永兴桥跨栈廊浜口，为清嘉庆二十一年（1816）重修石梁桥；太平桥跨中港口，为清道光四年（1824）重建石梁桥。蠡墅老街仍保持着江南水乡河街平行风貌，散落着多幢清代老宅。

## 036　墅浦塘

位于吴中区郭巷街道东北部，属独墅湖社区，与斜港、苏申港、黄天荡连通。原是独墅湖西侧一段塘河险滩，湖阔浪急，每遇大风大雨过往船只经常在此倾覆沉没。民间传称明代汤堡村"吴姓状元"出资开塘筑堤，沿独墅湖滩隔出一条通航内河，称"墅浦塘"。所谓"吴姓状元"，即吴默（1554—1640），字因之，祖籍吴江同里，晚年迁居郭巷汤堡村。明万历二十年（1592）进士，因获会试第一名，人称"吴会元"（非状元），授礼部主事，官至太仆寺卿，与文震孟、姚希孟等意气相投。吴默倡治湖患，修筑了新塘（堤岸），由此分隔了独墅湖与黄天荡，辟出沿湖塘河，既使过往船只避开湖浪，又保护了湖畔良田。

墅浦塘，东南连斜港（苏申港），西北接黄天荡，全长3千米，宽40米，深3米左右。墅浦桥，在通达路上，跨墅浦塘。沿墅浦塘西侧，今有墅浦路，北起通达路，东南至东方大道，全长1 629米，按城市主干道Ⅱ级标准，路幅总宽为40米，路段中包括1孔直径为1米的圆管涵、1段跨6米的箱涵和1座跨16米的板梁桥，同时修缮了墅浦塘驳岸1 768米。2011年获苏州市城乡建设系统优秀勘察设计三等奖。靠墅浦塘一侧，建有墅浦路健身步道。

2006年，南环桥市场迁至墅浦塘与斜港河交叉三角地，占地面积约20万平方米，是原南环桥市场的1.5倍。2020年再次搬迁至甪直镇辖区，新市场占地面积40.2万平方米。

## 037　旋马桥港

亦名旋马塘，俗称北港。跨越吴中区横泾街道、木渎镇。因有旋马桥而得名。清同治《苏州府志》（卷三十三·桥梁一）载："旋马桥，三拱，初名前马桥。明嘉靖三十三年秋，倭寇自鲁都泾南窜，乡民毁桥，不得渡。时官兵屯吴林（璘）庙，闻而追之，杀戮无遗，官军从此凯旋。后重建桥，改今名。"

旋马桥港，西北至东南流向，北自木渎胥江，经走马塘、兴福塘（今马家行政村第六村北侧）流入横泾境内，穿越马家、后巷两个行政村至旋马桥，途经新思村，流入犁尖嘴与横泾塘河合流。历来为横泾与木渎、苏州通航的主河道。

相传元末吴王张士诚屯养军马于马家场山坞，草料给养的运输经此水道。旋马桥港弯曲又狭窄，河床较浅。清初，自后巷桥以北至盛家桥，官府曾一度下拨银两，每三年由沿途村民清淤一次。清同治十三年（1874），旋马桥港与横金塘、木渎走马塘、兴福塘同时拓浚。清晚期，横泾塘河与越来溪连成水路后，横泾往来苏州的船只从此改走此水道。1956年，木东公路建成后，旋马桥港内河运输船只日益减少。1994年，于原旋马桥西侧截流。

### 038　南宫塘

又名香山塘，俗称北塘河。位于吴中区香山街道中部，东西贯香山腹地，两端通太湖。因河道流经地相传为吴王离宫"南宫"，故名。清同治《苏州府志》（卷三十五·古迹）载："南宫。卢《志》载：南宫乡在吴县界，亦吴王离宫。今小园岭南，尚有二石门白，宛然相对，正在断浜尽处。"民国《吴县志》（卷二十舆地考·水）载："南宫塘，即香山塘。其东曰塘桥港，太湖至此折而西，沿法华山，过黄茆嘴，折而东北，折吕坡桥港，即南宫塘之西口。"

南宫塘各段分别有不同的河道名。清乾隆《吴县志》（卷六·水）载："南宫塘，西承太湖，由长沙山九曲河，东北亦出太湖，光福山在其北。塘南河道曰陈家泾、顾家泾、梅梁泾、蒯家泾、大渎泾、牛车泾。吕浦，西通太湖，东通南宫塘。中塘河，西由光福塘通太湖，东通夏驾桥。香泾桥河，西通太湖，东北通光福塘。塘北河道曰：白马泾、孙家泾、小岘溪、九曲河。"清道光《光福志》（卷三·水）载："塘桥港，即南宫塘之东口，太湖至此又折而西，沿法华山，过黄茆嘴，折而东北，至吕浦桥。吕浦港，即南宫塘之西口，有汛，太湖至此又折而西北。"南宫塘自古是香山腹地主要水道，承载船运、灌溉、排涝等重要作用。民国《香山小志》载："南宫塘，塘在穹窿山下，贯串香山，蜿蜒十里，南自外塘桥起，北至吕浦桥止，中途西折，分其潮流，由郁社、姚社等处以达蒋墩，旱涝有备，舟楫可通。港汊则渔帆、市港、梅社、花泾、唐墓诸口，皆所以疏泄太湖之水，以济内地深处，为南宫塘所灌输不到者。"

南宫塘上原有多座桥梁，分别为外塘桥、兴福桥、乐善桥、中和桥（炙鱼桥）、渔帆桥、水桥、方家桥、三节桥、后塘桥、西泜桥、钱忠桥、舟山桥、吕浦桥等，南宫塘的支河上也分别有鸳鸯桥、须家桥、南塘桥、唐墓桥、白马桥等，不乏古桥名桥，惜今存无几。

南宫塘今称北塘河，在舟山北，东起香山运河（水桥），西至吕浦港闸入太湖，长4.8千米，属区级河流，流域面积6平方千米，有郁舍河、陈华河等支流。另有南塘河，在舟山南，东起香山运河，折西至北塘河，全长2.75千米，属镇级河流，流域面积5.5平方千米，有郁舍河、蒋墩河等支流。

### 039　席墟浦

又名席墟港，位于吴中区甪直镇，属吴淞江支流，为原甪直镇与车坊镇的界河。因河道经席墟村落而得名，席墟浦连通吴淞江与澄湖（旧称陈湖），在今甫田村的杨家湾、淞浦村的东关与车坊办事处三马村的三姑之间。

清乾隆《元和县志》（卷二·疆域）载，"北二十六都副扇"，有"二十九图陈湖北滩，席

墟村","三十图陈湖北滩,席墟"。"席墟"原为席草及席草制品的交易集市,后为村落。清《元和县志》(卷十六·物产)载:"杂植之属:席草,出甫里大姚,冬月种,小暑后刈。灯草,种法与席草同,出郭巷、大姚。其心作灯炷,入药;皮制雨蓑。"历史上吴淞江流域是席草、灯草、蒲苇等产区和加工地,其制品也是地方特产:草席(出甪直)、蓑衣(出姜庄、郭巷)、蓑衫(出五潭泾)、芦席(出斜塘)、筏帘(出下雉渎),"蒲包,出唯亭者,装粮米棉花;出杨枝塘者,装店肆果物"。

席墟浦,通江连湖,多渔舟。明末长洲县令李实《席墟渔火》诗曰:"席墟村畔泊渔舟,点点瑟莹映水流。丝网半明浮白动,篷窗渐淹小红收。妻儿笑语蒹葭夜,鸿雁飞鸣芦荻秋。说向烟波名利客,不如高卧醉江头。"

席墟浦及澄湖,20世纪70年代以来,有多次考古重要发现。2003年9月,为建设苏嘉杭高速公路,苏州博物馆和吴中区文管会即组成联合考古队,进行了抢救性考古发掘,在湖底和席墟浦东岸发现了850多处古文化遗迹。澄湖的支流席墟浦下有古河道,很可能就是古东江的遗迹。澄湖一带有密集的古人类文明遗存,从新石器时代的崧泽文化、良渚文化和马桥文化,历西周、春秋战国、秦汉六朝,直延续到唐、五代、宋,前后相沿达4 000余年。尤其是席墟浦东岸,包括入湖口的湖底和湖滩地下,遗址分布范围达45平方千米。为近年发现面积最大、时间跨度最长、内容最为丰富的古文化聚落遗址。

席墟村,在甪直镇澄北村西部,南至澄湖,北至湖滨路,东至施家浜,西至席墟浦。原属郭巷村,2003年11月,公田村、郭巷村、陆巷村合并成甫田村,席墟自然村现属甫田村。

## 040 界浦

又称界浦港、界浦河、界浦江。位于吴中区甪直镇境内。历史上为原吴县(长洲县、元和县)与昆山县(新阳县)的分界河,故名。有南、北两大段,南边一段在甪直镇区与南港镇交界,北边一段在原唯亭镇(今苏州工业园区唯亭、胜浦二街道)与正仪镇(今昆山市玉山镇)交界。

甪直镇号称"五湖之厅,六泽之中",境内界浦港,为六泽之一。清《甫里志稿·水道》载:"界浦,由东市河分流入通裕桥,迤南汇牛眠泾水,南趋又南汇潘酒店水,又南至双庙分流,一东折,由双庙港经十四图,又东经岳庙前,迤东入商阳潭;一南趋,经林行荡前,入范青湖(即万千湖)。"明隆庆《长洲县志》(卷二·水利)载:"永乐二年,成祖特命尚书夏原吉治水……是得浚下界浦、吴淞江、四顾浦、吴塘、白茅港。"现甪直界浦河,北起界浦桥,南经黄楼村、光辉村、凌塘村,入万千湖。界浦港北端与东市河交汇处有界浦桥(通裕桥),由明万历四十七年(1619)陈三槐募建。清乾隆十五年(1750),里人陈有怀等劝募重建。"通浦桥,平石,在怡翁桥右,跨界浦。万历末建,乾隆十五年,里人李友仁、陆元魁等募资重建。光绪廿二年秋圮,廿三年殷福九等募资重建。"界浦港两岸沿河街巷分属二县二镇,西侧有"界浦上塘",当地俗称"上游",今属吴中区甪直镇;东侧称"界浦下塘",俗称"下游",今属昆山市张浦镇南港社区。

原唯亭镇境内界浦河。清《元和唯亭志》记载,"界浦,西元东新(西边元和县,东边新阳县)",在"中十九都副扇"(镇东),"东十九都正扇"(镇东南)。北起娄江(至和塘),南至吴淞江,跨今苏州工业园区唯亭街道、胜浦街道东侧。清人沈澡采《界浦渔灯》诗云:"渺渺界滨水,渔舟逐浪浮。荻花和露落,鱼罩带星流。渔网斜笼月,移篷欲卷秋。三更人寂静,树隙白云留。"其间有"界牌头"(邻近祁村)。清《元和唯亭志》(卷四·津梁)载:"界浦桥,在界牌左。东塊属新阳(今昆山市)。明万历十四年里人支守礼建,知县祝耀祖记。自陆市浦桥(属浦田村)至此,俱在镇东官塘。"

此外,界浦河北穿娄江,通阳澄湖东湖的梢头,称"界溪",古有渡口。明申时行《阳澄八景》之三《界溪晚渡》诗曰:"晚来片雨涨湖滨,夕照微明烟满津。欲渡清流有归客,却依绿柳唤渔人。数声栖鸟双林晚,几树繁花两岸春。笑语满船回浦去,微微淡淡水邻村。"[清《元和唯亭志》(卷二·形胜)]

界浦河(包括界溪)为南北重要水道,贯通阳澄湖、娄江、吴淞江、甪直塘、万千湖等,近期沿河修整了石驳堤岸,沿岸增景观建设。胜浦街道的界浦河段西边,筑有界浦路,南自吴淞江北侧,北至强胜路。

### 041　虎溪

又名浒溪、迁溪河。位于吴中区光福镇。环古镇北侧与东侧,连通东崦湖与西崦湖,为镇区主要航道河段。溪河在光福古镇北端虎山南侧,故名"虎溪"。清《光福志》(卷一)载:"光福有虎山,相传吴王养虎处,虎溪之名始于此。"后因避唐太祖李虎名讳,"虎"改"浒",称"浒溪"。又因河流经迁里村,又称迁溪河。

虎溪起点在虎山桥东侧。清《光福志》载:"虎山桥,在镇西北,跨虎山、龟山麓,界东西二崦。"虎山桥为地标桥,古称上崦湖、下崦湖东西分界,又处在虎山(北)与龟山(南)的峡口。明袁宏道称:"光福虎山桥,两峡一溪,画峦四匝。"虎山桥西下崦湖,蓄太湖东流之水,桥东则水道分泄,"过虎山桥分流为三:一折北,自四河口由东渚市砚溪(俗谓砚瓦槽),经龙塘港,通浒关合流;一自东折,绕黄家渠,经福龙达上崦;一自南流,经福溪桥市河达上崦,二水汇合经光福塘"[清《光福志》(卷三)]。

虎溪、虎山桥为古人舟行游览光福诸山必经处。明徐枋《虎山桥记略》称:"凡游邓尉者,必由虎山桥,虎山固邓尉诸山之始也。"袁裘《游元墓诸山记》曰:"而四时皆宜。自东崦入,四面皆山,邓尉郁郁,有武陵、山阴之想。缘溪至虎山桥,而六水绕出其下,波连震泽,映带不已。至元墓必由兹入,故详记之。"

虎溪(浒溪),曾为光福代称。明吴宽《访徐南客》诗云:"虎溪溪上草堂闲,千树红梅杏霭间。欲向南枝问消息,东风吹我过西山。"明姚广孝有《大雪中过浒溪访徐良夫留别》《赠徐邵武浒溪草堂》《赠虎溪僧》诗等。清康熙间苏州织造李煦《复玄墓和尚》信札有曰:"曲径通幽处,禅房花木深。令人驰慕无已,正未知何时得至虎溪,与远公作竟日谈耳。"(清李煦《虚白斋尺牍》)。

江西庐山东林寺前亦有虎溪,并有"虎溪三笑"的佛教典故,建有"三笑亭"。但光福"虎溪"与"三笑"无关。

原虎溪河，今分入两条河段，一段属浒光运河（又称浒光河），即南起虎山东麓，北至迂里村口，长 1.4 千米，宽 10 米。2002 年，河道两岸构筑石驳岸。浒光运河为七级航道，流经东渚、通安至浒墅关汇入京杭大运河。另一段属黄家渠（又称黄家河，北接浒光河），即自虎山桥折东至杨树街，其中黄家渠桥至杨树街菱塘桥，河长 0.96 千米，最宽处 40 米。黄家渠与上崦湖（今东淹河）汇合后入光福塘（今称木光河），为 8 级航道，至木渎通胥江，为光福至苏州主要水路。

### 042 福溪河

位于吴中区光福镇，为光福集镇市河。在龟山南侧，呈西北至东南走向，北端接西崦湖，南头连东崦湖（今东淹河，通木光运河）。福溪河因贯穿光福老镇中心而得名，夹河两岸为街坊，至今保留着多座明清古宅，北岸称"下街"，依龟山，有著名的铜观音寺及光福塔等，南岸称"上街"。跨福溪河有多座古桥，清同治《苏州府志》（卷三十三·津梁一）："福溪桥，明成化初，里人徐衢重建；福隆桥，古名白门桥，俗名哑子桥，明永乐间建；渔郎桥、普安桥，里人徐衢重建；光福寺桥，西崦桥，五桥跨福溪。"

福溪河，东自今光福人民桥，西至光福中心小学西崦湖口，河长 0.69 千米，宽 15 米。自西而东，与福湖路、于里路、大街、杨树街等交接。

### 043 白塔浜

位于吴中区木渎镇东北部，属胥江（木渎市河）支流，为航道。因古时河畔有白塔而得名。白塔浜北端有著名的白塔桥。清乾隆《吴县志》（卷八·桥梁）载称"白塔桥"。民国《吴县志》（卷二十五·桥梁）："白塔桥，跨白塔浜，木渎十景其二曰'白塔归帆'。"桥位于白塔浜与胥江交口，此处是木渎东街（胥江北岸）的街梢末端，为木渎镇的水陆入口。

白塔桥畔旧有"敌楼"，明嘉靖年间筑，与枫桥铁岭关齐名。民国《木渎小志》（卷一）载："敌楼，《县志》：'木渎敌楼，在木渎镇白塔桥南堍，规制如枫桥。'方广十三丈有奇，高三丈六尺有奇，下垒石为基，四面甃砖；中为三层，上覆以瓦；旁列孔，发矢石铳炮。明嘉靖三十六年，巡按御史尚维持建。"据记载，明嘉靖三十四年（1555），任环（1519—1558）率领官军曾在跨塘桥追歼倭寇，其间苏州城外筑起了城堡式哨所"敌楼"。清道光《吴门表隐》载："敌楼有三，一在木渎东市梢，一在葑门，一在枫桥。"民国《木渎小志》："里人为保存古迹，时加修缮，以其址有白塔桥，亦木渎十景之一也。近东西洋人游历至此，每摄影而去。枫桥敌楼建置与木渎同时，亦名铁铃关。"平畦高耸的石拱桥——白塔桥、雄踞江边驿道的敌楼，与胥江中的帆船组成"白塔归帆"，为著名的木渎十景之一。可惜，木渎敌楼在 20 世纪 50 年代被拆除了。

白塔浜，今为内河 8 级航道，南自胥江，北至金山浜（今属虎丘区），长 3.5 千米，上口宽 14 米，底口宽 6 米，深 2 米，可通航 20 吨位船只。1993 年，江苏省人民政府拨款 120 万元重砌自吴县石灰氮厂至吴县机配厂河道驳岸 300 米。

## 044　走马塘河

又称走马塘。位于吴中区南部，流经木渎镇、胥口镇、横泾街道、临湖镇。走马塘有老、新二条河段，走马塘老河段位于木渎镇南。相传因春秋吴王在此走马得名。明万历《三吴水考》（卷三）载："走马塘，南通捣船桥，北通木渎。塘西支河为旱泾浜、老鸦泾、庄家河，并西通张家河。塘东支河为太平浜、吉水桥河、胡泾浜、沈家桥河，并东通司马河。"清同治《苏州府志》（卷八·水）载："走马塘，南自兴福塘，直北至木渎镇止，长一千八百八十五丈，面阔一丈八尺，底阔一丈五尺，支河十一。"民国《木渎小志》载："皋峰山在胥山东南，距尧峰甚近，山顶有石筑，吴王殿基。南有青桐、青枫二坞，东有李木坞，下有走马塘，山北有饮马池，皆吴王遗迹。"走马塘老河段及塘路，历史上分别是木渎镇通往横泾镇的水陆主道。

走马塘新河段在老走马塘之南，现为吴中区的区级南北主干河道，北起胥江（原兴福塘），南至东太湖，贯通木渎、胥口、横泾、临湖镇原有河道，全长14.6千米。其中自胥江至苏东运河，全长9.98千米，沿河有27条支河，2014年招标全面整治。自苏东运河南至东太湖为临湖镇原张家浜港（长4.6千米，最宽处70米），现并入走马塘河。

走马塘、走狗塘，民间曾有混淆。清《横金志》（卷二·地舆二）载："走狗塘，在吴县西。《灵岩志》：在（木渎）南市南，俗呼走马塘。《吴地记》：'在苏州南，太湖北岸，吴王游猎处也。'《吴郡志》：'吴王作。'《姑苏志》：'越来溪由跨塘桥折而南，为走狗塘，荷花塘在焉。'"民国《吴县志》（卷二十）载："走马塘，在木渎南街，通后巷桥，南至兴福塘。旧志以为即走狗塘，非是。"走马塘、走狗塘为两条河道，民国《木渎小志》（卷一）载："走马塘，在木渎南街，通横泾……走狗塘，《越绝书》'阖闾走犬长洲'，今胥江之水，由跨塘折而南，为走狗塘，荷花塘在焉，俗名南塘河。"民国《吴县志》载："兴福塘自木渎法云庵前别出一支，西北至朱墅庙，与走马塘会，又北过后巷桥吴林庙，而至三思桥接横金塘。"

朱墅庙（一名朱如庙），位于走马塘与兴福塘交汇处，有跨走马塘的朱墅庙桥。民国《木渎小志》（卷五）载："朱墅庙，在木渎走马塘中。奉任光禄环遗像。"明嘉靖时，苏州府同知、兵备佥事与苏淞兵备道副总兵任环，率领军民奋起力剿倭寇，"有大功于苏乡，故居民立庙祀之"。每逢农历正月十三日有庙会，热闹非凡。清咸丰十年（1860）兵燹后，朱墅庙"惟祀土地神而已"。

走马塘自然村，据民国《吴县志》载，在走马塘河沿岸，分称"走马塘东岸""走马塘西岸"。1959年春，汲水桥与孙庄、走马塘村成立新风大队。1980年，更名为孙庄大队，后为孙庄村民委员会，走马塘村属孙庄村2、3组。2003年11月，尧峰村、孙庄村、谢村3个村合并为尧峰村，走马塘村属尧峰村3、4组。位于尧峰村西部，西至江湾里，南到木渎蔬菜园艺场，北至汲水桥。

走马塘路，2007年10月命名。位于走马塘河西，在谢村路东，南起尧峰西路，北至姑苏路。长1千米，宽18米。走马塘桥，在宝带西路中，跨走马塘河，桥长20米，跨径10米，宽40米。

另有跨市走马塘，南起大运河苏南段，北至长江，全长66.51千米，流经无锡市新吴、锡

山两区，苏州市常熟、张家港二市（县），苏州市境内长27.72千米，52条支河口建有节制闸、泵站、立交地涵或涵洞。其中流经张家港市凤凰镇、塘桥镇、现代农业示范园区和南丰镇，长15.59千米；流经常熟市尚湖镇、海虞镇和虞山镇，长12.13千米。这条走马塘为望虞河"引江济太"西岸配套骨干河道，起到地区涝水排入长江的作用。

### 045　石马塘河

又称石马塘。位于吴中区临湖镇（原浦庄镇区）。属原横泾塘支河，据说因塘河边有拴马石柱而得名。民间传说，明初刘伯温为破掉太湖边堰塘"荷叶地"（良田千亩，天雨不涝，天旱不干）的风水，在浦庄塘河桥垲置一石马（有石马塘桥），在太平庄界设置一石狗，在张家村界置一石羊，结果"荷叶地"陷落，成为常年积水的"镬子潭"。明万历《三吴水考》（卷三·吴县水道考）载："兴福塘，南通白洋湾，北通木渎……又东为福连塘，再东为石马塘。"清《横金志》、民国《吴县志》均载录，紫金桥、陂塘桥、通安桥三桥跨石马塘。

石马塘河，今南起苏东河（浦庄镇市河），北至胥口镇河道，纵贯浦庄镇区，长1.8千米，宽10米。石马塘河西侧今有浦金路，南接东太湖路，北至吴中大道，全长2.3千米。石马塘河的东侧有东山大道，隔河与浦金路平行。

石马塘桥，在浦镇东街，跨石马塘河南口，桥梁长10米，宽5米，跨径10米。石马塘河与苏东河（浦庄镇市河）交接处，原有一座"塘桥"（又称南塘桥），建于清乾隆年间，为花岗石单孔石拱桥，1958年苏东河拓浚时遭拆除。

### 046　横泾塘

又名横金塘、横泾塘河。位于吴中区横泾、临湖镇，因河流贯穿原横泾镇境域而得名。清乾隆《太湖备考》（卷二）载："水东，吴县所属，以其在太湖之东，故谓之水东……横金一河，直东西以贯于中，统纳诸港之水，东行由越来溪而入石湖。"清乾隆《吴县志》（卷六）载："横金塘，东通马庄河，西南并通太湖。"民国《吴县志》（卷二十）载："横金塘，西通太湖。其来源有三：曰黄洋湾、大缺口、篁墅港，皆受太湖之水，汇黄垆港口，由采莲泾达浦庄，迤东过横金镇，又东至犁尖嘴，出白洋湾，统谓之横金塘（《横金志》）。支渠北出为兴福塘，通木渎鲁多泾，在尧峰山下。"其中黄洋湾、大缺口、篁墅港、采莲泾均在今临湖镇渡村域内。

横金塘历代多次疏浚。清乾隆三十二年（1767），同时疏浚木渎市河与横金塘河。"木渎市河，自醋坊桥起，至胥口出太湖；横金塘河，自犁尖嘴起，至徐墅村（即渡村），一由新泾港出太湖，一由黄洋湾出太湖。"疏浚费用，"以义田余粮租银二万两"，选五位乡绅作为董事，"分段开浚"。清光绪年间（1875—1909），再次清淤疏通。清柳商贤《横金志》（卷三）载："光绪十三年，吴县知县高心夔浚横金塘河。一自南塘村起，至庄子桥，长一千八百六十五丈六尺；一自詹家浜东口起，至篁墅港，长一千三百十七丈六尺；一自九曲门，至大缺港，长一千一百九十一丈三尺。以上各工共用钱二万六千串，正月开工，两月告成，是款借币兴举，于明年岁赋每银一两，米一石，加征钱一百文归还。"《黄泾镇志》载，高心夔浚横金塘河在清同治十三年（1874）。上述两个时间均不准确，查高心夔（1835—1883）两任吴县知县，前一次在清同治十年（1871）至十一年（1872），后一次在清光绪六年（1880）至七年（1881）。同治十一年，高心夔曾重建况公祠，疏浚横金塘河当在此时。

1934年江南发生严重旱灾，横泾域内因河道淤塞灾情严重，1935年始政府筹资疏浚了横泾塘沿线河道，包括石路浜港（自茅圩至石路浜）、白虎港、张家浜（与浦庄交界河）至黄垆港等。其中自摆渡口至横泾塘西口，长10里多，因渡村经费不支，未及开工。

据民国《吴县志》载，横泾塘上原有13座古桥：木履桥毁于清咸丰十年（1860）。南塘桥（三拱，清乾隆中建）、渡善桥（又名渡船桥，清乾隆九年建）、福履桥（清乾隆九年建）、安流桥、黄芦桥（即黄垆桥）5座石桥在1958年河道拓宽时遭拆除。今存7座桥均已重建，其中：横泾有齐兴桥（又名聚兴桥，今横泾东桥）、积庆桥、望仙桥（又名寒桥）、驷马桥（今横泾西桥）；浦庄有仁寿桥（三拱，旧名张庄桥，清道光二十五年即1845年重建，1983年改建称浦庄人民桥，又称浦庄桥）；渡村境内采莲桥、庄子桥，1958年后改建水泥桥分别称彩练桥、壮志桥，1986年又重建分别恢复采莲桥、庄子桥原名。横泾塘河段有不同名称，如横泾塘出庄子桥，名黄洋湾；浦庄至石塘称采莲泾；沿途镇区称横泾市河、浦庄市河等。

横泾塘，长10余千米，穿越横泾、浦庄、渡村，连通东太湖白洋湾、黄洋湾，其中大部分已属苏东运河（苏东河）。"苏东河，苏州到东山的一条重要内河航道，经过横塘、越溪、横泾、浦庄、渡村至东山渡水桥，全长36.93公里，蜿蜒弯曲，有'九曲十八弯'之称。"（《苏州河道志》第二章）1958年冬，为解决苏东河沿线航道淤浅，由浦庄公社组织800余人，用40天完成拓浚苏东河浦庄段3.4千米。并由渡村、浦庄两公社组织3000多人，在渡村境内新开一条从庄子桥至大缺港的圩内河道4.25千米，称为"苏东内圩河"。因当时圩区不宜通航，苏东河渡村段仍循原航道至东山。1968年，因苏东河渡村至东山间河道窄浅，进行新开挖拓宽，称"新泾河"，南起大缺港，北至牛桥村交界，全长2.1千米，宽10米。

1981年，横金塘中横泾市河一段2千米，进行了拓浚，由原河宽9米拓宽为15米，拆迁北岸部分民房，重建两岸石驳岸及两座石桥（驷马桥、寒桥）。1982年，东山镇结合西太湖复堤取土，新开长2千米左右的苏东河，将大缺港至渡水桥2.98千米老河划进大包围。

苏东河流经横泾境内长4.4千米，临湖镇境内有12.3千米，南起临湖镇与东山镇交界大缺港，北经牛桥村折东经采莲村、湖桥村、浦庄村与横泾街道相接，最宽处30米，而河道的大部分属原横泾塘。

### 047 大缺港

又称大缺口，古称莫厘渡。位于吴中区东山镇与临湖镇交界处，为两镇东西向的界河。古时洞庭东山岛与陆地渡村之间有一个大湖口，为东太湖（旧称南太湖）与小北湖（即菱湖，旧称北太湖，今称西太湖）的连通处，因形如"缺门"而得名。清《横金志》（卷二）载："大缺口，在菱湖南，武山、大村（即渡村）之间，亦名莫厘渡。"因往来靠船只摆渡，故东山、渡村两地都有"摆渡口"地名，东山镇有摆渡口自然村（今属渡口村）。

大缺口在清代中叶以后，由于自然原因和人为因素逐渐淤积变狭。清《太湖备考》载："雍正初，太湖大缺口内忽涨一洲，广百余亩，菱芦丛生……名曰金家洲。"金家洲，俗名牛舌头,"荡田在新泾港口者"。清《横金志》载,乾隆十四年(1749)六月,东洞庭山士民《大缺口水利条陈》称:"大缺口在武山、大村之间,北太湖水泄入南太湖必由此口而出,乃湖水咽喉要道。往时口阔二三百丈,水行通畅。后被附近居民种植茭芦,泥淤滩涨,水口渐狭,仅存五十余丈。又因张捕鱼虾,绝流设簖,泥随簖积,中流亦涨芦洲……伏乞严禁附近居民,不许种茭设簖,阻塞水口。"官府曾出面疏浚,清《太湖备考续编》(卷一·水治)载:"(道光)十年,太湖同知刘鸿翱浚大缺口、白浮门、雕鹗河、南望、北望港、油车港、吴溇港。""大缺口,长一千二百四十四丈,宽六丈,口加阔三十一丈,长四十丈,作建瓴之势。"《东山镇志》载:"大缺口(河名)处东山最东北,东西流向,为小北湖与东太湖水流之要道。隔岸即渡村境,串摆渡口及石社港,全程3公里。"自清末至民国间,东太湖滩不断被围圩垦田,大缺口两侧滩涂亦被蚕食,大缺口亦由湖口演变为河道,称大缺港。

20世纪50年代,东太湖、西太湖沿岸,包括大缺口两岸筑起了防洪大堤。渡村大缺港分东大缺、西大缺,东大缺港(在三塘村)宽23米,水深2米;西大缺港(在村前村)宽28米,水深2.5米。1958年12月至1959年2月,自渡村公社西大缺至浦庄公社北汊泾港止,筑大堤,大堤全长7千米,顶高6米,顶宽8米,内外坡1:2,称西太湖大堤。1982年,筑西太湖复堤。1983年至1985年年末,境内西太湖大堤全部完成建设重力式浆砌块石挡浪墙。东大缺至西大缺挡浪墙总长2.5千米。1991年至1993年,完成环太湖大堤复堤工程。1996年春,西太湖大堤的西大缺修建防洪闸1座。1998年春,在东大缺修建防洪闸1座。

大缺港(大缺口)与苏东河十字相交,亦为内河与太湖连通水口,旧时为防湖匪侵袭航船,曾在大缺口岸边筑过碉堡,20世纪50年代被拆除。1956年修筑木东公路,大缺港首次架设了公路大桥。木东公路开通后,苏东河水路运输遂减弱。2003年10月开工修筑东山大道时,又在大缺港增建一座公路桥。后环太湖大道修筑,再次增设一座公路桥。

## 048 雕鹗河

又名新开河。位于吴中区东山镇北部,原为东山镇通往苏州的内河航运主要河道。雕鹗,为猛禽;鹗,又称鱼鹰。西晋左思《三都赋》云:"熊罴咆其阳,雕鹗欹其阴。"古时东山有雕鹗,据传春秋吴王在洞庭东山鸡山养鸡,经常被叼食,于是派弓箭手射杀,故鸡山旁有射鹗山(俗称石鹤山)。河处于山阴,常有雕鹗盘空,雕鹗河由此得名。清道光年间,疏浚雕鹗河,遂称新开河。

清中叶,东山境内河道因淤成患。清同治《苏州府志》(卷十一·水利)载:"自雕鹗河淤塞,改由外湖,经涉风涛四十余里之险,其大缺口、白浮头为西北诸湖下达南湖之咽喉,承浙江七十二港之水,一经阻塞,旱潦堪虞。而山后之南北望、吴溇、油车诸港,尤籍湖水灌溉,均属该境必不可缓之工。"清嘉庆年间(1796—1821),太湖厅曾试图疏浚雕鹗河,无奈因经费匮乏没有成功。江苏巡抚陶澍《太湖厅修浚雕鹗诸河碑记》载:"道光七年,余既奏请疏浚吴淞,为吴民万世之利,而潍水刘君鸿翱来为太湖同知。同知治在洞庭东山之下,有雕鹗河、黄洋湾,由内港以达苏州之要道也;有大缺口,西北诸河下达南湖之咽喉也;有南北望河,分湖水以灌吴溇、油车诸港者也。东山衣冠殷盛,物产阜蕃,往时居民交易有无于苏,道雕鹗河甚便，岁久而淤，改为外湖，涉风涛四十余里，人病其险。嘉庆之季节，善化罗君琦为同知，尝一浚焉，以费不继而辍。刘君至则稽成谟，询众欲，于潴泻虑淫濑，计搉蒥，量畚拘，自（道光）十年正月赋工，至闰四月之末毕役，总堤长五千七百有四丈。"时由太湖厅同知刘鸿翱及东山绅士共捐银一万五千余两，疏浚工程得以完成。据清《太湖备考续编》（卷一·水治）载："次雕鹗河，接石船港筑石塘，长一千三百三十四丈，石门口二十丈。"其中，"南北望河口，应行坚筑石隄，白浮门等处应筑石口，小北河沿滩至雕鹗河港岸，应行添筑石塘，以资捍卫"。为此，时任江苏布政使的梁章钜曾为此次疏浚河道的官民"具奏奖励"。

雕鹗河，南接渡水港，经摆渡口，北至大缺口（大缺港），全长3.5千米。为东山至苏州的主要航道（苏东河东山段），河口对岸即渡村境黄洋湾。20世纪50年代，苏东公路修筑后，随着苏东河航运量逐渐减少，雕鹗河航道作用减弱，但仍是东山泄洪和灌溉的重要河道。

### 049　葛家溇

也称葛家渡，位于吴中区东山镇。原是一个古渡口，在东山镇武山（又称西泾山）。清翁澍《具区志》（卷四）载："吴巷港、葛家溇，以上武山。"据《武峰葛氏族谱》（现藏苏州博物馆）记载，中州葛氏随宋室南渡，因见武山留有先祖东汉葛洪炼丹遗址，率族定居于武山，葛万五被称为东山葛姓始祖，后人建起葛家祠堂，葛家溇由此得名。《武峰葛氏族谱》还载有岳飞为东山葛氏亲笔题联"中州流世泽，南国起人文"，上署"岳飞题于洞庭"并钤岳飞两枚印章。史载南宋建炎四年（1130），右军都统制岳飞奉命招抚太湖草莽英雄杨虎，其事迹后人编入小说《说岳全传》第三十回"破兵船岳飞定计，袭洞庭杨虎归降"。当年岳飞率岳家军到过葛家溇，受到葛氏款待。受岳飞感召，葛氏支持抗金，曾在东山招募一批民船助平江宣抚使周望抗击金兵。

当地有谚云："先有官庄葛家渡，后有翁巷席家湖。"东山葛氏也是耕读世家，明清两朝出了20多位文士，著名的有明代诗人葛一龙（1567—1640），字震甫，读书好古，嗜吟咏，喜交游，肄业南雍（金陵）时，与四方名士结"秦淮诗社"。如社资不足，必倾囊投赠，虽至借贷，亦所不顾，时人呼之"葛髯"。官至云南布政使理问，廉洁爱民，受百姓称颂。著有《朝鲜史略》《葛震甫诗》《洞庭葛氏诗录》等10多部118卷著作。

今葛家溇，南起今苏东公路，北至渡水港，通入东太湖。葛家溇，亦为村落名。因村落较分散，分属两个行政村，一半属新建行政村（辖葛家溇、新河村2个自然村），在苏东公路北侧；一半属西泾行政村（辖西泾头、陈岭头、葛家溇、席家后底、下周、村后底、上官庄、下官庄、赵巷、下路头、塘角上、禾家湾、朱家湾、莫青头14个自然村），都在武山周围。

### 050　白浮门港

又称白浮门、白浮头水门。位于吴中区东山镇西南部，为镇区重要泄洪水道之一。东山附近的太湖中有"白浮"小岛，清翁澍《具区志》（卷二）称："白浮山，在洞庭山东北，近石牌山。"清《太湖备考》（卷五）称："白浮，在东山长圻南。"白浮门，因河口对着湖中"白浮"而得名，为内河入太湖的水口。清道光年间（1821—1851），白浮门港得到疏浚，并在河口筑

"石门"，以阻挡荡草芦根蔓侵。清《太湖备考续编》（卷一·水治）载："（道光）十年，太湖同知刘鸿翱浚大缺口、白浮门、雕鹦河、南望、北望港、油车港、吴溇港……次白浮门，用船载去泥，长二百三十一丈，宽六丈；旁掘芰芦根，圆三百丈；立石门长二十六丈，高四尺二寸，宽四尺，以束草荡。"

白浮门，是东山舟楫入太湖的标志性水口。近人朱润生《白浮门》诗文曰："一棹长圻水几湾，白浮门外见西山。予怀渺渺孤帆远，回首峰峦隐约间。沿杨湾港放棹西行，过长圻嘴，出白浮门，一片汪洋，水天无际，遥望三山、西山，青峰隐约，觉我入于三万六千顷中，着一小舟，正似沧海一粟，浮萍一点而已。余于民十四五间，雇小舟，去西山，访林屋之胜，曾过此门，口占一绝，即右所录者。今重录旧作，惘然若失。岁月悠悠，青春消逝，诚不胜今昔之感矣！"（编者按："民十四五间"，即民国十四、十五年间，1925—1926）。

白浮门港，起于渡水港（渡水港北起小北湖口，西南至白浮门出太湖），至于杨湾港，全长2.9千米，河底宽5米，河口宽10米，河底高程1.8米，是东山镇区内的一条重要的泄洪河道。白浮门防洪堤，长4.68千米。白浮门防洪闸，为4米套闸。

## 051　郑泾港

又名角头港，古名芳塘。位于吴中区金庭镇西南角里村中，曾经是苏、浙二省太湖防治界河。清翁澍《具区志》（卷四）称："角头港，一名郑泾。"古称芳塘，南北走向穿"角湾里"，两头通太湖，东边为东明山，西边为大步山（包括角头、雷头、龟头、小步诸山）。隋末乱世，北魏建威将军郑茂（字南阳）之长子郑白麟（字嘉征）携家渡江南迁至洞庭包山角里，称西山郑氏始祖。郑氏在此定居，沿芳塘兴为村落——角里村，芳塘遂改名为郑泾港，郑氏宅第主要集中在"砂皮上"（背靠东明山）。

郑泾港是古时西山岛"三断"之一，清《太湖备考》（卷五）载："《震泽编》曰：'西山有三断，练渎、寿乡、角头。'西山蔡旅平曰：'玄阳洞不连崦边，渡渚不连后埠，圻村不连石路，柯家岭不连角湾。'今按：角湾，即角头，其断处即郑泾港，东西连湖，太湖渔船从此出入。角头另是一山，界限甚明，非西山支也。"

郑泾港长1.5千米，面阔10米。清《太湖备考》（卷五）载："郑泾港，与角头山分界，首尾通湖。"古为太湖防治界河，明清时曾以郑泾港为江苏、浙江两省治安防护的界河，港西防护属浙江省。李根源《吴郡西山访古记》载，角头寨"旧太湖营游击驻地也，地属苏，游击归浙辖，形势阨要，全湖在握，前人建置确有深意"。据《清史稿》（卷一百三十五）载："太湖水师，始于雍正间。""雍正二年，设太湖营游击、千总、把总各一人……分防各处：角头汛兵一百八十五人，沙快船五艘；西山汛兵六十九人，沙快船二艘；浙江乌程汛兵一百九十七人，沙快船九艘……""十二年，裁江苏太湖营参将，改设太湖协副将，兼辖浙江太湖营游击各官，定为内河水师营。"同治年间（1862—1875），改设为"太湖协标二营"。角头久为"太湖水师"营地，郑泾港位置特殊，也是船舶出入要道。两岸居民依河聚居，民间有谚云："郑泾港两头通，文昌阁座当中。"旧时港湾内船只林立，停泊苏、浙商船或客船，非常热闹。民国年间（1912—1949），无锡至湖州的锡湖班轮船在角里停靠，西山去锡、湖两地的客人均在此上船。

郑泾港上有3座古桥，郑泾桥在郑泾港口，建造时间最早，原为石拱桥，又称渡桥，俗称"大桥"，2005年重建后改名为"郑泾江桥"。桥东古时有长寿寺，始建于唐天祐二年（905），为苏州刺史曹圭奏置，今不存。永宁桥在甪里村中，石梁桥，俗称"小桥"，明嘉靖至万历间，由郑栋、郑楷、郑林3兄弟建，清乾隆五年（1740）重修。南星桥，在郑泾港南头，建于清乾隆二十七年（1762）。环湖公路修筑时，特避开此古桥，另修跨郑泾港公路桥。

郑泾港北口濒太湖，西侧有禹王庙、石码头，此处亦即太湖四崦之一北崦。四崦均有禹王庙，此禹王庙为唯一保存下来的古祠宇。庙后石码头，俗呼"官船洪"，因郑氏家族历代有人入朝为官，官船来往停泊于此。庙旁还有土城堡遗址，相传为当年太平天国军队防守所建。（参见"禹王庙"条）

### 052　蠡塘河

又名里塘河。位于相城区元和街道蠡口、陆墓（后改名为陆慕）境内。西起元和塘，东至阳澄西湖，全长7.25千米。

名称由来已久。宋范成大《吴郡志》（卷八）载："蠡口，在齐门之北。又有蠡塘，在娄门之东。相传鸱夷子乘扁舟下五湖，潜过此以出招大夫种，因以名之。"北宋诗人杨备诗云："霸越勋名间世才，五湖烟浪一帆开。犹防鸟喙伤同辈，此地复招文种回。"明《长洲县志》（卷二）载，按长洲目前之水，其"通者凡三十有三，已塞而应通者凡五十"，其中就包括蠡塘河、黄埭河、南屑泾、泗马泾、葑门塘等。可见，蠡塘河在历史上为苏州重要水系之一。

该河道历代均有拓浚，1949年后进行了几次大规模整治。1958年，原蠡口公社组织3 000劳力，按底宽20米，底高+0.50米标准，拓浚西段3.31千米（蠡口镇东至寺前村）。1963年，拆除元和塘入口处阻水石拱桥，建成3孔、21米水泥桩排架木面人行便桥。1969年冬，续浚寺前村至五漾泾入阳澄湖一段3.8千米。1973年3月，将元和塘进口处约200米市镇束水河段，由10米拓宽至25米，兴建河岸浆砌块石挡土墙，重建28米长的双曲拱人行桥。逐步改善了蠡塘河入口段石桥阻水的矛盾。蠡塘河今仍为相城境内重要的东排干河。

### 053　洋泾塘

又称杨泾塘。位于姑苏区齐门外，从大洋泾桥至陆墓寺庄庙，长约1.5千米，河宽13余米。清同治《苏州府志》（卷九·水利）载，唐宪宗元和三年（808），苏州刺史李素（字人原，陇西人）开浚自齐门外北至常熟的河道九十里，因名元和塘，洋泾塘则是元和塘的一段。明《姑苏志》（卷第十·水）载："出齐门为杨泾。"（卷第十一·水利）又载："云和塘，本名元和，唐郡守李素所治，成于元和四年，故名。后讹元为云，今但呼。"

元和塘历代修浚不断，清光绪《常昭合志稿》（卷九·水利志）载，南宋嘉定七年（1214），"知（常熟）县惠畴筑元和塘，甃石为路以达府"。明杨涟在万历三十七年（1609）筑后，久废不修。清乾隆二年（1737），巡抚邵基重筑石塘。到乾隆二十九年（1764）又修。此后，河塘历经废修。清咸丰十年（1860），因战争而烧毁市镇，元和塘淤塞。历40多年，兴复不足一半。清光绪二十七年（1901），由吴诏生牵头，开浚元和塘陆墓段2 000米，修筑南、中

两座石桥，并疏浚元和塘段两边的支河和陆墓街上的10口古井，以花岗石碎石铺设路面。除行人以外，还是航船的纤道。清刘允文在《元和塘记》中描写道："舟楫麟集，农商景从，春秋有施，水旱斯备。人欢在路，鱼乐于河。"

1970年7月，江苏省交通厅投资6万元，进行齐门航道南岸拓宽取直的治理工程，拆除齐门吊桥南块房屋71间（计1 684平方米），切除急弯咽喉地段147米，新建齐门大桥，河面拓宽至40米，底宽28米，河床高为零点，两岸砌直立式驳岸165米。1971年3月竣工通航。元和塘一直成为苏州与常熟之间水上交通的主要航道。

洋泾塘附近旧有昌善局义冢、灵官庙、基督教堂及伊斯兰清真寺等。

## 054　石牌泾

位于相城区北桥街道境内，泾长400米，2010年疏浚，是冶长泾的一条竖头河。

石牌泾名称与通往觉林寺河岸上的石牌楼有关。觉林寺，初建于唐广明元年（880），信士陈坦舍宅建，初为义安寺，后称觉林教寺。寺庙香火很旺，香客众多，连北桥地区的商业买卖也兴旺起来。外地香客来北桥主要靠水路来往，须在冶长泾上航行，北桥人为便利各地香客，就在南桥小镇东一条冶长泾通向北桥镇的竖头河口，建了一座石牌楼，上书"觉林寺"，其旁还建有休息凉亭。远方香客坐船从冶长泾来北桥，见牌楼就转弯，可直达觉林寺。久之，人们就把这条竖头河称为石牌泾，后来连石牌楼东边的村庄也叫石牌泾村，跨石牌泾的桥梁名为"石牌泾桥"。据清咸丰《壬癸志稿》记载，明万历进士黄州通判陆起龙子陆逊之曾任绵州知州，州多盗，逊之单骑力擒盗首。罢官归，阁部史可法聘其为参军，极信任之，可法死，归隐石牌泾口。不谈当世事，以贫困卒。

## 055　钱巷臼河

位于相城区北桥街道漕湖村，西起西桥坝浜，东至坝头浜。北临漕湖，长1 005米，均宽13米。民间传说有钱姓和尚以石臼取盐救民，故名。

相传，古时候，漕湖北边有个叫前巷的村庄（现西钱村），只有五六户人家。村前河边有一座观音堂，叫积善堂。内住一老和尚，力大无穷，天天手托两只石臼到漕湖边向过路船求布施。逢年过节，村上人到堂里烧香供佛，见老和尚心地善良，均送食物给他吃。天长日久，老和尚与村上人有了深厚的感情，他有心要为村民做件好事。一个灾年的冬天，前巷村上农户断盐十多天，人人乏力。村民向漕湖里的过路盐船讨盐，但船主不予理睬，叫船工扯足篷加快行驶。老和尚见此情景，脚踏小舢板，手托两只石臼，挡住一只盐船，向船主求施两臼盐。船主见舢板挡住船头，火冒三丈，不但不施盐，反而把老和尚手里的一只石臼拍到湖里。老和尚被激怒了，把另一只石臼用力向船头一掷，盐船被击穿漏水。老和尚潜到湖底，摸起石臼，把正在沉入湖底的船上的盐捧到石臼里，装满一石臼后托到村上，放在小竹桥边，让各家各户取盐烧菜吃，救了全村人的性命。可老和尚因在冬天潜湖取盐，身体受寒得病，不久就去世了。但那只石臼一直保留在村里的桥旁。村上人为纪念老和尚的救命之恩，就把村名"前巷"改称为"钱巷臼"。将此河称作钱巷臼河，沿用至今。

## 056　济民塘

原名相城河,又名塘河。位于相城区境内。自相城起向南经太平桥、沈垫桥至陆墓镇五潨泾,全长27.46千米,境内长10.3千米,是太平通往苏州、常熟等地的主要航道,又是调节水量的重要河道。从北至南流经盛泽、莲港、黎明、高塘、旺巷、花泾、泥头、邢店、乐安、聚金、中巷、沈桥、堂前、林马14个行政村。河面面积65.1万平方米,平均断面蓄水量为158.9万立方米。民国《吴县志》称:"相城塘在县东北相城镇,其镇四面大湖环绕,南阳城(澄)湖,北昆城(承)湖,东施泽湖,西尚泽荡,又有济民塘受尚泽荡水,由思贤泾、九万泾、盛坝门东至相城。"

济民塘的名称由来,与晋陆云有关。民国《相城小志》云:"陆云土地庙在相城,祀晋陆云,云为郡人。因督粮过娄地,见岁祲,以所督粮尽赈饥民。云后遇害,民感其惠,葬衣冠于此。立庙祀之。"当地有民间故事流传,说陆云为官清廉,能体恤民情。他奉皇命顺塘河押运皇粮去京城,途经太平一带,恰逢大旱,农户颗粒无收。只见两岸饥民成群,跪倒岸边乞求施舍。陆云见此状况,于心不忍,冒着被皇帝杀头的危险,果断下令,叫官役将船上的皇粮全部赈济给饥民。后他的长兄陆机遭诬陷而被处死,陆云受到株连,同时遇害。因为这是陆云赈灾后不久发生的事,太平人认为他的罹难是与散发皇粮引起的,为纪念他的爱民功德,便把赈粮的村庄改名为利民村(现为黎明村),把相城河改称"济民塘河",沿用至今。并建有"陆云土地庙",祈祷护佑一方。

宋范成大《吴郡志》(卷二十)称:"陆云,字士龙,机之弟。六岁能属文,性清正,有才理,与兄齐名。虽文章不及,而持论过之,号'二陆'。举贤良,时年十六。吴平入洛。周浚谓为'当今之颜子'。补浚仪令,后百姓图形,配食县社。入为中书侍郎,为成都王颖所害。著文章及《新书》三百余篇。"

1932年1月28日,淞沪抗战爆发,为防御日军入侵,在沿阳澄湖北岸、济民塘一线,向北延伸,每间隔1~2千米,共建有北前村东塘、外塘,湘城镇东南部圩桩浜、南天门、圣堂头、陆家湾、包塘、南斜宅、吴家浜9座钢筋混凝土碉堡。20世纪八九十年代,先后拆除吴家浜、圣堂头、陆家湾、包塘共4座碉堡。2009年12月,南天门等5座碉堡被列为区文物控保单位。

济民塘为吴县东北部上水的干河,历史上多次疏浚。民国五年(1916)曾疏浚湘城街河浅段。民国十九年(1930)筑盛泽荡坝,长215米。1957年冬至1958年3月,疏浚相城集镇北虹桥至陆巷吉利桥5.2千米河段。1969年,拓浚落山上至南陈家湾段500米河道。构筑石驳岸400米。1971年,拓宽相城市河段300米,构筑石驳岸300米。1999年,疏浚陆墓镇潨泾村白塊泾至井亭村戴家港1.25千米河段。2005年,疏浚太平钢窗厂至阳澄湖4.75千米河段。2006年,疏浚太平林马村至镀膜厂、长坝至相城大桥河段。2007年,疏浚太平钢窗厂至镀膜厂、相城大桥至居家堰2.8千米河段。

济民塘如今仍然是联通相城和苏州、常熟的主要航道,发挥着优良的水运作用。

### 057　月城河

古名溪河。位于相城区望亭境内，为当地三条主航道之一。西北起自沙墩港鲇鱼口，东至大运河响水桥。

今望亭境内有月城遗址，在长洲苑路东，京杭大运河西，北为望虞河。月城本为围绕在城门外的半圆形小城，即瓮城，作掩护城门、加强防御之用。明朝中期防倭寇而重筑月城，开河筑城约2平方千米，并设置东、南、北3座城门。河由此得名。一说月城为越干王城，"月"为"越"音讹，此说考古证据薄弱。

清雍正九年（1731），大运河（望亭段）修治拓宽拨直航道，将月城河一分为二，即上塘（运河以西）和下塘（运河以东，变成鱼池、菱塘，现电厂热水河）。西面部分融入大运河航道。现月城河，即大运河西，沙墩港公路桥以东鲇鱼口起，向东南经响水桥入大运河一段河道，全长1.7千米。月城河两岸有肖家浜、马家浜、徐家浜、田港浜、野菱浜、姚家浜等河浜相连。附近还有新石器时代肖家浜遗址。

### 058　沙墩港

位于相城区望亭镇西北部。原西起太湖，东至大运河，全长2千米。因西起太湖沙墩口而得名。

沙墩港，古名乌角溪。明洪武《苏州府志》（卷三）载："乌角溪去郡城西北四十三里，与无锡接界，其水滔滔流太湖四里，东入运河而溪界其间，故名'坞角'。杨备郎中作'乌悫'，今作'乌角'，疑误。"明《姑苏志》（卷十）载："石凟之水横出运河为浒墅，其南为乌角溪。北为柿木泾，为白鹤溪并与运河合流。"清金友理《太湖备考》（卷二）载："沙墩港有汛，上流自望亭塘运河分流出北桥，西行出太湖。"并特别注明："此港外宽内隘，大舟不能行。"

历史上，吴郡与毗陵郡、苏州府与常州府、吴县（长洲县）与无锡县（金匮县）之交界处，以乌角溪（沙墩港）和蠡河（望虞河）为郡、府、县之界，故沙墩港为重要的界河。沙墩港口（太湖）水面宽阔，水位随风涨落，形成潮汐现象，故又有"潮汐池"之称。该地西连太湖，东接古蠡湖（即望虞河）入长江，又泄入运河。因地处江水洲，受太湖风向变化，水位涨落明显，西南风转东北风时，涨落达0.5~0.7米。古代因通长江，潮汐现象更为突出。宋以后兴修水利，废望亭堰，分水入运河，潮汐现象逐渐消退。

太湖之水至无锡、吴县界之沙墩港，地形陡落，一变而为去水之下游。故全太湖下行之水，莫急于沙墩港者，即全运河通行之水，莫急于北望亭者，观该处诸桥之水象可知。每逢江南梅雨季，太湖水猛涨，直泻望虞河，水患频发，致使望虞河沿岸无锡市一些乡镇被淹。不堪其扰的无锡甘露、荡口等地在大运河边修筑了石坝，阻拦直泻的太湖水，使得太湖水经沙墩港改道月城河、新开河经响水桥（古名一品桥、吊桥）、通吴桥（又名通波桥、通河桥）流向大运河、望虞河。由于减缓了望虞河水的流速，又导致月城河响水桥口经常产生横流，船只过往事故频发。

为了彻底解决水患，1991年11月，国务院决定兴建太湖流域综合治理十大工程之一的望虞河水利枢纽，工程于1993年竣工。沙墩港经望虞河立交水闸下涵洞与望虞河合并，统称为望虞河。在江南运河和沙墩港交汇处，原望亭堰闸东侧建望虞河立交水闸。建丁家浜、大运河、望虞河、月城河、观鸡桥水闸和船闸5座，重建沙墩港大桥，新建杨家渡桥和望亭水文站。就此，沙墩港已消失于望虞河，成为历史地名。只有沙墩港大桥还让人想起曾经的"沙墩港"。

原沙墩港南有鲇鱼口遗址，地属妙家里村。曾出土具有良渚文化特征的夹砂陶、鼎、石锛、双孔石刀、斜柄厨式石刀、竖柄石钺等器物。

## 059 永昌泾

又称永仓泾。位于相城区黄埭镇北，现属相城经济开发区漕湖街道。东起济民塘，西至漕湖，全长15千米，漕湖街道境内长度为4.2千米，底宽15米，大于2.8米水位时河面宽度19.2米，河面面积29.1万平方米。流经洞字、花溇、荡莲、泥头等村。在南北桥市内（今北桥），以永昌集镇得名。民国《吴县志》（卷二十）载："永昌泾在南北桥市内以镇得名，西贯漕湖，东南通元和塘。又有东永昌泾在元和塘左岸，东流过太平桥镇而入相城。"

永昌泾开凿年代，大约在宋前，历代皆有疏浚。宋范成大《吴郡志》、明王鏊《姑苏志》、清乾隆《吴县志》都提到"永昌泾"。明王鏊《姑苏志》（卷十）称："漕湖之东为永昌泾，为黄埭塘，为东钱泾、西钱泾；其北为冶长泾，为鹅肫荡，诸水互流，并流云（元）和塘。"

历史上开凿永昌泾是为了缓解漕湖水，解决下泄问题。民国二十四年（1935），曾征工疏浚永昌泾。日本侵华时期，苏虞公路汤家潭处被筑坝堵塞。1966年开通建桥，恢复泄水。1969年冬至1970年春，原渭塘、太平、北桥公社出动3 000多名民工兵分两路：一路拓宽船潦浜，向北接通渭泾塘；另一路向南折东拓至济民塘。拓挖总长度3.6千米。2016年开始，苏州市政府启动阳澄湖新三年生态优化行动。为了配合此次行动，按照《苏州市水利现代规划》要求，2019年开始实施永昌泾拓浚工程，实现阳澄湖双源供水，兼顾改善永昌泾沿线区域水环境，同时增强西岸地区外排望虞河的能力。永昌泾仍然发挥着重要的输水排水和运输作用。

## 060 东溪河

位于吴江区平望镇北，南北走向。南为石家港，过石家港接市河，北过东溪河桥通运河。西为东溪河街。为平望入镇口交通要冲，清太平天国战争后期，同知白雍卿在东溪河设支应局。

历史上东溪河畔有平望望族殷氏。清乾隆年间（1736—1796），黎里长田乡殷焕迁居东溪河三官桥堍，经营油坊，继为儒商。殷焕有3个儿子殷大埧、殷垣、殷增，为他们分立福、禄、寿3房，堂名次第为怀新堂、日新堂、承志堂。殷增为监生，字曜庭，取号东溪，著有《松陵诗征前编》《孤鸿编》《林游草》《剪烛闲谈》存世。孙子殷兆镛出生于承志堂。殷兆镛（1806—1883），字补金，一字序伯，号谱经。清道光二十年（1840）进士，授编修，任大理寺少卿，充湖北、陕西、顺天考官，督直隶学政。历任礼、户、吏诸部侍郎，有奏议、诗文集等。清咸丰十年（1860）农历四月二十五日，太平军占领平望，殷家人员逃离，怀新堂、日新堂、承志堂3宅作为太平军首领公馆，厨房被筑成土城。太平军撤离，殷家祖宅被地方匪徒抢劫而烧毁，仅存镜野园4层。后太平军复至，镜野园也被毁。清同治二年（1863），战争平息，殷大

埧孙子殷葆澄（字深甫、养源，号达泉）与殷葆治（字平甫，号安斋）兄弟俩迁至镇中南河西街重建家宅。

东溪河街有王宅。坐西朝东，总面积1140.72平方米，为苏州市文物保护单位。北路为两进一园，建于清光绪八年（1882），第一进为墙门，面阔3间，第二进为2层楼房，落地长窗一字排开，内有后园。前后进之间为天井，两侧各有2层厢房。第一进后原有一座砖雕门楼，门额"三槐留荫"，为殷兆镛题词。南路2进，均为2层楼房，建于民国二十六年（1937），具有典型的民国建筑风格，此路建筑曾开设勤昌米厂。

王氏为平望望族，祖业行医，专治外科。王振欧曾居于此。王振欧（1920—1951），幼年随父习医，成年后继承父业，善治疗疮。民国三十六年（1947）任平望镇镇长，后任大有钱庄、晋大钱庄经理和仁爱医院院长。1949年春，王振欧由中共地下党员顾其行介绍，在嘉兴与中共吴嘉工委书记金佩扬见面。发挥他在平望地区的影响，率平望自卫队向解放军投诚。1949年9月任平望区合作社办事处主持人，同年11月，任平望工联筹备会副主任。

### 061　烂溪

位于吴江区平望镇莺脰湖西南。烂溪主要流经苏州吴江区平望、盛泽新城、新塍、铜罗、乌镇、练市、含山塘、新市、塘栖等古镇。当年徐霞客的足迹也是经烂溪塘至乌镇，此后，又经练市至含山、新市、塘栖等地至杭州。清乾隆《吴江县志》载："按烂溪之长七十二里，斜港北至莺脰湖长三十里，并与震泽合界。斜港南至乌镇四十余里，则震泽与秀水合界也。"明代沈启《水利考》载："运河遇旱，震泽、梅堰运河为积瓦阻浅，改从乌镇白米荡，由烂溪出莺湖。"莺湖旧八景中有烂溪征帆、溪桥野店二景。

溪畔烂溪村，因有名门望族周氏而又名周家溪，后改为同心村。烂溪周氏中出了名臣周用，周用（1476—1547，一作1548），字行之，号白川，明弘治十五年（1502）进士。历官南京工部、刑部尚书，后以工部尚书总督河道，官至吏部尚书，死后追赠太子太保，谥恭肃，入府学乡贤祠。周家溪溪南西亢有天官坟，这是周家祖坟所在地。周用曾写有《烂溪》诗，描绘家乡的景象，诗曰："我屋城南隅，密近清溪流。时时问亲戚，泛泛行虚舟。平地望一雨，深竹鸣双鸠。日薄野树乱，沙细群鱼游。"周用的后裔回迁绍兴后，成了鲁迅家系的始祖。

清代有名士隐于烂溪。翰林院检讨潘耒，是顾炎武的弟子，居烂溪遂初堂，他的诗集即名《遂初堂集》。

1970年前后，航道部门为缩短航线，于平望镇西开凿新运河，取道烂溪至苏、浙二省交界处的鸭子坝，直趋杭州，自此，京杭大运河主航线不再经嘉兴，苏嘉运河的名称亦成为历史。在"九五"规划航道改造期间，交通部从运输功能方面考虑，将烂溪京杭运河平望至乌镇穿越盛泽新城区定为"烂溪塘"。

### 062　双杨河

位于吴江区震泽镇东五里。水向南汇入北麻漾，往东蜿蜒流淌14千米，入平望莺脰湖。顺流而下，一直往北，经过仁安、众安两个小港，与长漾汇合。清《百城烟水》载："双阳，西至震泽镇四里，西有仁安桥，中有塘桥，桥南有奉先寺，寺西有戚家圣堂、曹王土地庙。寺东二里许有永乐寺，皆傍北麻漾。"

双杨在明初为村，村距震泽镇2.5千米。东接徐家埭，南靠北麻漾，西连庙浜，北界金星村，318国道公路、頔塘河穿越村境。民国时有村民300余户，自成市井。1912年称双杨市，1918年称乡，村中有柳塘桥，桥南、桥北各有一株高大杨树，因而得名"双杨"，别号柳塘。20世纪六七十年代改为向阳大队，1983年7月恢复震泽乡建制，下辖大队改称村制，并复用原名双阳。现双阳村连续6年为吴江文明村，成功创建省级卫生村。

历史上有"双杨会"，也称千人会。为跨省、跨县的水上盛会，始于清中叶，每10年举行一次。清道光《震泽镇志》中风俗篇记载："三月三日，儿女各戴荠花，云可免头晕。又有远近男女群集双杨奉先寺等处，同声佛号，谓之千人会。"1934年最后一次双杨会过后，双杨会从此告终。

## 063　鳑鲏港

位于吴江区盛泽镇南麻社区南，北自麻溪，南至铜罗镇（今桃源镇铜罗社区），全长5.1千米，河面宽约20米，是南麻至铜罗的水路交通要道。因港内有鳑鲏鱼而得名。

民国《吴县志·物产》载："尔雅正义：鳒鲏，一名鱢鳊。罗愿曰，鱢鳊似鲫而小，黑色而扬赤，今人谓之旁皮鲫，又谓之婢妾鱼。盖其行以三为率，一头前行，两头从之，若婢妾之状，故以为名。顾诒禄《虎丘山志》：鳑，一作鲂，出长荡。渔妇网以货卖，名曰晚鲜。《香山小志》：鲂，红目肉薄，俗呼红眼鲂皮。元和《唯亭志》谓似鳊而小。"鳑鲏鱼系小型鱼类，全长0.3~1米，个别品种超过1.5米。是杂食性鱼类，栖息在缓慢流动或静止的水域，依靠淡水河蚌才能繁殖，活动范围小，寿命短，在江南水乡河中很普遍，为水乡上等珍馐。

## 064　武陵溪

又名来秀港。位于吴江区黎里镇芦墟社区，武陵溪是古代南北芦墟的市河，为芦墟塘的北段，在明清时期是魏塘（嘉善）至同里、苏州繁忙的商业水路。武陵为顾氏郡望，顾氏有武陵堂，市河故名武陵溪。

武陵溪地处北芦墟，北芦墟旧名北顾里。关于北顾里的来历有两种说法，清《分湖小识》载："吴江《嘉泰桥记》云：'距松陵五十里，曰芦墟。梁太学博士顾野王子安饶、安文卜居于此，遂有北顾里名，里前为武陵溪。明成化三年立石。'予尝细考顾氏谱牒，北顾里及东顾村、西顾村，缘宋秘阁校书顾亨避兵陈思，后子姓繁衍散居村落，遂以名其地。"顾野王（519—581），原名顾体伦，字希冯，因仰慕西汉冯野王，更名为顾野王。南朝梁陈间官员、文字训诂学家、史学家。顾亨，字舛泰，平生好施与，尝立义仓、义学、义冢，以便贫乏者。宋理宗闻其名，征为秘阁校书，固辞不仕。人称睦静先生。

宋名士陆大猷曾隐居武陵溪。清乾隆《分湖志》载："陆大猷，字雅叔，唐忠宣公之裔。大猷器度宏深，赋性娴雅，明《春秋》大义。宋仕为儒学提举。时贾似道当国，大猷见国事日非，且不可支，遂致仕归。营别墅于分湖滨，极林泉之胜。绕岸植桃数百株，为桃花源。名人往来，宴赏无虚日，自号武陵主人。"

元代芦墟人顾逊曾招待诗人杨维桢等游分湖。杨维桢（1296—1370），字廉夫，号铁崖、东维子，元文学家、书法家。他在《游分湖记》里记载："至正九年三月十有六日，吴江顾君逊既招客游东林，明日复命钓雪舫载声妓、酒具游分湖。客凡七人：会稽杨维桢、甫里陆宣、大梁陈翼、金陵孙焕、云间王佐、吴郡陆恒、汝南殷奎。妓二人：珠帘氏、金粟氏。朝出自武陵溪。"用"武陵溪上花如锦"之句，分韵赋诗。杨维桢得"武"字，写有"荡舟武陵溪，朝出伍子浦"诗句。

武陵溪又名来秀港，因来秀里而得名，来秀里因来秀桥而得名。来秀桥因陆秀夫至此而得名。陆秀夫（1236—1279），字君实，一字宴翁，别号东江，楚州盐城人。南宋左丞相，抗元名臣，与文天祥、张世杰并称为"宋末三杰"。明《湖隐外史》载："湖北来秀桥，相传陆秀夫曾至此访天随遗址，故土人以此名云。桥去余家二三里许。秀夫云天随之后也。"天随，即陆龟蒙，吴郡（苏州）人。唐代文学家。隐居松江甫里，人称甫里先生，自号江湖散人、天随子。清《分湖小识》记载："来秀里，在分湖之北，以来秀桥得名，为宋元以来陆氏旧居。前有双漾，亦号'武陵溪'，环如明镜。"清《分湖志》记载："湖之东……为来秀港，即武陵溪。"

## 065 石佛浜

位于吴江区黎里镇莘塔社区龙泾村石佛浜自然村。石佛浜自然村东临长浜自然村，南连龙泾自然村，西靠西卖盐港，北接三家村自然村。当地人曾在浜中发现石佛，故浜称石佛浜。

相传，每年农历六月初六，村里农户家中都备有面条。有一年六月初六，全村家家户户的面条都失踪。不多时，人们发现村西庙中一尊石佛的嘴里全是面条，便认定各家的面条都是被那石佛偷吃了。于是，村民们操起物件去砸这馋嘴的石老爷（神像）。没想到这石佛竟抽身逃跑起来，并施展佛法，逢河过水，见港游水，直游到东南方向的淀山湖边。正好被一孕妇见到，孕妇惊奇呼问："石人怎么能游水？"话音刚落，此佛就此石化，沉浸水中，不能上岸。当地村民把石佛从水中打捞出来，并建庙供奉，称石人庙（又称石神庙）。庙中石佛，身高尺许，跌坐莲花。原先供奉石佛的村庄就此被唤作石佛浜村。

## 066 窑港

位于吴江区黎里镇芦墟社区太浦河北，通三白荡，东流为雪湖。全长4.5千米，河宽30～40米，为吴江至芦墟的航道，是芦墟和嘉善的船只去吴江、苏州的必经之地。

历史上因其两岸有砖窑、石灰窑，故得名窑港。窑业是芦墟一带的主要产业，相传明太祖朱元璋做皇帝后，问军师刘伯温："天下哪里风水最好？"刘伯温上天文台一看，看到芦墟，讲："芦墟地方大，有'千砖万瓦'。"朱元璋讹听为"千军万马"，心想，这不是要造我的反嘛！便问："如何破坏这个风水？"刘伯温回答说："叫当地造千砖万瓦，让壮丁都去烧窑，这风水就破坏了。"于是，朱元璋召集文武百官，说："芦墟要出千砖万瓦！"话语传到吴江，芦墟就开始造窑，烧砖烧瓦。

清朝末期，芦墟有陈、钱、柳、陆氏等窑户，先后在窑港及北万户村和夫子浜等地建砖窑、石灰窑。1919 年，当地已有砖窑 15 只，年生产砖（瓦）700 万块；石灰窑 13 只，年产石灰近 1 万吨。20 世纪 20 年代至 30 年代中期，窑墩增多，产量增大。芦墟生产的大批砖瓦、石灰，"运销沪渎，岁值甚巨"。

窑港为黎里以东、金泽以西进出太浦河的最重要水口。今被太浦河分成南北两段。南窑港已建成公路桥和新型的船闸，北窑港长约 1.2 千米。

## 067　西濠

又名西窑，位于吴江区松陵街道北面。吴江县城有河，称为"城濠"。其西（今鲈乡二村东南）另有一条濠河，名"西濠"。清康熙《吴江县续志》载："自西门过流虹桥折而北为东濠，直西而北为西濠。"西濠是古代兵寨的濠河，现已被填塞。

明代西濠附近居住许多名门。西濠赵姓为宋室后裔。于元末迁至吴江县，明亡后赵氏后裔散居各地，留乡者世居松陵西濠，无意科举，耕读自娱。赵氏一门都能文善诗。裔孙赵作舟（字若川），搜集赵宽以下至赵景运 52 人所写诗共 1 168 篇，编为《赵氏诗存》十二卷存世。赵氏家训"慈心爱人"代代相传，原流虹桥堍的文昌阁即为西濠赵氏出资所建。

西濠有沈自炳、沈君服住宅等沈氏祖宅，内有"春草池塘"别业，又名西濠沈村，现地名为"沈村弄"。

## 068　鸾轿浜

位于吴江区松陵街道新桥河南。明朝时为专供运载寿春公主鸾轿的船只出入河浜，故名"鸾轿浜"。

鸾轿浜北有"驸马园"。傅忠是明代开国元老颍国公傅友德之子，朱元璋将第九女寿春公主下嫁于傅忠，封其为驸马都尉。由于寿春公主深得明太祖喜爱，被赐吴江县良田 120 余顷，岁入 8 000 石，并在松陵建园，称"驸马园"。园按皇家规制建造，精美绝伦，供公主与驸马游乐。

寿春公主和傅忠生有独子傅彦。明洪武二十一年农历六月廿九日（1388 年 8 月 1 日），寿春公主去世。二十七年农历十一月冬至（1394 年 12 月 20 日）宴会，傅友德有一道菜没有吃，明太祖指责傅友德大不敬，还对他说："召你两个儿子过来！"傅友德出去后，卫士给他传达明太祖的话："提着他们的头回来。"不久，傅友德提着两个儿子的头颅回来，明太祖吃惊道："这么快？真是残忍的人啊！"傅友德拿出袖中匕首，说："不过是想要我们父子的人头罢了。"于是自刎。明太祖大怒，将傅友德家属发配到辽东、云南之地，仅留下了自己的外孙、傅忠的儿子傅彦。驸马园迅速败落。至清代，驸马园所剩之寿春园为王氏所得，修葺后更名"芳草园"。王氏败，园废，残屋为王氏后人居住。

现鸾轿浜已被填平，成为通虹路东段。

## 四、湖泊、湖湾名（32条）

### 069　白洋湖

　　位于吴中区郭巷街道南部戈湾社区，吴淞江北侧。白洋湖略呈南北向长芋形，总面积382.5亩（约25.5万平方米），因旧时很荒僻，水天空阔，望去一片白茫茫，故称白洋湖。1958年，白洋湖围垦后，圩田主要种植粮食作物。20世纪90年代，圩田改为鱼塘养鱼。1996年6月，圩田遭洪水淹没。2000年，为提高防汛抗灾能力，建白洋湖排涝机房，堤岸筑块石护坡，随后退田还湖。2016年8月至10月，吴中区实施"白洋湖生态湿地景观修复工程"，工程规模占地面积53.3万平方米，其中绿化面积26.6万平方米，水域面积30.7万平方米（包括湖边河）。白洋湖四周有多条河道，南有两条河呈"人"形通吴淞江，北边河直通尹山湖，西侧水道通京杭运河。白洋湖南侧沿吴淞江北岸有淞岸路（东自尹山湖路，西至南尹丰路），北边有绕城高速公路，湖西侧有苏嘉杭高速公路。"苏嘉杭高速公路有限公司白洋湖服务区"，因紧依白洋湖畔而得名。2002年11月启用，总占地面积10.2万平方米，建筑面积1.1万平方米，外场绿化占地面积3.5万平方米，停车场车位383个，加油站2个。

　　白洋湖东侧湖畔有3个自然村，南为湾里自然村，村落南北向条状，因依白洋湖东水湾，故名湾里。湾里北为巷上自然村，村落夹东西向湖边小港两岸。巷上北为横港里自然村，村落夹东西向"横港"（西接白洋湖）两岸，以河名为村名。3村原属戈湾村，2004年4月，善浦村、戈湾村、五浦村合并，建戈湾社区居委会。

　　吴江盛泽镇"盛泽荡"之"白漾"，旧时又称"白洋湖"。清乾隆《盛湖志》（卷上）载："镇南有水九曲，自麻溪来，经前庄村，到镇中入白漾"，"盛泽荡有数口，皆来水，惟沉马桥水仍东北流，抱镇后，会流南入白漾，漾东大港，洩五路之水，于此故设桥墩为锁"，"白漾向名菱叶渡，大小画船皆集于此"。清凌保厘（树屏）《白洋竹枝词》曰："二月烧灯分外妍……柔橹轻随十番船（盛泽灯，二月兴。其里谚也）。""采菱渡头风较多，白龙桥外水嵯峨。尖头版舫泼波去，唱彻湾湾月子歌。"清仲孙（樊山）《歌行》曰："白洋湖头秋月过，月色满湖湖不波。游人夹岸纷何多，旁观借问云听歌。"七月十五日中元节，盛泽旧时有"赌唱山歌"（赛歌）的风俗，"四乡佣织多人及曳花者约数千计汇聚……喧阗达旦"。据称，前一日为"接韦驮"，是夜，"船汇夹岸，放棹赌唱山歌，此唱彼和达旦，乃止十六日，谓之'送韦驮'"。此俗早已不存。"白漾"现称"东白漾"（古菱叶渡），在镇东部，湖面面积10平方千米。

### 070　赭墩湖

　　又称頳（赪）墩湖、交（蛟）龙潭、蛟龙浦。位于今吴中区郭巷街道东南部，原在车坊与郭巷交界处。明王鏊《姑苏志》（卷十）载："頳墩湖，一名交龙潭。"明万历《三吴水考》

（卷三）载："赭墩湖，一名蛟龙潭，广二十里。西通北深港，东通官浦及袁家港，南抵六浦，王老泾在其北。二湖（按：尹山湖、赭墩湖）相去约七八里，中间相属河道，有马巷港、张家泾、何家港、社仓港、百丈港、高田港、新泾溇，俱南通吴淞江，北通镬底潭。"清同治《苏州府志》（卷八·水）载："尹山湖，在府东南二十五里，其西北接独墅、王墓、朝天三湖，东南通赪墩湖（一名交龙潭）、车坊漾之水，下流俱入于三泖。"民国《吴县志》（卷二十·舆地考·水）载："赭墩湖在尹山湖东南，车坊漾以西。"赭墩湖，面积0.88平方千米，水位最高时，最长处1.3千米，最宽处1.02千米，湖水面积近1平方千米。1968年，郭巷、车坊两公社合作围垦赭墩湖，筑圩堤4 900米、沿湖荡圩堤2 100米，围垦土地88.5万平方米，两公社各得圩田超过33.4万平方米。1969年，郭巷公社组织渔民定居赭墩湖，设为郭巷公社渔业大队农业点。1977年冬，郭巷公社建立赭墩湖水产养殖场，分期将圩田改造成鱼池45只，每只鱼池净水面6 670平方米，并筑1条中心河、2条生产河，遂为郭巷最大的水产养殖基地。

赭墩湖，因赭墩而得名，赭墩实为墓葬土墩。"距吴城东二十里曰尹山，尹山之东有曰赭墩者，实宋京西提刑袁公之墓也。"（元礼部尚书干文传《重修福源庵记》）文中所谓"袁公"，即吴中"渡桥袁氏"始祖袁珣，北宋末随宋高宗南渡，"卒葬长洲蛟龙浦"。坟墓按照中原风俗，有硕大堆土，因土呈鳝血色，人称袁坟为"赭墩"。

郭巷镇全境属黄泥土，但有鳝血黄泥土、乌黄泥土、黄泥土和僵黄泥土4种，鳝血黄泥土主要分布在赭墩湖村庄附近。"赭墩"后为袁氏家族墓地，旁建家祠"福源庵"。袁珣五世孙、元初文学家袁易（字通甫，人称静春先生）在赭墩湖畔筑"静春别墅"，"即所据西偏为堂，曰静春，壅水成池，周于四隅，池上累石如山，芰荷蒲苇、竹梅松桂、兰菊香草之属敷舒缭绕，而其外则左江右湖，禽鱼飞泳于烟波莽苍间。堂中有书万卷，悉君手所校定，客至辄敛卷，与纵饮剧谈，流连竟日乃已"（元黄溍《故静春先生袁君墓志铭并序》）。此后其子袁泰又建"福源山房"。

赭墩湖畔形成两个自然村落，清乾隆《元和县志》（卷二）载："尹山乡……塘十五图（尹山河东滩、赭墩湖西滩）：赭墩，东西两村。"后分别称赭墩村、西赭墩村。

## 071　万千湖

又名范青湖、范青漾、范迁湖、樊清湖、矾清湖、赵田湖、万选湖、万宪湖。位于吴中区角直镇南，为角直镇与昆山锦溪镇的分界湖。面积127万平方千米，岸线长度为5 316米，湖床总体较为平整。

吴伟业《樊清湖并序》称："樊清者，土人以水清，疑其下有樊石，故名。或云范蠡去越，取道于此湖，名范迁，以音近而讹，世远莫得而考也。"明万历《三吴水考》（卷三）载："樊青湖，一名范青漾，广十余里。西有杨巷港，直通陈湖；东有界浦，南通陈墓，北通甫里塘，与昆山县分界。湖南北河道：匠人港、钱家港、大泽港、孙妃浦、沔湖泾、陈墓市河、赵塔港、东畅港、西畅港河，俱北入吴淞江，南入淀山湖。"清乾隆《吴郡甫里志》（卷三·都图）载："范青湖，一名樊清，又名范迁，详吴梅村诗序。西与陈湖相接，在镇之南。"清《甫里志》（抄本·水道）载："范青湖，《府志》《昆新志》俱作赵田湖，在里之南。一名樊清，又名范迁。西承陈湖之水，北接界浦，东达白田。南北三里，东西五里，亦潴太湖之水也。"今名为"万迁"之谐音，万千湖以湖水清澈著称，风景秀丽。清陆仁煦《过范青湖书所见》诗曰："平湖万顷接天空，数片轻帆西复东。岸脚风翻蒲叶白，波心霞映浪花红。几株疏柳眠闲犊，一叶扁舟坐钓翁。擦棹忽依沙渚畔，闲鸥相逐入芦丛。"

万千湖附近有九千浜，民间传说为南宋韩世忠屯兵之处，韩世忠曾在万千湖训练水军，于此大败金兀术。

万千湖西与澄湖相通，东侧沿马家港直通杨氏甸湖。以入湖为主的河道有5条：西岸的大洋泾、石桥港和北岸的凌塘中心港、界浦港、金山港；以出湖为主的河道有7条：南岸的焦沙港、田杜港、下汛溇、大东港和东岸的短头湾、马家港、后横港。湖泊具有良好的洪涝调蓄、生态、养殖和景观功能。2005年2月被列入江苏省人民政府《江苏省湖泊保护名录》。

## 072 千亩潭

又称锦潭。位于吴中区甪直镇西，淞港村境内。在吴淞江南侧，因潭面积约有千亩而得名，又因遍种荷花而名为锦潭。明金阶升《游千亩潭记》称："溯莳江而下，称泽国焉。其流东折而环注，凡三十里入吴淞。吴淞上接吴会众流，下朝宗于海，以其叶纳隐复之势，表里相衔，母子相接，分委而为锦潭、云潭，势浩渺，其为形区者及千亩，故俗名'千亩泊（潭）'。归二溟先生别业，盛列芙蓉数千本以宠潭，先生因锡名'锦'焉。"

千亩潭古有锦潭庄，为明万历年间王世臣父子所筑别业，以种植荷花出名，诗云："千亩潭中千朵莲，潭虽千亩莲一湾。"王世臣，生平事迹不详。据王世臣自题《潭上即事》诗有"谁人百战一身还"句可知，他似乎是靠戍边"军功"告老还乡的。因没有功名，故志书无载。清《甫里志稿》载："锦潭庄，在千亩潭，寓贤王世臣同其子应徵所筑，有六桥分胜、鸢飞鱼跃、水天一碧诸胜。"湖畔构建三亭六桥，"与西湖仿佛，题曰'锦潭庄'"。王世臣自题《潭上即事》诗云："谁人百战一身还，今日维摩到辋川。千顷烟波明掌上，六桥花雨落樽前。芙蓉别浦藏书屋，杨柳长堤系钓船。此卜菟裘吾欲老，君恩须在五湖边。"尤侗《千亩潭记》载：明崇祯十六年（1643）九月其曾泛舟千亩潭，"乃呼小奚取酒，放舟而酌。水湄清浅，莲衣摇落。一折入曲湾，遥望两岸芙蓉，艳若锦宫城，仿佛朱楼美人映户窥客。空中芦花荻花，随风而飞。枫叶点点，从溪旁流出，不减御沟红叶"。千亩潭，临近著名的吴淞江"第六泉"。清乾隆《吴郡甫里志》载："唐张又新品第东南烹茶之水……吴淞江第六，六泉在江中难辨。相传南近千亩潭，北近蒋家圩，一环清憨者是也。"清蒋钺《千亩潭》诗曰："天随放舟处，陆羽斟酌否？近在第六泉，滢滢碧千亩。"

千亩潭周边有3个自然村，北为西潭村（其东、北面为吴淞江），西为凌江村，东为五谷村（其西北接西潭村）。2003年11月，西潭村、凌港村、板桥村合并为淞港村，五谷村并入甫港村。

千亩潭现大部分已被填没，建为汽车交易市场。筑有千亩潭路，东自龚塘路，西至甪胜路。另有"东千亩潭"，在甪直镇东，此潭因区别于西潭村的千亩潭，故名，东千亩潭现属淞南村。

## 073　东崦湖

又名上崦湖。位于吴中区光福古镇东。民国《光福诸山记》："东、西二崦，又称上崦、下崦，在虎山桥左右。"清光绪《光福志》（卷三·水）载："上崦，又名东崦，在镇东南，汇而成渠，周十余里。西承下崦，东达于浮里桥，崦中有凤凰墩、鸭墩、良田一顷，所产菱芡较胜他处。"湖通光福塘。清初王士禛有诗云："光福寺前白鹤飞，崦东崦西雨霏霏。"

东崦湖有与杭州西湖媲美的长堤，为明代董氏所筑。据说当年正值饥荒，董氏"以米换泥"，一船泥土运到，立即给米数升，长堤很快就筑成了。乌程董氏筑堤栽柳，益称胜景。明袁宏道记述：长堤一带桃柳相间，每三月时，灿缦如万丈锦，妖童丽人，歌板相属，不减西湖。明唐寅《题光福图》诗云："东崦荷花西崦菱。"清黄中坚《过上崦》诗二首，其一曰："云白天青水拍天，菜黄麦绿柳含烟。此中但有王摩诘，不使林泉让辋川。"其二曰："雾满山腰雨满天，草平湖岸水平田。前村烟树迷离处，有个渔翁放钓船。"清《吴门表隐》（卷六）载："撄鸭墩，在光福上崦内，上有古僧万祖□（此字未详）塔，人不敢近。"

明清时，湖畔多名人宅园，有苇轩、东崦草堂、耕学斋、来青堂等。"苇轩"，明徐宗夕晚年筑，"日优游其中，以图书自怡"，人称徐为"苇轩先生"，明大学士王鏊曾为其撰墓表。"东崦草堂"，南临东崦湖，西依邓尉山，依山傍水。明末徐鑑（鉴湖）修筑，故称"徐家花园"。后失修颓废，清道光年间（1821—1851），徐鑑五世孙徐傅（字月坡）重建，"有月满廊、欣怀亭、延翠轩、丛桂小榭、读书堂诸胜"。道光进士吴县曹楙坚在《寄题徐月坡东崦草堂图，次陆子范太守韵》中称："……（徐鑑）其裔孙月坡葺而新之，以为读书所。娄东钱溥绘图，张诗龄方伯为之记，钱伯瑜中丞、陆子范太守俱有诗刻石。"后徐氏衰落，东崦草堂为民国时吴中画家吴似兰购得，故又称吴家花园。1950年3月至1995年，先后为光福区、乡、镇政府机构办公地。20世纪80年代中，东崦草堂沿东崦湖一部分亭、楼改建为光福镇政府招待所，于1986年被列为吴县文物保护单位。1996年镇政府机构迁出后，转为民营后改称"光福山庄"。

东崦湖，20世纪70年代被"围湖造田"，大部分湖面被改造为农田和鱼塘。靠湖西岸一边保留贯通水道，称为"上崦河"，南至青石桥，北接福溪河，河长2.01千米，宽65米。原东崦湖畔现为光福镇居民区，设东崦湖社区，光福镇规划在东崦湖小区恢复东崦湖风貌。

## 074　候王荡

俗称后王荡。位于吴中区金庭镇东北部渡渚村。原为太湖的湖湾口，候王荡北部连通太湖，东边为大庭山，西边为渡渚山，南为二山间的渡渚村。候王荡古有渡口，后设有西山通往苏州、无锡的航船码头。

候王荡因旁有候王寺得名。候王寺，清乾隆《吴县志》（八十八·僧坊）载："候王寺，在崦边东北三里。相传吴越王将济湖，当渡口，僧候之甚虔，王喜，赐今名。后修缮无考。明洪武初，归并上方寺。"吴越王钱镠赐名候王院。南宋庆元四年（1198）改为候王寺。据明国子监祭酒同修国史胡俨于正统五年（1440）六月撰《重建候王院记》，候王院"岁久坠圮，竟成荒墟"，后由曾经修复包山寺的释觉源在废院址"结茅以居"，经数寒暑，"三佛殿成，栖禅之室,庖湢之所,佛像供设之具,巨细毕备"。候王寺院毁于清康熙年间(1882—1723)失火。

20世纪80年代,在候王荡北部筑起长堤,与太湖隔断,改造成乡镇集体养鱼基地。90年代中,西山太湖大桥建成通车后,候王荡东近太湖大桥3号桥南桥头(长沙路、大桥路交接),附近兴起度假酒店、旅游民宿及农家乐等,成为休闲度假区。又在渡渚山以东、候王荡南岸绿地以南、渡渚自然村以北,建"太湖尚境商务中心",占地约3.8万平方米,总建筑面积约13万平方米。

### 075　练渎

俗称天王荡。位于吴中区金庭镇东北部,鸿鹤山西南二里,为洞庭西山岛的湖中湖,通太湖,可通航。传说春秋时期吴王在此操练水军而得名,又说因水色洁白如练,故名。南宋范成大《吴郡志》(卷十八)载:"练渎,在太湖。旧传吴王所开,以练兵。"清乾隆《江南通志》(卷三十一)载:"练渎,在吴县太湖鸿雁山之西。旧传吴王所开,以练兵。王充《论衡》云:阖闾尝试士于五湖之侧。"清同治《苏州府志》(卷八·水)载:"练渎,在太湖中包山旁。《吴郡志》:'旧传吴所开,以练兵。'卢《志》:在太湖鸿鹤山西南,入平湖,北通官渎,相传为吴王练兵之地。僧文鉴《洞庭记》则谓'吴王游五湖经此',曰:'此水洁白如练,影之涵空也,故名。'"古时西山岛被分为三大板块,俗称有"三断"。明《震泽编》载,西山三断,练渎、寿乡、甪头。庭山一带因练渎而被阻断,清初仍"玄阳洞不连崦边,渡渚不连后埠,圻村不连石路,柯家岭不连甪湾"。随着太湖冲积成陆,数百年崦边开垦,练渎周围形成一片良田。

练渎为古迹,历代文人多有咏诗。唐皮日休诗曰:"空阔嫌太湖,崎岖开练渎。三寻鬐石齿,数里穿山腹。"陆龟蒙和诗曰:"至今钩鑱残,尚与泥沙俱。照此月倍苦,来兹烟亦孤。"明高启《练渎》诗曰:"吴越水为国,行师利舟战。夫差开此河,艅艎试亲练。十万凌潮儿,材比佽飞健。鼓枹激风涛,扬舲逐雷电。……"明末吴恺《练渎》曰:"练渎水,照两峰,阖闾于此侈军容。舳舻飞出冯夷宫,旌旗影射波光红。台荒鹿走吴沼空,黄芦卷雾生悲风。"练渎附近有雉塘。明弘治《震泽编》载:"雉塘,在练渎西一里。圣姑兄治田,姑往饷之,为雉所惊,因而禁绝。自是洞庭无雉,古称洞庭无三斑,蛇、虎、雉也。侯景之乱始有蛇焉。"雉塘今不知所在。

"练渎"曾为乡镇名。1947年3月,吴县西山区辖练渎、七贤、林屋、消夏、东涵、梨棠、镇夏等7乡镇,区署设镇夏。1948年5月,东山区、西山区合并为洞庭区,区署设在东山,西山设练渎镇、大夏镇、四皓乡。1949年5月1日,吴县人民政府成立后,撤销洞庭区,设西山区,下辖练渎镇、大夏镇、四皓乡。1950年3月,改为练西、练东、九洞、明汇、缥缈、建庭、光明7乡。同年5月,西山区划归太湖区,此后"练渎"隶属于东河乡(镇)。

练渎为西山岛湖中湖,现有水面面积500亩,水质清澈,凭借水系、绿地设天王荡风景区。20世纪90年代末,建立"西山国家现代农业示范园区",在天王荡(练渎)边建"高科技农业园",占地600亩,由同济大学规划设计"五园一区":蔬菜园、蝴蝶兰花园、珍奇瓜果园、鱼菜共生园、新果品精品园及功能服务区,集产品生产、科普研究、观光旅游、展示培训、资讯传播于一体。

## 076　黄洋湾

也作"黄杨湾"。位于吴中区临湖镇南部。"黄洋湾，在徐墅村（即渡村）之东，为横金、浦庄一带塘河之咽喉。"黄洋湾与白洋湾，均属东太湖的湖湾。清《太湖备考》（卷二）载，白洋湾时由吴江县与吴县分辖，"按湾之阔有六七里，皆沮洳菱芦，太湖之水从菱芦中分港北行，有斜汊、东汊、西汊等港名，其实皆白洋湾也。其水北注越来溪……"吴县"庄子桥港，即黄洋湾。自木履桥至此，诸港皆沿水东滩南岸，纳南太湖之水。太湖由黄洋湾折北进大缺口，是为菱湖"。黄洋湾、白洋湾为"横泾塘"的两个水口，"其南曰黄洋湾，其西南曰大缺口，其西曰篁墅港，皆受太湖之水储于黄垆港口，由采莲泾达浦庄迤东过横金镇，又东至犁尖嘴出白洋湾，统谓之横金塘"。清乾隆三十二年（1767），曾疏浚横金塘河，以改善黄洋湾水道。

清后期，由于自然和人为因素，黄洋湾淤塞严重。清《横金志》（卷之二）载："吾乡若白洋湾、黄洋湾等处，土人往往壅水成田，连阡累陌，皆昔之停蓄潴水处也。""黄洋湾，在采莲桥之南，渡村之东，口阔数里，为横金塘纳南湖之水第一要害处。今被菱芦所侵，口外皆成田荡，遂成水利之患。""荡田之在黄洋湾，四十年前烟波浩渺，草荡无多，今则田塍联络，水道如线……此处为张庄、浦庄一路紧要水口，尤不可不急为铲净者也。"清光绪十九年（1893），由横泾、东山两地乡绅联手筹款，疏浚了黄洋湾。"重濬黄洋湾，北埧起石塘，南埧抵石船港，中埧十二里，以八十四段分濬。正月七日兴工，二月十八日工竣，费钱二千三百缗有奇。水东助五百缗，余皆出于东山郑言绍。"

黄洋湾居于横泾塘南口，为苏州至东山内河航道要冲。清光绪三十年（1904），东山至苏州内河轮船通航，经由渡村采莲泾、横枪港（现三连村）、黄洋湾，穿大缺口入东山雕鹗河，至东山镇。1930年，东山"大陆""飞虎"两航班轮船，在黄洋湾遭到湖匪抢劫，此后航船改由采莲泾折向占家塘、九曲，入新泾港抵东山。20世纪50年代，苏东公路修筑，开通客运汽车，苏东客运轮船航班于1963年6月停航。50年代中，将贯通横塘、越溪、横泾、浦庄、渡村至东山渡水桥的原横泾塘等河道并称"苏东河"，全长36.93千米，为苏州到东山的重要内河航道。1958年，渡村、浦庄两个公社对境内"苏东河"段进行疏浚整治，包括原采莲泾（浦庄南至渡村石塘村）、黄洋湾（约苏东河占家至庄子桥一带）等。为避开塘桥至渡村集镇"九曲十八弯"旧河道，从庄子桥至大缺港圩内新开河道4.25千米，称"苏东内圩河"。因"苏东河"拓宽，庄子桥、采莲桥、黄垆桥、庵头桥4座古石桥均被拆除，后重建两桥改称"壮志""彩练"。1986年，此二桥重建为公路桥，分别恢复原名"庄子""采莲"，为木东公路支线桥梁。庄子桥南至大缺港间河道及圩田，实际上均属原黄洋湾范围。

## 077　画师湖

一名翁志荡（疑为翁氏荡之误）、荷花荡。位于相城区与常熟交界处，东为渡船头，南为朱火甲自然村，西、北均为常熟市辛庄镇胜利村，面积0.2平方千米，平均水深2米，最大宽度645米。湖底东南向西北倾斜，比较平坦。

民国《相城小志》（卷三）称："画师湖原田百余亩为翁志荡，逐成今有二三顷大，周围低田荒田约二百余亩，为翁氏嫁女于十图堰徐氏之奁田也。"又（卷五）称："刘珏所居地南通北雪泾港，北抵北天河，与常熟连界有荷花荡，每夏时集名流泛舟荡桨于其间。前有马路通网船头村，后有玉带河，周围约二三里。东辕门在上二图，西辕门在下二图。至今称日字圩曰东门，宙字圩曰西门。后为忌者参其僭越，遂放火自焚，致小洞庭等各胜迹毁灭无遗。仅留一井，其石圈村人敬奉如神，稍为亵弄必寒热大发，祈祷始免。其盛时有一门十三黄盖，七世貂裘。网船头、坟堂浜二村为马夫坟丁所居，致成村庄也。"据此可知，画师湖、翁志荡、荷花荡实为一湖三名。而且此处不仅有沈周故事，还有刘珏事迹。刘珏为本地人，曾官山西按察司佥事。明景泰、天顺间，为吴中诗人之最，京师号为刘八句。书正、行出赵孟𬱟，山水出王蒙，行草学李邕，各极其妙。至于"一门十三黄盖，七世貂裘"，马夫守墓者成村，已无考，或为民间传说。

此地北望虞山，东临阳澄湖。相传凤凰在此荡里沐浴过，水有灵气，碧澄透底，环境幽雅、清净。明代画家沈周家于荡东。沈周十二岁就随祖父、伯父、父亲在湖边或驾舟湖中写生学画。后来沈周成了大画家，名声远扬。湖以人闻，故又称画师湖。沈周在相城的遗迹，还有一处画师圩，与画师湖有关。《相城小志》（卷二）记道："画师圩，明沈石田尝于此学画虞山，屡画屡变，遂投其稿于河，相传河水至今随山变色。"

沈周（1427—1509），不应科举，专事诗文、书画，是明代"吴门画派"的开创者，与文徵明、唐寅、仇英并称"明四家"。传世作品有《庐山高图》《秋林话旧图》《沧州趣图》。著有《石田集》《客座新闻》等。（参见"沈周墓"条）

1972年画师湖曾干湖围垦为田，1982年退田还湖。

### 078　雪湖

位于吴江区平望镇东群星村与金联村之间。湖荡面积0.19平方千米，底高程－0.1米。明嘉靖《吴江县志》称："沈启曰，自此以前皆来之所以潴，自此以后皆去之所以泄。窃惟凡湖而蓄者皆潴，凡江而条者皆泄，而顾独分于此，急五溪大水潴而为湖，东西适均，吞吐枢要，太湖之亚也。元其为泄水者凡五，入莺脰湖。"故疑"雪湖"者，当为"泄湖"之谐音。清光绪《平望志》记载："雪湖，纳土塘河、莺脰湖之水，周围数里，东流为杨家荡。东过黎里，又东入于汾湖。"雪湖上的雪湖桥，旧为平望镇通向黎里镇的一条重要便道。

晚明遗臣杨秋，字硕甫，出身平望，居住雪湖，以此为号，人称"雪湖先生"。曾跟随瞿式耜巡抚广西，担任礼部员外郎，以忠孝在家乡闻名，著有《雪湖诗集》，陆陇其为之序。墓在平望雪湖边羌字圩，今不复存。

清诗人徐汝璞曾到雪湖访友，有《怀马犹龙》诗曰："三载一回别，惊余鬓染霜。雪湖重泛棹，红杏遍栽塘。交以久而笃，情因淡愈长。相逢欲饮醉，资每出青囊。"

### 079　周生荡

又名济生荡。位于吴江区震泽镇北部，面积34.2万平方米。周生荡周围共有9个自然村，荡东南是莲子浜，南是箬帽港和小圩里，荡西南是网船潭，西是漾西滩和雄鸡湾，荡北是杨浜头，东北是谢家路，东为看鸭港。

三国时期震泽属吴国。相传荡底有东汉末年名将周瑜墓，故名。周瑜（175—210），字公瑾，庐江舒县人，三国时期吴国著名将领、战略家，在孙氏开基立业、创立鼎足三分格局的过程中，起了重要的作用。

在20世纪70年代有黑泥大开采运动，抽干水挖黑泥，在北滩见一块约有几吨重的巨石，现巨石仍在荡底。有人猜测为天上掉下来的陨石，有人猜测周瑜墓在巨石下方，这终成为一个"谜"。

周生荡又称"酒省荡"，出自当地进士潘见龙的传说。潘见龙是周生荡东南莲子浜潘家祖先，清顺治十五年（1658）进士。清康熙十年（1671）授河南叶县知县。康熙十九年（1680），授四川阆中知县。3年后，擢浙江宁海知州，升刑部员外郎，晋郎中，迁曲靖知县。回乡后，喜喝酒，经常托航船到镇上买酒，一日，航班主忘买，在荡南侧小圩口舀水充酒，潘见龙喝得津津有味。于是传说荡下有一酒甏，只有潘见龙喝得，他是一位廉能清慎的清官，将水充酒喝，周生荡又有了"酒省荡"之名。

## 080　马字漾

又名麻字圩漾，亦名南漾。位于吴江区震泽镇大船港村与桃源镇陶墩村（原青云镇金光村）之间，面积202亩，南北长约700米，东西宽约200米，为长方形湖泊。20世纪70年代"以粮为纲"，在马字漾南端200米处筑坝，围湖造田。

马字漾亦名南漾，为"曹家三漾"之一。曹家三漾指东漾、南漾和北漾。过去三漾水面相通，中有距字圩，漾与漾之间都有水道相通，同时又与外河水系紧紧相连。相传曹家三漾是富甲一方曹百万的水面管辖区。曹百万在水面插满竹子，船通行极其不方便，还不许附近百姓碰到他的竹子，碰到就得赔钱。几百年过去了，水底似乎还有竹子的影子。

## 081　三庙址漾

位于吴江区震泽与青云交界处，面积0.22平方千米，西经顾庄港通浙江，东经划船港通紫荇塘，是苏、浙间泄水和行船的通道，周围分布着震泽镇梅桥村、桃源镇天亮村、钟家斗村，有庙墩上、鸟船湾、顾庄浜、钟家斗、朱家浜、朱行桥、凤凰村、史家坝、灰堆湾等自然村。

三庙址漾因周围有3座庙，漾南为朱行庙，漾北为水经庵，漾西为顾庄庙，故名。明嘉靖《吴江县志》载："三庙址漾、雷墩漾、潘家荡各受湖州南之水与前沈张湖至桃溪水俱入后练塘。"三庙址漾中旧有3个小土墩，分别称史家墩、杨家墩、小庙墩，墩上树木葱茏，风光绮丽，坐在墩上垂钓，可听到庙中传来诵经声。

相传古时三庙址漾有老龟居住，使周边水患不断。后来，一个戴着斗笠的和尚从村道上蹒跚而来，看到老百姓束手无策的样子，口中喃喃说出四句偈语："欲解危难，先结佛缘。三庙鼎立，波平浪静。"说完化作一阵清风而起，云端隐约显出观世音的形象。水灾过去，漾边头面人物立即商议建庙请佛的事情，决定在漾南、漾北、漾西各建一座寺庙，形成三足鼎立之势，单留东边出海通道。从此，漾名就改为三庙址漾。

## 082 寨湖

又名盛泽荡。位于吴江区盛泽镇黄家溪。原是古村落中的一个无名湖泊,因三国时期吴盛斌结寨于此,故名。清乾隆《吴江县志》载:"寨湖,在黄家溪,孙吴赤乌初,盛斌为司马领濠寨,建围作田结寨于此,故名。周可里许。"寨湖现已不存。今盛泽黄家溪以东地域,称"寨湖潭",相传就是当年寨湖之处。寨湖边原有饮马池,是结寨时的遗迹,约10米见方,大旱不涸。黄溪旧八景之一为"寨湖烟屿"。

关于吴江区盛泽镇名的来历,史料记载有几种说法,"盛斌结寨"即为其中一说。孙吴赤乌三年(240),孙权命上大夫倪让、将军徐杰、司马领濠寨盛斌分拨地界建围、作田、屯兵,自青草滩筑寨至野和溪(即今黄家溪)。老百姓称盛斌结寨之地为"盛寨",后因"泽"与"寨"读音相近,所以又把"盛寨"渐渐地讹传为"盛泽"。

清道光《黄溪志》载:"吾里黄溪,邑之南乡也。毗浙境,临运河,地方三许。其在孙吴,曰寨湖。历唐与宋,曰青草滩,曰合路村,见李白诗及陆游《入蜀记》。最后,尚书黄由筑别墅居之,因名黄溪云。"

在寨湖之南有庄浪,唐屈突氏曾隐居于此。道光《黄溪志》记载:"屈突□,开元中进士。辞建昌宰,隐居寨湖之南屿,自称青草滩主人,又号庄浪。至今人犹称其所居之地为庄浪云。"庄浪有明府厅。唐李白写有《对酒醉题屈突明府厅》诗:"陶令八十日,长歌归去来。故人建昌宰,借问几时回。风落吴江雪,纷纷入酒杯。山翁今已醉,舞袖为君开。"

宋乾道六年(1170)农历六月八日,陆游路过寨湖(当时称合路)。他在《入蜀记》记中写道:"雨霁,极凉如深秋,遇顺风,舟人始张帆,过合路,居人繁伙,卖鲊者尤众,道旁多军中牧马……"

宋大臣黄由在寨湖建有别墅。黄由(1150—1225),字子由,号盘野居士,长洲(今苏州)人。淳熙八年(1181)状元。历仕绍兴府通判、嘉王府赞读、礼部尚书兼吏部、成都、绍兴知府、正奉大夫。黄由晚年归隐后,在寨湖建了别墅,子孙繁衍,因而地名改为黄溪,后来就被叫作黄家溪。

明正德中,当地人史永龄筑十景塘,横亘寨湖中央。清代钱新作《寨湖》诗曰:"道院无人境地清,殿阴宏敞倚轩楹。湖中烟笠参差钓,树里风帆次第行。云锁山门两垛寂,人归渡口一舟横。闲情更觉潇湘远,鼓柁何年泛月明。"

## 083 南麻漾

位于吴江区盛泽镇南麻社区中心地带,面积1.23平方千米,水面似菱形,西北东南走向为长轴,东北西南走向为短轴。南麻漾西纳大德塘流来的水,出漾东口入注烂溪,复再东泄,穿太平桥(今盛泽镇旸桥港)在浙江省王江泾之北注入江南运河。南麻漾之名源自古刹南麻寺(又名长庆寺),相传该寺始建于宋代,经历代重修,为远近闻名的佛教丛林,寺西之另一漾亦因名寺西漾。

南麻漾和麻溪乃吴江西南境的水路要津,南麻地区的人口密度以南麻漾和寺西漾沿岸为高,向周边逐渐递减，两漾乃南麻漾居民的母亲湖，生养繁衍之地。古代航船、快班、渔船穿梭而过。南麻漾及寺西漾周边河塘港汊密如蛛网，水文条件好，排灌皆宜，农、林、牧、副、渔俱兴，蚕桑尤为发达，成为乡民的重要生活来源。明代沈启写有《南麻漾》诗："沧浪能濯缨，甘谷能长生。眷兹青且洌，宁无荇裡衹。顾天之一涯，菰蒲缭为家。鸥影沉碧落，龙吟隐日沙。……"清代张尚瑗《南麻》诗中有"渔庄多晒网，蚕市少开门"之句。

旧时，每年中元节南麻向例举办华严法会，历时七天，僧人近百、信众千余群集于寺内外，虔诚念佛超度亡灵，最后一天则在南麻漾、寺西漾及附近港汊放水灯，香烛点燃后插在稻草结上，放在水面，任其漂流，以驱野鬼孤魂。

## 084  南镜荡

又名南泾荡，今名镜湖。位于吴江区盛泽镇区北部南镜圩之南，占地3.3万多平方米，因在南镜圩之南，面积较小，波澜不惊，水平如镜，故名。

1958年被围垦造田，后退田重挖成湖荡，20世纪70年代，南镜荡又被围湖造田，种植稻麦等农作物。90年代末，盛泽镇人民政府在南泾荡垦区扩大建设农业生态观光公园，退田还湖，湖面比原来增大。2002年9月建成镜湖公园，占地35.4万平方米，其中水域面积占五分之二。湖中垒有3岛，桥堤相连，可漫步前往，亦可泛舟登岛。鸿运桥上有楹联一副："镜波跃鲤穿环去，画舫载香掀浪来。"镜湖堂居中，临水而筑，可在此休憩、品茗、赏景。生态观光区布设橘园、梨园、桃园、梅园、枇杷园、葡萄园和瓜园等，丹桂、香樟、紫藤、玉兰等植物错陈其间。一年四季，园内花果不断，可入园赏花，亦可采摘尝鲜。

## 085  牛头湖

又名牛斗湖，位于吴江区黎里镇西，因湖的形状犹如牛头，故名。面积36万平方米，底高程0.9米，水面宽广，水量充足。

清嘉庆《黎里志》载："（牛头湖水）至黎里水道，发源天目……东由莺脰湖、雪湖、杨家荡、牛头湖，分入黎川，环绕一镇，曲折如带。"清诗人吴琼仙曾作《过牛头湖》诗，诗曰："寻诗秋最好，一水澹浮烟。萍细时黏楫，芦高欲入船。市声晚更急，山色远逾妍。笑指崇祠近，斜阳古木边。"

相传，在很多年前，牛头湖址那里是一片低谷。附近小村有个叫牛宝的人，父母双亡，与牛相依为命。有一年天旱成灾，庄稼颗粒无收。田主要牛宝将牛抵租，牛被强行牵走。牛宝捶胸顿足，那牛不时回头，对着牛宝不停地哞哞直叫。看着那牛慢慢远去，牛宝直往村外奔去，他纵身一跃，爬上一棵大树，只想多望牛一眼。就在此时，那牛像发了疯一样，用力挣脱牵绳，一阵大叫，直往低谷冲去。一阵巨响过后，那牛已跌落在谷底乱石之中。那夜，风雨大作，牛宝也因悲伤，彻夜未眠。次日一早，晨光初露。牛宝急着出门，顿时被眼前的景象怔住了：那一片低谷，早已白茫茫一片，成了波涛起伏的湖泊。湖中水流湍急，清澈见底，那湖形状犹如牛头，牛角似朝向牛宝家。于是村里人将这湖起名牛头湖，又称牛斗湖。

### 086 漳水圩荡

本名张矢渔湖，别名张水圩、杨芦荡、南湖、南白荡。位于吴江区黎里镇北端三好村，紧靠昆山市周庄古镇。水域分属黎里镇和周庄镇、上海青浦区商榻镇，总面积0.67平方千米，吴江境内0.29平方千米，湖底高程原1.0米。

张矢渔湖，因西晋文学家张翰辞官返乡而得名。张翰（约258—319），字季鹰，吴江莘塔人氏，晋惠帝太安元年（302），官至大司马东曹掾，当时因朝政腐败，天下大乱，张翰为避免不测之祸，遂以秋风起，思念家乡的莼菜、鲈鱼为借口，从洛阳辞官返乡，与动乱的世事隔绝。这个典故，就是"莼鲈之思"。

清朝晚期，诗人徐汝璞在游玩漳水圩时，作《南湖秋月》诗，诗曰："云敛晴空宝镜明，南湖秋水一泓清。三更月浸波心里，白玉盘中托水晶。"

1975年5月，吴江县莘塔公社因消灭钉螺，在漳水圩荡西侧莘塔水域围湖筑坝，由南向北，堤长900米，堤高4.7米，堤面宽6米。围湖面443亩。从各生产大队抽调人员，成立莘塔公社第二农场（又称漳水圩农场），种植水稻、花、草、苗木、瓜果蔬菜，并成立科研小组，种植无籽西瓜获得成功。1977年，曾在围垦的地方创办了莘塔公社五七农业大学。

### 087 御儿滉

也称御儿荡、囡囝荡、甘西荡。位于吴江区黎里镇西南方，面积12万平方米，底高程-0.6米。附近农民因其地理位置居甘浜村西，又称之为甘西荡。

清嘉庆《黎里志》载："御儿滉在镇之西南染字圩，越伐吴相御于此。"相传春秋时期，吴国专门在这里驻扎了一支水军，随时准备抵御越军的入侵。吴国军士个个浑身豪气，称对方为越国小儿，抵御越国小儿的地方于是被命名为御儿滉。

清嘉庆《黎里志》载："秦太尉名乾，宋时保障黎川，没后，土人立保障祠于墓前，在御儿滉东。"清冯寿朋《黎川棹歌》称："春草荒凉古墓平，空祠乔木啭黄莺。御儿滉畔碑文出，犹识南朝保障名。"

关于御儿滉的来历，民间有个传说：在周朝时，甘浜村上有个姓甘的人家，夫妻俩膝下生有一女，名叫凤囡。附近有一姓陈的木匠，夫妻生有一男，名叫根囝。两家结成了亲家。后来，根囝当上了吴军。一次，在甘西荡畔发生吴越战争，双方战船对阵，根囝在船上英雄杀敌。在吴军即将取胜时，越兵用芦竿裹着硫黄射向吴船，瞬间烈焰熏天。火阵中，根囝手执青剑，不屈挺立。当时战船已经着火，船壁漏水，舵手也中箭倒下。在这一发千钧之际，根囝一手撑舵，一手执剑，继续杀敌。但终因敌众我寡，吴军失利。在清扫战场时，发现根囝驾的吴船沉在水中，根囝已牺牲了。但见根囝周围倒毙着五六具敌尸，显然是被根囝杀死的。凤囡得讯后放声大哭，几天后，人们在甘西荡内发现一具女尸，一看是凤囡，遂将两人合葬。后来，人们为纪念根囝和凤囡，将此荡定名为"御儿滉"。也有人称作"囡囝荡"。

## 088　蛇泽荡

位于吴江区黎里镇芦墟社区，面积76.3万平方米，底高程0.2米，与紧邻的汾湖相仿。相传有汾湖先民曾在此见识了"湖怪"，认它是"大蛇"或"天龙"，故名。清乾隆《分湖志》载："湖中有龙窟。时岁大旱，则起作霖雨，以膏下土，名曰'分泽龙潭'"。分湖（今称汾湖）东北蛇泽荡与分湖连通的短河道口称蛇口，分湖南岸浙江境内古有分泽庙，《分湖志》载："有分泽庙，在湖阴，名白龙庙。相传见白龙于此，故立庙。元至正初建，每值岁旱，乡人祷之辄应。"

清柳树芳《分湖小识》记载一个传说："南传（村）连氏居分湖北，一仆居分湖南。六月清晨，仆归家行至湖边待渡，立水滨，忽见一蛇横湖而渡。湖面甚广，蛇头已在南岸，而北岸尚盘数圈，徐徐下水，若解索然。大可合抱，背起赤鳞如丹砂，腹偃白，鳞如银锡，荡漾绿波，照耀红旭，从未见蛇长如此者。仆魂胆尽丧，倒于地半日始醒，匍匐而归，面黄如蜡，亟延医治之，谓胆已破不能救治。越月，仆死。"

民国时，出现过"湖怪"，当地人好端端放养的鹅、鸭，在湖中嬉水觅食。忽然湖中冒出一串气泡，紧接着出现了一个可怕的旋涡，顷刻，鹅、鸭就影踪全无。1949年后，在蛇泽荡畔建立了新南苗圃场，1966年，新南苗圃场曾在蛇泽荡捕获过扬子鳄。20世纪70年代，采取挖内塘围外荡的养鱼办法，蛇泽荡被围养鱼。1983年12月下旬，围垦蛇泽荡时发现扬子鳄洞穴和全副遗骸，所谓"湖怪"和"大蛇"，应该就是扬子鳄。1984年冬，黎里全乡再次组织劳力，在蛇泽荡内开挖标准鱼池11.2万平方米，建成乡第二水产养殖场。后在第二水产养殖场内设芦墟水产养殖总场。

## 089　木瓜荡

原名木瓜漾。位于吴江区黎里镇芦墟社区。面积89.5万平方米，底高程0.3米。明弘治《吴江志》载："木瓜漾，在二十九都芦墟村，上承三白荡之水，下流入嘉兴……"

木瓜漾，今称大木瓜荡，因形呈葫芦状木瓜而得名。若把黎里丰富水系看作青藤，那么，由圣堂港往东折南经张家兜、钱家湾、南星尤家港，再西向周家栅、华士港、北返木瓜滩、南池、圣堂港，荡周顺时针勾画，就恰呈葫芦状木瓜，蔓系黎川，蒂朝汾湖。20世纪50年代，开挖太浦河，河畅其流，黎里水系更显丰沛，木瓜荡越加浩瀚。1960—1970年间，拓宽荡面养蚌采珠。其后，渔业大队又在木瓜荡大批放养青、草、鲢、鳊等鱼类。

大木瓜荡隔着木瓜滩有小木瓜荡，相对依存。1978—1979年，小木瓜荡采用车水干荡法垦殖的130亩成了农田。

## 090　双珠荡

位于吴江区北厍社区南1.5千米处，全荡面积38.6万平方米，底高程0.5～1.5米。东依吴江新地物流园（原属沈家港村西姚浜自然村），南傍沈家港村的金塘港自然村，西为吴江临沪热电厂，北与蚌壳荡相连。

双珠荡是从南往北有两个并列连成一体的湖荡，双珠荡北面有蚌壳（当地对河蚌的俗称）荡，民间传说双珠荡是蚌壳荡孕育出的两颗珍珠，故名。双珠荡底的地形很奇特，北半荡自蚌壳荡起到西姚浜村庄，因这一段的水深比南半荡及蚌壳荡深1米左右，故当地人称这段湖荡为"深荡"。

双珠荡是北厍境内西片、东片地区行船去芦墟、浙江等地的必经之湖荡，在没有公路的年代里，双珠荡为北厍地区主航道之一。1938年，北厍村民曾在双珠荡附近歼灭运货的日本兵。

## 091　大渠荡

又名大巨荡，亦名东白荡。总面积超过75万平方米。位于吴江区黎里镇芦莘大道中段，北芦墟村东。南侧湖岸为临沪大道。

相传大渠荡里有箱子大小的石柜，每至八月中秋夜里，石柜会浮上水面"显宝"，金银珠宝，闪闪发光，有福气的人会看见。有人罱河泥时曾触碰到，石柜竟然浮一下后，就沉下去了，再也撞不到了。"柜"在吴方言里读音同"巨"，所以又叫"大巨荡"，后来写成"大渠荡"。

清乾隆《分湖志》载："莼菜，出莼菜荡、大巨荡。张翰所思莼羹是也。"又载："银鱼，出东白荡，细白如丝，风味至佳，不让莺脰湖产者。"

2002年开工建设汾湖大渠荡生态公园，占地约50万平方米，其中水体面积约33万平方米，湖中有生态岛，为敞开式生态园。2012年，中国龙舟公开赛（吴江·汾湖站）在大渠荡展开，来自北京、福建、广东等全国各地的12支专业龙舟队飞龙竞舟，壮观景象震撼人心。

## 092　揽桥荡

位于吴江区黎里镇太浦河南侧，紧邻苏同黎公路、人民东路，面积超过26.7万平方米。

揽桥荡因荡边有揽桥而得名。揽桥始建年代无考，相传旧揽桥南原有一座歇凉亭，为明朝开国元勋刘伯温过境时的歇凉处。刘伯温（1311—1375），名基，字伯温，元末明初军事家、政治家、文学家。刘伯温途经黎里，见黎里市河黎川如一条游龙，为龙脉之地，即在黎里东边造了揽桥，又在桥西不远处造了中立阁（八角亭），这样，桥如弓，亭如箭，方才镇住了龙脉。

每到冬季下雪之日，古镇居民喜欢到此观赏雪景，因有"揽桥残雪"一说。明弘治二年（1489），重建揽胜桥，是一座鹅蛋形的石拱桥。清诗人周元瑛有《揽桥积雪》诗曰："琼田皓皓雪平铺，北渚南川绝钓徒。百尺霓梁横断岸，冲寒一览凿冰图。"

揽桥荡的湖水比一般湖泊要深而清澈，湖底全是黏土，是苏南地区少有的硬滩，四围植有较多的柳树。

2015年，政府出资在揽桥荡边建成生态公园，占地37万平方米，陆地面积19万平方米，水域面积18万平方米。园中有新建的揽桥，长120米，宽32米。2019年，在揽桥荡生态公园建成了"南社公园"。南社是吴江黎里人柳亚子等发起成立的中国近代著名的革命文学社团，在中国近代史上产生过重大影响。

## 093 莲荡

位于吴江区黎里镇北厍社区，水域面积 366 亩。莲荡西是白头公湾，东为叶家埭村。湖荡状如一朵盛开的美丽莲花，故名。相传白头公湾得名因旧有大藤紫盘如虬，时见一老者坐其顶端。后有人知此藤为甘草，夜割之去，老人遂不复见。白头公桥，初为石桥，后于 20 世纪 70 年代改建为水泥拱形桥。

莲荡东滩有叶家埭村，明末文学家叶绍袁出生在此。叶绍袁（1589—1648），明天启五年（1625）进士，官工部主事，不耐吏职，以母老告归。妻沈宜修、三女及幼子叶燮并有文藻，一门风雅。著作今存《叶天寥四种》，他还将妻女所著诗编成《午梦堂全集》行世。村中有登科坊、进士坊，叶宅有瑞芝堂、午梦堂、疏香阁、芳雪轩、秦斋、复绎堂等，今都不复存。

莲荡滩黎星村北有张应春烈士的衣冠墓，为江苏省文物保护单位。张应春（1901—1927），女，名蓉城，字应春，号秋石。1925 年 8 月，以共产党员和国民党左派为骨干的国民党江苏省党部正式成立，张应春被选为执行委员兼妇女部长。同年 11 月加入了中国共产党，从事妇运工作。1927 年 4 月 10 日，她在出席南京地委扩大会议时，不幸被已叛变革命的国民党逮捕，英勇不屈。几天后，敌人将其放入装有石灰的麻袋中，用刺刀活活捅死，并连夜偷运到南京通济门外，抛入九龙桥下的秦淮河中，毁尸灭迹。时年 27 岁。1928 年柳亚子从日本流亡回国，到南京寻找烈士遗骸无果，遂请南社社员们赋诗作画，辑成《秣陵悲秋图》以慰沉冤之魂。并在莲荡滩无多庵西营建其衣冠冢，将国民党元老于右任所书"呜呼！秋石女士纪念之碑"竖立墓前。

1942 年 2 月 27 日，日军一艘机船开进金家湾前莲荡停泊，日军登岸去附近的庙港、东忙湾、西小港等村，抓了无辜群众 20 多名，每 2 人合绑一起，用绳窜起，押上两只农船，摇进莲荡，任其在水上飘荡，威逼他们供出抗日军队所在。然后，日军将机船开足马力，向农船拦腰猛撞，船上村民纷纷落水，有的当即下沉，有的奋力游向河岸。亲友见状划船抢救，日军放声狞笑，举枪射击，水面顿时泛起团团血水，30 多名村民顷刻全部牺牲。

## 094 鬼头潭

位于吴江区黎里镇南。原为吴越战争时吴军埋葬越兵首级的一处低洼之地，因聚葬了大量越兵首级而被称为鬼头潭。清嘉庆《黎里志》载："鬼头潭在镇之南染字圩，吴俘越兵，埋髑髅于此。"清黎里人汝璞《过鬼头潭》诗云："西浜浜底灞桥南，芦荻萧萧宿雾含。向晚行人便相戒，叮咛莫过鬼头潭。"

## 095 韩郎荡

又名袁浪荡、韩上荡。位于吴江区黎里镇芦墟社区东南面，周围分布着伟明、芦东和秋甸以及浙江西塘镇的鸦鹊 4 个行政村。水域面积 171 万平方千米，底高程 0.5 米，因南宋名将韩世忠曾到此活动，世人称韩世忠的士兵为"韩郎"，故名。后世村民在破土建房或挖湖荡沉泥积肥时，曾多次挖出"韩瓶"，这是韩世忠士兵盛放饮食的一种小陶罐。

韩郎荡中原来有7个土墩，当地人又称其为七星墩。七星墩有高有低，都长有芦苇。相传每当夜深人静之时，那七星墩中相邻近的3个小圩块，高高低低就会连成龙身，而其他圩头则演化成龙头、龙爪和龙珠，在宽阔的荡中上下翻腾，上演着腾龙戏珠的游戏。

韩郎荡与分湖三白荡、元荡、东顾荡等环绕芦墟古镇。清代乾嘉年间著名大词人郭频伽曾写下"四围春水一芦墟"的诗句。

每到节庆喜庆之时，芦墟民间有吃"定胜糕"习俗。"定胜糕"的来由，源于韩世忠在韩郎荡一带的抗金故事。相传，十万金兵南下，韩世忠兵少将寡，与夫人梁红玉整日思考破敌之策。一天，有人送糕到军帐，梁夫人接过一看，此糕两头大，中间细，轻掰此糕，就一断为二。梁夫人不解，想问送糕人此为何意，却发现送糕人已不见。梁氏心头不由得一震，知是破敌之计——金兵中部薄弱，当拦腰截之。韩世忠传令连夜出击，直冲敌营中部，果然大获全胜。战后，此糕的故事流传开来，说韩世忠、梁夫人得神人之助，于是民间便称此糕为"定胜糕"。

### 096　乌龟漾

位于吴江区横扇街道南联圩大家港村及北小港自然村西北，面积17万平方米，漾底中部浅，高程0.5米，四周深，高程-0.1米。在以船泊为主的水运交通时期，乌龟漾是横扇至震泽水上交通的主要航道。

乌龟漾因其形状如乌龟而得名。漾的南端陆地形似龟头，所以人称乌龟坟。乌龟坟是一座墓葬群，占地约2 700平方米，墓地呈长圆形，四周用青石垒筑，墓地朝南建有3个石牌楼，每两柱一间，牌楼上雕刻着飞禽走兽，墓地上矗立着石人、石马、石亭等石建筑群。林木茂密，气势雄伟。后因战乱，墓葬被盗，石建筑群基本被毁。漾的四周刚好有五条小港，又恰好"乌龟"的四足一尾：两只前脚东为北小港、西为豆腐港；两只后脚东为大南扶圩港、西为小南扶圩港；夹在大南扶圩和金家圩之间的半爿港正似它一条很短的尾巴。其漾四周深，漾底呈八字形，越往中间越浅，漾中心更浅，水深不足2米，整个漾很像一张隆起的乌龟壳。

相传，漾里原是藏着一只大乌龟，每逢发生水灾时，漾里的大乌龟在早晨会浮出水面，在漾中心停留很长时间。每年八月中秋晚上，大乌龟也会从漾底下浮出水面欣赏月华。

乌龟漾的蟹很有名，清光绪《黎里续志》载："蟹……乌龟漾者，爪尖红色，尤肥大而鲜，俗称驸马坟蟹云。盖他处绝无，故名最著。"

民国时期，荡边的乌龟坟上常有成群的乌龟出没，村民们在乌龟坟上捉乌龟，俯拾即是。抗日战争爆发后，再也没有人看到大乌龟浮出水面，坟上的乌龟也不见了。

### 097　沧洲荡

又名风骞漾、仓九荡。位于吴江区横扇街道东南，面积51.4万平方米，底高程1.1米，最低程-0.3米。横扇街道处太湖冲积平原，在太湖两条支流之间，地域形状如同一把横着的扇子。民间俚语称"沧洲荡畔贯横港，蚂蚁漾边锁扇形"。

荡内原有沧洲墩，为沧洲荡里的一个岛屿。元朝元统年间（1333—1335），岛上建有沧洲观音庵。清雍正年间（1723—1736），太湖渔业逐年兴旺，沧洲荡畔成为太湖水产的集散中心。民国《垂虹识小录》记载了同治十年（1871）发生在沧洲荡的一件怪事："震邑横镰东三里库港陈子，业渔于沧洲荡，一日于荡中芦墩畔获一古剑，芒寒射逼，不敢卒视。悬诸壁时闻声若蛇鸣者。陈旋病，筮者之知剑为祟，仍投原处，乃愈。好事者入水求之，卒不可得。"

沧州荡曾办养殖场，2013 年，外荡养殖水域和增殖水域内的围网、拦网、网箱等养殖设施被拆除，沧州荡与黄家湖两个湖泊构成了太湖渔湾美食休闲集聚区，建起了全长 500 余米跨越沧洲荡的渔湾大桥。西侧及北侧连接横扇街道，东侧接梅坛公路，南接太浦河及沪苏浙高速公路。2016 年，太湖渔湾片区建起了"玫瑰小镇"，被列入了住建部公布的第一批 127 个特色小镇名录。

### 098　稽五漾

又名鲫鱼漾、金鱼漾。位于吴江区七都镇南，四周有邱田村、行军村、李家港村、菱荡湾村、沈家湾村、桥下村、文义兜村等，面积约 3 万平方米，平均水深 3 米，漾面宽处约 300 米，狭处约 150 米。相传因当地有一名"稽五"的男孩，消除水患，使得百姓安居乐业，故名。稽五漾自西向东，东连桥下水，南接古楼塘河，由 5 个小漾连成，其状若平卧的鲫鱼，故又名鲫鱼漾、金鱼漾。

稽五漾边有双塔桥和浮碧庵。双塔桥原名双石桥，坐落在李家港村，跨七都、八都两镇。明洪武（1368—1398）中建，东、西两桥俱三拱，桥堍各镇一石塔，故俗名双塔桥。明万历七年（1579），宗伯董浔阳重修。后两桥俱圮。清雍正七年（1729），里人盛宣令、邱美中募资重建，东桥仍建以三拱，西桥则易以石块而板桥。后两塔遭拆除，清光绪二十七年（1901）重修。有一位云游到此的惠心师太，在这小岛上结芦为巢，化缘造了"浮碧庵"。

关于稽五漾的由来，有个传说。相传此地原有恶龙出没，有个叫稽五的男孩在哪吒的帮助下，用"太乙"剑斩断了恶龙，龙身化为一潭黑水，龙尾腾空旋起，把稽五打入潭中。突然，那黑水团随着稽五的落下而变成清水。龙尾化成了一座小岛，一会儿就长满了茂盛的若兰香草。龙头在金蟾宝塔的镇压下渐渐地死去，龙眼也被流水冲走，剩下两个空洞。日久，龙头石化成了一座三洞石桥。相传，五月十六日是稽五的忌日。每年这一天，人们自发汇聚在这里，登双塔桥祭拜稽五。从此，这清澈见底的碧潭就被称为"稽五漾"。

### 099　肖甸湖

位于吴江区同里镇屯村社区东北部，东邻周庄，西靠同里，南傍白蚬湖，北倚澄湖。

肖甸湖中间是一片芦苇荡，钉螺丛生，是血吸虫病（俗称膨胀病、大肚皮病）严重流行地区之一。中华人民共和国成立前流行一首民谣："栅里村，栅里村，栅里村上死绝人。不要刀上死，不要绳上死，只要小河浜里找女婿。……村里哭声不绝，村外田荒地白。"1969 年冬，为消灭血吸虫病，屯村公社会同周庄公社调集 18 个队农船近 200 只、劳力 3 500～4 000 人次，用两个月的时间，在肖甸湖南北湖口各筑长 4 千米、宽 5 米、高 4.5 米的两条大坝，进行围湖灭螺。

肖甸湖自 1969 年启动植树造林项目。1970 年 5 月 7 日，吴江县动员屯村公社 19 个村部分干

部群众迁入新村,成立"五七"大队。这一年起,人们在原芦苇荡地培育苗木,种桑养蚕,种植果树、竹子等。1998年被江苏省农林厅批准为肖甸湖森林公园,公园在白蚬湖西北角,澄湖南边,东临周庄乡村,西望同里古镇,总面积约267万平方米(含南北两头水面134万多平方米)。按种植种类,划分了银杏、桃树、翠冠梨、白沙枇杷、早园竹、毛竹、水杉、池杉、香樟以及雪松、合欢、广玉兰、梅花、桂花等独立区和合种区植物。公园内河道、沟渠分布有序,近3 000米长的水系缠绕森林,外围有约80万平方米的精养鱼塘。充足的水源,使森林内的植物生长茂密葱茏,古朴自然,从而吸引了黄鹂、白鹭、野鸡、野兔等数十种野生动物前来林地栖息。

### 100　仙人漾

又称仙人坑、桃溪。位于吴江区桃源镇西北的陶墩村境内,总面积5.67万平方米,平均湖底高程-0.3米,和其西面连接的小溪(今陶墩市河)并称桃溪。西受湖州诸水,东经顾庄塘、三庙址漾、划船港,入后练塘。明弘治《吴江志》载:"桃溪,在十四都,上承湖州诸水,下流入烂溪。"

相传越国大夫范蠡携西施曾隐居在仙人坑南半漾中的小墩上,并在两岸及小墩上遍植桃树,又授予村民捕鱼和做木梳的技艺。村民为纪念他们,把仙人坑和小溪并称为桃溪,把范蠡、西施曾隐居的小墩和两岸的村落称为桃墩(又称桃花墩)。后来得知范蠡在齐国经商致富,人称陶朱公后,就改"桃溪"为"陶溪",改"桃墩"为"陶墩"。

明朝天台人徐一夔写有《桃源记》:"太湖之南二十里许有溪焉,水泉清远,左盘石纤,势若篆籀。郡志言越大夫蠡扁舟出五湖时,当过其处。后人思之构桥其上,曰思范以志。溪两岸宜挑投核土,中不培而茂盛之蓊然。方春始阳,群葩竞发,嫣红腻白,酣阳颒雨,蒸为旦气,烂若晴霞,居人因字溪曰桃,茆屋三四楹,在桃树中则吾家也。"明吴复有《与辅太守同过桃溪》诗:"桃花溪水碧于天,乱后重来非少年。故国世家今若此,白云红树为谁研?螯持紫蟹催行酒,琴奏高山叹绝弦。落落晓星耆旧少,感时抚事意茫然。"

## 五、名泉(古井)名(15条)

### 101　墨泉

又名墨池、墨沼、洗砚池。位于吴中区光福镇龟山东南麓。清《光福志》(卷三·水)载:"墨泉,一名墨池;一名洗砚池。在龟山峰东麓,深不可测,视之如墨色,故名。相传陈顾黄门遗迹。"顾黄门,即顾野王,陈宣帝太建年间迁为黄门侍郎、光禄卿。博学宏才,天文地理、蓍龟占候、虫篆奇字,无所不通。一生著作丰富,编纂《舆地志》,著有《符瑞图》《顾氏谱传》《分野枢要》《玄象表》及志怪小说《续洞冥记》等。

光福龟山曾是顾氏家山。明朱存理《龟峰胜概记》称："吴有光福山者，一名龟山，距县西南七十余里。相传梁九真太守顾氏之家山，又传为野王宅。山有寺，后据冈阜，前临林墅，古殿修廊，坏抱林木，蔚为古丛林也。中有铜观音像，水旱祈祷屡有灵应，载诸名人碑刻，并见朱乐圃《图经续记》可考。殿右有方丈，壁间寘唐进士顾在镕诗刻。后有墨沼，亦云野王物。沼水墨色，如出染渠中，盖其遗迹欤。方丈西从石磴而上，有浮屠七级，耸出一峰之上，即所谓龟峰也。"明钱谷撰《吴都文粹续集》（卷十九）称，墨泉，为顾野王居此著书遗迹。清《光福志》（卷二）载："龟峰……山之西麓，有光福寺、方塔在焉。东有墨泉，又谓墨池，又曰洗砚池，相传顾野王在此著《舆地》《玉篇》诸书。国朝顾都宪汧《光福诗》有'荒径空传洗砚池'之句，自注：先黄门遗迹。寺后有观音泉二泉，虽大旱不涸。"

墨泉向为光福铜观音寺内一胜迹。1999年，龟山顶部辟设以光福寺塔为主景的塔山园，内有樟树园、梅林、中日友好樱花园等。墨泉在塔山园东侧院墙外岩下，现经重新清理修整，泉池略呈圆形，俯视池内深邃色黑，掬起泉水异常清澈。

## 102　七宝泉

位于吴中区光福镇邓尉山。清《光福志》（卷三）载："七宝泉，在邓尉妙高峰下，甘而冽，迥异诸泉。"民国《光福诸山》载："七宝泉，在邓尉山左麓梓里上，盖乳泉也，甘洌异常。"人称"天下第七泉"，故名。

七宝泉素称佳泉。画坛"元四家"之一的倪瓒（号云林子）与七宝泉有不解之缘。清《光福志》载："明倪云林尝使童子担七宝泉，以前桶煎茶，后桶濯足。人不解其意，或问之。曰：前者无浊，故以煎茶；后者或以泄气所秽，故以濯足。"此为民间传闻，以戏谑倪云林的洁癖。倪云林暮年确实造访过七宝泉，据记载，明洪武六年（1373）农历八月六日至二十三日，倪云林应邀至光福会友，与徐达左（字良辅）、王畹、照磨、卢熊（明《苏州府志》编纂者）等相聚觞咏。先后留宿徐良夫"耕渔轩"、王畹"耕云轩"，并分别绘有《耕渔图》《耕云图》。由王畹陪同至七宝泉。倪云林《七日访徐良辅十三日至七宝泉上及暮舟还耕云轩二首》之一云："来看城西十月山，桂花风起碧岩间。扁舟夜过溪东宿，七宝泉头日暮还。"（《清秘阁全集》之八《倪瓒集》）

古时七宝泉，上有亭，下有庵。清乾隆《吴县志》（卷八十七）称："七宝泉庵，在十九都。元延祐间，僧性颐建，七宝泉在焉。"明崇祯《邓尉圣恩寺志》（卷之二）载："七宝泉，在山东麓。僧于岩下凿池蓄之，结亭于前，泉从其下流出，伐竹为笕引之，味殊甘洌。其南有玉泉，一泓清澈可鉴，僧结庐其上。山西麓有寿岩泉，与七宝泉相背，疑本一脉也。"山僧劈竹为导管，将七宝泉水引至庵内，烹茶饷客。明蔡羽《游邓尉山煮七宝泉》诗曰："玉音丁丁竹外闻，璇渊清空出树根。脂光栗栗寒辟尘，冰壶越宿长无痕。"王鏊《七宝泉》诗云："嵌若滴玲珑，七宝瓮完月。幽亭泉上头，暗道曲通穴。剖竹走长蛇，昼夜鸣滴滴。煎无三昧手，渴有七盌啜。"王宠诗云："七宝在空翠，谷口桃花流。诸天香雨散，百道白虹浮。华顶通海脉，空中鸣天球。雪喷石钟乳，练挂银河秋。甘于白獭髓，清如赤龙湫。"谢缙诗云："邓尉山中七宝泉，味如沆瀣色如天。半泓清浅无穷脉，一线长流不记年。剖竹引归香积内，试茶烹近白云边。

我来酒渴仍秋热，漱尽余酣就石眠。"泉旁聚饮亦为雅事，王汝玉《同诸友七宝泉燕集》诗云："磴转青苔断，泉归绿箨深。撷芳遵涧曲，列席就萝荫。野迥寒云彻，山昏夕照沈。酒酣情未极，延赏洽幽心。"

亭、庵今已不存，而七宝泉却一直为附近居民饮用，尤其是每逢四时八节或喜庆日子，多喜取泉水烹茶以图吉利。2000年，光福镇人民政府出资清理整修了七宝泉，泉池周围砌小石屋，并用400多米长水管，将泉水引至山下水厂。2002年7月，当地在宝泉路建苏州市七宝泉水厂（民营），以麓坡90米深井采水，经省级鉴定为偏硅酸锶复合型饮用天然矿泉水，审查核定允许开采量为120立方米/日。七宝泉井及小石屋仍保留原处，但不再从泉井取水。

## 103　八德泉

又名沸珠泉。位于吴中区光福镇玄墓山圣恩寺西南。明崇祯《邓尉圣恩寺志》（卷之二）载："八德泉，旧名沸珠泉。在寺之西南，近河平田内，因水沸如珠，故名。后人砌甃方池，覆以大石，年远仍废。迨崇祯戊寅，大旱，遍山水少，惟此不涸。远近人民竞汲不竭，日供寺众三百。""崇祯戊寅"，即明崇祯十一年（1638）。八德泉之名，出自佛语"八功德水"。《佛说无量寿经》（卷上）称佛的"讲堂精舍宫殿楼观"四周皆有清池，"八功德水，湛然盈满，清净香洁，味如甘露"。"八功德水"又称"八德水"，其水品质"一澄净、二清冷、三甘美、四轻软、五润泽、六安和、七除饥渴、八长养诸根"。或称："一清、二冷、三香、四柔、五甘、六静、七不疴、八不躐饐。"古时寺院附近的佳泉多喻为"八德水"，如西湖畔天竺"钟泉"，南京钟山紫霞洞"功德泉"等。沸珠泉"其味冲澹甘洁"，近圣恩寺，故称"八德泉"，民间亦有称"佛珠泉"。

八德泉，旧时出水量很大，不仅附近村民前来汲取，而且能满足承恩寺寺院300位僧众日常用水。民国《光福诸山记》载："山有圣恩寺……西南有八德泉，水如沸珠，又名沸珠泉，今乡人取以缫丝，色更光洁。"按照《太湖风景名胜区总体规划（2001—2030）》，"八德泉晋柏"被列为光福景区一景。

## 104　百丈泉

位于吴中区木渎镇穹窿山宁邦寺后。明王鏊《姑苏志》（卷八）称，穹窿寺"其北有紫藤坞百丈泉"。相传宋时住持高僧佛慧禅师上山找水，将锡杖拄在岩崖间，戳到泉眼，遂用竹管引泉百丈至寺院，故名；或云此泉在"百丈崖"而得名。明《穹窿山志》载："在海云禅院后，故佛慧禅师善权迪公住时，众多水少，师卓锡山半崖石间，有泉涌出，导以修笕，名之曰'百丈泉'。学士邵庵虞公谒师，留题有'道人定起日停午，百丈崖前写玉琴'之句。""学士邵庵虞公"，即虞集（1272—1348），字伯生，号道园、青城樵者、邵虞先生、芝亭老人等。元文宗天历元年（1328），迁升奎章阁侍书学士。明吴宽有《饮百丈泉》诗曰："白云翻海涛，行人渺无踪。兰若因以名，秀似青芙蓉。兹山非百丈，泉石与山重。问泉所发源，寺僧偶相逢。涓涓出乱石，虢虢循长松。山中下凿井，饮足忘泔冬。始知白云多，护此蜿蜒龙。品题籍道园，遗墨无尘容。所恨生已晚，采杖何由从。步来当长夏，坐把清心胸。记事强追和，岂徒碧纱笼。

谪仙咏瀑布，莫访香炉峰。"（明《穹窿山志》卷之五）

百丈泉一直是山寺僧众日用水源。李根源《吴郡西山访古记》（卷二）载：访宁邦寺，晤见方丈石如，"引余登玩月台，有'孤峰皓月'摩崖四字……旁大石仰卧，广丈余。石如拟镌'普提石'三字，乞余书之。寺旁百丈泉，淙淙然自石隙中流出，上真观饮汲于此"。今玩月台修建了玩月亭，此亭往下有百丈泉的蓄水方池，池侧山道建有石凉亭"问泉亭"，亭侧立石碑，上镌百丈泉简介文字。据称，每当雨日，百丈泉合溪水顺山而下，急流激石，飞珠溅玉，极为壮观。2007年，宁邦寺进行了全面整修，修建了茶室，供游客品山泉佳茗。

## 105　玉椒泉

位于吴中区金庭镇堂里村陈巷。清康熙间翁澍《具区志》（卷四）称："玉椒泉，在西湖寺东。"西湖寺，又称西小湖寺，因有"西小湖"而得名。清王维德《洞庭七十二峰》载："缥缈之北，有扶舆磅礴独当西湖一面者，西湖山也。其巅有池，溶漾纤余不过数亩，而大滂不溢，大旱不涸。湖之波浪欲兴，池先为之兆，故谓之曰小西湖。"据称，每当太湖的西湖将有大风浪，这个山顶的小池便先有征兆，故称"西小湖"，实际上是蓄存玉椒泉的"半亩方塘"。玉椒泉脉纤细如线，犹如胡椒（玉椒）藤蔓而得名。泉水清味甘，煮有异色，相传取水缫丝，丝色更光洁。今西小湖近处有摩崖石刻行书"玉椒"2字，旁署"妙一"，无纪年。池北侧有立一石，上面镌刻篆书"海火池"3个大字，旁署"唐白居易题有诗，民国己巳（1929）夏末李根源书"。

西小湖，旧有"千叶莲"而著名，相传西小湖寺的观音像"浮海而来"。清同治《苏州府志》（卷三十九）载："西小湖天台教寺，在洞庭西山缥缈峰之北，初为观音教院，梁大同间建。相传唐乾符中，有沉香观音像泛太湖而来，小湖僧迎而得之。有草绕像足，投之小湖，生千叶莲花。"唐白居易《西小湖寺》诗云："湖上山顶别有湖，芰荷香乱占仙都。夜涵星斗分乾象，晓挟云霓作画图。风动白萍天上浪，鸟栖寒沼日中乌。若非物外多灵迹，争得长年永不枯？"明谢晋诗曰："太湖山上小湖开，半亩洁淳绝点埃。翠浪涵风生皱壳，红蕖承露放重台。"池水被称为灵泉。宋孙觌《西小湖灵泉赞》称曰："我来稽首瞻仰尊颜，挹水啜之，清入肺肝，尘垢消落，身心荡然……汝心如泉，泓然弗迁；汝身如莲，离垢芳鲜。"据传，池中有"平底螺"，因曾有寺僧将被剪了屁股的螺蛳放生之故。

清康熙《百城烟水》（卷一）称，西湖寺，"宋末毁，元泰定间，昌法师创观音殿。明永乐十四年（1416），僧惟寅重建，曾荣有记。嘉靖间废。天启三年（1623）重建"。清同治十年（1871）重修。寺院殿宇1966年毁于"文化大革命"。西湖寺旧址在距缥缈峰之北2.5千米处的山岭上，海拔120米，为远眺西太湖、禹王庙、横山群岛湖山风光佳处。每当日落余晖映照"西小湖"时，一池霞彩似火，故被喻为"海火池"；而此刻山下湖湾里归泊渔船桅杆林立，处在夕照映衬中美如画图，"西湖夕照"成为西山古十景之一。

## 106　鹿饮泉

位于吴中区金庭镇葛家坞。葛家坞因有上方寺，又称上方坞。清乾隆《吴县志》（卷五）

载:"鹿饮泉,在上方坞。水味甘洌,止盈一铛,随汲随至。"鹿饮泉,因山泉一带有麋鹿出没,故名。清顾超《鹿饮泉访云鸿上人》诗曰:"清梵闻蝉鸟,幽踪见鹿麋。"[清《太湖备考》(卷十一)]可见清中叶这一带还能见麋鹿行踪。上方寺今已不复存,鹿饮泉依旧在后山坡,基本保持原态。岩泉有依石坡稍加修凿的盆状小池,真所谓"止盈一铛"。泉旁摩崖刻严其焜题"鹿饮泉",仍清晰可辨。李根源《洞庭山金石》载:"鹿饮泉三大字,正书,严其焜书,高二尺。葛家坞上方寺后山,泉旁摩崖。"严其焜,字藻亭,号鸾坡,清中叶江浙乌程人。善诗书,通金石考据之学,著有《敬修斋诗稿》《金石跋》等。其子严可均(1762—1843),为清代文献学家、藏书家。

鹿饮泉洁净甘洌,李根源《吴郡西山访古记》(卷五)载:"入葛家坞,至上方寺大殿,新建妙香堂尚雅洁,卧龙松已不存矣。登后山,访鹿饮泉,泉甘美。有蔡羽记,王宠诗。"蔡羽《酌鹿饮泉记》载,明正德十五年(1520)清明,他与友人寻访鹿饮泉,带了茶灶,就地煮泉品茗。"庚辰之清明,从客求鹿饮泉,去妙香西北,遵阜升降,遂陟青涧,缘水八九里,谷路不绝,涧之形遂细,过竹场山,水鸣地中矣。竹场之北不及二里,岩豁地展,有废庐之基二,设榻岩曲,穿井泆道,访诸僧,莫喻厥始,岂古所谓避世人,不入六根之流也。缘崖屈折厥,道遂斗隆,然云中不见其末,大青之山也。乃提策勾石,踣荆棘,崛烟雾,三分大青之一,鹿饮泉在焉。""鹿饮之量,不胜二觚……客有荷灶,至大青者再,沸水益甘洌。"并作《三月八日到鹿饮泉》诗曰:"十里荷茶灶,攀萝觅远岭。微躯已世外,宁用浣尘心。危磴缘细云,寒泉袂窦深。古人巢穴地,百岁几登临。"明王宠《鹿饮泉》诗云:"山似屏风迭,溪流鹿饮泉。缘源疲磴滑,扫石爱云鲜。香雨诸天洒,旃林百道穿。清风激天籁,心赏忽泠然。"王宠以小楷所书此诗手卷,今为传世墨宝。

### 107　画眉泉

画眉泉有二。一位于吴中区越溪街道七子山松毛坞,一位于金庭镇明月湾。两处画眉泉,均与春秋吴王、西施有关。

七子山画眉泉。据说,"缘此泉离姑苏台只二里,吴王游览于此,尝取水应宫中之用,此泉之所以得名画眉也"。因清代吴门名医徐大椿在此筑别业而闻名。徐大椿(1693—1771),更名大业,字灵胎,晚号洄溪道人,吴江名士徐轨之孙。同治《苏州府志》(卷一百十)载,徐大椿"生有异禀,倜傥英伟,有异人概","穷经探研易

画眉泉

理,好读书"。他精通医术,名传四方,深得乾隆皇帝嘉许,曾两次奉诏进京为重臣、中贵诊病。据徐大椿自撰《画眉泉记》称,乾隆二十六年(1761)春,他从京城辞归故里,意欲隐居"深山僻壤","访得吴山七子墩之下,有画眉泉者,策杖远寻,披荆负棘,得破屋数椽,墙摧

瓦落，泉在屋旁，屋内有碑，剥苔审视，知为国初高僧子山所辟"。徐大椿在此屋废址上修筑"洄溪草堂"，在此著书立说，并会友觞咏。

画眉泉，古时涌流成瀑。"其泉发源于山半石穴中，山腹窈然中空，泉从穴中涌出作瀑三折，此为正流。其右有石壁一带，高二丈，长则四倍，壁上有隙数处，水从隙出，壁下有石池，水俱汇而归焉。池形如箕，方广三丈，深不满尺，满则泻入涧中间，涧水东流，或伏或显，三里而至平地，可溉田十顷。若夫大雨骤至，或连阴数日，则山泉迸发，声若轰雷，近如白龙夭矫，远如鸧鹤回翔，壁上细流纷落，恍若珠帘不卷，玉屑腾霏；即或天日久晴，亦复涓涓不绝，药草长滋，点滴清池，声同编磬。其水则芳甘清洌，不染凡尘。"清嘉庆二年（1797），徐大椿之子徐榆村特请吴江汾湖叶逢金绘成《画眉泉图》（现藏上海医史博物馆）。

"洄溪草堂"毁于清咸丰十年（1860）兵燹。现遗址荒芜，仅存清代至民国间名流题词的摩崖石刻，在刻有徐大椿手书"古画眉泉"并署"洄溪道人"岩壁下边，泉眼仍有涓流，但不复当年涌泉如瀑奇观，泉下原有箕形方池亦无存。

金庭镇明月湾"画眉泉"。清《太湖备考》载："画眉泉，在明月湾。"清《林屋民风》亦载："画眉泉，在明月湾。一名如眉泉，深不满尺，不溢不涸。"相传，"明月湾，吴王玩月于此"。当年吴王夫差携西施来此避暑赏月，画眉泉因西施在此梳洗整妆而得名，又称画眉池。现画眉泉仍在明月湾村后石排山山腰，有黄石堆砌泉池，泉水清澈如镜，常年不枯。泉旁原有石凳、石桌等今已失。

## 108　无碍泉

又名水月泉。位于吴中区金庭镇缥缈峰北，水月坞水月寺旁。清同治《苏州府志》（卷六）载："水月寺东曰无碍泉，本名水月，以宋无碍居士李弥大得名。"李弥大（1080—1140），字似矩，号无碍居士，吴县（今苏州）人，宋崇宁三年（1104）进士，除校书郎，迁监察御史，曾任河东宣抚副使、刑部尚书、户部尚书兼侍读、平江知府等职，晚年退隐洞庭西山，在林屋洞前筑无碍庵、道隐园。李弥大《无碍泉诗并序》云："水月寺东，入小青坞，至缥缈峰下，有泉泓澄莹澈，冬夏不涸，酌之甘洌，异于他泉而未名。绍兴二年（1132）七月九日，无碍居士李似矩、静养居士胡茂老，饮而乐之。静养以'无碍'名泉，主僧愿平为煮泉烹水月芽，为赋诗云：'瓯研水月先春焙，鼎煮云林无碍泉。将谓苏州能太守，老僧还解觅诗篇。'"南宋范成大《吴郡志》（卷三十三）称："水月禅院，在洞庭山缥缈下。梁大同四年建……山有无碍泉，绍兴间始名。"

无碍泉（水月泉），味甘水洁，岁旱不涸。人称水月泉烹水月茶为缥缈峰水月寺双绝。清康熙间秦嘉铨有《水月寺新晴偶成》诗云："新晴山色近空庭，翠溢员当颂雨灵。乾鹊引雏还觅饲，鞠鸠呼妇自梳翎。一铛寒雪烹无碍，满阁香风焙小青。最爱惊泉溪绿外，野人独立石桥听。"小青茶，即水月茶，今洞庭碧螺春茶。

水月禅寺于2006年重建，2007年正式开放。无碍泉经整修，砌有井状石围，半依茶坡石堰。石堰上嵌砌"无碍泉"3字书条石。泉旁边另立一块碑石，上镌无碍泉简介。

### 109　长寿泉

长寿泉现有两个井口，一口在姑苏区十全街五龙堂南段（五龙堂3-1号）的居民家门口，一口在姑苏区五龙堂南面羊王庙（弄）中段（羊王庙11号边门南园河岸边）。长方形青石井栏，两井口均为圆形井口，井栏上刻"长寿泉"字样，落款为"民国二十三年八月"，魏碑体。供附近居民用水，至今称便。

长寿泉所在规模宏大，清《吴门表隐》（卷一）载："石龙在乌鹊桥东，名龙坛，阖闾所造，今为五龙堂。庭外池中，以石板覆五井，或云压太湖水怪，遇旱启板即雨。"也就是说，早先此地名龙坛，春秋时期，吴王阖闾在此建了五龙堂（俗名五龙庙），堂外有池，遂成五口井，用石板盖着，遇到天旱，只需启开石板，天即下雨。宋范成大《吴郡志》（卷十三）、明王鏊《姑苏志》（卷二十七）及皇甫汸《长洲县志》（卷十一）先后刊登了宋淳熙十年（1183）苏州郡守耿秉于此祈雨的故事，其

长寿泉

中《长洲县志》记载得尤为详细："五龙堂，在县东南，唐贞元中建。宋淳熙十年郡守耿秉以久旱斋祓祈雨，越三日，有小龙如蜥蜴，见于神位前香案果钉上，蜿蜒不去。秉与约：'三日内雨，当奏请庙额。'明日大雨，事闻，诏赐额灵济，自是凡遇水旱，守官投铁牌于祠前潭中，必获响应。绍熙四年其敕封第一东灵侯，第二西城侯，第三中应侯，第四南平侯，第五北宁侯。今堂中肖五侯像，吴中疾疫者祷之，大有灵验。"按：民国《吴县志》（卷三十四）在引述《长洲县志》时，已据《吴郡金石目》，把文中"绍兴四年（1134）"校为"绍熙四年（1193）"。敕封五龙为五侯，也是寓意"东南西北中，灵城应平宁"，"五侯"不单管水，还管起"吴中疾疫"来了。而庙内水池，即称五龙井，所在巷名也称五龙堂。

直到清代，五龙井仍是地方官员求雨之处。据《吴门表隐》（卷一）载，清乾隆二十四年（1759），大旱，巡抚陈宏谋"祈雨启板，立应"。实际上，旧时祈雨，除了杯珓（两块外形如蚌壳的占卜用具）、启石板、读祭文外，还有丢铁牌、投虎骨于井中等唯心的方式（其意是为了激怒井中龙，使之龙虎相斗，导致大雨）。

民国初期，五龙池犹存，庙宇一度改为小学。为方便周围居民用水，五龙池被造为两口井，即今两座各有两个井口的长寿泉。名长寿泉，是寓意人长寿，井长寿，祝万年长存之意。日军侵占苏州时，学校（庙屋）被毁废弃，后渐改为民居。但两口井即"长寿泉"，至今仍作为附近居民的取水之用而保存良好。

### 110　金泉

位于姑苏区阊门内间邱坊巷26—30号门前路北侧的空地上，是一口双眼井，花岗石六角井

圈，两井栏上都刻有"金泉"两字，是为纪念救火义士史金奎而建的义井。周围居民至今用水称便。

1926年4月5日晚间，间邱坊居民叶汝霖家发生火灾，在救火过程中，同安龙社义务救火员史金奎不幸触电身亡。苏州救火联合会在虎丘山南麓为救火英雄史金奎举行了公葬。1932年，市民又捐资在间邱坊巷内建井，为纪念史金奎，井名取用了史金奎姓名中的"金"字。当时，还在井旁建立了配套设施水池和井碑。而虎丘山南麓安葬史金奎和其他义士处，后改称义士陵园，现已整修一新。

### 111　百龄泉

位于姑苏区小新桥巷西首，处小新桥巷与仓街交叉口的东北侧（原仓街109号门前）。黄石井圈，呈长方形，双眼。井圈外侧面中间刻有"百龄泉"3个大字。上款刻"民国二十二年仲秋"，下款并排刻陆季皋、娄仲明两人姓名，下刻"敬立"2字。

民国二十二年（1933），苏州大旱，位于附近的苏州振亚织物公司（1954年10月接受公私合营后，才正式改名为苏州振亚丝织厂）两大股东陆季皋、娄仲明，鉴于该厂工人和附近居民饮用水困难，便一起捐出当年各人做寿资金，开凿了此井。陆、娄两人是儿女亲家，时年均为50岁，两人年龄相加正好为100岁，故将井名取作"百龄泉"，既作为寿诞纪念，又有祈求井泉长存，用水人健康长寿之意。百龄泉水质清洌，冬暖夏凉。作为仓街上最著名的一口水井，百龄泉一直受到周围居民的爱护，至今保存良好，仍是当地居民用水的主要来源之一。

### 112　仲英泉

位于姑苏区菉葭巷西段天宫寺弄1号边门口小路东侧，花岗岩六角形井圈，1926年为纪念陆仲英，由临平市民公社开凿，故名仲英泉。

苏州市民公社，是清末民初苏州地区以商人为主体组成的一种特有的以街区为界限的基层自治组织，临平市民公社即苏州古城临顿路、平江路一带市民组成的自治组织。1926年，临平市民公社为纪念受人尊敬、已经逝世的前社长陆仲英，于此处开凿公井，是年10月竣工。井台、井圈均用花岗岩建，井台上还建有井亭，现存有井台、井

仲英泉

圈。在六角形井圈上，五面都有题词，"仲英泉"3个大字各占一面，另有两面分别刻有"为纪念前社长陆仲英而凿"，"中华民国十五年十月临平市民公社副社长戈日焕题"，均为楷书。该井至今仍是附近居民汲水用水的公井。

### 113　洙泗泉

位于姑苏区仓街邾长巷东口，邻近旧时长元县学附近。系花岗岩八角形井圈，井圈上刻有"洙泗泉"3字，楷书，并刻有"光绪戊申年""自治局官井"等字样，个别字已漫漶不清。

清光绪戊申年（1908），至今已有100多年历史了。春秋时期，孔子在洙水、泗水一带授学，故儒家多以"洙泗"来代表儒学传播，该井处于原长洲县、元和县的县学附近（原址今为干将路平江实验小学），故名。又，苏州方言，井水与进士谐音，民间传说饮此井水，有助考中进士，所以当时特别受到附近居民的呵护。现井尚存，井圈外并安置新井栏，上刻有"吴门人家"，显系"吴门人家"捐制。

### 114　源源泉

位于姑苏区西中市天库前西口，原井何名，始凿于何时，今已难稽考。民国十三年（1924）重浚，取名源源，寓源源不断之意，重浚时将原品字形三眼井圈改成花岗岩井字形四眼井圈，井圈上刻有楷书"源源泉"3个大字，落款为"金阊区市民公社甲子年重建"字样。井水水源充沛，水质清冽，至今仍是附近居民用水的公井。

### 115　济急井

位于姑苏区天库前周王庙弄原周王庙内。井圈由整块花岗岩石凿就，外方内圆，显得十分厚实，一面竖刻"周王庙济急会"6字，2行，每行3字，楷书。1982年市文物普查时定名为"周王庙济急会井"，简称济急井。一井可济急，故名。

周王庙全称周宣灵王庙，始建于南宋，据《吴门表隐》（卷七）载，周王庙祭祀的神主为南宋周雄，字仲雄，杭州新城人，因锐意恢复，抑郁以殁。宋淳祐元年（1241），始封王爵，立庙于此。

清嘉庆十三年（1808），苏州琢玉业因奉周宣灵王为玉器业祖师爷的缘故，集资修建已日甚破旧的周宣灵王庙。据考，当时周王庙占地约五亩，其地望坐北朝南，

**济急井**

东毗宝林寺，南连济急会（当时救济急难慈善组织）粥局，北背天库前，大门西向。清咸丰十年（1860）毁于战火。清同治九年（1870）仍由玉器业集资重建，其时济急会所在已被纳入周王庙内。而玉器业的行会"珠晶玉业公所"也移址于庙内。济急井处于庙内"玉业祖师殿"前。从济急井井圈上镌刻字可知，井是由周王庙济急会联合开凿的公益井，又兼备消防取水之用。周王庙在"文化大革命"中被拆分为学校及居民等，现井所在地被划归周王庙弄22号民居内。

# 第二部分　行政区域及居民点地名

## （125 条）

### 一、历史乡名（6 条）

#### 001　金鹅乡

古乡名。原属长洲县（今苏州），后为吴县东北部。唐至民国元年（1912）11 月的行政区域名。唐万岁通天元年（696）七月，析吴县置长洲县，辖 30 乡及城内 30 坊。唐《吴地记》"后集"载，"金鹅"为长洲县二十都之一。"都"为古代行政区划名。《尚书大传》（卷二）载："八家而为邻，三邻而为朋，三朋而为里，五里而为邑，十邑而为都……"宋、元、明、清时，"都"为县级以下的行政区划。金鹅者，吉祥之物，《艺文类聚》（卷九一引《临海记》）称："古老相传云：金鹅所集，八桂所植。下有溪谷，金光焕然。"此为金鹅之传说，而金鹅乡所处为水网地区，鹅为地方特产，以金鹅名之，以祈吉祥也。

清乾隆《长洲县志》（卷二）载，金鹅乡金杯里在县北，管附郭图二：齐一图、齐二图。都三：上十四都各图坐落在县境东北乡，有蠡口、葡萄铺等处；下十四都各图坐落在县境东北乡，有渭泾塘、永仓泾、芦盛墩、岳田浜等处；十五都各图坐落在县境东北乡，有陆慕、长荡、庄基。其中上十四都、下十四都、十五都基本分别属于今相城区蠡口镇大部、陆慕镇、北桥镇部分范围。大致范围分别在今黄桥镇、蠡口镇、陆慕镇所辖范围，夹元和塘，北至东永昌，西与黄埭镇交界。南至陆慕镇徐庄，东临京杭大运河。清雍正二年（1724），又析长洲县东南部置元和县，陆慕镇的五潦泾、蠡口镇徐庄、湘城镇的泖泾及阳澄湖南部水域等划归。道光《吴门表隐》称："金鹅乡，唐忠宣公赟墓在焉，傍有仰贤堂，祀公及明太学士吴一鹏。顺治戊子金俊明、方夏、杨补结诗社于此。"另有顾侯庙，一名湖泾侯庙，祀晋虎头将军顾恺之，里中奉为金鹅乡土谷神。

民国元年（1912），长洲、元和、吴县合并为吴县（今苏州），金鹅乡属吴县管辖。1912 年后名已不存。

### 002　益地乡

古乡名。原属长洲县（今苏州），后为吴县东北部。唐至民国元年（1912）11 月的行政区域名。"益地"，佳地之谓也。唐《吴地记》"后集"载，"益地"为长洲县二十都之一。益地乡范围大致在今相城区的湘城镇、太平桥镇，包括盛泽荡。东至阳澄湖西岸，南至今五溧泾自然村，北至陆巷与常熟交界，西至蠡口镇。

清乾隆《长洲县志》（卷二）载，益地乡金生里在县东北管都四，下十七都各图坐落县境东北乡，有太平桥、长板绛等处；中十八都各图坐落县境东北乡，有相城太平桥、南塘等处；东十八都各图坐落县境东北，有洋澄、高家湖底、施家兜等处；西十八都各图坐落县境东北乡，有太平桥、大船头、西庵等处。清雍正二年（1724），又析长洲县东南部置元和县，益地乡东十八都辖 5 图 45 村，依仁乡北十九都辖 9 图 50 村归其管辖。

同治《苏州府志》都、图所辖村有 300 多个自然村落，与民国《吴县志》所载基本相同，稍有废弃。民国元年（1912），长洲、元和、吴县合并为吴县，益地乡属吴县管辖。1912 年后实体已无存。

### 003　彭华乡

又称徐杭，古乡名。原属长洲县，后为吴县东北部。唐至民国元年（1912）11 月的行政区域名。彭有盛大意，华即华美、显贵，寓意远大吉祥。唐《吴地记》"后集"载，"彭华"为长洲县二十都之一。清乾隆《长洲县志》（卷二）载，彭华乡功成里在县西北管都五，一都各图坐落在县境西乡，有西津桥、白马涧、高景山、枫桥镇等处；二都各图坐落在县境西北乡，有射渎、嚣山关镇、上塘等处；三都各图坐落在县境西北乡，有羊山、恩山、顾山、祝巷、通安桥等处；四都各图坐落在县境西北乡，有金墅、张市、甄山等处；五都各图坐落在县境西北乡，有望亭、太湖头等处。彭华乡原"四都"，大致为今虎丘区通安镇、相城区望亭镇各部分。西至西太湖，北至望亭镇南部地区，南至通安镇中部。"五都"大致在今相城区望亭镇范围，西至太湖、东至黄埭镇区（包括今黄埭镇管辖部分乡村范围），南至今通安部分管辖范围，北至望虞河。

其中，一至三都今属虎丘区，四、五都今属相城区。明《长洲县志》所载彭华（部分）、金鹅、依仁、儒教、益地 5 乡大致与今相城区行政区域管辖范围相当，部分与今姑苏区、虎丘区有交汇。

清雍正二年（1724），划长洲县东南部建立元和县。彭华乡不变仍属长洲县。民国元年（1912），长洲、元和、吴县合并为吴县，彭华乡属吴县管辖。1912 年后名已不存。

### 004　依仁乡

一名临江，古乡名。原属长洲县，后为吴县东北部。唐至民国元年（1912）11 月的行政区域名。依仁之名出于《论语》："子曰：志于道，据于德，依于仁，游于艺。"旨在倡导儒家精神。据唐《吴地记》"后集"载，"依仁"为长洲县二十都之一。清乾隆《长洲县志》（卷二）载，依仁乡仁义里在县东管都一，北十九都各图坐落在县东北乡，有强芜、车垛上等处。清同治《苏州府志》载，今相城所辖原依仁乡承训里有96个村落。民国《吴县志》增加50个村落，到民国时期有146个自然村。又据《清吴县·长洲·元和图》可知，今相城区范围的古代依仁乡只有北十九都在其范围，即原长洲县强芜镇、萧泾范围，与中十八都相交界，南至阳澄湖，北与常熟交界，西与湘城镇交会，东与新阳县交界。在民国吴县地图上，依仁乡管辖湘城镇以东肖泾、强芜范围，今属于相城区阳澄湖镇东北角，北与常熟交界，东与昆山交界。今有消泾村名。民国元年（1912），长洲、元和、吴县合并为吴县，依仁乡属吴县管辖。境内曾有韩蕲王庙，祀宋太师蕲国忠武王韩世忠，奉为依仁乡土谷神。1912年后名已不存。

### 005  留良乡

原名吴家浜，古乡名。位于今吴江区横扇街道吕家浜一带，为纪念吕留良而命名。也是1934年至1946年行政区域名。

吕留良（1629—1683），明末清初思想家，初名光轮，字用晦，又字庄生。浙江石门（今浙江省桐乡市西南）人。清初，他弃功名，不出仕，矢忠明朝。他三兄吕愿良随史可法镇守扬州，吕留良散家财招募义勇入浙与清军抗衡。兵败后入山为僧。相传，吕留良之长庶女吕四娘刺杀雍正未遂，惹下大祸。雍正下密旨令江南总督抄斩吕氏九族。吕氏家族闻讯四处避祸。吕留良后代吕伯民携眷自石门潜逃到横扇的吴家浜，隐姓埋名定居下来。

清嘉庆初，当年避难来吴家浜的吕氏后代已成地方巨富。嘉庆十三年（1808），吕留良第七代孙吕朝东购置土地，大兴土木，新建楼宇3处，其中1处为走马堂楼，另2处楼宇均有东、西、南、北墙门，围墙高耸，东、西两边均筑有马头墙（风火墙），室内及厅堂画栋雕梁，结构甚为严整，院内砖场开阔，每进均有砖雕门楼，厅堂内落地长窗，水磨方砖铺地。3处楼宇呈品字形相映成趣，气势雄伟，为当时横扇地区最豪华的民宅建筑群。在3处楼宇竣工的同时，7座墓穴也落成了。12月，吕朝东大宴宾客，以示庆贺，当即将吴家浜改名为吕家浜。

同治元年（1862），走马堂楼被太平军焚毁，另外2处楼宇于1942年被日军烧毁大半。尚余的2进楼房及厅堂在1962年被拆除后改建小学。

### 006  藏龙乡

1950—1957年黎里镇行政地名。位于吴江区黎里镇西东杨、西杨（现为东阳、西阳）。

藏龙乡名源于藏龙荡。清嘉庆《黎里志》载："黎里跨璧字、发字、后场、作字、上丝、小周、使字、染字、墨字九圩而为镇……西南至藏龙荡界。"

藏龙荡之得名源于明朝建文帝朱允炆逃亡的故事。相传明洪武年间（1368—1399），朝中有两位大臣——文臣史仁杰、武将唐朝义，均是黎里人氏，聚族居住在东杨、西杨地区。燕王朱棣在北京起兵，建文帝仓皇出走，流落民间。唐朝义在浙江拿获建文帝后，星夜押送赴京。经过黎里时，辞官回乡的史仁杰领着史、唐两姓族人俯伏在地，迎接建文帝。史仁杰大骂唐朝义，

唐朝义羞愧难当，撞囚车而亡。史仁杰等打开囚车，放出建文帝。当夜，建文帝留宿水月庵。第二天，史仁杰献银五百两，率史、唐两姓族人给建文帝送行。建文帝走后，史仁杰即投入庵边湖荡自殉，以守名节。旧称皇帝是龙种，系真龙下凡，故后世把水月庵称藏龙庵，庵边湖荡改称藏龙荡；东、西杨也就有了藏龙乡之称。

1950年1月，黎里镇所辖农村被划为10个小乡，藏龙乡为其中之一。1956年5月，黎里镇并为4乡，藏龙乡为其中之一。1957年10月，吴江撤区并乡，原属黎里地区的乌桥乡、藏龙乡、南莺乡、大阳乡合并为黎里乡，藏龙乡被撤销。

## 二、自然集镇名（34条）

### 007　白马涧

位于苏州市虎丘区（苏州高新区）枫桥街道白马涧村委会辖区中部。因晋代高僧支遁曾饮马于此而得名。明王鏊《姑苏志》载："……其西一水通阳山，名白马涧。相传支道林饮马处。"民国《吴县志》称："白马涧在县西二十五里，相传支道林饮马处。水通阳山、雁荡山……"支遁（314—366），本姓关，字道林，世称支公，也称林公，别称支硎。东晋时陈留（今河南开封市）人，或说河东林虑（今河南林县）人。他25岁出家，曾居支硎山。高僧、佛学家、文学家。著有《圣不辩之论》《道行旨归》《学道戒》等。

又传春秋时期，吴灭越后，越王勾践被俘，成了吴王的马夫，在此为吴王养马。马以白色为多，常到山涧饮水，故此涧得名"白马涧"，简称"马涧"。此处原为草地，后渐有农民居住，形成集镇，镇名白马涧。村在镇的老街之旁，故名白马涧村。村里原有居民27户，以种植水稻、三麦、油菜为主。其处尚有饮马池、谢越岭等遗址。2003年7月，由枫桥街道投资发展总公司及生态园附近9个村落出资筹建白马涧生态园，建成后对外开放。

### 008　石帆

俗称石帆街，位于苏州市虎丘区（苏州高新区）东渚镇。东连东石帆、西连西石帆、南邻马家村、北邻西庄上。民国《吴县志·舆地考》载有"东石帆""前石帆""西石帆""中石帆"。石帆村后面有一座小山，名舟山，形似一艘帆船，村的得名由此而来。石帆村东西长2 000余米，中间是石帆港，南北两岸为居民住宅。因而，东端的名东石帆，西端的名西石帆，中端的名中石帆。总称为"石帆"。民国时期曾是石帆镇镇公社所在地，并设有轮船码头、驿站、太湖救生局等办事机构。中华人民共和国成立初期，为青龙乡政府驻地。1956年4月并入镇湖乡。现为石帆村村民委员会所在地。

## 009　后巷桥

位于吴中区横泾街道后巷行政村。因集镇街东有后巷桥，镇以桥名。清《横金志》（卷四·舆地四）称"村聚作前巷、后巷"。后巷又称侯巷，为镇、乡驻地。1931年，称吴县横泾镇所属侯巷镇。1934年，改称横泾区侯巷乡。1947年6月，改称东山区侯巷乡。1950年4月，侯巷乡改属横泾镇新桥乡，乡政府驻后巷桥。1956年属尧峰乡，后并入横泾乡。1958年，侯巷乡为横泾公社中心大队所在地。1980年，侯巷乡改称横泾公社后巷大队。1983年，改称后巷村。东北与尧南、新思村交界，南接上庄村，西邻浦庄镇马沙、中界村，北与马家场村接壤。2004年，恢复后巷桥之名，属横泾街道。

集镇形成较早，沿后巷港有一条东西长160余米的老街，旧有茶馆、酒店、杂货、理发等店铺45家，此外有铁木竹行、茧行等。每月有航船往来于木渎、苏州，集市兴旺。20世纪50年代中，合作化后商铺均迁移。70年代有供销社商业网点，80年代后这些网点撤离，现多为民居。

清《横金志》载："前巷桥、后巷桥，在后巷乡。"后巷桥又称"后巷太平桥"，南北跨后巷港，今存古桥为清道光年间（1821—1851）重修，花岗石单孔拱桥，南北明柱镌刻桥联，分别为："半环映水成圆月，两岸平浪落彩虹"；"十里洞湍通木渎，一泓澄澈浸尧峰"。集镇中曾建有两座庙宇：吴璘庙、观音堂。其中，吴璘庙祀南宋初抗金名将、信王吴璘（1102—1187）。吴璘，字唐卿，德顺军陇干县（今甘肃静宁）人。为南宋川陕防线三帅府之一。累官至太尉、奉国节度使、御前诸军都统制等。死后追赠太师、信王，谥号"武顺"。吴璘庙始建年代不详，当地每年农历四月初二（据称是吴璘生日）有庙会。今二庙均已毁。

## 010　潄庄

又名徐庄。位于吴中区横泾镇新齐行政村。据称明洪武年间，横山之南有九庄十八舍之说，潄庄为九庄之一。清同治《苏州府志》（卷二十九·乡）载：大吴乡南胥里，有"徐庄镇"。为镇、乡驻地。1931年，设潄庄镇，属吴县横泾区（镇）。1934年改称潄庄乡。1947年6月，潄庄乡属东山区。1950年，属新南乡，乡政府驻潄庄。1953年5月，震泽县设湖东区，驻地在潄庄。1958年9月，属横泾公社新曙大队（后改称新齐大队）。1983年7月，属新齐村（辖上毛岐、下毛岐、旺上桥、田度里、南浜上、潄庄、林家浜、前张墩、后张墩、罗家浜、南庄等11个自然村），村委会驻潄庄。潄庄村，东接双墩港，南至南浜，西抵张墩港，接西浜，北达林家浜。

潄庄集镇兴盛，与孔氏定居有关。清《横金志》载，清嘉庆九年（1804）举人孔传洛之子孔继璲，为"苏州府庠生，隐居潄庄"，能书写"擘窠大字"，著有《分韵与稽》《栖月轩吟稿》。孔传洛的伯父孔毓义，曾"董治九曲塘"。孔继璲的儿孙中有3人为光绪年间进士。其孙孔昭晋（1863—1936），光绪二十九年（1903）进士，曾赴日本考察教育，回来后创办多所学校，包括潄庄小学（址在原孔家大宅），并修筑了潄庄集镇道路。1911辛亥革命爆发，孔昭晋是劝说江苏巡抚程德全易帜的有识人士之一。苏州和平光复后，孔昭晋绝意仕途，潜心从事公益事业。

溆庄集镇形成于清后期,为太湖渔民集散地。集镇中东西向依河的溆庄街,长350米,布满茶馆,烟、酒、鱼行、杂货、铁木竹等店铺作坊。街路笔直,有2座石桥、1座木桥,当地有谚:"溆庄街,直瞄瞄,东有庵来西有庙;两边两座环龙(拱)桥,中间夹座奈何(木)桥。"1934年,因横泾一带旱灾严重,由吴县田业会筹款疏浚了溆庄市河(自菱渎港至西古村)1 783米,同时疏浚了高宅港(自石路浜至溆庄市河),以及自溆庄港口至太湖口的双墩港、菱渎港等多条河道,受益良田万亩。现溆庄集市随新建居民区移向村西南,溆庄街已演变成民居村巷。

## 011 水桥头

又称水桥、兴水桥。位于吴中区香山街道香山行政村。因集镇有兴水桥而得名。清同治《苏州府志》(卷二十九·乡)载,南宫乡新安里、十五都四图"石桥头、花墩头、钟家、上旺、水桥头"。水桥头,东至外塘,南至梅舍,西至陈华,北至香山山脉。1912年,属吴县香山乡。1931年,属香山区后塘乡,为区、乡公所驻地。1949年5月,属木渎区香山乡。1957年12月,属胥口乡。1958年,为胥口公社水桥大队。1983年,改称胥口乡水桥村,辖后塘桥、蔡带里河东、寺路上、钟家园、西蔡村、马家村、水桥头、蔡带里河西、蔡家园、下陈村、庄上、三节桥、赵家岸自然村。2003年11月,水桥村、外塘村、花墩村和胥渔村合并,建香山村委会。2007年7月,香山村划归香山街道。

集镇以兴水桥为中心,依南宫塘北岸为街市,有粮行、茧行、杂货、饮食、理发等各类店铺。至20世纪80年代,街市中不仅有邮电所、信用社、粮站及初中、小学等,还开办了吴县领带厂、塑料制品厂、薄型砂轮厂等5家村办厂。集镇西有后塘桥,南北跨南宫塘,清代道光九年(1829)重建,1929年重修,为单孔石拱桥,桥东侧镌刻"愿天常生好人,愿人常行好事",桥西侧刻"道光己丑,合山众姓重建"。石桥造型美观,风格独特,1986年3月被列为吴县文物保护单位。桥南、北两块前原各有一座节孝石牌坊,今均已遭毁失。

## 012 枫庄

位于吴中区甪直镇淞南行政村。相传,春秋时吴王夫差在此建行宫,内有大片枫林,故名枫庄。枫庄自然村,西至西横自然村,东至枫庄路,南至翔里,北至绕城东线。1929年后,属云龙乡。1948年,属青云乡。1957年,属淞南乡枫翔村。1958年后,属大库大队。1983年,属甪直镇大库村(辖大库、袁家浜、南翔里、北翔里、枫庄自然村)。2003年11月,北港村、云龙村、西横村、娄里村、大库村合并,建淞南村委会。

枫庄原是春秋时吴王夫差"梧桐园"。清《甫里志稿》载:"梧桐园,任昉《述异记》曰:吴郡夫差园也,相传在甫里塘北,地名枫庄者即是。"清乾隆《吴郡甫里志》(卷十六)载:"梧桐园,在吴宫,吴王夫差园也。《乐府》云:'梧宫秋,吴王愁。'今无考,或云在甫里塘北,地名枫庄者是也。"明高启、蔡羽等都有《梧桐园》怀古诗。清雍正间许名崙《梧桐园吊古并序》称:"甫里枫庄,吴宫乡者,实吴王夫差梧桐园故迹也。"见其地"白云偏野,黄草盈堤,牧笛数声,农歌四起"。园内曾有琵琶泉。

清嘉庆年间，枫庄出了一位"农民诗人"沈谨学。沈谨学（1800—1847），著有《沈四山人诗录》。江湜《沈山人事略》："山人姓沈，讳谨学，字诗华，又字秋卿。居浦里之西北二里，其聚曰枫庄，实郡之元和人，家世农业。"

沈谨学《吴淞江归棹》诗曰："淞波一片冷秋光，帆影低斜挂夕阳。遥指水云村缺里，接天红叶是枫庄。"可见，当年枫庄确实有枫林。

**013　双板桥**

又名板桥。位于吴中区甪直镇淞港行政村。因村落中有横跨塘河的木桥，用两层木板铺成桥面，称双板桥，村以桥为名，俗称板桥。清乾隆《吴郡甫里志》（卷三·都图）载："镇西南……陈湖北滩，双板桥。"1929年8月，设板桥乡，属吴县第十区（甪直区）。1947年3月，为吴县淞南区板桥乡。1950年3月，改称甪直区板桥乡。1956年3月，并入淞南乡，为板桥行政村。1958年，改称淞南人民公社七大队。1962年，改称板桥大队。1983年8月，改称甪直乡板桥（辖双板桥、横泾浜、东港上、谈村自然村）。板桥村，北至甪直大道，南至外浜，东至凌港，西至吴淞江。2003年11月，西潭村、板桥村、凌港村合并为淞港村。

双板桥，横跨宽30米的板桥塘，当初桥仅宽1米多，只能通过行人，1980年，改建为水泥桥。20世纪80年代，板桥村有通信器件厂、玩具厂、桶厂、砖瓦厂、蜡烛厂等6家村办企业。

**014　塘村**

位于吴中区香山街道舟山行政村。因处在南宫塘（北塘河）而得名。塘村分东塘、西塘，两者相隔约百米，集镇兴在西塘。清同治《苏州府志》（卷二十九）载，西塘跨二乡二都。曾为塘村乡及香山乡驻地。1931年，设塘村乡，属吴县第十八区（香山区）。1934年2月，改称吴县第三区（光福）塘村乡。1950年3月，属木渎区香山乡。1956年，为永星高级社13社。1959年，改称光福公社塘村大队。1983年，改称光福乡塘村（辖东塘村、西塘村、高家带自然村）。2003年11月，黄渠、塘村、陈华、舟山村合并，建光福镇舟山村。2006年4月，划入香山街道。

集镇有一条东西走向的横街，长约500米，宽仅约2米。有米行、茧行、油坊、粮店、肉店、药材店、寿器店、茶馆、酒店、杂货店等店铺，附近村民都到此赶集，集市繁荣。集镇中有苦桥，桥边有观音堂；西北有上观音堂。普安桥在集镇南百米处，清同治年间重建，因桥连舟山村，亦名舟山桥。原为石拱桥，20世纪80年代改建为水泥公路桥。桥附近旧时为农产品集散码头，还有香山班轮船客运码头。桥塊边有榨油坊，20世纪50年代，设为粮食加工厂，后改为五金厂。80年代，集镇街道拓宽，并向两端延伸至800余米，东塘村与西塘村连成一片。商业集中在街西段，有供销社、副食品等各类商店近20家，以及粮站、信用社服务点、刺绣发放站等。1998年，建农贸市场（占地350平方米）。街东段集中村办工业，有皮鞋厂、红木雕刻厂、丝绸服装厂、领带厂等。塘村地域上属于"香山圈"，有众多香山匠人，历来兴建筑业。此外，塘村皮革加工、工艺雕刻、刺绣等传统手工业也出名。

### 015　潭东

位于吴中区光福镇香雪行政村。以宋高士查莘隐此而得名,清《光福志》(卷十)载,查莘筑有梅隐庵,又题"梅花潭"3字,后乃有潭东、潭西之称。潭东、潭西后形成村落。清沈德潜《潭东潭西》诗云:"潭山东西麓,村落数余里。居民习种树,风土无彼此。"清同治《苏州府志》(卷二十九)载,长山乡光福里有"潭东"(跨二图)、"潭西""西潭山"。潭东,曾为潭东乡驻地。1931年,设吴县第三区潭东乡。1934年,改称光福区潭东乡。1947年6月,属吴西区邓尉乡。1950年3月,属光福区纪龙乡。1954年,潭东建永星初级社。1957年,改称永星高级社。1958年,改称光福公社潭东大队。1977年1月,改称太湖公社潭东大队。1983年,改称太湖乡潭东村(辖潭东、潭西、菖蒲潭、天井上、南山、东乡头、长岐、大亩头、高家前、郑家里自然村)。2001年,属光福镇。2003年11月,窑上村、潭东村和香雪村合并,建香雪行政村。潭东村,东为东乡头,南为太湖,西为坟山,北为天井上;潭西村,东为菖蒲潭,南为南山上,西为太湖,北为西碛山。村民主要从事苗木及花果产业。

潭山有湖山风光,主峰海拔253米。民国张郁文《光福诸山记》称:"弹山,或作潭山。在玄墓、西碛中间,绵亘六七里,北接青芝,南拥石楼精舍……看梅最盛处也。""稍西南为聚坞,有潭山神庙及顾文康公墓。"清张大绪《潭山》诗云:"酒旗属前村,常停贾客舟。……微风入林浦,绿香蓊薂浮。宁复惮足茧,汗漫东西游(土人谓潭东西,故云)。"1958年,勘探发现潭山有硫铁及铅锌丰富矿藏。随后"潭山硫铁矿"由吴县政府组织开采,后移交苏州市。1996年,潭山硫铁矿属苏州精细化工集团。

### 016　官桥

又称观桥村。位于吴中区木渎镇天池行政村,在原善人桥镇北,与东渚镇接壤。相传,古时渔民聚此卖鱼,渐成小集镇,因有跨官桥塘(港)的官桥,故名。村初名"观桥",桥名"官桥"。清同治《苏州府志》(卷二十九)载,穹隆乡阜安里二十一都五图"观桥村",六图"观桥",又载,"环山桥、香象桥、迮家桥、官桥,四桥跨篁村港"为官桥乡驻地。1931年1月,为吴县第三区官桥乡。1934年6月,属光福区天池乡。1947年6月,属吴西区天池乡。1950年4月,属吴县木渎区天池乡。1956年,为善桥乡官桥高级社。1958年,改称藏书公社官桥大队。1983年,改称藏书乡官桥村(辖官桥、西曹家泾、沈家角、庄上、堰头村、墙丘上、高家上、施口头、山渚头、席家桥、善坞里、凌公桥12个自然村)。2003年11月,天池村、篁村、官桥村合并为藏北村委会。2006年9月,属木渎镇。2007年6月,藏北村更名为天池村。

官桥,清初始建,初为木梁桥,后建为三孔石桥。1937年被侵华日军毁断二孔,后改成木桥。1978年改建为水泥拱形桥。2004年重建,为水泥双曲拱桥,跨径20米,宽4.5米。官桥西堍旧有明珠庵(曾为官桥小学址,现为老年活动室)。桥西是集镇繁华地段,小街长不足100米,有肉铺、菜馆、杂货、寿器店及油车作坊等。附近苏锡公路(今称藏北路)曾有苏州长途汽车停靠站。20世纪90年代,小街拓建至600米,1995年建农贸市场,占地2600平方米,建筑面积1100平方米。拓建后的集镇面积增加一倍,达2万平方米,现有各类商铺68家,以及藏书信用社分社、藏书医院分院等单位。

**017　石码头**

位于吴中区木渎镇五峰行政村。明嘉靖年间始，人们在大焦山开采花岗石，拉至香溪河边装船发运，此处成为石料码头，后形成村落，称为石码头。石码头曾跨二乡三图。清同治《苏州府志》（卷二十九）载，至德乡昌善里"石码头"，胥台乡石城里"下石码头"（"西石码头"）。《木渎小志》（卷一）称"西石码头"作"石码头镇"。曾为焦山镇、乡驻地。1931年1月，属吴县第二区（木渎）焦山镇。1947年6月，属吴西区焦山乡。1950年3月，属吴县木渎区焦山乡，乡政府驻地石码头。1955年，属焦山乡前峰高级社。1958年，属藏书公社前锋大队。1983年属藏书乡前锋村，村委会驻石码头，辖东旱泾、河界桥、官池村、华家村、於家郎、朱家场、桐桥头、庙桥头、上庄、象形巷、石码头11个自然村。2003年11月，五峰村、前锋村、永丰村合并，建藏书镇藏东村。2006年9月，藏东村属木渎镇。2007年5月，藏东村更名为五峰村。

石码头为石料集散地，在百余米长的小街上旧有"周元泰""赵安泰"等30余家经营石材的石铺，有楚湘馆、方同裕、万隆、潘顺兴、成德等10多家面饭店，还有茧行、粮油店、茶馆、肉店、杂货店、理发店等，市面兴旺。20世纪50年代，商店撤并。1958年起，村镇兴办石料厂、车木厂、环保设备厂、福利包装厂等。80年代，建材市场兴盛，码头上装运建材的船只每天停靠30余艘。90年代，有民营花岗石板材厂5家。集镇北原有苏福公路，有长途汽车停靠站。南依木光运河（香溪塘），水陆交通便利。镇西原有长史桥，为香溪十三桥之一，1978年疏浚河道时长史桥被拆除。后在村东首建水泥双曲拱桥，名香溪桥。香溪桥北堍，1999年建集贸市场，占地面积400平方米，形成集市中心。小街现有各类店铺10余家。境内有藏书医院石码头分院、初中与小学各1所。

**018　西跨塘**

位于吴中区木渎镇西跨塘行政村。西跨塘、东跨塘为跨胥江的桥梁，亦作村落名。清同治《苏州府志》（卷二十九）载，太平乡全吴里五都四图"七子山下、九龙坞……西跨塘、福寿山、惕斯桥、跨塘山、横衖"。民国《吴县志》《木渎小志》均作"西跨塘镇"。1931年，属吴县第二区七子乡。1934年，属第二区木渎镇。1947年，属吴西区木渎乡。1950年，属木渎区新华乡、石城乡。1956年，改属金山乡三星高级社。1960年，属金山公社东风大队。1980年，属马庄大队，1984年，属金山乡马庄村。1985年9月，属木渎镇。2003年11月，马庄村、长浜村、沈巷村合并，建西跨塘村（东至衡山，北至苏州高新区，西至天平村，南至谢巷）。村内旧有杂货店及茶馆等多家店铺，20世纪五六十年代渐撤离。90年代悉为民宅。村北150米原为苏福公路，有长途汽车西跨塘招呼站。

民国《木渎小志》载："胥江，东流过木渎……又东过跨塘，西跨塘、东跨塘二桥，皆明弘治间傅潮重建。中有兰舟渡。"西跨塘桥，即同春桥（参见"桥梁条"）。兰舟渡，相传唐陆龟蒙自太湖赴郡守木兰堂宴赋诗，系舟渡此而得名。清咸丰年间（1851—1861），郡人潘仪凤立碑，并筑小碑亭。兰舟渡对面，横山北有清初叶燮隐居"已畦"。西跨塘青龙涧旁旧有"茧村"，即"蠒园"。清《吴门表隐》（卷六）载："凝翠楼，在横山西跨塘桥侧，明隐士徐政与文徵明、王宠辈结吟社于此。后改名蠒园，陈敦复新之。"清乾隆初，为提举贝绍溥购得后重修，更名为"澹园"，园中有十八景。

### 019　外塘桥

又称外塘、外塘街、外塘桥街。位于吴中区香山街道香山行政村。因村落有跨南宫塘的外塘桥而得名。清同治《苏州府志》（卷二十九·乡）载，南宫乡新安里，作"外塘街"。民国《吴县志》作"外塘桥街"。曾为外塘乡驻地。1931年，为吴县第十八区（香山）外塘乡。1934年，为第三区（光福）外塘乡。1947年，属吴西区香山乡。1950年3月，属木渎区香山乡。1957年12月，属胥口乡。1958年，改称胥口公社外塘大队。1983年，改称胥口乡外塘村（辖外塘桥、杨披村、庄里、上胜村、沈家泾、中和桥、石桥头、涧上、小旱泾、外塘街、东南头、长四房、河沿上、后底弄、胡家浜15个自然村）。2007年，属香山街道。2008年，外塘村、水桥村合并为香山村。

《香山小志》载："外塘桥，跨南宫塘东口，太湖水入香山之门户。同治年间重建。"外塘，南临太湖，处于南宫塘入口，旧有香山班客运轮船停靠码头。1976年，香山运河竣工，水运畅通。1980年，木蒋公路通车后，陆运便利。外塘桥汽车站附近兴起了新的集市。村办企业有藤器厂、丝织厂、绣品厂、蓄电池厂和金属家具厂等。胥口传统手工艺有"一把斧"（木匠）、"一支笔"（绘画）、"一根藤"。其中，"一根藤"就是香山、外塘桥一带流行的藤编工艺，起源于明代，兴盛于清康乾年间。

### 020　黄垆

也称黄芦、黄庐。位于吴中区临湖镇采莲行政村。原为东太湖湖滩，后结成村落。相传汉初商山四皓之一夏黄公曾结庐于此，故名黄垆。清同治《苏州府志》（卷二十九·乡）载："黄芦，或作黄庐，跨三图。俗传夏黄公曾居此。"清后期形成集镇，为镇、乡驻地。1931年，为吴县第五区（横泾）黄垆镇。1934年，为横泾区黄垆乡。1947年6月，属东山区嘉禾乡。1948年，属东山区庄莲镇（分别取庄子桥、采莲桥各一字以命名）。1950年4月，属横泾区采莲乡，乡政府驻黄垆。1957年3月，属渡村乡。1958年9月，改称渡村公社红星大队。1967年3月，陈巷大队并入，改称红光大队。1980年12月，更名为黄垆大队。1983年，改称渡村乡黄垆村，辖黄垆、陈巷自然村。2003年12月，黄垆村与六湾村合并为采莲村。

黄芦近太湖。清张俊明《中秋对月》诗曰："去年春月黄垆村，晴光彻底秋风清。平湖万顷静于练，小艇棹出兼葭横。"村内原有黄垆桥古桥，1958年拓浚苏东河时被拆除。民间有"先有黄庐寺，后有黄垆镇"之说。黄垆寺，在黄垆村与六湾村交界处。初称宝寿教寺，唐大中七年（853）建，宋乾德二年（964），吴越钱氏重建。南宋嘉定间（1208—1225）修。明洪武初为丛林寺。规模宏丽，栖僧半千。据传当年乾隆皇帝下江南龙船经过，登岸欲访，老远见寺外只有18个寺僧迎候，大感扫兴，拂袖转身而去，说道："好大一座寺，不满廿个僧！"其实这

18个寺僧是当家禅师。宝寿寺从此日见冷落,"宝寿寺不满廿个僧"成为当地俗谚。该寺院于20世纪50年代遭拆除。2005年,宝寿寺由民间重建。

## 021  石塘

又名泽塘、石宕。位于吴中区临湖镇石塘行政村。据称早年此处为一片沼泽,故名泽塘。清同治《苏州府志》(卷二十九·乡)载:"泽塘,或作石宕。"又载有"泽塘西"。民国《吴县志》(卷二十一)载:"泽塘镇,旧作石宕,本泾名也。"为镇、乡驻地。1929年,为吴县横泾区石塘镇。1934年,改称石塘乡,1948年,并入庄莲镇。1950年4月,属采莲乡,乡政府驻石塘。1957年,属渡村乡。1958年,改称渡村公社新农大队。1980年12月,改称石塘大队。1983年,改称渡村乡石塘村,辖石塘、西占、东占自然村。石塘村东至苏东运河,西至石舍自然村,南至占家村,北至穗丰下堡村,村落呈正方形。2003年12月,石塘村、穗丰村合并,以石塘村名。2006年9月,属临湖镇。

清后期成镇,沿莲溪港有一条长250米的街道,跨莲溪港有拐拐桥、杜家桥、莲溪桥、孙家桥、青石桥、西桥6座桥梁。街上旧有肉铺、鱼行、茶馆、酒肆、豆腐坊、南北杂货店、饮食店等数十家,著名的有"元利堂""同益寿堂"药铺、"义源"粮行、"太和"酒药作坊、设有6只烘灶的"瑞昶"茧行等,夏布织造和麻丝捻接加工为传统产业。有轮船码头,供来往苏州、东山的航船停靠。20世纪80年代,街道增至850米,除有各类商店外,还设有学校、村医疗所和乡办刺绣发放站等,集镇面积有13公顷。

石塘,在苏州至东山的水道要口。清光绪十九年(1893),北埧筑在石塘,南埧筑在石船港,在6千米长的河道上,分成84段进行分工疏浚。南自石塘,北至原浦庄界,这段河道旧称采莲泾。石塘镇东西两端,从前各有一根雕刻莲花的石柱,高3米多,直径0.8米,今已失。镇西有个石码头,宽8米,石阶8级,民间传说当年西施的采莲舟在此停泊,"采莲"一名由此而来。镇东采莲桥,清康熙二十五年(1686)下保金尚拭重建,桥堍有采莲庵。乾隆三十年(1765)、嘉庆八年(1803)重修,为三孔石梁平桥。1958年,采莲泾拓宽时被拆毁。1972年,改建为水泥桥,改名彩练桥。1986年重建,恢复原名采莲桥。

## 022  湖桥

又名和桥。位于吴中区临湖镇湖桥行政村。原名前路,处在东太湖滨,因村落中太湖港有座"和桥",故名和桥,吴地"和""湖"同音,故又称"湖桥"。清同治《苏州府志》(卷二十九·乡)、民国《吴县志》(卷二十一)均载"和桥镇"。集镇俗称"湖桥街",为镇、乡驻地。1912年,为湖桥乡。1931年,为吴县第五区湖桥镇。1934年,为横泾区湖桥乡,1947年,湖桥乡并入嘉禾乡(原黄垆乡),1948年7月,属浦庄乡。1950年4月,重设浦庄乡,辖下泾村、湖桥村、苏巷村、上塔村、浦街村、东北村、沙泾村、木里村、堰塘村、石前村10个自然村。1954年,为光辉初级社。1956年5月,改称光辉高级社。1958年8月,改称浦庄公社第一大队。1961年,改称湖桥大队、下泾大队。1983年,湖桥大队改为湖桥村,辖湖桥、田渡里、许家桥、北浜村、杨树坟、油车浜、三思泾7个自然村。2002年10月,湖桥村、下泾村、兴建村合并，建湖桥村。村域东至浦南路，南至陆家巨河，西至木东线，北至湖谐路。2006年9月，属临湖镇。

当地有"先有湖桥镇，后有浦庄街"之说。湖桥街依东西向河道，明代曾设程典司衙门（现存有明式房屋），即今程典桥处。桥北岸为主街，长约500米，旧为弹石铺路面。河道南北两边石驳岸，河中多泊太湖渔船。集镇旧有张、唐、陈3姓富绅宅院，各有100米长弄堂，独用龟背式踏垛（船码头）。清咸丰年间（1851—1861），张家堂楼"新厅"毁于兵燹。集镇旧有茶馆、杂货店、豆腐店、酒店、鱼行、肉店、油坊、磨粉坊、米店等各类店铺35家。20世纪30年代后期，苏州金城银行行长来湖桥避难，在镇上开设金城银行湖桥营业处，后因屡遭湖匪抢劫，富户外迁，遂搬迁到东山镇。40年代，集镇日趋衰落。50年代，有多家店铺在合作化后遭撤并。

### 023　渡桥

俗称渡水桥。位于吴中区东山镇洞庭社区及渡桥行政村。因集镇依渡水港，有建于元代的具区风月桥，又称渡水桥、渡桥，以桥名为名。集镇兴于元明时代，为洞庭东山早期行政中心。明初为东山巡检司驻地，其旧址今称司前街。清同治《苏州府志》（卷二十九）、民国《吴县志》（卷二十一）均作"渡水桥"。为渡桥镇、乡驻地。1929年，为吴县第十七区渡水桥镇。1934年，为第十区（东前山区）渡桥镇。1947年，改称东山区渡桥乡。1950年3月，改称东山区渡桥镇。同年4月，恢复为东山区渡桥乡。1958年2月，渡桥乡并入东山镇。1959年，设渡桥村，驻渡桥南街，辖渡桥南街、渡桥北街、建新村、殿新村、太平村5个自然村。2003年，并入洞庭社区。

旧时渡水桥与武山一带村落，有"九头、三巷、一只脚"之称，"一只脚"即张家下脚。渡水桥集镇周围村落，1959年4月，建洞庭公社晨光大队。1980年7月，改称东山公社晨光大队。1983年，改称东山乡晨光村。1985年，改称东山镇晨光村，辖张家下脚、网泾浜、滨沿村（又称冰延村）、汤家扇、沈家岸、殿泾港、司前街（又称施全家）、严家坟8个自然村。2003年10月，晨光村、西泾村、新建村合并，称渡桥村。

明清时，集镇繁盛。清《太湖备考》载，渡水桥北面有东岳行宫，宋开宝中（968—976）建。桥东有太湖神庙，为清顺治间建。桥东湖亭嘴有节烈祠（公祀"忠孝节义之人"），乃清雍正三年（1725）建。桥东有明代翁彦博所筑"集贤圃"，又名"湖亭"，占地数十亩，内有开襟阁、群玉堂、来远亭、飞香径、朱渡桥、积秀阁等，董其昌、陈继儒、王世仁等名士都曾优游觞咏其间。明万历大学士范景文有《集贤圃》诗，明末陈宗之作《集贤圃记》。

集镇主街呈曲尺形，以渡水桥为折点，渡水桥南堍伸至司前街，长120米，桥西侧沿渡水港两岸长约300米，为渡桥南街、渡桥北街，店肆林立，著名商号有同泰森、裕润、益丰米店，森福楼、得意楼茶馆等。清光绪三十年（1904），苏州至东山轮船通航，首开东山内河客轮，渡水桥边轮船码头为"苏山班"东山起点站（后移至杨湾）。轮船航班兴了渡桥晚市，民国诗人玄丁《晚归东山》诗云："飚轮尽日到家园，渡水桥头晚市喧。桥上行人频点头，相逢隔岸语寒暄。"20世纪五六十年代，集镇仍有酱园店、茧站、染坊、鱼行、书场、烟杂店、药材店、理发店、铁匠店和米厂等 30 多家商铺。

## 024　官庄

位于吴中区东山镇渡桥行政村。相传南宋绍兴年间（1131—1163），驸马郑钊在武山西北麓定居，建郑氏庄园，人称"官庄"。清同治《苏州府志》（卷二十九·乡）载，蔡仙乡白门里三十都八图"东山头、凤凰山、官庄、上杨家桥"。官庄村（上官庄、下官庄），东至今五七农场，南至凤凰山，西至东山大道，北至渡口，历史上隶属于西泾村。1931 年，属吴县第十七区（东前山区）西泾乡。1980 年 7 月，属东山公社金星大队。1983 年 6 月，属东山乡西泾村。1985 年，改称东山镇西泾村（辖西泾头、陈岭头、葛家溇、席家后底、下周、村后底、上官庄、下官庄、赵巷、下路头、塘角上、禾家湾、朱家湾、莫青头 14 个自然村）。西泾村为江苏省湖羊资源保护区，养羊、制作白煨羊肉是其传统副业。每年共养湖羊 1 000 多只，2000 年有白煨羊肉专业户 40 多户。2003 年 10 月，晨光村、西泾村、新建村合并为渡桥村。

官庄前身"郑驸马庄"，清翁澍《具区志》、乾隆《吴县志》均列入"园林"类目，"郑驸马庄，在东洞庭武山西金（西泾）之阴。宋驸马都尉郑钊立"，"家于山中，至今多郑姓"。郑钊，字公远，河南汴梁人，宋哲宗驸马。南宋建炎（1121—1137）初，与顺德公主随宋室南迁至临安（今杭州）。绍兴年间，顺德公主病逝，郑钊举家迁至洞庭东山，在西泾山（武山）郑岭头建造庄园，称为"官庄"。郑宅规模宏大，高墙广厦。据说庄园形成三里长街，店铺林立，民谣有"三里官庄街，晴天不怕太阳晒，雨天可穿绣花鞋"。曾为东山最早集镇，随着渡桥等集镇兴起，官庄街逐渐衰落。郑氏为东山望族，据清乾隆五十八年（1793）《重修东山郑氏世谱》载，明清间郑氏出了多位进士、举人。东山郑氏始祖郑钊墓在武山西麓，占地十多亩，有甬道。明末顾超《郑钊驸马墓》诗称："非无十亩宫，渐逐耕犁转。石马嘶入潭，金蚕不成茧。"可见当时墓已荒芜。

## 025　吴巷

又称吴巷山。位于吴中区东山镇吴巷行政村。武山，原称虎山，相传为春秋时吴王养虎处。唐时讳"虎"，改武山，后世因吴姓聚居山麓，遂称"吴巷山""吴巷"。

明清时，吴巷多豪宅。清康熙间吴氏"依绿园"最有名。康熙二十九年（1690）内阁学士徐乾学（1631—1694）奉命修《大清一统志》，在洞庭东山设书局，编纂臣僚就借宿在"依绿园"，徐乾学有《依绿园记》。清乾隆《吴县志》（卷八十四·园林）载："芎畦小筑，在东洞庭武山麓。隐士吴时雅（字斌雯，号南村）所构，内有南村草堂、水香簃、飞霞亭泉之胜，今名依绿园。玉峰徐乾学有记。"

清同治《苏州府志》（卷二十九）载，蔡仙乡白门里三十都一图"吴巷、小庙、鸡头山、射鹨岭"，七图"吴巷、射鹨山"。为吴巷乡、吴巷山村委会驻地。1929 年，称吴县第十七区吴巷乡。1934 年，属第十二区渡桥镇。1947 年，属东山区渡桥乡。1950 年 3 月，属东山区渡桥镇。1958 年 2 月，属东山镇。1959 年 4 月，属洞庭公社。1962 年 9 月，改称洞庭公社民主大队。1980 年 7 月，改称东山公社民主大队。1983 年 6 月，改称东山乡吴巷山村。1985 年，改称东山镇吴巷山村，辖吴巷山、石鹤头、邱家桥、鸡山头、石家弄、桥弄、花园弄、三角栈、夏家弄9个自然村。2003年10月，朱茂村与吴巷山村合并，建吴巷村，辖11个自然村。

集镇有一条百米长的小街，旧有米店、杂货店、生面店、点心店及小酒店等近10家商铺。20世纪50年代，为供销部门下伸店。80年代起，发展有个体店、民营企业。

### 026  石桥

位于吴中区东山镇杨湾行政村。因村落中有建于南宋时的震泽底定石桥，俗称"石桥"。清同治《苏州府志》（卷二十九）载，震泽乡间都里二十八都七图"石桥、后周街、坊里、何家山、张巷"。石桥村，东靠灵源寺，西临太湖，南接张巷，北连朱巷。曾为石桥乡驻地。1929年，为吴县第十七区石桥乡。1958年，属洞庭公社红光一大队。1983年，属东山乡上湾村（上杨湾）。1985年，属东山镇上湾村（辖上湾、张巷、石桥3个自然村）。2003年10月，杨湾村、上湾村、屯湾村合并，以杨湾村名。

石桥村在杨湾与陆巷之间。清道光五年（1825），里人徐学巽、叶长福创办义渡，以方便东山与西山之间直接往来，东山渡口码头设在石桥，渡船码头带兴了集市。村中50米长小街，有各类店铺10余家。清咸丰年间因兵乱动荡，义渡停办，店铺歇业，集市顿时萧条。直至光绪二年（1876）义渡恢复，集市也复兴。"承志堂"宅院曾开办过"洋行"。1929年曾开办了"中区小菜场"，占地面积160多平方米。1937年抗日战争爆发后，义渡停办，集市衰落。20世纪50年代，设有供销社下伸店等，建震泽县渔民子弟小学。现村内保存着震泽底定桥、牛眼井、棋盘桥等古迹，及民国"小菜场"门楼。门楼系青砖扁砌拱形门，额镌"中区小菜场"，旁署"十八年仲秋，江州施澂书"，此为东山唯一保存的民国建菜场的实体，由第三次全国文物普查时发现。

### 027  东河

又名东宅河头、东宅河，旧称崦里、崦边。位于吴中区金庭镇东河社区。一说元初，包山、渡渚、元山之间淤连成冲积平原，有崦边田20万平方米，村落称崦边、崦里。然而据唐皮日休《太湖诗·崦里》（自注："傍龟山下有良田20顷。"）称，唐代已经有"崦边田"，形成"崦里"村落。明弘治间（1488—1506）吏部侍郎徐缙，在宅第"崦西草堂"之东开凿了通太湖河道，称东宅河，又称东河，村落遂以河名为名。明中叶形成集镇。清《太湖备考》（卷五·都图）同时录"东泽河""崦边"。同治《苏州府志》（卷二十九）作"东宅河头"。民国《吴县志》载"东宅河镇"。为区、镇（乡）驻地。1929年为吴县东宅河镇。1931年为吴县第十九区东宅河镇。1934年为吴县第十三区东河镇。1947年，属西山区练渎镇，镇公所驻东河。1949年4月后，为吴县西山区政府所在地。1950年4月，为西山区东河乡。1953年5月，改称西山区东河镇。1956年3月，改称西山区东河乡（东河、九洞、辛湾、玄阳4乡合并）。1958年，属金庭人民公社，东河为公社驻地。1963年4月，改称金庭公社东河大队。1983年，改称金庭乡东河村，辖二图里、劳家桥自然村。1987年1月，改称西山镇东河村。1994年10月，为西山镇政府驻地。2000年6月，并入崦里村。2003年10月马徐村、崦里村合并，建东河村。2004年撤销东河村，建东河社区。2007 年，为金庭镇政府驻地。太湖大桥建成通车后，促成了"东河新区"发展，镇政府及一批企事业单位迁入，更加快了市政建设，形成新街区，有碧螺春街、金桂街、红橘街、银杏街及金庭路、东园公路等纵横交错。境内有西山中学。

东河今遗留下与徐氏相关的地名有"徐宅山""南徐里"。"徐宅山"原名碧螺峰，山前有徐氏宗祠。南徐里，徐氏族谱称："使后人不忘祖宗'南渡'之意，遂名其地为南徐里。"东宅河老码头旧称"天官府"码头。

### 028　后堡

位于吴中区金庭镇林屋行政村。据称，明嘉靖年间戚继光为抗击倭寇，在嘉兴至苏州沿途建造碉堡，西山七贤山花园岭上也筑一座，其前后的村落，故名前堡、后堡。明翁澍《具区志》（卷七·乡里）作"前保、后保"。清同治《苏州府志》（卷二十九）录"西后堡""后堡东"。民国《吴县志》中"西后堡"作"后堡镇"。清光绪三十二年（1906）为苏州府设"靖湖厅"所在地，后堡镇为驻地。1929 年，为吴县第十九区后堡镇。1934 年，属吴县第十三区东河镇。苏州解放初，为西山区政府驻地。1950 年 4 月，属吴县西山区东河镇。1956 年属东河乡。1958 年 10 月，为金庭公社前进大队。1983 年，改称金庭乡后堡村，1987 年 1 月，为西山镇后堡村，辖后堡、田岸头、焦山上、下亩里、上横路、窑上、朱家弄、徐家场、竹刀村 9 个自然村。2003 年 10 月，镇夏村、前堡村、洞山村、后堡村合并，建林屋村。村民以种植花果为主，有梅子、银杏、板栗、柑橘等，尤以梅子、银杏居多。

集镇有十字街道，东西与南北各长 500 米，旧有各类店铺。20 世纪 50 年代后，有供销社、粮库等多家商店，办有小学。后堡为西山煤矿主要所在地，主要靠后堡大港与外连通，20 世纪 80 年代，环山公路修筑后，陆路交通便利。

后堡有蒋氏宗祠，西山蒋氏为北宋御史、知平江府蒋堂后裔。蒋堂，字希鲁，自号遂翁，常州府宜兴县人。宋大中祥符五年（1012）进士，任侍御史。后累迁枢密院直学士，又历任杭州、益州、苏州知府。后调其他地方任职，20 年后再任苏州知府，终以礼部侍郎致仕，遂定居苏州。南宋理宗（1225—1260）时由灵芝坊迁居西山后埠，后繁衍至后堡、辛村等处。蒋氏宗祠曾改成小学。后堡东头湖滨"衙门场"，为清末"靖湖厅"署所遗址。后堡西北福源坞，原有梁代建福源寺，以铜钟、铁佛、石槛著称。明崇祯元年（1628），文震孟撰《重兴福源寺记略》碑。传说明宰相申时行未第时曾在此寺读书。坞中还有明王穉登、傅光宅第。后堡村窑上原城隍庙，俗称双观音堂，现存大殿为清道光二十八年（1848）重修，有两株千年古樟树。1995 年，后堡村投资 400 多万元将其址建成"古樟园"。1999 年，西山国家现代农业示范园区与中科院南京中山植物园等合作设"古樟植物园"，占地由 1.34 万多平方米增至 8 万多平方米，收集各地珍奇观赏植物近 1 000 种。

### 029　前湾

位于吴中区金庭镇蒋东行政村。北临太湖的湖湾古称梅梁湖，地称梅梁里，由于明代修筑了码头，因而码头后的村落被称为后埠，码头前的村落被称为前湾。明翁澍《具区志》（卷七

·乡里）载"梅梁村"。清《太湖备考》称："（禹期山）山下有前村曰前湾，故俗称前湾山，忘其为禹期矣。"前湾村的东、南面靠俞东村，西接后埠，北临太湖。清同治《苏州府志》（卷二十九）载"前湾"跨四图、六图。民国《吴县志》（卷二十一）载"前湾镇"。为镇、乡驻地。1931年，为吴县第十九区前湾乡。1934年，为第十三区前湾乡。1950年4月，属吴县西山区辛湾乡。1956年3月，改属东河乡前湾初级社。1958年10月，属金庭公社。1963年4月，改称金庭公社前湾大队。1983年，改称金庭乡前湾村。1987年1月，改称西山镇前湾村。1999年年末，前湾村、俞东村合并，建禹期村。2003年，蒋东、俞东、前湾、辛村、后埠5村合并，建蒋东村。

清后期兴为集镇。禹期山开采石灰石有较长历史，前湾为装运石灰石的主要埠头，故为运输船工聚集地。集镇旧有南北货店、饭店、茶馆、肉店、鱼行、米店、酿酒作坊、布店、缝纫店等10多家商铺。向有夜市，晚间街上挂煤油灯照明。1937年抗日战争爆发后，集市萧条。20世纪50年代，有供销社等部门设下伸店。80年代起，因兴办乡镇工业，建有金龙建材厂、白水泥厂、第二石灰厂等，集市十分繁荣，尤其早、晚二市。境内有文化寺（普济寺）、三国东吴太傅阚泽墓等古迹。

### 030　鹿村

又称角村、陆村。位于吴中区金庭镇元山行政村。相传春秋时吴王阖闾在此养鹿，筑鹿城，"周围五里，墙壁险峻"，村落因此得名。明翁澍《具区志》（卷七·乡里）作"陆村"。清同治《苏州府志》作"角村"。民国《吴县志》载"角村镇"。为镇、乡驻地。1929年，为吴县第十九区鹿村乡。1934年，为第十三区鹿村乡。1950年3月，属吴县西山区玄阳乡。1956年3月，属东河乡。1958年10月，改称金庭公社东风大队。1983年，改称金庭乡鹿村。1987年，改称西山镇鹿村，辖鹿村、香花桥2个自然村。1999年，金村、鹿村合并，建金鹿村。2003年，金鹿村与元山合并，建元山村，村民以种植花果为业，以梅子、银杏居多。

集镇兴于清末，旧有鱼行、米行、肉铺以及铁铺、木竹行等20余家，设有西山至苏州的客轮码头。村民多从事开采石灰石，码头上常停靠几十艘装载航船。20世纪50年代，有供销社门店、粮站、饭店等及卫生门诊所、信用社、鹿村小学。70年代后，环山公路开通，船运锐减，集市冷落。80年代后，乡镇工业兴起，集市又兴，有20余家各类商店，晚市尤繁。境内有玄阳洞，"玄阳稻浪"为西山古十景之一。

### 031　涵村

位于吴中区金庭镇堂里行政村。清王维德《洞庭七十二峰》载，缥缈之北，有西湖山，"其山与东湖山对峙，而两山之间有曰涵峰"。涵村因涵峰而得名，为西山"七村"之一。村落三面环山，又称涵村坞。清同治《苏州府志》（卷二十九）载，同一图有"东涵头、西涵头、涵村、梅堂坞、堂里东"。涵村，东到梅堂坞自然村，西到王家岭，南到孙坞自然村，曾为乡驻地。1929年，为吴县第十九区涵村乡。1934年，属第十三区涵植乡。1956年，改属西山区建设乡勤丰高级社。1958年10月，改属金庭公社勤丰大队。1963年4月，改称建设公社勤丰大队。

1980年7月，改称堂里公社涵村大队，1983年，改称堂里乡涵村。1987年，改称西山镇涵村，辖涵村、西涵头、涵头村、梅堂坞、孙坞5个自然村。2003年，涵村、堂里村合并，建堂里村。村民种植花果，以柑橘、桃子、梅子、板栗、杨梅为主，尤以板栗、杨梅居多。

涵村，北临太湖，有港口。境内曾开采黄石，以前靠水运，现通环山公路。村中街现有各类商店10余家、小学1所。村中尚保存着1所明代商铺建筑，铺面阔3间，进深7桁带前后廊，门面用刷漆板门，临街售货窗置有上下启闭的闼门，为不可多得的古商铺遗存。"涵村店铺"于2002年10月被列为江苏省文物保护单位。

涵村兴于陆氏。《西山镇志》载，南宋嘉定十二年（1219），晋代中书侍郎陆瑾后人陆元阳、陆元珏兄弟，由无锡移居西山，分别定居涵村和后埠，涵村孙坞旧有陆氏宗祠。涵村人陆治（1496—1576），字叔平，号包山子，曾从祝允明、文徵明等习诗文学书画，擅绘花鸟，与申时行亦交好。苏州城内庙堂巷内旧有"陆包山先生祠"。村中原有一块"思静处士陆君（陆鏾）墓志铭"碑，为王鏊撰文，祝允明书丹，黄沐篆额，章浩勒石。该碑石现藏于水月庵碑廊。

## 032　占上

又称砖场。位于相城区黄桥街道，在占上村中部，呈零星状，东临双刀村自然村，南至永青路，西至228省道，北至占上北路。

砖场，同治《苏州府志》（卷二十九）载："西六图翠新宅里砖场。"民国《吴县志》（卷二十二下）亦载，金鹅乡金杯里。十五都西一图，均离城十六里，有"杨前浜、杨木桥、小角里、砖场、南羊场"等记载。民国元年（1912）先后隶属吴县金鹅乡、陆墓乡。民国17年（1928）归属第六区（陆墓）砖场乡。民国三十六年（1947）吴县参议员吴公豪，提议改称占上，意谓"占天时地利，上上大吉"。属黄埭区占上乡。1958年，属黄桥公社第七大队，1961年属十八大队，1968年属十七大队，1983年属黄桥乡占上村第七、第八村民小组。2005年12月，属黄桥街道占上村。2016年，开始拆迁。2018年12月，村落已被全部拆迁，实体消失。

## 033　下堡街

位于相城区黄埭镇，在镇的西北部，现属北桥街道管辖。原街长约50米，宽1.5米，人居北岸，南为农田，以顾、陈2大姓氏为主，遂形成下堡街，村以街而名。

明代万历中，处士顾德常（官至礼部天官）六世裔孙顾九思（官至通政司）于下堡（帝字圩叶公浜）建埭川顾氏祠堂，道路砌人字砖街通向祠堂。明江盈科有《埭川顾氏祠堂记》。民国时期，下堡街居住十几户村民，街上有豆腐作坊、茶馆、南货店等五六家店铺。民国三十七年（1948）始，由教员毕志康在顾家祠堂创办下堡私立小学。1949年后，设为公办小学。

1958年，下堡为黄埭公社四大队。1960年，从四大队拆分出下堡大队。1983年改称下堡村，1992年8月，黄埭建镇，实施镇管村体制，下辖4个居委会、23个行政村。下堡为23个行政村之一。2006年7月，划归开发区管辖。2008年5月24日，政府将黄埭镇的倪汇、汤浜、湖林、永昌、卫星、上浜、下堡7个村和青龙、斜桥2个村以及太东公路以北区域划归北桥街道管理，下堡村遂属于北桥街道。2010年后，成立苏相合作经济开发区，将相城区7个行政村划归管辖，下堡村为其中之一。2017年，京沪高速铁路用地，征用下堡村15组、18组土地，村落拆迁至漕湖花园等，至此，下堡街实体已不存。

## 034　强芫

位于相城区阳澄湖镇东北端，西南与消泾村相邻，东北与昆山、常熟两市交界。强芫，旧作蘠芫。蘠即百合，芫则草杂。此地或多生百合，故以名。民国《吴县志》记载为"强芫村"。民国《相城小志》载："蘠芫镇去县东北五十四里，清道（光）、咸（丰）前为镇。巨富林氏全盛时代，相城东北一带大镇也。洪杨劫后稍衰，今为荒村矣。"清末强芫沦为荒村。又因土质劣，地势低，无主荒田多。民国二十九年（1940）起先后有苏北兴化、东台、盐城、建湖等地50多人到此定居垦荒，主要以捕捞鱼虾为生。

清属长洲县依仁乡。民国时期先后被划属吴县湘城市，湘城区强善乡、万浜乡，吴县湘城乡，阳澄区消陆乡、油泾乡。1950年3月，被划入消泾乡，1956年3月，并属消陆乡，1957年3月，并归油泾乡，至2000年年底未变。2003年，强芫村并入消泾村，属消泾村管理。

古迹有青莲庵，建于清雍正年间，佛前有联："闻世修真三摩地，觉醒功圆十善村。"抗日战争时期，蘠芫镇十善村是"小红区"。新四军、"民抗"有十几位革命同志经常居住于此，搞"民运"工作，办夜校、教抗日歌曲，组织自卫会，一度为新"江抗"司令部驻地。

## 035　车渡

位于相城区阳澄湖镇车渡村。原北邻小娄、消泾两村，西接南消村，南面阳澄中湖。现东邻昆山市巴城镇，南靠阳澄湖，西接凤阳路，北邻阳澄湖青虾市市场。苏州沪宜高速公路及湘石公路横贯该村。

其名来源于车渡小镇。因地处阳澄湖边，有人、车渡口，故名。集镇形成于清末，至民国初已成规模，其时有乾泰祥、大有生、乾大3家南货店，有恒山堂中药铺、益丰粮行，有饮食、酒店2家，兼营书场的茶馆3家。另有理发店、各类摊贩几十处。毛家浜村还有榨油、豆制品作坊。当年吴江的高升、金升两戏班常来该镇演出，艺人常年在此设场谋生。即使晚上仍十分热闹，有"朝消泾、夜车渡"之说。民国《相城小志》（卷二、卷三）有"车渡村"的相关记载。1949年前后，店铺逐渐迁往油泾、消泾，集镇遂散，变为村落。

车渡村落较大，分纵向横向两段，为易辨别，常称夹娄里（东浜）、外浜、里浜。纵向段河道两岸尽是人家，东岸人家较多，两三宅并行，横向段在村落南，两岸人家相接。

清代属长洲县依仁乡。民国时期先后划属吴县湘城市，湘城区车渡乡和毛荷乡、东湖乡，吴县湘城乡，阳澄区消陆乡、油泾乡。1949年后，隶属未变。1950年3月，被划入消泾乡。1956年3月，并属消陆乡。1957年3月，并归油泾乡。1958年，属油泾人民公社6大队。1959年，改为14大队。1983年，属车渡行政村。1992年11月，油泾乡更名为阳澄湖乡。1994年2月，撤阳澄湖乡，建阳澄湖镇，隶属不变。2000年后，南消、车渡、小娄3个行政村合并为阳澄湖镇车渡村。2011年后，因城乡一体化建设，已有部分村民搬迁，安居于澄苑小区。

## 036 倪汇

位于相城区黄埭街道，在永昌泾中段北侧，属北桥街道管辖。地名最初来自倪家湾。民国《吴县志》有载。民国前黄埭乡属长洲县，辖3个都（七都、十一都、十二都）计50图。其中：十二都，上、下九图有倪家湾、许泾、张巷、毛墩湾、双溇、严家湾等。而"倪家湾"就是倪汇的前身。

倪汇旧时由于水路交通方便，民国初渐成集镇。倪汇镇西北1里处牙浜村，最早有南货、茶馆等店铺，后来善于经商的吴佰茂在倪家湾开设南货店，牙浜的商市日趋衰退，店铺逐渐搬迁到倪家湾，遂形成集镇，称倪汇镇。原街长100米许，有20家住户，近100人。镇上有南货、茶馆、药店等12家店铺。民国二十三年（1934）2月，以面积、户口及经济状况等作为标准（每乡镇500~1 000户），重新调整分区和划分乡镇。6月，江苏省民政厅核准将吴县划分为13个区。黄埭为吴县第六区，区署设于黄埭镇。全区管辖5镇32个乡，倪汇为倪汇乡，一直沿用。1939年，倪汇百姓在新四军"江抗"的组织下，曾开展过一场大规模的挖毁日军交通运输线苏常公路的抗日活动。

1949年后，倪汇镇商市更加繁荣。1954年，设立信用社、联合医疗诊所和小碾米厂。后陆续有供销社、合作商店开办代销店和下设店，设立生猪收购点和屠宰场。1958年9月24日，黄埭人民公社成立，公社下辖9个大队。第九大队由黄泥、五星、合兴、倪汇等村组成。至80年代初，倪汇街上仍然有茶馆、药店、酱南店、熟食店、饼馒店、面店、肉店、豆腐店、布店、铁匠铺店20多家店铺。镇上还有开往黄埭的航船。

1990年始，倪汇镇商市再次全部大搬迁，搬至倪家湾大桥南北块，形成全新的丁字形倪汇小集镇，倪汇村委会驻地。1992年8月黄埭建镇，实施镇管村体制，下辖4个居委，23个行政村，倪汇是23个行政村之一。2008年5月24日，又将黄埭镇的倪汇、汤浜、湖林、永昌、卫星、上浜、下堡7个村和青龙、斜桥2个村以及太东公路以北区域划归北桥街道管理，现属于相城经济开发区漕湖街道。2016年，居民房屋已被拆迁至永昌泾花苑，倪汇原址现为蔬菜种植基地。至此，倪汇实体已不存。

## 037 消泾

位于相城区阳澄湖镇，在吴县、昆山、常熟交界处。镇东北为消泾村，北接强芜村，西邻范浜、南消两村，南为车渡、小溇村，东与昆山县交界。1949年前后，消泾老街总长180多米、宽不过2米，两旁有房屋100多间。消泾之名由"萧泾"而来。明《长洲县志》载作"萧泾"。清属长洲县依仁乡北十九都四图。太平天国时期，附近的强芜集镇衰落，此处原先居住的百姓和常熟、昆山、苏州、安徽的移民及范潭浜富户陆步鳌迁到消泾开店设铺，渐成集镇。民国《吴县志》作"潇泾镇"。

民国时期一直是消泾镇镇公所所在地。民国三十年（1941）二月，曾为抗日民主政权——洋澄县县政府驻地。其间先后划属吴县湘城市、湘城区消泾乡、万浜乡、吴县湘城乡、阳澄区消陆乡、阳澄区油泾乡。1950年3月，增建区划，原油泾乡分划为油泾、阳澄、消泾三乡，均

隶属吴县阳澄区。1956年3月，原泪泾、阳澄2乡合编为泪泾乡；消泾乡与陆巷乡合编为消陆乡，区属不变。1957年3月，撤区并乡，将消陆乡的消泾地区并入泪泾乡，隶属吴县。1958年，为泪泾公社十二大队，1983年，改为消泾村。

老街南傍消泾港，有轮船通往苏州。1984年公路通车前后，以公路为依托向北拓展，形成14米宽的新街200多米。街道两侧有小学、医院、银行和汽车站。2001年，消泾属相城区阳澄湖镇。2003年，强芜、范浜2村并入。至2010年，共计有10个村民小组。

消泾有建于宋景德元年（1004）的景福庵，是镇域内最早出现的寺院。抗日战争时期，新四军"江抗"和"民抗"的干部、战士，在消泾一带宣传、组织群众，配合部队打击日、伪、顽势力，历尽艰难困苦。为纪念革命先烈，1991年10月和1995年8月15日，在消泾分别建立洋澄县县政府纪念碑和阳澄湖抗日斗争史迹陈列馆，为革命传统教育基地。2015年后，消泾老街得到修复和重建，成为附近居民购物、休闲的好去处，也成为了解当地文化的旅游目的地。

### 038 南塘港

位于吴江区盛泽镇西北部，与平望镇万心村相邻，因南塘港穿村而过，故名。梅坛公路贯穿南北，盛震公路连接西东。

历史上南塘港村落有钱氏望族。明朝有贡生钱瀛、钱相，清朝有贡生钱霈、钱大培，举人钱之青，孝子钱允遴，诗人钱竹斐、钱云等。钱大培，字树棠，号巽斋，乾隆壬申（1692）顺天副榜，官安徽盱眙县训导，晚年来往莺湖，与翁广平、张栋等相唱和。钱允遴，字乞璠，父亲生病，在药石无效的情况下，钱孝子效仿古人割股疗亲，悄悄割下自己臀部的一片肉，炖汤作为药引给父亲吃。钱云，字宛朱，号厂渚，著《诗乘注》。清乾隆《盛湖志》记载："钱住南塘港，有桃园。"盛泽人仲枢有《次韵和钱竹斐见赠之作》诗："中天行赤日，拂座故人风。妙语开心曲，新诗出袖中。清疑倾雪碗，爽比吸荷筒。早识南塘路，桃园近可通。"

南塘港在1949年前是蚕丝业的小集散地。集镇上有茶馆4家，南北货店3家，药店1家。震泽通往盛泽的快班轮船途经该地，并有从当地始发至盛泽的航船。

20世纪50年代为南塘乡，属坛丘区，南塘港曾是坛丘区政府所在地。后来随着行政体制的变化，南塘港曾先后为乡、大队、村。1983年，政社分设，更名为南塘村民委员会。1985年，集镇上有100多户人家，有村办茶馆一家，集体商业办肉店、南货店各一家，个体南货店一家。2000年起，属盛泽镇。2002年8月起，改名南塘村，共有7个自然村，下辖7个村小组。全村有河堤一段，金家河堤南塘段3.5千米。全村特色产业为大棚叶菜种植，整体规模面积达600余亩。

### 039 北顾里

曾称北芦墟，位于吴江区芦墟社区太浦河北岸芦北村一带。清道光《分湖小识》记载："北芦墟旧名北顾里，前有武陵溪。"北顾里的来源有两个说法：一说是梁太学博士顾野王子安饶、安文卜居于此，遂名；一说宋秘阁校书顾亨避兵陈思，后子孙繁衍散居本村落，遂名。元至正九年（1349），北顾里乡绅顾逊邀文学名家杨维桢等8人游分湖，留下了现存关于芦墟的最早文字记述。

明清时，芦北村地处久咏乡二十九都十七、二十七图。历史上有古迹6处：嘉泰桥、小基庵、太平庵、遇仙庵、陆瓒墓、陆燿墓。民国时期，芦北村在芦墟区，半属芦北乡，半属芦东乡。1958年后的人民公社时名为红胜大队。1982年，改称芦北大队。1983年起，改为芦北村。芦北村在318国道北，现汾湖经济技术开发区内，是新镇区的主要区域。6个自然村分布在芦莘公路两侧，这6个自然村是北芦墟、万户北村、东古（顾）村、朱家港、瓜墩上、江家湾，村委会设在北芦墟村东。

### 040　南津口

位于吴江区松陵街道华严寺东北，接待禅寺北、孔庙东。后梁开平三年（909），吴越王钱镠置吴江县。后梁乾化元年（911）钱镠都指挥使司马福在松陵镇建吴江县城，司马福在松陵隔松江建南北两城。城是以木栅栏围成的营寨，没有城墙，设可以启闭的寨门。南城称南津，北城称北津。木栅栏不耐风雨侵蚀，不多久毁坏。南城最南面，留下地名"南津口"。

司马福所建南城（南津）遭毁坏后，南宋绍兴四年（1134），吴江知县石公辙将南城遗址上的开江营，改建为吴江县孔庙和县学。随宋高宗南迁的中原人士，在沿孔庙前的运粮河两岸建宅居住，形成了江南市。具体位置从南津口到垂虹桥东堍。明莫旦《吴江志》记载："出城（元末张士诚所建）东门过长桥为江南市，居民又千家，使舟官艘之往来，贡赋财物之接递，朝暮不绝，难以备述。"清乾隆《吴江县志》记载："江南市距县治可一里许，在东门外长桥东，民夹运河南北以居，自成聚落，明初几及千家。贸易视县市十之四。"江南市除县学孔庙外，曾有接待禅寺、华严讲寺、三高祠、三忠祠、太湖神庙、松陵驿、钓雪滩、爱遗亭、头天门玉虚道院、二天门纯阳道院等古迹，还有南宋王份的臞庵、状元黄由的盘野、元宁玉的小潇湘等私家宅院，大部分毁于太平军和清军的战火之中。

相传嘉靖三十三年（1554）六月十二日，倭寇由石湖抵三里桥转至南津口，将举火焚松陵公署。忽见有5人衣红袍挺身而前，乃惊曰："官军至矣！"实无官军，人们说是五显神显灵。

## 三、自然村落名（85条）

### 041　梅湾村

位于苏州市虎丘区（苏州高新区）横塘街道南部、上方山北，原东为邮电技工学校，南为上方山、西为福寿山，北为苏州经贸职业技术学院。2016年5月，因苏州科技大学三期工程建设而被拆迁。相传此处原为宋代范成大植梅之地，其处有小河，河边住有梅姓人家，故称梅湾。村以湾名。范成大（1126—1193），字致能，号石湖居士。吴县（今苏州）人。宋绍兴二十四年（1154）进士，自此步入仕途，官至资政殿学士，加大学士。晚年退居横塘镇石湖。他是著名的田园诗人，在梅湾村植梅，并著有《梅谱》。

清末属五都二、三图,民国时为木渎区七子乡第一保,1949年4月—1954年8月属木渎区七子乡管辖,为第三行政村。1956年,与第一行政村(现蒋墩村)和第二行政村(现茭白荡村)合并组成五合农业合作社。1958年,改名为梅湾大队。1960年8月,一分为三,第一、第二行政村分别称蒋墩大队、茭白荡大队。第三行政村区域为梅湾大队。1983年,大队改为村。村名延续至今。

历史上梅湾出产茭白,颇佳,名"吕公茭"。吕公,即吕纯阳。俗传吕洞宾过此所遗者。明王鏊《姑苏志》:"茭白……唯吴县梅村一种四月生,名吕公茭,茭中生米,可作饭,即菰米饭也。"

### 042　茭白荡

位于苏州市虎丘区(苏州高新区)横塘街道胥江南,原东至蒋墩村,南至梅湾村,西至木渎镇七子村,北至狮山街道黄山村。此处地势低洼,河荡密布,适宜种植茭白,故称"茭白荡"。村名因荡名而得。相传历史上著名的梅湾吕公茭就产于此处。茭白,又名茭笋、茭杷,本名菰菜,是多年生水生草本植物。它根植于水中,春天萌生新株,初夏或秋季抽生花茎,基部肥大的嫩茎,可以食用,称为茭白。早在1 700多年前的西晋时期,茭白与莼菜、鲈鱼就被并称为"吴中三大名菜"。

茭白荡村境内有东浜、南浜。《木渎小志》云:"茭白荡南浜,即百花洲、古长洲,阖闾走犬处,亦曰莲塘,俗称荷花荡,在五都一图,非胥盘二门间之城壕也。"

清末属五都一图。民国时为木渎区七子乡第二保。中华人民共和国成立初,为木渎区七子乡第二行政村。1956年2月,与第一行政村(蒋墩村)、第三行政村(梅湾)合并组成五合农业合作社。1958年,隶属梅湾大队管辖。1960年8月,从梅湾大队分出,独立为茭白荡生产大队。1983年,撤销大队名称,更名为茭白荡村。2003年,因开发建设苏州国际教育园,茭白荡村被拆除。

### 043　朱塔里

位于苏州市虎丘区(苏州高新区)横塘街道北部,原东接横塘镇区,西为迎宾路,南为菖蒲浜,北为鸿运路。明王鏊《姑苏志》(卷十八·乡都)有"毛塔""朱塔"的记载。"朱塔",即红塔。宋范成大《横塘》诗:"南浦春来绿一川,石桥朱塔两依然。年年送客横塘路,细雨垂杨系画船。"但遍查方志,横塘未见有塔,一说为寒山寺塔。又说,此地近邻横塘,且住着朱姓人家,形成聚落后,俗称"朱搭里",苏州话有"那搭",即那里,与"朱塔"同音。朱家居住的地方,后用"朱塔"称之。2016年,因开发建设而被拆迁。

### 044　朱墩

位于苏州市虎丘区(苏州高新区)横塘街道南部,原东至塔影下,南至环山路,西至铁师路(科锐路),北靠苏州科技大学。因三国东吴名将朱桓墓葬于此,墓略高于地面,苏州人称之为"墩",俗云"坟墩"。村由此而得名。宋《吴郡志》云:"侍中朱桓坟,在横山。"民国《吴县志》云:"侍中朱桓墓在横山朱墩村西。"朱桓(?—239),字休穆,吴郡(今苏州)人。《三国志·吴书·朱桓传》云:孙权为将军,桓给事幕府,除余姚长。稍迁裨将军,封新城亭侯。后又封嘉兴侯,迁奋武将军,领彭城相。黄龙元年(229)拜前将军,领青州牧。年62卒,死后葬于横塘。以后渐有人居,形成聚落,村即以"朱墩"为名,并一直沿用至今。2016年5月,因苏州科技大学三期项目建设而被拆迁。

### 045 铜墩庙

位于苏州市虎丘区(苏州高新区)枫桥街道。南临六号桥村,北为农田,西邻前桥港。人民公社时期,称铜墩大队。因村内有铜墩庙而得名。铜墩庙,在铜墩村马昌桥东,元代至顺年间(1330—1333),由僧元皋始建。民国《吴县志》:"铜墩庙,在枫桥西,元至顺元年建,今奉为土谷神。"土谷,为土地和稻谷两神的合称。因土谷为农民之根本,故香火历来较旺。铜,意为坚固耐用,墩为土堆,俗称高墩,庙建于高墩之上,附近村民希望庙能长久供奉,庇护一方,故而称为"铜墩庙"。1987年,辖13个村民小组,有李家上、周祥上、土桥头、马昌桥、杜家上、六号桥、五号桥、北石桥、庙西等11个自然村。19世纪80年代,庙毁。后由村民搭建一间小房子,以存香火。村上现有农户约50户。

### 046 通济庵

位于苏州市虎丘区(苏州高新区)枫桥街道,南为东南上村,北为丁新大队,东为毛家大队,西为东南上村。村内有清道光初年由僧祖观始建的通济庵,故而得名。

通济,有融通调剂周济之意。民国《吴县志》作"庵前",亦作"通济庵"。又载:"通济庵,在白马涧月伴桥。清道光初,僧祖观建,种桑栽梅,颇多幽致,巨卿硕彦,时集于此。"《吴门表隐》载:"清陈銮白马涧通济庵记,略通济庵在支硎白马涧上,相传晋高僧支遁尝放鹤于亭,饮马于涧。"旧时,乡间有地位的人经常聚集于此,喝茶聊天,庵就此兴旺。现庵已被毁。村亦拆迁。

### 047 芦场圩

位于苏州市虎丘区(苏州高新区)浒关镇西南,南为天池山景区,北为大寺村,西为绕城高速,东为南阳山。圩,低洼地区防水护田而筑的堤,称为"圩"。此处地理环境比较低洼,生有芦苇,故名。芦苇,系多年生草本植物。生于湿地或浅水滩,叶子披针形,茎中空,光滑,花紫色。茎可造纸、葺屋、编席等。根茎叫芦根,可供药用。穗可做扫帚。芦苇为农村经济作物,本村多植芦苇,俗称"芦苇场",定名"芦场圩"。附近有芦场圩桥。农业作物以水稻、麦、油菜等为主。村内有矿区,以采石为主。

1949年,隶属于新阳乡。1958年,并入东渚公社茅山二大队。1961年,茅山二大队更名为宝山大队。2000年,因开发需要而被拆迁。

## 048　山姑庙

位于苏州市虎丘区（苏州高新区）通安镇，东起外岸桥，西至蠡河，南起浒关运河，北至毛家浜。民国《吴县志》作"三姑庙"，在鄢山。并有"三姑庙前""三姑庙后"的记载。清代，属长洲县彭华乡功成里第二都。1931年，属吴县第一乡公所（浒关区）浒观乡。新中国成立后，土地改革时为永安村，合作社时为卫星二十一社，属浒关乡。1958年，改为真山大队第十生产队，属保安公社。1979年，改称真山村委会，属浒墅关镇。2000年，属虎丘区浒墅关镇。农业作物以水稻、麦、油菜为主。2003年动迁，村民入住华通花园。2006年1月，划归通安镇管辖，属华通花园第五社区。

村在山姑庙周围，故以庙得名。山姑，山中之精怪也，雄称山公，雌称山姑。据《太平广记》（卷四二八引唐戴孚《广异记》）云："山魈者，岭南所在有之，独足反踵，手足三岐……雄者谓之山公，雌者谓之山姑。"晋葛洪《抱朴子·登涉》云："山精形如小儿，独足向后，夜喜犯人，名曰魈。"此处因何建山姑庙，待考。

## 049　大石坞

位于苏州市虎丘区（苏州高新区）通安镇东南部，北与沿头巷毗邻。村在大石山坞下，故名大石坞。清代，属长洲县彭华乡功成里第三都。1931年属吴县第一区公所（浒关区）曒西乡。中华人民共和国成立后，为寒心村保丰三十七社，属通安乡。1958年，为树山大队第六生产队，属通安公社。1983年，改称树山村委会第六村民小组，属通安乡。1994年，撤乡建镇，属吴县。2002年，属虎丘区通安镇。农业作物以果蔬、茶树种植为主。其处有大石山景点，有云泉寺宗教场所。2003年，开始动迁，部分村民入住华通花园。

## 050　养蚕里

位于姑苏区竹辉路以南、竹韵桥和晓石桥之间。民国期间原为一大块荒地，后辟为农场，经营养蚕业，由此得名。1928年，由钱大钧倡议，画家吴子深、商人周渭石出资金，汤有光出技术，在这片区域成立振苏农桑林牧场，占地数十亩。首先投入养蚕业，附带种植桑树，另种植水果树，有桃、金柑、金橘等，1929年秋因亏损，吴子深将其折价盘给汤有光。之后，由汤有光独自勉力经营。中华人民共和国成立后，当地民居门前通道也就沿称养蚕里。1980年，在此建航运新村。1989年，扩建，统称养蚕里新村。建筑面积10.30万平方米，配套面积0.89万平方米。有楼91幢，房1 770套。

## 051　栈廊浜

位于吴中区长桥街道蠡墅社区。栈廊，又称"栈上"，吴语"上"读"廊"音。据说因沿河民居房屋连接如廊，故称"栈廊浜"。夹河两岸为栈廊浜东街、西街，与蠡墅镇下塘西街相接。栈廊浜隶属于蠡墅镇区，1934年，吴县设蠡墅镇，镇公所驻栈廊浜。1948年，蠡墅镇撤销，栈廊浜属石湖镇。1950年，属蠡墅乡。1956年后，属蠡墅镇居民委员会。1958年，属蠡墅公社。1966年，属长桥公社。2003年11月，属长桥街道蠡墅社区居委会。栈廊浜居民点，东至苏蠡路，南自南蠡墅街，北至北蠡墅街，西依长桥中心小学、蠡墅友好小学。蠡墅镇自古为造船业基地，旧时栈廊浜与庞家浜、庙泾浜、许家浜的居民，大多数为世代造船工匠。20世纪80年代后，栈廊浜老街外建新居民楼，有30多幢。

清初，蠡墅集镇由主街上塘街、下塘街向外扩展，形成栈廊浜东街、西街和庙泾浜东街、西街及新街弄、康园弄、南弄等8条巷弄，路面统一用条石铺砌，下有砖砌阴沟，旁引支沟（百脚沟），路宽1~2米不等。栈廊浜至今还有多幢老宅，其中，栈廊浜33号"三德堂"，属清前期建筑，入吴中区第三次全国文物普查名录。

栈廊浜，亦为河道名，清同治《苏州府志》作"栈上港"，属蠡墅港支流，北自蠡墅港，南至砖瓦厂河。栈廊浜北口，有建于清嘉庆年间（1796—1820）的永兴桥（参见"桥梁部分"），与跨中港的太平桥相对。今南蠡墅街建有跨栈廊浜河的栈廊桥（公路桥）。

## 052　舟坞

位于吴中区长桥街道蠡墅社区。因依傍蠡墅造船工场船坞而得名。舟坞，即船坞，为船舶建造和修理的场所。舟坞村，在蠡墅古镇南侧，南至蠡墅南街，北至蠡墅港，东至长蠡路，西至许家浜。清代形成"舟坞村街"，有东舟坞村、西舟坞村，属蠡墅乡。1958年，属蠡墅公社红旗大队。1980年属长桥公社蠡墅大队。1983年，属长桥乡蠡墅行政村（辖舟坞、永兴、太平、西浜、洋海浪、庞家浜、邹巷、庙泾浜、马家村9个自然村）。2003年11月，蠡墅村、南库村、蠡墅居委会合并，建长桥街道蠡墅社区居民委员会。

近人意圆《恕庵石湖棹歌序》云："新郭之晶片，蠡墅之船坞……而为邑志所未及。"自春秋吴国始，蠡墅一直是内河船舶的造船基地，船坞多曾是蠡墅的标志。清代初期，蠡墅仅陆、朱两家造船工场就有工匠200余人。近代渐衰，里人卫顾德（1866—1951），字一新，号选青，又号先醒，晚号恕庵，著名书法家、金石学家、图书馆学家，有《石湖棹歌》诗曰："漕艘营造有三坊，海运余波厂业荒。蠡墅船家今非昔，轻舟小艇仅名扬。"傍注："蠡墅昔为江南漕艘营造之地，自改海运，漕艘既废，二厂遂停。三大坊厂至今尚存，小舟今尚有名。"小舟，即"蠡墅船"，为独创内河轻舟。20世纪50年代，造船工场作坊合作化，建吴县蠡墅造船厂，为国家定点内河船生产厂。21世纪初，舟坞村民营造船公司，仍为江苏省散装水泥办公室散装水泥船舶定点厂，并生产湖泊旅游观光船、游艇、钓鱼艇等船舶。

## 053　蛟龙圩

又称蛟龙村。位于吴中区郭巷街道马巷社区。因圩田临吴淞江，此处江水湍急，每至发水期其翻滚漩涡犹如蛟龙而得名。另一说，此处本有吴淞江边的湖泊"蛟龙潭"，与东边镬底潭相连，后淤塞垦成圩田，故名。清乾隆《元和县志》（卷二）载，吴淞江滩"蛟龙圩"。清同治《苏州府志》（卷三十）载，同一图内有"蛟龙""蛟龙圩"。蛟龙圩，东为吴淞江、九里湖，南为马巷村，西为夏浜村，北为官浦村。1950年，属吴县车坊区围湖乡。1956年，属围湖乡金

星第八十高级社。1958年7月，属车坊乡东风第十六高级社。同年10月，属车坊公社第七营。1959年，属车坊公社十七大队。1969年，为红丰大队。1980年，为蛟龙大队。1983年8月，为车坊乡蛟龙村村委会（辖张家泾、蛟龙圩、葛珠浜、月珠浜、吴家浜、朱家圩6个自然村）。2003年7月，划入郭巷街道。2006年9月，与马巷村、六浦村合并，建马巷社区。

吴淞江圩田，史称"塘浦圩田"，明张国维《吴中水利全书》（卷十二）载：始于五代吴越国，沿吴淞江，"七里为一纵浦，十里为一横塘，田连阡陌，位位相接，为膏腴之产"。北宋范仲淹《拜参知政事条陈水利议》奏稿："江南旧有圩田，每一圩方数十里，如大城。中有河渠，外有门闸。旱则开闸引江水之利，涝则闭闸拒江水之害。旱涝不及，为农美利。"清《甫里志稿》吴淞江"圩田"："田甚下湿，岸则陡立如城，河循其外而中田焉。禾在田虽芃芃起矣，而河流犹其上，舟行者盖俯而窥焉。""每圩田亩姑以千计，田其中者，姑以百计。"至今吴淞江流域带仍有很多带"圩"字的地名。

### 054　浮漕

又称浮曹、浮槽。位于吴中区郭巷街道黄潦泾社区。地处河湖交叉，因河床不断淤积抬高，两岸河坝也随之不断加高，以至于河床高出田地，河道如浮于地面，故名浮漕。清乾隆《元和县志》（卷二）、清同治《苏州府志》（卷三十）均作"浮曹"。浮漕村落沿浮漕港分港南、港北，呈东西向条状分布，东邻镬底潭，北为高垫塘，南与赭墩相连，西接田上自然村。原属车坊乡通桥村（辖浮槽、赭墩、田上自然村）。2000年8月，夏浜村、通桥村合并，建通桥行政村。2004年2月，马巷、官浦、通桥3个行政村并入郭巷街道。2006年9月，通桥村、黄潦村、潦泾村撤并，建立郭巷街道黄潦泾（旧称王老泾）社区。

浮漕村东的荡口，为美国飞行员肖特抗击日机殉难处。劳勃脱·肖特（1904—1932），美国陆军航空队飞行员，1930年应聘来华任飞行教练员。1932年肖特参加一·二八淞沪抗战，同年2月20日，驾战机从上海飞往南京途中，与侵华日军战斗机遭遇，击落日机一架，成为首位击落日机的飞行员。2月22日，他驾机由宁返沪途中，在苏城东郊上空与6架日机激战，击毁日军王牌飞行员小谷大尉驾驶的飞机。空战中，肖特战机不幸中弹，坠落在浮漕港口，肖特壮烈牺牲，年仅27岁。苏州万余名民众在公共体育场举行了隆重的肖特追悼大会，并募资在大公园民德亭后立纪念碑，还在其牺牲处立花岗石纪念柱，镌刻"美飞行家肖特义士殉难处"。1985年9月，吴县人民政府建肖特纪念馆，塑肖特雕像，辟吴淞江江滨公园（今属苏州工业园区）。1986年3月，肖特义士殉难处纪念碑被列为吴县文物保护单位。

### 055　莫舍

又名绮川、仙人里。位于吴中区越溪街道莫舍社区。清《横金志》（卷四）："莫舍，初名石舍，后因莫姓繁衍，改今名。亦名绮川，因范参政成大绮川亭得名。又名仙人里。"宋时形成村落，旧属吴江县。清同治《苏州府志》（卷三十二）载，吴江县范隅上乡"莫舍，一名绮川。左石湖，右吴山，地接吴县灵岩乡界。有汛"。1929年8月，属吴江县第一区邵莫乡（辖莫舍大村、莫舍小村、邵昂村）。1934年，邵莫乡并入湖西乡。1946年，属越西乡。1948年2月，属越溪乡。1950年9月，属吴县枫桥区越溪乡。1956年，莫舍与张宅村建堡垒高级社。1958年，为越溪人民公社四大队。1961年8月，改为九大队。1980年11月，改为莫舍大队。1983年，为越溪乡莫舍村委会（辖莫舍大村、莫舍小村）。2004年2月，莫舍村与张宅村合并，建莫舍社区居民委员会，属越溪街道。

村中自古多大宅。明弘治《吴江志》（卷二·市镇）载："莫舍村……居民多莫氏之族，有科第牌坊，又有申明、旌善二亭。范文穆公有绮川亭、仙人里。其南村张氏，中村李氏，竹堂薛氏，蜕窝朱氏，俱国初大家。"南村张氏，即元末隐士张璹，其所居原为范成大"绮川亭"，"有雪俏亭、素心堂、陶庵、苕翠馆"。莫氏被称书香门第，人才辈出，有两进士、两举人：莫子文，南宋宝庆二年（1226）进士，宅第有仁矣堂、观心堂、得寓楼；莫震，明正统四年（1439）进士；莫宏，明景泰四年（1453）举人；莫旦，明成化元年（1465）举人，有"《鲈乡集》，作《新昌》《嘉鱼》《吴江》三志"。此外，还有宋绍圣中（1094—1100）朝议大夫莫大猷、明洪武间（1368—1398）户部侍郎莫礼（宅第寿朴堂）等。

村内莫舍溇，又称"小石湖"。"上承太湖之水，下流入石湖。"《吴门表隐》载："石塔，在莫舍溇司马庵。"民间传称"先有莫舍溇，后有蠡墅镇"。建于明洪武间的石家桥、前莫桥（俗称北溪桥）。民间还有"官塘浜口芦荡里72口井"之说。清张大纯《莫舍》诗云："水国渺无际，山岚远有痕。村村悬网罟，处处闭柴门。客路轻千里，诗情寄一尊。当年名胜地，惆怅不堪论。"

## 056 郎里

原名陆巷，有前陆巷村、后陆巷村、郎里村，位于吴中区越溪街道龙翔社区。在越来溪南，相传曾为陆龟蒙（自号天随子）流寓居所，故名陆巷。因村落夹郎港两岸，而称郎里村，旧有前、后二村。明弘治《吴江志》（卷二）载范隅上乡"鱼城村、前陆村、后陆村、前朱村、后朱村"。乾隆《吴江县志》（卷四）载"朱村，有前后二村；陆巷，有前后二村"。清同治《苏州府志》（三十二）作"陆巷"，与"张墓"村相邻。1912年，属吴江县湖东湖西乡。1950年9月，属吴县枫桥区越溪乡。1954年，张墓、郎里（陆巷）、黄泥3个自然村，在全乡率先建星火初级社。1956年，为星火高级社。1958年，属越溪公社一大队。1983年，属越溪乡张墓村（辖张墓、郎里、黄泥3个自然村）。1993年4月，属龙翔村，村委会驻张墓村。2004年3月，龙翔村、官渡村、前庄村撤并，建龙翔社区，属越溪街道办事处。朗里村，西临吴中大道，南面越湖花园溪翔二区，东面越溪街，北面溪翔新村三区。

陆巷旧有典故"莼鲈之思"主人翁西晋张翰墓。清《横泾志》（卷七·地舆·冢墓）称："晋东曹掾张翰墓在横山东五里，今所谓张墓、陆墓是也，陆巷为天随子流寓处。"张翰墓西侧有祠"敬信庵"，祀奉张翰，墓、祠均被毁于1959年。陆巷有元末隐士顾谅宅"怡斋"。明弘治《吴江县志》（卷十·荐举）："顾谅，字季友，一都石湖人，博通经史，尝注《仪礼》，板行于时。元末不仕，隐居陆巷，结室曰怡斋，自号痴叟。"

张墓因有张翰墓而得名，张墓村遗址，1987年由吴县文管会考古发现，遗址东西长400米，南北宽30米，耕地层厚30~45厘米，文化层厚度超过1米。共采集到文物140余件（片），以原始陶瓷器为主。遗址属新石器-商周时期，距今已有4 000多年历史，是越溪境内迄今发现年代最早的遗迹。1997年7月28日被公布为吴县文物保护单位。

## 057　张家桥

又称张桥村。位于吴中区越溪街道张桥行政村。村落因有建于清代的张家桥，以桥名为村名，俗称张桥。清同治《苏州府志》、民国《吴县志》均载三都一图"七子山后、张家桥、董家坟"。1928年，属吴县第五区。1931年2月，属吴县横泾区张家桥乡（辖张家桥村、薛家湾村）。1934年，并入尧吴乡。1949年4月后，属东山区尧峰乡。1950年4月，属横泾镇新民乡（辖新湾、民主、西仓、前庄、新农、官渡、张桥、夏桥8个自然村）。1951年6月，新民乡改名尧峰乡。1956年4月，尧峰乡的张桥、官渡、夏桥等4个自然村，划入越溪乡。张桥村建为光华高级社。1958年，为越溪公社五大队。1980年11月，改为张桥大队。1983年，设张桥村村民委员会（辖陆墓山、南浜、董家坟、南海角、西弄里、沿河角、西壁山、西山塘、巷郎、上金湾、小泥弄、黄泥墩、夏桥等13个自然村），村委会驻张桥南浜自然村。东以吴山社区为界，西与旺山村为邻，南至吴中大道，北至七子山。

张家桥，亦名保宁桥。民国《吴县志》（卷六十）载："《张家桥题记》：桥名保宁，雍正四年。在吴山张家桥。"古桥今保存完好。张桥为"山村"，地形呈畚箕状，三面环山，东有七子山、南有吴山岭、西南为清明山，村落周边有7个山坞，从城隍山起依次为牛角坞、瓦坞、松毛坞、石榴里、月湾里、金塘山、陆墓山。有张桥浜、夏桥浜、山西浜三条河汇山溪汇流旺山荡。因背山面湖（旺山荡），所谓风水宝地，自古多官员名人墓葬，已知有20余处，又建有多所祠庙。松毛坞有清代名医徐大椿洄溪草堂遗址。20世纪60年代始，全村开展荒山植树造林，建起林场，种植毛竹、杉木。80年代，种茶树、果树等，发展苗圃。21世纪初，呈现"山顶青山山腰木，山脚山坡竹茶果，花卉苗木唱主角"。

## 058　官渡村

曾名管渎、官渎。位于吴中区越溪街道龙翔社区。明王鏊《姑苏志》（卷十八·乡都）、清乾隆《吴县志》（卷八）均作"管渎"。同治《苏州府志》载：横山乡青墩里三都二图"前官渎村"、三图"后官渎村"。民国《吴县志》载：二图"前官渎村"，三图"后官渎村、中官渎村"。官渎村，后更名官渡村，据说古时有官员路经于此摆渡，故名。有前官渡村、后官渡村2个自然村。1950年4月，属吴县横泾镇新民乡（辖新湾村、民主村、西仓村、前庄村、新农村、官渡村、张桥村、夏桥村8个自然村），乡人民委员会驻前庄朱家桥东。1951年6月，新民乡改为尧峰乡。1956年1月，尧峰乡的张桥、官渡、夏桥等自然村，划归越溪乡。1957年，建为星火高级社分社。1958年，为越溪公社六大队。1980年11月，改为官渡村。1983年，建官渡村村民委员会，辖官渡村、后官渡、前官渡。2004年3月，官渡村、前庄村、龙翔村撤并，建龙翔社区，属越溪街道办事处。官渡村两边，今有南官渡路、北官渡路。

溪渎有三桥，清乾隆《吴县志》（卷八·桥梁）载："饶家桥，南周村，跨越来溪，明弘治十三年水利郎中傅潮重建，里人卢纲等助成，莫正撰记。溪桥、管渎桥，明弘治十四年知县邝璠建。以上三桥并在横山麓。陈霁撰记。"明陈霁《吴郡溪渎三桥记》载："吴郡横山之麓，震泽之濆，厮流溉壤以通舟楫，陆途四达，故多桥，其东属吴江，为越来溪，春秋时越伐吴，兵从之入，故名……桥曰溪桥，溪之支流为笔港，修直如笔，取象类也。桥曰饶稼，其南属吴，为管渎，因以名桥。襟山带泽，厥维要区。"管渎（今官渡港），为越来溪支流，河、桥、村同名。管渎桥，又名永福桥，今仍在官渡村中，东西跨官渡港，为单孔石拱桥，桥南侧刻"大清康熙岁在□□重建"，北侧有桥联曰："环绕青山福泽臻，潆洄碧水财源盛。"村南原有一墩称"饭墩"，有"吃饭扯旗"之说，民间还有"先有官渡村，后有木渎镇"之说。

### 059　明溪

曾称明墟，俗称明溪郎。位于吴中区越溪街道溪上社区。明弘治《吴江志》（卷二）载，范隅上乡作"明墟村"。清乾隆《吴江县志》（卷四）载："明墟""名墟"，分属二图。清同治《苏州府志》（三十二卷）作"明溪"，跨二图。明溪村，东至东太湖，南至洋泾江，西至窑湾舍机耕道路，北至窑湾舍。1912年，属吴江县湖西乡。1929年后，属吴江县第一区（城区）。1950年9月，属吴县枫桥区越溪乡。1956年，明溪村与珠村（即朱村）建为金星高级社。1958年，为越溪人民公社三大队。1961年8月，改为八大队。1980年11月，改名明溪大队。1983年，建明溪村民委员会（辖明溪村）。1994年，太湖地区农科所在明溪村设种子繁育基地9.34万平方米，为本地提供水稻良种。2004年，明溪村、徐舍村、田上村撤并，建溪上社区居委会。2010年始明溪村被拆迁。

村内旧时有一庙一庵，射台庙、水月庵。射台庙为船帮行会神庙，每年农历三月至四月间，周边"吃水上饭"（捕捞渔业、船运业）的渔民船民纷纷到庙里进香，祈求平安。有行会性祠庙，应有市墟。一说村里多武艺之人，拳船"名气"响，取谐音"明溪"为村名。每年农历八月十五日至八月十八日，也是吴俗行春桥看"石湖串月"期间，当地民间流行船拳赛会，俗称到上方山行春桥"打照会"（船拳比赛）。明溪村向为乡里拳船领头雁，拳船经过装饰，船上竖一面书有"吴向正标张天王"的大旗，船头上参赛者手持十八般兵器，有青龙偃月刀、棒棍、铜锤、拐杖、钢叉等，轮番献艺。可惜，石湖"打照会"习俗于20世纪50年代中被废除。

### 060　木里

又名木履桥、木履、穆履、穆里，俗称"木林廊"。位于吴中区越溪街道木林社区。

早先此处属太湖湖滨，起初渔民在此搭木棚聚居，后形成村落称"木林廊"。因有木履桥，又以桥名为村名。清乾隆《吴县志》（卷八）："木履桥，在木履村。"木履桥，又称穆里桥，传说与抗金女帅穆桂英有关，宋代此处有出征兵马驻扎，穆桂英曾在此留有足迹，里人为纪念，故改桥名。清《横金志》："木履桥，又名穆里桥，在白洋湾西。"木履桥为三跨石梁桥，建造年代不详。民国《吴县志》（卷二十五）："木履桥，三截，清咸丰十年（1860）毁。"村里有"木履港""木履桥港"，河道多弯似迷阵，进出须经3座桥（西穆桥、小穆履桥、观墓桥）。村里有口诀"来船笔直摇，去船转弯摇"，船只进村时要沿着河浜笔直摇，而出村时则相反，遇河浜汊口须转弯，否则摇来摇去老是在村里转圈，据称是古代兵防所设。

1931年，为吴县第五区（横泾区）木履乡。1934年，木履乡并入前庄乡。1948年，属横泾镇。1950年3月，为东山区穆里乡（辖南章、中心、徐巷、杨湾、西浜、唐前、新三、新四8个自然村），乡政府驻地初在唐家浜，后迁至庙上。同年4月，属横泾区。1953年，为横泾区木里乡。1956年，撤木里乡，改木里村为横泾乡光明高级社。1958年9月，为横泾公社木里大队。1983年7月，建横泾乡木里村，村委会驻庙上，辖徐巷、杨湾村。2002年3月，横泾镇的前庄、南章、木里、旺山4个自然村划归越溪办事处。2004年2月，南章村与木里村合并，建越溪街道木林社区居委会。

## 061　梅舍里

又名梅社、梅舍、梅沙。位于吴中区香山街道梅舍行政村。相传汉吴门卒尉梅福后人居此，故名。清乾隆《吴县志》（卷八）作"梅社"。同治《苏州府志》载，南宫乡新安里十五都三图"渔帆村、梅家泾"；六图"梅舍，一作社"。民国《吴县志》（卷二十一）："梅社，社，一作舍，又作沙。《香山小志》云：按今无梅姓，相传汉梅福为吴门卒，因其后居此。"1912年，属吴县香山乡。1928年8月，属吴县第十八区（香山区）。1931年，香山区设有梅社乡、渔帆乡。1934年，第十八区并入第三区（光福）。1947年，属吴西区香山乡。1950年3月，属木渎区香山乡。1951年，梅舍为香山乡第五村，渔帆为第三村。1957年12月胥口、香山2乡并为胥口乡。1959年，梅社、渔帆为胥口公社红旗大队。1983年，建梅舍村村委会，辖梅舍里、渔帆村、南海村、青石桥、前头村、三家桥、西桥头、李家村、东横头、河沿街10个自然村。1994年6月，属太湖国家旅游度假区。1996年，建梅舍行政村。2004年2月，梅舍村划归香山街道。

梅舍旧有顾野王祠。民国《香山小志》载："顾黄门祠在梅社，祀陈黄门侍郎顾野王，俗名顾野王祠。按黄门分祠：一在娄门下塘，一在太湖阴山，一在阊门西园塔水桥，一在楞伽山，皆后裔建。见《吴门表隐》：又一在光福里。"

渔帆村是香山帮匠人鼻祖、明工部侍郎蒯祥（1397—1481）故里。蒯祥（1399—1481），字廷瑞，吴县（今苏州）香山人。出身木匠世家，明永乐十五年（1417），参加皇家京城的营建，曾任"营缮所丞"，后升为工部侍郎。村中原有蒯祥祖居，村后有蒯祥墓。20世纪60年代、80年代，蒯祥墓得到修葺，1982年3月25日被列为江苏省文物保护单位。2008年，辟地建"蒯祥园"，又称"中国（苏州）传统建筑研究发展基地"。

## 062　舟山村

位于香山街道舟山行政村。舟山，又称周山。据传春秋吴国曾在此造战船，在太湖练水兵舟师，故名舟山，村以山名。清同治《苏州府志》（卷二十九）作"舟山桥"，民国《吴县志》（卷二十一）作"舟山"，跨二图。民国《香山小志》载："舟山，府志作周山，与吕山并附在玄墓条下。讹在穿窿前，去穿窿里许，中隔南宫塘，坟然孤起，不与他山毗联。西距玄墓则有五六里之遥也，山势平圆，四垂居民，植桑其上，垦成层级，望之如笠形然，故一名箬帽墩。相传吴王练水师造船舟于此，西麓陶公祠，南麓叶孔传故居，俗称窑头。"1912年，属吴县香山乡。1928年8月，属吴县十八区。1931年，香山区设舟山乡。1950年3月，舟山乡属吴县光福区，驻地舟山村。1956年3月，舟山乡并入新生乡，舟山村改为永星14社。1957年3月，属光福乡。1958年，为光福人民公社舟山大队，1983年，改为舟山村，辖舟山、窑头、舟山西、西横头、吴家炬、上村、下村、中村、西支村9个自然村。2003年11月，舟山、黄渠、塘村、陈华4个自然村撤并，建立舟山村村委会。2006年4月，划入香山街道，属苏州太湖国家旅游度假区。

舟山村，依山绕水，有南宫塘（北塘河）、南塘河、黄巨河、新开河、大王庙浜等交叉河道，有吕浦桥、舟山桥、全忠桥等古桥。有陶太太庙、龙王庙、三官堂、福音庵等祠庙，传统民居群落保持江南水乡特色风貌，2015年被列入第三批中国传统村落名录。按照《中国传统村落苏州市吴中区香山街道舟山村保护发展规划》，保护范围为北到北塘河，东到新开河，西至舟山路，南至孙武路，面积为113.62公顷，包括舟山西、窑头、浜头上、舟山、上巨5个自然村。

核雕、竹藤器是舟山传统产业，尤以核雕闻名。民国初，舟山人殷根泉、殷根福兄弟俩在上海城隍庙开设"永兴斋"，以橄榄核雕罗汉头像闻名，核雕手工艺薪火相续。20世纪70年代，村里创办舟山雕刻工艺厂，培养了一批核雕艺人。80年代后，核雕形成主要产业，涌现了一批核雕传人，光福舟山核雕饮誉四海。2008年6月，苏州"光福核雕"被列入第二批国家级非物质文化遗产名录。

### 063　盖河

又称盖濠。位于吴中区甪直镇澄东行政村。清乾隆《吴郡甫里志》（卷三）载：甪直镇南，"陈湖（澄湖）北滩，盖濠村、杨家湾、下坝浜、大垂"。清同治《苏州府志》（卷三十）载"盖濠村、盖坞浜……"盖濠村隶属于西塘村。1956年3月，属唯亭区张林乡西塘村。1957年3月，属淞南乡（张林乡并入）。1958年属淞南公社七营。1959年，属十四大队。1962年，属西塘大队。1983年，属甪直乡西塘村（辖九千浜、盖河、西塘3个自然村）。2003年11月，庆丰村、田东村、西塘村、凌塘村合并，建甪直镇澄东村村委会。2011年，澄东村成立"甪直镇澄东村水稻专业合作社"，建万亩水稻核心区。盖河村北有盖河路，东起澄东村凌塘自然村，西至甫澄南路，宽5米，长1 500米。

盖河处在澄湖（陈湖）与万千湖之间，古有酒肆，似有集市。明崇祯十六年（1643）长洲县令李实《陈湖八景》之一《盖濠酒肆》诗云："前村茅店酒旗斜，疑有相如住此家。竹叶香闻春十里，杏花色醉路三叉。酒翁把盏邀明月，客子衔杯坐落霞。红粉当垆转愁绝，乡心一片付归瓯。"

### 064　铜坑

俗名窑坑头。位于吴中区光福镇香雪行政村。因在铜坑山而得名。清同治《苏州府志》（卷二十九）载，吴县长山乡光福里十九都十三图"铜坑、铜井山"，十四图"铜坑桥"。铜坑村，东为坞山头，南为卧龙山，西为十三图，北为安山。1912年，属吴县光福乡。1931年，属吴县第三区（光福区）卧龙乡。1950年3月，属光福区纪龙乡。1956年，为永星59高级社。1957年3月，属光福乡。1958年为光福公社二营。1959年，改为铜坑大队。1984年，光福乡建铜坑村委会，辖铜坑头、铜坑、浮庙墩、坞山头4个自然村。2001年10月，铜坑村与香雪村合并，建香雪村。村民以种植及经营花果苗木为主。香镇路途经村边。

铜坑为赏梅佳处。清《光福志》（卷二）："铜坑山，去青芝仅半里，与西碛并峙。相传晋宋间，凿坑取沙土，煎之成铜，故名。上有岩洞，其悬溜汇而为池，清冽可饮，名曰铜泉，亦名铜井，大旱不涸。山之巅，玄武庙在焉。"民国《光福诸山记》称，铜坑、铜井，实"一山两名：北曰铜坑……南曰铜井山"。铜坑称为梅花最深处，明王世贞有《铜坑看梅诗》。清《清嘉录》载有《元墓探梅路径》，先到铜坑，寻吟香阁遗址，然后再去香雪海。《光福诸山记》："山中名迹，旧有吟香阁，在铜坑，宋高士顾凤建，后王文恪（王鏊）、顾文康（顾鼎臣）重修。"吟香阁后圮，传有绘图，多名人题咏，清顾震涛等辑成《吟香阁唱和诗》。

铜坑港，连接西崦湖与太湖的重要水道。清《光福志》："铜坑港。铜坑仍泄水要道，铜坑在西碛、安山之间，西受太湖，东行为下崦，过虎山桥分流为三。"上有著名铜坑桥，明徐枋《铜坑记略》："崦之尽，长虹缥缈如线，铜坑桥也。外则太湖具区矣，烟波渺然，一望无际，风平浪息，湖光如镜。"清《光福志》（卷一）载："铜坑桥，在镇西五里，虎山桥之西，西崦之尽，太湖入光福之锁匙也。此桥不知建自何年，由明以来屡葺屡圮，因湖水东注湍激之故也。"铜坑桥于元大德年间（1297—1307）重修。清光绪十八年（1892）里人顾德润等募捐又重修，改木桥为五孔石桥。1982年，铜坑桥重建，长36米。1992年重修。1997年再重建为水泥公路桥，长40米。

## 065 费家河头

又称费家河。位于吴中区光福镇香雪村。村落在费家河旁而得名。清同治《苏州府志》（卷二十九）载，长山乡光福里十九都十六图"费家河、官路上、青芝坞"。民国《吴县志》（卷二十一）载"费家河，村在河旁"。费家河头自然村，东为庙前，南为官路上，西为今香雪村苗木市场，北为西崦湖。1958年，属光福公社二大队。1960年，属香雪大队。1983年，属光福乡香雪村村委会（辖上河头、涧上村、蔡家场、青芝山、官路上、费家河头、庙前、倪巷村、山坞里9个自然村），为香雪村10组。村民主要以种植及经营花果苗木为业。福湖路途经村边。

费家河曾为水路进山必经之河，亦在玄墓探梅路径中。清《光福志》（卷一）载："费家河，此入山之大路，俗谓下路。山人以不陟岭而入山者，曰下路。"清毛曙《晚泊费家河》诗曰："小艇轻于叶，澄溪静不波。花光晴烂漫，山色晚嵯峨。欸乃穷涯涘，苍茫傍涧河。游怀春日好，明发兴如何。"

费家河头为特产"光福蜜饯"的发祥地。民国年间，村里有"大江南""悦来顺"等青腌作5家，从事腌制桂花和加工梅子、杨梅、桃汛等。1954年，光福供销社在费家河头开办花果加工场，收购加工梅子、桂花。1956年，试制成清水咸桂花、白糖玫瑰和橙丁等产品。1958年，该工场升为国营县办花果加工厂，生产各式支卜、支果、支梅、草果、药果、三连果、陈皮梅、散芝梅、话梅、梅饼、桃汛、蜜枣、糖佛手、青黄丁、红绿丝等近30个品种蜜饯。

## 066　窑上

位于吴中区光福镇香雪村行政村。相传元明时，这里竹木茂盛可作燃料，于是设窑烧制城砖，附近村落称为"窑上"。明洪武年间（1368—1398），南京皇城建成后，砖窑渐废弃。清同治《苏州府志》（卷二十九）载，长山乡光福里十九都十图"窑上"。窑上村，南为西碛山、铜井山，东为香雪村，西面、北面临太湖，东北为铜坑村。1912年，属吴县光福乡。1950年3月，属光福区纪龙乡。1954年，为勤丰初级社。1956年，为勤丰高级社63社。1957年3月，属光福乡。1958年，为光福公社三营。1959年，改为窑上大队。1983年，建光福乡窑上村村委会（辖顾家宅、窑上、坟里、涧里、周家堂、坎上、东头村、官山里8个自然村）。2003年11月，窑上村、潭东村并入香雪村。窑上村以产桂花、枇杷、杨梅、梅花著称，尤以桂花为最。今建有万亩花卉苗木、千亩桂花园、百亩木荷花。官山岭木荷林为省级自然保护区。

窑上在光福镇西部，半入太湖，因为受山岭阻挡，以前只有一条官山岭山道与外界连通，故有世外桃源之称。境内西碛山有许多名迹，其北麓有百余丈突兀太湖中，称为"熨斗柄"。明弘治年间（1488—1505），唐寅曾将此景绘成《黄茅小景图卷》（原藏苏州顾氏过云楼，现藏上海博物馆），并作《为邱舜咨画熨斗炳图》诗："黄茅石壁一百丈，熨斗湖水三十湾。""熨斗柄"被毁于1958年围湖造田。今"黄茅石壁"（俗称黄石牌）半没湖滨，尚存摩崖石刻李根源题"西碛"。20世纪90年代，窑上村修通了公路，西碛山各景点之间修筑了道板路，山上建有观光亭。

## 067　涧里

位于吴中区光福镇香雪行政村。光福镇南部卧龙山、铜井山西麓有条长达数里的山涧，汇入诸山溪水，直通太湖，村落在山涧边，故名。清同治《苏州府志》（卷二十九）长山乡光福里、十九都十三图"观音、西涧沟、涧里、黄泥岭、潭东、上官山村、中官山、铜坑、铜井山"。民国《光福诸山记》："（铜井）山之西为孙家岭，有堰。今名涧里。"涧里村，东为卧龙山，南为西碛山，西为顾家场，北临太湖。旧属窑上村，人称"窑上涧里"。1958年，属光福公社三营。1959年，属窑上大队。1983年，属光福乡窑上村。2003年11月，窑上村、潭东村、香雪村合并，建香雪村村委会。

相传，明代著名画家周臣曾隐居涧里村西，筑有迎龙阁。周臣（？—1535），字舜卿，号东村。吴（今苏州）人。明代著名画家。擅长画人物和山水，画法严整工细。他有两个门生唐寅、仇英，青出于蓝胜于蓝。民间传说，当年唐寅常来此拜访老师，见鱼汛时有村民在涧沟里捕捉白鱼，涧深水急异常危险，于是题写"禁渔涧"以示警，后人称"惊渔涧"。今涧里村环山公路建有"惊渔涧大桥"。清《光福志》误称"惊渔涧"在"涧上"村，后人以讹传讹，其实涧里、涧上为两个村，分别在山的东、西两边，涧上村曾有明徐枋所筑"涧上草堂"。

## 068　上沙

位于吴中区木渎镇天平社区。明《姑苏志》（卷十八）"乡都（市镇村附）"录"上沙、下沙"。清同治《苏州府志》、民国《吴县志》均作"上舍"。民国《木渎小志》（卷一）载同一图村落有"上沙、梁巷、赤山坞、西路、山里王"。上沙村名后被弃用，其地域属现在的天平村。1958年，属金山公社和平大队。1962年，属天平大队。1983年，属金山乡天平村（辖祥里村、河郎村、下旺村、照山嘴、沈家弄、吴家弄、西路上、山里旺、邓家场、居民新村10个自然村）。1985年，属木渎镇天平村。2003年11月，天灵村、新华村、天平村合并，建天平村委会。

上沙与下沙，本为溪河名。宋范成大有《上沙夜泛》诗。明王鏊《姑苏志》（卷十）载："自香水溪分派，绕出西，山而东为上沙水，其北流为落星泾，东流为沙泾。"俞友清《灵岩山志》称："上沙自赤山坞流出，过涧上草堂（昔徐俟斋先生宅），折而东南，至毕家坟，为金山南浜，与下沙塘水合。"

上沙"涧上草堂"，为明末名士徐枋隐居之处，由灵岩山寺大和尚弘储赠予，延用光福"涧上草堂"之名。徐枋殁后，其门人将其旧居改成徐枋祠。当时名流全祖望、朱彝尊、潘耒、袁枚、洪亮吉、文柱等皆有记。清乾隆间沈复《浮生六记》（卷四·浪游记快）记上沙村访徐枋隐居："村在两山夹道中，园依山而无石，老树多极迂回盘郁之势。亭榭窗栏，尽从朴素，竹篱茅舍，不愧隐者之居。中有皂荚亭，树大可两抱。余历园亭，此为第一。园左有山，俗呼鸡笼山，山峰直竖，上有大石，如杭城之瑞石古洞，而不及其玲珑。"民国《木渎小志》："（徐枋祠）后毁。同治六年（1867），里人重建。民国四年（1915），由自治公所修葺。"清康熙年间（1661—1722），上沙有陆氏"水木明瑟园"（参见"园林部分"），至清乾隆年间（1736—1795）为毕沅墓地，毕沅墓被毁于20世纪70年代。

## 069 下沙

又称下沙塘。位于吴中区木渎镇塔影、山塘居委会及天平行政村。明王鏊《姑苏志》（卷十八）"乡都（市镇村附）"录"上沙、下沙"。清同治《苏州府志》（卷二十九）载，"下沙塘"跨二图，另有"下沙塘下塘""下沙庙前"。下沙塘很长，分属两部分，分属镇区和村落。下沙塘北部为木渎镇街巷之一，1950年8月后，木渎镇建立南亭、胥江、塔影、香溪街道居民委员会。以下沙塘河为界，下沙塘东岸属塔影居委会，下沙塘西岸属山塘居委会（1993年建），居委会驻下沙塘口。下沙塘北部，包括下沙庙前（又称庙前村），属云华村。1956年，为和平高级社。1962年，为天灵大队。1984年，为天灵村委员（辖天平山、灵岩山之间高家场、陆家村，灵岩街，塘岸，惠家场，徐山嘴，庙前7个自然村）。2003年11月，天灵村、新华村、天平村合并，建天平村委会。

下沙旧时多名人宅园，有清康熙年间张锡祚（与沈德潜同为叶燮门生）的"啖蔗轩"。清顾嗣隐居的"浣雪山房"，韩菼有记。乾隆初年陶涤的"怡园"，园分水陆，内有舞彩堂、爱吾庐、星带草堂、蕉绿轩、玩月轩、容膝轩、湘竹亭诸胜，登上环山阁眺望，山翠四周，烟云吐纳，近在眼底。

下沙、下沙塘，亦为河名。俞友清《灵岩山志》载："下沙，则自香水溪分派北流至金山，东北会落星泾，其别派过雁桥而入西津桥塘。"清同治《苏州府志》载："彩驾桥、长兴桥（明崇祯十三年修）、翠华桥（即御道桥）、北石桥、永福桥、夏家桥、梅家桥，七桥跨下沙塘。"又云："下沙塘，木渎十景其六曰'下沙落雁'。"北石桥靠近上沙河与下沙河合流处，附近原有陈明王土地庙，俗称下沙庙，今桥已被拆除，原连通上沙的河道已填平。

下沙塘河，现仍为木渎镇南北向航道，自蔡家桥至南浜，长3千米，宽10米，水深1.5米，可通航10吨位船只。1991年至1992年得到了疏浚，沿河重修了石驳岸。

### 070　篁村

位于吴中区木渎镇天池行政村。因古时有大片竹林（篁），故名。清同治《苏州府志》（卷二十九）载，吴县穹窿乡阜安里"篁村"跨二图，另有"篁村东"。篁村，东到朱家场，西至藏北路，南到旺弄里，北至祝家桥。1931年1月，为吴县第三区（光福）篁村乡。同年10月，篁村乡被划入"善人桥实验新村区"。1934年，属吴县木渎区。1947年属吴西区天池乡。1950年3月，属吴县木渎区天池乡。1956年1月，为善桥乡天池第二高级社。1958年，为藏书公社篁村大队。1983年，建藏书乡篁村村委会，辖岭脚下、潘家门、钱家门、北山湾、上市、下市、朱家场、篁村、旺弄里、祝家桥、后巷里、曹家泾（里浜）、河西巷、马路上、上山门15个自然村。2003年11月，篁村、天池、官桥3村撤并，建藏书镇藏北村村委会。2006年9月，属木渎镇。2007年6月，藏北村更名为天池村。

篁村，因清乾隆年间著名画家张宗苍（1686—1756）而闻名遐迩。民国《木渎小志》（卷三）："张宗苍，字默存，篁村人。工山水，用笔沉着，以主簿衔河工效力。乾隆十六年，恭逢南巡，献画册，取入画院供奉。十八年，授户部主事，启祥宫行走。屡蒙赐第、赐膳、赐杖及福字貂裘。年已七十，寻告归。有篁村别墅，在灵岩山下，宗苍居所也。"张宗苍，人称"张篁村"，师承娄东画派黄鼎，擅画山水，他进献画册包括代表作《吴中十六景》。清宫《石渠宝笈》收录张宗苍画作116幅，很多作品上有乾隆帝御笔题诗。

### 071　塘湾里

又称塘湾。位于吴中区木渎镇五峰村行政村。村落位于香溪（今称木光河）拐弯的塘河湾头，故名塘湾里。清同治《苏州府志》（卷二十九）载，"塘湾里"跨二都二图，另有"塘湾"。民国《吴县志》（卷二十一）"塘湾"作"大塘湾镇"。为镇、乡驻地。1931年1月，为吴县第二区塘湾乡，同年10月，被划入善人桥实验新村区。1934年，属第二区焦山镇。1947年，属吴西区焦山乡。1950年3月，属吴县木渎区焦山乡。1958年，属藏书公社永丰大队。1983年，属藏书乡永丰村，村委会驻枣木泾，辖廖里、蒋家村、于巷郎、湾斗里、枣木泾、三积桥、钟家桥、泗巷郎、塘湾里（包括塘北、大树脚、金东村、三家村）9个自然村。2003年11月，永丰、五峰、前锋3村撤并，建藏书镇藏东村。2006年9月，藏书镇并入木渎镇。2007年5月，藏东村更名五峰村。

晚清兴为集镇，有香溪（木光河）贯穿而过，北临原苏福公路，水陆交通便利。20世纪60年代，有各种商铺10多家，其中茶馆有5家。80年代，在村北首曾开办银河照明器材厂。村西首有永安桥。清同治《苏州府志》（卷三十三·津梁）载："永安桥，即塘湾桥，元至正间建。"

原为石拱桥，1978年春木光运河疏浚拓宽时拆除，后西移重建，为混凝土双曲拱桥。

又：塘湾里，位于吴中区长桥街道龙南村。因处在鲇鱼口与澹台湖两湖交汇的突出部，形成河湾，故名。明清至民国时期属吴江县。明弘治《吴江志》（卷二）作"唐湾村"。清乾隆《吴江县志》（卷四·镇市村）载："塘湾。塘，莫志作唐。史志云：吴江北地尽境，水自鲇鱼口至此，分东北二流，隔湖北岸，则吴县五龙桥也。"1950年8月，塘湾里划归吴县枫桥区龙桥乡。1954年，为新联初级社，属苏州市郊区龙桥乡。1956年，为新联高级社。1958年，属吴县蠡墅公社龙桥大队。1959年6月，属新联大队（从龙桥大队分出）。1966年11月，属长桥公社。1980年，属龙南大队。1983年，属长桥镇龙南村（辖下塔里、塘湾里2个自然村），村委会驻塘湾里。1992年8月17日，被划归吴县经济技术开发区管理。

## 072　捞桥村

又称捞桥头、寮桥，位于吴中区木渎镇穹窿社区。明王鏊《姑苏志》（卷十八）、清同治《苏州府志》、民国《吴县志》均作"寮桥"。捞桥村，东到今苏州绕城高速公路，西至穹窿山，南到小园岭，北至上堰头。1931年，属吴县第二区唐港乡。1950年3月，属吴县木渎区藏书乡（辖夕阳、蒋巷、东溇、毘村、捞桥、下场、堰头、仰家8个自然村）。1954年，属藏书乡红光初级社。1956年4月，为社光高级社。1958年，为藏书公社社光大队。1983年，改为藏书乡社光村（辖小园岭、朱家场、上堰头、捞桥头、仇家村、下场、陈家浜）。1993年6月，属藏书镇社光村。2006年，属木渎镇。2007年1月，社光村、兴奋村、农林村合并，建木渎镇穹窿社区居委会。

捞桥，跨香山港，始建年月不详。相传西汉武帝时，朱买臣家贫，苦读成名，拜为中大夫，官至会稽太守，衣锦还乡，当年因嫌他穷困而离去的前妻，在朱买臣马前求见，朱买臣让人将一盆水泼在马前，所谓"覆水难收"。其前妻受此羞辱，投河自尽。这段故事情节被编成昆剧《烂柯山》、京剧《马前泼水》广为流传。据说这桥就建在当年打捞朱买臣前妻的地方，故称捞桥，桥畔村落称"捞桥头"。捞，吴语读"撩""寮"，故"捞桥"又称"撩桥""寮桥"。清道光十六年（1836）二月，吴县知县汤誉光疏浚张家塘、香山港，得到前江苏巡抚林则徐捐俸资助。香山港自捞桥至香山嘴，长约2.34千米，挖土3 920立方米。

## 073　饭箩村

位于吴中区胥口镇箭泾行政村。清同治《苏州府志》（卷二十九）、民国《吴县志》均载，太平乡全吴里六都十二图"饭箩村、栈塘、何家"。饭箩村，有北饭箩村、西饭箩村两个自然村落。南邻胥江运河，西接旺家桥，北至大河头。1949年5月，属吴县木渎区胥口乡。1958年，属胥口公社第三营。1960年，属胥湖大队。1983年，属胥口乡胥湖村（辖亭子头、殷家浜、北村、西古村、饭箩村、毛家坞、下园、旺家桥、上下车渡、周家、双车渡、上塘12个自然村）。2003年10月，胥湖村、香泾村、清明村合并，建胥口镇箭泾村委会。饭箩村于2005年开始拆迁，村民被安置在清明、香泾小区。

饭箩村村民大多是从江阴一带迁移过来的，有竹编手艺，每当农闲时，家家户户编竹器，且走街串巷四处售卖，以做饭箩为大宗，村名由此得来。胥口流传的传统手工艺，称"一把刀、一支笔、一根藤"，一根藤即竹藤编织。清同治《苏州府志》（卷三十三·津梁）载："饭箩桥，跨饭箩浜。"现饭箩桥已被改建成水泥公路桥，在胥欣路中。

## 074 沙埂圩

又称沙港圩。位于吴中区临湖镇前塘行政村。因此处湖圩属沙质土，故名沙埂圩。渡村与东山之间的太湖大缺口原有数里之阔，清中期后渐淤塞成芦滩荄塘。清末，因战乱及灾荒，河南罗山、光山县等地灾民流浪至此，在湖边滩涂垦荒种庄稼，筑起众多鱼鳞小圩。民国期间，尤其是抗日战争爆发后，又有一批苏北高邮、盐城等地难民来湖滩，筑圩垦田。形成沙埂圩等村落，聚集在近大缺口的三塘（即圩区东塘、南西塘、北西塘）。沙埂圩村，东至太湖，西至东塘，南至摆渡口，隔河即东山镇界，北接荡家洋，隶属于三塘村。1948年，属庄莲镇第9保（三连村、三塘村）。1950年4月，属吴县横泾区渡村乡。1961年，属渡村公社东进大队。1983年，属渡村乡三塘村委会（辖东塘、沙埂、新泾港3个自然村）。2003年11月，村前村、三塘村合并，建前塘村委会。

20世纪50年代，为防洪抗洪，修筑了东太湖圩石堤、西太湖大堤。渡村、石舍、采莲三乡进行联圩并圩，将分散小圩并成东新圩和西新圩。1969年冬，渡村公社组织3 000余人，围垦东太湖，新建4大圩子：沙埂外圩48万平方米、建中圩25万平方米、建设圩4.74万平方米、备战圩24.8万平方米，沿湖圩堤总长5.42千米。1976年后，"围湖造田"被制止。80年代，修筑西太湖复堤（钢筋水泥堤）。90年代，修筑了环太湖大堤复堤及防洪水闸，圩田多改造为鱼塘，由农作物种植转向水产养殖业。1986—1994年，渡村镇将包括沙埂圩在内的圩区村民298户千余间草棚拆迁，安置新居民点瓦房和楼房。2008年，沙埂圩加固圩堤3.5千米。现临湖镇有东新圩、西塘泾圩、沙埂圩、东进圩、壮志圩5个圩区，建有5座泵站。

沙埂路，东南起农业园路，西北至东山大道，长1.1千米、宽7米。

## 075 石舍

亦名石社。位于吴中区临湖镇石舍行政村。相传明初大批兵卒屯垦水东之西滩，取首领姓氏命名其驻地，后成石舍、吴舍、柳舍、陆舍等村落，"横山之南，九庄十八舍"。清《横金志》（卷四）作"石社"。清同治《苏州府志》（卷二十九）载："石舍，村东北隅七图，西南皆属八图。"石舍村，东至马里浜，南至碧湖路，西至青石河，北至许家浜自然村。1950年3月，为吴县东山区石舍乡，乡政府驻石舍，后迁至塘桥。同年年底，属横泾区。1956年，并入采莲乡。石舍村（石南、石北自然村）建湖滨初级社。1957年9月，属渡村乡。1958年，为渡村公社湖滨大队。1980年12月，更名为石舍大队。1983年，为渡村乡石舍村。2003年12月，石舍村、柳舍村合并，建渡村镇石舍村委会。2006年9月，属临湖镇。2016年，临湖镇举办"江苏省第九届园艺博览会"，柳舍自然村整体被纳入"园博园"，为江南水乡自然村落代表。石舍村借此东风创建吴中最美乡村，被评为"全国美丽宜居示范村"。

石舍村大街的木桥头，据说是清代状元石韫玉（1756—1837）出生地。石韫玉，字执如，号琢堂，晚号独学老人，别署花韵庵主人。乾隆五十五年（1790）庚戌恩科状元，授翰林院修撰。以后，历任提督湖南学政，日讲起居注官，入直上书房，以及重庆知府、山东按察使等。清嘉庆年间，石家建有大宅。20 世纪 30 年代后期，石韫玉后裔石凤柏曾在此办学，为石舍三所私塾之一。清《吴门表隐》（附集）载："大（太）湖滨吴舍等村，每年清明，聚集少壮，各持片石交击为戏，名磬高峰，俚俗谓吉祥。屡经禁止，其风稍敛。"柳舍村西与吴舍村的交界老虎口，旧时清明节"打石仗"，作为避退分界线。

## 076　丰圻

原称烽圻寨，亦名烽圻。位于吴中区东山镇莫厘行政村。明嘉靖间，洞庭东山、西山设寨布营，"以御倭寇"。清《太湖备考》（卷四·兵防）载："东洞庭山嘶马寨、丰圻寨、毛园哨、梁山哨、长圻寨、蓊山营、渡船营，皆巡抚曹邦辅置。"营寨被废后，丰圻为村落名。清同治《苏州府志》（卷二十九）载，遵礼乡守义里二十六都四图"丰圻"。丰圻村，东到白马庙，西到石井，南到莫厘峰，北到太湖。1929 年，属吴县十七区丰石乡（辖丰圻、石井）。1980 年 7 月，属东山公社卫东大队。1983 年 6 月，属东山乡尚锦村。1985 年，属东山镇尚锦村委会（辖尚锦、丰圻、石井、洪湾、小长湾、周湾 6 个自然村）。2003 年 10 月，尚锦村、岱松村、湖湾村合并，建莫厘村委会。

丰圻属莫厘峰三支脉之一，自北而西分别为丰圻、小长湾、尚锦、吴湾（洪湾）诸岭。丰圻嘴，因伸入太湖而成一景。清翁澍《具区志》（卷四）载："海眼泉，在丰圻山顶，石上二穴，涓涓如人目。冬夏不盈不竭，其深不测。王文恪公题诗尚存。"清吴曾《海眼泉》诗曰："深沉一勺碧渊渊，谁凿坤舆着底穿。定是水源通万里，故教峰顶出双泉。泛来只合舟如芥，填处难容石似拳。挹取漫期珠满掬，鲛人清泪不轻圆。""望湖亭，丰圻刘氏筑，今废，有巨石瀹于湖。"

丰圻旧有白马庙，又称白马土地庙，为东山二土地庙之一，又称龙女祠，内祀柳毅及龙女。相传柳毅送书，曾系马于此，庙内塑有泥马及狰狞马夫。此庙已被毁。丰圻南有石壁，相传为柳毅叩壁问讯之处。

## 077　翁巷

位于吴中区东山镇莫厘行政村。唐广明年间（880—881），席温携三个儿子隐居洞庭东山，家族繁衍，形成上席、中席和下席三个村落，从翠峰寺（相传席温舍宅建）至长泾浜，首尾连接逾 2 千米。明代中叶翁氏兴起，翁巷村落独立于三席之中。清乾隆《吴县志》（卷八·市镇）载，同图有"胡沙、上席、中席、下席、翁巷、葛湾"。同治《苏州府志》已不录"上席""中席"。1929 年，吴县第十七区设翁巷乡。1933 年，属第十二区席周乡。1950 年 4 月，属东山区湖湾乡。1958 年 10 月，属洞庭公社新民大队。1980 年 7 月，属东山公社。1984 年 8 月，属东山乡新民村。1985 年，属东山镇湖湾村（辖殿背后、席家河、鹅潭头、翁巷、汤家场、金家河、徐家河、余家河 8 个自然村）。2007 年，湖湾村、岱松村、尚锦村合并，建莫厘村。

翁巷兴起于明嘉靖年间，翁参（字良预，号春山）为抵御倭寇侵扰，捐家财招募乡勇，将村庄修筑成堡垒。其长子翁笾（字文夫，号少山）组织起家族集团经营棉布，"使贾荆襄、建业、闽粤、吴会间"，时称"非翁少山之布勿衣勿被"，号称"翁百万"。翁笾修筑了翁氏大宅，子侄等后人依次建宅，形成一条百米长巷，人称"翁巷"，渐取代了"中席"。明清间，翁巷里巷井然，入口建更楼巷门。村内多大宅，如明翁彦博"湘云阁"，归庄《湘云阁记》称："古木交罗，名花奇石，左右错列，崇台高馆，曲廊深院……为湘云阁，盖板屋而铺以湘妃竹，斑然可爱。"清翁澍《具区志》载："灌圃，在翁巷西，处士翁彦璋筑。东园，在翁巷南，席太仆本祯筑。"康熙三十八年（1699），席启寓曾在"东园"迎康熙皇帝驾临。此外，有席氏敦大堂、古香堂、瑞霭堂，严氏修德堂、尊德堂和建德堂（后归席氏，改称明仁堂），刘氏荣春堂，施氏益庄堂及翁氏务本堂、翁家宗祠等。至清末，翁巷村有古宅72幢之多。

翁巷古村，2013年被列入第二批中国传统村落名录。按照《中国传统村落苏州市东山镇翁巷村保护发展规划》，核心保护范围以"Y"字形街巷格局为基础，包括花园弄、翠峰路、席河石塘等街巷，北至三号桥124号，南至西花园，西至勤和堂、建德堂、益庆堂、昭德堂、翁家祠堂沿线，东至瑞霭堂、太平村乐志堂、凝德堂、载德堂、仲德堂、湖湾路树德堂沿线，占地总面积为7.92公顷。

### 078　席家湖

又称席家湖头、席家河。位于吴中区东山镇太湖行政村。因唐代席温携家人定居东山后，在此修筑了石堤码头，此处湖湾便称席家湖。一说此处原统称余家湖，因席氏建了码头，于是这一部分称席家湖。席家湖南侧仍称余家湖，长约200米，中间有一个土墩，叫余家湖墩，当地称之为多余之地，湖名因此而来，又称余家潭。清《太湖备考》（卷五·都图）载，"统图五"有"翁巷、席家湖、余家湖"。同治《苏州府志》余家湖作"馀家湖"。1929年，为吴县第十七区席家湖乡。1933年，属第十二区席周乡。1952年8月，属太湖办事处第七水上区渡桥乡（管辖渔民村）。1955年7月，建光明渔业生产合作社。1958年10月，属太湖公社第四大队。1961年10月，改名光明大队。1969年1月，改名为洞庭公社光明大队。1984年8月，改名为东山乡光明村。1985年，改名为东山镇余家湖村。1995年，更名为席家湖村，下有4个村民组，有耕地、鱼池各约9万平方米，渔船386只。2003年10月，席家湖村、湖新村、光荣村合并，建太湖村。

村落初称"席家湖头""余家湖头"，形成于清中后期，为渔民、贫民聚居湖滩，垦荒种植蔬果之类。20世纪30年代，尤其是抗日战争时期，一些难民流落到此，村民增多。席家湖属渔业村，村民多属渔民。50年代初，席家湖村设为东山渔民定居点。70年代，沿席家河（湖湾长年淤积，变成港河）两侧，当地政府兴建了渔业新村。80年代，全村以太湖捕捞为主，兼水产养殖业。90年代后，转为以水产养殖业为主，兼捕捞。在太湖中国网养殖大闸蟹，并建河蚬养殖出口生产基地，设20万亩蚬子养殖保护区。东山渔民渔船停泊主要集中地有席家湖的渡水港停船坞、光荣小区九曲港、湖新湖沙洋停船港、铜鼓山停船港。

## 079 绮里

位于吴中区金庭镇缥缈行政村。因商山四皓之一的绮里公在此居住而得名。清康熙间《林屋民风》（卷九·人物隐逸）载："绮里季，姓吴，名寔，字用禄，隐居洞庭山之绮里，因以自号。今石桥马迹尚存。"清同治《苏州府志》（卷二十九）载长寿乡习义里三十七都九图"绮里、峧上、慈里、疃里"。1929年，属吴县第十九区堂里乡。1956年3月，属西山区建设乡。1963年4月，属建设公社震星大队。1980年7月，属堂里公社。1983年，属堂里乡震星村。1987年1月，属西山镇震星村（辖塔头、岭东、岭西、凤凰山、绮里5个自然村）。2003年11月，震星村、缥缈村合并，建缥缈村，绮里为缥缈村震星村4组。

清《太湖备考》（卷六）载："四皓祠，在西山绮里。"四皓祠，祀秦末四位黄老学博士：东园公唐秉、夏黄公崔广、绮里季吴寔、角里先生周术，因汉初隐居商山，世称"商山四皓"。村中有马蹄桥、棋盘石等遗迹。绮里为明末谏臣叶初春故里，叶初春（1541—1620），字处元，自号吴西主人，明万历八年（1580）进士，曾任知广东顺德、兵科礼科给事中，为谏官，与昆山张栋、长洲吴之佳，时称"吴中三谏"。叶初春后迁居苏州城内吉由巷。

绮里，在洞庭西山西部南端，临湖傍山，景色秀丽。绮里山脉形似老鹰的双翼，称为"鹞鹰片"。山坞林木参天，山涧盘旋弯曲，称为"盘龙涧"，每逢大雨，溪水顺涧回旋而下，其景壮观。绮里坞有近期重建的华山寺，称"大观音禅寺"。华山寺又称花山寺，原在慈里，20世纪50年代殿宇遭拆毁。寺中有明正德四年（1509）王鏊题碑、明嘉靖二十二年（1543）文徵明题碑幸存，现已移置于新寺中。

## 080 劳家桥

位于吴中区金庭镇东河社区。劳氏在穿心港上建青石桥，称"劳家桥"，村落以桥名为名。清同治《苏州府志》（卷二十九·乡都图圩村镇一）载，姑苏乡梅梁里十图"劳家桥、吴村头、藏阳巷"。《林屋村歌》有"劳家桥上飞鸿过，东宅河头望雁群"。劳家桥，依东河集镇，东到庭山村，北至吴村头，南到二图里。1950年4月，属西山区东河乡。1958年，属金庭公社某营。1963年4月，属金庭公社东河大队。1983年，属金庭乡东河村（辖二图里、劳家桥自然村）。2004年，为东河社区东河四组、五组。

据清《洞庭劳氏支谱》载，劳氏武林支劳达（字福九）为洞庭劳氏始祖，于元末举家迁居西山崦里北端，其后人聚居村落即劳家桥。洞庭劳氏出过许多人物：劳逊志（1535—1599），字惟敏，号岱舆，早年在包山坞显庆寺苦读，日摘山蔬供食，有《山居杂咏诗》。明隆庆五年（1571）进士，历任浙江安吉州知州、南京刑部郎中、广东潮州知府。劳澂（1644—1699），字在兹，号林屋山人，工诗善画。诗集由叶燮作序，画与王石谷齐名，传世《山水册》，今藏故宫博物院。劳澂次子劳辑（1687—1779），字巨能，清康熙间在湖南长沙创办"九芝堂药铺"，人称"劳九芝堂"，现为长沙百年老字号。劳家桥村原"长寿庵"（址在今西山中学旁）有明嘉靖五年（1526）"里社碑"，1966年毁于"文化大革命"。

## 081　疃里

位于吴中区金庭镇衙角里行政村。疃里，为西山"九里"之一。疃，音同"童"，即村庄，多用于地名。清同治《苏州府志》（卷二十九）载，长寿乡习义里三十七都九图"绮里、峧上、慈里、疃里"。疃里自然村，西到石井头，南到花山坞，东到马家门前，北到太湖。1929 年，属吴县第十九区堂里乡。1958 年 10 月，属金庭公社。1963 年 4 月，属建设公社五丰大队。1980 年 7 月，属堂里公社五丰大队。1983 年，属堂里乡五丰村。1987 年 1 月，属西山镇五丰村（辖疃里、山下、石井头、马家门前、蛇头上 5 个自然村）。2000 年 5 月，五丰村、衙里村、角里村合并，建衙角里村。境内曾开采黄石，村民多种植花果，以柑橘、桃子、梅子为主，柑橘产量最多。

村边有郑公岭，因唐武宗右相郑肃（？—847）墓葬而得名。郑氏家族墓地有百余亩，其中有宋末著名的殉难郑氏"五女坟"，今存清光绪二十年（1894）重树墓碑。疃里多苏姓，据《苏氏族谱（洞庭派）》载，南宋末年，苏轼第八世苏止华由常州迁居西山慈里，为苏氏洞庭派始祖，苏止华的后人从慈里分迁到疃里。据称苏氏迁居西山，是受到了苏轼《洞庭春色赋》影响，赋辞极赞洞庭西山之美："鼓包山之桂楫，扣林屋之琼关。卧松风之瑟缩，揭春溜之淙潺。"

## 082　大埠里

又称大步里、大步。位于吴中区金庭镇衙里行政村。大埠、小埠，清《太湖备考》（卷五·都图）作"大步、小步"。清康熙间《林屋民风》（卷三）载："大步山，在大步湾，有太湖营署在于山顶，今名衙里。""小步山，在角里西小步里。"清同治《苏州府志》（卷二十九·乡都图圩村镇一）载三十八都九图"衙里、小埠、前河、大埠"。大埠里，东到平龙山，西到马王山，北到古衙门，南到陈家头；小埠里，东、西、北至平龙山，南临太湖。大埠里、小埠里隶属衙里村。1963 年 4 月，属建设公社衙里大队。1980 年 7 月，属堂里公社衙里大队。1983 年属堂里乡衙里村。1987 年 1 月，属西山镇衙里村（辖衙里、陈家头、大埠里、小埠里 4 个自然村）。2000 年 5 月，五丰村、衙里村、角里村合并，建衙角里村。村里今已无水稻田，多为果园。

村境内有天妃宫、角庵、角头寨等古迹。清《太湖备考》（卷四·兵防）载，角头寨，宋元祐八年（1093）置，"额管士兵一百四十四名"，有快船 20 余只。明置"角头巡检司"，初时辖东山、西山。大埠、小埠，即为巡检司士兵船专用河埠。清咸丰年间（1851—1861），太平天国侍王李世贤曾设太湖水师都指挥司，今有石城及炮台遗址。小埠里"砚瓦池头"，为宋末元初易学家俞琰（字玉吾，号全阳子、林屋山人、石涧道人）隐居地。俞琰富藏书，著有《周易集说》《易图纂要》《林屋山人集》等，其子俞仲温建有"读易楼"。俞氏故居"洗砚池"等遗址今尚存。

## 083　葛家坞

位于吴中区金庭镇东蔡行政村。原名黄家坞，据传后因东晋道学家葛洪及其后人居此，遂

称葛家坞。清同治《苏州府志》（卷二十九）载，吴县洞庭乡元宫里三十五都十二图"徐巷、社坛、葛家坞、陆家河头"。1950年4月，属西山区秉汇乡。1956年3月，属石公乡（包括原石公、秉汇、缥缈3乡）。1963年4月，属石公公社秉汇大队。1987年1月，属西山镇秉汇村（辖社坛村、汇里、陈家桥、接驾桥、诸家湖、葆旺、五家弄、祝家桥、戚家里、葛家坞10个自然村）。2003年并入东蔡村，葛家坞为东蔡村11-12组。葛家坞主产茶叶、枇杷、栗子和竹笋。土质宜植竹，"小毛竹白笋"与湾中莼菜并称名产。

清《林屋民风》（卷六·名迹）载："葛洪宅，《苏州府志》：在太湖马石山，洪别传隐于此，坛井遗迹犹存。《洞庭记》：葛洪宅，去马城南一里。"葛洪（284—364），字稚川，自号抱朴子，晋丹阳郡句容人。三国方士葛玄的侄孙，世称"小仙翁"，曾受封关内侯，著有《肘后方》等。清《太湖备考》（卷六）载："晋关内侯葛洪祠，在西山葛家坞。""社坛"，为葛洪炼丹处，葛氏原有老屋名"兰言堂"，早圮。葛家坞旧有"上方寺"，为西山"十八招提"之一，20世纪80年代中被毁，今存明嘉靖三十九年（1560）御史中丞宋仪望所撰《上方寺记》。原寺后有名泉"鹿饮泉"，今仍为活泉。

### 084　旸坞

亦名阳坞。位于吴中区金庭镇石公行政村。在西山岛的南端，因能见"日出于湖东，日没于湖西"而得名。清同治《苏州府志》（卷二十九）载，吴县洞庭乡元宫里三十五都六图"明月湾、旸坞、石公、吴巷"。旸坞属石公村。1950年4月，属西山区石公乡。1963年4月，属石公公社石公大队。1983年，属金庭乡石公村。1987年1月，属西山镇石公村（辖吾巷、夏家底、许巷里、田下、樟坞、金巷、石公村、旸坞8个自然村）。2003年，石公村、明湾村合并为新的石公村。

旸坞东邻石公山，西靠明月湾，有湖山之景。唐白居易有《夜泛阳坞入明月湾即事寄崔湖州》诗曰："湖山处处好淹留，最爱东湾北坞头。掩映橘林千点火，泓澄潭水一盆油。龙头画舸衔明月，鹊脚红旗照碧流。为报茶山崔太守，与君各自一家游。"并自注："尝羡吴兴，每春茶山之游，泊入太湖，羡意减矣，故云。"白居易从旸坞泛舟至明月湾，见此湖山美景，感觉不必去羡慕吴兴了。旸坞港，两头通太湖。

旸坞有历史名人蔡人龙，明天启二年（1622）武进士，授广西浔梧守备。天启六年（1628）战死边城，诏赠游击将军，旧祀吴郡名贤祠。清光绪二十六年（1900），西山人刘荣远有《林屋村歌》，手稿散失，后由旸坞老医师王云培苦心收集，得以流传。

### 085　养马圩

位于吴中区金庭镇庭山行政村，在"练渎"东侧。相传春秋时吴王在此筑圩养马，故名。清刘荣远《林屋村歌》有诗曰："养马圩滨近厍头，鱼池鲤跃化龙游。小桥田岸渔家乐，湖上风轻放钓舟。"清同治《苏州府志》（卷二十九）载，吴县姑苏乡梅梁里三十二都七图"小桥头、鱼池上、头陀桥西（系西山汛管辖，桥东系江南鼋山汛管辖）"。养马圩，东至辛村，西至坝基桥，南到小桥头、北至外鱼池。属正丰村。1963年4月，属金庭公社正丰大队。1987年1

月，属西山镇震丰村（辖小桥头、头陀桥、养马圩3个自然村）。2000年5月，正丰村、余池村合并为余丰村。2003年庭山村、余丰村、震荣村合并为庭山村。

有养马桥自然村。清同治《苏州府志》（卷二十九）载，洞庭乡元宫里三十五都十一图"汇上、养马桥"，因"跨养马涧"、养马桥而得名，属石丰行政村。养马圩地理位置优越，处于湖中湖（练渎）畔，近金庭镇驻地东河，紧依直通太湖大桥的大桥路、金庭路。进入21世纪后，被开发为庭园式别墅区。

## 086 前堡

位于吴中区金庭镇林屋行政村。明嘉靖年间为抗击倭寇，西山七贤山花园岭上筑了堡垒，在其前后的村落，称前堡、后堡。一说，明初里中大姓蒋氏修筑了两个大宅，分别位于大堡垒的前后，故名。明翁澍《具区志》（卷七·乡里）作"前保、后保"。清同治《苏州府志》（卷二十九）载，姑苏乡梅梁里三十四都九图"前堡、下亩里、双池头"。民国《吴县志》（卷二十一）载，"前堡""前堡村"，分跨二图。前堡村，东至太湖，南至秉常村，西、北邻后堡村。1929年，吴县第十九区设前堡乡。1950年4月，属西山区石公乡。1956年，为前堡高级社。1963年4月，为石公公社建星大队。1980年7月，为石公公社前堡大队。1983年，为石公乡前堡村。1987年1月，为西山镇前堡村（辖前堡、中腰里、居山、西头巷4个自然村）。2003年，前堡、后堡、洞山、镇夏4村合并，建林屋村委会。

村境内有龟山，因山形似龟而得名，吴语"龟"读"居"音，因此称"居山"。居山为石灰岩低丘，很早就被开采石灰石，后建镇办石公采石厂。2008年，金庭镇全面禁止开山采石，与此相关的产业全部关闭。村民主要种植果树、花卉苗、茶叶，以梅子、银杏、柑橘为主，其中银杏产量较大。因邻近林屋洞景区，近来村里兴起旅游民宿产业。

## 087 朱家庄

位于相城区元和街道。系自然村名，原在东部，属朱庄村管辖。1985年由吴县人民政府命名为朱庄村，取"朱家庄"自然村"朱庄"2字。村驻地朱家庄，辖10个自然村，设9个村民小组，朱家庄为其中之一，在蠡口西南，东靠元和塘，西与姚祥村为邻，南为陆慕地交界，北面相接蠡西村。原村区呈块状地形。民间相传清朝年间，有一朱姓商客，路经该地借宿，后借地造九间房子的临时居舍，人称"朱家庄"，简称"朱庄"。

据民国《吴县志》（卷二十二）载：朱家庄，为清长洲县金鹅乡金杯里十五都东一图。1949年后，属新泾乡。1955年，成立红星、建新、成新3个初级社。1957年，成立红星高级社，后因陆墓乡前进社并入，改称和平二社。1958年，人民公社成立称二大队。1981年，更名朱庄大队，1983年，称朱庄村民委员会，简称朱庄村。2003年5月，朱庄村苏虞张公路以东部分并入"玉成村"，以西部分并入"姚祥村"。姚祥社区由原姚祥、朱庄、蠡西、玉成、张花、文陵等村于2003年3月合并而成，朱家庄现属于姚祥社区的组成部分。社区在元和街道西侧，东沿苏虞张公路、紧靠相城区商贸中心，南接苏州市平江新区，西与黄桥街道接壤，北接黄埭塘。

又：朱家庄，位于苏州古城金门路至毛家桥东河沿。清代为阊门外著名广场。《清嘉录》

（卷一）称：新年期间"阊门外闻德桥内朱家庄，仅一广场耳。新年游者麇至，百戏竞陈，货郎蚁集，茶坊酒肆妆点一新，且四时无寥落之日"。《姑苏竹枝词》（卷三）词云："朱庄花暖蝶蜂捎，打野开场锣鼓敲。楼外绿杨楼上酒，有人凭槛望春郊。"注云："阊门外朱家庄广场，临野，春时游人并集，百戏竞陈，地近平康，酒楼相望，亦踏青胜地也。"1994年，老街拆除，实体已不存。

## 088　张花巷

位于相城区元和街道，原在陆墓镇西部，是自然村名。历史上由东张花巷、西张花巷自然村组成。1985年9月，行政村名张花村由吴县人民政府命名，辖16个自然村，设9个村民小组。原境域呈块状形。东依平门塘，同韩村隔水相望，南隔河沿子河，同御窑村和文陵村交界，西越内河至公路，同黄桥镇相邻，北界朝阳河，同玉成村分水。村民委员会驻西张花巷。

民国《吴县志》（卷二十二）载，有"东张花巷""西张花巷"。注称："原分东张、西张、花巷为三村，殊误，今据警区册订正。"村民以张姓居多，且多以缂丝、绣花为业，因以名。吴语"张花"即绣花之意。清属长洲县金鹅乡金杯里十五都西四图。1954年，为善济乡前进第一初级社。1956年，更名为第一高级社。1957年，改称新民第十六高级社。1958年，成立人民公社，为十六大队。1985年，设张花村。

历史上，张花巷是苏州著名缂丝村，曾有171户从事缂丝业，有"缂丝村"之誉。清代，张花巷有王家祖孙四代人专事缂丝闻名于世。第一代传人王金定，乾隆年间为清廷匠师，专做宫廷龙袍补子等。第二代传人王新亭，为慈禧太后缂制八仙庆寿袍和霞帔等。第三代传人王锦亭，专门为清廷缂制作品，并善于绘画。第四代传人王茂仙，工画精缂，14岁随父习艺，能缂织帝后的龙袍、各式宫服、中堂屏条及龙椅坐垫等。20世纪20年代，英国记者尼娜·史达林斯考察陆墓张花村缂丝后，在笔记中写道："我曾经饶有兴致地去蠡口做了一次旅行，那是位于姑苏区北面的一个小村庄（陆墓张花村沈思桥）。我在那儿找到了王（茂仙）家，他们从事缂丝已有四代人了。"2010年，王家后代王嘉良（缂丝）为第二批苏州市非物质文化遗产项目代表性传承人。2003年5月，张花村苏虞张公路以西部分并入姚祥村，以东部分并入御窑村。2005年后，遭拆迁，张花村实体已不存。

## 089　歇墩浜

位于相城区元和街道，原是自然村，区域呈块状地形。在元和塘之西，黄埭塘之北，西面和北面与施埂村相邻。1983年7月，由吴县人民政府组建行政村歇墩村，辖歇墩浜、船条浜、官招浜、王家浜、曹娄浜、沈巷上、蔡店7个自然村，村委会驻船条浜。

原名歇墩上。民国《吴县志》（卷二十二下·舆地考乡镇四）载有"歇墩上"，属"金鹅乡金杯里十九图"。因靠河浜，后称歇墩浜。民国三十七年（1948）隶属蠡胡乡。1950年隶属胡巷乡。中华人民共和国成立初为施秦乡。1955年，成立群力初级社。1956年，成立和平十七社高级社。1958年，成立人民公社，为十七大队。1981年后，称歇墩大队。1983年后，改称歇墩村。

歇墩之名源于蓑衣真人墓。相传宋代道士何中立，庆元六年（1200）卒于苏州玄妙观，乡人将其葬于此（参见"悟真道院"条）。清顾震涛《吴门表隐》（卷五）记载："宋蓑衣真人何中立墓在蠡口道堂巷，俗称摄冢，今误呼歇冢，又称蓑衣墩。"后称歇墩。

2003年5月，歇墩村苏虞张公路以东部分并入莫阳村，以西部分并入秦埂村。歇墩村十组（沈巷上）在2009年被列入城乡一体化拆迁地块，今已完成拆迁。2013年3月，莫阳社区居委会获批成立，由原莫阳村地块、原天鹅村地块、原歇墩村地块共同组成。区域面积达8.7平方千米，东起元和塘，南至黄埭荡，西起黄埭交界，北至永昌泾，居民1 455户。至此，歇墩村实体已不存。

**090　施埂巷**

位于相城区元和街道。原是自然村。民间相传范蠡与西施隐居蠡口，一日西施在该地借宿，忽而三更离去，便得名施埂。地块呈三角形状，在蠡口、黄桥、黄埭三镇交界处，南面和西面分别与黄桥、黄埭交界，东面是歇墩村，北面为秦埂村。1983年7月，新建施埂行政村，村委会驻地在施埂巷自然村，辖5个自然村，设12个村民小组。

民国《吴县志》《黄埭志》无载。民国三十七年（1948）隶属蠡胡乡。1950年，属施秦乡。1955年，成立群力初级社。1956年，成立高级社，称和平十八社。1958年，人民公社时，称十八大队。1981年后，更名为施埂大队。1983年后，改称施埂村。2003年5月，施埂村苏虞张公路以东部分并入莫阳村，以西部分并入秦埂村。至此，施埂巷村实体已不存。

**091　御窑里**

位于相城区元和街道，原是自然村，区域呈南北向条状地形。东与南窑村相邻，南同花南村和苏州市郊小角里接壤，西接文陵村，北为韩村和张花村。今在御窑村东部。1985年9月，新建御窑行政村，共辖7个自然村，村委会驻善济桥。平门塘将村境分为东、西两部分，各有4个自然村，东部为御窑里、袁家里、西浜斗和楼上村，西部为牌楼头、李家浜、善济桥和塘村里。

陆慕地区历史上特别是明清两代，以生产金砖和瓦当闻名。民间相传，此地名为明朝永乐皇帝赐名而来，但史志无载。（参见"陆慕御窑遗址"条）

民国《吴县志》（卷二十二下）载有"御窑头"村，属长洲县金鹅乡金杯里十五都新八图，受陆墓区管辖。1955年，成立灯塔初级社。1956年，成立善济乡前进第三高级社。1957年12月，更名为新民第十二高级社。1958年9月，成立人民公社，称十八大队。1985年，政社分设，改称御窑村。

村北原有老河泾庙，又称顾恺之祠，供顾恺之及其父母神像（详见"老河泾庙"条）。还有石佛寺和太平庵，均废。桥梁有善济桥、望郎泾桥、八字桥等。今御窑社区还完整保留两座清晚期古窑，是当地烧制金砖窑中唯一保存完整的古砖窑，2016年建成了苏州御窑金砖博物馆。2006年，古御窑被列为江苏省文物保护单位。（参见"御窑遗址"条）

2003年5月，花南村、御窑村、文陵村（苏虞张公路以东部分）、张花村（千禧路以南、苏虞张公路以东部分）、韩村（千禧路以南部分）合并为一个行政村，村名为"御窑村"。2005

年后，御窑里村落拆迁，村民被安置在御窑花园、花南花园等。至此，御窑里实体已不存。

### 092　马家浜

又称瓦家浜，位于相城区元和街道蠡塘村。因当地多户历代做土坯烧瓦，而"瓦""马"方言音相似，村名由此音讹演变而来，当地年老者至今仍叫瓦家浜。村落沿马家浜北岸呈条状。东邻金桥港（隔河）太平镇之林巷桥、陆家浜，西邻本村旺才浜，南靠本村杨家庄，北接九曲港。

民国《吴县志》（卷十二）有"马家浜"记载。民国期间属元和县益地乡金生里上十七图正扇四图，由众泾区统辖。1956年3月2日，为新民第六高级农业生产合作社一生产队。1958年9月，为七大队第一生产队。1985年，为蠡塘村一自然村。2003年6月搬迁，村民被安置于湖沁社区。实体已不存。

陆墓（慕）地区烧制砖瓦历史悠久，源于当地出产的泥的缘故。烧砖瓦已形成当地特色，在唐、宋时已成规模，明清时更有金砖进京修筑皇宫（参见"御窑遗址"条）。宋代诗人万俟绍之《陆墓寺》诗云："距城才五里，野景自萧然。塘水清环寺，窑烟黑翳天。市多沽酒旅，桥列卖鱼船。欲酹宣公冢，渊陵几变迁。"描绘了当地烧制砖瓦的盛况。

### 093　囤里

位于相城区渭塘镇凤阳村。东至囤里河，南至东止桥，西至刘家浜，北至荷花塘。聚落形态为条形。相传，明代吴门画派先驱刘珏父刘启东曾任地方督粮官吏，夏秋二季所收粮食都囤放于此，因而得名。因所管辖范围内的交粮船只众多，常有拥堵，便搭建了草棚，便于交粮人员等候、休息，后又新建了数间青砖瓦屋，逐渐形成聚落，所以附近的东瓦屋村、马船头村亦与此有关，现皆属于凤阳村。

民国《吴县志》（卷二十二）载有"马船头河北、刘家浜、囤里、陈图角、东瓦屋村、马船头河南"等村名。民国元年（1912），属吴县陆墓市羊簖乡。民国二十年（1931），属吴县第六区羊簖乡。民国三十七年（1948）五月，属吴县黄埭区渭雪乡第五保。中华人民共和国成立初，名塘里村，属吴县阳澄区渭雪乡。1956年，成立曙光第四十四高级社。1957年，与塘南村的曙光第四十九高级社合并，名为伟丰第二十五高级社。1958年，为渭塘人民公社第八营。1959年7月，归保圩大队。1962年3月，成立和平大队。1983年7月，撤大队建村，更名为刘新村。2003年5月洋端、圩东、保圩、刘新4村合并为凤阳村。

刘珏（1410—1472），字廷美，号完庵，明画家。明代长洲县刘家宅（今刘新村刘家浜）人。曾任山西按察司佥事。年五十，辞官回吴中隐居。吴宽称："完庵者，公归田时号也，自以保其声名，幸而无亏，如玉返璞，以全其真观，公晚节之善如此。"

刘珏擅画山水，精鉴赏，又工楷、行、草书法，访求者甚富。传世作品有《夏云欲雨图》（现藏于故宫博物院）、《烟水微茫图》（现藏苏州博物馆）《临梅道人夏云欲雨图》（现藏于台北故宫博物院）、《天地图》（现藏于天津市艺术博物馆），还有《完庵集》4集，清抄本被藏于南京图书馆；《完庵诗》1卷，明正德刻本，被藏于北京图书馆。明万历二十二年（1594）刻本，题《重刻完庵刘先生诗集》二卷，被藏于杭州大学图书馆，清抄本被藏于重庆市图书馆。刘珏同沈周的父亲恒吉是亲家（沈周的姐姐嫁刘珏之长子），沈周少年学画曾受到刘珏的指授。据《相城小志》载，刘珏墓在北雪泾，有石罗城，规模极大。民国十年（1921），由施兆麟请吴中保墓会立石保护，有伊母吴氏诰命碑，祝颢撰墓志铭。1958年被毁。

### 094　牛车浜

位于相城区黄桥街道方浜村南部，地块呈方形。东以杨思浜自然村为邻，南接村间路，西临苏埭路，北连厂区。因在河道牛车浜岸边，村以浜名。

民国《吴县志》（卷二十二下·乡镇四）载："油车浜，油一作牛，有东西二浜村。"清末，属长洲县金鹅乡金杯里十五都西六图。民国元年（1912）11月，属吴县陆墓市十五都西六图。民国三十六年（1947），属黄埭区黄土桥乡。1958年，属黄桥公社第二大队。1961年，属第四大队。1983年，属黄桥乡旺埂村第八村民小组。2003年，旺埂村并入方浜村。2005年12月后，属黄桥街道方浜村。附近有荷塘月色湿地公园等旅游景点。

又：牛车浜，位于吴县金山公社灵岩大队，今姑苏区山塘街东北侧近木耳场。

苏州古代农村有"小满动三车"的习俗。三车，即油车、水车、缫丝车。此名与当时苏州地区稻作蚕桑生产方式有关。旧时水车由人力所为，也有用牛力拉车，车水稻田中，为水稻插秧所需，有稻作文化地域特色。

### 095　朱家坝

位于相城区黄桥街道方浜村北部，呈条块状。东连砻坊头，南临界泾河，西邻广济北路，北为农田，邻近太阳路。

民间传说，原是芦苇湿地中一条长堤坝，明"靖难之役"后，朱姓后代一支隐居在此，生息繁衍，因此，村中绝大部分村民姓朱，因村庄建在堤坝上，故称朱家坝，俗称坝上。民国《吴县志》（卷二十二下·乡镇四）载：儒教乡从化里十一都三图，离城二十九里。有金山顶、蒋婆圩、八家渡、朱家坝、西塘角等。民国《黄埭志》（卷一·都图）载："离城二十九里朱家坝。简称朱坝，俗称坝上。"民国元年（1912）11月，属吴县陆墓市十五都西六图。民国三十六年（1947），属黄埭区黄土桥乡。1958年，属黄桥公社第二大队。1961年，属第四大队。1968年，属新联七大队。1983年，属黄桥乡新联村第十、第十一村民小组。2003年，新联村并入方浜村。2005年12月，属黄桥街道方浜村。2010年7月被拆迁，实体消失。

### 096　水营浜

又名东浜村。位于相城区太平街道黎明村。地块呈散状聚落形态。东端及南端与济民塘相邻，与常台高速公路相城道口接近，北接泥桥头，靠盛泽塘，西接太平老镇北浜北岸。湘太路自村中通过。

民间相传，北宋名将韩世忠水师在此扎营，故名。因在太平镇东有东浜，又名东浜村。民国《吴县志》（卷二十二）载，益地乡厚生里旧称金生里……西十八都二十三图有"太平桥、泥桥头、中军港、水营浜"等。民国《相城小志》（卷一）载有"中军港、北帘头、利民桥、水营浜、陈家湾"。

民国年间隶属吴县阳澄区太平乡管辖。1949年冬，设利民村，属吴县阳澄区太平镇管辖。1958年9月，为太平人民公社第一生产大队。1980年12月1日，改名为太平公社黎明大队。1983年7月，恢复行政村建制，定名为黎明村，水营浜属之。附近有太平葫芦岛芙蓉生态园等旅游景点。

韩世忠（1089—1151），字良臣，延安（今陕西省绥德县）人，南宋名将，与岳飞、张俊、刘光世合称"中兴四将"。韩世忠出身贫寒，身材魁伟，勇猛过人，18岁应募从军。有韬略，又善战，在抗击西夏和金的战争中立下汗马功劳，且在平定各地叛乱中也做出重大贡献。为官正派，不肯依附奸相秦桧，为岳飞遭陷害而鸣不平。死后被追赠蕲王，谥号忠武，配飨庙廷。

### 097　花出里

位于相城区太平街道花倪村。村呈条状聚落形态，东到花倪路，西至S227省道，南到姚家角，北至太阳路。

民间相传，很早以前，此地有一大户人家，家中有一大花园，村上流传"张家堂，李船舫，姚家角有两只破园堂，花出里两张飘檐床"的民谚，花出里因此得名。飘檐床又称拔步床、八步床，一般用红木制作，飘檐即架子，在床前设回廊，回廊两旁可置放家具、杂物，床下设有踏板，床前有挂檐，花板上雕刻有各式民俗吉祥图案，有飘檐的拔步床是架子床体系中最复杂的一种，只有经济实力强的人家才会请木匠制作。

民国元年（1912）为吴县五漊泾乡属地。民国十六年（1927）为阳澄区沈桥乡辖地。民国三十七年（1948）5月，为阳澄区太平乡（镇）辖地。1949年冬，设花姚村和五浜村，为吴县阳澄区太平镇辖村。1950年3月，为阳澄区沈西乡辖地。1956年3月，为沈桥乡辖村。1957年3月，为太平乡辖地。1958年9月，为太平人民公社第六生产大队。1959年2月，改为第十二大队。1961年3月，改为第十八大队。1980年12月，称花倪大队。1983年7月，恢复乡村建制，定名为太平乡花倪村。2003年，行政村合并，堂前村并入花倪村。2003年后村民陆续搬迁，被安置在青漪花园、金澄花园。今实体已不存。

### 098　先生桥

位于相城区太平街道，原为自然村。东起倪埂上，西至姚家角，南到潘河头里，北至花出里。民间相传，清末村上设有一所学堂，先生为了方便学生的出行，出资建造了一座沟通两岸村落的桥，故名先生桥，村以桥名，以示感恩。反映了苏州地方尊师重教的民风。2005年后已拆迁，实体不存。

又：姑苏区亦有同名之桥。明崇祯《吴县志》（卷十六）载，城西南隅有"先生桥，北张师桥南；南张师桥，先生桥南；北张师桥，杉渎桥侧"。民国《吴县志》（卷二十五）又载："先生桥，在北张师桥南。今讹思古桥。案《吴郡志》《平江图》卢熊《府志》均作张师桥。南张师桥在先生桥南。"又作师古桥，1958年填河拆桥，桥之实体不存。

常熟市虞山镇东北17.5千米海洋泾口，有江边小镇名师桥，亦名先生桥。相传里人杨守仁募设海东义塾，给贫家子弟授课。为方便学生上课又集资建桥，取名先生桥，镇因以名。

### 099　旺巷

古名王巷。位于相城区太平街道旺巷村。村呈块状聚落形态。东为里河潭，南为沈家港村，西为横港，北为后港村。

因宋代王皋居此，故名王巷，后被讹为旺巷。明属长洲县益地乡荻扁村。明《长洲县志》（卷十二）载"王巷、荻扁"。并释曰："《鹖冠子》云：四里曰扁。在十七都。"宋太尉王皋（1081—1156），字子高，世居河南开封，建炎三年（1129）护送高宗驻跸平江府（即苏州），经过荻扁，感觉此地是风水宝地，于是就将家安置在荻扁，后王皋隐居荻扁终老。王氏后人在此繁衍发展，开枝散叶，总称三槐堂王氏，其地因此而称王巷。（参见"王皋墓"条）

民国《吴县志》（卷二十二下·乡镇四）有"旺巷"的记载。民国年间，为阳澄区太平镇（乡）辖地。1949年冬，设田里村、旺巷村，为吴县阳澄区太平镇辖地。1958年9月，为太平人民公社第三农业生产大队。1959年3月，为太平人民公社第五生产大队。1961年3月，为第七生产大队。1980年12月，改称太平公社旺巷大队，辖11个生产队。1983年7月，定名旺巷村。2003年行政村合并，泥头村、邢店村、渔业村并入旺巷村。旺巷村现位于苏嘉杭高速公路东，北与后港村交界，太平大街东首，地处镇村接合部，东至阳澄湖西岸，西至济民塘，南与聚金村为界，北至莲港村，面积约4.7平方千米，有1 014户。附近有太平葫芦岛芙蓉生态园、盛泽湖休闲度假区月季园、苏州中国花卉植物园等旅游景点。

### 100　白马之沿

位于相城区漕湖街道卫星村，在镇域东北部，原为自然村。卫星村东连渭塘镇渭西永沿村，南接倪汇村，西濒漕湖，北临冶长泾与北桥镇芮埭、张家村隔河相望。下辖宣埂郎、洪家里、徐埂郎、丁家里、白马之沿等21个自然村。其方位现东靠漕湖二社区，南靠漕湖一社区，西靠广济南路，北至漕湖八区。坐落在相城经济开发区漕湖产业园北首。

相传范蠡伐吴时开挖漕湖，在漕湖东畔有条小河，河边原是越国军队的养马场，有一将军常牵着白马在河边驯马，故以"白马之沿"名村。

1950年，属黄埭区黄泥乡。1955年，前后高级社时，属黄埭乡向前第二十六社。1958年，属黄埭公社第九大队。1960年，属黄畦大队第五生产小队。1969年，属卫星大队。1983年，建行政村，属卫星村。2000年后，被拆迁，建设为漕湖花园小区。实体今已不存。

### 101　北阙

位于相城区黄埭镇西桥村。东至旺庄村，南至沪宁高速，西至望虞河，北至望虞河。聚落呈梯形分布。属西桥村第9、10、11、15、21组。毗连上浜村、汤浜村。

相传元朝末年，张士诚在此建筑土城，以抵抗朱元璋军队的进攻，在土城墙北建筑城阙驻兵，故名"北阙"。因"阙"与"屈"吴语音近，后被误作"北屈"。

张士诚（1321—1367），泰州白驹场（今江苏大丰西南）人。元至正十三年（1353）与其弟等18人率盐丁起兵反元，自封为首领，袭据高邮等地，自称诚王，国号周，年号天祐。至正十六年二月（1356），攻陷平江（今苏州）。至正二十三年（1363）九月，自立为吴王。至正二十七年（1367）秋，朱元璋攻下平江，张士诚被俘至金陵（今南京），自缢死。张士诚墓在斜塘镇盛墩村。苏州人为感恩张士诚轻徭薄赋的仁德，每年农历七月三十日烧"九思香"（张士诚乳名"九四"）。为免被官府查办，俗称"狗屎香"，以示怀念。

## 102　矫埂上

位于相城区黄埭镇东桥矫埂村。东至绕城高速，南至陆家里，西至望亭镇时埂上，北至施家里。聚落呈丁字形分布。

相传，朱元璋平定张士诚后，授矫顺为行省参政，治平江。因矫顺定居在此，故名。民国《吴县志》（卷五十八下）载："吴中矫氏家谱，矫文献公之后世居矫埂上。"

矫顺（约1344—1415），原籍陕西关中，流寓浒墅，以书生从军。矫顺治理平江时，因兵燹后人群亡散，矫顺立军府招集抚恤流民，以劳卒于官。谥文宪。沧浪亭五百名贤祠有祀。赐"茔建"，初于阳山麓，子孙留守吴墓，岁久祀废。矫顺在当地影响深远，当时浒墅关设有矫公祠，"榷署有矫阿公堂，祀为土地司库之神。署后有矫舍桥"。其后裔今尚散居于浒墅关及市区，亦有布散于京津、沪鄂川港等地。

矫埂上原为矫埂村第8组，2003年6月，由原矫埂上、罗埂上、钱埂上3村合并为三埂村，并村后为第二十组。其地范围在黄埭镇西，东面与长康村接壤，南邻苏州市高新区浒关镇横锦村，西邻相城区望亭镇新埂村，北面与胡桥村为界。全村设50个村民组。2006年7月，原东桥、黄埭两镇合并设立新的黄埭镇，三埂村属于黄埭镇。

## 103　吹打巷

原位于相城区黄埭镇潘阳工业园内，为自然村聚落。东至绞车里，南至陈家里，西至中巷桥，北至郭家里。聚落呈条形分布。后属于旺庄村二十组。旧时，村上人都以道教做法事、吹打道教音乐为业，故名。民国《吴县志》（卷二十二下）、民国《黄埭志》（卷一）均载有"吹打巷"。

苏州的道教音乐，可追溯至西晋以前，保留了汉唐、南宋的宫廷音乐，还吸收了江南丝竹、昆曲、吴歌等要素。苏州道教音乐与斋醮法事的演道过程是浑然一体的艺术。吴地风俗，地方上遇有水、旱、瘟疫等灾害，民间逢有疾病、死亡等，都要请道士设坛打醮，祈祷超度。久之，道士从信仰道学逐渐转变为以吹打为职业（道业）。为养家糊口，奔波于四乡八镇，有的甚至以此业世代传家。

道士中有道观的称为道房道士或出家道士，无道观的为在家道士，俗称奔赴应或赴应，也称火居道士。苏州古城中道士原多住富仁坊巷一带。乡下则多居住在黄埭镇吹打巷和道士巷一带，有百姓遇事召唤，则带上道器一起去做法事。民国《黄埭志》（卷一）亦有"道士巷"记载。

当地习俗，人亡后要"做七"，其中除"五七"用和尚外，"断七"非请道士不可。因和尚是"无发"的，道士是"有发"的，请道士做"断七"法事，为的是"有发"的口彩，相沿至今。2009年因潘阳工业园建设需要而被拆迁，村民被安置于今康阳新村、古宫新村。吹打巷实体消失。

## 104　沈士桥港

原位于相城区黄埭镇相城区生物科技园内。原为自然村，东至长和路，南至新312国道，西至孟丁浜，北至长康村。聚落呈长方形分布。原为金龙村十四组。

民间相传，太平天国时，天国将士在附近的小庙里商量战斗策略，后战斗取得胜利，把该处取名为"审思桥"。"审思"有慎重考虑之意。吴语"审思"与"沈士"谐音，后讹名沈士桥。2013年因相城区生物科技园建设需要而被拆迁，居民被安置于新阳新村。沈士桥港实体消失。

## 105　坞墩上

位于相城区黄埭镇金龙村。东至龙里浜，南至新312国道，西至大桥浜，北至龙安路。聚落呈方形分布。今属金龙村第二十六、二十七组。

民国《吴县志》（卷二十二·乡镇四）载有"乌墩"。民间相传，在明朝抗倭期间，倭人入侵，明军抗倭大胜，此地有掩埋倭寇的大坟墩，当时民间称之为"倭墩"。因吴语"倭"与"乌"音近，后人讹称为"乌墩"或"坞墩"，"上"为吴方言，即"那个地方"的意思。

## 106　白头尖

位于相城区黄埭镇三埂村。东至后邢家里，南至沪宁城际铁路，西至绕城高速，北至陆家里。聚落呈条形分布。

民国《吴县志》（卷二十二）载有"白头尖"村。其名来源于"白头局"。当地抵抗太平天国的地方武装团练，均头戴白巾，以示与戴红巾的太平军势不两立，因称白头局。组织者名马健庵，有"马健庵墓志铭"流存（1958年墓碑出土后，由张学岐先生抄录，保存至今）。其铭文云："咸丰庚申，粤匪东窜，苏常失陷。庞宝生阁部在籍，奉命督办江南团练，于是，号如群邑，简拨豪俊，长洲健庵马君出焉。"又据镇志记载，咸丰十年（1860）五月十四日，太平军北上，马健庵率白头局把守黄土桥四周水陆要道，并在青台潘家角西塘河口设瞭望台1座（时称营房头），置土炮2门，驻团丁100余人，西塘河口田道头江中筑木栅，并有团丁昼夜轮流守关。1860年6月19日，太平军分两路进兵：一路出齐门至黄桥东南的宜桥；另一路出阊门至禅定桥。马健庵率团丁1 000人守在宜桥，命儿子马安澜率数百人守禅定桥。太平军受阻，改由黄桥西里的青黛湖进攻，战斗从早晨持续到中午，太平军战死200余人，首领攀天福（爵号）

刘镇章被杀。此时太平军佯退，白头局鸣锣休整。马健庵带了几十个团丁前往东边黄土桥。被尾随而来的太平军斩杀。就此，太平军也无力北上攻打常熟，遂返回苏州。后马健庵被清廷追赠中宪大夫，知州衔，世袭云骑尉。马健庵被杀之处，当地人称作"两爿墩"。吴语中，"白头局"与"白头尖"音近，"白头局"逐渐音讹为"白头尖"，相传至今。2003年，原为矫埂村第五组，2003年6月，原矫埂、罗埂、钱埂3村合并为三埂村，村委会设在原钱埂村，白头尖今为三埂村第十七组。

## 107　叠楼头

位于相城区元和街道渭南村。南近太东路，西临相城大道，北靠永昌泾。聚落形态呈条形。

清咸丰十年（1860）太平天国时期，东永昌村（原拾联村娄子头）徐少蘧组织地方武装，协同清军抵抗太平军，在永昌泾河西口建造了一座瞭望台，日夜派兵监视。民间称叠楼，实为"敌楼"的音讹，久之，附近村落称之为叠楼头（村）。民国《吴县志》（卷二十二下）载有"叠楼头"。

咸丰十一年十二月（1862年1月），徐少蘧（字佩瑗），联络清江苏巡抚薛焕、苏州知府吴云，乘太平天国第二次进攻上海之际，与太平天国叛将熊万荃、李文炳密约于十九日在苏州发动政变，未遂。同治元年十月（1862年12月）中旬，徐少蘧入苏城，策动太平军主将汪宏建、朝将胡振锋等叛变。十一月二十八日，徐少蘧被慕王谭绍光诱捕。太平军赶到永昌，焚烧了徐少蘧的家（据传共1 048间房子），徐少蘧被杀于忠王府前。

1983年，叠楼头属娄泾村第一、第二组，后改成渭南村。2003年4月，与溇泾村合并，仍为渭南村，有13个村民小组，叠楼头为第十组。今渭南村北为珍珠湖公园，西南为碧天广场，东为渭塘骑河工业园，相城大道、澄阳路、太东路穿越村内。

又：叠楼头，位于姑苏区葑门外石炮头。明初，大将徐达曾在此建炮台，名敌楼。1925年当地图董出殡，因敌楼妨碍仪仗出行，遭拆除殆尽。后敌楼遗址所在的十字街口，曾有地名牌"叠楼口"，俗呼"叠楼头"。民居墙根曾嵌有"古叠楼故址"金山石碑，据说是李根源手书，已于"文化大革命"中被毁。

## 108　石廊

位于相城区渭塘镇凤凰泾村，又称石上。东靠227省道，南靠苏绍高速，西靠东界泾，北靠陶荡河。聚落形态呈方形。

相传石廊东有刘家宅刘珏的"寄傲园"，古时互相通连。因石廊西北方向，地势低洼，洪水经常浸溢，故在界泾河南岸边用石头砌成一条防洪石墙，周围用泥土充填后开辟了一条走道，故名。吴语"上"与"廊"音同，后音讹为"石上""宅廊"。

清乾隆《长洲县志》（卷十七）载："寄傲园在齐门外，刘金事珏于宅傍累石爲山，颇多幽胜。尝仿卢鸿一草堂图，厘为十景，曰笼鹅馆，曰斜月廊，曰四婵娟堂，曰螺龛，曰玉局斋，曰啸台，曰扶桑亭，曰众香楼，曰绣铗堂，曰旃檀室，图成各系以诗。"卷三十六载有刘珏题诗十首。民国《齐谿小志》云："小洞庭在齐门外，刘金事珏即旧宅累石如山，因名。徐有贞记。

一名寄傲园，颇多幽胜。"明天顺三年（1459），刘珏50岁时辞去山西按察司佥事归里后，居于刘家浜。每夏，刘珏与社会名流云集聚会，后为忌者参其僭越，遂放火自焚，致小洞庭毁灭无遗。民国《相城小志》载：刘珏墓在北雪泾（参见"囤里"条）。

1983年，原为雪泾村第九组，2003年5月与麒麟、场角两村并入凤凰泾村。现为凤凰泾村第二十六组。

### 109 消泾溇

原位于相城区阳澄湖镇，现属相城度假区。东到油泾河西岸自然村，西至澄林路，南到胡家角自然村，北至西塘港口。自然村呈块形状。

民国《吴县志》《相城小志》均载其名。民间传说，明末，消泾镇有一郑姓农户去苏州，船达该地，看到大片荒地无人耕种，且地势高，用水便，是个好地方。回去后同族人商量，取得同意，于是先开荒种田，后建舍移居溇边，为不忘出生之地消泾，故取名为消泾溇。2003年5月，百溇、新泾、张港3村合并为新泾村，消泾溇为新泾村一组、二组、三组。2009年，消泾溇自然村启动搬迁，村民动迁至安置小区。消泾溇实体消失。

### 110 圣堂头

位于相城区阳澄湖镇湘城集镇东部，原是自然村。东与河底村相连，南临阳澄湖，西靠圣堂河，与湘城集镇人民街相望，北和陆家村接壤。1985年组建圣堂村为行政村。

村西有圣堂庙，故名圣堂头。附近有"圣堂浜""圣堂桥"等。民国《吴县志》（卷二十二下）有载。民间相传，明嘉靖时有倭寇到相城，将近湖口，贤圣显灵，因此退去，故乡民极尊重之，称圣堂。相传每年农历三月廿八为东岳大帝诞辰，各地大小庙都要组成队伍前往圣堂庙祝寿，衍成庙会，是历史上流传于阳澄湖地区的民俗活动。（参见"圣堂寺"条）

民国时期为吴县第七区西湖乡辖地。1950年属吴县阳城区湘东乡。1954年，成立群丰初级社。1957年，建立曙光第十一高级社。1958年，属湘城人民公社第五营。1961年，改称8大队。1983年，称圣堂大队属湘城乡，村民委员会设在胡家塘，辖胡家塘、圣堂头、塘圩里、方家堰、横溇上、高山横浜6个自然村。2003年5月，又与河底村、早花村、陆家村及湘城集镇济民塘以东镇区合并为圣堂行政村。2004年10月，设为圣堂社区。2005年，又改为圣堂村。2015年年底，辖胡家塘、圣堂头、塘圩里、方家堰、横溇上、高山横浜、东观音堂、西南角、溇梢湾、横溇、学堂溇、外河头、早花上、七家八堰、庙河西、夹溇滩、王行浜（南）、陆家湾、上甲、包塘、鱼池岸、观桥头、河东街、人民街、圩桩浜、后弄、陈家门和凤阳路（东）共28个自然村及街区。

区域内及附近有妙智庵、明御祭姚广孝文碑、灵应观后殿、观桥、湘城粮仓等苏州市文保单位。

### 111 下营甸

又名华荣甸。原位于相城区阳澄湖镇莲花村，现属阳澄湖旅游度假区。东到阳澄湖东湖，西至阳澄湖中湖，南到南村港，北至里泾港。村呈块形状。

民间传说，宋时韩世忠在此练兵，设上、中、下3营，自然村坐落在下营处，故名。民国《吴县志》《相城小志》均载此名。后人觉得下营不吉利，改为吴语近音"华荣甸"。

据史载，宋绍兴（1131—1162）中期，阳澄湖洼地潮水大至，逐渐汇流成湖泊，独有东北至西南的两高地伸入湖中，形成今阳澄湖镇地貌。明初取名"泇泾"，因其地水势广大无际也。民国三十六年（1947），泇泾乡行政区被划为泇泾镇、莲花垛、下营田与中心娄以南各村及今属唯亭镇的阳东、阳中、永久3村。

2000年，莲花村下辖5个自然村：港南、港北、华荣甸、东嘴头、浜廊。2003年5月西洋村、莲花村合并仍名莲花村，下营甸现为莲花村华荣甸组。2010年开始，以莲花岛生态农业专业合作社为载体，于2011年年底至2012年6月在莲花村东咀、华荣甸、后港区域开发生态农业区，成为长三角地区著名农旅结合度假区。

### 112 斜宅

原名谢泽。位于相城区阳澄湖镇，在镇区北。东临济民塘河，南与平斜村相接，西以和尚港为界，与西院村的朱家堰、渡船头自然村相望，北与吴家村的吴家浜自然村为邻。

此村原是元代平江路总管张伯颜故里，原名谢泽，后音讹为斜宅，分南、北两村。清同治《苏州府志》（卷二十九）载有"北斜宅"之名。

张伯颜（1271—1337），名世昌，字正卿，长洲县湘城谢泽人。元成宗皇帝爱其忠勤，赐名伯颜。元德五年（1301），授将作院判官，大德十年（1306）出为泉州路总管府治中。后历官两浙都盐运司同知、奉政大夫、池州路同知、漳州路总管、平江路总管等。致仕后，返归故里湘城。至元三年（1337）六月十四日病逝于谢泽私第，墓葬益地乡谢泽（今平斜村南斜宅）。据叶廷琯《吹网录》载郡人韩崇跋语云："张伯颜圹志，郑元祐代其子大中作。其圹石后出土被谢泽土人筑为水埠。后叶廷琯以石易归，置之郡庠。"张伯颜同知池州路时，尝仿宋淳熙尤延之本刻《文选李善注》十卷，有余琏之序。叶德辉《书林清话》极称其善。

明清时期，属长洲县益地乡西十八都十一图。民国时隶属吴县第七区沈周乡。1950年，属吴县阳城区湘城乡。1954年成立勤丰、建勇、保丰初级社。1957年，建立曙光第一、第二高级社。1958年，属湘城人民公社，与沈周、平斜、吴家三村同称第二营。1961年，改为四大队。1983年，称斜宅大队。1985年后，改称斜宅村。2002年，与平斜村合并后，属平斜村。2003年，与岸山村合并后，属岸山行政村。

### 113 渡僧堰

属相城区阳澄湖镇枪堂村。东达和尚港，与湘苑一区隔河相望，西至启南路高架桥，北至苏绍高速，南至凤阳路。村落呈块状。村前有崇福庵（现西院庙）。民间相传，旧时为方便和尚通行，老百姓筑了一条堰头直通崇福庵，故称渡僧堰。清同治《苏州府志》（卷二十九）、民国《吴县志》（卷二十二下）均有载录。

1950年，属阳城区西浜乡。1958年，属湘城人民公社第三营。1961年，属湘城公社第五大队。1985年，属西院行政村，为第二组。2003年，与其他村合并，属枪堂行政村，现为星级康居村庄。

### 114　霭和浜

属相城区阳澄湖镇沈周村。东到小家塘，西至东宅里，南到东宅里河，北至金宅路，村落呈条状。清末，沈周后裔沈霭和将原居住地东宅里迁移至北海浜现址，3个儿子（悟梅、俊梅、悦梅）的后代繁衍成一村落。沈霭和为沈建山第二子，为沈氏家族第十九代传人。村为纪念太祖而得名。

1950年，属湘城乡。1958年，属湘城人民公社第二营。1961年，属湘城公社第三大队。1985年，属沈周行政村。2003年，与其他村合并，仍属沈周村。2010年，建新镇区时搬迁，被安置于湘苑小区，该自然村实体今已消失。

### 115　桑磐村

位于吴江区平望镇莺脰湖南，分布在227省道东西两侧。南靠盛泽镇，西靠京杭大运河，东靠沪、嘉、杭高速公路，北靠莺脰湖村，村北为莺脰湖。桑磐村后改名为小圩村。2003年，小圩村与端市村合并，名端市村。

平望历史上莺脰湖八景之一有"桑磐渔舍"。明陈良谟有《过桑磐》诗云："昔有桑苎翁，烹茶碧水中。农家真淡泊，神宇何玲珑。桑树垂莺脰，于磐无渐鸿。谁栽四古柏，犹有宋唐风。"

清雍正《平望镇志》记："桑磐，莺湖南滨村落也。泉甘土肥，竹树茸茂，居民数十余家，以蚕桑捕鱼为业。春和景明，皓月当空时，渔歌互答，载月而归。若风雨晦暝，玉浪琼涛，则孤舟蓑笠独钓寒江，不以斜风细雨废其业也。登北滨而遥望，但见绿杨罨画，清波縠纹，鸣榔渔唱时闻于空濛烟霭间，何异摩诘《辋川图》耶？"

村上有桑磐泉，相传品于陆羽，在土神金城王庙后。汹泛汩汩，泓然清冽。清徐崧、张大纯同编《百城烟水》记："桑泉在莺湖东南水中，以其近桑磐土地祠之后，故名。下有巨潭，净滑无泥，水面周广二三丈，洄旋清驶。""里人酿酒者，乘无风时湖平如镜，此泉上涌如烹，水铛内蟹眼四散，即汲取之。不独味甚甘冽，每担比傍水重六勒。昔周怀虚先生每游此泉，而沈潜有'水泉湛湛净无沙，此独安流少浪花'之句。"

村上有金城王庙，每当渔民出湖时，人们总要来此祈祷一番，求神灵保佑平安丰收。金城王庙石鼎形如磐石，口围0.84米，边界高0.37米，底平无足。四面雕佛像莲花，并有阴阳镌刻，记有宋代重修字样。现不存。

历史上桑磐村也曾隐居一些文人。孙锐，宋咸淳十年（1274）进士，佥判江西泸州。宋亡，隐居桑磐村，被征不起，墓葬桑磐祖坟旁。赵时远，号渐磐野老。工诗，与孙锐唱和为莫逆之交。戚勋，明人，少有才华，入清后杜门教授，不复应试，有一百多名弟子。晚年居桑磐村，以吟咏自乐，清真闲淡得陶杜之趣，谥韬晦。孙澂，字岷江，一字琴恬，性耽吟咏，与兄灵琳相唱和，慕孙锐高致，绘《桑磐小隐》图，题咏皆知名士。

## 116 庙头

原名"斜路""庙溪"。位于吴江区平望镇梅堰社区西5千米,村南紧临318国道和荻塘河,北临长漾,东界玉堂村,西连震泽徐家浜村。

庙头村内有斜路港,现名谢路港。清朝时,庙头一带称十一都。明嘉靖《吴江县志》载:"在十一都曰东杨汇,曰斜路。"庙头之名来源于村上有大庙。大庙具体名称不详,相传为观音期堂。嘉靖《吴江县志》载,"(观音期堂)在十一都,宋咸淳中僧宏宣建"。"观音期堂"从南到北应该是建有好多进的房子,南面的河港称为"庙溪"。清《百城烟水》载:"双砀东东塘五里许有华(花)光亭,亭东北有庙溪,吴氏散族于此。"村庄就俗称"庙头"。清光绪《黎里续志》载:"吴钊森,字良模,号晓钲,震泽庙头人。"

吴氏为庙头望族,现有吴氏老宅,建于清乾隆二十九年,有楼、厅、廊、亭、房等。有青砖雕刻的门楼两处,还有仓房、书房、船房等,共有房屋数十间。楼名"谷贻楼",堂名"燕喜堂"。现存一座四合院,朝南一排厅堂和房间,两边各有一排厢房。

1949年4月前设庙头乡,庙头村是乡政府驻地。1949年5月到1956年3月,庙头乡隶属震泽区。1956年3月到1957年10月,庙头村隶属震泽区柳塘乡。1957年10月,撤区并乡,庙头村隶属震泽乡。1958年9月,隶属梅堰公社,为第一生产大队。之后一直归梅堰乡、镇管辖。1959年4月,更名为庙头大队。1966年,更名为红卫大队。1983年7月,恢复庙头村建制至今。庙头村后港自然村北靠长漾,南接顿塘河,是"中国·江村"乡村振兴示范区的重要节点,亦是平望大运河文化带"乡村记忆"空间,2018年,入选苏州市第二批特色田园乡村建设试点单位。

## 117 来秀里

位于吴江区黎里镇芦墟社区西部5.5千米处,分湖西北的里分港两岸。北靠莼菜荡,南邻荣字村。

来秀里名源自来秀桥,来秀桥名源自陆秀夫。陆秀夫(1238—1279),字君实,楚州盐城(今江苏建湖建阳镇)人,南宋民族英雄。宋祥兴元年(1278)为左丞相,次年2月,元军大举南犯,君实辅弼幼主驻军崖山抵抗,不幸战败,驱妻、子入海后,即怀揣玉玺,负帝壮烈投海。明叶绍袁《湖隐外史》记载:"湖北来秀桥,相传陆秀夫曾至此访天随遗址,故土人以此名云。桥去余家二三里许。秀夫天随之后也。"

相传唐末文学家陆龟蒙(字鲁望,号天随子)曾寓居于来秀里。明袁黄所撰《叶重第墓志》中有"余庚辰得陆龟蒙遗址于分湖之滨"等语。南宋咸淳元年(1265),陆龟蒙七世孙、儒学提举陆大猷致仕归,营造别墅,称陆氏桃园。不久,陆龟蒙的后裔、日后升任左丞相的陆秀夫,来此寻访"天随遗址",于是就有了来秀桥和来秀里之名。

清乾隆《分湖志》载:"陆氏桃园,在来秀里。陆大猷别业,中有翠岩亭、嘉树堂、佚老堂、问芦处、翡翠巢、钓鱼所、半亩居、乐潜丈室。大猷常延宾客觞咏于中。明王庭润诗云:'桃花流水洞中春,此地悠悠迹已陈。今日犹闻传陆氏,当年非是避秦人。题诗吊客空依棹,鼓枻渔郎罢问津。莫论兴亡眼前事，桑田沧海几波尘。'今俱废。"

明、清时，来秀里处久咏乡二十九都十一图。1946年10月，分溪乡辖26村，其中有来秀桥村。1948年2月至1949年12月，芦墟镇并辖原东秋、分溪乡的45村，其中也有来秀桥村。1950年2月，来秀桥村和道士浜村合并为秀士村，来秀里成为自然村落，属秀士村。秀士村辖2个自然村，东为来秀桥，西为道士浜。1983年，与西邻的道士浜村组成秀士村。2000年，属汾湖湾行政村的一部分。2008年起拆迁。"来秀里"地名仍在，新筑的大马路冠名"来秀路"，南起汾湖岸，北到北三白荡边。

### 118　鹤脚扇

位于吴江区黎里镇黎东村。原为一块形状像扇的滩涂，先民在滩地筑圩建村，村东芦荡栖息群群白鹤，借此祥瑞，村庄得名为鹤脚扇。清嘉庆《黎里志》记载："鹤脚扇，在镇之东北。陈清耀《鹤脚扇小泊》诗：'暮云遥锁曲江隈，一带渔舻去复回。水调歌残打桨急，夜深犹载月明来。'"

古黎川八景之一为"鹤渚渔歌"。清嘉庆《黎里志》中录有《鹤渚渔歌》诗云："鹤渚风回绉绿波，荻花深处起高歌。悠扬传出渔家乐，斜日书楼听得多。""渔者舟为屋，清歌晚自娱。几家依浅渚，一棹出平湖。风荡波间月，声惊水宿凫。夜凉欹枕听，信口是吴歈。"

### 119　龙泾

位于吴江区黎里镇莘塔社区，东隔卖盐港与三家村、长浜、西岑等村相邻，西与港南村的张家浜、徐鸭湾（又称浔阳湾）、陈家浜、沈家浜等自然村接壤，南隔野河湾与黄巢浜村相望，北靠江泽村，西北隔杨家荡与枝黄浜村遥望。

龙泾因龙泾港而得名。明朝时，吴江县久咏乡二十九都有村落东龙迳和西龙迳。因"迳"与"径""泾"同音，龙迳村便成了后来的龙泾村。清康乾年间，已形成今天人们所称的龙泾自然村，村落庞大，村中有九湾六角十三浜。民国时属第六区。1949年后，属芦墟区龙泾乡。1958年，莘塔人民公社成立，属龙泾大队。2003年，龙泾自然村属龙泾行政村。现龙泾村，辖有龙泾、石佛浜、吴家埭、任家湾4个自然村。

相传有一条东海巨龙，在村西南的南白荡里吸水时，遭雷击坠落，其庞大的身躯陷入泥中，形成了一条河，身子便是龙泾港，头便是南白荡中的"孤岛"龙湾头。

龙泾村原有古庙、古大厅和古树。古庙为东岳庙，坐落在龙泾村西北角庙圩上（俗称风水墩），占地面积约3 340平方米。1958年，"大跃进"时期遭拆除。古大厅坐落在龙泾村西畔圩上，是清代后期乡儒陈麟（字翼亭）大宅的正厅，名德善堂。1976年前后，大厅第一进因破旧拆掉。第二进正厅在20世纪90年代末遭拆除。生长在龙泾村第十一组村民干老虎家楼房前的老槐树，已经有250多年树龄。中空的树干周长1.8米，高2.5米，树冠直径10米左右。

龙泾山歌是芦墟山歌的一个重要分支。清光绪年间，张云龙成为传唱龙泾山歌第一人。当今李永良是吴江芦墟山歌"非遗"传承人。

## 120　沙绛

旧名南埂上。位于吴江区横扇街道厍港村。厍港村东南为雪浪漾，西接大家港村，北临太浦河。包括厍港、南埂上、张家港、调华港、扇亭港5个自然村。

南埂上，现厍港村第一组至第六组的庙浜，旧称沙绛，大部分人家是陈姓。相传在宋建炎三年（1129），宋高宗南渡时，甘肃籍武将陈延昔随驾临安（杭州）后，他见政治腐败，复国无望，乃辞兵权，率亲兵200余人，转辗至沙绛定居耕耘，繁衍后代连绵至现在。陈延昔墓在今厍港村第十二组的潘琪圩，占地约1 340平方米，四周用青石堆砌成一米余高的石墙，形似栲栳，故称栲栳坟。墓地有石祭台、石亭、石碑等青石建筑群。"文化大革命"时期，墓地石建筑被毁，现仅剩一土堆。

沙绛人陈悦，字良弼，明正德十一年（1501）丙子科进士，授浙江金华知县，闲暇之时，常邀文徵明等文人、雅士在此雅集。编写了沙绛《陈氏家谱》，先后为其撰写序文的有云南道监察黄诚夫、吴门名人书画家文徵明、任过礼部尚书的董其昌。

## 121　庞山村

位于吴江区江陵街道。地处庞山湖畔，东南为同里镇叶明村；西濒京杭运河，与江新村相接；北为庞东、庞南村。有辖塘埂、窑港、小庞山、中庞山、大庞山5个自然村。庞山村原属松陵镇，2002年6月划归吴江经济开发区管理。2018年吴江区成立江陵街道，划归江陵街道。

村内原有大土丘，宋室南渡时，河南偃师人庞实携家迁吴江居此土丘上。一家人以信义待人，受到乡人的尊敬。庞实去世后，人们为纪念他，将土丘叫作"庞山"，村名为庞山村。

元朝时，庞实后人庞思宗，隐居庞山，自种蔬菜以食用。他特别喜爱种塌棵菜，附近百姓也逐渐种起这种菜来。种菜的人多了，每天早晨钟声响起时，就有庞山人挑担入吴江城卖菜，朝出暮归。由于吴江城在庞山的西面，他们早上出去是背对太阳，晚上回来是背对月亮，因而当地有"庞山背，驮日月，买蔬易米何役役"的谚语。远近的人也都常来这里采购，塌棵菜便成了庞山的特产。这蔬菜担后来也被人们叫作"庞山担"。庞思宗后任义乌尹，崇文爱民，政治有声，后土贼刘震珑作乱，全家殉节。

元朝诗人杨维祯经过庞山湖，有归隐庞山的念头，其作诗云："湖上洽晴昼，雨余生绿荫。扁舟到城近，曲港入村深。野叟频相问，郎君不可寻。西庵有分席，吾亦老山林。"

明末清初的名儒朱鹤龄，清兵入关后隐居庞山湖滨，在此筑屋，取名江湾草庵。他在《江湾草庵记》中写道："每睹藻网如织，轻条出游，落花成茵，鸟语上下，意欣然乐之。时复督勒耕奴，课其耘耔，沟塍浸灌，禾黍怀新，岁入虽不如老农，亦颇谙田家之味也。兴发散步湖滨，与村童野叟相狎荡，遥望晴澜浩渺，鱼罾估舶，出没荒墟树杪之中，指点西山诸峰，螺髻逶迤，浮清送碧，未尝不拄策忘疲，如置身潇湘洞庭间也。"

庞山村原有快风阁、冯公书院等古迹，后都不存。改革开放后，民营企业家在庞山村建了静思园，占地约6.7万平方米。园中建筑沿袭苏州古典园林文脉，小巧别致，景点有鹤亭桥、小垂虹、静远堂、天香书屋、庞山草堂、苏门砖雕和盆景园、历代科学家碑廊、咏石诗廊等。600

余平方米的"奇石馆"内，陈列着大量灵璧奇石，著名的"庆云峰"为大世界基尼斯之最，令人叹为观止，静思园曾被誉为"江南第一私家园林"。

## 122　石里

位于吴江区松陵街道西部，东以仲英大道与鲈乡二村社区为邻，南以双板桥路与梅里村为界，西至苏州河路，北以油车路与鲈乡三村社区接壤。区内有石里小区、流虹小区、流虹别墅区等居民住宅小区。石里社区驻地为梅石路原石里村村部。

石里原是太湖边一个古村落。宋范成大《吴郡志》中有记载，属吴江县范隅上乡。明弘治《吴江志》载："吴江有石里、庞山二村，俚俗有戏谈云：石里在县城之西，其人朝入城见日，暮归家亦见月，谓之口吞日月，以故其人刚强健讼。"清康熙《吴江县续志》记载："石里，明兵克湖州，徐达由太湖抵吴屯兵石里单骑入城即其地。"清代诗人顾樵有《松陵石里村春晚》诗云："绿影初交宿雨晴，碧溪回合暖云轻。残花委地犹留色，倦鸟归林尚有声。……"

石里名称的来历有多种说法。一说石里人陆鎏在石里东塘河上建一座石桥，其兄进士陆金为此桥题"石里桥"三字，由此叫"石里"。一说古代在石里东塘庵之西，有一只巨大的石砌"翠阳擂台"，是古人习武比武的场所（石擂台的位置在今仲英大道之西），因此地有石擂台而名。一说石里原是太湖边一个港口，吴江建筑所需的石材，都来自太湖对岸的山里。石料运到吴江，从这里上岸，因而此地叫石里。

"赏梅踏歌"为石里一景。明代才子庄元臣有《石里观梅花》诗云："杖策寻梅径，绿村绕路长。林端遥见白，树杪暗闻香。照影依前席，飞英傍短墙。归来醉醒处，忆别水仙王。"明复社社员沈自炳《吴江竹村词》写道："石里寒花雪后开，一春无事只探梅。鸣铙吹笛神歌起，几点红旗出树来。"

明万历二十三年（1595），在今三角井邮政所处建吴孝子祠，每年春、秋举行祭祀仪式，大学士、太仓王锡爵作记。今已废。

清雍正四年（1726），吴江分置吴江、震泽两县时，石里属震泽县。民国年间，石里先后属城厢区梅石乡、湖梅乡、施梅乡。1950年，属吴江县城厢区湖滨乡。1954年，农业合作化时，分为北石里（今鲈乡三村社区范围）、石里2个行政村。村内原有东塘庵及翠阳擂台（在今鲈乡实验小学属地范围），庵内有10间房屋，1960年后被拆除。1974年，成立湖滨乡石里中学（后为松陵第一中学）后，陆续兴建吴江县委党校、县体育场等单位，鲈乡二村、鲈乡三村等居民小区，石里村的土地逐步被划入松陵镇区范围。1983年，恢复村建制为石里村。

2003年7月3日，成立石里社区。社区内主要道路：东西向的有双板桥路、流虹路、永康路、油车路，南北向的有仲英大道、梅石路、苏州河路。区内河道主要有东塘河。

## 123　梅里

位于吴江区松陵街道中西部，东以仲英大道、梅石路与水乡社区相邻，南以苏州河与联团村相望，西与72011部队农场以里苏州河为界，北隔双板桥路与石里社区为邻。政区面积360平方米，其中陆地面积342平方米，水域面积18平方米。下辖大庙港、翁家荡、胡家场、东牛角4个自然村村。梅里为吴江城西古村落之一,村名源于古代此处广种梅花。清《百城烟水》载:"梅里,在湖浦西,以地多梅名。明万历初有张朴泉梅园,明末转归凌氏。"当时松陵西郊种梅非常普遍,每当春初梅花盛开,松陵人以到城西赏梅为盛事。

明末,梅里西郊的梅花仍然很多。当时,梅里有106岁的朱姓老叟,吴江赵瀚曾写有《赠梅里百六岁朱叟》诗云:"湖滨古梅际,有叟百五岁。梅老苔作翠,叟老颜如醉。……"明末才子卜舜年有《湖浦观梅》诗云:"苍磴黄篱新鸟呼,槎牙梅树有千株。迟迟晴日花如雪,飘落香风满太湖。"嘉兴人徐白隐居梅里,著有《梅里集》。清代以后,梅里西郊的梅花基本绝迹。

梅里有吴璋墓,又称"孝母坟",在今流虹路山端南侧。孝子吴璋,幼孤,由母抚养,明永乐二十一年(1423),诏选天下节妇,给役内廷,吴璋母陆氏名列簿册。吴璋长大后弃家奔走,寻母20年,入王府见母。当时母已病重,吴璋割股和药,母病稍有间断。康王朱祁墺即赐金币于吴璋,促其负母出府。至旅舍三日,母即去世。吴璋遗母骨归,潜置舟中。行至江,遇大风,舟覆没,吴璋跃入江中,抱母骸骨,浮于水,同舟者感而救之。其母骸骨遂得归故土,吴璋被赞为"全孝翁"。吴母墓占地约20亩,有坊、翁仲、石马、羊。吴璋的事迹感动明孝宗朱佑樘,御笔题写"孝母坟"3字。20世纪60年代建打靶场时墓地被毁。吴璋之子吴洪(1448—1525),字禹畴,号立斋,明成化十一年(1475)进士,正德时官南京刑部尚书,卒赠二品太子少保。吴洪之子吴山(1470—1542),字静之,号切庵。明正德三年(1508)进士,官至刑部尚书,卒谥忠襄。两人的墓也在梅里。

梅里有先农坛,为祭祀先农神之所。清雍正六年(1728)知县马功显奉敕而建,每年有司岁以部颁吉日致祭,今不存。

清雍正四年(1726)分置吴江县、震泽县时,梅里属震泽县。民国年间,梅里先后属城区梅石乡、湖梅乡、施梅乡。1950年,属城厢区湖滨乡,1966年,改称新华大队。1981年,更名为梅里大队。1983年7月,恢复梅里村建。

## 124 吴模

旧名"吴墓",别称"湖墓""湖浦""湖亩"。位于吴江区松陵街道中西部,在梅里、简村之间。东以吴家港、南以三船路与长安村相邻,西以苏州河与联团村为界,北与梅里村、镇区相连。政区面积9平方千米,其中陆地面积7平方千米,水域面积2平方千米。下辖韩家湾、马家浜、划船港、横港上、杨家场5个自然村。

吴模村最早称"吴墓",因当地有吴承熙、吴承泰的墓而得名。后因"墓"字不祥而改作"模"。"湖墓""湖浦""湖亩"皆因吴墓在太湖边上,故名。

吴氏为吴江名门。吴江县治后原有世科坊,明嘉靖二十八年(1549)为吴氏一族吴洪、吴山、吴岩、吴昆、吴邦桢、吴承熙、吴承泰立。吴氏先为汴(今河南开封)人,居维扬间。后随宋室南渡迁居江南,定居松陵中河六子桥北堍。始迁祖为"千一公",传六世至吴伯昂(1382—1418),曾救助黄子澄案的参与者袁黄的先祖袁杞山。吴伯昂之子即前文所述"全孝翁"吴璋。自吴璋之子吴洪起,吴姓一族文运昌盛,功名骈联,簪缨不绝,名宦辈出。明清两代有进士15名、举人18名。吴洪、吴山父子两代为刑部尚书,清正廉明称誉天下。吴氏故居前街道被人们称为"尚书巷"。

吴洪的曾孙吴焕曾居住在吴模，吴焕（1572—1640），一作吴涣，字文叔，又字生，号亦临。明万历四十四年（1616）进士，官至监察御史。吴氏有别业在吴模村，一名荆园，一名燕垒。荆园是吴洪裔孙吴与湛读书的地方。吴与湛，生卒年不详，字子渊，一字樵云，号一庵。明末遭乱后隐居荆园，闭户读书，不闻世事。清《百城烟水》载："吴氏别业曰荆园，吴子渊名与湛，荆园其读书处。子渊著述颇丰，有《荆园诗》及序记，四方和赠最多。"

吴山的两个孙子吴承熙、吴承㸅的墓都在吴模，故地名吴墓。吴承熙，字明甫，以官生（以官荫而得入国子监读书者）中式赠中军经历（职掌出纳文书的官员）。吴承㸅，字仁甫，明嘉靖三十二年（1553）进士，官至广西右布政使（与按察使同为一省的行政长官），时称循吏。

## 125　简村

位于吴江区松陵街道，今南厍村北的自然小村落，南厍人别称"湾里"。

简村原有一条村街，傍南厍江，东西走向，百十来步长。西端是浩瀚的太湖。清《百城烟水》载："简村，由吴家港南去为庵汇，有沈氏南庄。由庵汇南去为长板桥，再南为双庙，再南有马家港，又南去有简草庵，没湖十余里，其在南者为南舍。湖口有海云寺。"村以庵名。南宋与元代都设"简村巡检司"。

明代文学家冯梦龙，多次在笔下提到过简村。简村村庄坐落在太湖边，村人以渔耕为生。民风古朴，桥港古旧，舟楫往来，市井繁华，以出产湖鲜野味而闻名。明吴江人史玄（字灵籁，号弱翁）有《简村泛舟》诗云："挂席樵风便，乘流亦偶然。雨晴天色定，日正午时圆。荇菜缘流合，鲦鲨出水鲜。溪深前路狭，罨画绿如烟。"清代，在简村设"太湖左营守备署"。

吴江旧八景中有"简村远帆"。清代松陵文人周廷谔《简村南舍》诗云："奔流三万顷，幻出一孤村。树色檐端里，山容屋脊昏。客来增鸭闹，市小集鱼喧。农事晚来急，晴光上荜门。"民国《垂虹识小录》有明印的《简村远帆》诗云："孤村渺渺具区东，蟹舍鱼庄趣莫穷。卷幔湖光五百里，乱帆争送夕阳红。"

由于太湖滩田的淤涨、围垦，简村之地成了农田和村庄，简村之名也逐渐被淡忘。

现南厍村是古简村的一部分。南厍，亦作南舍，南厍港自西向东穿过集市，村民夹港而居，镇西即太湖。清代，南厍有太湖左营守备署，署衙有房屋44间，清雍正二年（1724）又建营房70间。乾隆时驻营兵72名，备有战马、战船。守备营北有校场，占地约15.9万平方米。

民国年间，南厍港北有长约200米的街道。三十五年（1946），集市上有茶馆、饭店、酒楼、百货、烟杂、私人诊所、国药铺、酱园等。饭店、酒楼虽都不大，但烹制的都是鲜活鱼虾、应时野味。还有鲜肉店、豆腐店、地货蔬果、服装、裁缝、理发、竹器、打桶和椿作店等。太湖里出产的黄雀、野鸭也曾在这里应市，享誉一方。

南厍村现存三座古桥。聚龙桥，建于明万历五年（1577）。永宁桥，建于民国二十三年（1934）。宁境桥，建于民国三十四（1945）年。有古街、长廊等古迹遗存，已被列入苏州市古村落。

2006年，南厍村作为吴江松陵镇新农村建设的两个示范村之一，当地政府按照"保护、利用、改造、发展"的原则，以旧村改造、新村发展的思路，对南厍村进行规划保护和建设。

# 第三部分　道路与桥梁地名

## （426条）

### 一、街巷、里弄（坊）名（253条）

#### 001　西汇上塘街

又称西涨汇上塘。位于吴中区甪直古镇西部。因位于古镇西汇河上塘（北侧）而得名。东起进利桥，西至马公河，街长208米，条石路面，上覆过街廊棚，为江南水乡典型的市镇商业街。西汇，又称"西涨汇"。清《甫里志稿》"街衢"载："西涨汇上塘，自进利桥向西，经金典桥北堍，又西经香花桥北堍、香花弄南口，又西经永宁桥北堍、西衖口，又西折而北为西滩，又北至马公桥，踰桥而西达洋泾。"

"西汇晓市"古称甫里八景之一。"繁盛尤推西涨汇，鱼喧米哄晓暾前。"早市兴在五更，天亮即散。清乾隆间里人《西汇晓市》诗云："吴淞生业半鱼虾，市在街西近水家。妇子数钱朝食去，背摇初日入芦花。""五更望西汇，士女征相逐。百物集灯前，攘攘争贩鬻。市罢人语稀，鸡鸣出茅屋。"

西汇上塘街现为古镇主要商业街，商铺毗连。街中保存着多幢老宅。西汇上塘街16号为清沈国琛（字宽夫）老宅，沈氏为甪直望族，旧有"沈半镇"之称。清同治年间（1862—1875）沈宽曾设"沈氏义庄"，光绪年间（1875—1908）又出资建"甫里书院"，后为甫里小学。光绪十六年（1890）捐100万元修筑金鸡湖李公堤，获赏戴花翎候选同知。沈宅建于同治九年（1870）购地构筑，占地近600平方米，建筑面积约3500平方米。坐北面街，前店后宅，有东、西2路，东路现存门屋、前厅、内厅（属明代建筑）和住楼，以及石库门楼、备弄等建筑。西路为沈宽夫长孙沈柏寒旧居。沈宽夫老宅，2009年7月10日，被列为苏州市文物保护单位。

西汇上塘街23号为沈柏寒旧居。沈柏寒（1884—1953），名长慰，又字伯安，同盟会会员、教育家。宅前临西汇河岸边置有青砖照墙，上镌刻"漪韵"2字。宅院原属沈氏老宅西路部分，建筑面积近1 000平方米。自东面石库门入，共5进，有大厅"积谷堂"、主厅"乐善堂"等，其中仪仗厅，现辟为小书场；便厅于1998年被辟为"吴东水乡妇女服饰展"展厅。宅院具有明清建筑风格，厅堂楼阁庭院俱全，先后为电视剧《红楼梦》《围城》《洒向人间都是爱》和电影《玫瑰旋涡》等影视作品实景拍摄场地。沈柏寒旧居1997年7月28日被列为吴县市文物保护单位。

西汇上塘街37号，永宁桥北堍为吴县甪直酱品厂旧址，1956年由原张源丰、沈成号、鼎康3家老酱园合并组建。2003年6月，甪直酱品厂迁至镇南光辉路后，现设为甪直酱品厂门市部。该厂"甪直萝卜制作技艺"现被列为江苏省非物质文化遗产名录，今在东市下塘街设甪直酱园展示馆。

西汇上塘街上的香花桥北有香花弄，弄内有古刹保圣寺、唐陆龟蒙墓祠及叶圣陶纪念馆等景点。

### 002　西汇下塘街

又称西涨汇下塘。位于吴中区甪直古镇西部。因位于古镇西汇河下塘（南侧）而得名。东起南市河与西汇河交界处，西至今甪端广场，街长196米，条石路面。清《甫里志稿》"街衢"载："西涨汇下塘，进利桥对岸为鸡鹅行嘴，向西经金典桥南堍，又向西经阿太堂衖口、香花桥南堍，又西经永宁桥南堍，又西至圣堂嘴角，折而南至安桥，踰桥而西为亭子头。"香花桥南堍今为太尉弄，太尉弄南端连接东西向的"稻市弄"（原名道士弄）。

西汇下塘街旧以民居为主。西汇下塘街18号为朱文钟旧居。朱文钟（字韫石，前清秀才）系教育家，20世纪初与沈柏寒等一起在甪直创办甫里小学。朱宅建于民国初，现尚存前、后二进楼房，坐北朝南，后一进房屋比前一进略高，前后楼间有跑马楼环通，保存完好。

20世纪90年代始，甪直古镇旅游产业发展，西汇下塘街沿街民居多改为商铺，有休闲茶饮、小吃等餐饮店，以及艺术摄影、淡水珍珠等店铺。

### 003　九龙街

位于吴中区横泾街道。自淑庄至横泾老镇的石板路，因逶迤多弯犹如九曲游龙而得名。九龙街筑于清光绪年间，长约1.5千米，花岗石条路面，每块石条长约0.7米、宽约0.34米，每铺9块便间隔横铺1块长约1.17米、宽约0.34米的大石条，石条两边砌方石似轨，其工甚巨。此路旧时途经2座桥（浦汉桥、西桥）、5个村庄（旺台基、浦汉村、南庄、林家浜、张墩村），使沿途村民上横泾镇免受雨雪路滑之苦。20世纪80年代始，由于道路拓宽、更改等原因，石板路面受到损毁。现淑庄村内外一段仍保持着石板路，依傍新筑马路。

民间传说，九龙街因淑庄富绅孔家老九（阿九）孔昭乾修筑而得名。孔阿九与同村姑娘秀姑两小无猜，青梅竹马，小时候曾一起立愿将泥路修石条路。后孔阿九中举，进京入翰林，直至其父病危才返回淑庄。得知秀姑已病亡，她至死还在念叨修路之事。阿九万分感慨，在料理好其父丧事后，出资修路，共用了999块石条筑成1 500米长的"九龙街"。原以为可告慰秀姑在天之灵，谁料被人告发，说是京城只有"五龙街"，筑此九龙街乃大逆不道，于是孔昭乾被黜革发配，屈死充军途中，乡亲们将他归葬秀姑墓旁。其实九龙街非孔昭乾所筑，清《横金志》载，孔昭乾于清光绪九年（1883）入翰林，"改刑部主事，简派英法游历，曾著《海外鸿泥》，即《政备考》，卒于伦敦使署"。可见，孔昭乾曾为清廷外交官，病逝于英国伦敦使馆。孔昭乾之弟孔昭晋（1863—1936），清光绪二十九年（1903）进士，曾任礼部主事，归乡后热衷于社会事业，修筑了九龙街，并在自家孔氏宅第创办潄庄小学。

### 004　光福上街

位于吴中区光福古镇中。沿镇中市河福溪河南岸，故名上街。呈西北至东南向，北端起自虎山弄，南端至大街，街长350米。与南街交接成十字街口。旧时上街范围包括三官堂、石嘴墩、姚墩浜、枣树河和费家河。上街为古镇老街巷，多明清古宅。

光福上街3号徐宅，相传曾是明代顾鼎臣（1473—1540）少时读书处，楠木厅上有其题额"绩断厅"。

光福上街7号金宅，始建年代不详，清光绪二十一年（1895）金梧春重建，占地面积约400平方米，宅第有4进，第一进为砖雕门楼，镌刻楷书题额"长乐永康"；第二进为大厅，大梁呈扁方形弓状，桁、檩设有花卉、云纹木雕抱托，地面铺青黛色水磨方砖；第三、四进为住屋。

光福上街58号方宅，建于清嘉庆十八年（1813年）秋，占地面积650平方米，宅第为4进平房，第二进为砖雕门楼，镌刻题额"吾爱吾庐"，落款有"毛怀，嘉庆癸酉"。毛怀，字士清，号意香，吴县人，工书，善谈谑。

光福上街43号，1949年5月后，为光福镇人民政府办公地。光福上街13号曾先后进驻过镇派出所、镇爱卫会。

### 005　光福下街

位于吴中区光福古镇中。沿镇中市河福溪河北岸，故名下街。与上街隔河相对，呈西北至东南向，街长320米。东依龟山麓，上有千年古刹铜观音寺。街上亦多明清古宅。

光福下街19号申宅，清乾隆三十年（1765）仲春重建，占地面积650平方米，宅第为四进平房。第一进为砖雕门楼，上镌题额"旧德诒谋"。第二进的砖雕门楼上镌刻题额"慎修思永"，有落款"蠡涛吴俊、乾隆巳酉绍月"。

光福下街21号许宅，宅主许赓飚（1826—1893），一名玉琢，字起上，号鹤巢，吴县光福人，清同治三年（1864）举人，为榜眼冯桂芬入室弟子，状元陆润庠老师，当年陆润庠曾寓居许家读书，故有"陆润庠读书处"之称。许宅为4进平房宅第，占地面积850平方米，大厅明间6扇落地长窗，次间砖墙半窗，窗板有雕花卉图案和花格，大梁置有云纹抱托，柱石为青石鼓墩。水磨砖雕花门楼，大厅、备弄和厢房的地面均铺水磨方砖，天井内中间铺金山石坑板，因年久失修，破败严重。

光福下街18号凌宅，建于1927年，现存3进，砖雕门楼上镌刻有题额"万福攸同"，落款"何国禄、丁卯春三月"。宅后墙脚下有一眼半井，一半在墙内，一半在墙外，人称"墨泉双井"之一。

光福下街31号老宅，有砖雕门楼，上镌刻有题额"耕读传家"，落款"钱敦元、光绪辛丑穀日"。光绪辛丑，即清光绪二十七年（1901）。

光福下街9号曾开办光福联合诊所，后于1954年10月组建成光福镇卫生院。

### 006　小巨角

又称小巨角街，亦名小渠角。位于吴中区光福古镇中。清《光福志》记作"小渠角"。位于龟山东侧，黄家渠西侧，略呈西北至东南走向，长400米。街北口，接近老虎山桥南堍，街南口接杨树街；与起于虎山桥堍的虎山弄呈"人"字状，旧为镇区南北主要街巷。

小巨角多老宅。现保存较好的有两处：小巨角13号周宅，石库门后门在旱桥弄，1928年建。宅第有4进，占地面积500平方米，第三进为砖雕门楼，上塑"福、禄、寿"3位星官，中题刻"阑橘凝香"；下塑"万年青"两旁有童男童女塑像，隐喻"千年和合"。房屋呈硬山式，有风火照墙，墙上镶嵌彩绿色琉璃花格。

光福下街23号"周伯泉宅"，1911年建，后门在旱桥弄14号，宅第4进，占地面积550平方米，有照墙、门厅、大厅、楼厅等建筑，大厅梁上有木雕云花装饰，明间有6扇落地长窗，两边次间有雕花半窗，上面刻有全本《西厢记》戏文图案；墙门砖雕上刻有鹿、鹤、蝙蝠、松树、灵芝等吉祥图案；第三进门楼上镌刻有题额"燕翼诒谋"，库门墙脚置石雕花柱石。整座宅第依山傍水，山墙下部叠砌山石，上部砌砖，顶部嵌置彩绿色琉璃花格。

民国时期，小巨角街曾有恒隆米行等商铺。1949年5月后，陆续进驻了光福镇粮食管理所、生产资料部、运输站等单位，并建有粮库。20世纪90年代后期，粮库等曾被改为乡镇加工厂。

### 007　杨树街

古称杨树头，旧称东街。位于吴中区光福古镇中。因街边河堤岸多杨柳树而得名。清《光福志》（卷一·东街）载："杨树头，当时堤多古柳，明张洪耕学斋词记曰：福溪桥之右，纡二十步，多古柳云。"杨树街与小巨角街由福溪桥连接。清《光福志》："福溪桥，俗呼竹行桥，跨杨树头、小渠角，明成化里人徐衢重建。"街东头有古堤"菱塘岸"，"市之尽，石堤二里曰菱塘岸。不知筑自何年，明成化间，里人徐衢因溃而复筑"。杨树街至菱塘桥段称菱塘河，上有"福隆桥，俗称菱塘桥。桥之东，崦东邨。"杨树街略呈东北至西南向，与大街东段隔河并行。

10号凌宅，凌吟斋建于清光绪十七年（1891）夏，宅第为5进，占地面积650平方米，建筑以中轴线布局，大厅明间脊檩和两边次间的梁、枋都饰云纹、花卉抱托，柱础为花岗岩石鼓墩，厅堂地面都铺水磨方砖。第二进砖雕门楼，有楷书题额"燕翼诒谋"，署有"光绪辛卯夏日""元和潘家雷书"，上下饰以兰花、蝙蝠等图案。老宅基为原样，后两进已被翻建新楼。

杨树街有六房弄、汤家河、小桥头、姚家弄（杨栈弄）等小巷，六房弄（旧在26号），因居徐氏后裔六房一支得名。街南侧原为东崦湖滨，今建居民楼"杨树街小区"。

## 008 迁里路

又称迁溪石塘岸、迁里石塘岸，俗称迁里塘。位于吴中区光福镇西北。因石塘沿着迁溪河（浜）至迁里村而得名。清《吴门表隐》（卷七）载："光福崦东、迁里二大石路，明万历十一年（1583），里人李佳捐赀，以便行旅。"迁里石塘，明崇祯十七年（1644），李佳之孙李之宏再修。清道光四年（1824），李之宏玄孙李恒重筑，石工甚巨。"先后李氏三筑，皆甲申年，尤奇"。清道光十六年（1836），李恒之子李宗亢再度修缮石塘。李氏数代人致力于修路善举，难能可贵。迁里石塘长1 000米左右，用2 000多块宽0.5米、长2米的花岗石条铺成，昔日为迁里村标志性道路。

1988年，迁里石塘岸改为水泥路，延伸到花家桥。2000年，又向北延伸至山墩村，改名迁里路。路长2 000多米，宽5~6米，南起虎山桥，连接虎山头、荷花塘、田坨里、永安桥、迁里村、山墩村，北至福乾路。2006年，虎山桥西移30多米，被重建为公路桥，迁里路越虎山桥，沿西崦湖东岸南延，与邓尉山路相接。

## 009 苏福公路

又称苏福路，跨姑苏区、虎丘区横塘镇，吴中区木渎镇、原藏书镇、光福镇，曾是苏州城西通往各乡镇的主干道。因联结苏州与光福，故名。20世纪30年代中分段修筑，东始自苏州盘门外大马路中（今盘门路解放桥），西至光福镇。1935年，筑成苏州至木渎路段，称"苏木路"，最先开通汽车客运班车。1937年1月，木渎至善人桥通车，同年5月通至光福，苏福路全线贯通。苏州至光福开通了长途班车，苏州长途汽车站初设于阊门外爱河桥。数十年来，苏福路一直是苏州城西郊陆路交通的主动脉，并带动了沿途各乡镇分支道路建设。

20世纪90年代始，随着城市化发展，苏福路沿途区域道路建设加快，在道路调整中，苏福路逐步被分解。苏福路藏书段，东起灵岩山西官池村，西至民主村雅宜山，境内长度7.5千米。原公路穿越木光河洋桥，沿穹窿山北麓宁邦坞，经苏家堂、庵前至光福镇。1991年光福至善人桥段实施改道工程，将原藏书镇汽车站西经民主村汤郎、张家郎至光福的路段，命名为"善光公路"。而原苏福路在光福境内部分路段并入230省道。

原苏福路木渎至光福段，自灵天路西起，至光福镇中，分别被改为藏福东路、藏福中路、藏福西路。苏福路木渎至横塘境段，自灵天路东起，至翠坊街，改名为中山西路，翠坊街以东，改名为中山东路。苏福路横塘境内段，自晋源桥西堍起，改名为晋源路，与木渎中山东路衔接。苏福路晋源桥东，自西环路至盘门段，今改名为解放东路、解放西路。

## 010 景范路

位于吴中区木渎古镇西，经灵岩山东侧至天平山，为木渎镇最早的公路。因路一端天平山有范仲淹祖茔及祠庙，故取"景仰范仲淹"之意而命名。起于木渎镇西御道桥，至于天平山高义园。1933年6月初动工，同年9月10日竣工。曾举办隆重的通车典礼，当时地方名流及中外嘉宾500余人参加。此路由范仲淹后裔"范庄主奉"（类族长）范柏因等发起，得到地方上张一麐、张一鹏、李根源、刘正康及著名画家吴子深等社会名流的响应和纷纷捐款，共得募款银1 938.39元，金山浜宕户也捐助铺路石料，木渎工匠等义务承担筑路工程。实际花费2 445.43元，其余由地方由政府补足。据1933年《木渎景范路通车》载，此路在"200多年前修成的古御道"基础上修筑，古御道从木渎镇至天平山，清乾隆年间为恭迎乾隆帝谒天平山范仲淹祠（高义园）特甃修成。

1935年，苏福路修筑后，与景范路在灵岩东坡交接，更便于游客赴灵岩山、天平山游览。1957年，景范路大部分被改建，更名为"灵天公路"，又称作"灵天路"，全长3.5千米，宽约9米。初为沙石路，后为沥青路面，现北延至金山浜。

### 011　木渎街

位于吴中区木渎古镇中。由木渎东街、中市街、西街组成，依胥江（市河）北岸，东西横贯木渎古镇，故名。初成于宋代，为木渎集镇最繁盛街市。

东街，原东起白塔桥敌楼（明嘉靖年间建，为街东梢标志）西至翠坊桥。其中栏杆桥以西为老商业街，长约400米，宽4~5米。旧时货行集中地段，有潘正宜、信大、元米、福记四大米行及茧行等，潘氏盐公塘、柳氏小开当称为东街代表建筑，现东街77号为清代名园遂初园旧址。东街西口的殷家弄，有古石亭"怡泉亭"。

中市街，俗称大街，东起翠坊桥，西至斜桥，街长近300米，宽12米。清代中叶，进出太湖的船只多停泊在香溪河与胥江交汇处，促成了中市街繁荣，斜桥和邾巷桥一带商铺鳞次栉比。当时繁华街景，清乾隆间被徐扬绘入《盛世滋生图》。因两侧商铺檐棚相对，称为"一步街"，"晴天人碰人，雨天撑伞人让人"。有粮店、酒酱店、茶糖店、药铺、当铺、茶馆、饭店、面馆、肉店、鱼行、理发店近百家，其中原18号即清乾隆间创办的石家饭店，斜桥东堍有费萃泰（乾生元前身）、朱元善药店等老字号店。1965年，街面拓宽至5米，改铺方石路面。1986年，再次拓宽至12米。1996年，改铺沥青路面。原沿街商铺翻建改造后，多开办服装、鞋帽等百货商店。

西街，东起斜桥，西至上供路，略呈东北至西南走向，以斜桥为交点，与东南至西北走向的山塘街（800米长）成丫杈形。西街有两座跨胥江河古桥：西安桥连接南街，并与南街口小日晖桥成"小双桥"；西津桥（又名永平桥），建于明万历年间，清康熙二十年（1681）重建，为市文物保护单位。西街多老宅，108—114号严家祖宅，亦为严家淦故居，为市文物保护单位，现设瀚海楼收藏馆。清代民宅有88号郑宅、114号等。64号"馀里"，民国风格洋楼，由实业家严良灿（1874—1942）建造。苏州解放后，先后为吴县防疫站、木渎人民医院、苏州市第六制药厂办公楼。

木渎街为镇区东西向主街，为古镇旅游"五街四片"的重要组成部分，被称作"风俗中市"片区、"风物西街"片区。

### 012　东山街

俗称东山老街。位于吴中区东山镇中。形成于南宋初,东西走向横卧莫厘峰南麓,有东街、西街,俗称东头街、西头街。老街全长 2 000 米,宽 2~3 米,街路用 1 米多长、0.5 米宽的花岗石板铺筑,石板底下为一条宽 4 米左右的沟河,春夏雨季,能清晰地听到街路下面的流水声。相传街路下面原为山溪,明弘治年间,彰德太守严经之母严三太太捐资在溪两侧砌了石驳岸,用了 7 500 块花岗石板覆盖住山溪,石板路兴成了街道,最先在麦场头东止殿前(张师殿前)形成。清末民初,长街形成西、中、东三段繁市。西段自诸公井至施公桥,中段从轿子湾到叶巷浜场,东段从西万巷至殿场头。有各类商铺 100 多家,其中老字号有同乐居饭店、森福楼书场、仁济堂中药铺、义仁米行、东天禄糖果店及菜花楼等 34 家。

1969 年,街道中段(叶巷浜场至曹公潭)500 米被进行了拓宽,用青砖侧铺成砖街,更名为"人民街",2009 年,又被改为沥青路面。而老街东段、西段则一直保持原石板街。

东山老街依山而筑,自东朝西呈"之"字形,有殿前、紫藤棚、煤饼场、漾桥头、轿子弯、衙门场、曹公潭、王家门前、施公桥、响水涧、诸公井等 10 多个小街段。街两侧分布 30 条曲折巷弄,其中北侧 18 条,直通山坞,自东至西为依仁里、茶叶弄、古秦巷、东园巷、古石巷、东万巷、糖坊巷、潘家巷、金嘉巷、西万巷、通德里、王家弄、阁老厅巷、曹公潭弄、铁丝弄、典当弄、响水涧、诸公井弄;南侧 12 条,直达湖滨,自东街起依次为井场弄、含师弄、叶巷、银杏路、漾桥巷、混堂弄、松园弄、杨家弄、牛屎弄、施鹏弄、茶馆弄、马家弄。据 2008 年第三次全国文物普查统计,从东街殿背后起至西街花、白墙门,老街区域有古建筑 115 幢,保存较为完好的有 58 处,其中有全国文保单位春在楼 1 处,江苏省文保单位诸公井、楠木厅、绍德堂、务本堂 4 处,苏州市(县)文保单位 2 处,吴中区控保建筑 12 处。老街原有古桥 6 座,现存 3 座(施公桥、漾桥、洞庭桥),被毁 3 座(玉带桥、响水涧桥、积善桥)。

### 013　席河石塘

又称席家湖石塘。位于吴中区东山镇席家湖村。因筑在席家湖而得名,后因湖湾淤塞成河,故名席河石塘。唐代席温携三个儿子定居东山后,在此处太湖湖湾修筑自用船码头,用大石块填筑伸入湖中,故又被称作"席家湖嘴"。清席素恒《重修席家湖嘴碑》记载:"席家湖嘴者,肇始于我族诸先辈。维时族人率多居此附近,因湖滨筑堤,以障沙涛,其堤身象形似嘴,乡之人遂以湖嘴称。并即归之席姓,盖由来已数百年矣。"明代翁氏整修、明万历三十三年(1605)《少山翁君重建石塘碑记》载:"席家湖石塘者,席怡亭所创也。嘉靖初,聚族而谋,分调度,鸠匠役,斩木陶甓,垒石为基。石塘亘湖中长凡三十余丈,阔丈余。万历中叶,翁居士谓塘不甚长,无以遏西来之水,故拟修甓。"少山翁君,即翁巷巨商翁笾(字文夫,号少山),他将石塘加长加宽。清康熙三十八年(1699)四月,康熙帝南巡中临幸东山,东山首富、清廷工部虞衡司主事席启寓曾率众在此恭迎圣驾,因此,席河石塘又被称作"御道"。清光绪二十八年(1902)正月,旅沪实业家席素恒出资花 5 个月重修,席河石塘增至 200 米。

席河石塘挡在湖湾,石塘外长年淤积成滩涂,而此处湖湾是贯通南北的渡水港出口,由日积月累渐淤塞，港湾演变成了内河——席家河，衔接渡水港。席河石塘成沿河道路，自席家湖头通至翁巷。先后于1954年、1980年和1991年分别进行了3次较大规模的整修。1994年，配合太湖防洪大堤建造，席家湖村筹款100万元，用于重建500米长、5米宽的席家湖嘴水泥大堤及太湖防洪闸（席家湖闸）。席河石塘现与环太湖大堤（公路）贯通，内港驳石筑路，村内道路同时加宽改造能通汽车。

明清时，东山望族席氏、翁氏等富商不仅相继出资修整席家湖石塘，而且在石塘上建起了碑亭、石牌坊（登科坊、贞节坊）、佛柱等，席家湖嘴成为别有风景的水码头。民国时，石塘上又建了更楼、宝塔（安定塔），设有义渡、轮埠等。安定塔，高7层18米，1916年8月，由旅沪金融界人士席锡蕃建造，题额"安定"2字为清末状元陆润庠墨宝。塔上每层飞檐翘角缀有铜风铃，谚有"席家湖上铃声急，小北湖中白浪翻"。塔毁于1966年8月。席家湖浜场，民国初设航船码头，东山至上海航船有3班，5天1班，每班往返约半月，以装运货物为主，每班也搭乘客10人左右，至1950年停航。

### 014　崦里街

又称东河街、东河老街。在吴中区金庭镇东河社区。清翁澍《具区志》（卷七）载："崦里，一名崦边。在淀紫山下，是山产煤。明崇祯初，山民挖煤为害，巡抚曹文衡立碑永禁。"唐代，崦里已有名。唐皮日休（838—883）《太湖诗·崦里》（自注：傍龟山下有良田二十顷）诗云："崦里何幽奇，膏腴二十顷。风吹稻花香，直过龟山顶。青苗细腻卧，白羽悠溶静。塍畔起鹚鸰，田中通舴艋。"陆龟蒙（？—881）和诗云："山横路若绝，转楫逢平川。川中水木幽，高下兼良田。沟塍堕微溜，桑柘含疏烟。处处倚蚕箔，家家下鱼筌。"可见崦里是名副其实的"鱼米之乡"。明中叶徐缙移居崦里，在其宅第东开河连通太湖，称东宅河，俗称东河。清《太湖备考》（卷五）并录"东泽河""崦边"，后"东河"取代"崦里"为集镇名。沿后堡港向北经东河延伸至太湖，是东河集镇商业区，商铺集中在崦里街，又称"东河街"。民国以来，东河曾为区、镇、乡驻地，集镇号称西山岛上最大。

崦里街呈"⊥"字形，中间由崦里桥相连，南北长600米，东西长500米，老街路面原用黄石、青砖铺成。20世纪50年代后，沿街有供销社、商店、饭店等。还有西山中学、中心小学、医院、成人教育中心、派出所等。80年代，崦里桥东一段，在河上搁置水泥楼板，建农贸市场（现已迁移至新街区）。1994年10月，西山镇（今金庭镇）政府由镇夏移至东河，辟建新镇区，入驻镇政府机构及农业银行、信用社、邮电局等多家单位。进入21世纪，老街道路拓宽改造，西山中学、中心小学、医院等也相继迁至新址，老街商店亦多被迁移。现"东河街"呈"L"形，南段东端接金庭路，北端接崦里路。崦里路（新筑），东起东园公路，西至东河花园。

崦里街原有多所明清宅第，清《具区志》（卷十一）载："徐尚书宅，在洞庭山崦边。徐文敏公所居，有介福堂，致政归，构以居母。"徐文敏公，即徐缙（1482—1548），字子容，号崦西，俗呼徐天官。明弘治十八年（1505）进士，官至吏部左侍郎、经筵日讲，归后在崦里筑"崦西草堂"（俗称天官府）。徐缙《可泉诸公枉驾崦西草堂》诗有"西崦草堂元寂寞，东篱松菊久荒芜"，"架上图书聊可玩，床头尊酒仅堪娱"。同治《苏州府志》（卷四十五）载："息舫，在洞庭西山崦里，徐桂荣筑，金辂记，沈德潜有《息舫课读图序》，王鸣盛有《息舫合刻序》。又沈德潜诗：'湖水渺无极，白云清有余。……以君能课读，披卷媿难如。'"另有三余堂、耕余堂等。徐文敏公（缙）祠旧址后为东河中心小学，"天官府"码头今称东宅河老码头。

崦里街中有条望崦弄，因通望崦岭得名，由老街一直向南延伸经望崦岭到天王门口、沈家场等村庄。望崦弄几百年来一直为出入东河集镇的主要道路。

### 015　镇夏街

镇夏，旧称镇下。位于吴中区金庭镇东南部原镇夏镇中。相传因大禹在此镇夏妖而得名。据洞庭西山沈氏族谱载，南宋隆兴元年（1163），浙江德清沈钦遵其父沈仲嘉之嘱，举家迁至镇下里，此后，镇下因沈氏大族定居而繁兴。镇夏与东河、堂里集镇在洞庭西山形成三角鼎立，号称第二大集镇。明清时为洞庭乡所在地。1929年设镇夏镇，后为西山区公所、大夏镇驻地。1949年4月后，为石公乡驻地。1987—1994年，为西山镇政府驻地。现镇夏村属金庭镇林屋行政村。

镇夏街沿镇夏港，略呈西北至东南走向。镇夏老街又称"上街"，街长300米，花岗岩条石路面，沿街旧有各类店铺、明清老宅、沈氏宗祠（其址在今镇夏小学）等。今街头保存着一株500年树龄的古银杏树，附近有口古井"花石井"。20世纪八九十年代，随着旅游业的发展，镇区沿公路向北部的林屋洞方向扩展。镇夏街北端成"丫"字状延伸。镇夏街东南端的太湖湖滨，1987年，建上海市总工会太湖西山疗养院"海鸥湖心岛度假村"，内建置25米高水塔，取太湖水净化，日供水量1 000吨。为此，沿镇夏街铺设了供水管道5千米，为集镇上单位及居民2 000家用户提供自来水。1991年，西山镇供销社在镇夏街建三层高镇夏商场，总建筑面积1 245平方米，营业面积800平方米，时称西山岛最大的供销社门店。

镇夏街侧的镇下港，两头通太湖。清《太湖备考》（卷五）："后保港、镇下港、龟山港……首尾通太湖。"镇夏港南端入湖口曾设西山最早的轮船码头，1927年西山商人置办"远北轮"，首开西山至苏州的客轮航班，以镇夏码头为起点站，经元山、胥口、木渎、横塘至苏州胥门，每天往返一次。1936年，东山席氏办"裕商轮"，每日航班经由镇夏至苏州，为此在镇夏港口建造了长百余米的木码头，伸入湖中深水处。20世纪三四十年代，东山至苏州客运航班，从东山后山起航，经镇夏、元山等至苏州。西山东蔡至苏州航班、东蔡至湖州航班等也都途经镇夏码头。80年代旅游业兴起，镇夏因左近林屋洞、右近石公山而备受关注。1984年，吴县洞庭旅游开发公司开设东山与西山间直航轮渡，在西山镇夏与东山陆巷分别建轮渡码头，并建有候船室、停车场及饭店等配套设施，备有登陆艇2艘、渡船游艇15艘、客车12辆，每年接待游客计20余万人次。直至1994年10月，太湖大桥建成通车，轮渡才停办。90年代初，兴起水上摩托艇，镇夏、元山、石公山设集中停泊点，供游客游览东山三山岛及西山近湖景点。

### 016　陆墓街

位于相城区元和街道境内陆墓（今改为"陆慕"）老镇上，俗称陆墓老街。南起宋泾桥，北至北市桥，全长近2 000米，街宽2～3米不等，由碎石铺就。以元和塘为中轴线，临河建街，街河并行，居民临水筑屋，商家前街后坊。当时沿元和塘两岸，店铺林立，街市兴旺。

唐宪宗元和三年（808），苏州刺史李素疏浚开通齐门抵常熟的河道"常熟塘"，后改名"元和塘"，陆墓老镇为水道必经之地。元和塘穿镇而过，将陆墓街道分为东面上塘和西面下塘两部分。上塘又称十泉街（现名中街），原自南往北布列着十口古井，其中南桥东北堍有一座井亭。下塘北部称为金窑街，因明清时期烧制金砖而得名。整条老街架构恰似伸展的鱼骨架状，得水路交通之便，唐宋以后集市繁华。清光绪二十九年（1903），吴县吴诏生撰文《齐门陆墓镇浚河筑坝修桥碑记》云："吾郡望齐门外，北行三里许，有陆墓镇，为常熟往来孔道。镇西北有唐陆忠宣公墓，以是得名。瓦屋鳞比，商舶辐辏。环桥有三，支河有七。市语晨喧，渔舟晚唱。万家灯火，数里烟波。塔影踞南，山光照北。称巨镇焉。"清《长洲县志》（卷二）载：陆墓"居民多造窑及汗巾为业"。清刘允文在《元和塘记》中说，往来"舟楫鳞集，农商景从"，"瓦屋鳞比，商舶辐辏"。陆墓在明代成镇，为缂丝之乡，宋皇室内苑中之缂丝能工多系陆墓人。宋"靖康之乱"后织工大批返回故里，生产缂丝，繁衍至今。明永乐间在镇西设"御窑"，明清两代专为帝王烧制京砖、筒瓦。清代居民多烧窑、织汗巾。当时沿元和塘两岸，陶器店林立，尤以出售花盆、蟋蟀盆为盛。

原枕卧在市河上的桥梁有南市桥、中市桥和北市桥，均为花岗石拱桥。两岸各有相对的小桥、庙宇、河浜和小弄，形成了俗称桥对桥、庙对庙、浜对浜和弄对弄的街巷格局。

2016—2019 年北部街道已经全部被拆迁，新造紫玉花园别墅区。南街被拆迁正在进行中。现街西北有市级文保单位悟真道院，街西有省级文保单位文徵明墓，下塘南街 135 号有小河泾庙。街西有市级文保单位陆墓御窑址等。重建于光绪二十八年（1902）的南市桥保存完整，为市级文保单位。中市桥和北市桥已被改为水泥钢筋桥。2009 年，老街被列为相城区控制保护单位。

## 017 太平老街

位于相城区太平街道老镇上，现名老街。南北走向，主街长 116 米，宽 1.5 米，有北浜、南浜、九思街与之相交，全长 1 451 米，街宽 1.5 米。还有东牛场弄、西牛场弄、西沿河弄、朱家弄、吴家场弄等。弄堂曲折，民宅古朴，小桥流水风貌犹在。利民桥、太平桥分别沟通南北与东西街道。

自南宋建炎三年（1129）太尉、柱国太傅王皋南渡归隐定居、长眠于此，王氏后裔在此繁衍不息，居民越来越多，济民塘两岸逐渐形成商贸街市，至明清已成集镇。1949 年，太平镇共有米行、棉百货、南货、烟糖、南酱、鲜肉、水产、水果、饮食、茶馆、豆制品等 20 多个行业，商家 143 家。

北浜北岸曾经是太平地区最早最大的民族工业——裕元米厂，建于民国十八年（1929）。现存有砖圆粮仓六只（详见"荻溪仓"条）。还有利民桥堍的太平禅寺，原是王氏三槐堂王皋祠堂（详见"太平禅寺"条）。今存一株 800 多年古银杏树。古建遗存还有王锜燕翼堂、市级文保单位凤凰石桥（详见"凤凰桥"条），以及抗日革命旧址、王皋墓园等相城区级控保单位，其中包括市级文物保护单位 3 处、区级控保单位 5 处，蕴含着丰富的历史文化内涵。2009 年，老街被列为相城区控制保护单位。

### 018　黄埭大街

位于相城区黄埭镇市河东、西岸。东起斗姆阁，西至西塘河，全长1 372米，以河渎桥为中心，分为东街与西街，延伸原有18条小街弄。俗称黄埭老街。

民国《黄埭志》序称："出望齐门迤北稍西卅余里，有镇曰黄埭，相传为楚相春申君（黄歇）筑堤堰水，故冠以姓。"黄埭又名柯城、舸城。镇西香花桥、寺前弄一带为黄埭街早期路段。后逐步向镇东发展，明、清时期延伸至镇东斗姆阁止，形成一条3里长街。市肆繁华，明《长洲县志》载，黄埭曾一度称黄埭市，明清以来，素有"银黄埭"之称。清中叶，1 500米长街店铺林立，为吴县西北部各乡镇及无锡甘露、荡口，常熟辛庄、杨友等地物资集散地的大集镇。民国五年（1916），由乡董事朱福熙、杨政创办黄埭商团。民国中期，黄埭镇商业以米业和茶食业为龙头，酱油、棉布、肉食、饮食等业为支柱，黄埭成为繁华的商埠，黄埭大街由此名声日盛。

20世纪90年代初，老街中段（芳桥至中市桥）数百间砖木结构的旧式民宅及店铺全部被拆除。2001年，西街潘家弄至洪墓桥段的民房、店铺也被拆除。唯东街的民居、店铺、石驳岸部分被改建外，大部分还可看到旧时枕水而居、前店后坊的痕迹。老街目前保留3座古桥，即庙桥，始建于晋朝，位于街东，故名东桥；香花桥，始建于吴赤乌四年（241），宋、清重修，今保存完好；洪墓桥位于西街，始建于吴赤乌六年（243）。还有建于清道光三十年（1850）的市级文保单位熙余草堂等。2009年黄埭大街被列为相城区控制保护单位。

### 019　湘城街

位于相城区阳澄湖镇湘城老镇，今称人民街。俗称老街。包括河东街长415米，河西街长380米，人民街长395米，总长1 190米。3条街两边各50米的老镇区，划为保护区域。老街的周围娄堰交织，溪渠纵横，旧时陆路步行阻隔，故架设大小石桥，通往镇外。民国38年（1949），老街还有店铺作坊200余家。

相城，旧传春秋时伍子胥曾相其地欲筑城于此，故名。民国《相城小志》称："清属长洲境，为一县四大镇之一。宣统三年筹备自治，合东中西十八、北十九、下十七，计五都为一区，定名曰湘城镇。"老镇以济民塘河为中轴线，东、西两岸依水筑房，形成河东、河西两条主要街道。河东街，民间相传，早在春秋战国时期已初步形成，伍子胥先于此地筑城未成，但成为陆道，后逐渐形成街市。

河西街即今镇南街、镇北街。相传在西晋时期形成，为感恩陆云，将塘改称济民塘（详见"济民塘"条），并在塘东西架设石桥，命名为济民桥，1970年，因拓宽市河，拆除重建，易名团结桥。河西街市由此逐渐发展起来。以商铺为主，街道宽不足3米，南起轮船码头，北至虹桥湾。河西街78号姚文徵宅、2号"老典当"旧址，均为清末建筑，现存有石库门、砖雕门楼、圆作厅楼、雕刻轩梁。街南端1号的文昌阁建于清康熙二十四年（1685），河西街51号为"湘城老大房"旧址。还有临水民居老屋和老式木楼，其中杂有石库门房。

中行街东起三马桥,西至济民桥东堍,与河东街形成丁字形,20世纪70年代更名为人民街。街东首有东岳行宫(圣堂庙),西端有纪念陆云的济民桥。街北侧后弄底内有陆云土地庙,庙后有始建于南朝梁天监二年(503)、明永乐十二年(1414)姚广孝重修的妙智庵,西侧建有姚少师祠堂,为市级文保单位。

河东街,自观桥起,至济民桥。街东首有观桥始建于宋咸淳二年(1266),是阳澄湖镇内最古老、保存最完整的景观石桥,为市级文保单位。灵应道院也始建于宋咸淳二年(1266)。2009年被列为相城区控制保护单位。

## 020　虎啸塘岸

位于姑苏区胥门外,南起通渭桥东堍北侧,向北穿越劳动路、三香路,至虎啸桥接小日晖桥。巷长590米,宽2~4米,南段为条石路面,北段分别为弹石、道板、泥路。

相传古时有虎啸于此。《癸辛杂说》:"宋元以来,平江(苏州)多虎患也。"故名。民国《吴县志》作虎啸塘,《吴县图》《苏州图》均标作虎啸塘岸。因啸与哨同音,一度将虎啸塘岸误为虎哨塘岸。

## 021　万年桥大街

位于姑苏区胥门外,南起胥江北岸永平里东口(原大日晖桥北堍),北至南浩桥(夏驾桥)接南浩街。长677米,宽2.7~5米,街在万年桥西堍,故名。民国《吴县志》作万年桥大街,《吴县图》《苏州图》均标万年桥大街。因在阊门、胥门二城门间的外城河西沿,曾为城乡贸易繁盛地带,20世纪40年代后半期有店铺商行达165家。50年代大部分转为民居,仍有部分面河枕街的屋宇为行号、货栈。1985年,改弹石路面为水泥六角道板路面。

万年桥系横跨胥门外城河之古桥,但《平江图》上未标记该桥。《吴门表隐》载:"胥门外有石桥,紫石甚古,明嘉靖时严嵩爱而拆去,今在袁州城外,亦名万年桥。"可见,明嘉靖之前,已有桥了。传说桥被奸相严嵩拆去,或说造于相府后花园,或说运至严嵩老家江西分宜县,在城外安装,亦名万年桥,均无确证。诗人潘耒有《万年桥诗》云:"旧传吴胥门,有桥甚雄壮。不知何当事,诒媚分宜相。拆毁远送之,未悉其真妄。……吴山多佳石,胥江足良匠。有能更作桥,旧式犹可仿。"紫石古桥被拆去后,此处一直无桥,直至清乾隆五年(1740),乃由知府汪德馨等倡建,费时两年,建成三孔型石桥,当时称"三吴第一桥",取名万年,以志长久。成画于乾隆二十四年(1759)的《盛世滋生图》(《姑苏繁华图》,徐扬绘)上有万年桥,极为雄伟。桥经多次修缮。1936年,为便利交通,将两坡石级改为斜坡。中华人民共和国成立后,拆除旧桥面,改建钢筋水泥桥。桥宽6.4米,长42米,铁杆桥栏,两坡并适当改缓,行人、车辆过往称便。2004年2月又动工改建,至5月底竣工。为保护古桥风貌,于原桥处重建。利用老的桥墩基础,依旧为三孔石拱桥,宽6.2米,跨径11.2米,全长85.11米,桥面面积为527.68平方米。桥中间镏金题名"万年桥"。栏杆用城砖砌筑,古朴典雅。

### 022　胥台乡弄

位于姑苏区胥门外，南起枣市街，北抵网船浜河边，东邻枣市小学。原有胥台乡庙，故名。曾名"檀香弄"，实为"台乡"之音讹。民国《吴县志》作檀香弄，并注"一作胥台乡弄"。《姑苏图》有路标无弄名，《苏州城厢图》标作坛（檀）香弄，《吴县图》有路标无弄名，《苏州图》标作坛香弄。长80米，宽2.8~5米，1987年，改弹石路面为水泥方形道板路面。枣市新村在弄内。

### 023　宋家弄

位于姑苏区胥门外，东出阊胥路（有三出口），西邻红旗新村7幢，南通三香路，北至小日晖桥30弄。长322米，宽1.2~2.7米，砖石路面。《姑苏图》标作宋家坟。

原为明末在济南抗击清兵殉难的宋学朱衣冠冢所在，故称宋家坟（参见"宋祠弄""篆葭巷"条），1966年，被改名红旗桥弄。1980年定今名。28号原为元丰创建的穹窿庵。

### 024　小施家弄

位于姑苏区胥门外，东出万年桥大街，西接阊胥路。长153米，宽3~4米，1989年改弹石路面为水泥道板路面。民国《吴县志》作小施家弄，《姑苏图》有路标无弄名。《苏州城厢图》《吴县图》《苏州图》均标作小施家弄。旧时弄西端及中段为下等妓院所在。

### 025　申衙弄

位于姑苏区胥门内，铁局弄北面，东出学士街，弄长40米，宽2~4米，弹石路面。明代显宦申时行有宅在此，故名（参见"申衙前"条）。民国《吴县志》作"申衙弄"，《吴县图》《苏州图》标"申衙弄"。1966年，曾改"称铁局二弄"。

### 026　庙湾街

位于姑苏区盘门内，东起东大街，西至窥塔桥北堍与盘门城根（弄名）相接。宋、元时称坤维坊，坊在西口。宋绍定二年（1229）重立。明卢熊《苏州府志》作"庙湾巷"。《宋平江城坊考》云："庙湾巷，今庙湾街，在瑞光寺东，直接司前街。"民国《吴县志》作"庙湾巷，盘门内"，同治《苏州府志》作"庙湾街"。窥塔桥古名庙桥，又称"双庙桥"。桥南有土地庙，桥北有伍相公庙，故名。伍相公庙今为伍相祠。伍相，即伍子胥。进盘门，过庙桥，转弯即到此街，故有此名。4号为杨荫榆故居。杨荫榆（1884—1938），女，无锡人。先后留学日本、美国，获教育学硕士学位。曾在苏州女子师范学校、东吴大学、苏州中学任教。日寇侵占苏州，她拒绝出任伪职，日军骚扰百姓，她多次出面与日本领事馆交涉，后被日军诱至吴门桥杀害。街长330米，宽2.5~3米。

## 027 念珠街

位于姑苏区胥门内，吉庆街北段东侧，南北走向。南起宁寿弄，北至西善长巷。宋代名"孙老桥巷"，桥在本巷之北端接道前街。孙老桥原名"白头桥"，因白居易修建而得名。南宋绍定二年（1229）孙冕知苏州，他重修白头桥，遂更名为"孙老桥"，巷名随桥名而改。清末民初，用石子砌街，块块石子如念珠状，砌成条形如珠串，故名。民国《吴县志》作"念珠街，吉庆街口西"。原念珠街在吉庆街之北，1995年因拓建街道并入吉庆街。为保存街名，将本街南北向的一条商业街名为"念珠街"，以作纪念。街长约180米，宽5米。原为弹石路面，现改为沥青路面。

念珠街

## 028 新桥巷

位于姑苏区盘门内，习称盘门新桥巷。明王鏊《姑苏志》有著录。《姑苏图》标和丰仓前，《苏州城厢图》等均标新桥巷。东出东大街，西至西大街与吉庆街相连处。宋时，巷之两端均有桥，东端名陈千户桥，西端名新桥。巷同桥名。此地为盘门内唯一的深宅大院集中地，但大部分已陈旧不堪。始建于清光绪三十四年（1908）的新苏师范学校，在此巷中段，其地原为宋代规模宏大的张循王府，明清时为"和丰仓"。敌伪时期，绥靖司令龚国梁、吴县知事郭曾基、侦缉队长曹安昌等居此巷内。有顾氏庭院，为国民党顾某姨太太住宅，有湖石假山、广玉兰等。巷长423米，宽2.5~7米。1986年，改弹石路面为水泥六角道板路面。

南社社员、"救国会七君子"沈钧儒曾住此巷内。沈钧儒（1875—1963），字秉甫，号衡山，浙江嘉兴人。1904年甲辰科进士，曾赴日本求学。参加同盟会和南社。先后组织上海文化界救国会和全国各界救国联合会，后与邹韬奋等7人被捕，史称"救国会七君子事件"，抗日战争爆发后出狱。中华人民共和国成立后，任最高人民法院院长、全国人大常务委员会副委员长等职。

## 029 地方弄

位于姑苏区沧浪街道。南出书院巷，北出东善长巷。南口有始建于明代的都土地庙，范围甚广，有九进五间，清末遭焚毁。弄名与此有关。清代，南段称土地弄，北段称地方弄。1966年，合并称地方弄。中段东侧，原有清同治三年（1864）创办的慈善机构"康济局"，为寄存棺柩的殡舍。1917年，管理机构屋宇遭焚毁，寄柩业务于1957年结束。巷内南口有江南服装厂

（福利工厂）。居民住宅为旧式平房与新式楼房并存。1988 年，改弹石路面为水泥六角道板路面。2010 年老街巷改造，重铺路面。巷长 340 米，宽 1～3.5 米。

### 030　蛇门路

原位于姑苏区沧浪街道南部。南抵内城河，向北向折西过南星桥（今竹韵桥）至三元坊（今人民路），与碑记街相对。其东西段曾名先农坛前（今竹辉路西段）。1940 年《吴县城厢图》绘出蛇门路走向，十分清晰。蛇门，在今之南门内，约在今人民桥东 500 米处。蛇门何时开辟，各史书说法不一。《吴越春秋》云："阖闾立蛇门以象地户，欲并越，故立蛇门以制之。吴在辰，其位龙也，故小城南门上反羽为两鲵鱙，以象龙角。越在巳，其位蛇也，故南大门上有木蛇，北向首内，示越属于吴也。勾践归国，夫差送于蛇门之外，群臣阻道。"《吴地记》云："蛇门，南面，有陆无水，春申君造，以御越军。在巳地，以属蛇，因号'蛇门'。"《吴门表隐》云："相王坟在盘门东城下古蛇门傍，周击贼将军黑莫邪所葬，舟人祭祀不绝。"民国时期绘制的《苏州城市地图》上，标有蛇门路，从蛇门起至现在的竹辉路，1940 年左右尚存，后被废为阡陌。今已建造了居民住宅大楼。

### 031　织里弄

位于姑苏区道前街织里桥（今吉利桥）北。东起养育巷，西至府东巷中段。附近有织里桥，即今之吉利桥。俗呼"失履桥"。《吴地记》云："织里，今织里桥，在丽娃乡。俗呼'失履桥，利娃乡'，讹也。"《吴郡图经续记》："失履桥，在吴县西南。吴王有织里，以是名桥，谓之失履，俗讹也。"

"织里"，即纺织之处。明王鏊《姑苏志》云："纻丝，出郡城。有素，有花纹，有金镂彩妆，其制不一，皆精巧。《禹贡》所谓'织文'是也。上品者名清水，次帽料，又次倒挽。四方公私，集办于此。"原

织里苑

名"打线弄"，因市内此弄名称较多，1980 年，调整重名时改今名。弄口有空地，堆土成丘，植花种树，名"织里苑"。弄长 86 米，宽 2 米。1990 年，改弹石路面为水泥六角道板路面。

### 032　伍子胥弄

位于姑苏区胥门内。南起寿宁弄，向北新辟路段延伸至西善长巷。《苏州城厢图》标伍子胥巷，《吴县图》标伍相寺弄。据传，春秋时，吴国大夫伍子胥住宅在此。伍子胥死后，人们在此建庙，名伍相寺庙，弄称"伍相寺弄"，后改今名。弄长约 250 米，宽 2.5～14 米。伍子胥

（？—前484），名员。原为楚国人。其父伍奢，因向楚王直谏而被杀。伍子胥避难出走，逃奔到吴国，投靠在公子光（姬光）门下。他与勇士专诸结为好友，共同策划刺杀吴王僚，使公子光夺得王位，即吴王阖闾。并辅助吴王阖闾整顿军队，攻灭楚国，受封于申（今河南南阳北），故又称"申胥"。后又辅助吴王夫差打败越国，受任为大夫，参赞国事，称为"相国"。以后，越王勾践请和，夫差许之。伍子胥屡屡劝谏夫差，夫差不听。太宰伯嚭乘机诬陷，说伍子胥用心叵测。吴王夫差赐属镂剑令他自刎。他对手下人说：我死之后，可挖出我的眼睛，挂于城门之上，我要看越兵来吴。伍子胥死后，苏州人民为纪念他，在他的住地建造庙宇，塑像祭祀。相传，伍子胥死后，吴王夫差命人将他的死尸抛入城外河内，后名为"胥江"。他的死尸飘浮到太湖入口处，那里就被称为"胥口"。他所葬之山被称为"胥山"，人们还在山上建庙，称"胥王庙"。

伍子胥在吴期间，奉吴王阖闾之命，"相土尝水，象天法地"，建筑阖闾大城，周围四十七里，陆门八，以象天之八风；水门八，以法地之八卦，即今之苏州城也。所以，人们在老胥门城外建造了伍子胥纪念园，立有多块诗碑和伍子胥像，作为纪念。

### 033 近泮村

位于姑苏区南门内，西出人民路，东通南门新村。西隔人民路即苏州府学。古之学宫称泮池（半圆形水池），也称"泮宫"。"泮宫"为古代学府的代名词。此地靠近学府，故名"近泮村"。1980年，作"近潘村"，误。道路曲折迂回，长195米，宽2米。

### 034 财帛司弄

位于姑苏区沧浪街道，东出学士街，西至原苏州锁厂。弄内原有财帛司庙，相当于财神庙，属道教。清康熙二十六年（1687）建。"财帛"，财物布帛也。财物多了，要进行管理，"财帛司"是管理财物的财神。庙址原为东汉高士梁鸿祠，宋为贡院，明为西察院。弄长54米，宽1.5~2.5米。1989年，改弹石路面为水泥方形道板路面。现该区域已重新规划改造，原弄已不存。

### 035 府东巷

位于姑苏区沧浪街道，南出道前街，东出东支家巷。位于原道台衙门之东，人们为其命名时将道台衙门误为府台衙门，故名。原名"施巷"，曾名"舒巷"，为避免重名而改今名。巷长171米，宽1.5~4米。水泥道板路面。

### 036 中军弄

位于姑苏区沧浪街道东大街北段东侧，西出东大街，东不通。弄长168米，宽3米，1985年，改弹石路面为水泥菱形道板路面。清代于此设江苏巡抚标下统领军官的抚标中军左营守备署（中军衙门），故名。本弄原东连吉庆弄，南接新街，东南为荷塘。（《苏州城厢图》中有标记但无弄名,《吴县图》里中军弄、吉庆弄均有标记,东南之荷塘标作碧霞池。)1958年,染织一厂扩建,该三处均被划入厂区。

中军弄东,旧时又称十亩田地(《吴县图》标作"十亩田地"),民国《吴县志》(卷三十二)载:"十亩田地,在中军弄都土地庙东,为自宋以来范氏义田,至今犹存,田农岁纳租籽于范氏义庄。"

### 037 余天灯巷

位于姑苏区沧浪街道,南出瓣莲巷,北出庙堂巷,实为沟通瓣莲巷和庙堂巷中段的一条小巷,巷长123米,宽2~4米,弹石路面。明卢熊《苏州府志》、王鏊《姑苏志》、清乾隆《苏州府志》、同治《苏州府志》、民国《吴县志》均标作"天灯巷",但《姑苏图》《苏州城厢图》均标作"余天灯巷",《吴县图》《苏州图》均标作"余天灯弄"。范广宪《吴门坊巷待辀吟》卷一《余天灯巷》载:"一条小巷路三义,至此徘徊日已斜。信笔题诗成一笑,天灯明处记余家。"注:"在庙堂巷、板寮巷(瓣莲巷)之间,板寮巷中。"

余天灯巷8号为"毕园"旧址。清名臣毕沅裔孙毕诒策(字勋阁),于同治、光绪年间建毕园于此。毕诒策工书,善工笔花卉,为定海知府,辞官后寓苏州。苏州狮子林内"燕誉堂"匾额即为其书。毕园占地仅一亩,但具花木泉石之胜。20世纪二三十年代,贝晋眉、徐镜清、张紫东并穆耦初等,常来毕园与毕氏后人拍曲唱堂会。"文化大革命"期间,为多家住户搬入占用,后又被苏州仪表总厂划入,作为单位员工家属大院。

余天灯巷11号原为新光针织厂(小袜厂),是中共苏州工委机关联络处,并于其中创办"苏英职业中学",设高、初中两班,利用学校和教师身份,掩护并开展革命工作。

学者周楞枷(1911—1992)老宅也在该巷。周年轻时曾在胡也频主编的《红与黑》上发表散文,并创作长篇小说《风风雨雨》《抗日的第八路军》,1949年,先后担任了上海古典文学出版社、中华书局上海编辑所和上海古籍出版社的编辑。

### 038 接官厅

位于姑苏区沧浪街道,为胥门城墙与外城河之间的长街,北接胥门外大街,南至造船浜。长537米,宽3~4米,为道板、小方石、弹石路面。南宋时,在胥门与盘门之间建有姑苏馆,专门接待外国来使。历元、明、清各朝,为迎送官宦处,码头三面石堤计46丈,被称为接官厅,后遂成街名。1952年,在此兴建苏州第一座自来水厂——胥江水厂。1973年,曾改名大众巷。1982年,恢复原名。

清代苏州士民为江苏巡抚汤斌所立"民不能忘"石牌坊及胥江水则碑,原在142号门前外城河边,遥对胥江口。"民不能忘"牌坊则于1976年防地震时被拆掉,现已复建。

### 039 蜜蜂洞(含吉祥街)

位于姑苏区沧浪街道,北出书巷院,南两口接原吉祥街,长132.3米,宽1.5~3.4米,为弹石、砖路面。明王鏊《姑苏志》作"泮环巷",清乾隆《苏州府志》、同治《苏州府志》也均作"泮环巷",并注:"俗呼蜜蜂洞。"民国《吴县志》仍作"泮环巷",列庙港湾后,太师巷(道堂巷)、西包司巷(金狮河沿)前,并注:"(在)查家桥东,府学西北,俗呼蜜蜂洞,乾隆《吴县志》作密丰巷。"范广宪《吴门坊巷待辂吟》卷一《密丰巷》:"出门不用短筇扶,晓巷风清景不殊。堪笑讹言忘数典,密丰竟作蜜蜂呼。"并注:"今讹'蜜蜂洞',在吉庆街。"

曾疑其与今泮环巷有关,证之《苏州城厢图》《吴县图》,虽已标作"蜜蜂洞",但果然与今泮环巷(图上尚标东半爿巷)相连接。王謇《宋平江城坊考》附录"泮环巷"条有按语:即雅名"蒲帆巷"。旧时曾为一巷,今分作蜜蜂洞、泮环巷(东半爿巷)两巷。原南端为南园范围(清为植园及菜地),弄内住有养蜂人,放蜂采蜜,"密丰"因而被讹为"蜜蜂"。主巷称大蜜蜂洞,支巷称小蜜蜂洞。1998年,并入书院巷。蜜蜂洞南原有吉祥街,吉祥街东北出蜜蜂洞,西无通道。长59.8米,宽2.5米,为弹石、砖路面,于1998年街坊改造中被拆除。蜜蜂洞5号原系清代无难庵。

### 040　梅家桥弄

位于姑苏区沧浪街道新市路西段,因西端有梅家桥,为宋诗人梅尧臣晚年所居处,弄以桥名。清同治《苏州府志》(卷四十五)载:"梅都官园,在府治西南,《祝櫄野录》:圣俞晚年谢事,卜筑沧浪亭旁,正与子美相邻,二公一时名胜,日夕往还,酌酒赋诗,相得甚欢,至今称其地为梅家园。"民国《吴县志》作"梅家桥弄",并注:"(在)开元寺南。"《吴县图》标作"梅家桥弄"。

梅尧臣(1002—1060),字圣俞,宣城人,赐进士出生。任河南主簿时,与欧阳修是同僚,两人一起切磋古文,推动古文运动。诗名甚高,与苏舜卿齐名,时称"苏梅",著有《宛陵先生集》等。

碑记街、杨家巷一带,民国时颇为冷落。20世纪50年代初,拓宽、延伸人民路北段,开南门,并于当地举办苏南城乡物资交流会,此处形成"新市",遂名新市路。1991年,拓宽梅家桥弄,并将梅家桥弄并入新市路,新市路东口隔人民路与竹辉路相直,形成姑苏区古城区南部第一条贯穿全城的东西向干道。

### 041　西吏舍

位于姑苏区沧浪街道,西出养育巷,西北傍养育巷菜场。位于旧苏州府衙西侧,原为吏役所居,故名西吏库(参见"东吏舍"条),巷长40米,宽3米。20世纪80年代初,改弹石路面为水泥六角道板路面,90年代,改为水泥菱形道板路面。原巷南段废于20世纪90年代兴建市会议中心时。《苏州城厢图》标为"西里库",《吴县图》标为"更弄"。旧时同样取名为西吏库的有长洲路西吏库(已被撤销),古吴路西吏库。

### 042　石皮弄

位于姑苏区沧浪街道,东出司前街,西接朱家园跃进里,南连小教场,弄长208米,宽2

米。1991年，改弹石路面为水泥道板路面。民国《吴县志》作"石皮弄"，列小教场后，朱家园前，并注"（在）寿宁巷东"。《姑苏图》《苏州城厢图》均标"石皮弄"，《吴县图》中，南北向的标作"石皮弄"，弄北端东西向的标作"石皮场弄"（中段南接杀猪弄，参见"朱家园"条）。《苏州图》标作"石皮场弄"。

旧时采下山石，未加整形，称作"毛石"，整形时凿下的小石、碎石、边角料，称作"石皮"。路面用"石皮"铺砌的，多称为石皮弄。苏州旧时路、街、巷颇见用石皮铺砌，故取名为石皮者较多，为免重名，后或调整改名，或冠以方位字（如前、后、南、北等），以示区别。今独此处保留原名。

### 043　吕公桥弄

位于姑苏区沧浪街道，东至金狮河沿，西至地方弄。相传，有"吕公"告老寓居于此，有善行，乡人为之立祠。附近有桥，名"吕公桥"。本弄正对吕公桥，故名。但吕公究系何人，尚待考证。1958年填河拆桥。弄长168米，宽1.5～2米。水泥路道板路面。

### 044　皮匠浜

位于姑苏区盘门外裕棠桥南面，三面环水，地呈"U"形。东北面邻五十六间、万丰里，西北通吴兴里、清河浜，南面伸出于盘溪（朱公桥河）之中，河中原有狭长小岛，两端各筑堤连接河岸，原称"塘岸上"。1942年前后，苏北籍移民泊船于此，逐步上岸搭棚居住，聚居日多。这里的居民十之八九从事皮匠行业，最多时有皮匠担76副。人呼其为"皮匠帮"，其居民自称其地为"皮匠浜"，并用作巷名。1979年，安置下放苏北回城居民，在其东北部造房224户。1984年，市政府决定改造皮匠浜，拆迁原住户，建造居民楼群，安排"盘门三景规划区"内的人家迁此。通道长665米，宽2.9米。

### 045　炒米浜

位于姑苏区盘门外解放桥南块西侧，东起解放东路，西至韩家沿，南去解放新村。民国《吴县志》有著录。其处原为荒野隙地，清末，由盐城地区来此逃荒的朱广洛、赵光俊两户。1917年阜宁、淮安来此者50多户，至1949年达300余户。他们在此搭棚居住，形成棚户区。在苏州棚户区中，此处开辟最早，人口最多，占地亦最广。这里住的居民，绝大多数以制作、叫卖炒米为业，且有独特的制作方法，制成的炒米球、炒米糕香甜爽脆，名满苏城。该处有条小河，即叫"炒米浜"，巷名也用浜名。1958年，成立了"炒米合作社"，1960年宣告结束。苏州解放后，开始有砖木结构住房。20世纪60年代始有楼房，70年代出现水泥预制件两屋楼房。80年代新型楼房逐渐增多。90年代后期实行街坊改造，统一设计建造楼房。炒米浜28号翻建时发现古井一口，砖砌上壁，青石井栏。西边有潘家祠堂及墓地，原有石牌坊、享堂、翁仲、松林等。炒米浜西侧原有韩家沿村，20世纪70年代，韩家沿村民被陆续征用土地，住户于1982年并入炒米浜。1987年，改弹石路面为水泥六角道板路面。通道总长600米，宽0.5～2米。

## 046　大河浜

位于姑苏区葑门外，东临外城河，西靠城墙。原为荒地，无居民居住。约在清末，有人在此搭房居住后，便产生路名，但路名多次变更。清末，有人在路口搭棚摆摊做生意，出售甘蔗、荸荠、红菱等水果，路名称"青果巷"。抗日战争时期，曾改名为"南城脚"。此后，居民日渐增多，南段大多以爆炒米为业，遂呼为"炒米浜"；北段居民大多以皮匠为业，遂呼为"皮匠浜"。为统一起见，因该处紧靠外城河，定名为"大河浜"。主通道长692米，宽2.5米。2000年街坊改造，在此建筑居民住宅区，被并入长岛花园。

## 047　盘门横街

位于姑苏区盘门外，南出盘门路，北以吴门桥为界与盘门大街相连。长80米，宽4米，为弹石路面。宋代从城内出盘门有两岔道，一为朝东过虹桥的直街，达甘棠桥（今裕棠桥）东塊；一是向南过吴门桥的横街。直街与虹桥早已不存，横街与吴门桥则成为如今出入盘门的唯一通道（现为盘门景区的南大门）。民国《吴县志》作吴门桥大街，《吴县图》有路标而未注街名。本街南口，1984年曾搭建过街竹构亭廊以美化街容。

苏州弹词《描金凤》中，钱志节（钱乩筊）就住在此街。《描金凤》是苏州评弹中著名的一部弹词，本书目与《玉蜻龙》并称苏州弹词的"龙凤二书"，具有"小书大说"风格。

《描金凤》现能上溯到最早演出者为清同治、光绪年间艺人赵湘洲。《描金凤》所述故事为明代万历年间苏州书生徐惠兰，父母双亡，家道中落，与老仆陈荣相依为命，因借贷而遭羞辱，投井自尽，被以乩筊为业的钱志节相救。钱嘱惠兰至其家中稍待，自己则外出设法资助。惠兰至钱家，与钱女玉翠一见钟情，玉翠赠描金凤为信物，私订终生。后惠兰蒙冤入狱，经朋友多方解难而出狱。后考中状元，与玉翠完婚。

钱志节是《描金凤》中的关键人物，因以乩筊为业，人称钱乩筊，转音为钱笃笤（乩，吴方言读作"笃"，'筊'通"珓"，吴人转音念"照"或"笤"，旧时一种占卜吉凶之器，剖竹作成，称"笃筊板"，简称"筊板"，以乩筊为业，意为以占卜为业的算命先生，所以钱志节又被人呼为钱乩筊、钱笃笤），钱在玄妙观求雨是《描金凤》中承上启下的一节内容，因描述钱玩世不恭的性格及各种复杂心理，语言风趣，且描绘深刻，而受到人们的喜爱。"求雨"因此成为苏州弹词中重要的选回。作为一个善良而又风趣的人物形象，钱笃笤可谓是"深入人心"。苏州滑稽戏也有类似剧目，干脆就名"钱笃笤求雨"。在苏州人的日常生活中，愣不愣就会跳出"钱笃笤"这个词来。例如如果天晴时，有人穿雨靴或持雨伞，就会被苏州人称作"钱笃笤"。若有个算命卖卜的经过，或为人算命而有奇效，也常会有人喊"钱笃笤来哉！"

## 048　五十六间

位于姑苏区南门外，北接裕棠桥弄，东沿大龙港（西塘河）岸，西接皮匠浜、万丰里。1933年清明节傍晚，大龙港东岸苏纶纱厂墙外数十家棚户区突遭大火，焚烧殆尽。灾民即在此重建草棚，共七排，每排八间，计五十六间。弄名由此而来。20世纪50年代后住房几经翻建，大多为水泥预制件。1984年，沿河筑水泥防洪墙，建水泵房，同时垫高路面。1984年，主通道铺水泥道板路面。总长1 183米，宽1.5~5米。

### 049　葑门如意里

位于姑苏区葑门外，在西街北段东侧，西出葑门西街。曾名西街如意里。1980年改今名。里长46米，宽1.5~2.7米。如意，旧时民间用以搔痒之物，谓之"如意"，俗称"痒痒挠""不求人"。有心所欲，一举之顷，随即"如意"。如意亦为吉利之口彩。

### 050　九十间

位于姑苏区南门外南门路东段南侧，北出南门路，南至采香泾，属青旸地范围。旧时为英租界东界。原系砖瓦厂工人聚居地，最早有房19间，称"窑工房"。居民嫌"十九"太小，随颠倒为"九十"，自称"九十间"，以胜过相邻的20间。弄长440米，宽1.8~2.8米。20世纪60年代，改泥土路为弹石路。今尚存泥路270米。

### 051　后庄

位于姑苏区相门外相门桥东堍南侧，北起后庄桥，向南沿外城河至庄先湾。南面称南庄，北面称后庄。原为从事农田耕耘的农村村庄。后被建为仓库区。现开设多家店面，十分热闹。长300米，宽6米。为沥青路面。

### 052　前橹巷湾

也作橹行湾，位于姑苏区葑门外，与后橹巷湾连成"U"形环巷，东接后橹巷湾、葑门东街，西端也与后橹巷湾相接。此处靠近葑门河道及黄天荡水网地区，船只众多，船户需要买橹、修橹，巷内开着数家出售橹的商店，尤其是两家大的商店，出售的橹做工精细，坚固耐用，颇有声誉。巷名由此而来。历史上这里还是渔行的集中地，每天到此的渔船有350艘左右，鲜鱼5万余斤，称为"八鲜鱼行"（八类河鲜），生意十分兴隆。1951年10月，在此建立渔民合作社，有社员1 200余人。所临河面颇宽，旧时颇多城中"善士"来此买螺蛳、小鱼放生，故此河段曾有"放生池"之称。巷长168米，宽2.5米。1988年，改弹石路面为水泥六角道板路面，至今正常通行。

### 053　肇源弄

位于姑苏区葑门外，西起莫邪路，南面为里河，向东分二，北至金鼎建筑工程公司与长岛，南至塑料四厂。中华人民共和国成立前，弄西南有闻名苏州城乡的"肇源米行"。米行墙后的荒坟地，有苏北移民在此搭棚居住，遂成小弄，即以米行之名称之。弄长238米，宽1.5~6米。

### 054　七公堂弄

位于姑苏区葑门外，南接葑门横街，北出葑门路。民国《吴县志》有著录。弄内有土地堂，祀"七公明王"，俗称"张七公庙""七公堂"，弄以"七公"得名。"七公"何许人也？待考。一说是祀晋代张翰。张翰，字季鹰，吴县人，西晋文学家。有"莼鲈之思"故事，被奉为东吴乡土谷神。1966年，曾改称前桑园地。1980年恢复原名。1987年，改弹石路面为水泥道板六角路面。弄长120米，宽2米。

### 055　皇宫后

位于姑苏区双塔街道民治路东段北侧，南起民治路，北至元和路，因有万寿宫而得名。苏州旧有"三宫九观廿四坊"之说，万寿宫即是其中之一。万寿宫建于清康熙五十六年（1717），由江苏巡抚吴存礼主持创建。宫外原有玉带河环绕，过桥才能入宫，后被填没。宫内供奉皇帝万岁牌位（生位），每逢皇帝生日，苏州的官员在宫内举行庆典。皇帝生日称"万寿节"，万寿宫名由此而来。如皇帝驾崩，官员亦在宫内设灵祭祀，以表志哀。平时作为恭迎皇帝诏书的处所，故俗称"皇宫"。在皇宫后面的一条小巷，即名"皇宫后"。原有一条横弄称木梳弄，弄内住户大多从事木梳、篦箕制作。因其在万寿宫后，统称为皇宫后。20世纪70年代后，弄堂旁改建住宅楼多幢。弄长424米，宽3.5米。

### 056　青石弄

位于姑苏区双塔街道滚绣坊中段北侧，南出滚绣坊，北无通路。巷口道路正中，有一块浮雕双鹤的青石，故名。青石弄5号为现代文学家、教育家叶圣陶抗战前的故居，占地350平方米，故居一排四间，一排附房，房前有一小庭院，环境清幽。叶圣陶（1894—1988），又名绍钧。苏州人。系近代教育家、作家、出版家。他在此定居两年，曾创作《一篇宣言》《邻居》和散文集《未厌居习作》等。中华人民共和国成立后曾任出版总署副署长兼编审局局长、出版社总编辑、教育部副部长等。著作有《倪焕之》《牧羊儿》《稻草人》《古代英雄》等。弄长70米，宽2.5米。1988年2月，陆文夫创办《苏州杂志》社，此处为杂志社办公地。

### 057　百步街

位于姑苏区葑门内，北起盛家带正对望门桥，西至吴衙场正对砖桥。街长约有百步，故名。此街为由十梓街去葑门的捷径，行人车辆较多。现代女作家苏雪林曾住百步街18号。苏雪林，原名苏敏，曾任东吴大学教授，著作有小说《棘心》《天马集》，散文《绿天》《屠龙集》《唐诗概论》等。街长59米，宽2米许。原为弹石路面。1984年3月，翻建为水泥六角道板路面。今为小青石砖路面。

## 058　带城桥下塘

位于姑苏区双塔街道凤凰街南端东侧，西起凤凰街，东至星造桥。因在带城桥北堍东侧、第三横河北面塘岸，故称"下塘"。清代称"织造府场"。清顺治三年（1646），工部侍郎陈有明奉旨总管苏州织造，选本街明朝外戚嘉定伯周奎的旧宅，兴建苏州织造局，占地50亩，规模壮观，体制宏敞，有厅堂、楼阁、庙宇、机房四百余间，并有园池亭台。康熙十三年（1674）划南半部为"织造署"，因在城南，称"南织造局"，简称"南局"，与观前的"北局"相对。康熙四十三年（1704），于西花园建造行宫。康熙、乾隆两帝南巡，曾驻跸于宫内。园内有花石纲遗物"瑞云峰"，为苏州峰石之冠。因此，该巷旧时又称织造府场、织造府前。《苏州城厢图》标作"织造府场"，《吴县图》标作"带城桥下塘"。

《红楼梦》作者曹雪芹的祖父曹寅、舅舅李煦曾先后任苏州织造。曹寅为满洲正白旗人，母亲孙氏，曾是康熙皇帝的乳母。传说曹雪芹在孩提时代，曾同康熙一起玩乐。故红学家们认为，曹雪芹可能出生在这里，或与其祖父、舅舅一起生活过。

光绪三十二年（1906），由王谢长达在此创办振华女校。1926年，改为苏州振华女子学校，由王谢长达之女王季玉任校长。1953年，改名苏州女子学校。后为江苏师范学院附中，现为苏州市第十中学。巷长448米，宽3.8～5.5米。1983年，改弹石路面为枕石路面。20世纪80年代初，沿河建花坛29座，中段过街花栅20米。

## 059　网师巷

位于姑苏区双塔街道十全街东段南侧，南出阔家头巷，北出十全街。因傍网师园而得名。民国《吴县志》云："康熙志作带城桥西，有误。实在桥东南。元和志作网师巷。同治志今名网师巷。"网师园，始建于南宋，原为淳熙年间（1174—1189）吏部侍郎史正志的"万卷堂"故居。堂前有花园一座，名"渔隐"。清乾隆年间（1735—1796），光禄寺少卿宋宗元退隐苏州，在此擘画布置，营造别业。宋宗元借"渔隐"旧意，自号"网师"。园称"网师园"，占地虽仅八亩，但小巧精致，结构紧凑，亭台楼阁，参差错落，假山池水，相互依托，园中有景，景中有园，名播海外，盛誉天下。国画大师张大千、张善孖兄弟曾寓居园中，创作书画。1987年，以网师园"殿春簃"为蓝本设计的"明轩"，建成于美国纽约大都会艺术博物馆，作为永久性陈列。

旧志均作"黄师巷"，俗称"王思巷"。《苏州城厢图》等均标"王思巷"。传说王思是一个渔翁，他网起了一条缩小的龙，放养在一泉池内，即园中的"涵碧泉"。后来有一年苏州发生大旱，小龙为报渔翁的救命之恩，行云播雨，解除了旱情。人们感谢王思，将他所居之小巷，称为"王思巷"。"王思"本为"网师"的谐音，后写作"网师巷"。巷长285米，1980年拓宽为5.3米，其余仍为1.5米。北端为枕石路面，其余为弹石路面。

## 060　蔡贞坊

位于姑苏区双塔街道十全街西端南侧，北出十全街，南接木杏桥、羊王庙。民国《吴县志》

云："采贞坊巷，俗称蔡贞坊，在带城桥西南。"又："蔡贞坊巷，祀清布政使经历赠朝议大夫潘师坤妻旌表节孝俞氏祠前建坊。"巷名原作"采贞坊巷"，后称"蔡贞坊"。原蔡贞坊7号（现为十全街249号）为蒋介石曾经的夫人姚冶诚故居，名"丽夕阁"，为一幢三层三开间青砖楼房，建于1929年，占地1400多平方米，有草坪、池塘、凉亭等。因蒋介石要与宋美龄结婚，命人在此造房，安排姚冶诚和儿子蒋纬国在此居住，俗称"蒋公馆"。1956年并入南园宾馆，编为7号楼，坊也圈入，用围墙砌断，原名遂废。

## 061 一人弄

位于姑苏区双塔街道乌鹊桥路南端东侧，西起乌鹊桥弄，东至羊王庙。弄极狭窄，仅容一人通过，故名。《吴县图》中有标记。现略有拓宽，弄长65米，宽1.2米。书法家、金石学家沙曼翁曾住此弄内。沙曼翁（1916—2011），男，满族，祖姓爱新觉罗，原名古痕，1916年生于江苏镇江，长期寓居苏州。曾为中国书法家协会会员、江苏省文史研究馆馆员、苏州市书法家协会顾问、东吴印社名誉社长等。2009年，因其在书画篆刻艺术领域的突出成就和影响，中国书法家协会授予其为艺术指导委员会委员和第三届中国书法兰亭奖终身成就奖。

一人弄

## 062 定慧寺巷

位于姑苏区双塔街道凤凰街北端东侧，西至凤凰街，东至吴王桥。曾名"双塔巷"。旧为两巷：东头名"双塔寺前"，西头名"王判司巷"，亦名"寿宁寺巷"。《吴门表隐》云："宋雍熙中判司王文罕建双塔，并舍田五百八十亩。今祀文罕为伽蓝神，兄弟三人并有像。其墓在寺内东隅，冢甚高，人不敢近，其地本名王判司巷。"寿宁寺，即寿宁万岁院。唐咸通年间（873—874）为州民盛楚等创建，名般若院子院。五代吴越时称"罗汉院"。宋雍熙年间（984—987）称西方院。元至道元年（995）敕赐御书48卷，至道二年，赐额"寿宁万岁院"。大中祥符年间赐额"定慧禅寺"。自此，寿宁万岁院一分为二，东头为双塔寺，西头为定慧寺。自此，定慧寺名声大振，名闻吴中，香火极盛，文人学子也常来游赏。元代时毁于兵火。明代时重建。清康熙十一年（1672），僧大休驻锡，里人唐尧仁捐资重建大殿、观音殿、弥勒殿。后又建地藏、天王各殿。所在小巷以寺名，称定慧寺巷。文学家苏轼与定慧寺住持僧守钦非常友好，往来甚密。因而，守钦和尚在寺内专门建造一室，取名"啸轩"，供苏东坡来苏居住。

本巷东头的"双塔寺"，由判司王文罕兄弟捐建双塔，为7层八角形的楼阁式砖塔结构，形式、体量相同。底层墙表相距仅15米，高约33.3米，顶端塔刹高8.7米，约占塔高的四分之一。塔后原有正殿，建于北宋初期，已被毁，但故基尚存，距离塔心21米，南向。遗迹经清理复位，为江苏目前唯一所保存的宋代建筑遗迹，所存的宋代石雕柱、础，其精美程度，实属罕见。

双塔寺之西，定慧寺之东，南至桐桥东街沿河一段，有清一代在此设立贡院，即童生考秀才的试场，占地4 000多平方米。四边有围墙，正门两侧用木栅栏，形似衙署，门口设石狮一对，以壮威严。内为广场，供停轿系马。广场两端竖立旗杆，并建有鼓乐亭，上、下2层，上层放炮，头炮准备，二炮进考场；下层吹打。每逢考期，四处张灯结彩，鼓乐喧天，十分热闹。两边设有考棚，每个考生一间，仅容一桌一椅。清末科举停办，贡院就此冷落，成为荒场，后建民居。

民间传说，苏州城内文房四宝齐全，府城是笔墨盘，双塔是两支笔，钟楼（俗名"方塔""文星阁"，在今苏州大学内）是墨，孔夫子巷内原有池，为墨池，苏东坡曾洗砚于此。有这等巨大的笔墨盘写文章，故苏州文人在全国考试中屡屡夺魁，仅有清一代，苏州府就出状元26名，其中一人还连中"三元"。

双塔巷南原有小河（王长河），东自胭脂桥下分支，西至定慧寺前尽头，便于水路进香及赶考。清同治二年（公元1863年），太平军叛将郜永宽刺杀慕王谭绍光后降清，清军入城，在双塔寺边空地上集中屠杀太平军逾万，将死尸抛入王长河内，并填没河道，桥亦遭拆除。

定慧寺巷88号为吴作人艺术馆。吴作人（1908—1997），祖籍安徽泾县，祖父吴平畴为避兵乱移居苏州。吴作人生于苏州，从事美术、文学创作数十年，在苏州居住20余年，曾任中国美术家协会主席，中央美术学院名誉院长，全国文联副主席。1989年，他将自己的艺术作品无偿捐赠给苏州。为此，中共苏州市委、市政府在此建"吴作人艺术馆"，将他的作品陈列展览。

20世纪90年代初，定慧寺巷及周围作为"37号街坊"改造工程，全面整修，铺人字形石块路面。巷长294米，宽11米。

## 063 石家湾

位于姑苏区双塔街道饮马桥南堍东侧、两河相汇之处，西起人民路，东与张思良巷相接。其地原住石姓人家，又是第三横河转弯处的两河汇合之处，故名"石家汇"。"汇"与"湾"系谐音，后称"石家湾"。民国《吴县志》有著录。2000年石家湾进行旧房改造，巷口砌有"石家湾"牌坊一座。路长210米，宽3.5米。

相传，清末文学批评家金圣叹曾住在石家湾。金圣叹（1608—1661），本姓张，名采，后改姓金，名喟，号圣叹，明亡后改名人瑞。长洲（今苏州）人，明诸生。入清后绝意仕途，以著述为务，著有"评天下六才子书"：《离骚》《庄子》《史记》《杜诗》《水浒》《西厢》，其所评《水浒》《西厢》流传甚广。清顺治十八年（1661），金圣叹因"哭庙案"被处死。

## 064 升龙桥下塘

位于姑苏区双塔街道干将东路东端、升龙桥南堍，西至灰堆园，东至甲辰巷。升龙桥，跨第二横河，宋代称"万寿寺桥""万寿寺前桥"（寺在新学前）。因寺废，明代称"升龙桥"，与附近"甲辰巷"之名有关。"辰"者，龙也。清末民初，讹称"兴隆桥"。1980年恢复原名。桥尚存，为石级单孔桥，是干将河上仅存的一座古桥。《中吴纪闻》云："张仪，字几道，居万寿寺桥，与顾棠叔恩皆为王荆公门下士。荆公修《经义》，二公与焉。几道登第，官至著作郎，未几损馆。方子通作挽诗，至今诵其诗者，为之出涕。"巷在第二横河沿岸、升龙桥东侧，故名。路长272米，宽1~4米。原名孟子堂，因巷内有孟子庙。1993年，拓宽干将路，巷为路面，统一称干将东路，名废。

**065　顾亭桥下塘**

位于姑苏区双塔街道干将东路东端、顾亭桥南堍，为甲辰巷北端支巷，东向弯北至第二横河边。因傍顾亭桥而得名。路长160米，宽3米。《宋平江城坊考》作"顾庭桥"。明代方志均作"顾亭桥"。明王鏊《姑苏志》云："端平二年建。"《吴门表隐》云："顾亭桥，在狮子口，宋顾亭居此。亭至孝，其母磨豆为业，有宿孽，当天谴，林酒仙怜而救免，后皈佛，倾其资独建此桥。"1993年，拓宽干将路，巷遂废。桥改建为水泥平桥，桥柱两面均有对联，东面为："群虎随双狮共舞；金鸡伴白鹤齐飞。"西面为："漫步独怀砖塔古；泛舟共赏水城幽。"为书法家费之雄撰书。拓宽干将路时，巷为路面，统一称干将东路，名废。

**066　东灰堆园**

简称东灰堆。位于姑苏区双塔街道干将河东段南岸，今唐家巷、读书湾以北。南北向小巷，南通巷门里，北端，折东接升龙桥下塘，折西通原西灰堆园。长506.6米，宽2~2.9米，为沥青、弹石、砖路路面。本巷相接的西灰堆园，民间又合称灰堆园。20世纪90年代，因拓宽干将路动迁，在灰堆园一带，兴建凯莱饭店和唐家巷花苑住宅小区，才正式撤除东灰堆园、西灰堆园地名。

灰堆园原名，据王謇考证当作匼傀园。王氏引述《南禅大藏跋文搜录》所载宋人题记时，提及"平江府长洲县乐安上乡"，据此又提及灰堆园，详见《宋平江城坊考》卷一"跨街楼"条的按语。据王謇考证，灰堆园当为宋元间大户匼傀氏（古代有贵族，复姓匼傀，后匼傀氏又分作匼氏、傀氏两姓）的园宅，名匼傀园。"匼傀"两字均过于生僻，民间讹为灰堆。之所以讹为灰堆，除了取其谐音以外，还暗寓了唐诗人韦庄《秦妇吟》"内库烧为锦绣灰，天街踏尽公卿骨"之意，即锦绣宅园因战火沦为灰堆。

灰堆园初毁于何时，今已无考，但遭遇灭顶之灾，是在清代咸丰年间的太平天国时期，该园及邻近的清代学者惠周惕的"红豆山庄"等，都彻底被毁在那场战乱中，灰堆园及周围一带沦为荒地、垃圾集中地及贫民棚户区，民间仍称灰堆园。20世纪30年代起，又有数批苏北灾民、船民由运河转干将河弃舟登岸，先后在废园周围搭建起泥墙棚户，聊以生息，园周围荒地逐渐被占用，但50年代、60年代初，人们还能在长1 000余米、纵深近200米的"灰堆园"废址看到一些遗构——如相当规模的断墙残垣、柱石瓦砾、大屋废基、高台、池塘塘岸、土墩、假山、高大的松树和柏树及其他古树等。后来，灰堆园废址上住户越来越多，并且逐渐盖起了新房，灰堆园空闲地终于被蚕食殆尽。

这一带，在《吴县图》上，即标为灰堆园。1950年后，整顿地名路名，乃将这块向称灰堆园中的两条主要通道，分别定名为东灰堆园、西灰堆园，"文化大革命"后出版的地图上，有时又标作东灰堆、西灰堆（位置在今干将东路美居酒店一带）。1991年被拆迁除名。

### 067 百龙坊

位于姑苏区双塔街道十全街东端西侧，巷口立有粗柱石坊，甚高，上书"百龙坊"。巷以坊名。故址在今十全街15号处。民国二十五年（1936）拓宽十全街，遭拆坊、废巷。

### 068 打线弄

位于姑苏区双塔街道双成巷中段东侧，西出双成巷，东端不通。打线，即制作线或线绳，这是家家所需的日用品，用量甚大。弄内原有打线工场，即以"打线"名弄。弄长40米，宽约3米。旧时，苏州有不少街巷里弄设有打线工场，因而有多处打线弄。1980年调整重名时，他处均被取消，仅留此弄名。1993年，拓宽干将路时，巷遭拆除，名遂废。

附：

1　打线弄　位于道前街舒巷东侧。1980年改名织里弄。
2　打线弄　东大街第一条横弄。1980年改名复兴弄。
3　打线弄　位于严衙前东端北侧，1980年改名严衙弄。
4　打线巷　东接皮市街，西接殿基巷。
5　打线场　东接廖家巷，西接新桥弄。

### 069 望星桥北堍

位于姑苏区双塔街道十梓街东段望星桥东堍北侧，南起十梓街，北抵钟楼头西口与祖家桥（巷）相连。巷长322米，宽3~4米，1988年改弹石路面为水泥六角道板路面。望星桥原作望信桥，王謇《宋平江城坊考》卷三："望新桥石刻云：望信桥，乃姑苏东南隅之要津，于绍定己丑孟冬上浣吉日鼎新毕工。"桥跨第四直河，向为城东水陆交通中心，古代桥旁河边为客船集中处，旅人多在此盼望家信，故名。民国二十四年（1935）改建时易为今名。

巷内有市文物保护单位宋代建筑百狮子桥（1965年被拆）和寿星桥。6号北原有清代咸丰七年（1857）所立仓圣庙，20世纪70年代末遭拆除。望星桥北堍23号为现代作家程小青故居"茧庐"。程小青（1893—1976），原名青心，别署"茧翁"，曾任东吴大学附中国文教授，热心创作侦探小说，其创作中最著名的有《霍桑探案》，其翻译的侦探小说最著名的有《福尔摩斯探案》。

### 070 西瓦爿弄

位于姑苏区双塔街道十梓街东段南侧，南口在醋库巷，北口在十梓街，东无出口，西通马军弄。全弄成十字形，弄长282米，宽2.4米，1984年改弹石路面为水泥六角道板路面。

弄北口原有桥，称西小桥，即《吴郡志》所述小博桥。据卢熊《苏州府志》："小博桥，庆元中改作，名永安桥。"王鏊《姑苏志》："小博桥，一名永安桥，在仓司前。"后讹作"永定桥"。

旧名医院前，王謇《宋平江城坊考》卷三载："医院前，今西瓦爿巷。"考之《平江图》，永安桥南有医院，医院前有巷。民国《吴县志》作"西瓦爿弄"，并注"（在）醋库巷"。《苏州城厢图》有路标而无弄名，《吴县图》《苏州图》均标作"西瓦爿弄"。弄内有柴园，正门在醋库巷。

### 071　东小桥弄

位于姑苏区双塔街道，南起孔付司巷苏州第十中学大门，北至十梓街，弄长190米，宽6米，1983年改弹石路面为沥青路面。弄北端原有石板桥名东小桥［王謇《宋平江城坊考》（卷三）载"清道桥，今东下桥。范、卢、王三《志》均著录"］，故名。1958年河填桥拆。卢熊《苏州府志》作"净道桥巷"，按《平江图》中东小桥即作清道桥，疑净道桥巷即为清道桥巷。同治《苏州府志》作"李王庙巷"。民国《吴县志》也作"李王庙巷"，并注："清道桥直南，俗呼李王庙弄，康熙《志》：小桥巷，孔夫子巷北侧即此，以清道桥俗呼东小桥也。"王謇《宋平江城坊考》（卷三）载："清道桥巷，卢《志》著录。今名东街。宣统《吴县志稿》：'李王庙巷，清道桥直南，俗呼李王庙弄。'……《吴郡金石目》：'施判司宅修井题记，淳祐七年腊日，正书。在葑门内东小桥南，地名东街。'"由此可知，东小桥弄，曾名清道桥巷、李王庙巷、东街、小桥巷。

东小桥弄两侧原为清织造署总织局（南局）机房，清咸丰十年（1860）被毁。民国时渐成新贵别墅区，东小桥弄3号为国民党元老吴忠信所建西式宅邸仿古花园，现为控制保护古建筑。吴宅对面是民国政要罗良鉴构建的花园，人称罗家花园（罗园），卸任昆山知县伍伯谷偕子上海商业储蓄银行总经理伍克家于吴宅旁以6亩之地建园宅。20世纪60年代，罗园南部改建为第一光学仪器厂，北部建成江苏师范学院（今苏州大学）教职员工住宅区。东小桥弄3号原吴宅先后被用作专区公安处、市宗教事务局、归侨联合会、国家安全局等办公场所。

### 072　迎枫桥弄

位于姑苏区，南端在新造桥北堍，东接吴衙场，西接带城桥下塘；北端在望星桥西堍南侧，与东侧的盛家带、西侧的迎枫桥下塘会合，出十梓街。全长349米，宽1.5～4.5米，1984年改建中段为沥青路面，南北两段为水泥六角道板路面。《平江图》上望星桥西南有迎葑桥，桥因近葑门而得名。清代起已误为迎风桥、迎枫桥，弄随桥名，1958年遭填河拆桥。该弄本以孔付司巷口为界，北段称迎枫桥弄，南段称新造桥弄，1980年统称迎枫桥弄。卢《志》、王鏊《姑苏志》、乾隆《苏州府志》均未著录。同治《苏州府志》也未见录，但录新造桥巷，列二郎巷后、李王庙（东小桥）巷与吴衙场前。民国《吴县志》录新造桥巷，列二郎巷后、吴衙场前，并注"（在）新造桥直北"。疑此新造桥巷即含原迎枫桥弄（今迎枫桥弄北段）。《苏州城厢图》分别标北段为迎风桥弄、南段为新造北巷。《吴县图》《苏州图》分别标北段为迎风桥弄、南段为新造桥弄。

### 073　迎枫桥下塘

位于姑苏区，平行于十梓街东段南侧，东起盛家带，与迎枫桥弄相会合，西至东小桥弄与东小桥下塘相对，实为原迎枫桥弄南堍西侧塘岸，故名。长220米，宽4.3米，1985年改弹石路面为水泥六角道板路面，《苏州城厢图》有路标而无路名，《吴县图》标作"迎风桥下塘"。

### 074 船舫巷

位于姑苏区带城桥西南，北出十全街，向南折东三曲出带城桥弄，长232米，宽2.7米，为弹石、砖路面。20世纪80年代末街坊改造，本巷因三曲段建房，仅剩出十全街一截（现南园宾馆东侧）和东出带城桥路一截，巷遂遭废弃。

卢《志》作"船坊巷"，王鏊《姑苏志》作"船舫巷"，并注"（在）带城桥西"，乾隆《苏州府志》又作"船坊巷"，同治《苏州府志》、民国《吴县志》均作"船舫巷"，《苏州城厢图》标作"船舫巷"，但《吴县图》《苏州图》均标作"南船帆巷"。

### 075 彭耆巷

位于姑苏区人民路饮马桥东南，马济良巷之北。西出人民路，东起张思良巷。卢《志》、王鏊《姑苏志》均作"庞耆巷"。《苏州城厢图》上作"螃蜞巷"，《吴县图》乃作"彭耆巷"，民间又称彭其巷。王謇疑其巷旧时居庞、耆两姓人氏。20世纪50年代末划入中共市委机关范围（在今苏州图书馆范围内），巷遂被废弃。

范广宪《吴门坊巷待辑吟》（卷二·庞耆巷）云："巷名数典说庞耆，儒雅风流亦可师。稽古还宜详里乘，莫讥误食当螃蜞。"

### 076 怀厚里

位于姑苏区，向北转东出五龙堂，南为民居，不通。里长63米，宽3.2米，为弹石路面。

原为明代大学士王鏊后裔王颂蔚7进深大宅内备弄。20世纪50年代起，大宅散为民居，住户众多，出入频繁，遂被揭去备弄屋面而成为露天里弄，该宅大厅有额"怀厚堂"，遂以名里。

王颂蔚（1848—1895），字芾卿，号蒿隐，清光绪六年（1880）进士，由户部主事，补军机章京。著有《周礼义疏》《明史考证据逸》等。其妻即王谢长达（1848—1934），振华女校创办人。

### 077 巷门里

位于姑苏区双塔街道钟楼新村北缘，东出市桥南，西出读书湾。北向两支巷，一出市桥头，一连东灰堆园；南向两支巷，均出市桥南。传旧时有巷门，故名。巷长253米，宽2~3米，为弹石路面。周围原系农田菜地，20世纪70年代末起，建住宅楼群。

### 078 沈衙弄

位于姑苏区双塔街道十梓街北侧，东出凤凰街，西至槐树巷。弄长162米，宽4.8~6.9米，1989年改弹石路面为马路砖路面。现沈衙弄原名酱园弄。近旁原有南北向沈衙弄（处槐树巷东侧，平行于槐树巷南段，与酱园弄垂直成"T"字形，同治《苏州府志》作"沈衙弄"，民国《吴县志》也作"沈衙弄"，并注"（在）槐树巷东"，《吴县图》标作"酱园弄"，《苏州图》有路标无弄名），1967 年，附近有线电厂西扩，将原沈衙弄腹地划入厂区，弄遂废。1980年调整重名（本市酱园弄重名 4 处），该酱园弄便移用作已废弃的沈衙弄弄名。按：《平江图》中该处有横巷列杨园桥南，"酱园弄"疑即为"杨园弄"之误。

20 世纪 20 年代末，多家住户在此建筑花园住宅，为便于车马出入，缩进院墙，放宽通道，故而该弄显得宽广，甚至超过当时的大街。沈衙弄 1 号、4 号为书画家吴湖帆的宅后门，也即吴大澂故居，原正门在十梓街，现属市控保建筑。

### 079　沧浪亭街

位于姑苏区双塔街道沧浪亭北侧，西出人民路，沿沧浪池向东接乌鹊桥路，另一支南出竹辉路。长 562 米，宽 2～8 米，原为弹石路面，1982 年翻建为小方石路面，同时垫高了路基。

沿街景色幽雅，西口接人民路，旁有"沧浪胜迹"牌坊，街南沿沧浪池，有树木花石之胜，隔水即沧浪亭及苏州美专旧址罗马大楼（现为苏州美术馆暨颜文樑纪念馆），街北为可园，可园东为解放军一〇〇医院（结草庵、近山林、正谊书院故址）。南段原名三家村，1956 年改称支农村，1980 年统称今名。

关于近山林、正谊书院，清沈复《浮生六记》（卷一·闺房记乐）中云："中秋日，余病初愈。以芸半年新妇，未尝一至间壁之沧浪亭，先令老仆约守者勿放闲人。于将晚时，偕芸及余幼妹，一妪一婢扶焉，老仆前导，过石桥，进门折东，由径而入。叠石成山，林木葱翠。亭在土山之巅，循级至亭心，周遭极目可数里，炊烟四起，晚霞灿然。隔岸名近山林，为大宪行台宴集之地，时正谊书院犹未启也。携一毯设亭中，席地环坐，守者烹茶以进。少焉，一轮明月已上林梢，渐觉风生袖底，月到波心，俗虑尘怀，爽然顿释。芸曰：'今日之游乐矣。若驾一叶扁舟，往来亭下，不更快哉！'时已上灯，忆及七月十五夜之惊，相扶下亭而归。吴俗，妇女是晚不拘大家小户，皆出，结队而游，名曰'走月亮'。沧浪亭幽雅清旷，反无一人至者。"

又，可园在沧浪亭街西头街北，原系宋代园林沧浪亭一部分，面积约 3 000 平方米，《沧浪亭新志》（卷八）云："可园始建，《府志》无考，惟学校门载嘉庆九年铁冶亭制军正谊书院碑记，有以白云精舍及可园地为基址一语，知园必在嘉庆前矣。臆揣尹文端公建近山林时筑园于旁，亦未可知。特文献无征，未敢武断。"园内有学古堂、博约堂、黄公亭、思陆亭、陶亭、藏书楼、浩歌亭、小西湖八景。园中有铁骨红梅二株，尤为著名，岁时作花，郡人士女争往观赏。民国时，可园一度为江苏省立图书馆。后被划入苏州医学院（今苏州大学），现归苏州园林局，并已修复对外开放。

### 080　永定寺弄

位于姑苏区干将西路东端北侧，南起新春巷，北至斑竹巷。1914 年《新测苏州城厢明细全图》载称查先生巷。1940 年《吴县城厢图》及 1949 年《最新苏州地图》载录为官宰弄。1980年，因原有永定寺而改永定寺弄。据《吴地记》、明王鏊《姑苏志》等记载：永定寺亦名永定讲寺。梁天监三年（504），由苏州刺史、郡人顾彦先舍宅而建。唐代诗人韦应物于贞元五年（789）任苏州刺史，史称"韦苏州"，他罢官后曾寓居永定精舍。韦应物（737—791），字义博，京兆杜陵（今陕西西安）人。早年曾为唐玄宗宫廷"三卫郎"，后读书考中进士。历官滁州、江州、苏州刺史。诗人。著有《韦苏州集》。

唐乾符年间赐额"永定普慈天台讲寺"，由陆鸿渐书。元代，僧声九皋作海印堂，又取韦应物诗句作"闲斋"。元末，寺毁于火。明代洪武中重建。清代，由知府胡缵宗改为金乡书院，东南一隅建理刑公署。明万历年间（1573—1619），知县江盈科详请归还寺基，重建"五贤祠"，祀顾彦先、陆羽、韦应物、刘禹锡、白居易5人，并写有碑记。巷长260米，宽3米。原弹石路面，1984年改建成六角和长方形道板路面，2008年街巷整治，改为长方形水泥砖路面。

永定寺弄

### 081　敬文里

位于姑苏区人民路北端东侧，西出人民路，东出皮市街。原名小王家巷，传为太平天国时期，有王姓将领两人，一居于南，名大王家巷；一居于北，名小王家巷。1942年由身居海外的朱敬文先生自筹资金创办敬文小学，并亲自担任董事、校长。1997年街坊改造后，改称敬文里。长176米，宽2.5米。

### 082　骆驼桥浜

位于姑苏区桃花坞大街东侧北块，南起桃花坞大街，北至永丰二弄。民国《吴县志》作骆驼桥弄，并注："在古单家桥北。"1940年《吴县城厢图》载为"骆驼桥弄"。1949年《最新苏州地图》称"骆驼桥浜"。骆驼是大西北沙漠的动物，苏州街巷怎么以它来命名？原来，此处南段两侧原均有土墩，高低起伏，形似骆驼的背峰，俗称"骆驼墩"，巷名即以土墩的形状而名之。长197.8米，宽3.8米，原为弹石和砖砌路面，1988年改为六角道板路面。2008年老街巷改造，铺成荷兰砖。

### 083　斑竹巷

位于姑苏区景德路东段南侧，南接永定寺巷，北至景德路。因巷内多竹器作坊而得名。明王鏊《姑苏志》、民国《吴县志》均有著录。曾误作"斑竹巷"。斑竹，亦名"湘妃竹"。《吴郡图经续记》云："今斑竹呼瑇瑁竹，又名曰湘竹。其竿有黑点斑斑，如泪痕，与湘出者同，故名。"旧时，吴人以此竹做床、椅及用器，颇为雅观。《吴门表隐》云："驸马府，在临顿桥东，其中有潇洒堂，吴三桂婿王永宁所建。籍没后，拆改尹山崇福寺，唯斑竹厅犹存。"竹器之经久耐用，由此可见。巷长124米，宽3.4米，原为弹石路面，1989年改建成S形道板路面。2008年街巷整治，铺成长方形水泥砖路面。

巷内有斑竹里，西接斑竹巷。

### 084　松鹤板场

原位于姑苏区平江街道宫巷之南，东接濂溪坊，西至宫巷南口。原名孙岳颁场。因礼部侍郎孙岳颁居此而得名。孙岳颁（1639—1708），字云韶，号树峰，晚号二知居士。吴县（今苏州）人。清康熙二十一年（1682）进士，历官国子监祭酒，礼部侍郎。他善于书法，铁划银钩，秀媚苍古，受知于康熙皇帝，每有御制碑版，必命他书之。孙岳颁为官清廉，受到康熙皇帝的赏识，对他的评价是："室无媵妾，家绝管弦，政事之暇，唯焚香读书及临池选韵，笔歌墨舞而已。"并赐给他宅第一处。康熙四十一年（1702）命织造李煦就北新局址建，御题其堂额曰"墨云堂"。《吴门表隐》云："孙祭酒岳颁赐第，郡志载在竹筱桥，即北新局址建。今草桥东，即其地也。"同治《苏州府志》云："孙岳颁赐第在竹筱桥北，今名孙岳颁场。"雍正年间（1723—1735），巷内有顾济美住宅，门额刻有"松鹤"图案，遂更名为"松鹤板场"。"松鹤"有"松龄鹤寿"之意，为吉祥用语。范广宪《吴门坊巷待辎吟》诗云："樽前掌故说沧桑，松鹤音讹到板场。韵事应知孙岳颁，当年赐第墨云堂。"1993年拓宽干将路时，并入干将东路，松鹤板场消失。

### 085　大成坊

位于姑苏区观前街中段北侧、玄妙观西。南起观前街，北至因果巷。卢《志》作"大云坊巷"。巷名的来历与宋代朝奉郎林虙有关。林虙，字德祖，长洲（今苏州）人。绍圣四年（1097）进士。他好古嗜学，自擢第后，累迁朝奉郎太学录、开封府司录等官职。后因看破官场黑暗与腐败，不愿为官，就托病辞职，归居故里。他闲居在苏州观前之西，吟诗作文，著书立说，自号"大云翁"。著有《易说》4卷、《大云集》100卷、《神宗圣训》10卷等。殁后，在他所居之地，即称"大云坊巷"。民国《吴县志》有著录。旧"大云"作"大臣"，故又称"大臣坊"，后写成"大成坊"。

### 086　天后宫大街

位于姑苏区平江街道，东起皮市街天后宫桥，西至单家桥。桥北有天后宫，故名。原是宋章综故宅，子孙舍宅为寺。天后宫，又称"天妃宫"。传说，宋宣和年间（1119—1126），福建兴化府莆田林愿的第六女林默，幼信神道，能庇护航途平安，遂立庙祀之。历朝加封为"天妃"，进为"天后"，俗称"妈祖"。浙江、福建、台湾及东南亚一带地区，都立庙祀之，祈求出海平安，香火极盛。民国时期，由秦琴鹤任住持，一度水陆道场恢宏，每场49天，参与道士多达50余人。中华人民共和国成立后,天后宫先后为北街中心小学、市第三十八中学、平江中学使用。1980年调整路名,大街东段(人民路以东)并入西北街;大街西段(人民路以西)并入桃花坞大街。天后宫大街名废。

画家张宜生住此巷内。张宜生(1902—1967),名议,常熟人。通文辞,善书画,曾任苏州美专教务主任。受聘于上海美专国画教授。著有《画苑驰名录》40余幅,连载于《苏州明报》上。

### 087 雍熙寺弄

位于姑苏区景德路东段北侧,南起景德路,向北折东至人民路,北为范庄前。弄内原有雍熙寺,弄以寺名。雍熙寺,《吴地记》等均有载录。明王鏊《姑苏志》也著录。北段曾名"杀猪弄"。据1940年《吴县城厢图》载,当时雍熙寺弄北接杀猪弄。1984年苏州市外贸公司成立,建房时将杀猪弄改名为雍熙寺弄。据史籍称:其地原为三国时东吴大将周瑜故宅,民间俗称"周将军巷"。南北朝梁时为太守陆襄宅,天监二年(503)舍宅建寺,由僧清闲开山,名法水寺。唐代时僧壁法重建。宋代雍熙年间

雍熙寺弄

(984—987)改今名。明洪武年间(1368—1398),其地为城隍庙所占,城隍庙又称"郡庙"。僧广宣在城隍庙左边重新建寺,以后历代均有修建。宋时,雍熙寺旁边原有河,建有雍熙寺后桥、雍熙寺西桥。《吴门表隐》载:"周瑜宅即今郡庙址,故井犹存,内有古柏,瑜手所植。至宋,周虎尝居之,因建武状元坊,地名周将军巷,亦有祠,久废。"弄全长543米,宽2.5米。2008年,街巷整治改造,改为长方形水泥砖路面。弄内有砖木平房民宅。雍熙寺弄8号为长洲县城隍庙,被列为苏州市控制保护建筑。

### 088 前庙巷

位于姑苏区平江街道,东起七姬庙弄口,西至皮市街。因在蒋侯庙之前,故名。旧时与蒋庙前合称庙巷、任蒋巷。卢《志》作"庙巷",其他各《志》均作"任蒋巷"。《姑苏图》标"任蒋巷"。《苏州城厢图》标作"庙巷"。《吴县图》标"前庙巷"。蒋侯,即蒋子文,后汉秣陵尉。他追捕强盗进入山中,额上受伤而死。生前曾说:自己是个硬骨头,死后当为神。孙权建都建业(今南京),传说他骑着白马,执白羽扇而出。被封为"中都侯",遂立庙于钟山。此庙始建于何时,待考。庙屡建屡毁。清雍正、乾隆、同治、宣统年间均重建。原有大殿、戏楼。每逢农历六月二十三日及八月二十八日蒋侯神诞,必演戏酬神。"文化大革命"中神像被毁。巷长230米,宽2.5米,原为弹石路面,1988年改为六角道板路面。

## 089　吉由巷

位于姑苏区平江街道,东起调丰巷,西至人民路。含有吉祥、吉利、自由之意。卢《志》及乾隆《苏州府志》等均作"吉由巷"。王鏊《姑苏志》:"由"作"油"。《宋平江城坊考》作"吉油巷",不知所据,恐是笔误。《宋平江城坊考》载:"乾隆《吴县志》,叶给事初春宅,在洞庭西山,后迁郡城吉由巷,元孙长扬犹居故宅。"叶初春,字处元,吴县(今苏州)人。明万历八年(1580)进士,授广东顺德知县,擢兵科给事中,转户科右礼科给事中。敢于直谏,与吴之佳、张栋一起被誉为"吴中三谏"。死后赠光禄少卿。著有《顺德县志》《西庵集》等。《吴门表隐》载:"吉由巷内古石甚峻,明代名医郑钦谕(字三山)所筑,世有医名,谓之假山郑。子青山至元孙开山尚居之。"又载:巷内有石狮,在郑氏门前,"光明如镜,有灵异,损一足,旁有古石盘磨一具,皆宋时旧物"。1993 年被拆除。

画家陈迦盦住此巷内。陈迦盦(1886—1946),名摩,字迦仙。常熟人。1910 年定居苏州,师从陆廉夫学画,专攻花鸟,其章法新奇,笔法生动,画艺不同凡响。陈在苏州 35 年,授徒 1 000 余人。张星阶、沈彬如、柳君然均出其门下。评弹艺人魏钰卿亦住此巷内。魏钰卿(1897—1946),苏州人。师从马如飞弟子姚文卿学《珍珠塔》,魏天赋甚高,学艺勤奋,其师嫉,怕超出自己,影响生计,遂留下部分《珍珠塔》未做传授。魏得到他人脚本相赠,使演出得以完善,受到好评。被誉为"书坛状元"。养子魏含英(1911—1991),9 岁从父学艺,13 岁与父拼档,后长期单档演出。其演出本《珍珠塔》,经整理后由上海文艺出版社出版。

巷长 152 米,宽 2.5 米。水泥道板路面。20 世纪 90 年代,观前地区改造时,街名被撤销,但部分街巷尚在。

## 090　兰花街

位于姑苏区平江街道邵磨针巷北端东侧,现仅成东西向一段,东不通。旧时巷内有专售兰花店铺,故名。兰花,亦名"兰""草兰""朵朵香"等。多年生长绿灌木,根丛生,叶呈带形,叶丛间抽生多数花茎,每茎开一花,花气清香,芬芳宜人,被喻为"天香"。旧时,此街上专售兰花,故名。街长 257.4 米,宽 4 米,为水泥道板路面。

## 091　松筠里

位于姑苏区平江街道皮市街以西,南起祥符寺巷,北至白塔西路。民国时期,苏州建造一批仿上海石库门弄堂房子的里弄,一色青砖白缝小洋房,单幢或连体。定以吉祥喜庆的名称。"松筠里"为其中之一。"筠",本指竹的青皮,借指竹。松、竹皆为常绿植物,与梅一同被称作"岁寒三友"。比喻节操坚贞。诗云:"日月共为照,松筠俱以贞。"以松筠名里,表示主人之志。里长 120 米,宽 1.2~1.8 米,为水泥道板路面。

## 092　阔巷

位于姑苏区平江街道干将东路西段北侧,南起干将东路,北至富仁坊巷。曾名"乘鲤桥北巷",因南对乘鱼桥而得名。20 世纪初,由原阔巷、横巷拓宽拉直,合并而成。民国《吴县志》:"阔巷,干将坊北。"《姑苏图》标作"阔巷""横巷",旧名李师堂桥巷(又名彭家巷),南起吉由巷东口,北至富仁坊巷。民国《吴县志》作"横巷",并注:"在富仁坊中,李师堂桥南。"2003 年,在该巷以东、宫巷以西、富仁坊巷以南范围内,建成大型综合建筑区,南临干将东路,统名玄妙休闲广场。此巷与邻近小巷相比,较为宽阔,遂名阔巷。巷长 161 米,宽 2.5 米,为沥青路面。

### 093 西北街

位于姑苏区人民路北段东侧,东接东北街,西接人民路。西段原名"天后宫大街",东段原名"北街"。清宣统《吴县志》云:"宗伯韩世能宅在北街,左右皆有跨街牌坊,今名韩衙潭子头。"1980 年,天后宫大街东段并入,统称"西北街"。西北街 16 号原为宝光寺,传为郁林太守陆绩故宅,后舍宅为寺。西北街 110 号为天后宫,又称"天妃宫",是道教的祭祀宫。西北街 56 号、66 号原为尚志堂吴宅,规划宏伟,结构精致,有亭、台、楼、阁、荷花池等。民国时已散为民居。中华人民共和国成立后,大部分归苏州檀香扇厂使用。2002 年,苏州檀

西北街

香扇厂改制调整,腾出约 4 000 平方米筹建为苏州工艺美术博物馆,2003 年 1 月正式开馆,陈列和展出苏绣、缂丝、石雕、竹雕、木雕、桃花坞木刻年画等苏州工艺美术作品。街长 725 米,宽 9 米,原系石子路面,1964 年改为沥青路面。

### 094 怡园里

位于姑苏区平江街道乐桥北块西侧,东出人民路,西至庆元坊。原名修竹巷,又名尚书里,因明代礼部尚书吴宽居此而得名。吴宽(1435—1504),字原博,号匏庵,又号玉延亭主。长洲(今苏州)人。明成化八年(1472),连中会元、状元,授翰林院修撰。曾为东宫朱祐樘(孝宗弘治皇帝)的老师。后又为太子朱厚照(即武宗正德皇帝)的老师。官至礼部尚书。死于任上,被追封为太子太保,谥号文定。吴宽还是位书法家,擅长正楷草书,对稍后的祝枝山、文徵明、唐伯虎等人都有一定影响。他还是位藏书家,家藏古籍甚多,有《丛书堂书目》1 卷。吴宽府第即怡园所在地。明弘治十七年(1504),即吴宽逝世的那一年,为了纪念他,苏州知府林世远将修竹巷改为"尚书巷"。在巷东口建有"尚书""会元""斯文山斗"3 个跨街牌坊,巷称"尚书里"。1972 年根据地名方面的有关规定,一个地方不能有两个相同的地名,经研究,保留十全街的尚书里,此处因在怡园之南,怡园后门亦开于此,遂改名"怡园里"。里长 173

米，宽 2.8 米，原为弹石路面，1983 年改为六角水泥道板路面。

## 095　官厍巷

位于姑苏区平江街道骆驼桥浜西，南接桃花坞大街，北至桃源村。"厍"同"舍"，此处多衙署官吏住户，故名。民国《吴县志》作"官厍巷"，并注"（在）骆驼桥弄（骆驼桥浜）西"。《吴县图》标"官库巷"，"库"显系"厍"之讹。讹名"官沙巷"。原名"庆云里"。《宋平江城坊考》载，李模撰《烬余录序》："徐大焯，吴县人，元初居桃花坞庆云里，即今官厍巷。"据《烬余录》载："庆云亭，在东荷池东，亭额为岳少保手笔。兀术之难，梅、章园林，鞠为茂草，亭以偏东独存。地接庆云里，东皆农田，菜花黄时，士女如云。文丞相微时，道出平江，尝题亭壁，有'一片黄云万顷田，江南父老庆丰年'之句。时张少保尚随某府使令，适亦过此，两贤相见自此始。"官厍巷 39 号原为朱司徒庙，占地 5.34 万平方米，庙宇庞大，共有 99 间，有大殿 3 座、戏台楼、官船、园林等。《吴门表隐》云："司徒庙在官厍巷底，神姓朱名宗亮，封大云乡谷神，九月初九神诞。明洪武八年（1375），知府王兴宗建。"1949 年后，有居民入住，后屋圮，废址作公交公司停车场。巷底又有江东庙，明末清初时建，后毁。现为"三馆"（苏州文化馆、名人馆、美术馆）所在。路长 296.4 米，宽 3.8 米，原为砖砌和弹石路面，1988 年改为菱形道板路面，2008 年老街巷改造，铺成荷兰砖路面。

## 096　磨坊弄

位于姑苏区平江街道，西起皮市街，北侧为白塔西路。弄内原有磨坊工场，为居民加工磨粉，故名。磨坊，又称"磨房"。磨，即磨石，或称"磨盘"，通常由两个圆石盘组成，为研碎粮食的石制工具。磨坊，就是安装有能将谷物磨成面粉的作坊，干磨、水磨均可。磨的办法有多种，有的是一个人推，一个人加料（粮食谷物）；有的是两个人推，一个人加料；有条件的作坊，用驴或牛牵磨。旧时，不论城市或乡村，磨坊随处皆有，都为私人小作坊。有的将谷物磨成面粉后出售，有的代客来料加工。锡剧《双推磨》叔嫂对唱的内容与姿势，即是推磨的情景。

旧时，姑苏区外磨坊工场较多，以磨坊命名的巷弄也有多条，举例如下：

磨坊弄　西接皮市街。1980 年改名顾市里。弄长 50 米，宽 1.2～1.9 米。

磨坊里　南至马医科，北至景德路。里长 90 米，宽 3.4 米，原为砖石路面，1989 年改为道板路面。

磨盘弄　南出小王家巷。古名"马盘井巷"。弄旁有一石磨盘，为宋时遗物。弄长 59.2 米，宽 2.2 米。现为敬文小区。

磨坊弄　南起金门路，北至夹剪弄。弄长 250.5 米，宽 1.3～4.5 米，原为弹石路面，现改为道板路面。

## 097　砂皮巷

位于姑苏区平江街道人民路阊村坊北，东出人民路，西出河沿下塘。旧名"德庆坊巷"。德庆坊系宋代古坊，有坊立于巷口，巷同坊名。明王鏊《姑苏志》等均作"德庆坊巷"。民国《吴县志》："德庆坊巷，俗名砂皮巷，在盍簪坊巷北。"巷内有砂皮作坊，故名。砂皮，俗称"砂皮纸"，用以打磨木制家具。明清时期，精致的红木家具大多出产于苏州，砂皮需要量大增，故有作坊制作。砂皮巷42号为回教礼拜堂。《姑苏小志》"礼拜寺"条："清真回回教为西洋土耳其国国教，七日一礼拜。教主名穆罕默德，与耶稣大同小异，以洁净清修普救博爱为主。自元初入中国，西南边界及金陵人信奉者极多。忌食猪肉，因猪污秽也。苏城砂皮巷西头有礼拜寺一，其库门上'礼拜寺'三字，过庭老人闻诗手书，当时索老人书此三字，出白金三千两，至今过客见之莫不赞美，其银钩铁画无人能及。"教长米里闪思丁汉文石碑一座，明永乐五年（1407）立。相传，明代开国将领徐达、常遇春、胡大海等出征前后必来教堂沐浴，后为保护教长而立碑。砂皮巷4号墙角处有顾士术义士纪念碑。现代作家包天笑曾住此巷内。包天笑（1876—1973），名公毅，字郎孙，笔名天笑。吴县（今苏州）人。清末吴县秀才。文学功底深厚，移居上海后，先后主编《小说大观》《小说画报》等，出版小说100余种。著有《上海春秋》《天方夜谈》《青灯回味录》《玉笑珠香》等，被称为"鸳鸯蝴蝶派"的开山鼻祖和领袖人物。晚年撰写《钏影楼回忆录》《衣食住行百年变迁》等。巷长248米，宽2.7米，原为弹石路面，1999年改为沥青路面。

### 098 诗巷

位于姑苏区平江街道，原南出干将东路，北至调丰巷，与土堂巷斜对。原为长89米、宽仅2米的道板路面，1993年拓宽干将路时，本巷北端的土堂巷并入，拓宽至10米，2001年本巷又向北延伸直达珍珠弄。

原名舒巷，民国《吴县志》作"舒巷"，列干将坊巷后、阔巷前，并注"（在）干将坊北"，后因同巷名多，改用谐音诗巷。本巷实为调丰巷支巷，一说因巷内有宋诗人郑思肖宅居，故名（参见"调丰巷"条）。《姑苏图》标"书巷"，《苏州城厢图》有路标，未注巷名，《吴县图》《苏州图》均标作"诗巷"。

### 099 谈家弄

位于姑苏区平江街道，南起西花桥巷，北至白塔西路，长106米，宽1.6米，1990年改弹石路面为T形道板路面。

原名瓦爿街，《吴门表隐》（卷三）："瓦爿街在西白塔子巷，明顾贞孝先生国本所居，甃瓦为街，因名。中有澹园，范允临书，西名小园。"传后街为谈姓大户所居，改为今名，或疑澹园之澹讹为谈，以讹传讹。民国《吴县志》作"谈家巷"，并注引《吴门表隐》（卷三）语。《姑苏图》《苏州城厢图》《吴县图》《苏州图》均标"谈家弄"。

### 100 桑叶巷

位于姑苏区平江街道，南起砂皮巷，北至东中市。长150.4米，宽2.1米，1993年改弹石路面为六角道板路面。巷内有桑园,故名。

卢《志》、王鏊《姑苏志》、乾隆《苏州府志》、同治《苏州府志》均作"桑园巷",王鏊《姑苏志》并注:"(在)承天寺前。"《姑苏图》标"桑园弄",《吴县图》《苏州图》均标作"桑叶巷"。民国《吴县志》既作"桑园巷",列德庆坊巷(砂皮巷)后、马大录巷(马大箓巷)前;又作"桑叶巷",列义巷后、开家巷(开甲巷)前,并注"(在)沙皮巷中",是误将一巷分作南、北二巷了。

20世纪末叶,巷内居民宅园中尚见桑树。

## 101 白塔下塘

位于姑苏区平江街道,南起白塔西路东端(白塔子桥西堍北侧),北至谢衙前,长178.7米,宽2.45米。

巷在第二直河(临顿河)西沿岸,故曾名西白塔子下塘。《姑苏图》《苏州城厢图》均有路标,未注巷名,《吴县图》标作"西白塔子下塘"。

## 102 大王家巷

位于姑苏区平江街道,装驾桥巷北面,原东起殿基巷,西出人民路,长194米,宽4米,1986年改弹石路面为沥青路面。1998年街坊改造,将东端原打线巷(东起皮市街,西接殿基巷,与原大王家巷相直)归入本巷,现巷长334米,宽4米,西段为六角道板路面。

卢《志》、王鏊《姑苏志》均作"南王家巷",并将其与北王家巷合注"俱(在)卧龙街"。乾隆《苏州府志》、同治《苏州府志》也均作"南王家巷",同治《苏州府志》将其与北王家巷合注"南北俗名大小",则南王家巷已俗称大王家巷矣。民国《吴县志》虽也作南王家巷,却引康熙《吴县志》"俗称小王家巷",实误。《姑苏图》《苏州城厢图》《吴县图》《苏州图》均标作"大王家巷"。

## 103 桃源村

位于姑苏区平江街道,东起人民路,西至官库巷。长135.1米,宽2.7米,原为砖路面,1989年路面翻建为六角道板路面。

该处原为桑树园地,《吴县图》标作"双树巷",疑"双"为"桑"字之误。20世纪40年代在该处南侧建有日式洋房群,现散为民居。

## 104 小曹家巷

位于姑苏区平江街道干将东路(原松鹤板场段)北面,东起小太平巷,西至由巷。长172米,宽2.3~3米,1992年改弹石路面为异形道板路面。卢《志》作"曹家巷",列白蚬巷后、颜家巷前;民国《吴县志》作"小曹家巷",列落瓜桥浜后、花园弄前,并注"(在)颜家巷南。"《姑苏图》标作"曹家巷",《苏州城厢图》标"小曹家巷",《吴县图》标"曹家巷",

《苏州图》复标"小曹家巷"。

明戏曲家张凤翼宅在本巷（现门牌为干将东路712号），《吴县志》（卷三十九）载："张孝廉凤翼宅在玄妙观前小曹家巷，旁有小漆园，池亭木石俱有致，县令江盈科尝题诗壁间，至今石刻犹存。"

张凤翼（1527—1613），字伯起，号灵虚。明长洲（苏州）人，嘉靖四十三年（1564）举人。读书养母，以终其身。家本素封，以不事生产而日落，到鬻书自给。才情横溢，与弟文学家献翼、画家燕翼并名于世，号称"吴中三张"。擅词曲传奇。吴中旧曲师有太仓魏良辅，凤翼出而一变之，群起宗焉。《明史》有传。著有《海内名家工画能事》《谭略》《文选纂注评苑》等，1995年中华书局出版《张凤翼戏曲集》（隋树森等校点）。

张凤翼故居是张凤翼与其弟从事戏曲活动的场所。入清后，归大兴知县汤彦祥所有，子孙相传，后部分房产为其后裔所有，部分收归国有，散为民居。于1982年文物普查中被发现，被列为市文物保护单位。张凤翼故居是苏州现存最典型、最精致的文人宅第，其中除了木构梁架圆作扁做得独到之外，楠木大厅因保留明代风格及原构的完整性而非常罕见。桥厅、门楼及清水磨砖照壁，都是明朝原构。

### 105　三贤祠巷

位于姑苏区平江街道，原南出富仁坊，北至北局，长93米，宽6米，沥青路面。旧时巷内有三贤祠，故名。1972年6月改为三贤祠巷。2001年位置调整为：北起北局，南至翠竹巷。

三贤祠，祀宋代王蘋、陈长方、杨邦弼3人。

王蘋（1082—1153），字信伯，号震泽，其先福建福清人，父仲举始徙居吴江震泽镇。王蘋为程颐门下高弟，资禀清粹。宋绍兴四年（1134）以赵鼎荐赐进士出身，除秘书省正字，官至左朝奉郎。有《王著作集》。陈长方，字齐之。福建长乐人，迁居吴江，生长外家，从王蘋游。宋绍兴八年（1138）举进士，授江阴教授，寻归居吴中步里，终日闭户，研究经史，学者称唯室先生。杨邦弼，字良佐，福建浦城人，宋绍兴进士，也从王蘋游，探极理趣。王蘋与门人陈长方、杨邦弼讲道于震泽，当时学者杨龟山、尹和靖、胡文定皆深推让，"吴中道学之传，莫盛于先生"，里人因建其祠，与门人陈长方、杨邦弼并称"三贤"。范广宪《吴门坊巷待辀吟》卷四《三贤祠巷》："悁悁巷陌一祠留，信伯文风是导游，良佐齐之同配享，三贤鼎足各千秋。""姓王理趣异杨陈，合祀三贤荐藻蘋，堪笑吴人都不识，一祠香火冷城闉。"

### 106　小太平巷

位于姑苏区干将东路顾家桥西堍北侧，沿临顿河，南起干将东路，北至颜家巷。

又：小太平巷，原位于大太平巷（今十全街）东端南侧，北出大太平巷，南弄底。

### 107　范祠弄

位于姑苏区平江街道，南起范庄前，北至蒲林巷。长138米，宽1.32米，弄内有范家祠堂，祭祀范家祖先，故名，1990 年改弹石路面为异形道板路面。

"文化大革命"时称群力弄，1980 年改今名。王鏊《姑苏志》作"祭祀巷"，清乾隆《苏州府志》、同治《苏州府志》也均作"祭祀巷"，均有注："（在）范文正公祠东北。"民国《吴县志》仍作"祭祀巷"，但注"今俗呼祭祀弄"。《姑苏图》标"祭祀巷"，《苏州城厢图》《吴县图》《苏州图》均标作"祭祀弄"。

### 108　荷花弄

位于姑苏区平江街道，南出旧学前，北转东至温家岸，长 165 米，宽 1.25 米，弹石路面。《苏州城厢图》《吴县图》均标作"荷花弄"。

### 109　土圣巷

位于姑苏区平江街道，东出井巷，向西转北至牛角浜，长 135 米，宽 2.7 米，原为 0.1 米厚的石子路面。

民国《吴县志》作"土圣弄"，并注"（在）广仁里北。"《姑苏图》标作"五圣巷"，《苏州城厢图》有路标，未注巷名，《吴县图》《苏州图》均标作"土圣巷"，疑由五圣巷讹作土圣巷。

荷花弄

### 110　桥湾街

位于姑苏区东北街东段南侧，东起石板街，折向南与葛百户巷相接，再转向北与库里弄相接，呈纵横交错状态。1980 年定名桥湾街。原称张香桥巷。冯桂芬《苏州府志》作"张香桥巷"。并注："今桥湾街。"《吴县图》标"桥湾街"。后称"湾街"。桥湾街 22 号有邓孝子祠堂。桥湾街 38 号原为马公堂（道观），清末民初建。桥湾街 51 号原为观音堂，俗称观音庵，建于清光绪年间，是冯云兰带发修行的家庵。街长 318 米，宽 3 米许，为六角水泥道板路面。

### 111　猛将弄

位于姑苏区平江街道，南至卫道观前，北至混堂弄。弄内原有猛将堂，故名。猛将，也称刘猛将军，为著名的驱蝗神。《清嘉录》"祭猛将"条云："相传，神能驱蝗，天旱祷雨辄应，为福畎亩，故乡人酬答，尤为心愫。"正月十三日的前后四日，各乡村民杀牲献礼，抬像游街，奔走如飞，以赛猛将之神，谓之"抬猛将"。猛将究系何人？历来说法不一，有说是南宋名将刘锜，或说是刘锜之弟刘锐，也有说是南宋循吏金坛人刘漫塘，还有说是元末人刘承忠。旧时蝗灾较多，故乡人对刘猛将十分敬重，每年要举行祭猛将庙会。弄长 79 米，宽 1.8 米，为弹石路面。

### 112　金家花园

位于姑苏区平江街道娄门内园林路中段,西起园林路,向东折北至狮林寺巷。民国《吴县志》作"金家花园,同芳巷中,张菜园弄北"。原有前金家花园和后金家花园,后合并为一,故俗称前、后金家花园。1997街坊改造时被拆除。

### 113　北园路

位于姑苏区平江街道齐门路中段东侧,东起军工桥,向西过普福寺路、百家巷至齐门路。晋时有隐士戴颙宅。唐时为陆郎中宅,后舍宅建寺,名北禅寺。唐肃宗乾元年间,苏州节度采访使郑桂清书额,奉诏依年号为乾元寺。宋祥符初,赐名"大慈寺"。屡毁于兵。明洪武中重建寺。有大通阁,赵孟頫记;观堂,黄缙记;雨华堂,禁蛙池等。明王鏊《姑苏志》云:"北禅讲寺,在齐门内,晋戴颙宅也。唐司勋陆郎中居此。后以为寺,号北禅院。"后毁于兵燹,成为一片废墟。相传,元末张士诚在苏州称王时,曾开辟南、北两园,种植水稻,收取粮食,养活城内百姓。北园,原为城内之农村,有聚居点3处,名"东蒋家场""西蒋家场""北园"。西至齐门路,原名市桥浜。1989年开辟路面,铺设沥青,长1 050米,宽9米,1982年定名为北园路。

### 114　狮林寺巷

位于姑苏区平江街道临顿路北段东侧,东接平江路,西至临顿路。民国《吴县志》有著录。因傍狮林寺(狮子林)而得名。其处原为宋代贵家别业。元末至正二年(1342),僧天如禅师维则及其弟子共同出资,为纪念他的老师中峰和尚(普应国师)而创建。因中峰和尚倡导于天目山狮子岩,又取佛经中佛陀说法称"狮子吼",其座称"狮子座"之义,故取名为"狮子林",又称"狮林寺"。明洪武六年(1373),画师倪云林游览狮子林,作《狮子林图》;次年,画师徐贲又作《狮子林十二景图》,狮子林遂名闻吴中。园内用奇特古怪的太湖石叠成假山,均模拟狮子形状,神态各异,形象生动,约有五百余种。有"含晖""吐月""玄玉""昂霄"诸峰,最高者为狮子峰。狮子林被誉为"假山王国"。明嘉靖时,寺僧散去,园渐荒芜。万历年间,由知县江盈科重修,高僧明性持钵化缘,重建佛殿、经阁、山门,名"圣恩寺"。清康熙四十二年(1703),康熙皇帝南巡,游狮子林,题赐"狮林寺"额。

乾隆初,寺园分隔,园归黄氏,名"涉园";因园内有5棵古松,故此园亦名"五松园"。乾隆皇帝南巡,多次游览狮子林,并下旨按园中的景物,在北京圆明园内仿造,名"长春园";又移景于"承德避暑山庄"。咸丰以后,园渐荒废。1917年,归富商贝润生所有。贝润生(1862—1935),字仁元。浙江湖州人。为上海颜料商之暴发户,名闻沪宁。他以9 490两银子买下狮子林,再花80万两进行修建,并筑住宅与祠堂。抗日战争胜利后,为国民党军队驻地。中华人民共和国成立后,贝氏将该园献给国家,后经整修开放。

民间传说,乾隆皇帝游狮子林,见假山都像狮子形状,甚觉好奇。陪同的状元黄熙要乾隆题字,乾隆即写了"真有趣"3字。黄熙心生诡计,向乾隆讨其中的"有"字,乾隆也嫌题字太口语化,遂将"有"字赐给黄熙,剩下"真趣"2字作为亭的匾额。黄因拿了"有"字,就占有了狮子林。

狮林寺巷 34 号曾为苏州市国宝钱币博物馆,占地近 300 平方米,展品有我国最早的货币——大海中的贝壳,及春秋战国、秦、汉直至民国时期、新中国的历代货币,计 2 000 余枚。1989 年 11 月 4 日对外开放。狮林寺巷 59 号原为观音弄。狮林寺巷 72 号、75 号原为德裕堂张宅。

巷长 370 米,其中,西段长 190 米,宽 5.6～6.6 米;东段长 180 米,宽 2 米,原为弹石路面,现改铺为沥青路面。

### 115 民生里

位于姑苏区平江街道,南起卫道观前,北至混堂弄。本属豪宅"礼耕堂潘宅"的东半部,以东备弄和中备弄为主要通道,新中国成立后私房改造,大批住户进入,为方便管理和通讯,定名为民生里。里内除 3 幢 2 层楼房外,余地皆为平房。"民生"者,民众的生计也。《左传·宣公十二年》:"民生在勤,勤则不匮。"孙中山《民生主义》:"民生就是人民的生活,社会的生存,国民的生计,群众的生命。"民生里 19 号为书学家祝嘉故居。祝嘉(1898—1995),字乙秋,海南文昌人。一生致力于书法研究,著有《书学》《书学格言》《书法简史》等 20 余种,其理论作品集八卷本《祝嘉书学论著全集》于 2021 年 6 月由苏州大学出版社出版。里长 128 米,宽 1.6 米,为弹石路面。

### 116 祝家园

位于姑苏区平江街道白塔东路西段,西起金刀桥巷,东至平江河。原名金刀桥巷,后改今名。民国《吴县志》载:"祝家园,赛金巷东,一名金刀桥巷。"传说巷内原有"梅园",系明代才子祝枝山所筑。又《吴县志》云:"迮家桥在保吉利桥南,古名筜里,吴大夫筜融居此。"按:苏州方言中"筜"与"祝"近音,故后称祝家园。巷长 210 米,宽 3 米。

### 117 凤池弄

位于姑苏区平江街道平江河西岸,南起钮家巷,北至萧家巷。《吴门表隐》云:"周吴武镇宅在钮家巷。武真,泰伯十六世孙,宣武时有凤集其家,中有池,因名凤池。"弄名由此而来。《红兰逸乘》云:"凤池园在萧家巷中,园极大,池亦广,今分售其地为三姓所有,即元邑神庙,亦其余地也。"民国《吴县志》云:"凤池在城东,昔为顾隐君别业,池清涟,涝不溢,亢旱不

凤池弄

竭，相传有灵泉。"一说因凤池乡而得名。弄长210米，宽3米，为弹石路面。

## 118　东北街

位于姑苏区平江街道娄门内，东起娄门桥，西至跨塘桥。明王鏊《姑苏志》称"迎春坊巷"。其地有迎春坊，为宋前六十古坊之一。后以方位名街，称北街。《吴门表隐》云："迎春坊在北街华阳桥西，又百家巷内有迎春桥，宋时迎春于此。"后因与西北街相对，被称作"东北街"。

东北街之名常有变化。据志载：1914年，自楚胜桥至平江路华阳桥止，称北街。自平江路华阳桥起至跨塘桥止，称迎春坊。1938年《苏州新地图》载，现东北街段，自娄门吊桥起至平江路华阳桥止，称娄门大街。自华阳桥起至跨塘桥齐门路口，称东北街。1949年《最新苏州地图》载，自跨塘桥向东至娄门吊桥，称东北街。1972年，并入西北街、天后宫大街，改名为北寺塔路。1980年恢复原名。街长1 346.7米，路宽8～10米，原为石子路面，1964年改为铺沥青路面。

本街多庙宇、多大宅深院。东北街10号原为护国禅院，俗称关帝庙。东北街41—51号旧为韩菼故宅。占地5 340平方米，1落6进，有厅、堂、楼、院、祠堂等。韩菼（1637—1704），字元少，号慕庐，学者称"慕庐先生"。长洲（今苏州）人。曾祖韩世能，字存良，号敬堂。明隆庆二年（1568）进士，历任翰林院修撰，官至南京礼部左侍郎。康熙十二年（1673）韩菼连中会元、状元，授翰林院修撰，后充日讲起居注官，官至礼部尚书。著作有《有怀堂文稿》20卷、《有怀堂诗稿》6卷、《直庐集》等。东北街74号、90号旧为郑（子厚）家大院，1落13进，11开间，有轿厅、楠木花篮厅、备弄等。尤其是沿楚胜河东岸的驳岸，由能工巧匠精工凿砌，曾称"苏州两条半驳岸之一"。传郑子厚父亲系清末湖北道台，晚年辞官后迁居苏州，置田造屋，后逐渐败落。东北街116号、118号旧为敬彝堂严宅，是清道光（1821—1850）、咸丰（1851—1861）年间严氏3代的翰林住宅。3落3进，结构考究，有轿厅、茶厅、东西花厅、花园等。东北街128号旧为灵迹司庙，有大殿、楼厅、戏台楼等。东北街138号、140号原为许乃钊故居，3落5进，12开间，占地4 700平方米，建于清咸丰（1851—1861）之前，有轿厅、正厅、四合院、花园、池塘，周围筑高墙，东西各有备弄等。许乃钊为江苏巡抚，后升吏部尚书，与其兄许乃普两家同居于此。清末民初，归扬州盐商刘姓所有，改称"刘公馆"。东北街154号、156号为尚书韩崶故居，即钟梅书屋。1落2院分别为5进、7进，有厅、堂、楼、轩、花园、池塘、备弄等。韩崶，字禹三，号桂舲，元和（今苏州）人。清乾隆拔贡，以刑部七品小官累擢至刑部尚书，精于法律，为秋官之最。善书法，虎丘山塘"五人之墓"碑碣，是其8岁时所书。东北街172号为汪凤池宅，建于清同治年间，1落5进，有轿厅、花园、假山等。汪为清同治翰林，曾任长沙知府；其二弟汪凤藻，曾任驻外公使；三弟汪凤瀛，曾任常德知府；小弟汪凤梁，曾任成都知府，兄弟4人同居一堂。汪氏后人汪星伯（1893—1979），原名景熙，对金石书画、假山叠石、文物鉴定均有研究，曾任苏州市园林管理处园艺科科长，主持留园、虎丘、网师园等园林修复工作。著有《假山》《园林堂构名称解释》等。

东北街178号为拙政园。明正德四年（1509），御史王献臣在此始建。王献臣，字敬止，号槐雨，祖先吴人。弘治六年（1493）进士，授职行人，迁为御史。因官场失意，罢官后回到苏州，精心营建这座园林，占地面积约5.2万平方米，规模宏大，为全国四大名园之一。园分东、中、西3个部分。总体布局以水池为中心，各式楼阁亭轩，境界深远。东部主要建筑有兰雪堂、芙蓉榭、天泉亭、秋香馆、放眼亭等。中部为全园精华之所在，主要建筑有远香堂、玉兰堂、枇杷园、海棠春坞、梧竹幽居、玲珑馆、绣绮亭、嘉实亭、荷风四面亭、得真亭、听雨轩、倚玉轩、见山楼、小沧浪等。更有小飞虹廊桥，景色极佳，可称园景一绝。西部主要建筑有卅六鸳鸯馆、与谁同坐轩、留听阁、笠亭、拜文揖沈之斋、宜两亭等。还有盆景园，有树桩盆景50余种700余盆，千姿百态，极具神韵。拙政园历时500余年，变迁繁多，或兴或衰，历经沧桑。于1952年整修后对外开放。1961年被列为全国重点文物保护单位，1997年被联合国教科文组织以"苏州古典园林"的典型例证列入世界文化遗产名录。

拙政园西为苏州园林博物馆（原为拙政园住宅部分），占地1500平方米，1992年9月正式对外开放。第一厅"园原"，展示苏州政治，经济、人文、匠师、山川、风土等；第二厅"园史"，展示苏州园林发展史；第三厅"园趣"，分为吴中佳构、江南名园、乡镇风情、小巷亭林、清韵远播5个方面，展示苏州园林的高雅情趣；第四厅"园冶"，展示苏州的造园艺术。这是我国第一座园林博物馆。东北街186号为报功庵，又称报功禅院、香像庵，原有房50余间。东北街202号相传最早为三国时郁林太守陆绩故宅；唐末文学家陆龟蒙居此。清末，为李鸿章所居，李任江苏巡抚时怕人告发，改为其侄李经义住宅，时称"李公馆"。前后五进，有长廊贯通，整个建筑结构考究，精雕细刻，别具一格。李鸿章（1823—1901），字少荃，安徽合肥人。清道光年间进士，曾任江苏巡抚，署两江总督，直隶总督兼北洋大臣，是洋务派的首领。他一贯反对抵抗侵略，主张妥协投降，与外国侵略者签订了《中英烟台条约》《中法新约》《马关条约》等，签订了卖国的《中俄密约》。又反对维新变法，一度被赶出总理衙门。东北街204号、206号为太平天国忠王府。原是拙政园的一部分，按太平军的规制修建，有大门、仪门、正殿、后堂、后殿等。王府内苏式彩绘堪称一绝，数量之多，水平之高，为全国所罕见。清同治二年（1863）冬，太平军退出苏州，李鸿章在此设江苏巡抚行辕。日伪时为江苏省维新政府驻所。中华人民共和国成立后归文物保管委员会。1960年1月1日在此成立苏州博物馆，至今。馆内藏有新石器时代、西周、春秋战国、秦、汉、明、清等历代文物15 000余件，其中国家一级文物200余件，近代革命文物近千件。东北街210号原为清户部郎中、富商张履谦（字月阶）故居，建于清光绪五年（1879），有厅、馆、楼、台等。东北街230号原为金瓒定宅，建于清光绪九年（1883），1落6进，有门厅、大厅、鸳鸯厅、楼厅等。东北街222号、224号、226号原为迎春里张氏义庄。

南社社员、书画家汪东住东北街。汪东（1890—1963），原名东宝，后改名东，字叔初，号宁庵、寄生等。吴县人。曾留学日本，加入同盟会和南社。1911年武昌起义后，任江苏省都督程德全秘书。历任北京大总统府法政咨议、政事堂礼制官主任等职。后任中央大学、重庆复旦大学教授。国民政府回南京后，任礼乐馆馆长。中华人民共和国成立后任江苏省政协常委、苏州市政协副主席等。著有《寄庵随笔》（抄本）、《文字学》等。画家冯超然曾寄居于补园（今拙政园部分）。冯超然（1883—1954），名迥，号涤舸，别署嵩山居士。常州人。与吴湖帆、吴待秋、吴子深一起被誉为"三吴一冯"。主要作品有《仕女四屏条》《补园图》《狮子林图》

等。出版有《冯涤舸画集》《冯超然临严香府山水画册》。

东北街全长1 346.7米，路宽8～10.5米。原为石子路面，1964年改铺沥青路面。

### 119 丑弄

位于姑苏区娄门内，南出潘儒巷，北接混堂弄。"丑"为十二生肖之一"牛"的代称。因靠近牛衙，故得此名。长63米，宽1.6米，路面原为砖和弹石，1988年改为菱形道板路面。

### 120 渔郎桥浜

位于姑苏区平江街道，东起百家巷，西出齐门路，长141米，宽5.6米，民国《吴县志》作"渔郎桥弄"，《姑苏图》有路标，未注巷名。《苏州城厢图》《吴县图》《苏州图》均标作"渔郎桥浜"。渔郎桥即吴郎桥，吴语"渔""吴"同音。《吴地记》作"鱼行桥"。《平江图》标作"吴郎桥"，位于临顿桥、跨塘桥北，华家桥东。范成大《吴郡志》、卢《志》等均载录，民国《吴县志》复作"鱼行桥"，并注"宋绍兴四年重建，今讹渔郎桥"。原系石板圆洞桥，1979年改为沥青桥面。巷在河北岸，并因桥名。1982年改弹石路面为沥青路面。后被划入苏州电视机厂，街名注销。

本巷旧时有安齐王庙、张氏梅园。《吴门表隐》（卷三）："安齐王庙在北园渔郎桥浜。神姓安名万年，封大云乡土谷神，兼胥江河神。明洪熙初建。"《吴门表隐》（卷十）："张氏梅园在安齐王庙西，明初杨维桢寓居，门人张识种梅于此。天启初，顾大任得之，建小吟香阁，赵宧光篆额，后屡易其主，继为诗人范起凤结社，今属费氏，阁俗呼酒酿楼。"

### 121 娄门横街

位于姑苏区娄门东北街东端西侧，东起葛百户巷西口，南接仓街。原名横街，1980年定名为娄门横街。

### 122 徐家弄

位于姑苏区平江街道，南起卫道观前，北至混堂巷，长91米，宽1.8米，弹石路面。原有徐状元宅，故名。徐状元指徐元宰（苏州弹词《玉蜻蜓》中的主角），传喻明代状元申时行故事，《吴县图》《苏州图》均标作"徐家弄"。

### 123 状元弄

位于姑苏区平江街道孙家弄、棋（旗）杆弄之间，北至管家园，南转西至棋杆弄，长106米，宽2.53米，为弹石路面，《吴县图》标作"状元弄"。"文化大革命"时改名为群众弄，"文化大革命"后恢复原名。今该弄堂已撤销。

### 124　南显子巷

位于姑苏区平江街道大儒巷（西段）北面，北显子巷南面。东至迎晓里，西出临顿路，路长183米，宽3.4米，1988年改弹石路面为六角道板路面。卢《志》、王鏊《姑苏志》、乾隆《苏州府志》、同治《苏州府志》、民国《吴县志》均作"南显子巷"，惟王鏊《姑苏志》除录南、北显子巷外，另录显子巷，待考。《姑苏图》标"大蚬子巷"，《苏州城厢图》《吴县图》《苏州图》均标作"南显子巷"。又：卢《志》卷五坊市"乐桥东北"栏下录仁美坊，并注："（在）南献子巷，表右史上官涣酉所居。"疑南显子巷又称南献子巷。

南显子巷

市文物保护单位安徽会馆在该巷，现为该巷最东首与迎晓里相交的朝南第一家。

原门牌18号，洽隐园，现名惠荫园，原属明"归氏园"部分，园中精华为小林屋洞，系明叠山大师周秉忠之作，清顺治六年（1649），园归韩馨，重加修葺，以洽隐名堂，故园又称洽隐。太平天国时一度为听王陈炳文王府。同治年间改为安徽会馆。民国年间，一度辟为游艺场，称"蕙荫花园"，1952年，于其中设苏州市第一初级中学，一度改称市第十五中学；1954年8月，征得西部范家墙门院宅4 000多平方米平整为操场；1957年9月，扩建成4 500平方米大操场；2001年，复称第一初级中学；2002年3月31日，校园内晚清古建筑"安徽会馆"修复竣工。

### 125　管家园

位于姑苏区平江街道白塔东路东段（原中由吉巷）南侧。东起仓街，向西转北至白塔东路，长387.4米，宽2.5米，原为弹石路面，1987年改建225米为菱形道板路面。同治《苏州府志》作"管家园"，并注"（在）胡厢使巷中，明管正心所居，因名"。民国《吴县志》也作"管家园"，并引同治《苏州府志》注语。《苏州城厢图》标"管家桥"，《吴县图》《苏州图》均标"管家园"。

### 126　北张家巷

位于姑苏区平江街道，西起仓街北口，接传芳巷，东至内城河，长243米，宽2.25米，1989年改砖石、弹石路面为异形道板路面。

仓街有两条张家巷，本巷在仓街北段，故名北张家巷，另一条在仓街南段，名中张家巷（参见"中张家巷"条）。同治《苏州府志》作"北张家巷"，并注"（在）麒麟巷南"。民国

《吴县志》作"北张家巷",并注:"(在)葛百户巷南。康熙《志》作骑龙巷南,误。"《姑苏图》《苏州城厢图》《吴县图》《苏州图》均标作"北张家巷"。

### 127 天宫寺弄

位于姑苏区平江街道,南起菉葭巷,北至曹胡徐巷,长157.8米,宽2.4米,1996年改弹石路面为异形道板路面。天宫寺,巷内有天宫寺,故名。初名武平院,创自晋末,后为民居,唐再建,寺内有宋代遗物,并有古井。

### 128 朱马交桥下塘

位于姑苏区平江街道大新桥巷北面,平江路朱马交桥沿河,西接平江路,长81米,宽1.5米,为弹石路面。

巷因桥名。桥位于大柳枝巷西端,跨大柳枝巷河,旧名朱马茭桥,范成大《吴郡志》作"朱马交桥",《平江图》亦标作"朱马交桥",王謇《宋平江城坊考》(卷四)引通利桥桥拱石刻,证得当为朱马茭桥。茭,干草,宋代重马政,该处在宋代即为喂马处。清代更名朱马高桥。俗作朱马交桥,巷作朱马交桥下塘。

### 129 营门弄

位于姑苏区齐门路市桥浜北侧。东起北园路,西至齐门路,长105米,宽2.5米,为弹石路面,旧时为兵营所在,故名。《吴县图》已标作"营门弄",1980年地名普查时再次确定为此名。

### 130 大唐家巷

位于姑苏区平江街道,南出东北街,北至北园,路长23.2米,宽2.3米,为弹石路面。

《苏州城厢图》标作"唐家巷",《吴县图》标作"大唐家巷",在小唐家巷西面,但路标远比小唐家巷长,《苏州图》标作"唐家巷"。

### 131 石家角

位于姑苏区平江街道,南起潘儒巷东段,向北折东抵平江河,长276米,宽3.9米,为弹石路面与砖路面。民国《吴县志》失载,《吴县图》标作"石家角",但路标止于平江河西,尚无桥通平江路。

清代宣统年间,曾建丰备义仓于此,民国时为吴县县政府粮仓,20世纪50年代后移作他用,宅屋现为市控保建筑。

石家角

## 132　楚春巷

位于姑苏区平江街道蚕丝弄西南，南起悬桥巷，北至菉葭巷。长 58 米，宽 2.25 米，1990 年改弹石路面为异形道板路面。《姑苏图》有路标而未注巷名（自陆家巷即今菉葭巷天宫寺直南至悬桥巷）；《苏州城厢图》标作"初春巷"，原天宫寺所在标作"东区警署"；《吴县图》标作"楚春巷"（原东区警署处已有巷，名天宫寺巷）；《苏州图》标作"楚春巷"。

民国《吴县志》标作"初春巷"，并注："（在）县（悬）桥巷中，一作楚胜巷。《吴门表隐》：'天宫寺直街，名初春巷。考古名县桥巷曰迎春巷（迎春坊原址疑在此），初春之名或以此。'"俗名"做伞巷"，或以巷内多制伞者。又以楚相春申君（黄歇封号）取名，均无确考。又：明代叶初春（？—1622），字处元，一字可庵，吴县西洞庭山人，万历八年（1580）进士，官至礼科给事中。在任多惠政，直言敢谏，与昆山张栋、长洲沈之佳一起，号称"吴中三谏"。未知叶氏与本巷有关否？

## 133　普福寺路

位于姑苏区娄门内，东北街中段北侧，南起东北街，北至北园路。曾名普福寺弄。其地原有普福寺，故名。据民国《吴县志》载：普福寺创建于晋代，后废。清顺治中重建，同治中重修，属西园戒幢寺下院。路长 608.3 米，宽 5.9~6.1 米，原为泥土、弹石路面，1981 年向北一段改为沥青路面，1992 年改建成六角道板路面。中有支路向东延伸至北园桥，长 73.1 米，宽 3.5 米。

## 134　狮子口

位于姑苏区相门内，西至仓街口，东至相门桥堍，其地原有狮子桥，或云桥堍有石狮子而得名。民国《吴县志》作"狮子口，新学前东"。清末，狮子口 9 号为苏州模范监狱。1919 年改为"江苏第三监狱"，因在狮子口，俗称"狮子口监狱"。该监建于清宣统二年（1910），有监房 78 间，分为男监、女监、杂居间、独居间。监房编号以"知、过、必、改"4 字排列，后以"礼、义、廉、耻"4 字排列。民国年间"礼"字监关押级别较高的汉奸及政治犯，"义"字监关押一般汉奸及政治犯，"廉""耻"字监关押盗匪、烟毒、杀人等刑事犯。另有犯人作业工场。当时属丙级监狱，定额容纳犯人 500 名。监狱设典狱长 1 人，看守长、候补看守长、主任看守及教诲师、医生等近 100 人。设立 3 科 2 室，即总务科：掌管文书、印纹、名籍、出入监等；戒护科：掌管戒护、纪律、押送、追捕、赏罚等；作业科：掌管作业种类选择、经费、材料、成品、工程施行、粮食支配等；教诲室：掌管犯人思想品德与文化教育、考察犯人表现等；医务室：掌管卫生设施、预防和医治疾病。狱内设有刑场。靠河边的狱墙上有个小洞，名"拖牢洞"。凡被处死及病死的犯人，均从洞内拖出。抗日战争胜利后，监狱内关押一批汉奸犯，比如汪伪国民政府行政院院长、代理主席兼军事委员会委员长陈公博，立法院副院长、考试院院长缪斌，外交部部长褚民谊及汪精卫老婆陈璧君等，前三名罪犯经江苏高等法院判处死刑后，在监狱内刑场上执行枪决。陈璧君于中华人民共和国成立后移押至上海提篮桥监狱。中华人民共和国成立初期,先后改称苏南苏州监狱、苏州监狱、苏州市监狱。1956年改称"江苏第三监狱",1958年监狱大门移至仓街10号。1994年2月改称江苏省苏州监狱。1972年改造干将路时,狮子口并入,统称干将东路,狮子口路名废。

### 135　板刷村

位于姑苏区平门外,在苏州火车站北面,南起青年路,北至农村。长1 016米,宽2.7米,为弹石路面,1987年改建286米为沥青和六角道板路面。原系市郊虎丘乡幸福村,以制板刷为业。民国《吴县志》载:"齐门外有板刷村,业此者聚族而不迁。"这里的居民从事板刷行业,家家户户做板刷,是祖上传下来的,据称始于清乾隆年间(1736—1795),已有200余年历史了。后因苏州火车站扩建北广场拆迁。

### 136　糖坊湾

位于姑苏区平江街道,南起娄门桥东堍北侧,接娄门路,北至官渎里老坝基桥,长678.7米,宽4米,因地处外城河湾东岸,当地旧时有糖坊,故名。民国《吴县志》作糖坊湾,《苏州城厢图》南段标作"西河头",北段标作"糖行湾";《吴县图》标作"糖坊湾";《苏州图》南段标作"西河头",北段标作"糖坊湾"。1987年改弹石路面为六角道板路面,2003年并入莫邪路。

### 137　娄门路

位于姑苏区娄门外,西接东北街,东连官渎桥东312国道。原名永宁大街、娄门外大街、娄门大街。1983年改现名。

娄门,原名"疁门"。《吴地记》云:"娄门,本号疁门,东南秦时有古疁县,至汉王莽改为娄县。"《吴郡志》云:"娄门,属娄县所置,又谓之疁,今谓之昆山。昆山县东北三里许,有村落名娄县,盖古县治所寓。"娄门由此而来。一说娄门那里有娄江,故以"娄"名之。娄门分外、中、内三重,内城筑有城楼,三重城门之间有闸门装置,十分坚固。水门三道也有闸门装置。清初重建门楼,题有"江海扬华"匾额。姚承绪《娄门》诗云:"尚袭先秦赤县名,娄疁两字未分明。吾乡旧有城遗址,残碣咸通出故茔。"民国三十七年(1948)将城楼拆除。1958年城门陆续被拆尽,至今了无痕迹。作为苏州三段姑苏区古城墙保护修缮段之一的娄门城楼,2013年已经新建竣工。

宣统《吴县志稿》云:"韩宗伯菼宅,在娄门内直街。明万历中,菼祖黄岩知县治始居此。有开雪堂,文文肃公震孟书额。寒碧斋、绀雪斋皆董文敏公其昌书额。兵燹后重修,筑有轩、归愚闷、闻斗室。临流构敞宇,遥望西山,作庐墓悬室中。清乾隆御题,有怀堂赐焉。"韩菼(1637—1704),字元少,号慕庐,学者称"慕庐先生"。长洲(今苏州)人。清康熙十二年(1673)状元,授翰林院修撰。后迁礼部侍郎,礼部尚书,兼掌翰林院学士。著有《有怀堂文稿》《有怀堂诗稿》等。以疾辞官后,掌教苏州紫阳书院。

娄门路 58 号边门原为水仙庙，又称"柳仙庙"，祭祀柳毅（参见"水仙弄"条）。娄门路 270 号原为韩蕲王庙，祀宋代抗金名将韩世忠（参见"沧浪亭"条）。娄门路 273 号原为接待教寺，又称胜感寺，建于南宋嘉定九年（1216），清光绪六年（1880）归韩蕲王庙。

### 138　崇安里

位于姑苏区阊门内下塘街 30 号，南起阊门内下塘街，北至东角墙，里弄式住宅群，现通道为水泥道板路面，长 56 米，宽 1.4 米。因地近崇真宫，祈求平安，故名。住宅多为 2 层青砖清水砌楼房，有过街楼，系名医曹沧洲之侄曹惕寅（1881—1969）建于 20 世纪 30 年代，现为苏州市控制保护建筑。

### 139　杨家院子巷

位于姑苏区金阊街道蒋家弄、蒋家墙门西面，戈家弄南面。南接阊门内下塘街，北至杨院巷，长 133 米，宽 2.8 米，原为弹石路面，1985 年改为六角道板路面。

同治《苏州府志》作"杨家园巷"，并注："（在）福济观（神仙庙）西。"民国《吴县志》作"杨家园巷"，并注："（在）福济观（神仙庙）西，今俗名杨家院子。"《吴门表隐》："明尚书杨成宅在此。"故名。《姑苏图》标作"杨家园子巷"；《苏州城厢图》有路标，未注巷名，在其东侧有"桃花市民公社"字样（址在今蒋家墙门内）；《吴县图》《苏州图》均标作"杨家院子巷"。

**附**：杨院巷南连杨家院子巷，北接戈家弄，曾用名杨家院子巷底，巷长 155 米，宽 2.1 米，原为弹石路面，1985 年改为六角道板路面。

### 140　半仙弄

位于姑苏区金阊街道，东起养育巷。曾名"潘仙弄"。"文化大革命"时改名"阳光弄"。1982 年恢复原名潘仙弄，1986 年改定今名半仙弄。

### 141　乌龙巷

位于姑苏区金阊街道，南起包衙前，北至三茅观巷，长 81.4 米，宽 2.5 米，为异型石路面。民国《吴县志》作"乌龙巷"，并注："（在）十九胜巷（三茅观巷）中。"《姑苏图》标作"乌龙巷"，《苏州城厢图》标作"吉羊（祥）弄"，唯往南穿过包衙前直达王洗马巷（包衙前至王洗马巷段，又称凤凰弄）；《吴县图》《苏州图》均标作"乌龙巷"，唯《苏州图》幅面小，"乌龙"两字仅疑似而已。

### 142　东混堂弄

位于姑苏区金阊街道河沿街北端西侧，东起河沿街，西接后同仁街，长 149 米，宽 2.1 米，原为弹石路面，1988 年改建为异形石路面。

清代该处设制钱厂"宝苏局"的职工洗澡的浴室，吴语称浴室为"混堂"，浴室又处于宝苏局东面，故称东混堂弄（宝苏局西原另有浴室，称西混堂弄，1980年改称五峰园弄）。

民国《吴县志》作"混堂巷"，并注"（在）桃花坞南，东出河沿街"。《苏州城厢图》标作"混堂弄"，《吴县图》标作东混堂弄，《苏州图》复标作"混堂弄"。

### 143　尚义桥街

位于姑苏区金阊街道宝城桥街西端，东起宝城桥街，西至尚义桥东。长198米，宽4米，为沥青路面。尚义桥因有五泾神庙而闻名。《吴门表隐》（卷九）："五泾即沙盆潭，湍涌最急，一在聚龙桥口，一在渡僧桥底，一在北濠口，一在阊门城洞下，一在吊桥底。五水交汇，极深。有五泾神庙，在尚义桥。神姓金名元，封五泾河神，明洪武初建。"街因桥名。

尚义桥街

清代时，本街同其东端的宝城桥街合称后板厂街。《姑苏图》标"后板厂"，《吴县图》标尚义桥街，《苏州图》有路标，未注街名。街北侧（20世纪一度为胜利机械厂厂址所在）一带，有明御史苏怀愚所筑"苏家园"，又称"北园"。后为明末侍御李模所有，称"密庵旧筑"。李模，字子木，号灌溪，明天启乙丑（1625）进士。明亡后，剃发出家，遁迹于此，死后人建祠奉香火，匾额曰"老和尚堂"。原园内有桃坞草堂、芥阁诸胜，旁有能仁庵。李模《新扫密庵旧筑》诗云："昔日深深意，今依幻住身，蓬莱迷若醒，竹柏故犹新。小得蜘蛛隐，居惟钟磬邻。扫苔迎古佛，竺国备遗民。"张适《桃坞草堂》诗曰："桃坞草堂静，花残不辨民。正愁连月雨，却喜一朝晴。望自东山重，尊开北海清。风流人似晋，乘醉句同赓。"

### 144　花驳岸

位于姑苏区金阊街道东百花巷北面，东起王天井巷，西出中街路（西端原有仰家桥），长255米，宽3米，原为弹石路面，现为水泥道板路面。旧称普济巷，因在普济桥西而得名。王鏊《姑苏志》、乾隆《苏州府志》均作"普济巷"。同治《苏州府志》也作"普济巷"，并注"（在）普济桥西"。民国《吴县志》仍作"普济巷"，并注："康熙《志》：普济桥西，社学在内，按即今花驳岸。"《姑苏图》标作"□□岸"，前二字缺。《苏州城厢图》《吴县图》《苏州图》均标"花驳岸"。

花驳岸6号原为邢宅，宅主邢之园开设丝号起家，清光绪十六年（1890）捐得道台衔，时有田产134万多平方米，其宅面积近5400平方米，尚存走马楼，1980年10月因失火而被焚毁。

### 145　绣线巷

位于姑苏区金阊街道景德路南侧，海红坊北面。东起新春巷，西出养育巷，长202米，宽

2.5 米，原为弹石路面，后改为方形水泥道板路面。

曾名修仙巷，"文化大革命"时改名普新巷，1982 年复名绣线巷。卢《志》、王鏊《姑苏志》、乾隆《苏州府志》、同治《苏州府志》、民国《吴县志》均作"绣线巷"，《姑苏图》标作"绣线巷"，巷北侧标有珠（朱）明寺，《苏州城厢图》标修仙巷，并于巷东段标有"商团全部及公会"字样，西段有庙宇标记。《吴县图》《苏州图》均标"修仙巷"。"修仙巷"显系"绣线巷"谐音所致，《红兰逸乘》（卷四）："修仙巷昔有老儒修仙，坐功得道，洞彻远近人家，无不知，后不知所终。"显是附会。绣线巷 13 号原为南浔张姓商人住宅，建于清末，宅东侧有庭园，其中楠木花厅尤为精致，厅前湖石小假山尚存，习称张家花园。另有宋宅，旧有宅园名趣园，中华人民共和国成立后，由宋氏后人将园内最精致的花厅捐给国家，移建于寒山寺，即今枫江楼。1956 年公私合营后，宋宅宅貌渐变，散为民居。

### 146　老虹村

位于姑苏区阊门内下塘街北侧，南起新虹村，北至文丞相弄。原名虹村，始称于清末民初，因靠近下塘街虹桥，故名。中华人民共和国成立后，在南面建造新虹村，原虹村即改为今名。长 195.2 米，宽 2.2 米，原为弹石路面，1988 年改为六角道板路面。老虹村 10 号原为洪钧祠堂。

### 147　舒巷

位于姑苏区金阊街道，南出天库前，北出西中市，长 161.8 米，宽 2.3 米，原为弹石路面，现为六角道板路面。

本巷实为西中市大街南侧支弄，原名书巷。民国《吴县志》作"书巷"，并注"（在）阊门内至德桥（泰伯庙桥）南。"《姑苏图》亦标作"书巷"，《苏州城厢图》标作"舒巷"，《吴县图》《苏州图》复标作"书巷"。

### 148　周五郎巷（含婆娘弄）

位于姑苏区金阊街道刘家浜北，东出吴趋坊，西至石塔横街，长 287 米，宽 2.3 米，原为砖街，后改为弹石路面，现为水泥六角道板路面。王鏊《姑苏志》、乾隆《苏州府志》、同治《苏州府志》、民国《吴县志》均作"周五郎巷"。《姑苏图》《苏州城厢图》《吴县图》《苏州图》均标作"周五郎巷"。"文化大革命"时改名黎明巷（11—23 号），1980 年恢复今名。宋时有周渭，字得臣，有功于民，死后有灵，敕封为王，历有显灵，有周王祠，历代有司致祀，俗呼周五郎。婆娘弄（今周五郎巷 11 号），位于本巷，南接刘家浜。民国《吴县志》作"婆娘弄"，"文化大革命"时撤名，编入黎明巷 11 号。《姑苏图》有路标，未注弄名；《吴县图》《苏州图》均标作"婆娘弄"。

周五郎巷 18 号原为丽泽公所，清道光十六年（1836）由金业公建，有四方厅、花厅、池塘、假山等。池塘、假山已毁。前半部分已改建为居民楼。周五郎巷 37 号原为汪宅，有花厅、书斋等。徐氏二株园在该巷。《红兰佚乘》（卷一）载："二株园在周五郎巷，明徐勿斋先生宅

也,杨维斗诸公会文之所,花木之盛,与范家园争胜。"明末清初昆曲名伶王稼,字紫稼,或作子嘉、子玠。苏州人。工旦角,兼擅器乐,曾从十番锣鼓名家熊大璋学习二十四面云锣击法。十四五岁时,即在梨园界享名,以擅演《西厢记》中红娘著称。他常在苏州周五郎巷徐宅"二株园"做客,从而得识大诗人吴伟业。吴氏所作《王郎曲》盛赞其扮相、歌喉、演技之佳。著名文学家、戏曲家尤侗幼时亦见过他,认为其"妖艳绝世,举国趋之若狂"。清顺治八年(1651)王稼30岁时曾进京献艺,名动京师,历时3载,又重返吴门。不久,即被巡按御史李森先以纵淫不法罪枷死于苏州阊门。

### 149 敦仁里

位于姑苏区金阊街道中街路包衙前乌龙巷西面,南起包衙前,北至三茅观巷,长99米,宽2.8米,为石板路面。该里为民国时上海商人李云程建,里内建有敦仁堂,故名。敦仁,含有仁厚之意。《吴县图》标作"敦仁里"。

### 150 龙兴里

位于姑苏区金阊街道桃花桥路韩衙庄北面,西接桃花桥路,东折北至长鱼池。长110米,宽2.05米,原为弹石路面,1986年改为小六角道板路面。

原为龙兴桥(巷名)东西向支巷,后改称龙兴里。《苏州城厢图》标作"后街",《吴县图》将其与之相交的龙兴桥(巷)一起标作"龙兴桥",《苏州图》复标作"后街",中华人民共和国成立后改名龙兴里。

### 151 沈家弄

位于姑苏区金阊街道桃花坞大街廖家巷西面,南起桃花坞大街,北至打线场。长128.9米,宽2.3米,为弹石路面。明沈均故居在本弄,故名。民国《吴县志》作"沈家弄",《姑苏图》标作"沈家弄",《苏州城厢图》有路标而未注弄名,《吴县图》《苏州图》均标作"沈家弄"。

据《五亩园小志》引《识小录》云:"废园在桃花坞,明永乐初,养真老人沈均遁迹之所,有锁烟亭、镜心池、闻香室、环翠轩、栖鹤楼诸胜。(沈均)《园居杂咏》云:'落木萧萧一废园,妙无风景耐盘桓。主人若识无中趣,才见先天理数原。苍松翠柏自春秋,长使幽人供卧游,金谷园中桃李艳,岁寒时节著花不?'"又引《府志》云:"沈均生于洪武建文间,成祖登极,隐居不仕,精研宋儒之学,躬行实践,于儒释之界辨别尤严,所居在阊门桃花坞,至今其地犹称沈家弄。"废园,为清初归名士谢家福的家宅,即桃花坞大街264号谢氏园,20世纪80年代初,谢氏后裔仍居该处,为苏州市控制保护建筑。沈家弄北原有明代名士袁袠故居,袁袠(1499—1577),字与之,晚自称卧雪翁,与袁表、袁褧、袁衮、袁裛、袁裳合称"袁氏六俊"。袁袠尚风节,重然诺,轻财好施,潜心读书,不喜浮屠老子之述,晚筑室桃花坞,名"灌园",抱膝长吟,耽学不倦。精鉴赏,工翰藻。著有《东窗笔记》《括囊稿》。

### 152　吴西弄（西吏库）

位于姑苏区金阊街道，南起古吴路，北不通，长399.8米，宽2.2米，为弹石路面。原名西吏库，在原吴县县衙西侧，为衙吏居住地，故名西吏库。《吴县图》标作"西吏库"。1966年改为今名吴西弄。

### 153　梅园弄

位于姑苏区金阊街道，南起申庄前，北至慕家花园。长98米，宽2.1米，为弹石路面。传弄内有园，遍植梅花，故名。《姑苏图》标作"园地"；《苏州城厢图》将其与申庄前标作"一弄"；名申庄前；《吴县图》标作"梅园弄"；《苏州图》标作"文□弄"（第二字漫漶不辨）。

### 154　花萼里

位于姑苏区金阊街道，地处今文山寺、市二十四中学（清代制币机构宝苏局旧址）之间，长28.1米，宽3.1米，原为弹石路面，1996年改建为异形石路面。《吴县图》标作花萼里。明末清初时名"太平巷"，但周围已荒废，清代中期沦为文山寺僧人及附近贫民的菜地。花萼里主要建筑是吴宅蜗园。蜗园的第一任主人是吴子瑾、吴子瑜兄弟。所谓花萼，指花与萼，萼就是指包在花瓣外的萼片，古人以花萼相依比喻兄弟相亲（《诗经·小雅》）。唐代文人李尚一、李尚贞、李乂三兄弟感情深厚，又都以文章名世，兄弟三人把文章合为一集，即《李氏花萼集》，用的就是这个典故。后人便把"花萼相辉"比喻兄弟情深，也含有共同享用之意。吴氏兄弟合建宅院，命地名"花萼里"，也是"花萼同辉"的意思。

花萼里吴宅布局大致分为东、西两部分，宅东主要为建筑，9间6进；宅西为小园，名蜗园，占地约八九亩。整个吴宅，基本呈长方形，宅基南为东西向小巷，今即名"花萼里"，北枕桃花河，东与今第二十四中学本部（原久福里操场）接界，西边为南北向小巷，南段今属"前小园上"，北段今名"后小园上"。除东部中段部分宅屋（今门牌为西角墙12号）尚有吴氏后裔居住之外，其他均散为一般民居（门牌名分属花萼里、西角墙、前小园上、后小园上诸巷）。

吴子瑾、吴子瑜在清宣统元年（1909）前后于太平巷一带荒废菜地，置建宅园。宅园坐北朝南，门前小路东、西路口筑方型跨街圈门，圈门上均嵌有吴子瑾题款的"花萼"砖刻，大门与南面照墙（已毁，旧址上后建洋式楼房一幢，今门牌为文丞相弄4-2号）间空间极大，人称广场。吴宅正门为6扇大门，西侧有边门（一般供轿子出入，内有轿厅），东、西围墙（偏北）又各有侧门，均为石库门，东侧石库门对今"中同仁街"，西侧石库门前即"后小园上"，向北直通桃花河，河边有吴家专用石埠。北围墙外即桃花河南岸小巷，名桃花坞下塘。

吴宅东部6进宅屋，自南而北为大厅（第一进）、主厅"至堂德"（第二进）、东花厅（第三进）、花萼小筑（楼房，第四进）、平房（第五进）、堂楼"花萼同辉楼"（第六进），堂楼后有附房（厨房）。大厅、主厅、东花厅3厅中部都有"反轩"连接，"反轩"左右两侧均为天井，东花厅与花萼小筑之间东、西两侧各建走廊，组成四合院，花萼小筑后及堂楼后均有西通蜗园的通道。

西部主要就是蜗园，园南有走廊、轿厅等，与东面大厅、主厅等各有廊屋相通。蜗园内除花木、假山、池塘之外，另有主建筑西花厅及旱船（石舫）。蜗园北面为多宝楼（楼上除有祭祀"大仙"的祭堂外，多储干货食品及酒、布匹、杂物等），楼后为磨坊，磨坊与东部厨房所在即为吴宅后院，各能相通。

蜗园占地面积虽不大，但极花木泉石之胜，为当时苏州名园，所以无论吴家还是附近居民，都习惯上把蜗园作为花萼里和吴宅的代名词。而吴子瑾、吴子瑜虽为兄弟，两人事业各异，弟吴子瑜（名兆熊）及其子常年在外做官（吴子瑜官至道台，民国时曾在江苏省财政厅任职）。蜗园名义上是兄弟俩合置，但主要由兄吴子瑾经营。吴子瑾，即吴光奇（1867—1928），又名兆麟，字子瑾，号梅隐（今文山寺禾家弄内原有梅隐里，即吴家祠堂所在），是清末民初苏州一位比较有影响的诗人、画家。

蜗园虽不能和苏州几家著名的园林相比，但也有"数亩之广"（吴雨苍《寄庐与且住》）。我们从新近发现的吴光奇写的诗句看，虽然是"花萼里，蜗牛园"，但"大树参差如屏障，小树拱列如儿孙"（《种树歌》），虽然"西园狭小类蜗牛"（《种菜歌》），但"更喜西园多隙地，好栽寒菜两三弓"。

吴光奇在蜗园的生活，同清末民初时的富豪家没有多大区别，要说有区别的话，首先，他是个诗人，他的诗歌，有部分是描写亲情、友情的，除一些送别诗外，还有悼念其爱妻刘韫珏的和写给在山西为官的兄弟吴子瑜的。当然，也有一些叙写社会世情，因比较隐晦，现在已难考指何人何事了。在他的笔下，桃花坞宅园是他的最爱，花萼里、蜗园等均见诸其笔下，而且不无溢美之词。

吴光奇善于作联，虽然《蜗园诗钞》中只附楹联12副，却副副是精品，描绘的也多半是他的隐士生活，如"半官半隐，即佛即仙"，"饮天下第二泉名酒，读地球九万里奇书"，"只求结父子兄弟夫妇朋友爱情，何须富贵；但得寻风月山水花鸟诗酒闲趣，便是神仙"，"涉世三十年，愿从兹把卷焚香心情捐诸般烦恼；辟园八九亩，试于此莳花种竹林泉结不解因缘"。还有一副40自寿长联，更是说尽了自己的生涯和世事的纷纭。吴光奇所撰联语，大多请名人书写，如"只求结父子兄弟夫妇朋友"一联，就是请当时的名人章钰书之，并做成楹联挂在"花萼小筑"楼内。

吴光奇的著作还有《半僧六记》，书中还有他自穿袈裟剃光头的僧照，因在家为僧，故自称"半僧"，这是他妻（指刘氏）亡、子（吴宝书，1895—1916，即吴雨苍之父）逝之后，消极而有意遁入空门时写的回忆录（吴雨苍出生才3个月，父吴宝书即因病亡故）。另有《半僧谈鬼录》，内容仿《聊斋志异》。这两部书和未刊稿《胥江梦》（今藏南京方志办），长孙吴雨苍均见过。另有《吴子四语》《吴氏训子录》等，则早已亡佚。

吴光奇除了写作外，爱好的还有书画，不仅家藏古代名人书画，最贵重的有元代赵子昂绘的马（绢本），还有近现代的名人书画，如伊秉绶的篆书、吴昌硕的花卉画、任伯年的人物画、傅增湘的山水画、吴大澂与俞樾的书法、张謇的书联，还有苏州本地人的字画，如陆廉夫的山水、邓邦述的篆书、张一麐和黄仲深的字联、虚谷和尚的花卉以及杨岘山、顾麟士的字画。他更喜欢与当时的一些书画家来往，据记载，当时吴湖帆、吴待秋、吴子深、冯超然（"三吴一冯"）以及顾麟士、陆廉夫、包天笑等经常来蜗园吟诗作画，饮酒品茗，蜗园因而被人誉为民国早期苏州的"艺术沙龙"。

吴家与文山寺僧人的关系十分亲密，一来是蜗园邻近文山寺，二来在蜗园筑房植树时，曾挖掘出不少"韩瓶"，韩瓶是南宋士兵随身携带的陶质水壶，因韩世忠军队携带而著名，南宋军队及其眷属多爱用韩瓶盛水，蜗园及其附近挖掘出大量韩瓶，从而证实当年文天祥在苏州领兵抵抗侵略军时，确实是把家属安排在文山寺一带的，吴光奇敬仰文天祥，从而对文山寺多了一层感情。吴多次为文山寺书碑，现存《云山无恙碑》《文山潮音禅寺碑记》都是吴光奇所撰，如今也成了文山寺宝贵的文物。

### 155　西角墙

位于姑苏区金阊街道，南起阊门内下塘街，北至桃花坞下塘，总长212米，宽1.6～3.6米，原为弹石路面，1994年改建为六角道板路面。

西角墙原为明代永丰仓遗址（曾是粮仓的晒谷场），清代为制钱厂宝苏局的护厂河，后厂废河塞。民国《吴县志》将其与东角墙合称东西角墙，并注"（在）崇真宫东、西，本作东、西谷场"，故名。《吴县图》《苏州图》标作"东角墙"。20世纪80年代，市第二十四中学（原名第十初中）在此扩建校舍，将该巷分为两段。南段南起阊门内下塘街，北至久福里；北段南起紫粉弄，北至桃花坞下塘。

### 156　厚德里

位于姑苏区金阊街道东中市。原为苏州望族三贤祠宋氏18世宋度的故居，北出东中市。取《周易》"地势坤，君子以厚德载物"句意，故名。现属苏州市政改造16号地块。宋度（1869—1953），字友裴，是苏州近代知名企业家、慈善家，热心公益事业。宋度第四子宋鲁（1913—1980），为苏州著名医师，原苏州市第四人民医院副院长，《苏州市志》有传。

### 157　长寿里

位于姑苏区金阊街道金门外长船湾，东接长船湾，西至外城河，长30米，宽2.8米，系长船湾的里弄。20世纪40年代始有其名，据说1940年前后，苏北籍人来苏谋生，于此处搭棚居住，最早来住的叫郭长寿，故名。弄内两侧均为旧式平房民宅。

### 158　通和坊

位于姑苏区金阊街道，东接养育巷，西连水潭巷，长420米，宽6.5米。旧名四天灯巷。明代因在巷口立通和坊牌坊，巷又因以为名。1981年改弹石路面为水泥六角道板路面。1993年拓宽干将路时，路面并入，巷名撤销。

卢《志》、王鏊《姑苏志》、乾隆《苏州府志》、同治《苏州府志》作四天灯巷，《姑苏志》

并注:"(在)女冠子桥西。"民国《吴县志》录作"四天灯巷",并注"今俗呼温将军庙前",又录"通和坊巷",并注"(在)支使坊北"。《姑苏图》有路标,未注巷名,但巷东段北侧有寺庙标志,并标作"温天君庙",巷西段北侧有"吴县学"及(吴县)"文庙"标志并字样。《苏州城厢图》,东段标作"通和坊",巷北侧有寺庙标记及"湖南会馆"字样,西段标作"学前",巷北侧有"吴邑文庙"字样。《吴县图》《苏州图》均标作"通和坊"。

巷东温天君庙(温将军庙)初建于宋。《吴门表隐》(卷三):"温天君庙在通和坊,宋淳祐初建。明洪武初,道士韩靖虚重建。庙初其隘,万历初,郡绅蒋彬倡建,广其址。国朝嘉庆二十三年,绅士重建,请列祀典。按:神名琼,字永清,温州平阳士人,父民望,母张氏,长安二年五月五日生,殁为神。宋累封正祐显应威烈忠靖王。郡中疫起,有司虔请神像出巡驱瘟,历著灵应。"又,《吴门表隐》(卷一):"明乡贤蒋太守彬祠在温将军庙内,即其故宅。岁重阳,后裔一祭之。"

### 159 镇抚司前

位于姑苏区金阊街道原铁瓶巷西,今桂和坊南。东起新春巷,西至养育巷,长210米,宽4.5米。1984年改弹石路面为小方石路面,1994年因干将路拓宽,街面并入而撤销。镇抚司前,原东接铁平巷。镇抚司是明代的政法机构。凡万户府及诸卫均设有镇抚司,隶属锦衣卫,官职虽不高,但权力很大,专门管理刑狱,用刑残酷。明代,在此设镇抚司署,巷称"镇抚司前"。巷内原有翼宿星君庙,俗称"老郎庙""喜神庙",祭祀唐明皇李隆基及乐师李龟年。因此,又称"梨园公所",为当时昆曲演员的行会组织,艺人在此习艺演戏。庙中有戏台,为祭祀日演戏所用。

### 160 十间廊屋

位于姑苏区金阊街道宝林寺前北侧,文衙弄西面,南起宝林寺前,北至天库前,长175.1米,宽3米,1990年改弹石路面为六角道板路面。巷之命名,据传此处为旧时宝林寺内廊屋,有10间之多,寺毁后,廊屋遗构犹存,故名。《姑苏图》《苏州城厢图》有路标,均未注弄名;《吴县图》《苏州图》均标作"十间廊屋";民国《吴县志》作"十间廊屋",并注"在文衙前(文衙弄)西"。20世纪90年代,其处民居(7-1号)墙角仍保存清代花岗石碑,碑文载:"蒙宪厅验明伪契涂销在案,奉谕此项基地仍照宝林寺碑图为恁。"则该处为宝林寺廊屋遗址之说确凿无误。有云此处原名十廊屋,待考。

### 161 汪家弄

位于姑苏区金阊街道,南起戈家弄,北至桃花坞下塘,长141米,宽1.75米,原为砖路面,后为弹石路面,1988年改为方形道板路面。曾名汪家坟,原指的是明处士汪得的墓葬,其坟前更有纪念明代浙江巡抚汪起凤祠堂的"汪公堂"。据《吴门表隐》(卷五):"汪家坟在桃花坞南岸,明初处士汪得所葬,子本、孙谦衬。冢平不生寸草,不禁人践踏。傍有明中丞祠,祀浙江巡抚起凤,编修琬、俀、份,教谕钧,中允士铉,知县俊衻,皆其后裔。"民国《吴县志》漏载;《姑苏图》标作"汪家坟";《苏州城厢图》有路标,未注巷名;《吴县图》标作"汪家坟";民国《吴县志》载录"吴家弄",并注"(在)戈家巷(戈家弄)西北"。据其方位即为本弄,《苏州图》应标作"汪家弄处",标作"吴家弄",疑吴家弄即为汪家弄。

汪起凤,字来虞,吴县人,明万历二十九年(1601)进士,授揭阳县令,以治绩升任广东左布政使,魏忠贤遣私人讽建生祠,汪不从,被矫旨敕罢。明崇祯初以原衔起用,卒于官,后人因以建汪公祠以祀。

## 162 更楼里

位于姑苏区金阊街道河沿街北段西侧,东起河沿街,西至宫弄折北至东混堂弄。长 212.4 米,宽 1.5 米,最窄处为 1.05 米,原为弹石路面,1993 年改为六角道板路面。清时,今更楼弄西一带是制钱厂"宝苏局"所在地,建有打更报时的更楼,弄由此得名。主弄实际在牛牙场北并与牛牙场平行。民国《吴县志》作"更楼弄",并注"(在)河沿街中";《姑苏图》标作"更楼口";《苏州城厢图》标作"东楼头";《吴县图》标作"更楼弄";《苏州图》也标作"更楼弄",唯路标方位误成南北向。

## 163 梵门桥弄

位于姑苏区金阊街道学士街天官坊北面,东出学士街,西至高井头,长 282 米,宽 5.4 米,1983 年弹石路面改为沥青路面。旧名梵门桥巷,南侧原有河道,东首建有梵门桥,巷因桥名。卢《志》、王鏊《姑苏志》、乾隆《苏州府志》等均作"梵门桥巷";同治《苏州府志》并注"巷今称弄";民国《吴县志》作梵门桥弄,并注:"按巷今名杨衙前,西北小弄名梵门桥弄。"陈去病《五石脂》称:"杨维斗先生宅在城西梵门桥巷,今地名杨衙前,亦属吴县。相传为皋伯通故里,故先生自号皋里云。殉节后,葬虎丘山麓之十房庄。"王謇《宋平江城坊考》(卷二)载:"(梵门桥巷)今名杨衙前,为杨斗南太史延枢故宅。西北小弄,名梵门桥弄。"王氏所云西北小弄,即今高井头。

王鏊《姑苏志》(卷三十四)载:"要离墓,在吴县西四里阊门南城内,《吴地记》曰在泰伯庙南三百五十步,相传在今梵门桥西城下马婆墩,旧有炮座基。嘉定十六年,提刑司修成,此地多得古冢,皆莫详其姓氏。《汉书》注:'要离冢在西,伯鸾墓在北。'范《志》又云'在阊门外金昌亭傍'。传记不同。"巷内旧又有宝月庵,王謇《宋平江城坊考》(卷二)"梵门桥"条引宣统《吴县志稿》称:"宝月庵,在西北隅梵门桥西,相传古法会庵基也。创自宋高宗时,名宝志。明万历初,大士殿毁而像独存,人咸异之,延僧性斋重建。以庵旁要离墓有池清浅,夜月印渠,因改名宝月。明崇祯,清康熙、雍正间,屡经修葺,今废。"

## 164 长鋆村

位于姑苏区金阊街道阊门内下塘崇安里北侧,南起东角墙,北至前同仁街,东至宫弄,西至久福里。在此区域内有6排旧式洋房，民国初年由上海富商兴建的里弄式建筑，取其两个儿子"长""鎏"之名合成，含有金钱长流不息之意。通道各长33米，宽4.5米，原为砖路，现为六角道板路面。每排楼首东西向道路，均称长鎏村。

### 165　回龙阁

位于姑苏区金阊街道，南出景德路，北至刘家浜，长86.9米，宽3.8米，原为弹石路面，后改为六角道板路面。旧作廻龙阁，巷内旧时原有小庙，二层，额书"廻龙阁"，巷因以阁名。"文化大革命"时曾改名先锋巷，1980年复名。民国《吴县志》作"廻龙阁"，并注："在黄牛坊桥弄（今景德路西段）北。"《姑苏图》《吴县图》标作"廻龙阁"，《苏州图》标作"回龙阁"。民间旧时城隍出会，有所谓"回龙"，即城隍庙（今景德路）城隍老爷出会，经吴趋

回龙阁

坊到皋桥，西折经西中市出阊门，北折经山塘街直到虎丘。出会回来至回龙阁卸装，收拾仪仗，乃止。俗称"回龙"。

### 166　荷花场

位于姑苏区桃花坞大街北侧的前横街北面，后横街南面，东起河西巷，西至西大营门。长29.3米，宽3米，原为弹石路面，1998年改为异型石路面。《姑苏图》标为"荷池"，是为水城。《吴县图》中原标荷池处，已有路标，且标作"荷花场"。作为地名，今荷花场在朴园南面、西大营门东侧，疑即宋末元初的"东荷池"。

该处原有祭祀张世杰的"张少傅祠"。张世杰，为宋末抗元名臣，《宋史》有传。德祐初年，张总督府兵，光复平江（苏州）城，并任知府，后召入卫，加少傅枢密副使，故称张少傅。据《烬余录》载，今西大营门东官库巷附近有庆云亭，亭额为岳飞手书，是丞相文天祥与张世杰初次会面之处。宋亡后，张世杰族子张聿然"仰准先德，筑庵于其间，并奉丞相、少保像"。当时有一位自称宋朝公主的女子，能画兰竹，被乱兵所掠，后归张聿然。并随同张聿然来到苏州桃花坞，削发为尼，称"静顺道人"。张聿然筑采香庵于东荷池畔，静顺结茅于西荷池畔，后又有梅氏姐妹为达鲁卜花所逼，不甘受辱，毁容，依之，筑庵于五亩园桑园北面寄茅庐故址。张聿然因而遭"恶少"（显然是"达鲁卜花"一伙）控告，罪名一是"奉文天祥、张世杰像"，二是"诱匿梅氏女"，张遂被毙于狱中，庵像也被毁，梅氏姐妹也"同时化去，瘗于庵西鸳鸯亭址"。另据《吴浣香故事录》称，"宋末有公主流徙苏州，遂嫁张道人，既鼎革，隐居采香庵旁。明景泰末，后裔就其地捐建张文忠祠屋，旁有田二十四亩，鱼荡一区，皆祠产，国初屯军于此，祠废。"谢家福据此考证"采香庵"即张少傅祠址，在园外街（今西大营门街）东，其

东有广池，即东荷池。

## 167　盛泽码头

位于姑苏区阊门内，东起阊门内下塘街，西至阊门内城河（原码头）。清代，苏州丝绸业迅速发展，尤其是吴江盛泽丝绸业更为发达。盛泽出产丝绸，用庄船（专门运丝绸的船）运至苏州，再销往各地。盛泽绸商在苏州设立分支机构，并建立码头及货栈，供运输、储货之用。码头上筑有石库门，刻有"盛泽码头"4字，并用于巷名。码头上商人云集，热闹非凡。太平天国时期，绸货运输一度受阻，码头区域渐被蚕食，盛泽绸商向官府申诉要求收回主权。清光绪十三年（1888），吴县衙门受理后，经过调停，重新勘界立碑，恢复绸商权益，还码头原来面貌。今码头已毁，仅存吊脚楼。巷长33米，宽2米。

## 168　唐寅坟

位于姑苏区金阊街道阊门内西大营门之西，南起大营弄，北至原东蔡家桥。因明代画家唐寅墓葬于此而得名。《吴县图》《苏州图》均有著录。唐寅（1470—1523），字伯虎，一字子畏，自号六如居士、桃花庵主、逃禅仙吏、江南风流第一才子等。祖籍山西晋昌，世居吴中，原住吴趋坊，后迁桃花坞。他自幼聪明好学，刻苦攻读，诗文书画，无不精工。16岁中秀才，29岁中解元，世称"唐解元"。30岁赴京会试，因牵连科场舞弊案而下狱。此后，他无意于功名，遨

唐寅坟

游宇内，广拓视野，饱览名山大川，搜尽奇峰作草稿，潜心作画。他擅长山水，兼长人物花鸟，与沈周、文徵明、仇英合称"明四家"，是"吴门画派"创始人之一，在中国画坛上占有重要地位。同时，他又是很有风格的文学家，与祝枝山、文徵明、徐祯卿合称"吴中四才子"。唐伯虎的书、画、诗在当代就很有名望，评价极高，说他"才雄气逸，花吐云飞，先辈名硕，折节相下"（王稚登《丹青志》）；说他"山水人物，无不臻妙，虽得刘松年、李晞古之皴法，其笔资秀雅，青出于蓝也"（毛大伦《增广图画宝鉴》）；说他"天授奇颖，才锋无前"（祝允明《梦墨亭记》）；说他"风流文采，照映江左"（袁袠《唐伯虎全集序》）；是中国美术史上一位十分重要的人物。唐伯虎晚年穷愁潦倒，生活贫困。传说死后葬在桃花坞附近，称"唐寅坟"。后坟地迁移，居民在此造房建屋，自成小巷，巷名即以"唐寅坟"名之。

一说此处为唐寅"瘗文冢"，其真墓在横塘王家村。唐仲冕《重刻六如居士外集》引《桴庵杂记》云："唐六如课佛于桃花庵，晚年悔其少时所作，瘗于庵之北，戏表其冢曰：此即唐六如之墓，实瘗文冢也。"谢家福《五亩园小志》云：准提庵中有瘗文冢等，其《瘗文冢》诗云："七子庵边墓（原注：准提庵，亦名七子庵），残碑记六如。文章何日瘗，烟草有谁除。流水空

呜咽，浮云自卷舒。人传明月夜，光烛斗牛虚。"

1966年曾名火炬弄。后恢复原名。巷长115米，宽3米，原为弹石路面，1985年改为水泥六角道板路面。

### 169　五峰园弄

位于姑苏区金阊街道阊门下塘北侧，南起阊门下塘，北至宝城桥。原名西混堂弄。冯桂芬《苏州府志》作"东泰伯巷"，并注："（在）成吴坊，俗呼混堂巷。"《姑苏图》标作"混堂弄"。《苏州城厢图》标作"打铁弄"（北端东西向有弄乃为今之打铁弄）。《吴县图》标作"西混堂弄"。因苏州混堂弄之名甚多，弄内有五峰园，故于1982年改五峰园弄。五峰园，内有三老峰、丈人峰、观音峰、桃坞庆云峰、擎天柱5峰，故名。传为明代画家文徵明之子伯仁（号五峰老人）所建。明嘉靖间由尚书杨成修治，曾名"杨家园"。杨成，字汝大，长洲（今苏州）人。嘉靖三十年（1556）进士，官至南京兵部尚书，年七十加太子少保致仕，谥庄简。园内以假山为主，水池为辅，有四面厅、船厅、曲廊等。园内有神话人物洞庭君柳毅墓，现墓已被废，筑一亭以作纪念。原为石子路，现为水泥道板路面，弄长316.8米，宽2.1米。

### 170　阊门横街

位于姑苏区金阊街道阊门内西中市西端北侧，南起西中市，北接尚义桥西。民国《吴县志》作"横街"，并注："（在）缸甏河街南。"本街南段，即从阊门城墙内北侧外水关桥塊下行，路面趋低，右拐，再左拐直北，一路街窄巷幽，别有风致。1960年代拍摄电影《早春二月》在此取外景，主角萧涧秋乘船达桃源镇，进桃源镇一段景象拍摄于此。巷长341米，宽3.15米，原为弹石路面，1988年改为六角道板路面。

### 171　石幢弄

位于姑苏区阊门内，南接宝城桥街，北至西四亩田。因弄内有石幢而得名。民国《吴县志》作"石幢弄"，并注："（在）宝城桥街西。"苏州旧有"七塔八幢"之说，此石幢为"八幢"之一。"幢"，原为佛教的一种柱状标志，表示"麾导群生，制服魔众"之意。在幢上刻经文，称为"经幢"，又称"石幢"。放置弄内，有驱魔祈福之意。另七幢，据《吴门表隐》云："一在孔付司巷中，亦名方塔；一在装驾桥巷南塊，向有宝幢寺，久废；一在洙泗巷南口；一在石塘桥北小桥头；一在因果巷陈氏清畬堂西南隅；余未详。"石幢弄13号原为石幢寺（能仁庵），已废。巷长421米，宽2.15米，1985年改为六角道板路面。

### 172　石塔横街

位于姑苏区景德路西段北侧，南起景德路，北至周王庙弄。曾名南北石子街，因近石塔头，故更名为石塔横街。石塔，在石塔头4号后门，为苏州城内"七塔"之一，用白石雕成，高约1.67米，共7级，周围刻有佛像，顶为葫芦形，置于宝殊庵后围墙葫芦形龛内，已毁。南端景德路至刘家浜段，旧名三官堂。原为土路，后改弹石路，现为六角道板路面。街长100米，宽3米。

### 173 肃封里

位于姑苏区金阊街道梵门桥弄东端南侧，南出天官弄，北出梵门桥弄。原是徽商陆义庵购得怡老园北部之宅第，经改建而成陆家大院，为苏州最大规模的明清住宅之一，占地12 000多平方米。袁世凯女儿袁经桢嫁给陆氏裔孙陆鼎生，曾在此举行婚礼。

石塔横街

此原为一条陪弄。中华人民共和国成立初新辟为弄，称"露天弄堂"。因弄内住有遗老遗少，封建思想极浓，取名"肃封里"，有肃清封建思想之意。里长147.4米，宽1.4米，为砖铺路面。

### 174 吴县直街

位于姑苏区金阊街道古吴路南侧，南起干将西路，北至古吴路。原为清末吴县县衙前直街，故名。据《吴门表隐》云：严讷大学士坊在吴县直街。严讷未入仕途前，曾冒试吴县，受到众人攻击，答于此。明嘉靖时，严讷为相，建坊以记旧怨。严讷（1511—1584），字敏卿，号养斋，江苏常熟人。嘉靖二十年（1541）进士，授编修，迁侍读，授翰林学士，官至武英殿大学士。街长249米，宽1~3.5米，原为弹石路面，后改为六角道板路面。

### 175 汤家巷

位于姑苏区景德路黄鹂坊桥东堍北侧，南起景德路，北至东中市皋桥东堍。明卢雍《苏州府志》著录。皋桥东侧旧有"汤家浜"。此处为汤姓人家久居之地，故名。南北朝时，有诗人汤惠休居此。汤惠休早年遁入空门，出家为僧，其诗文极佳，颇有名声。梁武帝刘骏知道后，甚爱其才，命他还俗，出任为官，后官至扬州刺史。汤惠休写的诗，与当时另一诗人鲍照同有名声，时称"汤鲍"。他著有文集，大多散失，仅存诗11首。汤家久居巷内，后代繁衍，较知名的有：汤仲友，字端夫，自号西楼，学诗于周弼，淹贯经史，气韵高逸，常年浪迹江湖，晚年回苏州，有诗集《北游诗集》问世。汤弥昌，

汤家巷

字仲言，号碧山，初为长洲、昆山县教谕，鄱江、清献两书院山长，建康路学教授，转瑞安州判官，致仕卒。著有《周礼讲义》《碧山类稿》等，均佚。巷长653米，宽5米，原为弹石路面，后改六角道板路面。1997年在街坊改造时铺沥青路面，并在巷南口建有牌坊，上写"汤家巷"，由苏州著名画家张继馨书。

### 176 文衙弄

位于姑苏区金阊街道宝林寺前北侧，南起宝林寺前，北至天库前。因明代大学士文震孟居此，故名。文震孟（1574—1636），字文起，号湘南，一说初名鼎，字定之。吴县人。系文徵明曾孙。文震孟出身书香门第，父亲为了他安心读书，特地在花山筑室建庐，安置他在山中读书，从而学业大进。但科举道路并不顺利，连考十次均名落孙山。明天启二年（1622）终于考中状元，授修撰。以后历任翰林侍读、左中允、日讲官、讲筵等。文震孟曾为天启（熹宗）、崇祯（思宗）两帝讲筵，由于他学识渊博，讲学认真，受到皇帝的嘉奖。时，魏忠贤把持朝政，独揽大权，斥逐大臣，滥施刑罚。文震孟生性耿直，刚正不阿，曾数次上书皇上，但奏章落在阉党手里，由此而遭到廷杖，被削职。阉党失败后，明崇祯元年（1628），他应召进京，充日讲官，又遭到魏忠贤遗党的排挤。他借出京的机会，归隐于家。崇祯五年（1632）又应召进京，擢为左庶子，进少詹事，又擢为礼部左侍郎兼东阁大学士（副宰相），但不到3个月，因与首辅温体仁不协，被劾落职，从此不再为官。文震孟家在阊门内宝林寺前东。其弟文震亨是造园艺术家，帮助其兄构造宅第，建有"思敬居""博雅堂""乳鱼亭"等，是一座雅致的宅第园林，取名"药圃"。

清初药圃为崇祯进士姜埰所有，改名"敬亭山房"。其子姜节实又改为"艺圃"。道光后为绸缎业的七襄公所，但园内建筑保存尚好。1911年后，部分宅屋散为民居。1950年后，先后为机关、剧团、民间工艺社等占用，"文化大革命"中园景遭严重破坏。1982年政府拨款修复，1984年竣工。1995年被列为江苏省文物保护单位。2006年被列入全国重点文物保护单位。弄长195米，宽1.1米，为弹石路面。

### 177 前同仁街

位于姑苏区金阊街道河沿街西，东起宫弄路头堂，西至西角墙。清末，该街在宝苏局（制钱局）之北。钱币用铜制造，造币者称铜匠，铜匠居此，俗称"铜人街"。所居有3排房屋，故有前、中、后3条"铜人街"，后讹为今名。民国《吴县志》作"同仁街"，并注"有前、后、中三街"。《姑苏图》标作"局后街"，《苏州城厢图》标有前、中、后同仁街。街长70米，宽2.3米，原为弹石路面，现为六角道板路面。

### 178 宝林寺前

位于姑苏区金阊街道吴趋坊西侧，东起吴趋坊，西至周王庙弄。旧名蒋家桥巷，弄东口有蒋家桥，跨蒋家桥浜，故名。后因巷在宝林寺之前，故名宝林寺前。宝林寺建于元至正二年

（1342），民国时衰落，东寺为三区警署，西寺为警察操练处。"文化大革命"时遭拆毁殆尽。卢《志》等均作"蒋家桥巷"。民国《吴县志》作"宝林寺前",并注："一名蒋家桥浜,又名蒋家桥弄。"《姑苏图》标作"蒋家桥巷"。《苏州城厢图》等均标作宝林寺前。宝林寺前20号原为杭线会馆,又名武林会馆、线商会馆,由清乾隆二年（1737）杭州线、绸、箔商共建。同治九年（1870）、光绪二十三年（1897）、1913年先后重建。1969年铺设下水道时,挖得汉墓。1976年毁于火灾,后该处建为民宅。宝林寺前49号原为纸业公所,也称两宜公所,由纸业同业建于清同治九年（1870）至光绪三年（1877）间。宝林寺前56号原为洋布公所,又称咏勤公所,清嘉庆元年（1796）由洋布同业建,同治二年（1863）重建,现均为民居。巷长300米,宽2.2米,原为弹石路面,现为水泥道板路面。

### 179　高井头

位于姑苏区金阊街道阊门内景德路西端南侧,北起景德路,南接梵门桥弄西端。巷南口有八角井一口,久旱不涸,故名。《苏州城厢图》统标作三官堂前（今南段称高井头,北段称三官塘）,《吴县图》标作"高井弄",《苏州图》乃标作"高井头"。高井头1号原为静息庵。高井头2号原为惠皮公所。高井头5号原为剪刀公所。巷内西侧有苏州市第七初级中学,后改名苏州市第二十一中学。巷长100米,宽5.4米,原为弹石路面,1983年改为沥青路面。

### 180　宝城桥街

位于姑苏区金阊街道阊门内桃花坞大街西端,东起桃花坞大街,西至石幢弄。民国《吴县志》著录。宝城桥,跨姑苏区第一直河,清嘉庆七年（1820）重修。原系砖石桥,1978年改为水泥桥,街在桥之北塅,故街用桥名。宝城桥街8号为桃坞中学旧址。桃坞中学,清光绪二十八年（1902）,由美国基督教圣公会创办,光绪三十四年（1908）正式定名,为教会学校中校舍建筑最多的一处。今为苏州市第四中学,1991年公布为市文物保护单位。长133米,宽5.7米,现为沥青路面。

### 181　凤凰弄

位于姑苏区金阊街道王洗马巷中段北侧,南起王洗马巷,北至包衙前。凤凰弄2号原为冥器公所,是冥器行业的集会之处。人都希望死而复生,凤凰涅槃,故名。弄长114.3米,宽2.3米,原为弹石路面,现为异形石路面。

### 182　水潭巷

位于姑苏区干将西路升平桥东塅北侧,南起干将西路,北接施林巷。明王鏊《姑苏志》作"水团巷"。因其地路面坑坑洼洼,遇到雨天,路上积水成潭,遂作"水潭巷"。巷内有纯一小学,为著名药业雷允上老板雷子纯（名纯一）之子所建,今为住宅"纯一家园"。巷长234米,宽3米,原为弹石路面,今为六角道板路面。

### 183　道堂巷

位于姑苏区金阊街道。原呈十字形，南起东北街，北至平家巷东端，东至百家巷，西抵拙政园后门。长336米，宽2米，为砖和弹石路面。在《姑苏图》中，南北向段标作"曹陶巷"，《吴县图》标作"道堂巷"。旧传巷中有道院，故名。1966年改名为新春巷，1980年10月15日改称拙政园弄，因弄在拙政园东侧故。1990年改建128米为异形道板路面，宽1.77米，长方石路面114米，宽5.25米；沥青路面95米，宽7.05米。2000年拆除拙政园前弄128米和南横弄81米，仅存拙政园后弄95米、北横弄92米（现均为长方石路面，仍称拙政园弄）。巷有清乾隆五十八年（1793）状元潘世恩宅。潘世恩（1770—1854），字槐堂，号芝轩，别署思补老人。祖籍安徽，其6世祖迁至苏州，落籍吴县。潘历任翰林院修撰、侍讲学士、礼部侍郎，工部、户部、吏部尚书，军机大臣等。

### 184　桃花坞下塘

位于姑苏区金阊街道，东起后同仁街，西接阊门西街。因地处桃花坞，又在第一横河北岸而得名。民国《吴县志》作"桃花坞下塘"，并注"（在）后同仁街西"。《姑苏图》标作"后街"。《吴县图》标作"桃花坞下塘"。桃花坞在唐宋时就极为著名，这里遍植桃树，连绵数里，春天一到，桃花盛开，灿若云锦，故称桃花坞。街长228米，宽2～2.35米，为小方石路面。

### 185　救国里

位于姑苏区金阊街道吴殿直巷东端，西出养育巷。曾名"卫国里"。建于20世纪30年代，原为苏州士绅张一麐所有。时值"九一八"事变，国土沦陷，民族危亡，为救国而命名。现保存6幢民国建筑石库门房子。张一麐（1867—1943），字仲仁，号公绂、民佣、红梅阁主等。吴县人。清末举人。曾入袁世凯幕，任直隶督署文案，为北洋《法政学报》主笔。1907年任袁世凯总统府秘书长、机要局局长等。抗日战争爆发后，力主抗战。回苏州后致力于公益和抗日救亡事业。为民国《吴县志》总纂之一，著有《心太平室集》《古红梅阁别集》等。2004年，张一麐故居被列入苏州市文物保护单位。

### 186　缸甏河头

位于姑苏区金阊街道阊门外，东起石幢弄，西至尚义桥东。民国《吴县志》作"缸甏河弄"，并注："（在）宝城桥弄西。"《苏州城厢图》标作"石幢街"。《吴县图》标作"缸甏河头"。其地多开设缸甏店，沿河皆堆缸甏待售。旧时，缸甏品种很多，有大有小，有高有矮，用处也很广，几乎每家都有缸甏，用于盛水、咸菜、咸鱼肉等。缸甏为笨重物件，大多沿河开店，故名缸甏河头。弄内原有宝藏庵，一度被"一贯道"占用，后废，散为民居。缸甏河头12号原为清末状元陆润庠祠堂。陆润庠（1841—1915），字凤石，清同治十二年（1874）状元，历任乡、会试主考官，国子监祭酒。1896年在两江总督张之洞支持下，在苏州创办苏纶纱厂、苏经丝厂。1905年后任工部尚书、吏部尚书，又升大学士，任弼德院院长。辛亥革命后，留在毓庆宫当溥仪的师傅。民国四年（1915）病逝于北京。缸甏河头街长155.7米，宽2.5米，原为弹药石路面，后改为六角水泥道板路面。

### 187 太子码头

位于姑苏区阊门外，北接北码头。为"苏州六码头"之一。关于码头之名有二说：一说北码头被官员占用，官府在此造一码头给百姓所用，称"子码头"，寓意为"爱民如子"。另一说是清皇朝有太子在此上岸，故名。今码头尚在。曾名"工农码头"。

### 188 东角墙

位于姑苏区阊门内，南起阊门内下塘街，折北至宫弄。明代，此处为永丰粮仓东河道，河西为晒谷场。清末，将永丰仓改建为制钱局，即宝苏局。此处为局围墙之转角，故名。一作"东谷场"。长158.5米，宽2.05米，原为土路，1995年改为六角水泥道板路面。

### 189 杨院巷

位于姑苏区金阊街道，东起文丞相弄，西至戈家弄。弄内原有明代尚书杨成宅，故名。杨成，字汝大，长洲（今苏州）人。明嘉靖三十年（1556）进士，官至兵部尚书，年七十加太子少保致士，谥庄简。长155米，宽2.1米，原为弹石路面，1958年改为六角水泥道板路面。

### 190 万人码头

位于姑苏区阊门外阊胥路北端外城河西岸，南起南新桥堍，北至鲇鱼墩。原名"犯人码头"。民国《吴县志》作"万人码头"。明清时期，江苏臬司官署设在苏州，不论江南江北，凡所属江苏府、县刑事案件中的大案、要案、上诉案件的罪犯，以及判处"斩监候"的罪犯，均要解到臬司官署"过堂复审"，关押在监狱里听候处理。这个码头，是江苏各地由水上运输押解罪犯到苏州的专用码头，所以称"犯人码头"。后来，由于交通工具的发展，押解犯人不再由水上运送，改由陆路运送，码头也不再有犯人上下。

万人码头

经查民国《吴县志》上，巷名尚未著录，约在1940年依据历史事实而命名。后当地居民认为叫"犯人码头"不符实情，名也不雅，1980年普查时，遂用谐音改称"万人码头"。1998年至1999年，在南浩街（北段）改造工程中，将该处改建为鹅卵石曲径小道，道侧植有四时花草，配置亭榭奇石。原码头已翻建一新，建有石牌一座，上书"万人码头"4字，成为"南浩十八景"之一。1999年5月，由南濠街景点管理处组织"万人码头"全国征联活动，由苏州市民间文艺家协会集体创作上联"三吴明清第一街，水陆两旺，驰誉五湖四海"，由费之雄书，镌刻于石牌坊上。截至2004年年底，6年来，共收到我国内地和港、澳、台地区及美国、英国、法国、日本、意大利、芬兰、加拿大、西班牙、泰国、韩国、马来西亚、越南等24个国家和地区的计11.9万多副下联。经过评议，每年评5~10副在《苏州日报》上公布，并给予奖励。但因上联本身原因，数年来，未发现真正能与之匹配的下联，故下联至今空着。

### 191　南丁家巷

位于姑苏区阊门外，原北起北丁家巷，南至金石街。因丁谓故里（一说别墅）在此而得名。丁谓（962—1033），字谓之，一字公言，长洲（今苏州）人，宋淳化三年（992）进士。历任转运使，迁工部员外郎，官至参知政事（副宰相），复加门下侍郎兼太子少傅，封晋国公。苏州人在朝廷位至相位者，始于丁谓，也即丁谓为第一人。宋仁宗即位，他勾结太监雷允恭排斥异己，独揽朝政，后雷允恭被诛，丁谓劣迹败露，被贬至崖州（今广东琼山）、雷州等地，年72卒。2014年巷被拆除，巷名废。

### 192　双井弄

位于姑苏区金阊街道通关坊东口北侧，南起通关坊口接盐仓巷，北至祝家桥巷。巷口有唐宋时凿的双井，因而得名。20世纪50年代双井尚存。锦帆路拓宽时双井被填没。

### 193　夹剪弄

位于姑苏区阊门外，东起三乐湾金石街，西至枫桥路。弄内有夹剪工场，故名。夹剪，为夹取物件的工具，铁制，形似剪刀，但无锋刃，头宽而平。《红楼梦》第五一回："那婆子站在门口笑道：'那是五两的锭子夹了半个，这一块至少还有二两呢！这会子没有夹剪，姑娘收了这块，拣一块小些的。'""南社"创始人之一朱梁任，曾居住在夹剪弄47号。夹剪弄巷于2014年被拆除，巷名废。

### 194　佑圣观弄

位于姑苏区阊门外阊胥路北段西侧，旧称佑圣观巷，东起阊胥路，西通石路。弄内原有佑圣观而得名。佑圣观，又名佑圣道院。古称"大王庙"，即沿江七庙之一。据志乘记载：佑圣观创建于元至正年间（1341—1368），由道士杨道常创建，后因失修而毁。明万历二十二年（1594），由商人崔希哲等发起，重建龙王殿、关帝殿。清顺治十一年（1654），道士祖羽扬又建斗姆阁、三元阁等。以后屡有修建，规模较大，香火极盛。民国时逐渐散为民居。弄长206.2米，宽2.3~3.5米，为水泥六角道板路面。

### 195　药王庙弄

位于姑苏区阊门外,东起阊胥路,向北接西芦家巷。曾名"永康巷"。庙内供奉扁鹊神像。扁鹊,春秋时名医,本姓秦,名越人,渤海郡郑人。他到处行医,救人无数,名满天下。因他有神奇的医术,又懂药理,被奉为"药王",立庙以祀。也有说供奉唐代名医孙思邈、明代医学家李时珍的。据《吴门表隐》云:按药王一作韦古道,西越人,唐开元二十五年(737)赐号;一作韦善俊,京兆人,唐武后时人。今祀神农氏最合适。庙内有假山、水池、曲廊、亭子等。1997年该巷被拆除、巷名废。

### 196　淮阳路

位于姑苏区阊门外,南至干将西路,北至爱河桥路。其处原为苏北籍淮阴、沭阳移民的棚户区,故取"淮、阳"两字作路名。路长304米,宽2.3米,原为弹石路面,现为六角道板路面。

### 197　古沈里

位于姑苏区阊门外,北至南浩街,西至阊胥路,长78.2米,宽2.2米,砖路。民国《吴县志》作古沈里("元和县"栏)。潘君明《苏州街巷文化》疑其为宋代贡生沈埠曾孙沈仲升故居。内有严姓住宅,建于清同治五年(1866),有砖雕门楼、厅、楼等,风火墙高达数丈。

### 198　谈家巷

位于姑苏区阊门外,东起南浩街,西至淮阳路。《吴门表隐》作"檀家巷"。云:"明某贵人葬此,不敢起居,仅存一场,尚有古树一枝,名'桃李园'。"

### 199　宝莲寺巷

位于姑苏区阊门外醒狮路北侧,长400米,宽4.7米,为六角道板路面。巷内有宝莲寺,巷以寺名。1966年改名为醒狮北路,1982年恢复今名。

宝莲寺巷2号、4号为宝莲寺。《吴县志》(卷三十八):"宝莲讲寺,在阊门外社稷坛东首上义街,清嘉庆间僧松涛创建,咸丰十年(1860)毁。有僧能诠者,乱后起宝莲庵于故址,掘得石韫玉题千手观音像石刻等碑版甚多,因重建,今为附郭巨刹。"当时宝莲寺规模宏大,除大雄宝殿外,尚有西方殿、十皇殿以及藏经楼等,香火之盛,佛事之多,远在西园戒幢律寺之上。抗战前,被占为军队仓库,佛事停办。1949年2月,寺内创办小学。之后,原寺中大铁香炉、千手观音像碑先后移置西园戒幢律寺、寒山寺,大雄宝殿也于1995年迁建景德路城隍庙内。1998年旧址由金阊区实验小学翻建成"艺苑"大楼。

### 200　石佛寺弄

位于姑苏区阊门外阊胥路北段西侧,东起阊胥路,向西折北至新风巷。其地原有石佛寺及古井"石佛寺甘泉"。长126米,宽1.5米,原为弹石路面,改为后六角道板路面。民国《吴县志》作"石佛寺弄"("吴县"栏),《吴县图》标作"石佛寺"。1966年改名为迎新弄,1980年恢复原名。

### 201　南新园

位于姑苏区阊门外,东至南浩街,西至阊胥路,长120.6米,宽1.7～2.7米,为弹石、砖路。原为金阊繁华地段,清咸丰十年(1860)毁于战火,留下约6700平方米的一片废墟,故称"小荒场"。清末民初,逃荒难民、江湖艺人来苏谋生,在小荒场搭起帐篷,卖拳头、耍猴子、西洋镜、梨膏糖等民间艺人和商贩纷纷在此登场,还有不少小吃排档,后陆续兴建几家小戏馆,初步形成规模,有"小玄妙观"之称。抗日战争期间,小荒场内被地痞流氓所控,烟、赌、嫖齐斥其间,民间有"要诈、要打,南新园(即小荒场)"之说。中华人民共和国成立后,小荒场定名为南新园,戏院陆续停歇,仅留民居。

### 202　阊胥路

位于姑苏区阊门、胥门外,北起阊门吊桥西堍,南至胥门外泰让桥北堍连接盘门路,为城西从阊门至胥门的南北主干道,故名。路系20世纪初开辟,全长2 594.3米,宽32米,原为弹石路面,1967年改为沥青路。《苏州城厢图》《吴县图》《苏州图》自南至北均分别标大马路、石路、上塘街。

阊胥路北段即吊桥至石路段原属上塘街,石路以南旧称大马路,"文化大革命"期间,该路自金门以南,一度改称延安南路,1982年改用今名。1967年苏州两派发生武斗,8月22日下午3时许,因火攻,殃及路北段房屋(大火延至夜间10时左右始告熄灭),致使吊桥西堍一块舌形地盘(南为鲇鱼墩,西为石路,北为上塘街)上的赵天禄茶食糖果店、近水台面馆等25家商店、326间民房被烧毁。1979年经市政府决定,在这块约4 000平方米废墟上建街心公园。1993年6—12月,自金门路向南至三香路1 300米路段拓建,拓通南北,遂成今貌。

### 203　北五泾浜

位于姑苏区阊门外,东起星桥下塘,西至乐将武路。长181米,宽3.5米,原为弹石路,现为六角道板路。其南面即南五泾浜,东起星桥下塘,西至水闸桥。长93米,宽2～5米,原为弹石路,现为六角道板路。

### 204　仁安场

位于姑苏区阊门外,南至半边街,北至仁安街,旧时该处有仁安庵,故名。街长220米,宽2.3~3米，六角道板路。又：南仁安街，东至航西新村，西至虎丘路，长534米，宽6.8米，为水泥路面。有住宅小区仁安新村、仁安公寓（仁安街1号）等。

### 205　杨安弄

位于姑苏区阊门外，南起市福桥，北至丹阳码头，长375.85米，宽5米，原为弹石路面，现为六角道板路面。原有杨安寺，寺建于元代。故名。民国《吴县志》作"杨安弄"（"元和县"栏），《苏州城厢图》标"杨家浜"，《吴县图》《苏州图》均标作"杨安弄"。杨安弄35号原存明代《肃政廉墓碑》。现藏苏州碑刻博物馆。

### 206　茶厂弄

位于姑苏区阊门外，北接留园路，南至上塘河边，曾名芝麻弄，后因地近茶厂，改名茶厂弄。长273.5米，宽1.6~2.3米，为弹石、砖路，今已被拆除。

### 207　猪行河头

位于姑苏区阊门外山塘街，东起莲花斗，西对油车弄。长512.9米，宽1.6~2.5米，原为弹石路，现为六角道板弄。旧时此地猪行甚多，故名。民国《吴县志》作猪行河头。

### 208　东长善浜

位于姑苏区阊门外，南起上津桥下塘，北至留园路，长116米，宽1.6~3.1米，为水泥六角道板路面。原名"船场浜"，为修造船只之处，后停业，借用船场谐音为"长善浜"。另有西长善浜，南起上津桥下塘，北至留园路，长89.2米，宽2.2米，弹石路面。旧称西长善浜沿河。东、西长善浜之间，原有南北向小河，系上津河支流，河东沿岸（旧称东会馆）即为今东长善浜，河西沿河（旧称西会馆）即为今西长善浜。小河今已填没，尽为植树之地。

### 209　丹阳码头

位于姑苏区阊门外，南起杨安弄，北至星桥湾，长151米，宽2.8米，原为弹石路面，1986年改为六角道板路面。民国《吴县志》作"丹阳码头"，《吴县图》标作"丹阳码头"。

### 210　石牛头

位于姑苏区阊门外，也称石牛头巷。东接丹阳码头一弄，西至丹阳码头。因在青莲庵场东端，曾名"前青莲庵场"。民国《吴县志》作"石牛头"。《吴县图》标作"石牛头"。石牛者，用石头做成的牛也。《吴门表隐》云：石牛为"唐时物，宋咸淳六年僧志珍建石牛庵于傍"。《苏州府志》上也有同样的记载。宋代，有僧人在此建庵，拾得石牛头，置于庵中，故名石牛庵。巷名由此而来。巷长250米，宽1~3.2米，原为弹石路，现为六角水泥砖路。

## 211　半边街

位于姑苏区阊门外,东起贵门街,西接桐泾北路。民国《吴县志》著录。街南为留园围墙,无民房;仅街北有民房,成为半边,故名。半边街92号原为石业公所。清韦光黻《闻见阐幽录》载:"半边街即东园里故址,有石特立三四丈,俗称观音峰,旧属徐冏卿园中物,其瑞云峰已移入郡中行宫,此石弃置踏布坊隘巷,天矫特立,意态雄杰。年前有旋风起,忽失其上石顶,俗称观音兜者,后亦无他异。"街长369米,宽1.65~3米,为水泥六角道板路面。

半边街

## 212　西园路

位于姑苏区阊门外,东起桐泾北路,西至西环路。从前这里是乡间小道,清末民初才开始建路。因近西园寺而得名。西园寺始建于元代至元年间(1264—1294),初名归原寺。明万历年间(1573—1619),寺归太仆寺卿徐泰时所有,构筑成西园(东园即今之留园),后由其子徐溶舍西园为寺。明崇祯八年(1635)修缮,改名为"西园戒幢律寺",简称"西园寺"。清乾隆(1736—1795)、嘉庆(1796—1820)年间,法会极盛,与杭州灵隐、净慈两寺鼎峙,同为江南名刹,是为数不多的律宗佛寺之一。清咸丰十年(1860),遭兵燹而毁。清同治八年(1869)至光绪二十九年(1903)陆续重建,寺内塑有五百尊罗汉及济公、疯僧像,神态各异,栩栩如生,颇为著名。

1958年在西园路底开设安利化工厂,曾改名为安利路,路也随之拓宽,铺沙石路面。此后,在此处陆续开设多家工厂,有苏州起重机械厂、苏州第一制药厂、苏州电子计称厂、苏州轴承厂、苏州铸件厂、苏州法德尔搪玻璃设备厂等。1978年再拓宽路面,加砌人行道。1966年,在路西曾发掘出王锡爵(明万历礼部尚书)墓。西园路279号为农业学校,即今苏州农业职业技术学院。1979年在路西开辟新庄新村。路长1 402米,宽14米,现为沥青路面。

## 213　路头堂

位于姑苏区阊门外,东至后宝元街,西至航运新村。弄内原有财神庙,苏州人俗称财神为"路头",故名。堂内供路头菩萨即财神菩萨神像。相传,财神有五路,即东、西、南、北、中,俗称"五路财神"。其意是无论在哪个方向,都能接到财神。大年初五接财神是苏州人的习俗,也称"接路头"。1982年改名余德里。路长124.7米,宽0.9~3.7米,原为弹石路面,1987年改为水泥六角道板路面。

### 214　清洁路

位于姑苏区阊门外山塘街北侧，南起八字桥，北至李王庙桥。传说此处是元末张士诚的养马场，张士诚常来此处跑马射箭，原称"老马路"。因此处傍山塘河支流，水陆运输十分方便。清乾隆五十五年（1790）起，先后有人在此开办粪行，计有 40 余家，为全市粪行的集中地，臭气冲天，俗称"臭马路"。中华人民共和国成立后粪船他移，粪行陆续关闭。因路名不雅，1952 年当地居民提出申请，经政府批准，改为今名。路长 588.1 米，宽 3 米，原为弹石路面，1984 年改为水泥六角道板路面。

### 215　冰厂街

位于姑苏区阊门外广济路北端西侧，东起广济路，向西后北折至钢桥堍。其地原有"冰仓"，又称"冰厂"，即冷藏冰块的仓库。旧时，每到三九寒冬，在当地田中挖坑成块形，担水蓄之，结成冰块后，将冰块挖出，搬进冰库，堆聚存放。为防止溶化，在每层冰块间加适量食盐，最后严密封门。并派人看守，谓之"冰人"。待来年夏天，开仓供应。冰厂街之名即此而来。街长 225 米，宽 5 米，为沥青路面。

### 216　西叶家弄

位于姑苏区阊门外，南接渡僧桥下塘，北至杨安浜。原名"叶家弄"。民国《吴县志》作"叶家弄"。《苏州城厢图》标作"叶家弄"。清代名医叶天士居此，故名。叶天士（1667—1746），名桂，号香岩，苏州人。祖父、父亲均为医生，他受家庭熏陶，好学赞研，曾拜十七人为师。专治伤寒、时疫、痧痘等症。医术高明，名闻遐迩。著有《伤寒古方通》《叶天士秘方大全》等。在苏州民间，流传他医治怪病的故事很多。1980 年地名调查时，因十梓街东端北侧有叶家弄，故此叶家弄加"西"字以区别之。弄长 268 米，宽 2.4～3.5 米，原为弹石路面，现为水泥六角道板路面。

西叶家弄

### 217　李继宗巷

位于姑苏区阊门外，南起石灰南弄，北至八字桥西街。清同治、乾隆《苏州府志》及民国《吴县志》均作"郦季子巷"。《宋平江城坊考》云：郦季子巷，俗书写称"李继宗巷"。然口语则明晰殊甚。并引旧志云："郦生庙，在阊门外洞泾内，相传神即汉郦食其。清咸丰十年（1861）毁。"则古迹显然矣。郦食其（？—前 203），陈留高阳（今河南杞县西南）人。秦末农民起义时，归刘邦，曾献计克陈留，被封为广野君。又说齐王田广归汉，不战而得七十余城。后韩信袭齐，齐王疑他与韩信通谋，将他烹死。现作"李继忠巷"，庙称"李王庙"。经查民国《吴县志》可知，李王庙，在福济桥（俗名李王庙桥，在钱万里桥西），清咸丰十年（1860）毁，同治中（1862—1874）重建。王鏊《姑苏志》云：神姓李，名录，长兴童庆人。或曰即名将李显忠。元《顾盟庙记》云："宋嘉定十七年，王生于吴兴之长兴，生时，有灵人叩以雨旸祸福事必应。年十八告生人曰：吾勤王事，将适山东之胶州，匡坐即逝，后见梦于理宗，自称臣李姓，吴兴土神。据此则神自长兴来矣。宋景定间，始诏天下立李烈士庙。明册封灵惠英烈福济显忠王。"可见，李继忠应为"李显忠"。《宋史》有传。

李继宗巷

李继宗巷内有"真趣园"，为明嘉靖年间尚书吴一鹏所建。吴一鹏（1460—1542），字南夫，号白楼，苏州人。明弘治六年（1439）进士，官礼部尚书兼翰林学士。以太子少保、南京礼部尚书致仕。卒赠太子太保。人称"吴阁老"。清雍正时（1723—1735）园归赵氏所有，俗名"赵园"，内有"梅花亭""拜石轩"诸胜，后废为戏园。诗人袁学澜有诗咏其事，诗云："袍笏登台劝客觞，歌楼舞馆枕山塘。人间富贵原如梦，阁老厅高作戏场。"巷长225米，宽2.9米，原为弹石路面，现为水泥六角道板路面。

### 218　八字桥弄

位于姑苏区阊门外，南接八字桥西街，北至河边与木耳场相通。八字桥，1922年由山塘公社会同当地民众集资兴建，为石质平桥。因两桥相连而成，一桥跨山塘河支流冯家浜（现已被填没），一桥跨山塘河支流白姆桥河；两桥西、南两端合为同一桥坡，成"八"形状，即名"八字桥"。弄在桥旁，故名。弄长124米，宽1.1~6米，原为弹石路面，现为荷兰砖路面。

### 219　会馆场

位于姑苏区阊门外山塘街东端北侧，南出山塘街，北至李坊桥。曾名新景弄。会馆场4号为全晋会馆，又称山西会馆。清乾隆三十四年（1769），由山西商人集资所建。馆前竖两根白玉旗杆。内有关帝殿，殿前有白石牌坊，俗呼"白石会馆"。殿侧有戏台，殿后有亭、台、楼、阁，类似园林，后废。清末民初，山西丝商、茶商在中张家巷重建全晋会馆。会馆场长35米，宽2~2.5米，原为弹石路面，现为水泥路面。

### 220　求签弄

位于姑苏区阊门外杨安浜东端北侧，南接西杨安浜，北不通。旧时，弄北有观音堂，信徒进入此弄去求签问卜，故名。《吴县城厢图》标作"求子弄"。弄长91.5米，宽仅1.2米。

### 221　吉庆寺弄

位于姑苏区阊门外北浩弄之西。东出北浩弄。弄内原有吉庆寺，故名。全长264米，宽2米，为水泥六角道板路面。弄两侧均为旧式民宅。该弄建于清代，原名吉庆弄，俗称烧香弄，因弄内有吉庆寺之故。1980年地名普查后定为吉庆寺弄。

### 222　殳家墙门

位于姑苏区阊门外，南起山塘街，北至知家栈。长300米，宽3.1米，原为弹石路面，现为水泥六角道板路面。因弄内有明代名贤殳丹生宅而得名。民国《吴县志》作"殳家墙门"（"元和县"栏），《苏州城厢图》《吴县图》《苏州图》均标作"殳家墙门"。

旧时大户人家都有墙门间，进大门就是一间由大门一起组成的墙门间，经过墙门间再进天井，才登堂入室。巷内有了知名大户，就习惯称为某家墙门，如：阊门旧时有王家墙门，南接蒋庙前；蒋家墙门，南接阊门内下塘街。《吴门表隐》（卷十五）载：殳丹生，字山夫，桐庐人，嘉善庠生，徙居北濠。博学嗜诗，好客，善施困厄。著有《贯斋集》。妻陆观莲有淑行，通诗古文，晚悟梵理，著有《寓园集》。女默字墨姑，工书能诗，善画，年16母没，悲号3日卒。著有《闺隐集》（《百城烟水》《虎丘志》合集）。

### 223　知家栈

位于姑苏区阊门外，南起山塘街，北至白姆桥东弄。长267米，宽1.7~2.6米，原为弹石路，现为水泥六角道板路面。旧有朱家蜜饯栈，故弄名朱家栈，后出让他人，"朱"也讹成"知"。民国《吴县志》作朱家栈（"元和县"栏），《苏州城厢图》《吴县图》均标作"朱家栈"。

### 224　郁家浜

位于姑苏区阊门外，南起山塘街西端北侧，北至席场弄。长362米，宽1.3~3.7米，原为弹石及砖路，现为水泥六角道板路。民国《吴县志》作"郁家浜"。

### 225　薛家湾

位于姑苏区阊门外，东起清洁路，西至白姆桥西弄。长93米，宽2.4米，原为弹石路面，现为水泥六角道板路面。原称孙家湾，相传东汉末孙坚死后葬此，后被薛姓财主霸占，改为今名。民国《吴县志》作"薛家湾"（"元和县"栏），《吴县图》标薛家湾。

孙坚（155—192），字文台，吴郡富春（今浙江杭州富阳区）人，东汉末年军阀，东吴政权的奠基人之一，传为春秋时期军事家孙武的后裔。

### 226　桐桥西圩

位于姑苏区阊门外,南起山塘街,北至北环西路(原北至沪宁铁路)。长97米,宽2.1米,原为弹石路面,现为水泥方道板路面。东面另有桐桥东圩,位山塘街西段近半塘处,南接山塘街,北至北环西路,长150米,宽1.9米,原为弹石路面,现为水泥六角道板路面。桐桥因河道淤塞,1963年被拆除。"圩"即河堤,旧时桐桥下河道北通十字洋,两边筑圩,故名。曾名白姆桥弄。民国《吴县志》将其与桐桥西街合称桐桥东西圩("元和县"栏),《苏州图》标作"白姆桥弄"。

桐桥西圩

### 227　渡僧桥下塘

位于姑苏区阊门外,东接山塘街渡僧桥北堍,西接广济路广济桥北堍。原为东西向直街,后街西段广济桥堍因建第三机床厂(先后为试验仪器厂、金阊实验小学),占用西段路面,另在南沿河辟新路,形成现在曲折路。长309米,宽4.2米,原为弹石路面,1983年改为水泥六角道板路面。民国《吴县志》作下塘街("吴县"栏),《姑苏图》标作"下塘",《苏州城厢图》《吴县图》《苏州图》均标作"下塘街"。

渡僧桥下塘48—54号,为清代医学家、温病学奠基人之一——叶桂(字天士)的故居,1983年,该故居被确定为市控制保护古建筑,前后有厅堂、内宅共7进。该屋曾为倪姓官僚购居,保存尚好,现故居东隔壁即原沐泰山(药店)工厂货栈,有屋4进,后有大园,内大厅宽广高大,传即为叶桂诊病处,惜已毁圮。故居现充作药材仓库。

### 228　尚志弄

位于吴江区平望镇,南北走向,东为民居,西为尚志堂,南为寺浜路,北为通运路,因吴氏尚志堂而名。宽1米左右,长80米左右。

吴氏是明朝中叶从中原河南省迁来,为官宦人家,全孝翁吴璋为一世祖。吴江吴氏连续出过两代尚书,是当地的望族。而其中一支转移到平望定居则是从明朝中期全孝翁七世孙吴流隆开始的。

吴流隆,字天佑,人称善长公。相传吴流隆一次舟游过平望莺脰湖时,船上有人洗碗时不慎将碗落于湖中,此人深恐主人责备。吴流隆善解人意,就解释说:此处乃我命中注定的"跌碗之地",不妨靠岸访问。上得岸,被平望的地理环境所吸引,就决定在这里定居。

吴流隆在平望寺浜的一块空地上建起了住宅，取名尚志堂。住宅坐北朝南，面对寺浜。住宅前后共5进，第一进为门厅，有匾额，书"恩荣"两字。穿过门厅是一堂照壁和一个天井，照壁上有砖雕。第二进为大厅，也是正厅，取名尚志堂。大厅是一座3开间的大屋子，中央挂"尚志堂"匾额。第三进为7楼7底的住宅。第四进为7楼7底加东西厢房的住宅。第五进为3楼3底住宅。第四进和第五进之间，有一排8间平房，作为各家厨房之用。今尚志堂仅存一幢2层楼房。尚志堂是吴氏家族的堂名，是吴氏家族活动的地方，每逢过年过节，都举行祭祀祖宗仪式。尚志堂和几进住宅东面有一条弄堂，因堂取名。

尚志弄吴流隆移居平望，善事父母，吴氏以孝道和文学传世，全孝翁八世孙吴植慎是遗腹子，每遇父亲祭日，凄怆不已，感伤哀悼，到老了都没有改变。全孝翁九世孙吴文煜曾在通济禅院举文社。全孝翁十世孙吴士坚，与文社社员吟诗咏词，极尽文雅。后又跟族伯吴燮讲根底之学，清乾隆三十九年（1774）捐训导。到紫阳书院书局校斠，被院长、尚书彭启丰所赏识。乾隆四十四年（1779）"恩科"考试合格，后被授江阳县学训导。

## 229　寺浜街

位于吴江区平望镇，全长186.5米，南北走向，南为西塘街，北为寺浜（现为寺浜路）。东面泄水港，南面西塘街，西面黄大丰弄，北面河花池，清道光《平望志》载："西塘至小桥，曰寺浜衖。"弄因寺浜而名。寺浜因浜东有殊胜教寺而得名。殊胜教寺，在莺脰湖滨北岸。宋治平四年（1067），僧如信开山。元丰七年（1084）重建，政和中奏赐额。清咸丰十年（1860）战事中殊胜教寺被毁为平地。弄内原有唐宅、凌宅。平望有殷、凌、黄、唐四大望族。

唐氏平望一支以唐理台为一世祖，明嘉靖年间自吴江东门外唐家坊迁平望镇三官桥北邙字圩，九世唐菊溪因经营丝、米致富，在清嘉庆年间（1796—1820）迁入寺浜里，继后10世唐怡斋、11世唐皋兰（修龄）继续经商守业。清末唐氏在平望镇上开设唐大昌丝茧行，号称"唐半镇""唐百万"。12世唐芝明、唐芝兴在寺浜弄靠西塘街处合建3进楼房一幢。前为铺面门楼，后面2进，兄弟俩各居其一。后来唐芝明又接建了第四进。唐芝明、唐耕畬为南社社员，靠田产收入，擅风水及金石书画鉴赏，将祖屋名"九思堂"，自住居屋题名"耕畬草堂"。唐耕畬长子唐长孺为历史学家、武汉大学历史系主任、教授。唐芝兴长子唐昌言于清末民初迁至盛泽。唐昌言育有三子一女，长子唐炳麟，字期成，生于寺浜弄唐宅，幼时随父迁居盛泽。唐炳麟参与创办亿中银行，在香港开设期成公司、利成公司，经营黄金买卖和进出口业务。唐炳麟之子唐仲英1971年在美国创办"唐氏工业公司"，唐仲英在美国钢铁业界颇具实力，被誉称为"钢铁大王"。唐宅于1996年被拆除。

凌氏宅屋名宝泽堂。凌氏祖先在清代曾在朝为官，平望凌氏老屋原在今平望汽车站对面粮贸市场所在之地，名荣兆堂。清咸丰（1851—1861）至同治（1862—1874）年间，太平军占领了平望，荣兆堂被烧毁。清光绪五年（1879），战事平息了，凌氏后人回到平望，就在寺浜弄重建宅第，取名宝泽堂。大门朝东，为石库门。在门的东面建有旗杆牌和圣旨牌坊。第一进是3开间2层楼，楼后有小天井；第二进是大厅，大厅为楼房，5开间，楼上住人。大厅有"宝泽堂"匾额，有屏风板门。小天井的一面有3间平屋，另一面为亭子间，乃2层楼房，楼上与大厅楼上相通。大厅一面有天井，天井后面是墙，墙后是后花园。大厅的南面有6间平屋，再往南是书房和凌家祠堂，一直到启昌弄。大约在清光绪二十四年（1898），莘塔的凌泗（自号莘庐）迁到平望，凌景埏曾居住于此，凌景埏又名凌敬言，号玄黄，别号撷芬楼主人，著名文学研究家。抗日战争爆发后，日本军队占领了平望。宝泽堂大厅及后面的建筑都被烧毁，只余下门楼和第一进楼房。战后，凌氏家人就在门下的门楼旁建了两排平房，每排6间，共12间。门楼和第一进楼房在20世纪80年代被拆，现只余下几间平房。

### 230　黄大丰弄

位于吴江区平望镇。南北走向，南为西塘街，北为荷花寺。

弄内房屋为黄氏居宅，黄家祖上曾开过"黄大丰米栈"，故其住宅群就被称为"黄大丰"。家宅较大，有墙门、照墙、茶厅、大厅、花厅、走马堂楼。大厅叫"凤辉堂"。黄氏一族也是人才辈出。

黄庆澜（1805—1874），字镇涛，号琛圃，监生。为人谦易和平，晚年对于育婴、掩埋、施衣等善举更是乐为。黄兆棠，吴江县附监生，两浙候补盐运司经历升用知县，五品衔花翎。黄兆柽，清咸丰十一年（1861）举人，累官福建道御史，四品衔花翎，后加三品衔，在"凤辉堂"写成《平望续志》。黄成宫，追随柳亚子，1925年当选为国民党吴江县党部第九区（平望区）执行委员和吴江县党代会代表，参与《新平望报》的创建并担任编辑工作。黄积云，1936年8月投身革命，1938年3月到达延安，5月加入中国共产党，中华人民共和国成立后历任北京市朝阳区人民政府副区长、区委常委、区政协副主席等职。

现黄大丰宅群已被毁，仅留弄名，为居民区。

### 231　袁家弄

现称袁家西弄，位于黎里镇芦墟社区西中街40—41号之间，右侧为柳家弄，新桥西塙。袁家弄后门在南袁家浜，因原东南街袁家墙门10多年前已改名为袁家弄，原袁家弄名为西袁家弄，原东袁家墙门为东袁家弄。

"袁家弄"内，世代住着袁黄（了凡）的后人。袁黄的高祖袁顺（字杞山），明建文四年（1402）蒙"靖难之变"，逃至吴江北门，作绝命词，投河被救，后在吴江当教书先生，定居于吴江，明朝宣德年间（1399—1402）袁黄曾祖袁颢（菊泉），入赘于芦墟徐氏，并入吴江籍，为吴江赵田袁氏始祖。袁顺与袁颢卒后都葬于芦墟镇北袁家浜，当地人称之为袁家坟。

芦墟有南北袁家浜，北袁家浜原有袁氏芦墟袁氏始祖、袁了凡的曾祖袁菊泉的墓茔。从南袁家浜到北袁家浜计有1500米（三里）路，所以住"袁家弄"的袁家又称"袁三里"。

有一支居袁家弄，内有明厅暗阁，是明代建筑。现主人为袁了凡后裔袁劲松及其子袁小春父子等。

### 232　竖头斋匾

原有陆家墙门，位于吴江区黎里镇芦墟社区东北街至后河商巷，后改为弄堂，就叫"竖头斋匾",沿用至今。为陆耀故居所在,全长116米,原弄内有清乾隆御书竖匾一块,故名。

陆耀(1723—1785),字青来,号朗夫、朗甫,清乾隆十七年(1752)中举人,授内阁中书,入军机处,累官至湖南巡抚。陆耀为官洁身自好,乾隆五十年(1785)六月,湖南大旱,陆耀带病在酷暑中奔波抗旱一线,劳累致死,遗物仅旧衣数箧而已。相传,乾隆皇帝第五次下江南时到过芦墟陆耀家里,查问家中家当,陆耀回道只有"九当十三车",乾隆皇帝听后心想:原来所传勿实,要真是个大清官,怎会开得起九爿典当、十三爿油车坊?结果乾隆看到的是九张当票和十三部纺织的旧摇车,外加一台旧的手工织布机。乾隆皇帝回京后,赐陆耀御书满、汉文的竖匾,御书四字"龙章宠锡",陆耀将御笔制成蓝底金字匾挂于陆府正门上方。匾框四周为祥龙卷云浮雕。后人在御匾两侧镌刻楹联一副:"修身治国无双士,教子传家第一人。"当地人就将陆耀故居所在的弄堂取名"竖头斋匾"。

### 233　蒯家弄

位于吴江区黎里镇。蒯姓是黎里大姓,是洞庭香山帮杰出人物蒯祥的后代。

蒯氏的先祖蒯驹,明末迁居黎里,在浒泾弄东侧定居,由老蒯家弄起步,先后开辟了南蒯家弄、新蒯家弄和南栅蒯家弄和8个堂号:老蒯家弄(敦睦堂、鄂桂堂、礼耕堂)长83米,宽1.05米;新蒯家弄(树滋堂),长90米,宽1米;南蒯家弄(崇恩堂、礼进堂、荣寿堂)、南栅蒯家弄(慎余堂)总占地面积超过6 000平方米。

黎里蒯家是名门望族。直至民国初年,前三条蒯家弄墙门里边还分别立有"中宪第""大夫第""司马第"3块匾额。乾隆年间起,蒯家人才辈出,《黎里镇志》记载:清乾隆四十年(1775)蒯祖炳,直隶顺德府经历,升枣强知县。清嘉庆三年(1798),蒯兆鲲,户部广东司额外司务。蒯梦麒,候补刑部司狱。蒯梦琥,候选兵马司吏目。蒯嘉珍,广西试用通判,改近山东署曹州府同知。蒯兆烽,浙江试用县丞。嘉庆六年(1801),蒯光纬,候选大理寺评事。蒯兆荣,詹事府额口主簿。蒯兆然,候补训导。蒯兆煸,候选州吏目。蒯嘉珍以及他的夫人钱与龄琴瑟相和,名闻遐迩。他们的孙子蒯贺荪官至浙江按察使,时余杭发生了"杨乃武小白菜案"。案件到按察使手里,理当审结。当时案件业已经过县、府二级审理,牵涉的官员不下数十人。而且顶头上司巡抚杨昌浚也认定杨乃武与葛毕氏有奸情。蒯贺荪经过调查勘察,心里明白杨乃武是冤枉的,但一旦翻案,数十名官员就会受处,被充军、革职,甚至杀头,官员家属也将蒙难。他只得维持原判。后来,刑部将一干人犯尽数移解京师终审,冤案得以平反。蒯贺荪先期得知消息,知不可免责,吞金自杀。因而黎里镇上有不准说《杨乃武与小白菜》的说法。

新蒯家弄是黎里少有的"非"字形弄堂,弄西为蒯家,弄东是蒯贺荪女婿张曜家。张曜,军功出身,最后任山东巡抚兼帮办水军事务,由于官场倾轧,张引退回黎,在弄东最后一进建了一座船厅,名退一步处。退一步处为一"船厅",厅上"退一步处"匾额,毁于"文化大革命"期间。4楼4底,结构基本完整。船厅外有1座庭院,院南有平屋3间。现为苏州市文物保护单位。

## 234　伏虎洞

位于吴江区黎里镇西南。此地原名王家坟，亦名花园地。坟前原有假山、水池、石台、石凳等。相传清康熙初年，不知从什么地方蹿来了一头老虎，盘伏在镇北，昼伏夜出，附近的鸡鸭猪羊差不多每夜都要丢失。搞得全镇百姓惊恐万分，不敢随便走动。后来老虎被罗汉寺的老和尚养的一头金华乌猪咬死了。老百姓为了纪念这桩异事，就把老虎盘伏的地方称为"伏虎洞"，把老虎经常出没的那条道路叫作"虎径弄"，"虎"与"浒"同音，后人改写成浒泾弄。

## 235　司浜里

位于吴江区黎里镇芦墟市河十字口的东南角。南宋初，在镇市河十字口的东南角设立分湖巡检司，在衙门东侧开挖停兵船的河浜（通东栅港），宽约10米，人称司浜（后误写成施浜）。

南宋绍兴三年（1133），吴江县"为皇畿近地"，设置分湖、平望、同里、震泽等8个巡检司。在分湖巡检司衙门东侧开挖停兵船的河浜，通东栅港，人称"司浜"（后误写成施浜）。巡检司署在今芦墟司浜西侧。明嘉靖三十七年（1558）吴江县8个巡检司裁撤成分湖、平望、同里、震泽、简村5个巡检司。清朝前期承袭明制。雍正四年（1726）吴江县分置，自北而南以大运河、澜溪河为界分为吴江、震泽两县。简村司归并平望司。

1963年疏浚市河时运土填塞，改浜为路，得名司浜里，长约80米。现司浜口筑了向北的河埠。

## 236　轿子湾

位于吴江区黎里镇芦墟社区西南街。南邻茂丰里，北邻混堂弄（为百年老混堂）。全长123米。

轿子湾名称来源有两种说法，一说因弄口河面、街道曲弯，形似轿子而得名；另一说旧时此湾有经营出租的轿子行而得名。轿子是一种靠人或畜扛、载而行，供人乘坐的交通工具，曾在东西方各国广泛流行。现已被车替代。

民国期间至解放初，湾内有芦墟张氏学塾、费氏学塾两大书塾。

## 237　东亭街

位于吴江区黎里古镇，东起八角亭遗址，西至东风桥，全长约480米，宽5～6米。以镇东原有八角亭而取名。八角亭又名中立阁，前人称之为"玲珑水上楼"，建于清乾隆九年（1744），同治八年（1860）重建，毁于20世纪60年代。黎里旧八景中有"中立晚眺"一景。

东亭街内539—543号为陆宅，建于清同治十年（1871）。坐北朝南，前后三进，面阔五间，每进均为走马楼。天井内砖雕门楼的字牌为"怀橘清芬"，年款为"辛未仲春穀"，显然是指陆氏祖先绩怀橘孝母的故事。

## 238 梨花街

位于吴江区黎里古镇，东起陈家湾堂，西到明月桥，折北至望恩桥东堍，全长450米，宽3~4.5米。

因黎里别名黎花村而得名。清袁枚《黎里行》诗曰："吴江三十里，地号黎花村。"袁枚（1716—1798），字子才，号简斋，晚年自号仓山居士、随园主人、随园老人。清乾隆（1736—1795）、嘉庆（1795—1820）时期代表诗人、散文家、文学批评家和美食家。梨花街西徐家弄内的写韵楼和新咏楼，为清乾隆、嘉庆年间徐达源吴琼仙夫妇琴瑟和鸣、吟咏诗文的书斋。徐达源（1767—1846），黎里镇人，清代文人。吴琼仙（1768—1803），平望镇人，清代文学家、女诗人，徐达源、吴琼仙曾双双拜袁枚为师。

梨花街主要历史建筑有苏州市控制保护建筑徐达源故居、彭宅、中共淞沪地委吴江秘密联络点、全真道院石柱、闻诗堂。

梨花街主要弄堂有陈家湾堂弄（长93.4米，宽1.2米），彭家弄（长33.8米，宽0.9米），西徐家弄（长108米，宽0.9米），西蔡家弄（长68.5米，宽1米），闻诗堂弄（长81米，宽1.15米），西王家弄（长99.6米，宽1.3米），梨花弄（长26.3米，宽1.1米），石皮弄（长15米，宽1.7米），清风弄（长53米，宽1.6米），西庙泾浜弄（长55.8米，宽2.3米），西肖家弄（长44米，宽1米）。其中，清风弄是著名的露天弄堂。

## 239 中山街

原名北塘街，位于原吴江县城北门水关到三角井的河道北塘河东侧的街道，全长约550米，街两侧都是民居和商铺。在明大臣周用宅前有跨街牌坊天官坊。1934年，吴江县政府道路改造，车行道改为弹石路面，两侧人行道为水泥路面。周用天官坊被拆除。其时路宽6~7米，人行道宽0.8~1.2米。孙中山先生逝世后，1925年5月3日，此段道路称中山街，以示纪念。中山街西侧为民居，大部分为两层楼屋，房后西临北塘河，间有临河水阁与河埠。清光绪二十四年（1898）黄亮叔在北塘街捐宅开设亮叔学堂。中山街东侧除明大臣周用家宅外，间有富户宅第。中山街是旧时松陵最热闹的街区，各色店铺比肩而立。其东与汤家弄、小园弄、新开路（也名北新路，后为永康路步行街东段）、尚书巷相接。20世纪六七十年代曾名东方红大街，为当时松陵镇的主要商业街。

1980年起，中山街不断被拓宽并向南北延伸，2005年，中山街改名中山路。北起花港路，南至学院路全长7 717米，主车道为混凝土路面。中山桥（水关桥北，新建跨洋桥港的混凝土桥）以北主车道宽20米，江兴路以北人行道为彩色道板，各宽3米；慢车道2条，各宽3.5米；2条绿化带将慢车道与主车道隔开。江兴路以南至中山桥无慢车道。两侧人行道各宽3米，铺马路砖。中山桥至思鲈石，中间为河道（原北塘河的一段），河东侧为街心花园，河西侧原下塘街也属中山路。东、西两路均为单向道路，主干道各宽9米，两边人行道为彩色道板，各宽2米。流虹路至笠泽路间中山路宽12米，无慢车道，人行道铺马路砖，其中县府路至通虹路段为彩色道板，宽各3.5米；笠泽路至学院路，主车道宽40米，两慢车道各宽3.5米，以绿化带与

主车道分隔；笠泽路到江库路人行道宽 3.5 米为马路砖，其南无人行道。后以三角井为界点，其北为中山北路，其南为中山南路。

### 240　小园弄

位于吴江区松陵街道，西起中山路，东至交通路，全长 375 米，沥青路面，宽约 4 米。旧弄北有顾大典的谐赏园，园主自谦称"小园"，弄因此而命名。

谐赏园是明代顾大典的私家园林。顾大典（1540—1596），字道行，号衡寓，为昆曲"吴江派"重要作家，家有谐赏园、清音阁、蓄家乐。随着顾家后裔至外乡为官，人丁外迁，谐赏园逐渐败落。

1937 年冬，谐赏园遭日本军飞机轰炸，园破坏殆尽。园址后辟为桃园、菜地，现桃园和菜地处建居民住宅新村，称"桃园新村"。

### 241　永康路

位于吴江区松陵街道，西起苏州河路，东至交通路，全长 2 387 米，无慢车道。苏州河路至梅石路段宽 18 米，仲英大道至鲈乡路段（原名劳动路）宽 7 米，鲈乡路至公园路段宽 30 米，花岗石路面，为永康路商业街区。公园路至交通路段宽 17 米，原为松陵老吴江汽车站出口。2003 年全路段改名为永康路。

清代雍正四年（1726）吴江分置吴江、震泽两县时，震泽县衙即建于北新街北侧。中山路相交处向西原无道路，有一小弄，内为民国年间张姓举办的永康蚕种场。当初蚕种场周边空旷无人，只有 3 户人家，四周全是桑树，在通往下塘街的方向只有一条窄道，被称为桑树弄，后来因永康蚕种场声名鹊起，名永康弄。在 20 世纪六七十年代，一度被称作永革弄。

后来在永康弄北侧的居民住宅区中又派生出永康一支弄、二支弄、三支弄等。20 世纪 90 年代，吴江城开始了较大规模的旧城改造，在永康弄北面新辟了一条大路，称作永康路，并且在路西端的西塘河上新建了永康桥，以接通河西的地域。2002 年，在路面铺砌花岗石，建成永康路商业街（步行街），成为松陵市民购物的主要场所之一。

永康路上商业建筑甚多，路北侧有伟业大厦、友谊商城、吴都大厦、农业银行吴江支行大楼、新华书店、交通银行等，路南侧有丝绸服装商城、万亚大厦、永旺商城等。

与永康路相接的小巷有天鹅弄、四维弄、沈村弄、石里弄、西窑（濠）里等。与永康路相交的道路有公园路、中山路、西塘河路（东西两条单向道路）、鲈乡路、仲英大道、锦业路、梅石路、苏州河路。

### 242　四维弄

位于吴江区松陵街道永康路北侧，教堂（四维堂）东。南起永康路北至桃园弄，南接永康路商业街，北穿透小园弄直至汤家弄。全长 80 米，宽 4 米，沥青路面。弄东侧原为吴江拘留所，现新建为友谊商城，西侧为垂虹酒家和四维堂教堂。

1935年由美籍传教士雷维恩、外籍牧师戴维恩和两名国内牧师慕维德、张维逊出资改建教堂，因4人名字中都有"维"字，名为"四维堂"，弄名由此而得。

早年的四维弄非常狭窄，只有约1米宽，随着旧城改造深入及周边商业兴起，弄堂已被拓宽，两边是全新的建筑和民居。

### 243　紫石街

位于吴江区松陵街道，南北走向，实为一条小弄，北至流虹路，南至三衙前弄，全长近100米，宽2～3米，其东为松陵公园，其西原为吴江中学高中红楼。路面原为紫色武康石条石所铺，现为混凝土路面。

紫石街的名字来源有两说，一说因路面用石子铺设而得名。一说因纪念沈瓉而名。沈瓉，字孝通，又字子勺、子与，号定庵，明万历十四年（1586）进士，授南京刑部主事，进郎中，后任江西佥事，2年后乞归。家居18年后，被荐补广东佥事，刚入境即病逝。好作散曲，著述有《定庵尚书大义》《节演世范敷言》《近事丛残》《静晖堂集》等。沈瓉在家乡行善举，清乾隆《吴江县志》记载，"瓉捐田三百亩立义庄岁赡之年"，受乡人赞扬。因沈瓉字"子勺"，后世人便把义庄边上的小路称作"子勺街"，后因谐音成为"紫石街"。

紫石街南端原有沈太常祠，祀明户科左给事中赠太常寺少卿沈汉，崇祯五年（1642），常熟瞿式耜撰记，毁于兵燹。沈汉，字宗海，号水西，明正德十一年丙子科（1516）举人，正德十六年辛巳科（1521）进士，历官刑科给事中、户科左给事中。明嘉靖六年（1527），以"妄奏"将沈汉逮捕并加以廷杖，削籍为民。回到松陵后建别业于简村南舍。明隆庆三年（1569），恢复官职，赠封太常寺少卿，松陵人称他为沈太常。

近代，紫石街还走出了钱涤根将军。钱涤根（1887—1927），名刚，以字行。吴江松陵人。北伐战争烈士。清光绪三十一年（1905），参加同盟会。1917年赴广州参加护法运动，1922年任大元帅府命令传达所副官长，1933年3月任广东省增城警备司令，1935年任黄埔军校副官。北伐战争开始，他受命潜赴上海，联络军民组织别动队响应北伐军。1927年1月15日，被淞沪警备司令李宝章逮捕，16日晨牺牲于上海市郊龙华镇。1937年，吴江县内民众捐款在吴江公园内立钱涤根烈士纪念碑。

### 244　航前街

位于吴江区松陵街道。西起航前街二弄，东至垂虹路东虹桥堍。航前街全长80多米，宽3米，原为石条横铺老街道，1986年改为水泥六角砖。

自宋庆历年间建垂虹桥起，此街南临长桥河，街的南侧原有几家茶馆，沿河岸边常停泊许多各地的航船，得名航前街。为适应商旅所需建有茶馆、酒楼各色商铺，形成商业街道。后来有了轮船，曾在此街设轮船码头。

近年盛家库街区改造，此街两侧房屋基本被拆除，航前街二弄口的刘宅等少量建筑尚存。刘宅为刘建康故居。刘建康（1917—2017），男，鱼类学家和淡水生态学家，中国科学院院士，中国淡水生态学奠基人、鱼类实验生物学主要开创者。主要进行鱼类研究，提出了饲养鳙鱼、鲢鱼治理东湖的生物操纵方案，东湖水质得到部分改善，该研究成果还在滇池、巢湖水污染治理中应用。1997年，获得何梁、何利基金生命科学科技进步奖。

## 245　尚书巷

又名宫保坊，位于吴江区松陵街道，在原县城中河（玉带河）北岸，东起阁老厅弄对面小巷口，西至三角井，即今红旗电影院南门一侧。原来此巷南为河，路面很窄，后河填平后筑红旗路（现为流虹路）。

因巷内有明代以廉节公正著称的父子尚书吴洪、吴山住宅，故名。宅在此巷之北侧，即今由影院址。吴洪，字禹畴，号立斋，明成化十一年（1475）进士，授南京刑部主事，历广东副使、福建按察使。吴山，字静之，号讱庵，吴洪之子，明正德三年（1508）进士，授刑部主事，升员外、郎中。吴洪、吴山父子都官至刑部尚书。原御赐牌坊在三角井北，今农业银行办事处。20世纪90年代大楼基建时，曾挖出尚书牌坊几根巨大的石坊柱石。

现将尚书巷名冠于吴江实验小学南门前一小巷。

## 246　积善弄

今名健康弄，位于吴江区松陵街道。松陵镇庙前街和金家埭交界处的斜桥之南，区实验小学幼儿园东。南通流虹路，北接斜桥弄，宽1~2米，为S型水泥预制块铺地。此弄有多个转弯，长约150米。

早先弄南为崇真道院，弄西为雷尊殿。咸丰年间崇真道院毁于战火。弄北沿河残存少许道院房屋，杨纫兰女士曾借用举办蒙养院，弄在蒙养院与道院之间，被称为积善弄。

杨纫兰（1880—1927），著名社会学家费孝通的母亲，毕业于上海务本女学，1911年，杨纫兰在亲朋好友的帮助下，在县城松陵镇积善弄办起了私立第一蒙养院。

中华人民共和国成立初弄内曾驻县卫生机构，在20世纪60年代改名为健康弄，沿用至今。

## 247　大树下

位于吴江区松陵街道。大树下曾经是一处街坊的名字，位置于今银杏广场的东侧，因银杏古树而得名。此地原有圣寿禅寺，俗称北寺，三国吴赤乌年间（238—251）建，后晋天福七年（942）重建，宋天圣二年（1024）赐圣寿禅寺额，清咸丰十年（1860）被毁，留下银杏古树，树高20.2米，树干直径1.46米，冠幅面积近190平方米，所在的街，民国时被称作"大树下"。今废。

## 248　仙里桥弄

位于吴江区松陵街县府街东南，南北走向。长不到60米，宽不过2~3米，为宅间小道，乱砖地面。

弄因仙里桥而得名。原县府路南为金带河，河上有一座仙里桥，桥南为县府后街。桥北堍对着县府街的磨坊弄与铁局弄之间。清康熙《吴江县志》记载："仙里桥，在县治东，初建无考，相传陈昉于此仙去，故名。下有仙人洞。"桥南堍下有一神秘的"仙人洞"。明嘉靖间，知县张明道在这里建了一亭，名为仙迹亭。后桥被拆除，洞和亭都随之消失。

陈昉是北宋庆历年间（1041—1048）吴江县吏，掌管刑狱，孤身一人，请了一名女佣侍候自己的生活起居。他生性爱好吃鱼，每顿必须吃两条才能下饭。有一同僚不信，趁其外出，将女佣刚煮熟送来的一条鱼，藏到房间里封顶的芦席上。陈昉回家后，见只有一条鱼，便怀疑是女佣克扣了，反复盘问，见其支吾难语，便动手打了她，并把她辞退了。半月后，从房顶的芦席上找到已经腐烂生蛆的熟鱼。追问之下，同僚承认此事为他戏谑而作。陈昉得知真情，深感女佣蒙了冤，长叹一声："连此等小事也会冤枉人，何况办刑狱大事？"思虑再三，就辞去了官职。

相传松陵镇县府街东南有运河洞，洞甚深黑，通太湖，闻浪声，行70里可出洞庭后山。陈昉就是从这洞而去。数年后有一道士在洞边的酒店中饮酒后，留下一壶为赠，说："以此偿酒价，酒当佳。"道士去后，忽见酒旗上题有诗句："昔年陈昉登仙处，酒味松陵第一家。"主人惊异其事，取壶贮酒，则香洌异常，自是沽者群集，这酒家因而致富。才知道是陈昉相助。于是，当地人就将这洞称仙人洞，桥称仙人桥。

## 249　箔店弄

位于吴江区盛泽镇，因弄内有生产竹箔的店坊，故名。

箔为织布机上的一种机件，经线从箔齿间通过，它的作用是把纬线推到织口。盛泽以丝绸兴镇，因此不少弄堂名被打上丝织行业的烙印。

## 250　人和里

现名"仁和里"，位于吴江区盛泽镇舜湖中路老邮局东侧，南北走向，南为秀才浜，现填没为路；北原为市河，现填没为舜湖东路。后因吴方言"人"和"仁"同音，误作"仁和里"。

弄内有丁宅，因丁人和绸庄设于此而得名。明清以来，盛泽以绸兴市，丝绸生意兴盛，市上绸行（庄）林立，号称百家，其中实力最强、业务量最大者被称为"广庄"，专做闽广和外洋生意，业务量至钜，利润丰厚。有九大广庄，丁人和绸庄乃其中之一。

丁人和绸庄由丁明甫创始于清光绪十七年（1891），后其子丁趾祥子承父业。丁趾祥，又名丁寿麟，1923年10月，与浙江省王江泾镇人士共同创办《盛泾》报，宣传新文化和科学知识。1920年任盛泽区公所助理员。1933年参与发起吴江市政学会，1937年5月，参与创办江苏文艺协会吴江分会，并编辑出版《吴江文艺》杂志。1946年4月，出任吴江县参议会副议长，第二年改任议长。1953年被捕入狱。丁趾祥喜昆曲，曾在苏州、盛泽客串角色。曾担任吴江参议长。

盛泽镇另有仁和里，在沈新街25号。西、南两面是沈新街，北面是红木浜，旧名红萼浜，现填没为路。东面是民居，民居东是红木浜弄。民国时沈之万所建。大门朝西，门楼上"仁和里"3字依稀可见。里内有3幢相同的连体建筑，朝南，有砖雕门楼，中间1幢门楼朝北有简单花纹砖雕，上有"福履绥之"4字。进门有天井，天井后为3开间2层楼房，楼房后也有天井，

天井后有平屋。

## 251　种善堂弄

位于吴江区盛泽镇，南北走向，南为市河，现填没为舜湖东路。北为东白漾白场。弄现宽3米左右，长20米左右，现弄存，弄名存于入口。

弄因有弄南口有种善堂而得名。种善堂，现为舜湖东路776号民居。清乾隆《盛湖志》记载："种善堂，在大适圩东栅。国朝嘉庆十一年，里人郑昂文建。"清嘉庆十一年（1806）郑昂文在保盛桥北堍创设种善堂，办理掩埋尸骨，设立堂船、夫役、护葬公局等。清道光二十七年（1847），种善堂发放万余金赈济饥民。清同治八年（1869），置田约3.34万平方米。清光绪十六年（1890），由绸业公所出资建殡舍。1950年后为盛泽供销社所用。今已翻建。

## 252　卜家弄

位于吴江区盛泽镇，南北走向。南为市河，现填没为舜湖东路。北为水澈弄。

清乾隆《盛湖志》记载："自西荡口北岸至东，以衖名者……曰卜家，曰水澈，曰九埭头。以上在充字圩。"

卜家弄因盛泽名士卜舜年故居在该弄之北而得名。卜舜年（1613—1644），字孟硕，小字曰桂，盛泽镇人，明末著名文学家和书画家。卜舜年居所绿晓斋在充字圩（斜桥西北），后称绿晓庄。他才思敏捷，雄视千古。生平狂放不羁，但又深受儒家思想影响，极富民族气节。深为董思白（其昌）、陈眉公（继儒）等赞誉。明亡后佯狂，后抑郁而死，时年31岁。著有《云芝集》等传世。相传盛泽人为纪念他，称盛湖为"舜湖"。

弄内有洪宅。现存5进。南社社员洪鹗曾居住于此。洪鹗（1867—1927），字雄声，盛泽人。晚清秀才，1903年，任盛湖公学校长。1906年，独自创立盛湖女校并任校长。1912年，添设蒙养院（幼儿园），后来盛湖女校收归县立，校名改为吴江县第一女校（俗称太平桥女校），该校一、二年级兼收男女生，三年级后专收女生。1923年柳亚子发起新南社，洪雄声与同邑郑桐荪、郑佩宜、徐蔚南、徐蘧轩等一同加入新南社。1924年8月至10月间，江苏军阀齐燮元与浙江军阀卢永祥发生战争，洪雄声与王恺军、张质彬在战事期间设立红十字会分会，成立收容所和救护队，江苏省省长公署于12月13日特赠"见义勇为"匾额，以示嘉奖。

## 253　砥定街

位于吴江区震泽镇，旧名上塘中大街，东西走向，东自斜桥河，西至通太桥河东，南临颐塘市河，北至潘家扇东西弄、花山头南侧。从斜桥河至通泰桥，全长361米，宽8米。

以砥定桥而得名。砥定桥，俗称大桥，在上塘，清《百城烟水》记载："砥定桥，初建无考。宋淳祐三年重建。"砥定桥元、明、清朝代，屡次进行"再建""重建""修建"。1916年遭火灾后重修。1971年，为适应交通发展和沟通上下塘车辆人流，由镇人民政府拆除原石拱大桥，在原址改建钢筋水泥平桥。

"砥"与"底"同音,"砥定"源于"底定","底定"与镇名"震泽"同出于《尚书·禹贡》记载的大禹治水"彭蠡既潴,阳鸟攸居,三江既入,震泽底定"的故事。明洪武年间窦德远编纂的《松陵秩序》中说:"禹导水源至此,故曰震泽底定,言底于定而不震动也。"

砥定街内有彭康弄、四宜轩弄、银行弄、城隍庙弄,有文保单位尚义堂、宝书堂、敬胜堂和杨嘉墀旧居等建筑。杨嘉墀(1919—2006),空间自动控制学家,航天技术和自动控制专家,仪器仪表与自动化专家,自动检测学的奠基者,中国自动化学科、中国自动化学会和中国仪器仪表学会的创建人之一。1941年毕业于上海交通大学,1949年获美国哈佛大学博士学位,1980年12月加入中国共产党,同年当选为中国科学院院士(学部委员)。领导和参加包括中国第一颗人造卫星在内的多种人造卫星的总体及自动控制系统的研制,主持人造卫星姿态控制系统的研究与发展。在三轴稳定的返回式卫星和科学探测卫星的发展中做出了重大献。

## 二、桥梁名(173条)

### 254　状元泾桥

位于苏州工业园区原唯亭镇老街东状元泾南端,因所跨河道状元泾而得名。原名章家桥。东西向,跨度6米,宽3米,为长石条平板古桥。始建于宋代,明万历四十八年(1620)和清乾隆三十二年(1767)两次重建,1978年修补,1994年被拆除。相传宋代淳熙初年,有道人在唯亭留下谶语:"潮至唯亭出状元。"淳熙十一年(1184),有大潮过唯亭,唯亭人卫泾果然状元及第,当时小河因名状元泾,架于河上石桥也因名状元泾桥。卫泾(1159—1226),字清叔,初号拙斋居士,改号西园居士,宋淳熙十一年甲辰科(1184)状元。官至参知政事,为官不畏权势,刚直不阿,善诗文,名像入苏州沧浪亭"五百名贤祠"。

### 255　阜民霖雨桥

位于苏州工业园区原唯亭镇老街东市,南北横跨娄江(至和塘),石拱桥,当地俗称"大桥"。"阜",有厚、大、多、富之意,"霖雨"指好雨,"阜民霖雨"寓意给民众带来方便、利益的意思,这是指由于桥跨江面而便于交通,予人方便,指明了造桥的意义和愿景。桥始建于清康熙三十二年(1693),道光三年(1823)重建,1977年因娄江拓宽拆除。原桥东西两侧均有桥联,东侧是:"馆候潮声,涌地文澜盈万斛;峰挺玉秀,凌云笔势健千秋。"联语内容紧扣状元卫泾的故事。西侧是:"雁齿吞波,东野降康均阆泽;虹腰亘岸,南风兴利普通津。"赞美了桥的雄伟气势和交通利民的作用。

### 256　隔塘桥

位于苏州工业园区原唯停镇东与昆山原正仪镇隔界泾上,距唯亭镇中心约5.14米,东西向，南面娄江河。隔塘，即以河塘为隔界之意，故名。桥长18米，宽6米，系混凝土结构双曲水泥拱桥，始建于1935年6月，1958年翻建拓宽，2006年被拆除。

## 257　唯亭桥

位于苏州工业园区原唯亭中学（今苏州工业园区第二高级中学）西南侧娄江大道上，东西向跨仁寿河。宽18米，跨度8米，系混凝土结构的双曲水泥拱桥。桥始建于1935年6月，1978年修补，1994年被拆除。

## 258　孙武子桥

位于苏州市虎丘区（苏州高新区）狮山街道，横跨金山浜。原属横塘乡曙光村，距枫金河200米处。清同治《苏州府志》云："孙武子宅，在枫桥西南孙武子桥侧。"桥上有孙武子祠，俗称孙家桥。《宋平江城坊考·吴中氏族志考补》对孙氏进行了考补："孙氏，齐陈无宇之子子占，伐莒有功，景公赐姓孙，食采于乐安，子孙因乱奔吴。孙武为吴将，其后也……《姑苏志》吴县五、六都，村有孙庄，十至十二都，村有孙家桥，二十三、四都，村有孙舍。"据孙家桥村老人回忆，孙武子祠相传为孙武子宅遗址，附近有"教场""旗杆浜""祠堂场"等地名。

1997年苏州市地名委员会将离原桥东200米处新建大桥，命名为"孙武子桥"，当地政府在该桥两侧桥栏上立"孙武子桥"和"恢复孙武子桥名铭记"金山石碑两块，并于原孙武子桥、孙武子宅、孙武子祠故址勒石标定其方位，以示纪念。

## 259　晋源桥

位于苏州市虎丘区（苏州高新区）横塘街道苏福路，跨京杭运河。原名觐光桥。据1933年12月19日《苏州明报》云："清高宗南巡时，於横塘建一觐光桥，以通盘门至天平之路，厥后毁于'红羊'（红即洪秀全，羊即杨秀清），迄今已七十四年，今有沪商张晋源君独资兴建。"张晋源，上海永泰和公司股东，"病中许愿，痊后，由陈维襖先生介绍，初拟建于木渎，维见觐光桥跨苏木路要冲，苏木路迟迟未成，则亦为此桥工程浩大，经费不足之故"。张晋源遂"有此宏愿"，出资9 000余元，阊门刘振康设计，为钢骨水泥桥，于1933年5月7日上午10时，经吴县政府颁给布告举行奠基礼，同年12月18日落成，举行通车典礼，因"于路政上大有裨益，同人等感其盛意，请以晋源名此桥，以志纪念"。后因京杭运河改道，1990年12月27日将原有旧桥改建为三跨预应力等截面箱连续梁结构，1991年12月20日竣工通车。桥宽13米，长680米，中孔跨度60米，两侧边孔跨度各36米。2014年6月为消除安全隐患，人们将该桥拆除重建。2016年建成通车。

## 260　行春桥

位于苏州市虎丘区（苏州高新区）石湖北渚、茶磨山下。跨石湖北渚。桥有10个桥墩，9个石拱结构，故俗名"九环洞桥"。桥面整体微呈弧状，离水面不甚高。桥面平长有重级石栏。"行春"，犹游春也。石湖为著名旅游胜地，古有春游踏青之俗，以至地方官有春日巡游之举，此之谓"行春"。桥以此俗而名。此桥据说在宋以前已存在，原为18孔桥。宋《吴郡志》云：行春桥"在横山下越来溪中，湖山满目，亦为胜处。桥甚长，跨溪湖之口。好事者或云小长桥。岁久废阙。淳熙十六年县令赵彦真复修之，胜概为吴中第一"。宋范成大《行春桥记》云："石梁卧波，空水映发，所谓行春桥者。……往来幢幢，如行图画间。凡游吴中而不至石湖不登

行春桥

行春，则与未始游无异。"在这里，范成大把石湖与行春桥相提并论，联系在一起。石湖因有行春桥而添彩，行春桥因傍石湖而增光，两者相互辉映。岁久桥圮。南宋淳熙十六年（1189）冬，知县赵彦真下令治桥，"补覆石之缺，易藉木之腐，增为扶栏，中四周而旁两翼之"，次年四月完工。明洪武七年（1374），桥坏，隔年有一名叫正宗的和尚，有意修复，但又恐难成，就将此事交于长洲僧善成，善成"倾城劝募，寒暑匪懈，由是人孚其化，泉布米粟之施日至；乃大鸠工发材"（明释妙声《行春桥记》），重加修复，但修建几度中止。后有浙江和尚玄济，"素习桥事，机知便巧，于明洪武十一年（1378）三月修成"。明成化间知县文贵再修。明嘉靖时，行春桥九孔仅通一孔，其余皆设栅水中。明崇祯间郡人大司马申用懋重修，改增石栏，以后亦屡有修建。清乾隆皇帝六次下江南，每次都到石湖。作有行春桥诗多首。其中有两首如下："越来溪水二桥接，恰值行春桥上过；鱼跃鸢飞参物理，耕田凿井乐民和。""行春桥下春水明，行春桥上万民迎。我欲治民如治水，淆之则浊澄之清。"

  1949年4月，国民党军队战败溃逃时，拉当地农民，强行拆去行春桥东4个桥孔。1953年，苏州市人民政府拨款修复。1956年，开辟苏越公路，为通车而拓宽行春桥面。1957年，苏州市古迹修整委员会又重修桥墩、桥面、桥栏。"文化大革命"期间，桥头及桥栏上的石狮被破坏。1985年，先后修复毁坏的石雕、石狮，并勒石一块《重修行春桥记》。桥栏上方有石雕狮子10只，桥两头各蹲石狮2只。桥半圆薄墩、9孔连拱。桥全长54米，中宽5.20米，中孔净跨5.30米，矢高2.60米。由花岗石砌筑，长系石则为武康石，端部雕兽面，殆宋代旧物。桥身平缓，势若长虹。1963年3月20日，行春桥被列为苏州市文物保护单位。

## 261 越城桥

  位于苏州市虎丘区（苏州高新区）石湖行春桥之东，跨越来溪。始建于春秋时期。吴越相争，越军在石湖东北筑土城以屯兵，称"越城"。此桥通越城并与之毗近而得名。越军为行船运输方便，又挖地成溪，相传越军乘船从此溪而来，故名"越来溪"。桥跨越来溪上，故又称"越来溪桥"。桥为半圆形单孔石拱桥，民间称"吞月桥"，含有"吞越"的意思，后讹传为"月亮桥"。

范成大《吴郡志》载："越来溪桥，久废，南宋淳熙中，居民薛氏以奁具钱复立之。"至明代，桥因"风激湖波，旦夜淘啮，岁久渐圮"。明成化十六年（1480），由吴县知县文贵自己带头捐献俸银，里人愿助者也纷纷解囊，重建此桥。佥事张习写有《重建越城桥记》。清康熙、乾隆、道光年间都有重建。现存的桥为清同治八年（1869）重建。桥为单孔，用花岗石砌筑，东西走向，全长33.2米，桥洞净跨9.5米，矢高4.8米，宽5.4米。桥两边各有踏步，东为22级，西为23级，每阶高0.55~0.6米。桥两边有石制栏板，高0.5米，望柱高0.75米，宽、厚各0.27米。长系石端部雕有神兽纹，桥面有石刻纹饰。石拱圈两旁的明柱上，均刻有对联，南面是："碧草平湖，青山一画；波光万顷，月色千秋。"北面是："十里荷花香连水；一堤杨柳影接行。"章诏《越城桥》诗曰："城自山头跨，桥从溪上来。波涛开越路，烽火通苏台。古堞余抔土，荒地半劫灰。杨公新郭在，楮木亦蒿莱。"

1970年，桥面石阶上铺设两道水泥通道，便于手扶拖拉机、摩托车等通行。1993年照原样重修。1982年10月，越城桥被列为苏州市文物保护单位。

### 262　普福桥

俗名"亭子桥"。原址位于苏州市虎丘区（苏州高新区）横塘街道虎丘山东，跨胥江（京杭）大运河，又称横塘运河，故也称"横塘桥"。《吴郡志》称横塘桥。明徐鸣时《横溪录》云："横塘桥，盖未详桥之名普福也。明洪武丁卯年僧明塱募修，勒石郡治西廊，揆厥肇基远矣。累石为环，上覆以砖，下穿三洞，盖震泽之水至此合流北注，势湍急也。广二丈，高三丈有奇，长二引。上建亭一楹，供大士，竖七佛石幢。四麓各一井，井各一亭，亭各一额：东北曰'百雉回翔'，西北曰'万峰耸秀'，东南曰'玉宇悬河'，西南曰'宗云供极'。形家言：'四井乃四口字，建亭桥上如工字，合之乃器字形也。'岁久亭废。东南、西南二麓地为居民占盖房屋，井亦遂私。东北麓地建室，奉大士。惟西北井独存，桥亭倾圮。先是文湛持先生属疏，天启癸亥秋八月募修落成。先生复书'普济桥'三字，颜之亭之阳，赵凡夫先生书'横塘渡'三字，颜之亭之阴。"明万历年间（1573—1619）重修。清康熙四十七年（1708），职方司章豫花白银800两重建，重建后仍为3孔石拱桥，中孔之上有歇山顶石柱木梁矩形暖亭1座，亭中1石幢，刻佛像，祈佑行人平安。四角均系石柱支架，四周砖砌，亭角翘首，四角挂有古铜钟，声音清亮。亭额为"横塘古渡"，侍讲彭定求撰记。这桥上的一座亭子连同桥堍四角的4座亭子，共有5座亭子，民间俗称为"五亭桥"。1963年，列为市级文物保护单位。

1969年3月，因大运河拓宽，全桥被拆除。1972年7月，在原址重建钢筋混凝土的人行便桥，名"横塘桥"。1991年7月，横塘桥因疏拓枫桥运河横塘段再次被拆除，后在原桥址向北100余米处建一座人行便桥，桥长80米，宽5米，孔高7米，跨度60米。1992年5月18日竣工，桥栏两侧悬"亭子桥"字匾。2004年9月1日被航行经过的船舶撞毁。

### 263　西津桥

位于苏州市虎丘区（苏州高新区）枫桥街道东部，跨枫津河，这是苏州通向西城郊的一条河道。明成化年间（1465—1487），在上津、下津、西津3个渡口同时建桥。津者，渡也。其处原为渡口，建桥，故名。后逐步形成小镇，名西津桥镇。2000年，小镇全部改造，将桥移至今上津桥东150米处。桥为花岗石精细加工贴补的石拱桥，桥孔内及内质均为水泥钢筋混凝土浇筑而成。桥面中央有1平方米的花石岗莲花浮雕，两边桥栏上雕有32只小石狮，石级北为33阶，南为34阶，每级宽0.35米，整桥宽7.2米。桥孔半圆形跨度为9米，桥东西两侧均刻有对联。

## 264　五龙桥

又名五泓桥。位于吴中区长桥街道龙桥街，东西跨蠡塘（又名西塘河、大龙港）。因桥南汇鲇鱼口、面杖港、古塘等五条水道而得名。清同治《苏州府志》（卷三十三）载："五龙桥，一名五泓桥。在盘门外五里，五水合流湍急处。宋淳熙（1174—1189）间，提举薛元鼎建。明弘治十一年（1498）傅潮重建。崇祯六年（1633）圮，十五年（1642），知县牛若麟修，倪长圩记。清顺治十八年（1661），诸生张我、城里人沈某等重修。同治十年（1871）重建。"1979年桥面曾改铺成水泥斜坡。2007年重修恢复原桥面石台阶。现为清同治间重建5孔石拱桥，中间3孔为水孔，东西2孔为旱孔，东旱孔贯通龙桥街。桥全长82.4米，两岸孔跨径为5.4米，边孔跨径各7.7米，中孔跨径达10米。桥面宽为5.3米，包括两侧石栏各宽0.4米。全桥以花岗石砌筑而成，桥墩台构造采用"柔性墩"砌筑拱券，中孔两墩高达6米，而墩趾厚仅0.7米，中孔跨径10米，拱券秀薄厚仅0.2米。中孔桥额石镌阳文魏碑体"重建五龙桥"，南侧桥墩柱石镌刻隶书桥联："锁钥镇三吴下饮长虹规半用，支条钟五水远通飞骑扼全湖。"北侧墩柱石镌刻："建初在赵宋淳熙中岁，议复于皇清同治十年。"五龙桥为国内现存保护较好的多孔古石拱桥之一，1997年7月28日被列为吴县文物保护单位。1995年，为保护五龙桥古桥，在桥北10米处另建钢筋水泥公路桥，亦名"五龙桥"。2000年，在五龙桥古桥南30米处，建防洪大闸1座，名"五龙桥闸"。2014年，规划建设吴中运河风光带，建成"五龙桥公园"，总面积近10万平方米。

五龙桥踞于水陆孔道，自古为苏州城南门户。明嘉靖《吴邑志》"五龙桥险要图"载："跨蠡塘者有五龙桥焉，离盘门五里，在塘半途，东通宝带桥，西通跨塘，乃郡南之关钮也。设险于此，则北可以屏捍盘门，而新郭、仙人堂、胥泾诸近地亦不至罹屠戮之惨矣。"《清史稿》（列传·洪秀全）载："五龙桥者在宝带桥西五里，由澹台湖鲇鱼口达太湖以通浙之要隘也。"

五龙桥两堍沿河清末形成集镇，称"五龙桥镇"，民国时期为五龙桥镇镇公所驻地。20世纪50年代初，为吴县枫桥区龙桥乡政府驻地，后一度被划入苏州市郊区。1958年划归吴县，为蠡墅公社龙桥大队。1965年属长桥公社。20世纪六七十年代，龙桥大队粮食高产经验（亩产超1吨）被树为全国"农业学大寨"先进典型。1978年，龙桥大队"双三熟制"高产稳产技术获全国科学大会奖。1989年，为长桥镇政府驻地。现为长桥街道龙桥村委会驻地。

## 265　须茂桥

又名西马桥、西茂桥。位于吴中区长桥街道原蠡墅镇老街西端，南北跨蠡墅港。相传春秋时吴越争霸，越国军队在此渡河，将领的一匹白马淹死在河中，后渡口造桥，取名"西马桥"（吴语"西""死"同音）。清同治《苏州府志》（卷三十三）载："蠡市桥（蠡墅桥）、西茂桥，二桥跨蠡市港。"西茂桥，即西马桥，始建年月不详，后重建时又更名须茂桥。现桥为清道光十三年（1833）九月重建。花岗石单孔拱桥，桥长19.3米，中宽2.6米，矢高3.64米，净跨5.25米。桥西侧拱券上桥额石，镌刻阳文"须茂桥"，3字各雕刻在凸轮上。桥名右侧阴刻竖书"道光十三年九月吉旦"，左侧阴刻竖书"全里重建"。东西两侧耳石端面刻万年青饰纹，下面柱石镌刻阳文楷书桥联，东侧联："南北要津通巷陌，东西关键合源流。"西侧联："一镇生新虹焕彩，八方占瑞月重轮。"桥洞为三竖三横合拢拱券，桥洞内南北拱石中各有一块竖刻阳文"南无阿弥陀佛"，并围以阳线方框，这在古石桥中并不多见。桥面龙门石浮雕圆圈，内刻法水图案。桥两侧各有4根方锤头望柱、3块条石桥栏，下置抱鼓石，南北桥堍各有15级石阶。须茂桥南堍，原有西观音堂，其旧址现为某学校，今保存一株数百年树龄的银杏树。须茂桥连通蠡墅上塘街、蠡墅下塘街，为原蠡墅集镇商业街。

须茂桥是蠡墅现存4座古桥中最大的一座，1997年7月28日被列为吴县文物保护单位。

### 266　永兴桥

又名马良桥，俗称瓦梁桥。位于吴中区长桥街道原蠡墅镇，东西跨栈廊浜。清同治《苏州府志》（卷三十三）载："马良桥，跨栈上港（即栈廊浜）。"马良桥，桥名由来不详，始建年代也不详，清嘉庆二十一年（1816）重建。蠡墅镇历史上以造船业著称，栈郎浜与庞家浜、庙泾浜、许浜居民多为世代从事造船业的工匠，桥名称"永兴"，似有期盼造船业兴旺之意。永兴桥位于栈郎浜北口，隔蠡墅港与北侧中港上的太平桥（亦为花岗石梁桥，清道光四年重建）相望。

现桥为花岗石单跨梁桥，桥长11.6米，桥面宽1.9米，高2.6米。4块花岗岩条石并列为桥面，南侧桥梁石中间刻"重建永兴桥"。两侧桥墩为条长方形条石砌金刚墙，西侧金刚墙嵌青石碑一方，刻《重修永兴桥记》，记嘉庆二十一年（1816）里人捐修情况。桥面两侧方柱形望柱间砌砖墙式桥栏，上部横压半柱形条石与望柱接榫，望柱紧贴石护持。两边桥堍各有6级石阶，石阶两边现各铺1道水泥斜坡（宽20多厘米），以方便自行车等过桥。桥西堍河岸埋有1只石狮子头，形制较古。永兴桥于1997年7月28日被列为吴县文保单位。

### 267　大浮桥

又名大牛桥、大年桥。位于吴中区郭巷街道浮桥村，南北跨前村港。此处靠近独墅湖，原为渡口。清乾隆前，牛桥里人朱国梁曾建高架多节木桥，乾隆《元和县志》（卷二）作"大牛桥"。因木桥年年需要维修，当地人称之"大年桥"。由于桥桩经受不住长年湖浪侵蚀，至清后期木桥倾塌，此处又复为渡口。至民国初，里人小牛桥村乡绅钱鼎（梓初）发起重建，改木桥为石桥，自1914年动工，至1916年农历五月竣工，称为"大浮桥"。现桥为花岗石梁式3孔桥，桥长32米、宽2.4米，中孔宽5.1米、边孔宽4.6米。桥墩均为条石横砌，桥面均为并搁4块长条梁石，中孔梁石长7.4米，梁石最宽的0.63米，两边次孔梁石长5.7米，梁石最宽的0.6米。桥两侧有外伸0.8米石桥耳4只，石板桥栏高0.4米，厚0.2米，两侧桥栏间各嵌6只方头望柱，有抱鼓石。南北桥堍各有石台阶12级。桥东西两侧桥柱刻有阳文桥联，东联："湖水溯分支，上接尹山下独墅；乡音闻隔岸，南来贾舶北禅钟。"为民国吴县知事孙锡祺撰书。西联:"十一月舆梁告竣工,集多金,看湖水支干分流,上接尹山下独墅;二百年基址扩张名,同浮玉,听隔岸渔樵互答,南通贾舶北禅钟。"为原郭巷乡董事钱鼎撰书。桥联上方都刻有幡旗云纹图案,中间还有一些难辨的暗刻阴文。桥中孔南端一对望柱外侧面,分别有阴刻"亏本千二惜乎劳而无功","一载心血流由独墅湖中"。据称,当年蒯门石匠马氏兄弟承建此桥,因造桥所筑堤坝被风浪冲垮,重新筑坝建桥造成亏本,心存怨气而刻此文字。

今独墅湖畔改造后,大浮桥不再是居民出入主要通道,而成为湖滨公园一景。

## 268　尹山桥

位于吴中区郭巷街道尹山村西,东西跨京杭运河。曾被称为大运河苏州段最高的石拱桥。桥因近尹山而得名。始建年月无考,清钱谦益(1582—1664)《国初群雄事略》(卷八)载:元至正二十六年(1366)十一月,"(大明)大军至姑苏城南鲇鱼口,击敌将窦义走之,康茂才至尹山桥,遇敌兵,又击败之"。据此可知,元至正年间已有尹山桥。早先为梁式石桥,后圮。重建为木梁桥,既高且危。明王鏊《姑苏志》(卷十九)载:"尹山桥,跨运河。久废,天顺六年(1462)郡守林一鹗重建,学士钱溥记(附后)。"重建为单孔石拱桥。清道光年间,桥体受损而重修。清咸丰年间(1851—1861)因战乱桥身遭破坏,清同治九年(1870)里人捐资重修。尹山桥为花岗石拱桥,桥长72米,宽4.7米,高14米。比盘门吴门桥还高4米左右,比吴江三里桥高2米。全桥共用金山花岗石4 550块,由七节券版合成的拱券,桥顶节券版的中央"龙门石",正面镌刻仙鹤云水图案,背面镌刻变体莲花纹图案。桥面条石护栏,桥东堍石阶53级,西堍54级,立有桥碑。桥两侧镌桥联,南侧联曰:"远道望松陵,一桁山光分旭彩;回波通笠泽,连樯云影压春潮。"北侧联曰:"明镜劈双流,十里津梁萦宝带;长虹规半月,万家烟树溯金阊。"

1979年春夏,苏杭大运河实施拓宽疏浚程,尹山桥于1981年秋拆除。吴县文保部门为保护古桥,将整座石桥拆下的石料进行了编号,临时放置在宝带桥北堍,后因看管不严,逐年丢失,剩余部分桥石,后用于维修宝带桥。

大运河拓宽竣工后,在原尹山桥址北100多米处重建尹山大桥,为钢筋混凝土结构公路桥,桥长175.9米,宽20.1米,高7米,设计荷载汽挂100吨,1996年11月建成通车。

**附:《重建尹山桥记》**　[明]钱溥

天顺六年秋七月,长洲县重建尹山桥成。其冬,予使交南还,县耆老浦嗣昌迓予而请曰:"尹山距吴城东南十里许,有土峭然起,若覆笠而枕于运河之阳,旧有石梁跨其上,废凡四十余年。有司惮工巨而费殷,仅架木为梁,既高且危。每风雨晨夕间,商旅提携、樵苏负荷而往返者不无奔仆跌溺之虞。都宪万安刘公巡抚东吴,丛务既饬,大慰人望,爰命郡守黄岩林侯曰:'是尹山为民涉之病,盍易木以石乎?'捐俸以倡之。桥不逾年底而成。长凡二十二丈三尺,高四丈二尺,而广视其高三分之一,以石计四千五百五十,以工计四千九百有奇,坚致宏壮,视昔有加。先是灭渡、宝带二桥,正统初大司空庐陵周公尝命郡守况侯成之。尹山虽同崎吴城之南,独遗之而未举,岂非有待二君子乎?噫,桥聿成于久废之余,功甚难也。刘公能廓先辈之宏规,林侯存心爱物,将有过于前守之为者,宜其同德协谋,成此有不难也。愿为文志之以为颂！"予曰："事出于昔人之所难，而成于今日之所易，非惠而知为政乎？郑子产，春秋惠人也，捐所乘舆以济人于溱洧。孟子讥之，盖谓政有大于此者。诸葛武侯常言治世以大德，不以小惠，至于治蜀而桥梁道路靡不缮理。然则冬月成梁，民自免于病涉矣！何必市惠以徼民哉？二君子可谓知为政矣！苏人歌颂将逾于郑舆。人之颂推，是德于人，人当不止于治吴也。"系以诗曰：尹山有桥，界于吴域；石既云隤，木贻其戚，都宪治吴，大施厥德；命彼郡侯，俾复以石；过者思焉，永其无斁。（乾隆二十六年《元和县志》）

## 269　寒桥

又名韩桥、望仙桥。位于吴中区横泾街道横金老街中，南北跨横泾塘（横泾镇市河）。寒桥建于清乾隆年间，因近"义金庙"（又称城隍庙，供奉管仲、鲍叔牙），故称"望仙桥"。清嘉庆间《吴门补乘》载："横金镇韩桥西，有青石桥面在路旁，故老云此名过金桥。"跨横泾镇市河自东而西有4座老桥，民国《吴县志》（卷二十五）载"齐兴桥、积庆桥、望仙桥、驷马桥"。后这4座桥名称略有变化，聚兴桥（齐兴桥，俗称东桥，拱桥）、积庆桥（梁桥）、望仙桥（寒桥，梁桥）、驷马桥（俗称西桥，拱桥）。20世纪七八十年代4座老桥先后被改建。寒桥原为石拱桥，1982年7月翻建为双曲拱桥，名为"望仙桥"，后改为公路桥。2009年，横泾街道投入100多万元又重建望仙桥（寒桥）、积庆桥等公路桥梁。望仙桥现为航道桥，钢筋水泥梁桥，长25米，宽20米，可通小型车辆。桥北堍为金家弄与中市街口，桥东常泊渔船，沿河鱼摊成市。因桥近义金庙，为庙会集市的中心地段。

相传横金（横泾）因春秋齐国名相管仲与鲍叔牙在此分金得名。明代僧人姚广孝（1335—1418）《分金墩》诗云："夷吾坐穷乏，叔牙计余赢。托友心相知，义重黄金轻。得利岂敢私，当道分还平。独遗一抔土，常寄千载名。"横泾义金庙（庵）一说建于明初，一说建于宋元。清尤侗（1618—1704）《义金庵碑记》载："庵肇明初，再葺于万历丁亥（万历十五年，1587），久而倾圮，里中有钱君舜臣者，慨然捐修，夏而工，秋落成焉。"清乾隆四十三年（1778）陈纯忠《重建义金庵碑记》则称："重建在天顺三年（1459），去明初未远，其为宋元时所建可知，嘉靖五年（1526）改为社庙，讲乡约所，城隍因得崇祀于此。康熙壬子（康熙十一年，1672）重修。"相传乾隆帝第三次南巡途经东太湖，听说横泾义金庙为纪念管鲍分金义举而建，便吩咐顺水转道，画舫入横泾塘，过浦庄至横泾镇寻访。旧时庵东有观音殿，庵西有城隍殿。20世纪50年代，义金庙废后成为粮库用房。90年代，群众自发恢复义金庙，当地习俗每年农历三月二十三日有"义金庙会"集市。

元代扬州文人成廷圭晚年避乱吴中，其《同张仲举宿寒桥》诗有"柔橹声干破寂寥，青山矶下宿寒桥"句。此"寒桥"又称"韩桥"，但在金陵（南京）栖霞，建于宋代，据称因薛姓人氏捐建，"薛""雪"音同，故名"寒桥"。存此备考。

## 270　溆东桥

位于吴中区横泾街道溆庄，南北跨溆庄港。因位溆庄街东端而得名。清光绪年间建，现桥为花岗石单孔拱桥，全长13.4米，中宽2.4米，矢高2.9米，跨径4.5米，拱圈纵联分节并列砌筑，桥堍南底宽 3.5 米，北底宽 3.2 米。桥拱券上桥额石镌刻阳文"淑东桥"，3 字在阳刻圆圈中。桥名右侧刻阴文"光绪"，左侧刻"乐善堂"。桥两侧镌刻桥联，东侧联曰："接道途恒施利泽，渡舟楫永作通津。"西侧联曰："西望洞庭通震泽，东连墓郡镇莲溪。"桥面龙门石镌刻团形法水图案，桥面两侧立方形望柱，片石桥栏，下置抱鼓石。桥南堍设石阶 11 级，北堍 9 级。现南北堍石阶靠右侧一半已铺成水泥斜坡，便于自行车等通行。桥北堍右侧与花岗石梁桥"里仁桥"（又名观音桥）构成直角双桥。二桥北面旧有采莲庵东观音堂（现重建）。淑东桥已被列入吴中区第三次全国文物普查名录。

### 271　镇泽桥

位于吴中区横泾街道上林村（又名上泽村）。因南北跨上泽港（又称沙泾港）而得名。上林村南临东太湖，湖边原有两个古渡口，分别为东林渡、西林渡。镇泽桥始建于明崇祯九年（1636），为青石拱桥，无栏。1916 年重建。现桥为花岗石、青石混构单孔拱桥，桥全长 16.32 米，桥面宽 2.2 米，跨度 5.1 米，矢高 2.7 米，拱圈纵联分节并列砌筑。桥堍南底宽 3.24 米，北底宽 3.7 米。拱顶略呈弧形的桥额石上，雕成门框形凹槽，内阴刻 3 个圆圈，分镌"镇泽桥" 3 字。桥面为龙门石，镌刻双圈法水图案。桥洞拱圈一侧底部中间两块拱石上，分别刻有莲花座。无桥栏，桥面、桥堍两侧沿边石均凿有凸起沿口。桥北堍石阶 15 级，南堍 13 级。南北堍石级中间均铺 2 条水泥斜坡，似为人力车辙道。石桥整体造型古朴，被列入吴中区第三次全国文物普查名录。

桥墩侧砌有一块青石碑，上镌文字："余上泽之东北，村有镇泽桥，为明季村人周姓所建，年久坍圮。乃二女长德贤、次惠贤，去冬在越溪北惨遭淹殁，故特发愿独力重建。非敢为二女邀冥福，亦聊以便人行耳。民国五年（1916）仲秋，金门徐氏子鸿勋、鸿儒、鸿基重建。"捐资修桥者自称"金门徐氏"后人，源于痛悼两个溺亡女儿，以修此桥行善积德。解囊铺路修桥善举，向为吴地民风。

镇泽桥与西边相距一百来米的上泽桥，本是两座造型相同的"姐妹桥"，上泽桥于 1987 年被改建为双曲水泥桥。

### 272　恩荣桥

位于吴中区越溪街道莫舍社区张宅村，南北跨卢家浜。明代官吏为表彰当地卢姓首登科第而命名。建于明正德十年（1515），为花岗石拱桥，桥宽 2.62 米，长 20 米，跨度 5.90 米。桥拱顶石背部正中刻有以天、地、雷、风、水、火、山、泽 8 种图案组成的"八卦图"。石桥两侧镌刻桥联，东侧联为："桥临越水迎多福，地接吴山庆有年。"西侧联为："南朝越泾千舟往，北动郡城万姓欢。"1986 年 5 月，因道路改造，恩荣桥石拱桥被拆除，改建为钢筋水泥公路桥。但原桥顶雕刻"八卦图"石料、镌刻两副桥联的柱石和碑文石，均完整地嵌砌在新桥梁相应的位置上。新桥已于 2003 年 6 月拆除。

原恩荣桥两边桥墩上各嵌砌一块碑石，其一碑文曰："钦差提督苏松等处水利浙江按察司副使谢琛为恩荣桥，辛未进士出身文林郎河南监察御史庐（卢）雍题。"称"恩荣桥"桥名为钦差谢琛拟定，由卢雍书写。另一碑文曰："郡城西南有胜地曰石湖，湖之南有溪曰越来溪。溪之西有支港，俗谓之溪港。居民多业儒，然自开国以来，未有科第发生者，庐（卢）隐君伯纲始教其二子雍、襄为举子业，一时文行竟爽。正德庚午，雍以《易》中南京乡试，明年辛未登进士第，拜监察御史。山水之秀，闷而不发，御史君开先矣，嗣是而兴者，其无难乎！今港上新筑石梁成，堤□水利，浙江按察副史谢公特曰恩荣桥。盖所以重科第表□里而又以望夫后进之相继也。襄，今为郡诸上将投试而起者，请□记其所自书数语俾刻之。正德十年乙亥正月八日。通议大夫都察院右副都御史致士前进士长洲徐源书，吴县正溥周鹰、典夫李宗、□视者民周佩，姚宗德监造。"此碑介绍了"恩荣桥"的由来，因卢雍于明正德六年（1511）中进士，授监察御史，为当地自明代开国以来首位科举入仕者。时值港上新筑石桥竣工，水利钦差大臣谢琛为激励当地学子奋发科第，命此桥为"恩荣桥"。因碑文中有"郡城西南有胜地曰石湖，湖之南有溪曰越来溪"，成为判别"越来溪"方位的重要文献。近年新建越溪中心小学（吴山街南），特地将校内1号楼命名为"恩荣楼"，校方称"以铭记恩荣桥及越来溪历史"。

## 273 万福桥

位于吴中区越溪街道田上村，南北跨村外浜。"万福"，意多福。《诗·小雅·蓼萧》："和鸾雕雕，万福攸同。"万福桥，始建时间不详，清道光十三年（1833）重建。现桥为单孔花岗石梁桥。桥墩为排柱式，每墩并竖4块柱石，上面横1条长穿石，两端伸出桥面，即为桥耳石，上镌刻如意纹饰图案。桥面为3块并置梁石，长5.3米，各宽0.6米左右，厚近0.4米，桥面东、西梁石外侧面，均镌刻阳文"重建万福桥"，5字各刻在凸轮上。桥耳石下柱石上镌刻阳文桥联，东侧联曰："只求处处田禾熟，惟顾人人福寿增。"西侧联曰："南去一桥通震泽，北来九曲到胥江。"南北桥堍各有5级砂石阶，现石阶覆上水泥斜坡。此桥结实，至今仍为村民出入通道。万福桥，被列入吴中区第三次全国文物普查名录。

另有长巨万福桥，位于吴中区甪直镇车坊长巨村下扒浜，东西跨桥港里河。建于清代，为花岗石构3孔梁桥，全长21米，中宽1.5米，高2.85米，跨径12.75米。桥墩为花岗石条石叠砌，中间两桥墩下均设有水盘石，水盘石上位排柱形式，桥面桥梁石9块，每块长5.23米，最宽的有0.53米。桥梁石两侧均阳刻万福桥桥名。有长系石4根。东引桥长3.8米，西引桥长3米，桥宽1.5米，无踏步，无桥栏。

## 274 邵昂桥

又名怀范桥、古怀范桥、兴隆桥，位于吴中区城南街道南石湖社区。因南北跨邵昂港而得名。邵昂港，又称邵巷港。清乾隆《吴江县志》（卷二、卷四）载："石湖之东注者，曰邵巷港。一名邵昂，相传有石刊'邵昂'二大字在水中。""邵昂，旧有石刻'昂台'二大字在水中。一作邵巷，最声相近而讹也。史志云，在石湖之东。"

邵昂桥原名怀范桥，相传当年越国大夫范蠡携西施从石湖（邵昂村西侧）穿戗港挂帆而去，里人为纪念范蠡而命名。始建年代不详，明中期村人许十鹏捐资重建，为石拱桥，称"古怀范桥"，桥名镌刻在东侧拱沿石上，当地人习惯以村名称之"邵昂桥"。邵昂村，清代隶属吴江县范隅上乡一都（副一图），民国时期隶属吴江县城厢区湖西乡。1950年8月，被划归吴县枫桥区蠡墅乡。1958年，邵昂村改称为兴隆大队，邵昂桥曾改名"兴隆桥"。1986年，吴县长桥镇政府重建，拆除原石拱桥，改建成钢筋水泥平桥，命名为"邵昂桥"。桥宽4米，跨径12米。

### 275 炙鱼桥

亦名中和桥，俗称捉鱼桥。位于吴中区香山街道，跨香山运河（原南宫塘）。原名中和桥，后人据春秋吴国"专诸刺王僚"故事，专诸曾在太湖边学"炙鱼"，故名炙鱼桥。民国《香山小志》："中和桥，跨南宫塘。《吴越春秋》专诸去从太湖学炙鱼，即此地也。故一名炙鱼桥，今俗呼捉鱼桥。""按：今炙鱼桥，去南宫不半里，俗呼捉鱼桥。"始建年代不详，为花岗石单孔拱桥。1975年拓宽南宫塘时，炙鱼桥被改建为水泥拱桥，更名为"防修桥"。1986年恢复炙鱼桥原名。2016年重建，为钢筋水泥公路平桥。长28.9米，宽21.6米，砼质沥青桥面，最大载重20吨。

**附：《炙鱼桥拦截敌运粮船》故事**

1944年春天，日伪军在吴县光福舟山村"征集"的满满一船军粮……准备第二天送往木渎日军警备队驻地。太湖游击队战士薛福根知道这一情况后，当即与姚无男、周锦发（小阿发）商量，决定途中拦截这船军粮……第二天早晨……船出舟山码头，到西支桥，没有事，过香山水桥集市，也很平静，眼看外塘炙鱼桥遥遥在望，穿过炙鱼桥就是太湖了……说时迟，那时快，3人同时"噌"的一声站起身，拔出枪支，高喊："停船！停船！……"那货船船主也知道薛福根等是新四军游击队员，炙鱼桥下本来就不宽，无论如何也溜不过去，只好将船摇向岸边。军粮船尚未停稳，薛福根等3人已飞身上船……3人马上动手，挑去篷布，抢起铁锹，将船上装的大米往河中泼去。附近的老百姓看到后，就拿着口袋来装。不一会儿工夫，敌人的一船军粮被悉数掏净。3名游击队员当即跃上河岸……当驻塘村的日军闻讯前来追赶时，他们早已无影无踪了。（载《光福镇志》）

### 276 吕浦桥

位于吴中区香山街道舟山村沙潭里自然村，南北跨北塘河（原南宫塘）。因桥在南宫塘西口吕浦港而得名。清道光《光福志》（卷三）载："塘桥港，即南宫塘之东口，太湖至此又折而西，沿法华山，过黄茆嘴，折而东北，至吕浦桥。吕浦港，即南宫塘之西口，有汛，太湖至此又折而西北。"始建年代不详。明王鏊《姑苏志》（卷十九）载："吕浦桥，吕山湖口。"经桥明代中期已有。民国《香山小志》载："吕浦桥，跨南宫塘西口，自香山出太湖之门户，同治间，里人朱焕文重建。"

现桥为花岗石单孔拱桥，全长22.96米，桥面长2.4米，宽2.95米，跨径为7.55米，矢高4.45米，南桥堍长10.2米，宽3.8米，北桥堍长8.9米，宽2.95米。此桥为跨南宫塘古桥中最高宏的一座，桥洞高大可以通行较大的渔船和航船。拱券纵联分节并列砌筑，拱圈顶横桥名石，镌刻阳文"吕浦桥"3字置于阳刻圆圈内，桥面龙门石刻"双龙戏珠"图案。条石桥栏，间以方形望柱,桥耳石等均刻有水浪纹饰。桥东侧柱石镌楷书阳文桥联曰:"十里波光迎画鹢,四角山色锁长虹。"西侧柱石镌"同治十二年(1873)仲春立,善济堂募捐重建"。柱石镌刻文字,均置于阳刻线条长框内,框上部刻有装饰花纹,这在古石桥中并不多见。两侧桥堍有石阶33级,台阶较低,坡度较平缓。

吕浦桥,曾是香山一带出入太湖的门户。此桥原属光福镇黄渠村,现黄渠村属香山街道舟山行政村。吕浦港口,现建"吕浦港闸",其东侧环太湖大道中有"吕浦港大桥"(公路桥)。

### 277 鸳鸯桥

位于吴中区香山街道,东西跨郁舍浜河。郁舍浜河,为南宫塘支流,东通后塘桥,西接俞家桥村。相传此桥建成时见到河道里有鸳鸯戏水而得名。民国《香山小志》载:"鸳鸯桥,跨郁舍浜,港头髧柳丛处,时有野凫翔浴往来。相传是桥落成有鸳鸯戏此,故名。"始建年代不详。清咸丰三年(1853)重建。现桥为花岗石质单孔拱桥,全长14.3米。东桥堍长6.16米,宽3.2米;西桥堍长6.4米,宽3.2米。桥面长2.05米,宽2.13米,跨径为4.3米,矢高

鸳鸯桥

3.1米。拱圈顶横桥额石,镌刻阳文"鸳鸯桥",3字分别刻在凸轮圈上。拱券纵联分节并列砌筑,桥顶龙门石刻法水图案,桥南侧桥柱石镌阳文楷书桥联:"一水澄清通舟楫,万年福禄兆鸳鸯。"北侧柱石镌阳文"咸丰三年重建"。桥面、桥堍有4对方胜头方柱,间以条石桥栏,下置抱鼓石。东西桥堍各有石阶15级。20世纪90年代,现桥北侧河道筑埧并建水泥道路,桥拱券近半没入路基。近年因附近村落拆迁,石桥疏于看管,部分桥石构件曾被盗,由公安机关查获并追回。鸳鸯桥,被列入吴中区第三次全国文物普查名录。

### 278 环玉桥

又名北沟桥,俗称剥狗桥。位于吴中区甪直镇中市河北端,东西跨中市河。因桥梁石形如玉带,故名环玉桥。清乾隆《吴郡甪里志》载:"环玉桥,在和丰桥南之左,俗名剥狗桥。崇正(祯)初建。康熙辛未秋圮,重建。"此桥建于明崇祯初,原为一座无名小木桥。据称桥西堍沿河有一条暗弄通至杨家花园,长100多米,小弄东段较窄,仅容两人勉强通过,西段较宽,且上覆凉棚能避雨雪,便成为镇上叫花子(乞丐)聚宿地,他们白天外出四处讨饭,晚上回宿经常在桥堍剥狗烹食,人们称此桥为"剥狗桥"。因桥名不雅,且桥位中市河北端,于是被称作"北沟桥"。清康熙三十年(1691)秋桥圮,里人出资重建,为花岗石梁桥,因桥梁石如玉带一环,取名环玉桥。

20世纪70年代,因拓宽市河环玉桥被改建成水泥双曲拱桥。90年代,又被改成花岗石梁

桥，同时加高桥基。现为花岗石构单孔梁桥，全长23.09米，中宽3.25米，高2.72米，跨径5.6米。桥墩为框架式，两侧设立柱两根，中间金刚墙叠砌。桥面桥梁石2块，桥面石19块，桥梁石长6.72米，最宽为0.48米。桥面石阳刻双龙戏珠图案，有长系石2根。西引桥长8.22米，桥堍宽3.6米，无踏步，与中美桥南堍相连；东引桥长6.93米，踏步12级，桥堍宽4米。东引桥南侧引桥长1.18米，宽1.84米，踏步3级。西堍北金刚墙上设有石级桥梯9级。桥两侧设方形望柱、栏杆，柱头上有覆瓣式莲花图岸，栏杆两端置抱鼓石，整个桥体造型美观。桥东堍为东市下塘街西端与中市上塘街交接口，西堍为西市下塘街东端与中市下塘街交接口。桥东堍与中美桥北堍垂直相连，为古镇典型的双桥之一，又称"三步二桥"。

### 279 众安桥

俗称麻皮桥。位于吴中区甪直镇中市中段，东西跨中市河。众安桥始建于明代，清乾隆《吴郡甫里志》（卷十七）载："众安桥，在环玉之南。顺治间，顾茂林倡募重修。"清光绪《甫里志稿》载："众安桥。平石……道光中重建。俗名麻皮桥。""麻皮"是指此桥所用花岗石，俗称"麻石"。"麻皮皴"也是中国画绘石的技法。元汤垕《古今画鉴·唐画》载："董元（董源）山水有二种：一样水墨矾头，疏林远树，平远幽深，山石作麻皮皴；一样著色，皴文甚少，用色秾古。"

现桥为道光间（1821—1850）重修。为花岗石构单孔梁桥，全长15.53米，中宽1.7米，高3.2米，跨径4.95米。桥墩为条石叠砌成金刚墙形式。桥面桥梁石3块，长5.8米，最宽的为0.56米。有长系石2根。东桥堍长4米，宽2.1米，石阶11级；西桥堍长6.14米，宽2.25米，石阶11级。桥面两侧设方形望柱，长方条石栏杆。桥梁石外侧阳刻楷书"众安桥"，3字各在凹进的圆圈中，桥名两侧饰以云纹图案。桥名左侧，凿有一方框，内阴刻3行文字："道光十三年（1833），八月中秋立，里人重建。"众安桥联结中市上塘街与下塘街，桥西堍对蜡烛弄口。

### 280 寿仁桥

又名寿亭桥，俗称庄家桥。位于吴中区甪直镇西市街玄坛庙口，南北跨西市河，连接中市上塘街与下塘街。清乾隆《吴郡甫里志》载："寿亭桥。庄家湾南，一名庄家桥。"清光绪《甫里志稿》载："寿仁桥。环石，在环璧桥西，原名寿亭桥。道光末，金辂重建，易今名，一名庄家桥。"

寿仁桥始建时间不详，除有记载乾隆三十八年（1773）五月汪鼎煌重建外，现桥身留有历次修缮记载刻石，桥洞内拱石刻有"大清康熙十一年（1672）壬子八月，袁尚志募捐重建"；北桥墩西侧有石刻"道光二十三年（1843）癸卯夏六月，同仁堂重建"；桥洞南侧拱石有阳刻"大清同治十年（1871）辛未二月，里人金辂重建"。相传同治年间，里人金辂（1800—1880）将其母亲70寿辰所收礼金，用于重修此桥，里人感其孝仁，更桥名为"寿仁桥"。

现桥为花岗石单孔拱桥，全长14.86米，中宽2.55米，矢高3.03米，跨径6米。拱圈系纵联分节并列砌置，金刚墙条石收分叠砌，并加有丁头石，墙内设明柱4根。有长系石4根。南桥埥长9.4米，宽3.8米，石阶16级；北桥埥长4.2米，宽3.15米，石阶9级；南埥西侧有引桥，长1.07米，宽1.35米，石阶4级。桥面龙门石为正方形，镌刻双线圈内有螺旋法水图案，桥额石阳刻楷书"寿仁桥"，3字各置入凸轮中，桥名两侧刻对称回形万字纹。桥面置莲花瓣柱头的望柱，设为"b"形，下部成突出一段，侧面凿槽口，与石桥栏榫头铆接，有抱鼓石。桥两侧镌刻阳文桥联，西侧联曰："紫气徵祥，合度犹龙高躅；绿波漾彩，宜题司马雄辞。"东侧联曰："寿宇从今，拾级同臻大孝；仁姘溯昔，希踪敢绍前修。"东侧联上下联首字嵌"寿仁"桥名，上联"同臻大孝"，意指金氏捐母寿礼修桥事；下联"敢绍前修"，则指金家继祖上修桥善事。清道光二十三年（1843）出面修桥的"同仁堂"，为金氏祖上倡设于清乾隆五年（1740），甫里绅士为董，以"收埋代葬，舍棺施药"为义举，当年曾获得抚臣"笃善可风""乐善不倦"匾额，乐善好施亦为甫里民风。

### 281　富昌桥

又名星桥、新桥。位于吴中区角直镇东市中段，南北跨东市河。桥名含有祈望"富裕昌盛"之意。清光绪《甫里志稿》载："富昌桥。环石，在和丰桥东。一名新桥。"富昌桥始建年月不详，据清诸寿贤《甫里巡检司公署记》载："巡检司署，明洪武十八年（1385）建于陈墓镇，置弓兵二十四名，辖六直（角直）、大姚等处。万历间，镇中盐盗为害，商民呈请，将巡检司移驻六直。至明万历三十五年（1607），巡检倪子恬领银，建署于富昌桥西南。"据此可知，明万历间富昌桥已存在。

20世纪60年代，富昌桥被改建为石基柱水泥多孔板梁桥，砖砌桥护栏。80年代，桥北埥东侧加斜坡引桥。其后拆水泥梁桥，重建为花岗石梁桥，桥面长6.42米，宽4.5米，桥洞高2.65米，跨径5.75米。南北桥埥各有12级石阶。2013年，整治东市河及两岸石驳岸，富昌桥被再次重建，恢复为花岗岩石砌单孔拱桥。拱圈系分节并列砌置，拱顶桥额石阳刻"富昌桥"，有长系石4根，桥面置4根方形石望柱，两侧为长方形条石桥栏，置祥云抱鼓石。南北桥埥各有石阶14级，末端路面铺石2级。富昌桥在和丰桥东100米，联结东市上塘街与下塘街。

### 282　环璧桥

又名永昌桥，俗称高家桥。位于吴中区角直镇西市中，南北跨西市河。建于明万历四十七年（1619）。清乾隆《吴郡甫里志》（卷十七）："永昌桥。一名高家桥，万历末年，高士标等募建。"清光绪《甫里志稿》载："环璧桥。平石，在板桥西，原名永昌桥。万历末，高士标募建，一名高家桥。道光末，金铭重建，易今名。"清道光三十年（1850）重建时，改名环璧桥。20世纪80年代初，因桥墩柱石倾斜，重修时改建为石砌桥墩，原两侧桥联石已被折断，都横砌在桥墩基上，桥面梁石依旧。1991年，角直镇政府出资重修。

现桥为花岗石单孔梁桥，全长15.09米，中宽1.65米，高2.6米，跨径4.7米。桥墩为条石叠砌成金刚墙形式，桥面有桥梁石3块，长5.45米，最宽的0.55米。有长系石2根。南桥埥长5.8米，宽2.18米，石阶10级；北桥埥长4.78米，宽2.5米，石阶9级。桥面两侧为砖砌栏杆，南埥有抱鼓石，北埥缺失。桥梁石外侧刻楷体阳文"环璧桥"，3字各置入凹圆中。桥两侧原镌有桥联，东侧联曰："湍流到此仍环转，皎日涌空□璧圆。"上下联嵌桥名"环璧"，因西来自吴淞江之水流向东市河，与北来金巷浜之水流相遇，在桥侧形成大漩涡，日光下犹如一个"玉璧"，"环璧"语意出此景象。西侧联曰："祝嘏值成，梁年皆并永；拾资营利，涉后必有昌。"上下联嵌原桥名"永昌"。环璧桥北堍与金安桥西堍相接，构成"钥匙桥"。

## 283　南昌桥

又名南厂桥，俗称牌楼桥。位于吴中区甪直镇王家浜南20米，东西跨南市河。因桥位于镇南"厂滩头"，故名南厂桥。后以"厂"谐音"昌"，更名为南昌桥。又因桥西堍有殷家"贞节牌坊"，人称牌楼桥。清乾隆《吴郡甫里志》（卷十七）载："南昌桥，在兴隆之南。"清光绪《甫里志稿》载："南昌桥，平石，在兴隆桥南，俗称牌楼桥。"

清雍正十三年（1735）建，为花岗石构单孔梁桥，全长13.88米，中宽1.6米，高2.16米，跨径4.05米。两侧桥墩为排柱式，各并竖4根石柱，桥面并置桥梁石3块，长5.28米，最宽的0.61米。东桥堍长5.27米，宽2.78米，石阶11级；西桥堍长3.73米，宽2米，石阶10级。桥面两侧设莲花瓣柱头方石望柱，石栏杆，置抱鼓石。桥梁石外侧阳刻"重建南昌桥"，桥名旁镌如意图案。桥柱石镌阳文桥联，南侧联曰："中流三度环金钥，夹岸双桥映彩虹。"北侧联曰："津梁层叠浴环玉，砥柱萦洄接寿康。"联语中"环玉""寿康"，即为距此桥一北一南的两座桥。西堍原有殷家"贞节牌坊"，石牌坊宽10米，上面砌嵌砖雕图案为全套《西游记》。1966年"文化大革命"中，石牌坊被拆除。南昌桥联结南市上塘街与下塘街，桥东堍与永福桥北堍相接，构成"双桥"。

## 284　永福桥

又名吉家浜桥、殷家浜桥。位于吴中区甪直镇南市下塘吉家浜西口，因南北跨吉家浜而得名。原名永福桥。清乾隆《吴郡甫里志》（卷十七）载："吉家浜桥，在南昌之左，吉家浜口。"清光绪《甫里志稿》载："永福桥。平石，跨吉家浜口。"因桥北岸为殷家浜，故又俗称"殷家浜桥"。建于清雍正十三年（1735）。现桥为花岗石构单孔梁桥，全长8.57米，中宽1.7米，高2.1米，跨径3.65米。桥墩两侧设立柱两根，中间由金刚墙叠砌。桥面有桥梁石4块，长4.45米，最宽0.43米。桥梁石外侧阳刻"永福桥"桥名，桥墩南立柱有阴刻"今禁放生河 吉家浜"。有长系石2根。南桥堍长3.28米，宽2米，铺为水泥斜坡；北桥堍长1.15米，宽1.77米，石阶4级。桥面两侧置圆砫头方形望柱，石栏杆，北堍望柱上刻有莲花瓣，置抱鼓石。北堍与南昌桥东堍相连，双桥构成一对"钥匙桥"。

桥北殷家浜有殷氏宅第，建于清同治年间（1862—1874），占地面积6 750平方米，为甪直古镇保存老大宅之一。宅后有祠堂1座，故此处俗称"殷家祠堂"。1998年，镇政府出资在此建"万盛米行"旅游景点，设有水乡农耕陈列馆等，距叶圣陶《多收了三五斗》中"万盛米行"原型"万成恒米行"旧址100多米。

## 285　西美桥

又名大通桥、猛将桥，俗称西大桥。位于吴中区甪直镇西端，南北跨西市河。因桥下西市河直通吴淞江的水道，故名大通桥。又因桥北旧有猛将堂，又称猛将桥。清乾隆《吴郡甫里志》（卷十七）载："西美桥。在西栅。一名猛将桥，其北有庙。"清光绪《甫里志稿》载："西美桥。环石，俗名西大桥。"始建于明成化十九年（1483），清康熙年间（1662—1722）重修该桥。乾隆中（1736—1795），里人严振元、振文兄弟俩又重建该桥。2002年10月，甪直镇政府重修。

现桥为花岗石构单孔拱桥，全长24.25米，中宽2.9米，矢高3.62米，跨径7.4米。南桥堍长9.75米，宽4.8米，石阶21级；北桥堍长11.56米，宽4.2米，石阶16级。有长系石4根。拱圈系纵联分节并列砌置，由金刚墙条石收分叠砌，并加有丁头石，墙内有明柱4根。拱圈内有二石，上刻文字："前明成化十九年（1483）癸卯春三月里人募捐始建。""大清［乾隆］三十三年（1768）凝德堂严乐翰重修"。桥面桥心石为正方形，刻螺旋形法水图案。桥面两侧置方石望柱，石栏杆，置抱鼓石。桥两侧镌刻阴文桥联，东侧联曰："名区毓秀看题柱，高士流芳认钓矶。"联语中"钓矶"，以"严子陵钓台"典故隐喻"严氏"修桥。西侧联曰："甫里千家联雁齿，吴淞一碧映虹堤。"此联意指甪直街景繁盛，水陆两旺。西美桥联结西市上塘街与下塘街，为镇区现存第三大古桥，是老镇出入主要桥梁之一。

## 286　中美桥

又名和丰桥。位于吴中区甪直镇中市街北端，南北跨东、西市河交界处。清乾隆《吴郡甫里志》（卷十七）载："和丰桥，在市中，又名中美桥，宋朝建。"清光绪《甫里志稿》载："和丰桥。环石，在里之中，故又名中美桥。宋建。桥下环洞全规，底如其穹，经久弥固。"据说桥洞水下部分是一个倒置石拱圈，与拱桥环洞组成一个正圆形（全规）。中美桥建于宋代，具体时间不详。1966年"文化大革命"初，更名"朝阳桥"，后又将桥面、桥堍改造为拱形无级斜坡，两侧砌红砖小连环桥栏。1994年七八月间，恢复原名"和丰桥"，同时拆除砖砌桥栏，恢复南北桥堍石阶，桥面置12对方形鎚头石望柱，石条、石片架构桥栏，桥堍两侧另砌引桥石阶。2008年，和丰桥、环玉桥又一起进行保护性修缮。2013年再次重修，恢复武康石桥面、石阶，更换新桥栏，南堍立石桥碑。

现桥为青石构单孔拱桥，全长34.55米，中宽2.9米，矢高3.62米，跨径9.1米。拱圈系分节并列砌置，由金刚墙条石收分叠砌，并加有丁头石，拱眉为武康石（宋桥特点），今桥沿狭窄边上残存宋人刻"和""丰"2字。金刚墙内设明柱2根，长系石4根。桥面、桥堍置4对方体圆盘头望柱，柱头刻莲花瓣图案；弧形镂空整石桥栏，置抱鼓石。南北堍各有石阶15级，石级低缓，阶面宽阔。桥体如虹，十分典雅。北堍与环玉桥东堍相接，构成"双桥"，且一弯（中美桥）一平（环玉桥），相映成趣。中美桥成为甪直古镇现存历史最悠久的古桥。

## 287　东美桥

又名鸡鹅桥。位于吴中区甪直镇东市塔弄西北，南北跨东市河。清乾隆《吴郡甫里志》

（卷十七）载："东美桥，在姚家弄西，一镇二境之界。明成化间，水叔谦募建。"清光绪《甫里志稿》载："东美桥。环石，在太平桥东。明成化间，水叔谦倡募重建。俗名鸡鹅桥。"因桥堍旧有集市，交易鸡鸭鹅等家禽，故俗称"鸡鹅桥"。始建于明成化二十一年（1485）。20世纪70年代，原桥堍石级被改造成侧砖铺砌斜坡。

现桥为花岗石构单孔拱桥，据传该桥也是单孔全圆形拱桥，全长31.4米，中宽4.15米，矢高3.63米，跨径8.6米。拱圈系分节并列砌置，由金刚墙条石收分叠砌，墙内设明柱4根，长系石4根。南桥堍长15.45米，宽4.9米；北桥堍长13.45米；宽6.2米。桥面为横铺8块条石，中间两块当中刻有法水图案，靠桥堍两块刻有八卦图、瓶插旗戟、蝶形回路等图案，隐意"平升三级"。桥两侧设方形望柱，柱头四面刻圆寿字，条石搁置栏杆。桥北拱圈下面砌一块记事碑，因字遭侵蚀不可辨。拱顶弧形有沿楣石上刻阴文"东美桥"，两侧桥沿石端头，刻有如意云纹。联结中市上塘、下塘，桥南堍与交会桥西堍连接，构成直角"双桥"，又称"三步两桥"。

## 288　寿昌桥

又名南大桥。位于吴中区甪直古镇最南端，东西跨南市河。为甪直古镇第二大古桥。清乾隆《吴郡甫里志》载："寿昌桥。万历间（1573—1619），陈双萱募建。康熙丁丑间，朱伊慰重修。"清光绪《甫里志稿》载："寿昌桥。环石，在寿康桥南……俗名南大桥。"寿昌桥于清康熙三十六年（1697）重建，乾隆五十五年（1790），里人又重建。2009年6月，因寿昌桥的拱券变形，桥墩靠近拱券处有10厘米沉降，吴中区及甪直镇有关部门按照修旧如旧原则，对其进行了抢救性维修。

现桥为花岗石构单孔拱桥，全长22.28米，中宽3.3米，矢高3.49米，跨径6.2米。拱圈系纵联分节并列砌置，用金刚墙条石收分叠砌，加有丁头石。东、西桥堍各有16级石阶，东堍长10.4米，桥堍宽4.05米；西堍长9.82米，桥堍宽4.08米。桥两侧设方形望柱4对，柱头上刻有莲花瓣，条石斜横作桥栏。有长系石4根，两端（桥耳）刻花卉图案。拱顶上桥额石镌"重建寿昌桥"，5字分置于5个凸出圆轮中，右侧署"乾隆伍拾伍年"。拱圈内顶部刻有图案，桥面正方形桥心石，中间刻法水回轮图案，四角刻"如意"图。桥墩为明柱4根，镌刻阳文桥联，南侧联曰："遥山黛影分江路，夹岸钟声过客船。"北侧联曰："波静清江环竹院，日临晓市集云帆。"桥东堍有《重修寿昌桥记》青石碑，长0.62米、宽0.23米、高0.85米，碑文字迹已模糊。旧时桥的东西两边都建有庙宇，故当地人也称之为"桥挑庙"，桥联有"夹岸钟声"一语，即是指此。

**附：《重建寿昌桥记》**　　[清] 朱玉诜

吾吴素称泽国，当吴淞江之东有镇曰"甫里"。其地介长、昆两邑，烟火相望，不下数千家。川回水复来者，每以徒涉为艰。明万历时，有云鹏陈君，建寿昌桥于市南，远近村落及四方商旅之出于是者咸赖焉。岁久坍圮，一遇风雨，人多颠仆之忧。先君子目击其状，恻然伤之。遂发愿修造，捐粟二十石，首创义举，其加工费繁多，复经营数年，积至百石。郡中晋侯张孝廉，兴复桥梁历有成绩，先君子因就商榷。命匠氏估定工料诸费，一百七十金矣。愿设法鸠工，

已择于丁丑八月廿一日矣。不意三日前，先君子竟捐馆，舍不肖谁。荒迷之中痛念先志弗伸，余小子责也。因计向所积粟外，竭蹶措置，以足所估之数，第苦块不获视畚锸，专籍表叔圣流、戴翁、同许、表兄丹臣筹画，以董其事。越两月而告成，因追述陈云鹏始建之由，先君子再肇之绩。从此往来于是桥者，可安步而罔虑。先君子拳拳利济之心，庶可以稍慰焉。谨述其缘起如右。

周秉监《孟冬七日坐寿昌桥口占》："浩浩乾坤渺渺心，寿昌桥顶独凭临。芦花头白谁为伴，枫叶颜丹自结林。落日破云明远水，孤帆迟浦待归禽。石栏杆上憨憨坐，萧寺钟声起夕阴。"

（原文载清光绪《甫里志稿》，文中"丁丑"，即指康熙三十六年）

### 289  三元桥

又名三官桥。位于吴中区甪直镇中市上塘三官弄口，东西跨中市河。与万安桥组合成双桥，成为"三步两桥"典型。清乾隆《吴郡甫里志》（卷十七）载："三元桥，万历年间建。西有三官堂，又名三官桥。"清光绪《甫里志稿》载："三元桥。平石，在众安桥南。万历甲寅（万历四十二年，即1614年）重建。咸丰十年（1860）圮，重建。俗名三官桥。"桥西堍近三官堂，其基址旧系社台，清康熙初，里人顾天锡等募建"天地水府行祠"，天地水俗称"三官"，该祠废于20世纪20年代。据明万历四十二年（1614）周复盛《募建甫里三元桥疏》，初为"架木为梁"的木桥，始建年代不详。万历年间，因年久失修，桥梁在春季发水时垮塌，只能靠小船摆渡。有沙弥"卓锡于兹，补衲其地"，首倡募建，劝人举善，"或输锱，自分钱以至两数，任意结因；或发粟，自升斗以至釜钟，随力作果。眼前盛事，强是身后"。终于募资重建三元桥，并"累石以易木"建为石桥。清咸丰十年（1860）又塌倒，后重建。2002年，甪直镇对该桥进行重修。

现桥为花岗石构单孔梁桥，全长12.4米，中宽1.6米，高2.4米，跨径4.5米。两侧桥墩为排柱式，各有5根。桥面为并搁3块桥梁石，长5.55米，最宽0.48米。东桥堍长3.3米，桥堍宽2.7米，石阶8级；西桥堍长4米，桥堍宽2.3米，石阶9级。桥面两侧立2对方形望柱，柱头刻莲花瓣图案，设长方石桥栏，栏端置抱鼓石。桥面梁石外侧刻阳文"三元桥"，桥名两旁镌刻攀枝纹饰。有长系石2根，桥墩柱石镌刻阴文桥联，南侧联曰："东溯眠牛浮绿水，西邻斗鸭挹清风。"眠牛，指眠牛泾河；斗鸭，指唐陆龟蒙旧居内斗鸭池。北侧联曰："四境频来新瑞气，三元重建著名桥。"

### 290  金安桥

又名金巷桥、景定桥，俗称金行浜桥。位于吴中区甪直镇西市上塘街，东西跨金鞍浜（金巷浜）南口。原名景定桥，南宋理宗赵昀（1205—1264）的第八个年号称"景定"（1260—1264），今南京等地"景定桥"，亦为南宋景定年间改名，此桥似与年号有关。清乾隆《吴郡甫里志》（卷十七）载："景定桥，在金行浜口。"清光绪《甫里志稿》载："景定桥，平石，跨金鞍浜口，俗名金行浜桥。"始建年代不详，或称清乾隆（1736—1795）前建。20世纪60年代，因砖砌桥栏损坏，人们将其改建成石柱贯穿铁杆作桥栏。70年代，又将桥块石级改成弹石砌斜坡。

现桥为花岗石构单孔梁桥，全长23.35米，中宽2.33米，高2.25米，跨径3.35米。桥墩为排柱式与垒石结合，即一侧并列3根柱石傍砌金刚墙（似后人修桥加宽所筑）。桥面为2块桥梁石的中间嵌2块水泥楼板，长5.1米，梁石最宽0.6米。桥梁石外侧阳刻"金安桥"桥名。有长系石2根。桥堍为石子铺斜坡，西桥堍长8.97米，宽2.4米；东桥堍长9.65米，宽2.26米；西堍南侧有引桥，长1.75米，宽1.7米，石阶4级。桥面立方形望柱，贯以长铁杆为桥栏。西桥墩中间柱石上部，刻有3行文字曰："南口河界最狭，桥门两□□，禁侵占。"

金鞍浜为西市河支流，源自吴淞江，水从云龙港绕过孔家港，再流入金鞍浜，过景定桥，汇入西栅集市河道。西栅为甪直镇古时三栅（东、西、南）之一，栅内为集镇中心区。景定桥连接西市上塘街。桥西堍与环壁桥北堍成直角相连，构成一组双桥，人称"三步二桥"。

### 291　寿康桥

位于吴中区甪直镇南栅，甫南村石滩头自然村，东西跨南市河。始建年代无考，初为木梁桥。清乾隆《吴郡甫里志》（卷十七）载："寿康桥，在吉家浜桥之南，系木梁。康熙戊寅改建石梁。"清康熙戊寅，即康熙三十七年（1698）。清光绪《甫里志稿》载："寿康桥。平石，在南昌桥南。"2009年，因桥墩沉降，整座桥面向南侧倾斜8厘米，造成西部桥身南侧石柱断裂，拱券变形，桥身局部构件松脱。甪直镇政府按照修旧如旧原则，对桥身进行了加固修复。

现桥为花岗石构单孔梁桥，全长18.65米，中宽1.73米，高2.9米，跨径5.45米。两侧桥墩各立石柱4根，2根并立左右，中间由条石叠砌金刚墙。桥面并搁桥梁石3块，长6.28米，梁石最宽0.61米。有长系石2根。外侧石梁下面横托一根木梁，木梁两端插入长系石的榫孔，为石梁桥独到之处。桥面两侧置2对方形石望柱，柱头刻云纹，为长条石桥栏。东桥堍长5.9米，宽2.62米，石阶12级；西桥堍长7米，宽2.8米，石阶16级。桥梁石外侧阳刻"寿康桥"，3字各置于阳刻圆圈中，桥名两边刻云纹。桥柱镌刻阳文桥联，南侧联曰："安流北注分缓道，通市南来第二桥。"点明此桥位置，称镇南第二桥，在寿昌桥之后。北侧联曰："利济通衢安且固，徵祥合境寿而康。"祝愿全境百姓"寿而康"，桥名取意出此。

### 292　兴隆桥

又名陈家桥、南美桥。位于吴中区甪直镇南市牛场弄南，东西跨南市河。桥处镇中闹市，南市上塘街有茶馆、豆腐店、百货等店铺，桥名"兴隆"，商家企盼生意兴旺。清乾隆《吴郡甫里志》（卷十七）载："兴隆桥，又名陈家桥。成化间（1465—1487），陆惟明募建。乾隆三十年（1765）将圮，里人张图南、周叙王、程载武、夏达孚、戈振昆、陈襄臣六人捐资补葺。"清光绪《甫里志稿》载："兴隆桥。环石，在进利桥南……一名南美桥，俗名陈家桥。"

兴隆桥现为青石、花岗石混砌单孔石拱桥。花岗岩石阶，全长16.27米，中宽2.4米，矢高2.7米，跨径6.3米。青石拱券，系分节并列砌置，桥墩武康石金刚墙叠砌，加丁头石。拱圈石30块，其中28块上刻有文字（字迹模糊）及吉祥图案。桥额石凿有长方形边框，内阴刻

"兴隆桥"，3字各置浅刻圆圈内，傍署"乾隆三十年""里人重建"。有长系石4根。东堍引桥长6.3米，桥堍宽3米，石阶12级；西堍引桥长6.8米，桥堍宽2.7米，石阶12级。桥面龙门石为长方形，中间刻圆圈法水图案，围以蛛网状刻纹。桥面石均刻防滑棱形纹，两侧置2对方形望柱，为长方石栏杆，西堍两侧置抱鼓石，东堍已缺失。

兴隆桥跨南市河，联结南市上塘街与下塘街，东堍南侧南市下塘街原有"万成恒米行"，即叶圣陶著名短篇小说《多收了三五斗》中"万盛米行"的原型。

另有姚盛兴隆桥，又名油车桥，位于吴中区甪直镇车坊办事处姚盛村双庙港（油车桥港）南口，东西走向，跨双庙港。因建桥时，桥东南100米处有玉皇庙一座，规模宏大，香火旺盛，故称兴隆桥。又因桥旁建有打菜油的作坊，内有打油车一部，故称油车桥。该桥始建于明代，清咸丰戊午年（1858）重修。桥为花岗石、青石混构单孔梁桥，全长15.07米，中宽1.2米，高2.4米，跨径3.8米。桥墩为青石与花岗石叠砌成金刚墙形式。桥面桥梁石2块，长5.02米，最宽的为0.6米，有长系石2根，桥梁石两侧阳刻"重建兴隆桥"。东引桥长4.45米，桥堍宽2.3米；西引桥长5.6米，桥堍宽3.4米，两桥堍踏步估各为8级。无桥栏。玉皇庙在1966年"文化大革命"时被拆除了，原庙前800年树龄的银杏树依然生机勃勃。

又，光福镇兴隆桥，位于吴中区光福镇福利村东南，东西跨下绞浜，联结下绞东村、下绞西村。始建年代不详。原为单孔石拱桥，桥梁上镌刻繁体"兴隆桥"，石桥栏上雕刻草花纹图案。20世纪80年代，在原桥桥面上加水泥板。现桥为水泥板构筑，桥长10米，宽3.5米。

又，升龙桥，俗称兴隆桥。在姑苏区双塔街道东灰堆园北。宋代称万寿寺东桥、万寿寺前桥，因寺废，明代称异龙桥，清末民初讹称兴隆桥。1981年修建，为石拱桥。宽4米，长18米。1984年定今名。

### 293　正阳桥

又名东板桥、青龙桥、震阳桥，俗名东大桥。位于吴中区甪直镇最东端，南北跨东市河（东塘江），原属跨吴、昆两县界桥，为甪直古镇最大的古桥。初为浮桥，"竹市浮桥"曾为甫里一景。清乾隆《吴郡甫里志》（卷十七）载："正阳桥。旧有浮桥，成化间，陆惟深倡建板桥。万历中，陈双萱募建石梁，名青龙。崇正（祯）间，许仲谦重建。本朝顺治间，严爱云修，后圮。乾隆十三年（1748）陈朱组、周鸿勋、陆元鼎、僧本立等募建，名曰正阳桥，高大稳固。落成之日，东廛渐加富庶，形家谓水口关锁之明效也。"据称，甪直镇东阔大水口建正阳桥"关锁"后，镇东渐富了起来。清光绪《甫里志稿》载："正阳桥……名东板桥……初名青龙，后改震阳。崇祯初，许元恭重建，又改正阳。顺治十一年（1654），严昌嗣修。乾隆十二年（1747），陈朱祖、沈丹诏捐募重建。俗名东大桥。"据清许廷鑅《重建甫里正阳桥碑记》，自乾隆十二年六月至乾隆十四年（1749）七月历时3年，为重建此桥里人有钱出钱，有力出力。桥梁竣工之日，沿河两岸有五六个戏班搭台演戏庆贺，"奔走喜若狂，各乡村率扶老携幼，匍匐而至，衢路填咽不得行，鼓吹、爆竹、笙歌声，彻昼夜不绝"。1922年，里人严子镕等劝募重修。2001年6月甪直镇政府对其进行重修。

现桥为花岗石构单孔拱桥，全长44.51米，中宽5.2米，矢高4.94米，跨径9.9米。拱圈系纵联分节并列砌置，金刚墙条石收分叠砌，墙内设明柱4根。有长系石4根。南引桥长20.9米，石阶31级，桥堍宽7.3米；北引桥长20.3米，石阶27级，桥堍宽7.3米。桥面龙门石中间浮雕法水图案，四角饰如意图案。桥面两侧置方胜头望柱，两侧桥堍为圆柱头（刻莲花图案）望柱，用长方石连接桥栏，置抱鼓石。南北桥堍底部石阶两侧各有1座方形桥头堡，南塊桥墩西侧面有半米宽临河牵道。桥两侧柱石镌刻阴文桥联，东侧联曰："双萱旧迹更新象，甫里金波绕玉梁。"联文语嵌"陈双萱"名。西侧联曰："东接昆冈钟毓繁，西迎淞水源流长。"联语暗示"界河桥"。桥墩砌碑石，上镌："民国十一年七月募捐重修，经募严德铸，会记邹启元，督修周耀奎。"

"长虹映月"旧为甪直八景之一，"长虹"即指甪直镇的龙头正阳桥。清乾隆《吴郡甫里志》（卷二十四）载："又东有石桥，高跨如虹，初月东升，明波激射。桥以外中流砥柱，曰莲花阜，渔火星星环阜而泊。每良宵霁月，居人于此流［浏］览。"《长虹漾月》诗云："雾敛江澄月满船，扶桥人影踏青天。看从三五团圞夜，一道长虹上下圆。"正阳桥旧又称"桥挑庙"，南塊有关帝庙、山君庙，北塊有郡王庙、城隍庙。清乾隆《吴郡甫里志》（卷十五）载："关帝庙，在正阳桥南，万历中建……郡王庙，在正阳桥之东，康熙初年建，以祀刘姓之神……昆山城隍庙，在正阳桥东，乾隆间里人劝募重建。"现桥北塊属吴中区甪直镇，桥南塊属昆山南港镇；桥西水域属甪直东市河，桥东水域属昆山东塘港。

### 294　进利桥

又称施家桥、思嘉桥。位于吴中区甪直古镇中部，东西跨中市河南端。据传清代沈姓富商，在沿河街开了一爿店铺，为与对街同业竞争，便在店旁修筑了此桥，果然方便了行人和顾客，由此获利颇丰，于是称之为"进利桥"。始建年月不详，清乾隆《吴郡甫里志》（卷十七）已录："进利桥，一名施家桥。"清道光九年（1829），里人季庆重建。清光绪《甫里志稿》载："进利桥。环石，在三元南。光绪初，里人李铉庆重建。俗名思嘉桥。"现桥为花岗石单孔拱桥，全长14.4米，中宽2.55米，矢高2.95米，跨径5.15米。拱圈系分节并列砌置，金刚墙条石收分叠砌，并加有丁头石。有长系石4根。拱圈顶端刻有"双龙戏珠"图案，拱圈内有3块记事碑，字迹不清。青石拱眉，桥额石阳刻"进利桥"，两端有花卉纹饰。桥面桥心石为正方形，刻回轮图案。桥两侧设方形石望柱、长方石栏杆。东引桥长6.65米，桥堍宽2.95米，石阶13级；西引桥长6.3米，桥堍宽2.56米，石阶12级。

进利桥处在中市河与西汇河的十字交叉口，为中市上、下塘街与南市上、下塘街的分界点，也是西汇上塘街与中市街相接处。进利桥与三元桥之间，临街有烟雨长廊，廊内临河置有美人靠，供人小憩。进利桥与西汇河金典桥（西）、君临桥（东）有掎角之胜。君临桥南北跨西汇河，为单孔平梁桥，上建仿古桥廊。进利桥南侧有一座茶楼，桥、河、街形成水乡市镇典型一景。86版《西游记》曾选此处为外景拍摄地，巧饰成"女儿国"道口，唐僧师徒四人从"进利桥"踏入"女儿国"。在群众性"我心目中的最美甪直古桥"评选中，进利桥以高票夺魁。

## 295 金鼎桥

又称金典桥、草桥，俗称铁梗桥。位于吴中区甪直镇中部，南北跨西汇河东端。西汇街称集镇商市黄金地段，取名"金典桥"，因吴语"典""店"谐音；或说因金家募建此桥而得名。清乾隆《吴郡甫里志》（卷十七）载："金典桥，在进利桥西，西涨汇东。一名草桥。"清光绪《甫里志稿》载："金典桥，石级架木，在进利桥西，跨西张（涨）汇口。"始建年月不详，或称清乾隆前建。

现桥为青石桥基，花岗石单孔梁桥。全长 7.67 米，中宽 1.93 米，高 2.2 米，跨径 2.8 米。桥墩为条石叠砌成金刚墙形式。桥面桥梁石 5 块，长 3.4 米，最宽 0.4 米，桥梁石外侧阳刻"金鼎桥"3 字。有长系石 2 根。南桥堍长 2.62 米，宽 1.82 米，石阶 7 级；北桥堍长 2 米，宽 1.6 米，石阶 6 级，桥两侧设铁栏杆。

金鼎桥位于进入南栅的水口，为 500 米西汇河上 4 座古桥之一，"西汇晓市"旧为甪直八景之一。金鼎桥与进利桥（跨中市河）相近，属泛义双桥，又与"廊桥"君临桥相望。

## 296 大石桥

位于吴中区甪直镇瑶盛村赞头与上星交界处，东西跨石桥港。因桥体用巨大石块构建，故名大石桥。桥始建于宋代，清代重修，具体年月均不详。桥为石构 3 孔梁桥，全长 21.92 米，中宽 1.67 米，高 2.72 米，跨径 13.32 米，其中中孔跨径为 5.47 米，东、西边孔跨径分别为 3.95 米和 3.9 米。3 孔桥梁略呈弧状，两侧桥墩为两根立柱间叠砌金刚墙，中孔两个桥墩各用两根方石柱桩，上架长系石，每孔 2 块桥梁石并列作桥面，梁石最宽的为 0.89 米。中孔梁为花岗岩石，呈微拱形，梁石外侧两头雕刻卷云图案；边孔梁为武康石，梁石外侧凿出边沿，4 根长穿石两端（桥耳）均刻团花图案。无桥栏。桥东堍长 4 米，宽 2.2 米，石阶残缺；西堍长 4.6 米，宽 2.7 米，石阶 11 级。此桥构架简练，石料粗壮，形制独特，有较高的研究价值，被列入吴中区第三次全国文物普查名录。

2013 年，镇政府在大石桥之南 80 米处新建水泥公路桥，亦名"大石桥"。惜大石桥古桥于 2016 年冬坍塌。

## 297 华阳桥

又名望江楼桥，俗称小桥。位于吴中区甪直镇东市上塘，东西跨望江溇河。清乾隆《吴郡甫里志》（卷十七）载："华阳桥，在望江溇口。"据称此桥建于乾隆前，或说乾隆五十年（1785），里人公建。清光绪《甫里志稿》载："华阳桥。平石，跨望江溇口。俗名小桥。"1985 年，桥堍石阶被拆除，改为无级斜坡。此桥原无桥栏，后置铁管桥栏。

现桥为花岗石构单孔梁桥，全长 32.52 米，中宽 2.17 米，高 2.4 米，跨径 4.13 米。两侧桥墩各立两根柱石，立柱间用相同长度的条石横叠为墩墙。桥面为并列 4 块梁石，长 4.94 米，最宽的 0.54 米。有长系石 2 根。桥堍长 13.9 米，宽 2.7 米。镀锌管焊接桥栏。桥梁石外侧阳刻

"华阳桥"桥名。桥柱石镌有阳刻桥联,但仅能辨上半部文字,一侧曰"桥通崇……",另一侧曰"鱼乐广……"。

另有娄门华阳桥,位于姑苏区娄门内,跨北街河,南堍与平江路相接,北堍接东北街。始建于宋初。宋《平江图》《吴郡志》,明《姑苏志》,清康熙《志》、乾隆《志》录,名"华阳桥"。宋庆元四年(1198)重建,由石拱桥改为石级平桥,长5米,宽3米,砖砌水泥栏杆高0.8米。1983年重建,1991年进行改建,为条石平桥,长13.2米,宽3.3米,砖砌水泥栏杆,高0.8米,桥南堍有条石栏杆。1999年12月重建,为钢筋混凝土平桥,长12.75米,宽8米,跨径9.6米,花岗石栏杆。华阳桥高0.8米,东侧6根望柱,西侧10根望柱。王謇《宋平江城坊考》卷四引宣统《吴县志稿》载:"刑部尚书韩封宅,在北街华阳桥畔。绘《华阳新筑图》,中有种梅书屋,极轩敞。"

### 298 凤阳桥

又名翠龙桥,俗称丑弄桥。位于吴中区甪直镇塔弄北口东60米处,南北跨东市河。清乾隆《吴郡甫里志》(卷十七)载:"凤阳桥。在交会之东,崇正(祯)初建。"清光绪《甫里志稿》载:"凤阳桥。平石,在东美桥东。明崇祯初建,俗名丑衖桥。"或称明崇祯元年(1628)建。现桥为花岗石构单孔石梁桥,全长15.88米,中宽2米,高3.03米,跨径4.2米。桥面为并置梁石4块,长5.33米,最宽0.5米。有长系石2根。此桥位于东市河,为便于过往船只畅通,桥墩较高,两侧桥墩为立石柱2根,中间金刚墙叠砌。南桥堍长5.6米,宽为1.65米,石阶15级;北桥堍长5.35米,宽2.1米,石阶16级。桥梁石外侧镌刻阴文"重建凤阳桥",5字各置于凹形方框内,桥名两边刻祥云如意纹饰。桥面两侧为砖砌粉水泥桥栏,桥南堍两侧有方形望柱,用长条石搁空桥栏。北堍无栏,桥堍两侧为民宅山墙,状似夹弄,直通东市上塘街。

### 299 交会桥

又名总管桥。位于吴中区甪直镇东,东西跨北港南口。因跨原吴县(元和县)与昆山县交界河,故名交会桥。清乾隆《吴郡甫里志》(卷十七)载:"交会桥。北港口,元、昆交界处。"东堍北侧原有"总管堂"。清乾隆《吴郡甫里志》(卷十五)载:"总管堂,在交会桥东。内有真武殿,金、马二总管在前轩左右。邑志载,神姓金,名和,汴人。南宋随驾至吴。"清光绪《甫里志稿》载:"交会桥。平石,跨北港口。俗名总管桥。"交会桥建于清乾隆(1736—1795)前。20世纪70年代初,桥堍石级被拆除,改为扁砖砌斜坡。现为花岗石构单孔梁桥,全长4.9米,中宽4.13米,高2.13米,跨径3米。两侧桥墩为排柱式,并立4根石柱。桥面为并置9块桥梁石,长4.9米,梁石最宽0.5米。桥面两侧立2对方形望柱,为定胜形柱头(东堍一对柱头缺失),用长石条石搁空桥栏,北侧桥栏与沿河岸石护栏相连接。桥梁石外侧阳刻"重修交会桥",5字各置于阳线圆圈中。

桥西堍与东市河东美桥北堍成直角相接,构成双桥。交会桥处在北港与东市河成"⊥"形交叉口,桥东侧是昆山南港镇,因桥一半属甪直镇,有称甪直古镇"七十二顶半桥"之"半桥",即指此桥。

## 300 大觉寺桥

位于吴中区甪直镇车坊办事处大姚村。因位于大觉寺之前，故名。始建于宋庆历七年（1047），元至正十一年（1351）重建。2006年重修。现桥为武康石、青石混构单孔梁桥，全长15.5米，中宽3.3米，高2.9米，跨径3.9米。两侧桥墩各置立柱2根，中间青石金刚墙叠砌，桥面为6块桥梁石并置，武康石质，略带拱势，长5.1米，最宽有0.63米。石桥梁下有护梁木4根，长系石2根，两端（桥耳）刻有捧钵金刚力士像。南桥块长6.9米，宽4.1米，石阶10级；北桥块长3.4米，宽3.76米，石阶7级。6块桥梁石，中间4块较平置，外侧2块侧立，为桥栏底座。其外侧面雕刻饰精美图案，东侧阳刻"双龙戏珠"图案，西侧为神仙、天马、宝珠、蝙蝠等图案。近年修复镂空石桥栏，桥面两侧立1对方形望柱，圆盘式柱头上刻莲瓣，置抱鼓石。此桥上雕刻佛教、神话人物故事图案，独具一格。1995年4月19日被列为江苏省文物保护单位。

大觉寺桥

## 301 安福桥

旧称渔郎桥，俗称鱼行桥，今名永福桥。位于吴中区光福古镇中，跨福溪河。始建年月不详，明王鏊《姑苏志》（卷十九）载有"安福桥"。清同治《苏州府志》（卷三十三）载："福溪桥、福隆桥、渔郎桥、普安桥、光福寺桥、西崦桥，五桥跨福溪。"现福溪河上有四座桥梁：普安桥、鱼行桥、光福寺桥、竹行桥（福溪桥）。清道光《光福志》（卷一）载："安福桥，以湖渔集市处，俗呼鱼行桥，跨东市十字街。明成化（1465—1487）初，里人徐衢重建。"徐衢，字用庄，明代光福名士，卜筑东街杨树头，有"耕学斋""来青堂"，时与著名画家沈周（1427—1509）、状元吴宽（1435—1504）等为契友，常相邀游览光福湖山。安福桥原为石梁平桥，"嘉庆二十三年（1818），里中修募，改圆洞"。"圆洞"，指石拱桥。

安福桥原石拱桥于1973年被拆除。1997年重建，更名"永福桥"。现为单拱金山石贴面水泥公路桥，桥长10米，宽6米。跨十字街，连接东西大街与上街、下街。

## 302 哑子桥

位于吴中区光福镇府巷村北，东西跨浒光运河。据传，当初筹建此桥者为不事张扬，故意装作哑巴募集资金，此桥建成后，人们便称之"哑子桥"。始建年代不详，元大德年间（1297—1307）重建。清道光十八年（1838）里人募捐重建，改木桥为石拱桥。光绪二十一年

（1895）重建。1958年，浒光河拓宽时石桥被拆除，改建为水泥桥。1982年重建，桥长36米，宽3米。1997年再重建，为双引桥水泥梁桥，桥长40米，桥宽3米，桥面跨度22米。

哑子桥为航道桥梁。浒光运河是连接太湖与大运河的一条区域性航道，为6级航道，航道沿线原盛产石料，主要承运来自宜溧山区和浙江湖州的石料。吴中辖区段为铜坑闸至哑子桥段，涉及河道长度6.37千米（其中1.2千米穿越下淹河），跨河桥梁6座，河床宽度12～25米。浒光运河哑子桥口至青竹桥段，长11.8千米。

### 303 行门桥

位于吴中区光福镇迂里村山墩自然村，东西跨山墩河。因坐落在官宦人家行门处，故名。行门，也称巷门，为村庄巷口专设墙门，讲究的有门楼，或为大户人家庄园专设出入门。清道光《光福志》（卷一·村庄）载有"巷门里"；清同治《苏州府志》卷二十九载，南宫乡新安里有"行门场"。山墩村"行门桥"，民间传说为"方孝孺"所建，史志无记载。方孝孺（1357—1402），字希直，号逊志，浙江宁海人，明代大臣、著名学者、文学家。故居缑城里，人称"缑城先生"；蜀献王赐名其书房"正学"，又称"正学先生"，后追谥"文正"。明建文帝侍讲、翰林学士，"靖难之役"，因拒绝为燕王朱棣拟即位诏书，被诛十族。方孝孺是否到过光福无考。苏州有许多有关方孝孺的传闻，如娄门蛇王庙，祀方孝孺；玄妙观无字碑，传说原镌刻方孝孺书文；城东徐家弄内方家场，传为方孝孺宅；等等。自明祝允明《野记》，苏州人因对方孝孺敬仰而演绎出种种传说。

行门桥抑或原在方姓大户人家行门处，讹为"方孝孺"建。建造年代不详，民国年间重建。原为木板桥，后改为石梁桥。20世纪90年代，重建为水泥梁桥，桥长9.2米，宽4.5米，东西引桥各5米。山墩河，位于山墩村东，为村民生产、生活、运输主要河道，流经山墩、北庄、南庄至浒光运河。全长2 000米，河底宽6米，河口宽30米。近年建有山墩河闸站1座。

### 304 菱塘桥

又名福隆桥、白门桥，俗称哑子桥。位于吴中区光福镇田舍村，东西跨菱塘河，连接菱塘岸与崦东村。因跨菱塘河而得名。明永乐年间（1403—1424）始建，或说永乐间重建。明王鏊《姑苏志》（卷十九）载："福隆桥，永乐间建。"清道光《光福志》（卷一）载："福隆桥，俗名菱塘桥。跨菱塘岸崦东村，不知建自何年，明永乐间重建。……市之尽，石堤二里曰菱塘岸。不知筑自何年，明成化间里人徐衢因溃而复筑。跨以石梁，曰福隆桥，俗谓菱塘桥。桥之东曰崦东村，即王渔洋诗所云'光福镇前白鹤飞，崦东崦西雨霏霏'是也。"清同治《苏州府志》（卷三十三）载："福隆桥，古名白门桥，俗名哑子桥。明永乐间建。"

初为石梁桥，后建为花岗石拱桥，桥堍有32级石阶。1975年石拱桥被拆除，改建为水泥双曲拱桥，长36米，宽4米。2008年重建，2009年竣工通车，为水泥公路平桥，桥长40米，宽27.4米。位于塔山路中，桥东侧为塔山路与福坤路交叉口，西侧为塔山路与沿溪路接口。

## 305 光福寺桥

又名香花桥、大寺桥,俗称琵琶桥、响石桥。位于吴中区光福古镇中,南北跨福溪河,连接上街、下街。因位于光福寺前而得名。石桥栏杆、锁石口、压顶石均以武康石凿成,扣之有声,铿锵作响,故俗称"琵琶桥"或"响石桥"。武康石构桥,为宋代特征,东侧桥梁石镌有楷书"光福寺桥",因宋康定元年(1040)之后"光福寺"更名"铜观音寺",故推测此桥始建于宋康定元年之前。此桥于元至正二十四年(1364)、明嘉靖年间(1522—1566)、清康熙十八年(1679)曾3度修葺。2010年,吴中区文管会重修,为修旧如旧,特用武康石修葺。为增加桥梁的荷载力,在桥梁石下用钢结构承托。现桥为单孔石梁桥,桥长16.1米,中宽3.05米,跨度4.5米。桥面为并置5块梁石,长5.45米,宽0.6米,高0.37米。石梁中间稍厚,桥面略呈弧形,两侧沿口石的外侧浮雕双龙戏珠,万字纹饰。桥上置莲花柱头望柱4对,单钩栏设云拱,置抱鼓石,桥栏整体略呈弧形。南北桥墩侧有临河石码头。南北桥堍有石阶8级,桥堍底略呈喇叭口状,宽3.75米,北堍前有1方太湖鹅卵石拼砌梅花图。因下街路面呈龟背状,于是桥堍、街面与光福寺前石阶之间形成两个对称凹状,似倒置"桥面",民间称之为"翻转桥"。1995年4月19日被列为江苏省文物保护单位。

## 306 同春桥

亦名西跨塘桥、兴福桥、崇祯桥、崇政桥、新苏桥。位于吴中区木渎镇东,南北跨胥江河。民国《木渎小志》载:"胥江……东流过木渎。有西津、西安、东安、醋坊、崇祯五桥。宋淳祐六年(1246),始建跨塘桥。崇祯间修,改名。冯翼记。又万历间,里人茅郊建西津桥。清康熙间,洞庭东山吴序商重建二桥,改名崇祯为崇政、西津为永年。"南宋始称跨塘桥,明崇祯三年(1630)重建,改名崇祯桥。清康熙间重修,改名崇政桥;清道光二十三年(1843)重建;清同治二年(1863)重建时,因与行春桥同时开工,故名同春桥。原为石砌单跨拱桥,1968年胥江运河拓宽时被拆除,重建为三跨钢筋混凝土板梁桥,更名为"新苏桥"。1989年又重建,恢复"同春桥"之名。现桥为3孔钢筋混凝土板梁桥,跨径18米,长60米,宽7米,载重量20吨。连接动力厂路。

## 307 邾巷桥

又名东安桥、珠巷桥,俗称猪行桥。位于吴中区木渎古镇邾巷弄口。原名东安桥,与同跨胥江的西安桥相对,合称"姐妹桥"。因桥南堍下塘街,旧时开设多家苗猪行,故俗称"猪行桥"。后人嫌此桥名不雅,取"猪行"谐音"邾巷"作桥名,桥旁边小巷,因之称"邾巷弄"。民国《木渎小志》载:"其余三桥(即指西安、东安、醋坊)皆清代所建也。东安即珠巷桥。"或称始建于明代,清康熙年间重建。原为单跨石拱桥,1975年4月,改建为水泥丁字梁桥。1999年重建,恢复为石拱桥。桥面立方柱锤头望柱,石片桥栏,桥栏端置抱鼓石。两堍各有16级石阶,4根长系石,西侧镌桥联曰:"吴越千年分清浊,香胥两水汇一流。"现桥采用花岗石新料，原老桥的料石多被砌在桥堍石驳岸上，如北堍石岸砌有镌刻"东安桥"原桥名石及刻有"浒川济善堂募捐重建"条石等。邾巷桥北堍与斜桥东堍连接，两桥桥栏石与沿河岸的镌刻莲花座柱头石栏连贯，"一横一竖"，"一方一圆"（桥洞），亦趣成"双桥"。由于两桥同处于胥江水与香溪水交汇处，因此邾巷桥上也能观赏两道水流"一清一浊"的分水奇观。

### 308　斜桥

位于吴中区木渎镇中市街与西街交接处，东西跨香溪（又名香水溪、山塘河）。因桥身略斜，故名斜桥。明王鏊《姑苏志》（卷十九）载"斜桥"。清同治《苏州府志》（卷三十三）载："斜桥，宋皇祐四年（1052）建。"原为单跨石梁桥，桥身较高，两堍有石级，条石桥栏，桥墩为排柱式，东西两侧各3根，东桥堍原有水栈。1975年10月，石级石梁桥被改建为钢筋混凝土平桥，桥堍水栈湮没。1999年，又重建。现桥为单跨水泥空心板桥梁，跨径8米，长14米，宽7米，载重量8吨。

"斜桥分水"为木渎十景之一。民国《木渎小志》载："有香水溪入之，自斜桥口来，木渎十景其四曰'斜桥分水'。"香溪源自光福铜坑，经灵岩山前逶迤而来，呈西北朝东南走向，穿斜桥汇入胥江，而胥江自太湖胥口而来，呈西南朝东北西走向，两道水流在斜桥南侧相交汇，香溪水色清澈，胥江水色浑浊，一清一浊两水在此汇合，于是其中间出现一条清浊泾渭分明的分水线，称之"斜桥分水"，为木渎著名一景。尤其是汛期或大雨过后，斜桥之上便是欣赏此自然奇景的最佳位置。斜桥与胥江上邾巷桥的桥堍相连接，又称为"双桥"。

### 309　西安桥

又称西桥。位于吴中区木渎镇西街，南北跨胥江河。与同样跨胥江的"东安桥"相对，故名西安桥，俗称西桥。民国《木渎小志》载："胥江……东流过木渎。有西津、西安、东安、醋坊、崇祯五桥。……其余三桥（即指西安、东安、醋坊）皆清代所建也。"西安桥始建于清康熙年间。清同治十三年（1874）重修，为单跨石拱桥。1974年改建，1976年7月，被建为钢筋混凝土单跨板桥，桥长10米，宽5米，跨径8.5米，载重量3吨。1998年重建，恢复为花岗石拱桥。桥面龙门石镌刻法水图案，架空石片桥栏，桥面石栏两侧镌刻桥名"西安桥"；桥面两侧4个望柱头雕刻小石狮，桥堍两侧4个望柱，柱头为方锤形，石桥栏，置抱鼓石，南北桥堍各有7级石阶。

西安桥北堍对书巷，南堍与跨南街河的小日晖桥西堍相连，称"小双桥"。小日晖桥，原名小石灰桥，因近石灰窑而得名，后取谐音改名小日晖桥（与苏州城区阊胥路小日晖桥同名），石板梁桥，桥长4米，宽3米。西安桥上向东望，就是百步之遥的东安桥（邾巷桥），两桥"姐妹桥"一座精致，一座雄丽。西安桥上向西望，可欣赏"姜潭渔火"。以前在称为"姜潭"的河湾，傍晚停泊众多渔舟，每当夜幕降临渔舟炊烟船火，与沿河人家灯火交织，映入胥江河面，如一条闪烁的珍珠宝链，与天空繁星相辉，"姜潭渔火"为木渎十景之一。

**附："姜潭渔火"忆旧**

胥江从太湖出胥口往东，横贯木渎全镇。很早以前，镇的东西两头胥江南岸各有座石灰窑，

在东的名东窑,在西的因窑主姓姜而名姜窑,两窑附近的村庄因窑得名为东窑村和姜窑村。传说姜窑建窑时,需要很多土方作窑基,为了节约劳力,乃在姜窑村口的胥江河南岸就地挖土,待窑建成后,这段地方已挖空一片,形成一个大河湾的水潭,此潭也因窑得名为姜潭。在潭的南岸浅滩上,是一片桑树林,林中有一座小路头堂,又称猛将庙。绿树掩映着红墙,环境幽美,别有情趣。在潭对面的北岸建有不少楼房,到冬天能挡住寒冷的北风,因而湾潭内较其他水面为温暖,成为一个天然的避风港,且离镇闹市中心很近,逐渐成为渔船群的落脚点。渔船每日清晨在此出发,开往太湖和其他河港捕鱼,然后上市出售,成为全镇历史上供应鱼虾等水产品的基地。

又"姜潭渔火"是木渎十景之一。每日夕阳西下时,众多渔船陆续返航停泊在姜潭湾内,有的上市出售鲜鱼,买回生活用品;有的整修渔具,为次日出航捕鱼做准备;有的引火做饭,炊烟四起,袅娜多姿,美不胜收。在夜色茫茫之际,登上附近的西安桥(俗称"西桥"),放眼望去,点点渔火闪闪,似一串串美丽的火花撒落在胥江水面上,与闪烁不定的晶莹繁星交相辉映,构成了一幅奇特瑰丽的景观,真是妙不可言,使人流连忘返。尤其是在元宵、中秋两大佳节之时,姜潭南岸路头堂畔那一支高大的旗杆,入夜升起层层塔灯,其时,星月、塔灯、渔火相互交辉,争奇斗艳在姜潭水面上,使"姜潭渔火"景色更加绚丽多彩而迷人。清代诗人吴溥曾写下了《姜潭渔火》诗一首:"晒网船头日近残,夜来蓬底话团圞。自缘怕涉风波险,只守寒灯傍旧滩。"

(原文载《木渎镇志》第二十二章"杂记")

## 310 永安桥

又名王家桥。位于吴中区木渎镇山塘街中,南北跨香溪河。因桥所在地原称王家村,故名王家桥,为香溪十三桥之一。民国《木渎小志》载:"今通称山塘水为香溪,其源自光福善人桥来,东至木渎斜桥口,入胥江。有'香溪九里十三桥'之谚。谓自斜桥西北有虹桥、王家桥、方家桥、胡家桥、石马、桐桥、庙桥、长史桥、高木桥、塘湾桥、福寿桥、鸾和桥、汇源桥,皆跨香水溪也。"永安桥为明弘治十一年(1498)时任水利河道工部郎中的傅潮所建。现桥为青石、花岗石混砌单孔拱桥,全长13.7米,离水面4.8米,拱高4.2米,厚0.38米,跨度7.8米,桥面宽2.2米,桥堍宽2.4米。拱券作分节并列砌置。有4根青石桥柱与8根贯桥拱的长绞石联结,桥身拱圈稳固。桥梁头均雕刻"一把莲"图案。桥面龙门石刻密菱纹,中刻圆圈,似八卦阴阳图。石级踏步均刻有鱼鳞格,南堍18级,北堍19级。桥栏为条石,高0.73米,厚0.18米,上部略带弧形,置抱鼓石。石桥形态古朴,年代久远,桥身披满葛萝,悬垂桥洞,倒影如画。桥洞拱圈内有一石,上刻大字"奉宪:放生官河,禁止采捕"。桥北堍东侧今立碑石,镌清道光年间辽阳州少牧王柘诗:"永安桥上祝长安,人自扬镳各往还。折柳应歌三叠曲,烟波浩渺忆乡关。"当地民俗,新婚男女喜庆之际,或新生儿满月之日,都要特地来走一走永安桥,民间有"走永安,祈福保平安"之说。

桥北西边有著名的严家花园,东边则有明月古寺。永安桥为木渎古镇保存最为完好的古石桥,1986年3月25日被列为吴县文物保护单位。

另有甪直永安桥，亦名安桥。位于吴中区甪直古镇中，南北跨西汇河。清乾隆《吴郡甫里志》（卷十七）载："安桥，在永宁之西南。"清光绪《甫里志稿》载："安桥，环石，在永宁之西南。明正德间重建，原名永安桥。"清陆棠《募修甫里永安桥疏》云："兹永安桥者，枕甫里之要津，通市廛之行旅，欲期悠久，取名永安。"始建年代不详，明正德间重建，位于道士弄西端。1979 年，扩建镇区，开新河填老河，永安桥拆除，桥下老河填没，建甪端广场。2001 年 8 月，在西汇河上永宁桥与香花桥之间，重建永安桥。现桥为花岗石拱桥，桥长 5.76 米，桥面长 1.52 米，中宽 2.03 米，矢高 2.2 米，跨径 4.08 米。南、北桥堍均长 2.12 米，宽 2.04 米，各有石阶 7 级。拱圈系纵联分节并列砌置，金刚墙条石收分叠砌。桥心石为正方形，刻法水轮图客票。桥面、桥堍置 4 对方形望柱，石栏杆，置抱鼓石。

### 311　翠坊桥

位于吴中区木渎古镇中，南北跨胥江河，为木渎古镇辟分东、西街区的标志性桥梁。翠坊桥建于宋庆历三年（1043），原为单跨石拱桥。1956 年，修筑木东公路拆除石拱桥，于 1958 年改建成公路木梁平桥。1975 年又改建为石梁平桥，1987 年重建为钢筋混凝土板梁桥，桥宽由 7 米扩至 18 米，桥长 13 米，跨径 10 米，载重量 20 吨。

翠坊桥南，至胥江运河，原有石板路面的翠坊弄。1949 年，在解放上海战斗期间，华东野战军指挥所曾驻扎此弄东侧。1954 年筑木东公路，翠坊弄拓宽为翠坊街。现翠坊街以翠坊桥为界，桥南为翠坊南街（南至姑苏路），长 1 000 米，宽 24 米，与木东公路对接；桥北为翠坊北街（北至中山东路、中山西路交接口），为南北纵贯木渎古镇中心区主干道，也是新兴商业街、居民新村聚集区。翠坊桥亦为古镇老街区东西分界，翠坊桥东侧为东街，沿胥江北岸延伸到镇东头，东端旧有一座木渎敌楼；翠坊桥西侧中市街为老商业街，有石家饭店等老字号。镇区冠以"翠坊"为名的有：木渎镇翠坊中学（香溪西路 4 号）、翠坊公园（南入口，香溪东路与乐园路交叉口东）、翠坊社区（翠坊社区居委会驻东街 39 号）、翠坊新村（中山东路 9 号）等。

### 312　善人桥

又名墨水桥，俗称卖鱼桥。位于吴中区木渎镇藏书社区，跨木光运河（原香溪河）。始建年代不详，明王鏊《姑苏志》（卷十九）已录"善人桥"。清乾隆《吴县志》（卷八）亦载"善人桥"。清陈文铦《善人桥夜泊》诗："数棹清溪曲，春堤夜泊舟。暗香吹野岗，微火隐山楼。地接邮亭古，峰回山寺幽。梅花隔西□，清梦到林邱。"桥名由来，一说原桥在查金浜上，有位阴阳先生发善心重修后，桥被更名为善人桥。查金浜西旧有一座西隐庵，俗称西观音堂，建于明末清初。1958 年，庵址建为农具厂。善人桥初为小石板桥，后重建为石拱桥。1972 年重建时，移至老桥西 50 米，建为水泥双曲拱桥。

善人桥位于古御道中。民国《木渎小志》（卷一）载，古"御道"有南北二条，一自盘门，一自枫桥，二道"出狮子口，与南御道合而西行，过善人桥，至元墓山而止"。善人桥亦为光福塘与香溪河的分界。《光福诸山记》载："光福塘，自上崦分流，东过福利、张墅观二桥，计十四里而达善人桥；又东十三里，为香水溪，通木渎斜桥，为南塘。"《苏州河道志》载："木光

河。又名香水溪、光福塘，1958年以后均称木光河，起自光福太湖边的铜坑口，途经善人桥，石码头至木渎镇西街流入胥江，全长17公里。"

善人桥塊有鱼市，故俗称"卖鱼桥"。清初沿香溪河两岸形成集镇，后称"善人桥镇"，夹岸有善人桥上塘街、下塘街，整条街长约160米。1912年设善人桥乡，乡治驻善人桥集镇。1950年3月，境内置善桥镇和天池、藏书、焦山3乡，属木渎区。1956年1月焦山、藏书乡合并为藏书乡，善桥、天池乡合并为善桥乡。1957年12月，藏书乡、善桥乡合并为藏书乡，先后称藏书公社、藏书乡、藏书镇。2006年9月，划入木渎镇，设藏书办事处。

### 313 廊桥

又名和桥，位于吴中区木渎镇南街中段，跨南市河。因桥上建有廊屋，故名廊桥。建于清末民初。当地民间流传：本镇望族冯家的千金小姐，甘愿嫁与一位卖鱼郎，尽管冯家老爷很开明，但卖鱼郎自感身份低微，决意外出创一番事业，于是不管妻子苦劝，坚意驾一叶扁舟闯荡江湖，谁知一去竟杳无音信。冯家小姐带着幼儿回到娘家后，无论冬夏春秋，天天站在南市河小桥上张望，企盼往来舟楫中出现丈夫身影，街坊邻居都说她痴了。冯家有个小木匠，向来爱慕冯小姐，征得冯老爷同意，在小桥上搭建了廊屋，为冯小姐遮阳挡雨，"廊桥"由此而来。

廊桥，借河两边的石驳岸为桥墩，用四根圆木做桥梁，上面覆盖长条木板做桥面，桥长5米多，宽3米多。桥面两侧各立5根廊柱，靠堤岸的廊柱边砌有砖墙，上面架构梁椽，屋面覆以黛瓦，木栅为桥栏。桥面上4小间廊屋与岸边民房、小巷连贯，直通南街。桥廊简约，构思巧妙，为木渎水巷一景。寻访廊桥与廊桥故事，也为木渎古镇旅游特色项目。

### 314 津桥

又名永兴长寿桥，俗称新桥。位于吴中区胥口镇孙武路，跨采香泾（箭泾）南口。桥址原为太湖边渡口，有渡船，故名津桥。相传清康熙年间，后塘桥有个叫喻见善的香山工匠，回家过年在此坐渡船，却受到渡船艄公的恶言奚落，于是发誓在此建桥。后来，在喻见善的发动下，香山乡亲有钱出钱，有力出力，终于在渡口造起一座3孔大石桥。清同治《苏州府志》（卷三十三）载："永兴长寿桥，三洞，俗名新桥。国朝康熙五十八年（1719），里人喻见善创建。乾隆二十四年（1759）圮，三十三年（1768），里人马景元、金茂贤募捐重建，叶南记。"民国《香山小志》（桥梁）载："俗名津桥，箭泾南口。"津桥原为花岗石3孔拱桥。1996年6月修筑孙武路时，石拱桥被拆除，改建为水泥公路桥。

原桥西塊边有1座凉亭，亭内有清代香山舟山举人叶南《津桥碑记》，桥塊头另有1座小庙（庵）。据记载，清咸丰十年（1860）八月初，香山一带村民与太平军在津桥发生过一次激战。民国《香山小志》载："义勇祠，在香山嘴津桥（即永兴长寿桥）西塊，祀咸丰十年（1860）殉难诸生徐则等七十九人。同治七年（1868）建。"

### 315 里尺桥

又名荣富桥。位于吴中区临湖镇灵湖村黄墅自然村，东西跨横泾港。黄墅村，又名篁墅，因当地多竹而得名。桥在村边，据说古时此处距太湖一里零一尺，故名"里尺桥"。明弘治十一年（1498）八月建，清乾隆五十五年（1790）重修。现桥为青石、花岗石混砌单孔石拱桥，桥长12.8米，桥面宽2.1米，桥堍宽2.9米，净跨5米，矢高3.2米。青石质拱券，为纵联分节并列砌置，桥孔有7排拱石，每排由5道券石组成。两侧墙体也均用青条石叠砌。两端券脚底座均有一整块长2.8米、宽0.4米、高0.3米的金山石为墩，拱券顶部距桥面0.4米。桥面两侧均有压沿石，桥额石镌刻楷书繁体"荣富桥"桥名，三字各有双线圆圈。旁阴刻楷书"大清乾隆庚戌岁次"，乾隆庚戌岁即乾隆五十五年（1790）。西堍拱券第二层北起第二块浮雕纹花石，内刻楷书"大明弘治十一年岁戊午八月吉日立"。桥顶龙门石镌浮雕圆形吉祥图案。两边桥堍为横铺条石台阶，各有10多极，两侧桥栏已圮。桥堍东原一小庙亭，据说香火很旺。

里尺桥原为黄墅、吴舍村民上镇赶集必经之路。20世纪八九十年代，随着乡镇道路及公路桥梁建设，此桥渐被弃用，不仅桥栏等塌圮，石桥缝隙间长满藤蔓杂草，孤立旷野。此桥具有明代石桥遗风，2009年7月10日被列为苏州市文物保护单位。今黄墅村借里尺桥之名，建有"里尺源"休闲度假绿色庄园，占地20亩。

### 316　具区风月桥

又名渡水桥、风月桥。位于吴中区东山镇洞庭社区。因桥跨渡水港（又称具区港）而得名。清乾隆《太湖备考》载："具区风月桥，一名渡水桥，跨具区港，为东、武二山通衢。"具区港南北两头通太湖，界于西"莫厘"、东"武峰"二峰之间，河面宽阔，水流湍急，建桥处原为"渡口"，初时建木桥。清同治《苏州府志》（卷三十三）载："旧横木以济，元至正间（1341—1368），里人周富七郎始易以石。明弘治九年（1496），里人吴天袷重建。"吴天袷（？—1498），字原敬，东山西泾人，弱冠时任粮长（赋长），明成化年间（1465—1487）以赈边有功，官中书舍人，他下决心将塌圮40年的渡水桥重建起来。为了新石桥能经受水流冲击侵蚀，毅然弃用旧石料，采用灵岩山碌村花岗石，并在桥两边筑起石堤。造桥共用花岗石1 200块、木料2 300根、石灰折合12.5吨，计工匠等人工9 800个工，耗金百锭（锭）。当年九月石桥竣工，人称盛举，得到了邑令邝侯、郡守史某及督办水利事工部姚某等嘉勉赞赏。东山名士施凤撰《渡水桥记》，工部主事杨循吉撰《重建渡水桥记》。桥建成二年后，吴天袷卒，葬于西金山，明成化状元吴宽撰墓表，吴中才子祝允明撰并书墓碣铭。

渡水桥于清道光十九年（1839）、宣统三年（1911）先后重修。民国初年，石桥受损坏，吴天袷后裔吴礼门（上海敦余洋行经理）出资修缮，历时半年完工。现桥为3孔花岗石拱桥，桥长48米，高近8.7米，顶宽3.5米。中孔矢高4.4米，净跨10.8米。拱圈顶横桥额石，镌刻阳文"渡水桥"3字，每字均围以阳纹圆圈。东西桥堍石阶分别为28级、23级。桥面置方锤头望柱，条石桥栏，栏端有抱鼓石。两边桥堍外各有长120余米石堤，上有石护栏，俗称雷公栏，如长蛇蜿蜒。渡水桥具有明代石桥风格，也是东山境内保成最好的古石桥。1986年3月25日被列为吴县文物保护单位。

渡水桥西堍北侧，在渡水港支流殿泾港口，有"迎宾桥"，俗名"练兵桥"，为单跨石梁平桥，与渡水桥西堍相连，亦成"双桥"。今桥面由原6块条石增为8块，两侧8根望柱中，其

4根望柱头雕刻石狮为旧物。

元明时,渡水桥两岸形成集镇,民国间建渡水桥镇、渡桥镇,曾为渡桥乡驻地。清光绪三十年(1904)苏州至东山轮船"苏山班"开通后,渡水桥桥侧设轮船停泊码头,为航线首末站。有内外2条航运路线,内河线由渡水桥起,经浦庄、横泾、越溪、横塘到苏州胥门,全长47千米。外湖线由渡水桥经太湖进胥口,过木渎达苏州,水程略近。渡水桥两侧沿河形成渡桥南街、渡桥北街,临水而居,粉墙黛瓦,具有典型的江南水乡风情,电影《摇啊摇,摇到外婆桥》《小城之春》等都在此拍摄外景。

**附:重建渡水桥记** [明]杨循吉

东洞庭峙太湖中心,厥惟吴邑之重镇。民居鳞次,随高下结屋,若古桃源,耕田树果,殆无寸地隙;人力作,耐勤苦,以俭朴为事,廛陌经络,不下万井。其往来上城邑,日憧憧然,在途摩接,无弃阴而晏处者,是故道路之宜修,急于通都,弗可以荒远视也。具区港界二峰之间,西五里曰莫厘,东二里曰武峰,其南北贯于太湖,本具区也,以其水恒出,是故以为号焉。其流广而急,隔越行旅,为必由之要津,故有石梁曰"渡水",废四十年矣。里人虑其工巨弗敢图,架木以济,高危凛凛,每风雨晨夕,人之提携负荷过者,多恐怖兢兢,或仆而溺。居武峰下者有前赋长吴天祎,谨愿人也,病人之厄,慨然思作之。邑令邝侯美其志,白之郡守史公,公大善之,遣吏奖劳曰:"汝必亟成乃绩,无终懈,惟汝名。"侯亦曰:"汝成,予其义汝。"天祎感励,益勉厥事。旧石材恶弗可用,尽弃之,别购礦村之良者甃焉。遂以弘治九年(1496)之九月告成,凡长一十六丈,高二丈九尺,东西为石堤,延袤又各四十余丈,其费金将百锭而不吝。工部姚公方督水利事,亦懿而旌之。然后山之人大悦,弗忧于雨,弗惕于夜,化艰虞为坦途,下视风涛,不我能即,欢焉咨嗟,以为盛举。而今赋长吴恪周元鼎实具石以来,愿有书也。余闻立政以泽人为大,泽而不费,抑又善焉。若夫利害非其独有,而欲使之倾财以济众,非勤其孰能成之?于此以见是役之举,虽营于下而实出乎上,以二三执政之仁而成斯人之义,皆永永不可刊已,其能无述乎?然天祎之为是不遗余力,而务广其惠,故又有余绩者三,若迁傍泾之梁出之堤上,而道不迂;若作屋三楹,其西以迓来往,而客有息;若浚其东之故井且亭之,而渴者弗病,皆其事也。是宜得牵连而书,余故弗敢略焉。(明王鏊《震泽编》卷八)

### 317 震泽底定桥

又名底定桥,俗称石桥。位于吴中区东山镇石桥村石桥浜场。南北跨涧溪。底定桥名取自大禹治太湖水患"三江既入,震泽底定"一语,俗称石桥。清同治《苏州府志》(卷三十三)载:"底定桥,宋绍定间建。"底定桥由里人朱安宗建于南宋绍定五年(1232)。明成化二十一年(1485),山水陡发,桥石、坪磐俱冲坏,朱安宗后裔朱济民发起重修,立有《重建震泽底定桥记》碑。清乾隆五十二年(1787),石桥垂圮,桥堍坪磐损坏。里人倡捐钱物,整修了桥身、坪磐,又铺了官路,南至方里,北到牌楼。立青石碑《重铺坪磐官路记》,附有捐银者名单,砌于桥亭墙壁。现桥为石梁无坡平桥,桥面为5块并列条石,桥面上覆以亭屋,即桥面四角立有木柱,架木梁5根,盖4椽瓦屋面。底定桥所跨涧溪,为一条"绕宅山溪",该沟壑与响水涧相类似,尤其是桥西侧,因溪岸已成为民居墙基,故溪渠更为狭窄。桥前有一片石坪,一直是村民举办乡俗及喜庆等活动场地。

桥边村落，南宋间已形成，称"石桥村"。民国间曾为石桥乡驻地。

## 318　盛河桥

位于吴中区东山镇官庄葛家渡。相传宋建炎年间，"靖康之难"宋室南渡，宋高宗驸马郑钊（东山郑氏始祖）与顺德公主选择在洞庭东山定居，修筑了官庄，在庄外河道架构桥梁，称"盛河桥"，祈望家族在此兴盛。清同治《苏州府志》（卷三十三）载："盛河桥，跨直渎。"盛河桥始建于南宋绍兴年间（1131—1162），明嘉靖十一年（1532）重建。为青石、花岗石混砌单孔拱桥，桥面与无级桥埢呈弧形，两边为武康石作压沿石，上面残留桥栏凿孔，压沿条石之间横铺花岗石条石，桥栏已失。桥两侧拱券上有桥额石，镌刻阴文楷书"盛河桥"。桥洞拱券侧有莲花造型，内镌"大明嘉靖拾一年三月吉旦重建"。

2000年12月，盛河桥被整体移建"雨花胜景"内，改作涧溪景观桥，并修复了石桥栏。与涧边"雄黄矶"立石，组为"宋桥明矶"景点。"雄黄矶"3字，为明王鏊题写，此石称明代原物。李根源《吴郡西山访古记》载，1929年6月"自杨湾赴湖沙村……登雄黄矶，至黄飞龙墓"。

2002年，在原盛河桥一侧另建水泥公路桥"新盛河桥"，连通凤凰山路（西北起自东山大道，东南至定向河三号桥，全长2 700米，宽36米）。

## 319　积善桥

俗称铁梗桥。位于吴中区东山镇武山（西泾山）下西泾村，跨施巷港。相传此桥由村民寿康捐建，据说他偶然掘得地下藏银，过起花天酒地的生活，在其母教诲下，幡然醒悟，将余下银两拿来造桥，取名"积善桥"。积善桥，建于宋代，为石拱桥，原有青石桥栏，清代修缮时青石桥栏更换为铁杆栏，故称"铁梗桥"。

现桥为单孔石拱桥，青石黄石混砌，桥拱券以青石为主，桥面部分为武康石，桥栏已失。桥额石镌刻"积善桥"，桥名旁有"癸酉孟冬重建，莫厘朱公泰书"。桥上另有镌刻文字："康熙拾肆年（1675）季冬，吴斌文重修。"吴斌文，即吴时雅（字斌文，号南村），为东山富绅。清康熙年间，吴时雅宅第"依绿园"，曾借给大学士徐乾学（1631—1694）设书局编修《大清一统志》。清《江南通志》载："太湖营参将署（即东山巡检司署）在太湖洞庭东山，邑人吴时雅捐建。"桥上所刻"癸酉孟冬"，年号不确，若"康熙癸酉"，为康熙三十二年（1693），如"乾隆癸酉"，则为乾隆十八年（1753）。据说此桥为乾隆间（1736—1795）重建，备考。清末，桥埢头立有小庙。

现积善桥失修严重，桥面望柱、桥栏等缺失，桥南埢近一半被工厂围墙砌断，北埢下半部已塌，桥身长满杂树，现此桥已不通路。今距积善桥东侧100米处，在凤凰山路中建有水泥公路桥，名"积善新桥"。

### 320 绿野桥

位于吴中区东山镇潦里村，东西跨马家港。清乾隆《吴县志》（卷五）载："绿野桥。明嘉靖间（1522—1566），宰官严经建。"或说绿野桥建于宋代，当时有士兵流落到太湖东山，以捕鱼为生，因此处四周都是茫茫绿草，称"绿野"，后在河港上建桥，便称"绿野桥"。现桥为花岗石拱桥，桥额石镌刻阳文楷书"绿野桥"，石桥栏，锁抱鼓石，桥面立2对望柱，方锤形柱头。拱券两侧有长穿石4根，两侧桥堍各有9级石阶。桥身柱石镌刻桥联，南侧联曰："山前山后通衢路，湖北湖南古渡源。"北侧联曰："柳荫渔艇穿梭过，桑径銮舆折坂来。"石桥附近有一口古井，青石井栏圈镌"绿野公井"，署"乾隆四十九年（1784）四月里人重建"。

绿野桥居村落中心位置，曾为自然村名，绿野桥村又称绿野井，属潦里村（辖潦里、白隔层、绿野井、上横、中横、港西、桥西7个自然村）。2003年10月潦里村与高田村合并，建潦里村。

### 321 永丰桥

俗称植里古桥。位于吴中区金庭镇东村植里自然村。桥名含有"祈望年年丰收"之意。永丰桥始建于宋代，清康熙四十一年（1702）重建。现桥为花岗石单孔拱桥，桥全长17.90米，顶宽1.90米，矢高3.2米，跨径5.2米。桥拱券采用纵联分节并列法砌筑，桥顶龙门石镌刻轮形法水图案，南北桥堍各有12级踏步，条石镶接桥栏，端置抱鼓石。拱顶横桥额石，上镌刻长方形凹框，框内刻阳文"永丰桥"，桥名两侧各雕有升斗图形。桥身有长系石2根，东侧靠北耳石下柱石上，镌刻阴文楷书"康熙肆拾壹年重建"。拱圈内有一石，上刻一枝莲花，其上镌有"康熙肆拾壹年岁次壬午……大圣堂头陀化缘……重建"字样。

石桥北堍东侧紧依石级水码头，南堍紧接"植里古道"，石道长158米、宽1.50米、高1.55米。古石道筑于清道光十四年（1834），共用448块花岗岩条石，每块长1.50米、宽0.35米、厚0.20米。坦坦直道，贯穿田畴，抵达村边。石桥南堍东侧有一株数百年树龄的古樟树，枝繁叶茂，形如巨伞。古道、古桥、古樟被人们称为"植里三古"，与小桥、流水、人家构成一幅典型江南水乡江村风情图。

永丰桥为金庭镇保存最完好的古石桥，"植里古道及桥"，1997年7月28日被列为吴县市文物保护单位。

### 322 南星桥

又称孤星桥。位于吴中区金庭镇甪里村南河头曹家底，东西跨郑泾港。相传此桥由曹家底村民曹泰喜、曹泰扬、曹泰仪3兄弟奉其母曹王氏之命，将她80岁寿辰所收受礼金捐出，建造此桥，为的是让曹家底村民出行少兜远路。桥东堍原立有青石碑："里人曹泰喜，同弟扬、仪，为因喜迎母亲王氏八十寿诞，捐资特建……曰南星桥，寓有深意也。"古时"南星"即指"南斗六星"，中国道教认为"南斗注生，北斗注死"。南斗星君专掌生存，故民间称"南斗"为

"延寿司"。取名"南星桥",寓意即此。桥建于清乾隆二十七年(1762)。清嘉庆十四年(1809),里人郑、沈两家出资重修。

现桥为单孔石拱桥。桥长12.2米,中宽2.5米,跨径4.8米,矢高2.8米。拱圈由花岗石纵联分节并列砌筑,金刚墙青石砌筑。拱顶两侧有横桥额石,中间镌3个凸轮(俗称石馒头),上面镌刻阴文"南星桥",桥面有青石桥栏,上面雕刻着团形"寿"字,两边饰攀枝如意的图案。两边块桥石栏已缺失,花岗石石阶西15级、东17级。因年久失修,石阶移位,桥身被藤萝覆盖,孤立田野,称为"孤星桥"。近年在疏浚郑泾港同时,对南星桥进行修缮,补上石桥栏。清理桥块石阶时,意外发现桥西块最末一石阶,竟是"禹王庙界"碑石。

2012年6月,金庭环岛公路网改造时,为保护古桥,特将公路北移20米,另建跨郑泾港公路桥"曹家桥",新桥与古桥相对成趣,古桥今为甪里一景。

### 323 玉虹桥

俗称"鸭蛋桥"。位于吴中区金庭镇堂里古村通向太湖出口处湾口。因桥形如虹,桥石色似玉,故名玉虹桥。桥顶拱形与桥底拱形浑然一体,水影酷似长圆形鸭蛋,俗称"鸭蛋桥"。始建年代不详,有称建于明代,因桥身为明代特征的青石架构。据堂里《仁本堂徐氏家谱》记载,此桥清康熙时(1662—1722)重修,1943年又重建。现桥为青石、黄石混砌单孔石拱桥。桥长14米,中宽2米,跨径3米。花岗石外覆青石拱圈,纵联分节并列;青石间有花岗石桥栏,两堍为花岗岩条石踏步。拱顶横青石桥额,中镌3个凸出圆轮,镌刻阴文楷书"玉虹桥",桥名右侧镌刻小字"民国卅二年四月重建"。西侧桥柱石面向太湖一侧,刻有"愿天多生好人,愿人常做好事"。此语源自南宋罗大经《鹤林玉露》(卷之二甲编)"好人好事"条:"豫章旅邸,有题十二字云:'愿天常生好人,愿人常做好事。'邹景孟表而出之,以为奇语。"将"愿天常生好人",改为"愿天多生好人"。桥身镌刻劝世警语,也是江南桥文化特色的体现。

玉虹桥为西山岛保存较好的古石桥之一,位于堂里村村口,当地人戏称之为"抱村桥"。

### 324 宋泾桥

位于相城区元和街道陆墓老街上塘南,与另一个市级文保单位——南桥相距数十米。现长16米、宽2.7米,桥高出水面2.8米。

王鏊《姑苏志》、明《长洲县志》、清《长洲县志》、民国《吴县志》皆有载录。桥始建不详,桥北的花岗石石栏上刻楷书:"前碑没。明永乐二十一年(1423)钱义东募众重建,明成化十三年(1477)白莲寺募众重建。大清光绪五年(1879)长洲县吴政科募众重建。"

宋泾桥两侧桥石题刻桥铭"宋泾桥"。桥顶上是一块巨大的武康石,长2.47米、宽0.92米。中间刻太极图,直径为0.325米。现桥栏为砖砌,桥面铺设水泥。宋泾桥与南桥、香炉浜桥,形成三桥鼎立、两水夹明镜的景观。《吴门坊巷待辖吟》有《宋泾桥》诗:"朱泾桥过宋泾桥,上冢船多逐队摇。行到柳娇花媚处,借人杯酒我先浇。"现为相城区一般文保点。

## 325 福昌桥

位于相城区元和街道澛泾村浅头郎，架于内塘河上。为单孔石质梁桥，长12.9米，宽1.5米，矢高2.5米，跨径4.3米。花岗石条均长5.5米，其宽分别为0.7米和0.8米，两端薄而中间厚实。

乾隆《元和县志》卷二载录益地乡金生里八图（阳澄湖西滩）已有福昌桥。该桥桥墩为花岗石金刚墙条石叠砌，两侧各有2根立柱，中间夹7块排石。桥面用2条长5.5米、宽0.8米的花岗岩条石铺设。其南侧石条上镌刻着"嘉庆丙辰（1796）、光绪乙巳（1905）重建福昌桥"13个楷书大字。桥堍两侧各有石阶8级，桥面高出水面约3米。桥墩呈"Ⅱ"字形，里面横置着6块半花岗石条，桥面有后装的栏杆。2009年被列为相城区控制保护单位。

## 326 含秀桥

位于相城区元和街道澛泾小镇（徐庄村丛泾村）吕池浜的柴米港上。为花岗石单孔拱桥，由5道拱圈构成。桥长16.6米，宽2.9米，矢高3.3米，跨径6米，条石栅栏，东西桥堍各设步石台阶18级。

始建年代不详，现桥为清光绪十五年（1889），由里人集资捐造重建。桥心石置有雕刻，设明柱4根、望柱10根，条石桥栏，拱券为纵联分节并列砌置，桥墩为金刚墙条石叠砌，全桥青石、花岗石混建，东西桥堍各设台阶18级，南面楷书桥联曰："鼓棹南来港名柴米，扬帆东去河号洋澄。"北面篆书桥联已模糊难辨。含秀桥东南原有地藏王庙，5开间2进2夹厢，庙内有十殿阎王。农历七月三十日，是地藏王（幽冥主）生日。百姓为纪念元末自称吴王的张士诚，流行烧狗屎香。张士诚小名九四，谐音"狗屎"。相传朱元璋进城后问起烧香原因，老百姓都说是烧地藏香消灾祈福，就此瞒过。明初禁令极严，吴人思张而私下偷偷祭之，乃有七月点地灯、放水灯、托名佛氏，沿为故事。今仅存一株古银杏树。2009年被列入相城区文物保护单位，2014年被列入苏州市文物保护单位。

## 327 石家桥

位于相城区北桥街道石桥村，南北走向，跨石桥河上。俗称石桥。石家桥为花岗石拱桥，全长28.7米，拱高4.9米，桥孔直径7.7米，桥面宽3.5米，有24个石级。

清光绪年间，北桥沈巷村何家浜富商沈秋祚，人称"出了齐门第一家"。沈氏没有一子半女，为求子而造桥行善事。沈家南面有一条庙泾河，而庙泾河畔有一座建于明朝的里仁禅院，香火很盛，四方香客进香也需用船来往，十分不便。当地人去苏州、常熟也因无桥可走，只得摆渡。于是，沈秋祚出资建造这座石拱桥，桥址就选在里仁禅院前。后被毁。现桥为清宣统元年重建。

石家桥有桥铭题刻："石家桥，宣统元年，午月里人集资重建。"西侧桥联曰："雁齿云平虹霁水映，驴骑月冷马印霜骄。"东侧桥联曰："红板夕阳不数题诗客过，苍葭秋水尽携策杖人来。"桥拱留有题刻:"奉宪禁止捕捉。"桥北堍的东侧有两块并列的旗杆石,桥面两侧望柱之间的桥栏被设计成座椅的形状,这在苏州是罕见的形制。1997年被列为吴县市文物保护单位,2005年被列为苏州市文物保护单位。

石家桥颇多重名,吴中区越溪街道莫舍社区旧亦有石家桥,为明洪武奚氏所建。

### 328 沈垫桥

位于相城区太平街道沈桥老街北胜利桥北侧,跨济民塘河。初建无载。明《长洲县志》卷十二有载。明《姑苏志》(卷十九)亦有载。现为新桥,水泥柱支架护栏,东西走向,桥长28米,桥宽5米,高4.8米,最大跨度25.7米。

乾隆《苏州府志》载:"沈垫桥在上十七都。"民国《吴中氏族志考补》又将之与沈氏相关联,称:"沈氏,周楚叶公诸梁之后。三国时沈友,吴人时称其笔、舌、力三绝。南北朝沈君理吴人。《吴郡志》有沈家桥,《姑苏志》村名有沈垫,又有沈垫桥。"沈垫桥,又名沈桥。位于原太平乡政府驻地南4千米,东依济民塘。镇以桥名。清后叶建沈垫桥镇,属长洲县。民国时期是吴县沈桥镇镇公所驻地。新中国成立初为沈桥乡乡政府所在地,现为太平乡所属集镇。据《江苏革命斗争史纪略》记载:1936年1月3日苏州齐门外湘城沈垫桥镇西娄村一带300余农民,举行抗租、抗捐示威游行,反对国民党政府加捐苛税,示威农民捣毁了镇长的船坞和住宅。两天后遭到镇压。

沈垫桥初为小木桥。清末,由镇民合议重建沈垫桥,并筹资实施,公举殷慎初为建桥董事。重建的沈垫桥为石拱桥,初期两侧无围栏,后来加装上了铁管桥栏。沈桥集镇的名称即源于此。1968年,吴县交通局为了拓宽河道,方便船舶通航,将太平境内横跨济民塘上的利民、太平、沈垫3座古桥先后拆除。沈垫桥及部分沿塘古宅被拆除后,在沈垫桥北50米处,新建一座水泥桥,名曰胜利桥。现胜利桥东引桥处,尚留有原沈垫桥的桥心石,西引桥处尚遗留石刻桥联的下联:"澄波一束隄流近接五溇泾。"1982年,在胜利桥北新建钢筋混凝土拱形公路桥,名称恢复为沈垫桥,又称沈南大桥。

### 329 利民桥

位于相城区太平街道太平老街北浜街,南北走向,跨济民塘河,桥北正对太平禅寺。今桥为钢筋混凝土人行平桥,水泥柱支架护栏,桥长32.8米,宽3.2米,高4.8米,最大跨度15.6米。

相传,原石桥建于晋代,太平人为感念晋代陆云赈灾的恩德,而把这座石桥命名为利民桥。明《长洲县志》(卷十二)有载,并注明:"宋嘉泰三年重建。"(详见"陆云土地庙"条)明《姑苏志》(卷十九)亦载。清光绪十九年(1893)三月又重建,为单孔花岗岩石拱桥。桥跨径10米,高约4.5米,宽2.8米,桥面两边各有花岗岩石栏。半圆形拱形桥孔,桥孔南北两边有桥联。1968年,因拓宽济民塘河,重建利民桥。1966年后,改称跃进桥。2001年,再度重建,称利民桥。

利民桥经多次拆建,原桥石移作桥墩之用,3根桥联条石留存在南北桥堍两侧,东北堍条石仅露出桥联最末1个字"泾";西北块条石露出"桨打平湖"字样;西南块条石有完整的"荻水西连盛泽塘"字样。

### 330 凤凰桥

位于相城区太平街道旺巷村,横跨在旺巷港上。南宋范成大《吴郡志》已有载录。明崇祯《吴县志》"城内与长洲县合治桥"部分载:"凤凰桥,仰家桥西,以凤凰乡为名。"明《长洲县志》(卷十二)亦有载,写成"凤皇桥"。全国各地名凤凰桥者众多。姑苏区皮市街口旧有鹤舞桥,又名凤凰桥,1954年被拆除。元伊世珍《琅嬛记》卷下:"姑苏城中皮日休市有山桥,名鹤舞。父老相传,吴时有二鹤,在其地对舞,已而飞集金阊门外青枫桥东,化为凤凰飞入云际,今凤凰桥是也。"

凤凰古桥为武康石料,单孔石梁式。桥长17.2米,宽2.6米,高3.4米。武康石石梁宽0.82米,厚0.5米,两端各雕有一组精美的卷草纹饰。石梁下的长系石上,各端原有护梁木,现木已腐朽无存,仅剩榫孔。石梁中间镌有铭文,西面刻"太原王氏近溪策立"("策"指王皋15世孙王策)。东面石梁风化严重,字迹漫漶,仅见"末岁建凤凰桥"。南块嵌石碑,题刻"凤凰桥,乾隆四十年,里人重建",即1775年重建过。北块嵌水泥题刻"一九六四年五月"。1986年被列为吴县文物保护单位。1995年被列为吴县市文物保护单位。2005年被列为苏州市文物保护单位。

### 331 响水桥

位于相城区望亭镇京杭大运河西岸,横跨月城河,又名一品桥。现桥长38米,宽7米,高9米,最大跨度30米。

清同治《苏州府志》(卷三十三)载:"一品桥在问渡桥西。国朝同治九年重建。"桥初为抗倭军事用桥,明朝中期防倭寇而重筑月城,开河筑城约2平方千米,并设置东、南、北3门。南门前有吊桥,在月城南,一头接月城,进出由吊桥行走,故名吊桥。明末,吊桥改建为五孔石桥。后五孔石桥改建为3孔品字形石凳桥,中孔行舟,两侧小孔排水,形如品字,故名一品桥。因水流湍急,落差高低发出响声,故又名响水桥。

20世纪60年代,改建为水泥桥。1966年,月城河拓宽,响水桥又被改建为钢筋混凝结构平板桥。附近有月城遗址和螺蛳墩遗址。

### 332 项路桥

位于相城区望亭镇问渡路上,横跨大浜港。现桥为钢筋混凝土平板桥。桥长16.8米,宽14米,高4.5米,最大跨度8米。

道光《浒墅关志》(卷八)载录有"巷路桥"。相传为明嘉靖二年(1523)巨富沈万三所建,因古时石桥旁建有村巷、碎石小路,故名为巷路桥,因吴语"巷"和"项"同音,故音讹为项路桥。

当地还流传有《项路桥石撑古塔》的民间故事。据《望亭镇志》记载，相传明朝初年，巨富沈万三及其后裔在望亭地区建造了7座式样和结构完全相同的石桥，它们就是望亭的项路桥、伍象桥、马路桥、大通桥和四通桥以及通安的塔平桥、石下桥。后来苏州虎丘塔发生倾斜，能工巧匠束手无策。为使千年古塔免遭倾覆，人们建议用巨型条石来撑住虎丘塔。于是，人们便分头去找巨石，但就是无法觅到一块理想的条石。人们的寻石之举惊动了神仙，神仙们也到处寻觅撑塔之石。一天，一位仙人路过望亭，发现项路桥支撑桥面的一块条石十分理想，便施法取下桥石，作法使巨石变成一块小小的石头，解下头巾，包好桥石带到虎丘山，迎着宝塔倾斜的方向支撑宝塔。为了不使桥倒塌，仙人临走时在桥边丢下一棵小草。这棵小草长大以后，人们才发现是一根"鬼馒头藤"。这根藤越长越粗，绕住残缺的桥墩，托住沉重的桥面，使项路桥几百年来虽遭风吹雨打，但依然岿然不动。

民国二十六年（1937）重修项路桥。1973年和1983年，先后两次扩建。现已为可通行汽车的公路桥。

## 333　望亭桥

位于相城区望亭镇境内，跨京杭大运河上。桥跨度40米，长60米，宽5米。

历史上有北望亭和南望亭之别。北宋大中祥符年间（1008—1016），设望亭镇，始置官，镇以亭名。望亭又名御亭、吴御亭、吴亭。汉献帝延康元年（220），吴先主孙坚所建。毁于太清年间（547—549）侯景之乱。南朝庾肩吾《乱后行经吴御亭》诗云："御亭一回望，风尘千里昏。"唐王维《送元中丞转运江淮》诗云："东南御亭上，莫使有风尘。"赵殿成笺注："《太平寰宇记》：'御亭驿在常州东南一百三十里。'《舆地志》云：'御亭在吴县西六十里，吴大帝所立……开皇九年置为驿，十八年改为御亭驿。李袭誉改为望亭驿。'"望亭驿历经战乱多次迁址，唐时位于通波桥南，后南迁至响水桥，明初移到问渡桥北百米处。明、清于此设巡司。1949年后逐渐在大运河上建了3座大桥，即望亭大桥（建于原古问渡桥桥址处）、工农桥、望亭南桥。

问渡桥，因原建在古运河问渡口而名。系青石桥，明代所建。始名北新桥，清名望亭南桥。清嘉庆《浒墅关志》、民国《吴县志》载，望亭桥在南望亭跨运河上，有关帝庙，耆民吴怡始建，太平天国战火毁桥。清同治八年（1869），有长洲县乡民捐款，由区董许老祥、地方李赤老负责重建为花岗石拱形步登大桥，桥高18.33米，宽16.67米，圆形顶，桥两面各24级，桥顶刻有"二龙抢珠"封石，顶宽4米，桥座宽9米。桥北面右侧刻有"是处入长洲离浒一十八里"；左侧刻有"邑口产粮茂鱼肥通河达海"。南面右侧刻有"方百里风俗敦厚信亲礼仪"，左侧刻字已失。清同治八年（1869）孟冬吉日立。后把"望亭桥"改名为"南望亭桥"刻于桥南，北面刻"古问渡桥"，同治九年（1870）竣工，清同治《苏州府志》记"望亭古问渡桥同治九年重建，刘履芬记"。据传有碑，已失。1969年2月，古问渡桥重建竣工，当时称望亭大桥。

1966年，望亭电厂投资24万元，在望亭响水桥旁建造3节钢筋水泥大桥，桥跨径40米，中间桥孔跨径25米，桥面宽度为5米，由于两岸都为农村，桥名工农桥。

1986年，离古问渡桥500米的南面，由望亭电厂投资130万元，新建公路大桥，桥跨径70

米，高（吴淞水位）7米，桥顶宽15米，两侧人行道长均为1米，全长200米，可通行50吨载重汽车。为当时吴县境内最长的公路桥，又称望亭南桥。

还有一座北望亭桥，在今无锡境内，清嘉庆二十一年（1816），重建古龙涧桥，改名为丰乐桥。清咸丰十年（1860），丰乐桥毁于战火。清同治九年（1870），重建丰乐桥，改名为北望亭桥。

### 334　两瑞桥

位于相城区望亭镇西迎湖村，横跨南河港。始建于北宋，又称雨端桥。现桥为木质栏杆的钢筋混凝土水泥平板桥，长10.6米，宽5米，高2.5米。最大跨径4米。

因此地旧有双瑞堂，桥以堂名。范成大《吴郡志》（卷六）称："双瑞堂，旧名西斋，绍兴十四年郡守王唤建。前有花石小圃，便坐之佳处。绍熙元年长洲有瑞麦四歧及后池出双莲，郡守袁说友葺西斋，以双瑞名堂，以识嘉祥。"王鏊《姑苏志》（卷二十二）又称："嘉定十三年又改思政，宝祐中作新堂，旧称并废。"相传，历史上有位皇帝把"两瑞桥"读成"雨端桥"，遂讹成桥名。桥附近原有望亭镇南河小学。

20世纪70年代，改建为水泥人行桥。2014年，扩建为车行公路桥。

### 335　伍象桥

位于相城区望亭镇迎湖村，跨南河港支浜。为3孔石梁桥。桥长14.3米，宽1.6米，矢高2.1米。桥面由3块长5.2米石板组成，桥墩为排柱式结构。南北引桥桥墩为金刚墙条石砌置，桥墁分别由3块3.3米长的平板石铺就。

相传，明嘉靖二十年（1541），昆山周庄巨富沈万三后裔沈凝等人，在此共建7座石桥，统称沈石桥。清道光五年（1825）由5位石匠重建，因"五匠"与"五象"谐音，故名伍象桥。

此桥采用清代少见的武康石，现存桥面石一侧刻有阴文"伍象桥"和"道光乙酉年初冬"字样。2009年12月，列为相城区控制保护单位。现附近为迎湖村公园。

### 336　古市桥

位于相城区望亭镇，跨望虞河上。地处望亭唐家村和无锡石市。古市桥现为水泥桥，跨径80米。

元《无锡县志》（卷一）载录有"唐贾村""石室"村名，为四十二都并属延祥乡，与望亭交界。后"唐贾村""石室"分别被音讹为"唐家村""石市"。此为古市桥之"市"的由来。因地处望虞河阿奶渡口，故又名阿奶渡桥。初建于明代永乐年间（1403—1424），为3孔圆形青石洞桥，跨河30米，毁于太平天国战火。1993年，整治望虞河工程时重建。可通行汽车。今在无锡境内有古市桥港南北纵贯后宅。

### 337　浪浒桥

位于相城区望亭镇迎湖村，跨仁巷港。为水泥平桥，桥长11米，宽5米，高2.5米，最大跨径4米。桥下为石砌桥墩，桥面立水泥栏杆。

始建无考，明《长洲县志》（卷十二）有载。原为武康石桥，历代多次重修。1959年，水利工程在桥旁建大型电力灌溉站，浪泞桥被改建为水槽渡桥。

20世纪70年代，改建为今桥，可通行汽车。现桥附近有重建的迎湖禅寺。

### 338 观桥

位于阳澄湖镇湘城河东街东端，跨济民塘湘城镇市河，南北走向，单孔拱形。现为单孔石拱桥，长28.7米，宽3.85米，主体建筑为青石、花岗石、武康石混合结构。

观桥始建于宋咸淳二年（1266），明《长洲县志》（卷十二）有载。桥前原有通仙宝坊，坊前有灵应道院，故原称通仙桥。宋末元初，灵应道院、通仙宝坊毁于兵灾。至元延祐年间，由道士苏斗南重建灵应道院，并升院为观。是时，"通仙桥"改名"观桥"，谐音传为"官桥"。民国《相城小志》（卷一）记载："通仙桥，即观桥，八图跨九图，光绪十六年（1890）张毓庆重建。"

该桥拱券以券石纵联分节并列砌置，金刚墙以条石叠砌，中加丁头石。拱券两侧有桥耳4只、明柱4根。西侧明柱镌"紫阳旧迹照千古，再鏊新模庆八方"联；东侧明柱镌"□□鹤林□相水，□□□渔沙□□"联，因年代久远，多字模糊，不可辨识。桥两侧置望栏、栏杆，桥面中心石刻有花纹。造型美观，在现存同类桥梁中较少见。1997年被列为吴县市文物保护单位，2005年被列为苏州市文物保护单位。

### 339 通渭桥

位于姑苏区胥门外小河浜与通归桥弄交接处，东连长春弄，西接小河浜民居，桥下所跨即康履桥河（虎啸塘）。渭，原为甘肃水名，《史记·封禅书》："霸、产、长水、沣、涝、泾、渭皆非大川，以近咸阳，尽得此山川祠，而无诸加。"也就是说，"渭"等都说不上是大河。桥下习称小河浜，故名。桥长13.5米，宽2.2米，跨径4.35米，系单孔梁式石板石级平桥，桥面立砖石实腹桥栏，两坡都为石阶，原东面10级，西面7级。始建于明代，清乾隆二年（1737）重建。南北侧都有桥联。北侧刻桥联曰："凡物利时行自利，此心平处路皆平。"南侧刻桥联曰："旅喜船新山踊跃，船歌沚堤水濛洄。"中华人民共和国成立后，周围商市兴盛，来往行人车辆繁多，随着东坡所接道路不断整修、提高，桥东坡石阶已消失，东块和长春桥弄地平。西坡石阶仅存5级踏步。但桥梁结构、形态、长度、跨度、矢高均无变化，仍保持清代桥梁的风貌。

### 340 大日晖桥

原位于姑苏区胥门外胥江东口，跨胥江。南与皇亭街相接，北与万年桥大街相连，是胥江东起第一桥。宋代称胥门桥。明代称怀胥桥、胥塘桥、日晖桥、大日晖桥，讹称"大石灰桥"。始建年月待考。清顺治十一年（1654）重建，清嘉庆二十五年（1820）重修。大日晖桥为单孔石拱桥。此处水运便捷，为商业繁荣地带。中华人民共和国成立后，因大日晖桥妨碍船队航行，

于 1957 年被拆除。

### 341　吉利桥

位于姑苏区沧浪街道司前街北端,跨第三横河,南堍连司前街,北出道前街正对养育巷。春秋时为纺纱、织帛之处,故名"织里桥"。宋《吴郡志》云:"织里桥,今讹为吉利桥。"今在桥之北端辟有小游园,名曰"织里苑",不忘故事也。后又因谐音而被讹为"失履桥"。明嘉靖四年(1525)、1920 年两次重建。1953 年拓建。1984 年道前街拓宽时重建,定名为"吉利桥"。为钢筋混凝土板梁平桥,桥长 8 米,宽 17.6 米,跨径 6.3 米,桥面立花岗石镂花桥栏,栏杆两端置抱鼓石,阴刻行书桥名,填红。

### 342　乐桥

位于姑苏区人民路与干将路交叉处,跨第二横河,南北贯通人民路。据史料记载,乐桥与阖闾城同时建造,是一座历史悠久的古桥。三国吴赤乌二年(239)、元至正六年(1346)等均有修建。唐《吴地记》、明王鏊《姑苏志》、清康熙《苏州府志》等均有著录。民国《吴县志》云:"乐桥,吴赤乌二年建,元至正六年李道宁重修,会稽杨维祯记。"唐武则天万岁通天元年(696),将吴县一分为二,设立长洲县。乐桥为两县分界的标志。乐桥之西为吴县,东为长洲县。此后,苏州城内以乐桥为中心,东西以护龙街(人民路)为界,南北以第三横河为界。在地理上又分为四,称为乐桥东南、乐桥东北、乐桥西南、乐桥西北,而且在历代志书上相继沿用。

旧时,这里是苏州城的中心,热闹异常,人口稠密,商店云集。此处有戮人刑场,故名戮桥。随着时代的变迁,桥那里不再作为杀人的刑场,百姓认为"戮"字很不吉利,应去凶化吉,遂借取谐音更名为"乐桥"。原桥上建有萧王庙。明王鏊《姑苏志》云:"萧王庙,在护龙街乐桥。相传桥边市曹戮人。以萧何制律故祀之。"民国《吴县志》引《姑苏志》原文并注:"清道光二年毁于火。"萧王即汉代萧何,帮助刘邦建立汉朝,封为丞相。因他制定刑律,被封为"狱神"。犯人在杀戮之前,要到萧王庙内去祭祀,以求得他的保佑。苏州人有句俗语曰"戮桥户头"。这是一句骂人的话,其意是你是个坏坯子,将来要被杀头的。这句俗语的来历,即出自戮桥。

中华人民共和国成立前为单孔石拱桥,中华人民共和国成立后加固改造,保留石拱,两侧加钢筋混凝土预制板桥梁。1971 年,桥洞被改成防空洞。1980 年随着道路拓宽至 34.20 米,跨径 7 米。1994 年改建干将路时彻底翻造,采用下沉式直穿立交方式,建为 3 孔简支梁立交桥,上立交人民路,宽 40 米,3 孔,中孔跨径 6.9 米,两侧边孔跨径均为 15.08 米。下立交干将路,以两路夹一河的形式下穿人民路,宽 37.08 米,桥栏由不锈钢、金山石柱和磨光黑色花岗石板组成。两边人行道宽 5~6 米,便于车辆和行人往来。

### 343　公和桥

位于姑苏区沧浪街道道前街西端南侧，跨第三横河。南出西善长巷，北出道前街。1917年由道养市民公社募建。因是聚公众之力而成桥，桥侧刻有"同人公建"4字，故名。1984年扩建，条石板梁单跨平桥，条石板梁由3块加宽至5块。桥长5.6米，宽2.7米，跨度4.6米。采用人造石空腹桥栏，桥头望柱阴刻楷书桥名，填红。石梁侧面正中阳刻隶书"公和桥"。

公和桥

### 344　歌薰桥

原名明泽桥。位于姑苏区沧浪街道道前街西端，跨第一直河（学士河）。东堍南侧与吉庆街垂直相交，北侧与剪金桥巷垂直相交。西堍两侧接学士街。《吴县志》云："明泽桥，在西河上。宋皇佑五年1053）建。景定五年（1264）重建，刘震孙题名立石桥上。"卢《志》载："以路通盘、阊，为戍卒经由之地，故名过军桥。"清《姑苏城图》标注"歌勋桥"。清道光时，用谐音改称"歌薰桥"，有歌颂政治清明之意。1953年改称"歌新桥"，1984年复称"歌薰桥"。原是石拱桥。1940年被改为木构平桥，后再被改为水泥平桥。1984年拓建为钢筋水泥板梁单孔平桥。桥长11.5米，宽31米，跨度9.7米。采用花岗石空腹桥栏，桥栏中部楷书阴刻桥名，填红。

### 345　芮家桥

原位于姑苏区沧浪街道第二直河幽兰巷南侧支河上，北连原双成巷，南连牛车弄，宋《平江图》上已收录，平行于弹子桥（后名合盘桥）与蛾眉桥之间，因附近旧有芮氏家族聚居，故名。1942年填河拆桥，桥梁相关数据失载。

### 346　师古桥

原位于姑苏区沧浪街道，在复兴桥南，跨第二直河西折复南行段，东出东大街，斜对中军弄。桥西接小巷，也名师姑桥。宋《平江图》上已录，称先生桥。附近原是宋代张府即张循王府邸，张循王为南宋名将张浚。张循王府邸位于新桥巷北，侍其巷南，张府东河上自南而北先后有葛家桥、南张师桥、先生桥、北张师桥。其中南张师桥（后名陈千河桥）、先生桥、北张师桥（后名复兴桥），宋范成大《吴郡志》等均有著录，且均与张府有关。先生桥清代起又称思古桥，谐音师古桥，1958年填河，桥废，但巷名保存，仍称师古桥。

### 347 陈千户桥

原位于姑苏区沧浪街道,跨第二直河折西复南行段,在师古桥南,东出东大街,西对新桥巷,宋《平江图》中称南张师桥,明代称陈千户桥,因桥被明代世袭苏州卫千户陈英重建,故名。1958年填河,桥废(参见"师古桥"条)。

### 348 觅渡桥

位于姑苏区葑门外,跨京杭大运河,东西沟通杨枝塘路、莫邪路与南门路。始建于元大德四年(1300),明《姑苏志》、清乾隆《志》均著录,名"灭渡桥"。此处旧名赤水湾,是城东和城南两条外城河道汇流处,也是京杭大运河从苏州到杭州的咽喉地带,这里水势湍急,船只格外拥挤。古代未建桥前,东西过客要靠船摆渡,每当风雨晨夕,船家乘机要挟,甚至发生恶霸船夫杀人劫财事件,往来行人苦不堪言。元代贞元年间(1295—1297),昆山僧人敬修在此摆渡,未带银两,遭船家奚落,他发誓要在此建桥,遂与当地名士陈玠、张光福共同发起募捐,建造石桥。桥始作于元大德二年(1298)十月,大德四年(1300)三月竣工。为单孔半圆石拱桥,长78.5米,高约9.5米,宽4.5米。取名"灭渡",意思是"灭去魔障,渡至宁静超脱的彼岸,"张元亨《建灭渡桥记》解释得更明了:"名灭渡,志平横暴也。"吴语"灭""觅"同音,由俗至雅,后来就演变为"觅渡桥"了。

明正统间(1436—1449),苏州知府况锺主持重建。清同治年间(1862—1874),又予修建,修建后的觅渡桥,为单孔石级桥。桥长70.75米,宽3.78米,跨径19.3米,矢高8.5米,两坡设步阶90级,桥身以武康石、青石、花岗石混砌,桥东西两块略呈喇叭形,西块宽4.65米,东块宽5.45米,桥北筑金刚墙,墙下有突出墙外约1.5米、露出水面约1米的桥墩,以防止洪水与船只直接冲击桥体。拱券采用分节错缝并列方式建造,不施横向长铰石,卷板宽窄不一,多为紫褐色的武康石,为元代拱券构筑形式。桥体南北两侧面各出梁头3对,共12个,上面1对以青石雕成兽头,下面2对为素面花岗石,未施任何雕饰。金刚墙体色彩斑斓,应是多次重修所留下的历史遗迹。1985年大修,修建后的觅渡桥,长81.3米,宽4.5米,跨径19.3米,矢高8.5米,恢复花岗石云纹望柱,空腹栏板,两坡步阶各53级,后因翻修垫高路面,西坡49级,东坡47级。

觅渡桥采用单孔大跨度,不设计多孔,以适应水流湍急、过往船只体量大,往返频繁的需求,在拱顶与面石间不加填层,并尽量增加桥长,使桥梁平缓易行,稳重大方,结构轻巧,造型雄壮,堪称江南古桥的典范。觅渡桥地处江南运河下浙江的咽喉,又是苏州城南纤道驿传的关隘地。1895年清政府签订《马关条约》后,曾在此设立"苏州关"。两年后,英国以海关收入和盐税为担保,将觅渡桥边的"苏州关"改为"英国关",并在此设"总税务司"。觅渡桥畔还发生过其他历史事件,如明末苏州丝织工人领袖葛成(1568—1630)在此进行抗税斗争;清同治二年(1863),清军和英国洋枪队曾与太平天国军队在此激战。

1972年,苏州市政府为保护觅渡桥,在此桥旁另建一座公路桥,以通车辆行人。公路桥于2002年被拆除,绕道另建新觅渡桥,长337.4米,主桥宽36米,引桥宽30米,最高通航水位

2.12 米。桥呈弧形,如弯月,与古灭渡桥共成苏州环姑苏区古城风貌带"觅渡揽月"胜景。古灭渡桥于 2002 年 10 月被公布为江苏省文物保护单位。

### 349　朝天桥

位于姑苏区葑门外外城河"外河",即北接东街,东侧接光荣墩,南堍接同名道路,西侧通油车场,因扼朝天湖(黄天荡古称)口,故名。又因桥跨葑门塘东南分支"外河",故又名外河桥。清康熙《苏州府志》、道光《苏州府志》有录。原系梁式石级高桥,20 世纪 40 年代改石级为弹石斜坡,1987 年改成水泥六角道板斜坡。5 条长石并列为梁,桥长 30 米,宽 5.2 米,跨度 5 米,高 3.45 米,条石桥栏高 0.9 米。

### 350　烧香桥

位于姑苏区双塔街道东,跨南园河。北堍通南石皮弄,南可达竹辉路。旧时为人们去附近相王庙进香的必经之桥,故名。原名西长桥,桥原为石拱桥,1923 年由李根源等发起改造为条石板梁平桥,1980 年定名烧香桥,1984 年重建为钢筋水泥板梁平桥。桥长 7 米,宽 4.5 米,跨度 5.9 米。《吴郡志》中已称西长桥,《姑苏志》也录作西长桥,因相对河东段的东长桥而言。东长桥在《吴郡志》中称烧香桥,所以民间俗称西长桥为西烧香桥,东长桥又俗称东烧香桥。吴语"烧香"快读音近"长"音,疑"烧香"与"长"互为因果。但该桥桥梁侧现仍刻为西烧香桥。

### 351　祝家桥

位于姑苏区双塔街道锦帆路北段,跨原锦帆泾北入第二横河处,在原乘鱼桥南堍西侧,东连石埂子巷,西连祝家桥巷,故名。系宋前古桥,《吴地记》《吴郡志》作竹隔桥,《姑苏志》作"隔"为"槅",并云:"在乘鱼桥侧。"王謇《宋平江城坊考》(卷三)"花巷·竹隔桥"条引《内观日疏》称:"瑶卿月夜过桥,脩然朗吟,其声清亮,字字动人。居民但记其两句,云'遥隔美人家,数竿修竹处。'自此,桥名'竹隔'。据此,则当以作'隔'为是。"1931 年,锦帆泾堵塞成路,名锦帆路,桥废。

### 352　大云桥

位于姑苏区双塔街道乌鹊桥路上,南北跨羊王庙河,北堍西侧塘岸为沧浪亭街,东侧为苏州大学(原苏州医学院)教工宿舍。因桥西北原有大云庵(结草庵),故名,俗称三官桥。旧为条石桥梁平桥,20 世纪 70 年代拓宽,东侧拼接水泥板梁,宽 2.8 米,跨度 2.3 米,钢管桥栏;西侧石梁侧面刻楷书桥名。1990 年改建为钢筋水泥板梁平桥,长 15 米,宽 12 米(车行道宽 8 米,2 条人行道各宽 2 米),花岩石板块镶嵌云头柱桥栏,沥青路面。

### 353　相门桥

位于姑苏区相门外，东西跨相门外城河，故名。贯通今干将东路东段，1935 年建，水泥桥墩，木板路面。1937 年 8 月被日军飞机炸毁，仅存桥墩，相门也因而重新封闭。1952 年重建为钢筋水泥桥。1981 年加固后，长 129.8 米，宽 9.5 米。1993 年 1 月作为干将路拓建配合工程，又加以重建，改桥型为 5 孔 V 型桥墩连续架结构，长 138.8 米，宽 28.8 米，其中车行道宽 24 米，两侧人行道各宽 2.4 米，1994 年 2 月竣工，同年 9 月 28 日正式通车。

### 354　帝赐莲桥

位于姑苏区双塔街道十全街西端北侧，跨第三横河（十全河）东段。北接长洲路，南出十全街西端，为十全街北侧西起第一桥。始建于南宋咸淳年间（1265—1274）。明王鏊《姑苏志》载："帝师桥，长洲县西，宋咸淳间建。"清康熙《苏州府志》、乾隆《苏州府志》录名"帝师里桥"。俗名"帝赐莲桥"。1980 年定名。1984 年重修，为青石分节并列砌置半圆拱单孔桥。桥长 14 米，宽 3.2 米，跨度 4.8 米，矢高 2.7 米。步阶南 15 级、北 18 级。采用花岗石实腹桥栏，桥头望柱刻"沧浪区城建环保局""公元一九八四年改建"。拱顶侧面阴刻楷书桥名，填红。

### 355　乘鱼桥

位于姑苏区双塔街道乐桥东，跨第二横河（干将河），位于锦帆路北端。现为干将东路西起第一桥。据《吴地记》云：古代有贤士丁法海和琴高二人，在此处见有大鲤鱼，长一丈有余，头上生角，腹下有足，鼓起双翼能跳舞。琴高感到奇异，就乘上大鲤鱼之背，大鲤鱼竟化为龙，腾空飞去，琴高由此而成仙。桥名即依据这个神话故事而命名。关于"琴高乘鲤升天"的故事，古籍上记载较多，《列仙传》云："琴高，赵人，尝入涿水中取龙子，与弟子期。期日，皆斋戒待于祠旁，果乘赤鲤来，出坐祠中，留一月，复入水去。"故事发生河北涿县（今涿州市），不在吴地，此处是附会而已。"乘鲤升天"是古代的神话。旧时，吴地的门户上皆贴神鱼，以祈吉祥。

明王鏊《姑苏志》云："昔琴高乘鲤升仙之地，或云宋子英乘鲤升天，故吴中门户皆作神鱼，非琴高也。至和元年，僧达本重建。桥序：乘鱼桥，当姑苏之要津，茂苑之灵迹。"又引明高启诗云："桥上西游人，桥下东流水。游人如水流，朝暮何时已。谁知有飞仙，赤脚踏神鲤。波警风萧萧，渡海秋万里。左招骑龙君，右携采鸾子。笑飨紫云英，同歌珠宫里。归来旧城郭，千载一日耳。下看桥上人，还随鸡鸣起。去者已如灰，来者犹如蚁。不解养谷神，纷纷自生死。"

旧为石板桥梁，桥长 4 米，宽 2 米。1972 年桥下河道改筑防空洞，桥遂废。1994 年干将路拓建时重建，为钢筋水泥板梁桥，桥宽 13 米（车行道 9 米，两边人行道各 2 米），跨度 8 米。花岗石镂空桥栏，望柱上雕饰石狮，正中两侧曾阴刻桥名"乘渔桥"，"渔"字误，应为"鱼"，今已改正。

## 356　吴衙桥

位于姑苏区双塔街道十全街东端，跨第三横河东段（十全河），北堍对东吴饭店，南出十全街。因明代太仆寺少卿吴之佳居住于此处而得名。吴之佳，字公美，长洲（苏州）人。明万历八年（1580）进士。初为襄阳知县，并以治行徵，授刑科给事中，赠太仆寺少卿。他以敢谏著名，与太常少卿张栋（昆山人）、光禄少卿叶初春（吴县人）一起被誉为"吴中三谏"。1966年建，称新造桥。1981年定今名。钢筋水泥门型梁单跨桥，长8米，中宽4米，跨度6米。采用花岗石漏空桥栏，阴刻桥名，填红。1991年6月修。

## 357　船舫桥

位于姑苏区双塔街道十全街东端，跨第三横河（十全河）分支小河浜。原位于十全街带城桥西。船坊，有船人家在河边搭棚，停放船只，称"船坊"。卢《志》、王鏊《姑苏志》作"船坊桥"。后"坊"改作"舫"，称"船舫桥"。其处为金氏船坊所在地。宋《吴郡志》录"船坊桥"。此后志书无记载，桥已废。

## 358　饮马桥

位于姑苏区人民路南端、石家湾西口，跨第三横河。北堍东侧为十梓街，西侧为道前街，贯通人民路。约始建于东晋之前。唐《吴地记》、宋《吴郡志》均著录。明王鏊《姑苏志》著录，并云："宋淳祐丙午建，郡守魏庠记。"相传，晋有位高僧名支遁，字道林，世称"支公"或"林公"，他喜欢乘马，有一匹好马叫"频伽"，支遁乘马至此，饮马于桥下，故名。宋淳祐六年（1246），知府魏峻重建。桥南堍西侧有关帝庙，内供关帝神像。民间传说，清初，总兵土国宝率军攻入苏州，屠城至饮马桥时，天色微明，遥见关帝跃马横刀，立马于桥上，他疑是关帝显灵，惊而下拜，遂下令封刀。实则为夜间有两个醉汉，将庙中关帝神像移置于桥上，无意间吓退了清兵。1949年时为宽3米的木梁板桥。20世纪50年代曾修建拓宽。1984年道前街拓建工程中重建，由木板桥改建为钢筋混凝土桥，中央为门梁，两侧为型梁，桥长6.5米，宽31.8米，跨径3.6米。采用花岗石漏花桥栏，正中阴刻桥名，填红。

## 359　船场桥

位于姑苏区双塔街道十全街中段，跨第三横河（十全河）。原跨第三河分支张林浜，建于宋。宋《平江图》标"船场桥"。宋《吴郡志》著录。明王鏊《姑苏志》录"船场桥"，下注"张林浜"。船场者，造船工场也。其地古有造船工场，故名。历经宋元明清各代，同治时该浜及桥皆不存，无遗痕可寻。1983年南林饭店为便于交通，于门前建桥，为单孔钢筋混凝土拱桥，桥长12.6米，宽9米，跨径6米。采用花岗石雕花桥栏，12根望柱各雕小狮，姿态各异。桥头望柱阴刻楷书桥名，填红。借古桥之名而名之。

### 360 迎枫桥

位于姑苏区双塔街道十梓街西端望星桥旁，跨第三横河，与第四直河望星桥紧接，成八字形状。北出严衙前（今十梓街），南接迎枫桥弄。宋《吴郡志》、明王鏊《姑苏志》均作"迎葑桥"，因近葑门而得名。清康熙《苏州府志》云："迎葑桥，望星桥西侧。"后称"迎枫桥"，讹称"迎风桥"。清嘉庆十一年（1806）重修，石拱桥。1958年填河，桥被废。但桥台、桥拱、桥联石柱等，尚残留于原地的石驳岸中，桥联为"葑水相迎财若水，信桥并望方成桥"。

### 361 平桥

位于姑苏区双塔街道，跨第三横河。原位于平桥直街北端，因在子城正门前，为出入子城的主要通道。宋《吴郡志》著录。桥虽有拱圈，但无坡度，与街相平，故称"平桥"。后来，子城分别为秦、汉、唐、宋时的郡、州、府署，因平桥在府署之前，故称"州府平桥""府前平桥"。今之平桥直街，即是处也，后湮没。1958年填平河道时，发现桥的拱券尚被埋在地下。

### 362 苏公桥

位于姑苏区双塔街道定慧寺巷区苏公弄北口。今废。定慧寺巷定慧寺东侧有南北向小弄，北至干将东路，名苏公弄，系为纪念宋文学家苏轼而命名。弄北口原有河道（它东向与第四直河即平江河相通），有南北向小桥，因南块对苏公弄，故名苏公桥。1957年建，1994年拓建干将东路时被拆除。

### 363 百步桥

位于姑苏区双塔街道十全街东端北侧，跨第三横河东段（十全河）。始建于宋。宋《吴郡志》《平江图》著录。原名"砖桥"。明隆庆元年（1567），知府蔡国熙重建。清中叶又称"春和桥"。原为石拱桥。1952年改建，为单孔钢筋混凝土平桥。桥长8.8米，宽3.4米，跨径6米，采用镂花桥栏。1980年修建时，因桥址在百步街南，故命名"百步桥"。现为单孔钢筋混凝土平桥，桥长8.8米，宽4米，跨径6米，采用砖砌实腹桥栏，中间嵌花岗石书写桥名。

百步桥

### 364 善耕桥

位于姑苏区平江街道，跨临顿河，东连临顿路，西与谢衙前相直，始建于五代，宋《平江图》,清康熙《苏州府志》、乾隆《苏州府志》均著录。五代后梁开平元年(907)建造灵鹫寺,而该桥在寺东,故初名"灵鹫寺东桥",清代改为资福桥,民国《吴县志》名善耕桥,含"耕读人家,广行善事"之意。清嘉庆二十年(1815)曾重建,1967年加固重修,为条石平桥,1999年重建石平桥,桥长7.6米,宽3.5米,跨径6米,采用花岗石雕桥栏,中间书写桥名。桥堍西南侧有清军机大臣潘世恩太傅第上马石2块。

### 365　天后宫桥

位于姑苏区平江街道,跨北街河。南连皮市街,北接西北街,原名中路桥,建于南朝梁代,宋《平江图》著录,《吴郡志》《姑苏志》、康熙《苏州府志》、乾隆《苏州府志》均有记载。清道光(1821—1850)、同治(1862—1874)年间,因桥北有天后宫,改桥名为天后宫桥。1957年、1966年两次修建,为石板平桥。1997年8月改建为混凝土平桥。改建时,在桥西侧拆下1块元大德元年(1297)造桥用的桥面石板,上刻图案清晰,复砌于桥西侧。现桥长8米,宽12米,跨径5.6米,桥面立雕空桥栏,栏杆上有8根望柱,每根望柱上有简单图形,桥西侧最边上望柱刻"天后宫桥"字样。天后,系宋代泉州妈祖庙神,原名林默娘,因救父身亡,后被尊为海上女神妈祖而立庙祭祀。宋宣和五年(1123)赐庙额"顺济",济以顺风的意思。历代屡有封号。《吴门表隐》(卷十)载:"天后宫门石坊左右石刻'神明在迩,各宜恭敬,官吏士民,于此下马'十六字。明嘉靖时御制。"民国《吴县志》"坛庙祠宇"载:"清康熙十九年,平定台湾,神涌潮济师,敕封……二十年封天后。"因其专佑沿海民众及出海船只,所以沿海各地多建天妃宫、天后宫。苏州是重要沿海城市,唐鉴真东渡日本、明郑和下西洋,均发自苏州,所以苏州太仓有天妃宫,苏州城内有天后宫。苏州天后宫始建于宋,元大德元年(1297)重建,易木为石,延续到清,香火不绝。

### 366　醋坊桥

位于姑苏区观前街东端,跨第三直河(临顿河)。宋《吴郡志》、明王鏊《姑苏志》著录。宋治平二年(1065),由道士方希辨、孔应期募建。重建醋坊桥碑记云:"治平乙巳岁八月十五日,劝募天庆观主兼监库道士方希辨题,都劝缘观内道正赐紫孔应期立石。"该处为官方卖醋所在地,故名。《吴门表隐》载:"元至元二十四年,僧智净捐募重建。明天启四年,里绅郭忠宁、申绍芳、顾颐捐修。国朝乾隆元年,里人重建。道光五年,潘师升、曹元潜、江元荣、潘筠霄等再建。"顾湘舟《玄妙观志》

醋坊桥

重修醋坊桥题记又载："大乘陀僧智净募缘到施主钱米，并自己衣资，重新建造醋坊桥，至正丁亥年□月□□日立。"1982年改建为单孔钢筋混凝土平桥，长8.4米，宽15米，跨径6米，采用花岗石雕栏杆，中间书写桥名。1999年重修，仍为单孔钢筋混凝土平桥，桥长7.15米，宽18.9米，跨径6米，采用花岗石雕双龙戏珠栏杆，望柱一侧书写桥名，另一侧书写建桥年月。

### 367　百口桥

位于姑苏区平江街道东北街西段东侧。宋《吴郡志》、明王鏊《姑苏志》著录。相传，东汉时期，巷内住着一大户人家，户主顾训，一家五代同堂。全家百口，尊卑有序，非常和睦，因为人口多，挂在衣架上的衣服多得不能辨认，但相互尊重，绝不乱穿。每逢岁朝集会，子孙满座，依次饮酒，很有秩序。就是三岁的小孩，也知道自己坐的位置，遵守礼节。因顾家是百口之家，实属少有。巷边有座木桥，原本无名，就取名为"百口桥"。宋《平江图》上刻录。明代，百口桥依然存在，诗人王宾写诗赞道："百口桥边春日斜，旧时开遍紫荆花。山东人说张公艺，此是吴中顾训家。"清末时桥被废。

### 368　娄门桥

位于姑苏区娄门，跨娄门外城河，始建于春秋时期。宋《平江图》著录名"虹桥"，又称"吊桥""钓桥""裎桥"。民国《吴县志》载："虹桥，即娄门外钓桥。"宋庆元年间重建。明嘉靖二十五年（1546）再修。清顺治四年（1647）圮，知县李廷秀重建。清嘉庆二十五年（1546）修。原为木板桥。1958年又修，易木为石。1965年重建，改为单孔钢筋混凝土平桥。因在娄门外，桥名改称"娄门桥"。1991年改建，次年通车，为3孔钢筋混凝土板梁结构，长43.2米，宽19.4米，跨径32.5米，钻孔灌注单排柱式桥墩，钢筋混凝土桥台。2003年重建，为9孔钢混凝土梁桥，全长175.84米，宽25米，跨径172米（中间主孔跨径为30米，两边次孔跨径均为20米，其余6个边孔跨径均为17米），桥面立实腹桥栏，中间书写桥名。

唐《吴地记》云："娄门，本号㖤门。东南，秦时有古疁县。汉王莽时改为娄县。"宋《吴郡志》载："娄门，秦娄县所直。"据传，因大禹治水，三江之一松江东北入海为娄江，汉王莽时改称娄县，门以娄江而得名，桥以娄门而得名。

### 369　崇真宫桥

位于姑苏区金阊街道东中市，南北跨中市河（南连东中市，北接阊门内下塘街），因桥北堍接崇真宫，故名。桥始建于宋政和七年（1117），宋《平江图》著录，名"宫桥"。《顺郡志》（卷三十一）载："崇真宫，在能仁寺（承天寺）西，宣和中为神霄宫，毁于兵。门有青石桥扶栏，雕刻之工，细如丝发，为吴中桥栏之最。"《姑苏志》载："崇祯宫，在承天寺西，宋政和七年，道士项举之开山。郡人黄悟微舍宅建，敕赐'崇真圣寿宫'。"明嘉靖四十四年（1565）修建，清嘉庆二十四年（1819）重建，1982年又重建，现为石板平桥，桥长11.8米，宽3.5米，跨径4.8米。两端是石砌桥台，石柱上留有系缆孔2个，桥南首有真泽泉古井2口。主持嘉庆二十四年（1819）重建的，是崇真宫住持叶凤悟，叶因桥南堍宫路皆被侵占盖屋，湫隘堵塞，不便行走，遂矢志重建，经劝导，侵占桥址者自愿拆除房屋，让出原址。桥落成时，观者摩肩接踵，蜂拥尾随，近午时，两侧一桥面石断裂，巨声震耳，虽无人伤亡，却引起造桥者的深思：石性脆烈，易断。于是即在石梁下加托木以保险，既可防止石梁断裂砸毁桥下行船，又增强了桥架结构的稳定性。以木托石，成了苏州工匠建桥创造的特色。

### 370　仓桥

位于姑苏区阊门内下塘街，跨仓桥浜（河），《姑苏志》以下均录作仓桥，原名东仓桥，桥址原为苏州府浒溪粮仓所在。旧粮仓有东西两桥，粮仓东名东仓桥，西为西仓桥。至清乾隆年间，"东仓桥"改称仓桥，西仓桥因位于阊门水城门边，改称"里水关桥"。仓桥于乾隆二十年（1755）重建，一度更名为延庆桥，有时又称义役仓桥、乐轮仓桥、绿水仓桥等。新中国成立后，经地名整顿，苏州保留了两处仓桥名，一为阊门内的这座仓桥，另一为长洲路的南仓桥。1984年仓桥重修为石板平桥，桥长6.6米，宽3.5米，跨径3.8米，桥面立砖石实腹桥栏，栏高0.8米。清末民初，这一带为著名的里人冶游场所。金松岑《阊门》诗云："花草吴宫代已更，坊厢爱说旧时名。剑埋宝气人埋玉，花照高楼日照城。握算笑看郎卖绢，数钱厌听女弹筝。痴儿哪解人间事，日向仓桥跨马行。"

### 371　南新桥

位于姑苏区金门外金门路东段，跨外城河，正对金门。1931年，当时的吴县县政府为方便城内外交通，于姑苏区古城阊门之南，建跨外城河木桥，1931年3月动工，同年9月竣工，为多孔木桥，名以"南新桥"，1932年即于南新桥南堍辟金门。1934年重建，为3孔混凝土拱桥，中孔跨9.5米，副孔各跨5.2米，1979年重建，现桥长78米，宽15.6米，跨度40米，是贯通苏州古城内外交通的大桥之一。

### 372　龙兴桥

位于姑苏区金阊街道今桃花桥路中段，原桃花桥弄北端，南北向跨龙（隆）兴河，南接原桃花桥弄，北接原龙兴桥（弄名），原名隆兴桥。范成大《吴郡志》卷十七记为隆兴元年（1163）建，故名。卢《志》、王鏊《姑苏志》均著录。桥在原隆兴寺南，隆兴寺又名隆兴祠，为祭祀宋代蔡隆兴而建。蔡隆兴为北宋末、南宋初苏州桃花坞腹地蔡庄（一名蔡家花园）庄主，建炎年间（1127—1130），金兵攻陷苏州（时称平江府），苏城军兵伤亡达数十万，尸横遍野，蔡隆兴捐出桃花坞蔡庄大片土地，作为埋瘗之处，后人为感恩蔡隆兴，即于蔡庄南建祠以祭祀，名隆兴祠，后隆兴祠讹为龙兴寺，桥也改名龙兴桥。20世纪50年代中期，龙兴河桥东侧段淤塞，60年代初桥被拆除，随后龙兴河西段也被填没，并于其上建民居。弄名龙兴桥也随着南面桃花桥弄的开拓，合称为桃花桥路，原地名随即被注销。

## 373 皋桥

位于姑苏区金阊街道西中市东端，跨第一直河，桥名与汉议郎皋伯通有关。宋范成大《吴郡志》："皋桥，在吴县西北阊门内汉议郎皋伯通居此桥侧，因名之。"皋伯通，生卒年不详。东汉吴（今苏州）人，出生于吴中的大户人家。当时，扶风平陵（今陕西兴平）有个隐士叫梁鸿，字伯鸾，受业于太学，博览群书，回家后娶同县女孟光为妻。某日，梁鸿经过洛阳，作《五噫歌》云："陟彼北芒兮，噫！顾览帝京兮，噫！宫室崔嵬兮，噫！人之劬劳兮，噫！辽辽未央兮，噫！"讽刺统治者的奢侈。皇帝要抓他问罪，他就带着妻子孟光逃到吴地（苏州），寄宿于皋伯通家的廊下。梁鸿当佣工舂米，孟光在家洗衣做饭。《后汉书》云："每归，妻为其食，不敢于鸿前仰视，举案齐眉。"夫妻俩相敬如宾，被皋伯通发现。皋伯通就把他们接到家里，当作客人看待。这座桥梁，传说是皋家所造，故名"皋桥"，也是苏州很著名的一座古桥。"举案齐眉"成为一个成语典故。

皋桥

原为木板桥。明崇祯十一年（1638），由解元杨廷枢倡募重建，易木为石。清乾隆、嘉庆年间重修，加宽至2.5米，桥面由5块大长条石构成，桥栏为砖石结构。1935年，拓宽东、西中市，同时，皋桥被改建为钢筋混凝土桥。1949年在桥两侧增建人行道。2008年重建，为单孔钢筋混凝土平桥，桥长9.8米，宽12.3米，跨径6米，沥青桥面，人造石雕桥栏，中间书写桥名。

## 374 钓桥

亦作"吊桥"，古文"钓""吊"均指将物吊起，两字同义。也称"虹桥"。位于姑苏区阊门外，跨阊门外城河。前514年，与伍子胥筑阖闾城同时建造。所谓"钓桥"，是指全部或一部分桥面可以吊起、放下的桥。古代，主要用于护城河及军事据点。平时将桥面放下，便于城内外交通。如有敌人来犯，则将桥面吊起，防止敌人入侵。宋《平江图》名虹桥。明王鏊《姑苏志》亦作"虹桥"。明成化六年（1470）曾改名永济桥。初为木结构，后被大水冲毁，有郡人邓文贵自愿捐资重建石桥，于元泰定元年（1324）十月建成，耗资十五万贯。此桥屡建屡毁。明洪武初，被改建为石墩木梁桥。明正德七年（1512）被毁，吴县知县胡文静重建。明万历十八年（1590）毁，知府石昆玉重建。明崇祯十一年（1638）毁，巡抚张国维重建。清顺治二年（1645）毁，巡抚土国宝重建。十一年（1654）巡抚周国佐再建。清康熙三年（1664），巡抚韩世琦再建。九年（1670），吴县知县韩敬所重建。十年（1671），巡抚马祜修。十四年（1675）重建。嘉庆二十二年（1817）重修。

民国《吴县志》载:"虹桥即阊门钓桥。"1934年翻建为钢筋水泥桥面,石排柱式,东西桥台仍为明清原构。20世纪70年代拓宽桥的两侧,桥跨度18.2米,宽12米,长21米。21世纪初,吊桥被改建成为一座廊桥。红柱黛瓦,古朴典雅,成为一道亮丽的风景。

### 375 白姆桥

原名"泰定桥",位于姑苏区阊门外,跨山塘河支流白姆桥河。吴语"姆""马"同音,故又称"白马桥"。民国《吴县志》:"泰定桥即古白姆桥,俗名白马桥,在星桥西侧。"传为唐代苏州刺史白居易所建。桥名的来历,民间传说有二:一说白居易骑着白马来开发山塘河,将白马拴于桥栏,故名"白马桥"。一说白居易在指挥筑山塘河时,他的女儿关心父亲,常送饭至此。古代,妇人能为师者尊称为"姆"。白居易女儿至孝,可为妇人之师,故名"白姆桥"。清光绪二十九年(1903)重建,为单孔石板桥,桥长3.6米,宽4.3米,跨度2.5米,桥面立砖砌实腹桥栏。

### 376 明月桥

又名民悦桥、杨家桥。位于黎里古镇市河西端尽头,老街上岸西部"丁"字形市河交汇处,东西向,跨作字、小周两圩(今梨花街和西新街)。石级拱形桥,东西走向。

清嘉庆《黎里志》记载:"初建无考。元大德三年,里人施十重建。"明正德十三年(1518),游方僧再建。清乾隆五年(1740),里人用石重建。清嘉庆三年(1798),里人冯远等募资重建。

相传元大德元年(1297),北方战乱,青年杨明丰和母逃难至黎里,在杨家桥东,搭两间简易平房,卖肉为生。对面烟纸店店主,排名第十,名施十,有女儿月珍待字闺中,杨明丰与月珍两人日久生情。半年后,明丰央人前去提亲,施十不允。月珍、明丰在幽会时被兄嫂发现,并遭破口大骂,月珍跳入河中而死,明丰泣不成声,悬梁自尽。施十夫妇懊悔莫及,将月珍、明丰合葬一处。元大德三年(1299),施十夫妇将木桥改建成了石桥,并从两年轻人名字中各取一字,取名"明月桥"。当时民众为石桥建成及杨、施两家和好而高兴,故又用谐音称为"民悦桥",后干脆用了杨明丰的姓,叫作"杨家桥"。

1979年3月,黎里镇革委会报告县计委、财政局、交通局,因桥基下沉且地处水陆交通要冲,拆除重建。是年,在原桥南建水泥梁桥,仍名明月桥。

另吴江境内盛泽镇、平望镇也有明月桥。盛泽明月桥位于坛丘社区西,南北走向,跨明月港,梁氏单孔。始建无考,清末重建。桥长16米,宽2.22米,跨度4.7米,高2.7米。原桥联石砌于两桥台金刚墙下方,桥联为:"东酬台畔清风韵,西掬亭心泉水香肩摩踵接人居密,□□□□□□□。"2019年与清风桥一起被列为苏州市控制保护建筑。平望镇明月桥,位于梅堰社区秋泽村,俗呼梅堰桥。清吴权有《明月桥》诗云:"圮边黄石定吾师,与客重期未可期。汾水有云还似汉,不甚明月尚秦时。"

## 377　泗洲寺桥

一名永安桥，位于吴江区黎里镇芦墟社区浦南路。跨十字港（今称"泗洲寺港"）。桥北有农业银行、芦墟医院、粮管所和芦墟街道办事处（原芦墟镇政府）等。桥南有农商行、邮政局、电信公司、移动公司芦墟营业处、大洋百货、医药商店和两家大超市等。

桥名取自泗洲教寺。泗洲教寺，原在芦墟镇区芦墟大桥南约100米处，沿街门牌为浦南路701号。寺院占地0.9公顷。始建于唐景龙二年（708）。相传，唐朝时有泗洲大士，佛法上乘，云游大江南北，普度众生。来到分湖后，被这块宝地吸引，就在此建了寺庙。由于这小洲是泗洲大圣过化之地，生机盎然，香火甚旺，当地人就将大圣之名冠以寺庙。至20世纪90年代末仅存前殿、后殿、藏经楼。1998年易地草里村庄家圩庙西侧重建泗洲禅寺。

明朝复社领袖杨廷枢被杀于泗洲寺桥南。杨廷枢，字维斗，号复庵，私谥"忠文先生"，苏州人，继配夫人为芦墟赵田村费氏。早年为诸生，以气节自任，曾为东林党人周顺昌平反奔走呼冤而闻名。明崇祯三年（1630）乡试高中第一名，为复社领袖之一。明弘光元年（1645）清军南下苏州，他因反清事泄，避地芦墟被捕，清兵将他押解到泗洲寺。五月二日杨廷枢在泗洲寺桥南被杀，临刑大叫"生为大明人"，头已断还有"死为大明鬼"之声。

清同治八年（1869）重建为3孔石拱桥。20世纪50年代泗洲寺桥已成危桥。60年代拆去桥顶拱券，改成梁式木桥。70年代初改成双曲拱桥，能通行小型机动车。1991年12月建成混凝土公路桥。

## 378　里仁桥

原名德庆桥。位黎里镇莘塔社区市河中段。北邻为"利人桥"，向南是莘塔市河南段。东西为民居，桥东堍是河东街67号，桥西堍河西街47号。

为梁式单孔，初建无考，清康熙四年（1665）、乾隆初年两度重建，现桥为1929年重建，桥名出自《论语·里仁》"里仁为美"。桥身两侧所镌刻的对联，分别是"春见一江芳草色，秋闻万户桔槔声。""舟行南北千金获，人馈东西五谷登。"昔日处莘塔繁华地段，这街区交通要冲。20世纪70年代，在桥北20米处建起了横跨市河、连接新传路东西路段的水泥平桥——"利人桥"，里仁桥的交通功能已失，为苏州市控制保护建筑。

吴江境内另有三座里仁桥。一在黎里镇北厍社区吕家栅村，明万历四十三年（1615年）时任兵部尚书吕益轩建。吕纯如（1580—?），字孟谐，一字益轩。吕家栅人，明万历二十九年（1601）辛丑科进士，先后出任偃师县知县、洛阳县知县。仕至兵部尚书。后迁居吴县横山之徐家坞（今苏州市虎丘区横山，又名城湾村），晚年在"南宅"设馆授徒。清康熙四十七年（1708）一月，吕玉明等5人捐募重建。1965年翻建，原貌已变，桥碑尚存。一在黎里镇老街南栅，又名鲍家桥，跨"T"字形市河南段，东西走向，梁式单孔，原为梁式石桥，后被改为水泥梁桥。一在同里镇，初建无考，清康熙、乾隆年间两度重建。

## 379　古木桥

又名望平桥。位于黎里古镇老街西栅，南北向，跨上丝、使字两圩（今牛斗湖入镇口市河南北两岸）。

明崇祯十四年（1641），里人龚世廉建。清初，僧清远修。清同治九年（1870），里人刘春藻募捐重建。清光绪二十一年（1895），里人沈光锦、王室蕃募捐重建。民国三十三年（1944），里人将之改建为石桥，桥上石刻"甲申孟夏徐芷湘"字样保存至今。1968年10月，改建为水泥桥面，因通往平望，故定名望平桥。

## 380　子来桥

位于黎里镇横街西栅，黎川（黎里别称）市河与南北向市河交会处，南北向跨小周、使字两圩（今市河南北两岸）。建置无考，清嘉庆二十年（1815），汾湖巡检钟清源率里人重修。原为石桥，后改为石桥墩水泥梁桥。

子来桥的名字由来，有"送子来凤"的民间传说。相传明朝洪武年间，镇西横街有家姓陆的乡绅，夫人十分贤淑，可惜成婚5年，没有生育一男半女。夫妻俩就去镇北罗汉寺给观音娘娘上香，求娘娘送子。丈夫病倒了，夫人只身进香。一日，风大雪猛，天气奇寒，夫人进香后急着往家赶，来到必经的那座小木桥时，一阵眩晕，眼看就要跌下河去。突然，观音娘娘从天而降，扶住陆夫人，缓缓走过小木桥，一起迈入家门。观音一边微笑，一边自语：凤兮凰兮，既凤又凰。突然，传来丈夫一声咳嗽，陆夫人醒过了，原来是个梦。一月之后，陆夫人真的有喜了，十月怀胎，生下一个大胖小子。夫妻俩满怀感恩之心，将镇北那座木桥改建成石桥。建桥正式开工时，夫人又怀上了。石桥竣工前夕，一个俊俏的千金呱呱落地，双喜临门。邻里亲朋纷纷前来贺喜，一子一女，不正是一个"好"吗？好福气啊！陆家夫妇决定从"送子来凤"4字中，选用"子来"2字作为桥名。

另：吴江区松陵南门城外也有一座子来桥，为明万历十六年（1588）吴士龙建。

## 381　大陵桥

俗称庙桥。位于黎川市河西段，南北走向。南有庙桥弄，北有棂星门石柱，跨作字、染字两圩（今梨花街和南新街）。单孔石梁桥。因旧时南北桥堍各建有庙宇（财神庙、全真道院）而俗称庙桥。

初建无考。明成化十三年（1477），道士吴云山重建。清乾隆四十年（1775），里人重建。清嘉庆二十年（1815），分湖巡检钟清源率里人重修。清光绪八年（1882），里人重修。为单孔石梁桥，现存桥墩和条石桥面，栏杆被改为水泥砖砌。

## 382　泗通桥

俗称圣堂桥，别名四通桥，现名向阳桥。位于黎里镇芦墟社区老街入口处，跨东栅港西口。

东南面为司浜（俗称司浜里），即原分湖巡检司旧址。

初建无考，元朝时已有此桥，元至正九年（1349）三月十六日，杨维桢（铁崖）游分湖，在《游分湖记》中记述："北过芦墟，为巡官寨。寨官李氏邀客啜茗。徐步过泗通桥，月已在青松顶上一丈矣。"清康熙年间（1662—1722）重修。清乾隆五十六年（1791）里人吴定国等人募资重建，桥名记作四通桥。

明代在桥东北堍建有城隍庙，故该桥在清代又俗称圣堂桥。1949年后曾修补过。20世纪60年代改名为"向阳桥"。原为梁式石桥，80年代初被改建为水泥拱桥，恢复原名。1996年被改建为水泥平桥。2018年该桥又一次被重修，人们还在桥西侧建造一个亭子。

### 383　通源桥

又名通济桥，俗称城隍庙桥。位于吴江区黎里镇芦墟社区城隍庙前，北侧原为切问书院，南邻登云桥。

因在城隍庙前，故称为城隍庙桥。清代里民顾芳年单独捐资造桥。20世纪60年代两岸桥墩仍在，上搁木板通行。80年代岳家浜西段填塞，木桥消失。

芦墟流传着通源桥与芦墟人陆耀的故事：芦墟古镇南栅城隍庙所在的非角圩与油车坊所在的小角圩原本是相连的，清乾隆四十六年（1781），当时任运河道、按察使的芦墟名臣陆耀认为，"镇中河形太直，无留顿之势"，不利安全。于是拆去市河口的登云桥，填土筑坝；同时将城隍庙前的岳家浜开通，作为市河的新出口。为便利行人，里民顾芳年单独捐资造桥。桥名通源桥。陆耀将此事告知吴江县府。知县何世珩特地给顾芳年颁发"德周利涉"匾额，以表彰其义举。

### 384　博士桥

俗称八字桥。位于吴江区横扇街道四都村。原为木桥，初建年代不详，清同治十二年（1873）被重建为石桥。

博士桥由两座单跨梁式石桥组成，俗称八字桥，因平面呈八字形，吴方言中"八字"与"博士"同音，后引申为博士桥两座石桥，一座为东西走向跨东港，另一座为南北走向跨横港。东西向桥长10.3米，中宽1.8米，堍宽2.5米，跨度5.4米，高3.1米；南北向桥长11.7米，中宽1.6米，堍宽2.4米，跨度4.8米，高3.05米。现为苏州市文物保护单位。

博士桥处于四都村的民居中，往南约100米处，有一株树龄800年的古银杏树高

博士桥

高挺立；往北1.5千米，便是太湖，环湖公路、苏沪浙高速公路和梅台公路绕村而过。

另一座博士桥位于吴江区七都镇吴越村双荡兜自然村中部，东西两侧都是村民住宅。桥跨双荡港，东西走向，为单孔石梁桥，金刚墙为青石，余为花岗石构筑，两侧金刚墙下方各有1方形泄水孔。刻有"奉宪禁止捕鱼扒螺，特示告白"石碑。桥长17.95米，中宽1.74米，跨度5.5米，高3.5米。初建无考，清光绪二十九年（1903）重建。南向桥联为"叠石为梁咸占利涉，回波作镜共庆清流"。北向桥联为"源溯五湖穿北达，水泾双荡绕南行"。现西桥台及桥面保存较好，西块平台上浇铺水泥。东桥台下部石级已铺水泥板。为苏州市控制保护建筑。

### 385　聚龙桥

原名永隆桥。位于苏州市吴江区松陵街道南厍村，跨南厍港，东邻江厍路，西侧百余米为永宁桥。其四周均为乡村民居、店铺等，南北走向，跨南厍港。拱形单孔，由青石、花岗石建造而成，桥长10米，宽2.22米，矢高3米，跨度4.5米，南北台阶各为10级，护栏石高0.43米，长7.4米。

初建于明万历五年（1577），时名永隆桥，清康熙二十八年（1689）重建，易为现名。清嘉庆二十四年（1819）又重建。

聚龙桥桥面石刻有"轮回"图案。桥身东西刻有桥联，东面联为："文澜高壮银河色，虹势遥迎玉殿光。"西面联为："安梁累世朝金阙，凝秀千年映彩霞。"为苏州市控制保护建筑。

### 386　流虹桥

位于吴江区松陵街道，原为吴江县城西门外的一座梁式石桥，东西走向跨护城河（现名西塘河），东西两块有桥台。乾隆《震泽县志》载："流虹桥，初建无考，明弘治九年（1496）邑人倪昂杜茂重建，国朝康熙五十五年里人费锡命募修。"

为利交通，1959年后此桥梁几经改建。2003年被建成混凝土平桥，长16米，宽23米，石栏杆，桥南北两侧建人行道。桥东块为工商银行吴江支行大楼，西块为原吴江外贸公司大楼，现为酒楼。

另：吴江区内还有同里镇北的流虹桥，清嘉庆《同里志》载："流虹桥，跨北秘、移定毕两圩，初建无考。国朝乾隆四十四年，里人任琳重建。"任琳，字昆美，太学生，慷慨尚义。清乾隆三十八年（1773），在同里镇之西北捐建渡船亭。四十四年（1779），捐建同里镇北的流虹桥。

吴江的流虹桥记录着一段凄美的爱情故事。北厍叶氏午梦堂的叶舒崇（1640—1678），字元礼，与叔叔叶世倌（即叶燮）经过吴江流虹桥畔。河边一座楼上的小姐正好瞧见叶元礼，小姐对其一见钟情，相思成疾，临终之际，将心事告知其母。就在此时，叶元礼恰好又路过流虹桥。小姐的母亲向他转达女儿的相思之情。叶元礼听后肝肠寸断，抚着小姐大哭，小姐这才轻轻闭上了眼睛。"清词三大家"之一的朱彝尊从友人处听到这个动人的故事后，以"记恨"为题写下了一篇《高阳台》词："桥影流虹，湖光映雪，翠帘不卷春深。一寸横波，断肠人在楼阴。游丝不系羊车住，倩何人，传语青禽。最难禁，倚遍雕阑，梦遍罗衾。　　重来已是朝云散，怅明珠佩冷，紫玉烟沉。前度桃花，依然开满江浔。钟情怕到相思路，盼长堤，草尽红心。动愁吟，碧落黄泉，两处难寻。"词前有序："吴江叶元礼，少日过流虹桥，有女子在楼上，见而慕之，竟至病死。气方绝，适元礼复过其门，女之母以女临终之言告叶，叶入哭，女目始瞑。友人为作传，余记以词。"民国《垂虹杂咏》，收录了一则题为《流虹桥》的诗："一桥依旧跨西东，两岸桑麻望郁葱。彼美云亡元礼逝，有谁韵事说流虹。"其后注解："按：桥在西门外，相传康熙间邑人叶元礼过此，有女子在楼上见而慕之，竟至病死，气方绝，适元礼复过其门，女之母以女临终之言告叶，叶入哭，女目始瞑。同时朱竹垞为记以词。"

康熙初年，嘉兴女诗人、女画家黄媛介应清代著名诗人、文坛领袖王士禛所嘱，画了一幅《流虹桥遗事图》，图以上述故事为题材，王士禛在画上面题诗，却记述此事发生在吴江平望。王士禛《带经堂集》载："分湖叶元礼，名舒崇。少时从其从兄学山过平望，酒家一女子见而悦之，私询其母曰：'适与吴江叶九相公同来者谁邪？'母曰：'其弟四郎也。'女自此遂病。且死，告父母曰：'儿因叶郎而病，今死矣。叶郎如再经此，须一告之。'如其言，元礼入哭之，如唐崔护桃花人面，特不回生耳。因为赋诗：'阮家未卧酒垆旁，荀令桥南惹恨长。莺脰湖边逐春水，化为七十二鸳鸯。'"

## 387 邑宁桥

又名施相公庙桥。位于吴江区横扇街道四都村庙前自然村，南北走向，跨庙前港，北堍正对施相公庙。

邑宁桥初建无考，重建于清光绪十六年（1890），为花岗石单孔拱形石桥。桥由花岗石砌置，拱券为纵联分节并列结构。跨庙前港（坍阙港），全长18.5米，中宽2.25米，北堍宽3.23米、南堍宽3.32米，跨度5.7米，高3米。面刻有"轮回"石雕，东、西各有楹联，东向联为："放鸭栏开春涨软，卖鱼网晒夕阳明。"西向联为："成梁正遇神仙诞，题柱还期经济才。"

桥面对施相公庙。施相公即抗金英雄施全。岳飞被秦桧陷害后，施全在杭州邑宁桥畔行刺秦桧不成，被秦桧所杀。庙前人为纪念施全，效仿杭州，也在庙前港（坍阙港）上建造了邑宁桥和施相公庙。

邑宁桥与施相公庙合并被列为苏州市文物保护单位。

## 388 文星桥

位于吴江区松陵街道，在今吴江区体育场处。

初建无考，旧为木桥，清康熙五十六年（1718）改为石桥。因旁有文昌道院，故名。清乾隆《震泽县志》载："文星桥，在文昌道院侧。"文昌道院旧址在今吴江区流虹桥西堍南侧，建于嘉靖四十三年（1564）。清康熙《吴江县志续编》载："文昌道院，在西门外，嘉靖甲子道士韩碧云建，今康熙十三年废。崇真观道士朱天翔、梅素萼重建前后殿。"

清道光二十六年（1846），吴江人王与沂在文星桥畔建文星阁。又在阁北筑室三楹，以文会友。民国《垂虹识小录》载："文星阁，梓潼观东南，道光丙午岁王瘦梅明经创建。……阁关系邑中科第。光绪十年吴大司成重修，旁建鲈乡亭。"文星桥、文星阁和文昌道院今均不存。

吴江境内另有一座文星桥，位于平望镇。道光《平望志》载："文星桥，在声字圩。……文星桥对岸，曰后河。……文星桥北，曰战河浜。"

### 389　大通桥

一名泰通桥，今名劳动桥。位于吴江区平望镇。东西走向，跨市河，通荻塘。原东为南大街，对司前街，西为扇子街，西堍原有消防栓。现东为南大街，西接西塘街。

宋庆元三年（1197）建，清乾隆《震泽县志》载："大通桥，在后溪，通荻塘，宋庆元三年建，端平元年毁，元大德十年范月池重建，明正统六年巡抚周忱再建，加高大，其下可过运船。嘉靖三十四年御倭因毁。万历二十六年僧德平重建。"清康熙五十四年（1715）二月桥因遭火灾而被毁，同年八月里人募修，清光绪三年（1877）里人黄楷、戚少兰募修。桥为石桥，1975年被拆毁，尚存桥磴。人们在桥南40米处另建钢筋混凝土桥，名劳动桥。

吴江境内另有大通桥。一在松陵街道，在松陵北城濠东端，因通运河，故名。明弘治十三年（1500）提督河道郎中喻某建。明嘉靖三十三年（1554）倭寇来犯时被拆，四十二年（1563）重建，今不存。一在同里镇，清嘉庆《同里志》载："大通桥，跨耦字、籍字两圩。明正德初，里人顾宽筹建。国朝康熙中，里人顾世美重修。今俗名大庙桥。"

### 390　种德桥

位于吴江区横扇街道叶家港村，初建无考，1918年春重建，为梁式3孔石桥，全长15.3米，东斜面长6.37米，西斜面长3.36米，中部桥面长6.59米，宽1.97米，中孔通船，边孔较小，仅0.8米，为泄水之用。有桥额。南北有桥联，南向桥联为："东盈西重地踏两圩成坦道，南辕北辙桥通一水便行踪。"北向桥联为："工成民国七年春，浪息具区千万水。"

另一座种德桥，位于吴江区松陵街道，嘉靖《吴江县志》载："种德桥，初建无考，大明洪武四年建，十八年重建。"今不存。

### 391　万善桥

又名观音桥。位于吴江区横扇街道四都村，跨坍阙港。为拱形石桥，西南、东北走向。金刚墙为青石砌置，其余为花岗石砌置。拱券结构为纵联分节并列式。全长15米，中宽2.8米，堍宽3米，跨度5.7米，高3.5米。1928年建，因桥在观音庙前，故名。

桥面中央有石刻"轮回"图案。东西两侧有桥联，东向桥联为："波心静浸一轮月，舰道直冲万丈虹。"西向桥联为："江接吴淞漾泅一曲，地连苏浙津逮万家。"桥为苏州市控制保护建筑。

吴江境内另有一座万善桥，又名卖柴桥，位于龙北、永平两村交界处，南北走向，跨万善港，梁式3孔石桥，桥台垒砌，金刚墙为青石，排柱、系石为武康石，余为花岗石。桥长15.9米，宽1.3米，中孔跨度4.3米，高2.8米。始建无考，清代重建。为苏州市控制保护建筑。

### 392 獬豸桥

原名庶宁桥,又名州桥。位于吴江区松陵街道县府街。桥南北走向,跨运粮河(金带河),其南为南门大街,其北为县府街。

此桥原为吴江县衙前的一座古石桥,桥南为古庶宁坊,因此名庶宁桥。元代吴江县衙改为州衙,此桥也称州桥。清乾隆《吴江县志》记载:"獬豸桥旧名庶宁桥,在县衙门右。"獬豸桥宋时建,为建元大德六年(1302)州官王英重建,当时吴江升县为州,故又名州桥。相传明成化二十年(1484)知县陈尧弼再修时,梦见神人告以是桥当名"獬豸",于是取县衙内獬豸亭(戒石亭)名字,将桥更名为獬豸桥。明弘治《吴江志》记有张明达《庶宁桥》诗:"比屋连甍栋,居民庶且宁。早来鱼市散,终日败鳞腥。"明嘉靖六年(1527)修。民国时改为水泥平桥并安装铁桥栏,桥长11米,宽5米。20世纪末河填桥废,两旁建筑悉数被拆除。

### 393 履泰桥

俗称三天门桥。位于吴江区松陵街道,原桥南为无量禅寺(三天门),桥北连南门大街。南北走向,跨烧香河(新开河)。单孔梁式桥,桥长20米,宽2.8米,跨度8米,南埝有桥埠,东西各有6级台阶,北无桥埠。

清康熙《吴江县志》载:"履泰桥,明嘉靖三十年郎中吴涵建。"20世纪30年代在旧桥面上铺混凝土,两侧改成石子斜坡,装铁栏杆。1993年中山路南延,于老桥西建混凝土新履泰桥,桥长25米,宽16.3米。老桥于2015年被拆除。

### 394 碓坊桥

位于吴江区松陵街道,为石柱三拱桥。原址在今油车桥稍北,因桥东有榨油坊而得名。

碓坊桥初建无考,清顺治(1644—1661)初,邑人吴之纪、赵沄重建。旧为木桥,清康熙四十二年(1703)被改为石桥。石桥有桥联曰:"十里烟波通蠡市,三秋风月饱鲈乡。"

1989年碓坊桥向南移,被改建为平桥,更名油车桥。

### 395 定海桥

俗称七拱桥、七星桥。位于吴江区江陵街道南石塘上,为七拱石桥。

桥最初为元至正(1341—1368)中知州那海所建木桥。明朝几经修建。明嘉靖二十五年(1545)将木易石。明代诗人刘嘉谟有《定海桥》诗曰:"昔日松江上,湖翻涨海来。而今旧桥水,不到半江回。"清光绪五年(1879)前重修,后被毁。

20世纪80年代修复运河纤道时,重建三拱石桥,定名为北七星桥。

### 396 双龙桥

位于吴江区盛泽镇南麻龙北村龙泉嘴,跨西港,桥东为龙泉嘴街———一条保存较好的老街,桥西为民居。

桥为东西走向，梁式3孔石桥。金刚墙为青石，杂有武康石、花岗石，东面次孔靠南、西面次孔靠北分别有一桥面石为武康石，余为花岗石。桥长20.1米，宽1.73米，中孔跨度4.6米，高2.5米。为龙北村交通要道。

桥始建于清朝，重建于1933年。东、西两面分别有桥联曰："势若垂虹练横蠡泽，光同皓月珠涌龙泉。""道出顿塘无病步，源由烂水有归津。"

现系石上方的望柱用水泥重新浇筑加固；原有木栏现已不存；石级两侧用水泥铺设自行车车道。为苏州市控制保护建筑。

### 397　延陵桥

位于吴江区盛泽镇南麻社区桥南村罗头埭自然村东北端，为东西走向，跨罗头埭河，桥东为农田，桥北为东西向的延陵路。梁式单孔石板桥。

金刚墙多由青石构筑，杂有武康石、花岗石，余为花岗石。长13.5米，宽1.36米，跨度3.84米，高3.2米。始建于明初，清同治十三年（1874）重建。

冯梦龙（1574—1646年），明朝文学家、思想家、戏曲家。他在《警世通言》第三十四卷《王娇鸾百年长恨》里描写了在延陵桥畔发生的爱情故事：王娇鸾为河南南阳卫千户之女，幼通史书，举笔能文。一日，王娇鸾偶遇延陵桥堍故宰相府公子周廷章，郎才女貌，彼此倾心。二人背着父母，写下婚书誓约，私结良缘。但是，后来周廷章忘却前约，受父命与魏女成婚。王娇鸾在家相思成疾。遂数次写书信派人送去南麻延陵桥堍周家，周廷章见信后翻脸无情，将定情之物和订婚文书一并退还。王娇鸾见到后，悲愤交加，写了32首绝命诗和《长恨歌》1篇，将诗文封后，送到吴江县的官文内，然后自缢而死。吴江县大尹在阅公文时见了王娇鸾的诗文，同情其遭遇，痛恨周廷章停妻再娶的负心，将周廷章乱棍打死。文中有诗曰："思亲千里返姑苏，家住吴江十七都。须问南麻双漾口，延陵桥下督粮吴。"

现金刚墙稍有缺损、松动；石级两侧用水泥铺设自行车车道；东桥台南侧排柱断裂。桥北和桥东侧另建延陵路和乡道，此桥今已无人行走。为苏州市控制保护建筑。

### 398　如意桥

位于吴江区盛泽镇盛虹村豆腐港，桥跨豆腐港，北通桥北荡，距桥北46米处有东西向如意公路，距桥东堍南侧约10米处为郁氏节孝坊，桥两堍为民居群。为东西走向，拱形单孔石桥。花岗石构筑，为纵联分节并列法砌置。桥长28.4米，宽3.5米，跨度7.6米，矢高4.35米。

清康熙六十一年（1722）始建，至清雍正十一年（1733）里人俞衡旦、杨龙吉倡捐募建，后代修建不详。桥体两侧均雕刻古代如意图案，与桥名暗合。桥身南北两向分别镌有对联，南向桥联为："天际霓虹千岁古，望中烟火万家新。"北向桥联为："虹垂野岸祥光合，烟锁江村佳气浮。"为苏州市文物保护单位。

### 399 仁寿桥

位于吴江区盛泽镇红洲村前庄,跨东港上(浪)河,桥东、桥西皆为厂房。为东西走向,梁式3孔石桥。桥台、桥墩垒砌,花岗石构筑。桥长18.13米,宽2.21米,中孔跨度5.1米,高3.14米。

清康熙五十六年(1717)由里人王濂建。民国重建。桥名"仁寿",语出《论语·雍也》:"知者动,仁者静;知者乐,仁者寿。"意谓仁德静而长寿。

现东次孔桥面石已全被换为水泥板,上栏石不存,缺一望柱;西次孔桥西北侧栏石倒伏;东桥台石级已全残,西桥台石级仅4级,桥墩稍有缺损。为苏州市文物保护单位。

仁寿桥

### 400 带福桥

俗名搭北桥、塔北桥。位于吴江区盛泽镇东港村,为东西走向。带福桥跨东港河,北接桥北荡,南通东白漾,桥两块分别为东港东、西岸民居。

桥拱形单孔石桥,花岗石构筑,拱券采用纵联分节并列法砌置。长23.8米,宽2.9米,跨度8米,矢高3.88米。明天启四年(1642)建,清乾隆三十三年(1768)重建,名为带福桥。同治十年(1871)修。带福桥南、北有桥联,分别为:"规模上应天星瑞,清明平分水月光。""彩虹遥落文澜起,乌鹊高飞旺气生。"

现石级稍有损坏,两侧为方便自行车通行而用水泥浇筑;桥面有自来水管通过。为苏州市文物保护单位。

带福桥

### 401 终慕桥

又名百嘉桥,俗称柏家桥。原建于吴江区盛泽镇斜桥河上,位于先蚕祠门前右侧,桥之南连接后街,现移建于盛泽镇目澜洲内终慕桥跨目澜洲内河。跨目澜洲内河,东临西白漾。为东西走向拱形单孔石桥,花岗石构筑,拱券采用纵联分节并列法砌置。长21.95米,宽2.35米,跨度 6.7 米，矢高 2.95 米。

宋朝时孝子柏深山承亲未竟之志而建。清乾隆《盛湖志》记载："柏深山，邑志无传。国朝乾隆时，里人龚昇有诗曰：'吴江孝子宋三人，老柏苍苍独保身。'又曰：'简该孝行著分明，两字桥题终慕名。'……所建桥滨白漾湖，宋时民廛未集，烟水苍茫，成功非易。深山以终慕命名，《礼》所谓'思贻父母令名，必果'也。"乾隆六年（1741）重建时改名百嘉桥。震泽倪师孟有碑记载：桥之改名，乃"以俗称柏家桥而误也"。同治十年（1871）修。

20 世纪 90 年代，斜桥河之东段被填平后筑路，下面铺设涵洞以通水流，终慕桥被拆除后，以原桥石按原样移建于盛泽目澜洲公园内。为苏州市控制保护建筑。

## 402　坍溪桥

位于吴江区盛泽镇坛丘社区。横跨烂溪，初建无考。1983 年重建为公路桥，更名为坛溪大桥，桥长 95 米，宽 8 米，高 10 米。1995 年坛溪大桥易地建造，1996 年建成后更名为坛丘大桥，新桥长 235.2 米，宽 15 米，主跨度 85 米。

相传在元朝时，烂溪上有一座桥，为坛丘与盛泽的交通要道。但到清朝时，桥坍塌，后在坍桥处设渡口。清朝有一官员名叫周天官，盛泽谢天港人，想做皇帝，很迷信风水。一天，周天官请风水先生乘船出去看风水。风水先生说乌镇至水家漾一段路风水很好，像条龙。龙嘴在乌镇八角亭，龙尿孔在水家漾，烂溪一段是龙的脊柱。但烂溪上的那座桥破坏了好风水。风水先生说："这座桥压在龙的脊柱上，龙不能翻身。要是没有这座桥，龙就活了，这一带就会出皇帝。"周天官听了风水先生的话后，立刻命令官兵把烂溪河上的桥拆坍。桥被拆坍后，还不准地方上去修建。从此以后，烂溪桥便成了不能走人的坍桥，被称为"坍溪桥"。

坍溪桥边有坍溪桥渡口，跨烂溪，水面宽度近 60 米，日渡量近 1 000 人，是坛丘与盛泽往返行人之主要通道，也是郎中、新东及南心、沈泥部分村民来往坛丘的必经之路。1983 年重建了一座公路桥，更名为坛溪大桥，坍溪桥渡口自然撤销。

## 403　目莲桥

位于吴江区盛泽镇坛丘社区南塘与西扇村交界处（野河荡北口），跨目莲桥港。目莲桥原为东西走向单孔桥。

初建无考，清同治十一年（1872）二月，桥全坍塌，南塘港人程家瑞发起集资重建，翌年 8 月竣工。多余钱在桥西建大有亭，塔港建牌楼。大有亭两侧石柱刻有"行程远大姑停足，世路崎岖且息肩"等对联。1925 年再次重建。两桥台各开 1 只方形泄水孔。

现凉亭已毁，老桥于 1993 年改建为公路桥。

## 404　祠山庙桥

位于吴江区七都镇吴越村前浜兜，东北为七都农业生态自然区，桥北是新建的祠山庙和民间流传的忤逆潭，另有民宅，桥南为厂房和村民住宅，桥东为村道。桥跨祠山庙港，为南北走向梁式3孔桥。金刚墙为青石，中孔东排柱南侧一根为花岗石，其他排柱为武康石。桥面条石中间一组为武康石，余为花岗石，桥台累砌。桥长19.13米，中宽1.6米，中孔跨度4米，高4米。

桥始建年代不详，清嘉庆十九（1814）年重建。此桥与所跨之港皆因附近有祠山庙而得名。七都有2座祠山庙和1座西祠山庙，清乾隆《儒林六都志》载："祠山庙，在因渎东村。祠山神姓张，名渤，后汉时人。初建无考。""祠山庙，在方港。清顺治初，里人筑舍，移置运河旁。清康熙中，复旧址。""旃檀庵，在因渎西村。僧古泉重建，俗名西祠山庙。"祠山庙供奉的祠山大帝，为苏、浙、皖交界一带信奉的神仙，名张渤，后汉时人，是在大禹之后对太湖流域开山治水建有功勋的先贤，后人将其神化，在山泽间有仙女自愿嫁他，并因"上帝以君家有功于吴，当世世血食于吴楚之地"而立庙祭祀之。相传二月初八是祠山大帝的生日，旧时每年的这一天，四方八邻都要到庙里来烧香祭拜，祈求风调雨顺，百姓安康。祠山大帝的塑像为全身站像，双手持开山大斧，庙内匾上题"禹后一人"。

相传清康熙初年，祠山庙为乞丐们所居，有一个少年恶丐举火焚庙，火势刚上来，屋宇忽地坍塌下来，放火的人不能出来，被压死在神座前。火随即熄灭，神像俨然如初，一座都没有损坏。当地人以为神，于是马上延请僧侣重建庙宇。

### 405　张公桥

位于吴江区七都镇村张家港湖塘路上，跨张家港，东、西两侧都是村民住宅，地处太湖之滨，距太湖100多米，为东西走向单孔石拱桥，花岗石砌筑，拱券以纵联并列法砌置，桥长13.4米，中宽2.33米，跨度4.15米，高2.3米。在桥北侧两桥台面外各有一用花岗石、青石累砌的平台，两平台相距同跨度，高约1.97米，沿河面宽约2.34米。中偏北有一花岗石竖条石，中开一竖槽，是闸门轨道，平台上原有插压闸门横木的小竖石。

桥初建年月不详，1934年重建，南向对联石上刻有对联曰："一溪烟水环虹影，两岸人家尽钓徒。"

相传张公桥是为纪念明末清初抗清义军——"白头军"首领赤脚张三而建。张三前后坚持抗清10余年，劫富济贫，恩泽四方，受到大家的敬仰和爱戴。张三被清兵俘获并处死后，人们建起了"张公桥""三郎庙"，并将港名、桥名、村名都换成了张姓，永久纪念他。

现因交通需要，桥上浇铺水泥，改为平桥。桥闸设施因生产生活活动而遭破坏。为苏州市控制保护建筑。

### 406　虹呈桥

位于吴江区七都镇长桥村虹呈港，东西走向，桥东西两侧都是村民住宅。跨虹呈港，为单孔石梁桥，花岗石砌筑，桥长15.2米，中宽1.7米，跨度5.1米，高3.1米。桥面由3条石梁铺盖，两侧各立1石梁作栏。

始建无考，清同治六年（1867）重建。桥面两侧石梁中间刻有桥额"虹呈桥"，北侧刻"丁卯葭月"，南侧刻"里人重建"等字样。

### 407　连腾桥

位于吴江区七都镇望湖村，跨连腾小港，为东西走向单孔石梁桥，金刚墙基本为青石，余为花岗石构筑。桥长11.5米，中宽1.7米，跨度3.25米，高2.9米。

建于清康熙年间，清乾隆《儒林六都志》载："连腾桥，在八角亭南，界中腾、东腾2圩，故名。康熙中建。"清光绪二十八年（1902）重建，桥侧石梁刻有"连腾桥"和"光绪壬寅年"字样。

现两块平台上铺浇水泥，其余保持原貌。

### 408　天到桥

位于吴江区七都镇隐读村（今勤丰村）南，为南北走向梁式3孔桥，界辰字、大涨2圩。清乾隆《儒林六都志》记载："天到桥，……相传宋高宗幸吴驸马宅，故名。初建无考。""驸马名莫考，号瑞宇，至今村人祀之……宋高宗时尚公主，高宗幸上林观梅，因幸其第。至今有天到桥，乡人犹艳称之。"乾隆二十七年（1762）副贡孙阳顾有《天到桥》诗曰："翠辇何年到？溪桥浪得名。至今垂钓者，艳说羽林兵。"

### 409　乌金桥

俗称乌溪桥，原位于吴江区同里镇西北的九里村，在苏州至同里的陆路要道上，现移建于同里镇北埭西端鱼行街。

始建于明天顺元年（1457），清乾隆、嘉庆、光绪年间都有修、建。该桥拱形单孔，系青石、花岗石构筑，拱券采用纵联分节并列法砌置。桥长13.4米、桥面宽2.15米、跨度4.8米、高2.4米。桥面石及龙门石上分别刻有"马上报喜"和"鲤鱼跳龙门"图案。

原位于镇西北九里村，是苏州市进同里镇的必经之地，也是同里古镇的重要入口。相传清咸丰十年（1860），太平军从苏州来同里，当时古桥已被毁，同里人硬是在一夜之间修复了此桥，并在桥中心的一块方石上雕刻了一幅"马上报喜"图，迎接太平军的到来。

1999年，同里镇政府将该桥移建于同里鱼行街。为苏州市控制保护建筑。

### 410　中元桥

位于吴江区同里镇东埭，跨跨洪字、冲字两圩（三元街与鱼行街之间的中市河，又名放生官河），东埭为朱家弄，西是东埭商业街。

中元桥是同里镇唯一的梁式3孔石桥。该桥形制十分独特，不仅中孔石梁，两边也用斜梁。花岗石砌置，栏石按原样整修。桥长20.35米，桥面宽2.60米，中孔跨度6.40米，高4.50米。中元桥中孔排柱上东侧刻有"奉宪永禁捕鱼"，西侧刻有"放生官河"字样。南向桥联为："中流锁瀹通津渡，元气瀁洄积庆祥。"北向桥联今已难辨。

初建无考。清乾隆十六年（1751），里人募建易石。现为苏州市控制保护建筑。

中元桥和泰来桥合称"赌气桥"。相传以前这里住着两位财主，一位姓徐，患有足疾；另一位姓钱，眼力不好。有一天他俩一起喝茶，姓徐的财主指着茶馆旁的木桥（泰来桥）说："我要把木桥改为石桥，以后你老兄可托我的福，不必在风雨中扶着桥栏过桥。"话声刚落，姓钱的财主就发火了，说："你造你的桥，我走我的路，为什么要托你的福？再说，你能造桥，难道我不能造？"事隔半年，两座桥先后落成。因此周围群众合称两座桥为"赌气桥"。

### 411　泰来桥

位于吴江区同里镇竹行埭东端。南堍为三元街街道，北是竹行街竹行埭商业街，为同里旅游区的商业中心区域。周边主要为商店和民居。桥为南北走向，跨马家廊下、竹行埭中市河，南北走向，是同里镇中心体形最高大的一座单孔石桥，桥旁有南向水埠一所，上留地为起水要道，俗名白场头。桥名取意"否极泰来"。

桥台为青石，其余为花岗石砌置，东西两侧为木栏。长 30.85 米，桥面宽 3.43 米，矢高 4.35 米，跨度 10.85 米。泰来桥建于清乾隆十一年（1746），易石重建，桥墩南北两内侧，均刻有"乾隆丙寅春贞丰徐焕天章氏建"字样。道光二十年（1840）修葺，柱石上均刻有桥联，其东向桥联曰："垂天螮蝀通兰鹢，夹岸楼台护玉龙。"西向桥联曰："题柱客从云表过，涉川人向镜中来。"东石梁于 1983 年秋断裂，由水泥梁代替；西石梁于 2003 年 3 月断裂，遂将东、西两块石梁置换成新石梁，并对桥局部进行维修。

2003 年 4 月同里镇人民政府重修此桥。为苏州市控制保护建筑。

### 412　长庆桥

俗名谢家桥，旧名福建桥，又称广利桥。位于吴江区同里镇鱼行街、竹行街。跨东柳圩、道士埭西市河，为南北走向拱形单孔石桥。花岗石砌置，拱券采用纵联分节并列法。长 11.54 米，桥面宽 1.75 米、桥堍宽 2.50 米，跨度 5 米，高 2.72 米。为低坡小形制。

清康熙三十九年（1700）里人重建。同治十二年（1873）八月里人公捐再建，名为长庆桥。长庆桥龙门石上刻有"鲤鱼跳龙门"石雕 1 方，西向明柱石上刻有桥联曰："共解囊金成利济，好留柱石待标题。"东向柱石上刻有"同治十二年桂月吉立，里人公捐重建"字样。

长庆桥

清嘉庆《同里镇志》载："广利桥，跨东柳、秖穰两圩，旧名福建桥，初建无考。明成化中，里人陈镛、谢忱改建，《府志》作重建。俗名谢家桥。国朝康熙三十九年，里人重建，一名长庆桥。"桥上有联一副："公解囊金成利济，好留柱石待标题。"当地有谚语：走过长庆桥，青春长驻永不老。

长庆桥的北堍是崇本堂，为苏市文物保护单位，隔河与嘉荫堂相望。该宅占地近一亩，共有五进，分别为门厅、正厅、前楼、后楼、下房，均面阔三间。由宅主钱幼琴于民国元年（1912）购买顾氏"西宅别业"部分旧宅翻建而成。

1988年夏秋，同里镇政府在"修旧如旧"的原则下，对长庆桥予以加固整修。长庆桥与吉利桥、平安桥合称同里三桥，合并被列为苏州市文物保护单位。

另：吴江区盛泽镇黄溪村历史上也有一座长庆桥，清《黄溪志》记载："长庆桥，在匠人港，建置无考。"

## 413　九里桥

位于吴江区桃源镇九里桥村横港口，是原纤道上的一座桥梁（该纤道已废弃不用），跨横港。为南北走向单孔石拱桥，拱券一纵联分节并列法砌置，金刚墙为青石、武康石、花岗石混砌，东邻运河，南北走向，跨横港，桥西南方向有驿亭一座。长8.5米，高209米，中跨3.45米，中高1.8米。

初建无考，现存之桥重建于清宣统元年（1909）孟春，为烂溪西岸纤道桥，距离乌镇九里路程，故名。明清时，九里桥处原有水栅和九里桥汛。明嘉靖《吴江县志》载："水栅一百三十坝四分属各巡检司。……烂溪司辖：……九里桥……"清乾隆《震泽县志》载："九里桥汛……汛房三间。"

东西向有桥联。中联："此地容或逢黄石，前途无处不青云。""九曲水流溪潋滟，两傍道路跨康庄。"边联："东连秀水界，□□□□□。""南通浙江省，西接紫云溪。"桥现保存较好，结构稳固，金刚墙缝隙用水泥填缝加固，桥块台阶上用水泥浇筑成自行车推行车道。为苏州市文物保护单位。

## 414　云龙桥

位于吴江区桃源镇仙南村石桥头，南为民居和苗木基地，北堍为苗木树林，与桥相距10米处有一个小型米醋生产厂家，东侧紧挨着一座水泥桥。跨后村港。为南北走向梁式3孔石桥。花岗石构建，桥身有石栏。桥长22.5米，中宽2.15米，中跨4.5米，高3.7米。

初建无考，1933年重建。桥身有桥联，东向桥联为："清风明月垂张钓，红树青山泛范舟。"西向桥联为："存吴王河山古迹，肇总理政策鸿基。"四句均以贴切的典故分别刻画了唐代张志和、春秋时期范蠡、春秋时期吴王夫差、近代孙中山这几位历史名人的风范。

为苏州市控制保护建筑。

## 415　大善桥

为江浙两省交界处的一座桥梁。桥东堍为吴江区桃源镇宅里桥村，有成片的苗木基地，西堍属浙江湖州市南浔区三长村，建有较密集的民宅，外围为田地，为三长村村民出行的要道。

桥跨阳和桥港。为东西走向5孔石梁桥，花岗石构筑。桥长32.2米，中宽2.2米，中跨

5.8米，高3.5米。初建无考，清光绪二十一年（1895）重建。中孔排柱题刻"清光绪二十一年里人重建""里人募资，公姓公助""王万国助排柱一根"等字样。桥身有桥联，南向桥联为："杨柳岸通津，远达桑溪迎鹤舫；桃水流入港，平分两省驾鱼梁。"北向桥联为："乌戍接稠墟，落日倩泾渔笛远；浔溪连绣壤，晓风长扇客帆多。"

现当地居民为方便通行，把桥面和两块台阶均用水泥浇平，桥身两侧装有铁护栏，古桥面貌与原来样子变化较大。为苏州市控制保护建筑。

### 416　凤仙桥

位于吴江区桃源镇铜罗西亭村。周围均为苗木基地，有大量苗木树林。

建于清光绪二十八年（1902），桥头两端有跨步平台，建有四柱方亭，名栖凤亭和留仙亭。亭檐石板绘有八仙图样，为铜罗古镇的标志性建筑。

1992年凤仙桥崩塌，只剩两侧平台及栖凤亭和留仙亭。两亭形状、大小相同，各个平面呈正方形，边长3.45米，歇山顶，上铺小青瓦，正脊雕饰八仙图案，有石坐槛。两亭均有对联，栖凤亭对联曰："坐而言矣，起而行矣；老者安之，少者怀之。"留仙亭对联曰："化日光天，稍安无躁；栉风沐雨，且住为佳。"两亭现被列为苏州市控制保护建筑。

凤仙桥

### 417　洪福桥

又名郎带桥。位于吴江区震泽镇龙降桥村郎家港。桥东是龙降桥村居民自然村落贺家浜及农田。桥西为廓家港龙降桥水产养殖场。为梁式3孔石桥，东西走向，跨郎家港，全长20.14米，中宽1.6米，中跨5.5米，高3.4米，东、西坡石阶均为9级。桥身为花岗石构筑，桥台金刚墙用青石砌置。两边桥坡踏步为整块条石铺设。

桥初建无考，清嘉庆十六年（1811）、宣统元年（1909）分别重建。中孔桥面石南、北两侧分别刻有"洪福桥"桥名，中孔排柱两则刻有桥联。南侧桥联曰："北望洞庭，湖山隐约；东联震泽，带水还环。"北侧桥联曰："雁归齐排，旋登彼岸；鸭头同泛，利涉安澜。"

20世纪90年代对缺损护栏维修，用红砖砌筑。两坡踏步上边铺设水泥楼板。现仍是村民非机动车辆和行人去八都社区的主要通道之一。

### 418　政安桥

俗称张湾桥。位于吴江区震泽镇砥定社区鲤鱼浜东端，頔塘河北岸。沿頔塘河北岸，跨张家湾港。东为丝创园,西是鲤鱼浜居民住宅区。为东西走向单孔石拱桥,整桥均为花岗石砌成。拱券为纵联分节并列砌置。长16.8米,跨度6米,矢高3米,中宽2.3米。桥两端坡级均为15级,西端有2米长引坡。

始建于明洪武中期,清道光十年(1830)、宣统三年(1911)分别重建。2004年,因颐塘河拓宽,整桥北移10米。

政安桥龙门石面镌刻"轮回"图案,桥面石两侧刻有"政安桥"桥名。桥身南北楹石上镌刻桥联,南向中楹曰:"鸠工修踵浮屠后,鼍驾成逢赛会年。"边楹曰:"西往东来径通梅堰,水回岸曲断接荻塘。"北向中楹曰:"塔望慈云图入画,墩瞻分水柱留题。"边楹曰:"石渡塘凹高瞻一塔,虹登波上直指双扬。"

### 419　梅家桥

位于吴江区震泽镇兴华村施家湾,桥南为施家湾,桥北为梅家桥。桥两侧是兴华村的自然村落。为南北走向桥梁式3孔石桥,跨梅家港。花岗石构筑。桥长22.6米,宽1.65米,中孔跨度6.2米,高4.2米。南北桥坡踏步用整块石条铺级,均为11级。

梅家桥建于清光绪二十六年(1900)。桥面石两侧刻有"梅家桥"桥名,中孔排柱两侧刻有桥联,东侧桥联曰:"梅桥高卧,以还水达两浙;家村美盛,而后恩逮西方。"西侧桥联曰:"西浔东泽,从此透连而过;方壶圆桥,如是仿佛相观。"为苏州市控制保护建筑。

### 420　报恩桥

旧名庆源桥。位于吴江区震泽镇西栅,连接南浦浜路。初建无考。宋嘉定年间(1208—1224)里人黄伯宁重建,明嘉靖(1522—1566)中遭毁坏,后被改为木桥,更名报恩桥。1918年震泽市办事处重建。为石阶踏步单孔石桥。1987年被拆除。东移10米正对南浦浜路,新建钢筋水泥单孔平桥。

报恩桥一带以前是震泽热闹之处。北堍往西数米即震泽原丝业公会建筑,往东即过桥不淋雨的通泰桥,城隍庙。南堍往西数米是荣和酱油名店,往东不远是横跨南浦浜的浜桥。

吴江境内另有一座报恩寺桥,位于同里镇屯村社区。其上有亭,在市港西东首,俗称桥亭,每年腊月二十五日,有市民装扮执事,迎请刘猛将坐于报恩桥亭上,谓之"出匣"。自此,每夜燃烛鸣锣,遍走郊野。灯以百计,远望火光缭绕,金鼓喧阗,为一年胜举。至来年正月十五左右,出会行香已毕,然后复请猛将归庙,谓之"上堂"。上堂之后,锣鼓绝响矣。

### 421　池塘桥

原名泰安桥,俗称祠堂桥。位于吴江区震泽镇砥定街城隍庙弄底,文武坊西,通泰桥北,虹桥南。桥西有震泽中心小学和震泽中学。跨池塘桥河。全长19.24米,中宽2.1米,桥孔跨度为4.54米,高2.5米。

始建无考。初为木桥,清嘉庆二十四年(1819),里人倪树型、龚振龙等募建为石桥,因桥东有戴家祠堂、桥西有倪家祠堂而更名为祠堂桥。周围是民居、河埠、系船石、私家楼阁、廊棚。民国时期一度是震泽与周边乡镇物资交流的一个重要集市。

20世纪70年代整修时加了水泥护栏，1981年改为平桥，用"祠堂"的谐音，易名池塘桥。

池塘桥河为震泽镇内南北向水路的主要通道。相传两千五六百年前，春秋时期辅助越王勾践灭吴、道商鼻祖范蠡（前536—前448）就是从泽湖经通泰桥下过池塘桥、虹桥后泛舟太湖的。

### 422　竺光桥

一名南溪桥，又名浙江桥，民间称溪桥。位于吴江区平望镇莺脰湖南。初建无考，明嘉靖三十四年（1555），倭寇入侵，为抵御倭寇而毁竺光桥。1933年筑苏嘉公路时建公路桥，名竺光桥，后改建为钢筋混凝土的公路桥。

清道光《平望志》载："竺光桥，竺光桥溪西和溪东都有凉亭。""溪桥野店"为古"莺湖八景"之一。明吴江人王叔承写有《溪桥野店》，诗云："水树微茫溪上村，榜人渔火暗相论。几年放浪思黄菊，此日何为别故园。一枕波涛侵客梦，满船风雨出江门。囊中尚有鱼虾直，好问吴姬绿酒中。"

### 423　中济桥

俗称大桥，今名塘桥。位于吴江区平望镇梅堰社区，跨荻塘。初建无考，明洪武二年（1369）僧普实重建，明隆庆二年（1568）里人沈秀再建。

1957年11月因塘河拓宽而被拆除后，改建木桥。1970年6月间改建成水泥大桥。经两次改建后，原桥西移约200米。

### 424　通运桥

又名维新桥。位于吴江区平望镇，东西走向，跨古运河，民国二十八年（1939）筑黎平公路，建木质公路吊桥，取名维新桥。

1963年5月改建成平坡水泥桥，改名通运桥。2015年因市政改建而翻低重建。黎平公路为民国二十八年（1939）侵华日军强令修筑，1938年3月28日伪"中华民国维新政府"成立于南京，为日本于我国抗日战争期间扶持成立的傀儡政权。

### 425　大庆桥

俗称溪桥、韭溪桥，位于平望镇溪港村以北1千米处，桥南侧东、西向分别为九旺浜、下马浜。桥西是原溪港粮库。跨韭溪。为东西走向单孔石拱桥，全系花岗石构筑，拱券以纵联分节并列法砌置。桥长12.8米，中宽2.1米，净跨4.29米，矢高2.9米。

明永乐十七年（1419）里人吴思诚初建，清乾隆元年（1736）秦天赞重建，清同治八年（1869）秦廷玉募修。现桥为1922年由丝商捐资重建成平桥桥，柱上有一副对联曰："水通笠泽波光远，地接枫江秀气多。"

"溪桥晚眺"是旧"韭溪八景"之一。清秦文元有《溪桥晚眺》，诗曰："渔唱声中月上迟，金湖烟水吐吞时。寻诗夜梦桥边坐，七十二峰来索诗。"

20世纪八九十年代，每当夏、秋粮入库时，大庆桥畔粮船塞港，粮农解粮踊跃。附近摊贩、小店生意兴隆，人气旺盛。随着粮库撤并，已无这喧嚷场面。但大庆桥连接着韭溪两岸村庄，人们往来依旧频繁。为苏州市控制保护建筑。

## 426　袅腰桥

位于吴江区平望镇胜墩村。南北走向，跨无名泄水小河。东面为运河，西面为唐家湖，南北接为通道，民国时建苏嘉公路，后为227省道，现为524国道。该桥现为公路平桥。

清道光《平望志》载："袅腰桥，五拱，在唐家湖东北。元至正中建。"明嘉靖三十三年（1554），倭夷入寇，凿堤御之，因而被毁。崇祯十四年（1641），知县叶翼云重建。清嘉庆（1796—1820）中，知县王翼堂又建。清同治十年（1871），水利工程局重建。

袅腰桥北原有吞海楼，明代学者徐师曾《吞海楼记》云："有地曰盛墩。左襟运河，右带唐家湖，湖水汹涌，视他处特甚。于时安陆杨侯来知县事，相厥形胜曰：'是可控扼倭夷矣。'乃议建敌楼于官塘袅腰桥之北，以命太学生沈畴中。畴中欣然承命，度材鸠工，始于嘉靖三十四年正月二十八日，落成于二月八日。基方一丈七尺，崇一丈九尺有奇，扃以铁门，披以扶栏，橹堞、旗帜莫不悉备，凡费资七十两有奇，匾曰'吞海楼'。其年四月，贼果至。侯又命畴中凿楼南之堤，横运河而筑之，屯水军于河中，列陆兵于楼上。贼不得渡，侯复邀击，俘斩三千余人，贼大败南遁，于是更名其地为胜墩。"

1931年，日军入侵中国。上海沦陷后，日军沿袭当初倭寇入侵我国老路，由水路从金山卫经黎里镇后长荡金家潭抢夺我方逃难船数只，伪装偷渡，自袅腰桥附近登陆，随即偷袭平望镇驻军。1937年10月12日（农历），平望镇被日军占领。

# 第四部分 纪念地和旅游地地名

## （292 条）

### 一、古典园林、公园名（59 条）

#### 001 渔庄

又称余庄。位于苏州市虎丘区（苏州高新区）石湖渔家村越城桥南，为清末画家余觉故居。"渔"，有隐逸之意。余觉（1868—1951），初名兆熊，字冰臣、冰人，号思雪。渔庄建成后，余觉自号"石湖老人"。浙江绍兴人。因家道中落，18 岁流寓苏州，为晚清举人。他工诗词，擅美术，精书法，尤精行、草、楷书。25 岁与沈芸芝（寿）结婚。沈芸芝（1874—1921），字雪君，别号雪宧。苏州木渎人。父亲沈椿，曾在浙江任盐官，爱好文物，富有收藏。沈芸芝从小随父学字，随姐学绣。由于她天资聪颖，进步很快。13 岁绣成唐寅《秋夜月上图》，邻居看了都啧啧称赞，在乡里初负盛名。20 岁与余觉结婚后，夫画妻绣，产生了一种崭新的艺术品——"仿真绣"。所绣《意大利皇后爱丽娜像》《英女王维多利亚半身像》《耶稣像》，在国际展览会上获金奖，由此声名大振。慈禧七十大寿，由余觉设计画稿，沈寿绣《无量寿佛图》《八仙上寿图》祝贺。慈禧十分高兴，赐"福""寿"两字，余觉即更名为余福，沈云芝即更名为沈寿。沈寿晚年，由其口述、张謇记录的《雪宧绣谱》，为我国刺绣史上一部重要的理论专著。

史载，渔庄其地最早为宋代诗人范成大"石湖别墅"的一部分。明代，"石湖别墅"已经荡然无存。民国初年，苏州美专校董会主席吴子深，为避去喧闹，买下了"石湖别墅"遗址，挂上了"渔庄"的标志。吴子深是画家，又爱好诗词，他崇拜两个人，一为清初"六大家"之一的吴渔山；一为明末清初大诗人吴梅村，在二人中各取一字，自号"渔村"。后因吴子深忙于苏州美专校务，于 1932 年将这块地让给了余觉。余觉将房屋建成后，改称"余庄"，又名"觉庵"。

余庄为砖木结构混合建筑，占地1 500平方米。坐东朝西，两进平房，面阔均为五间。明间与次间为厅，梢间为书房、居室。前厅上悬有"福寿堂"匾额，系因慈禧太后所赐"福""寿"两字而得名，傍有"懿旨嘉奖"匾额。后厅与前厅之间有走廊贯通，廊腰间各构有半亭，左右相对。中间为一四合院式的庭院。在厢房的蝴蝶门上，各有五言联一副。东侧为："水清鱼读月，山静鸟谈天。"西侧为："卷帘唯白水，隐几亦青山。"

余庄面临石湖，遥对上方山。濒湖边另筑一亭，名曰"渔亭"。坐在亭内，近观石湖，远眺上方山，尽收眼底。

余庄原由余觉的后代居住。1965年由政府给予余觉子女以经济补偿，余庄归政府所有，政府对其进行全面修复，成为游览石湖的一个好去处。

1991年渔庄被列为苏州市文物保护单位。

## 002　梅花墅

位于吴中区甪直镇。因园内遍植梅树而得名。明钱允治（1541—？）《梅花墅歌赠许元祐》云："君园名署梅花墅，种梅已自成千树。"清乾隆《吴郡甫里志》载："梅花墅，在姚家弄西，万历中许中翰所构，山水亭榭，颇为奇胜。"园主许自昌（1578—1623），字玄佑（元祐），号霖寰、去缘居士、梅花主人、樗斋道人、高阳生，长洲县甫里人，明代刻书家、藏书家、戏曲作家。因授文华殿中书舍人，人称"许中翰""许中书"。能诗善文，著有《秋水亭草》《吐馀草》《捧腹谈》《樗斋诗草（钞）》《樗斋漫录》等；精于戏曲，创作了传奇《水浒记》《橘浦记》《报主记》《弄珠楼》《临潼会》《百花亭》《灵犀佩》等10余种，以传世《水浒记》最有影响。毕生热衷于刻书藏书，曾刻印陆龟蒙、李白等唐人文集及《前唐十二家诗》24卷，校刻李昉《太平广记》500卷等。

该园筑于明万历三十五年（1607），"以终养告归，筑梅花墅以娱亲"。园地很大，明陈继儒（1558—1639）《秋日过访元祐题梅花墅》有"屋后开园百亩余，登临不用上巾车"。园内有景点近30个，有得闲堂、杞菊斋、浣香洞、小西洞、招爽亭、锦淙滩、在涧亭、转翠亭、碧落亭、流彰廊、维摩庵、漾月梁、秋水亭、竟观居、浮红渡、涤砚亭、湛华阁、滴翠庵、浥露桥、宿花亭、霏玉轩、溪上邨、暎阁、樗斋、莲沼、鹤筑、蝶寝诸胜。得闲堂为宴客及许家戏班演出场所，"在墅中最丽，槛外石台可坐百人，留歌娱客之地"。"每有四方名胜客来集此堂，歌舞递进，觞咏闲作，酒香墨彩，淋漓跌宕，立红绡于锦瑟之傍，鼓五挝、鸡三号，主不听客出，客亦不忍拂袖归也。"（陈继儒《许秘书园记》）陈继儒与钟惺、董其昌、王稚登等常觞咏在园内。

明亡入清，许家"割家园十分之七为庵"，海藏庵（海藏寺）为许家祖上修建。至清中叶，梅花墅其余部分大多易主。清汪缙《二耕草堂记》载："许中书故址所谓梅花墅者也，今为我家别墅。""地与海藏寺相连。"沈充仪自称书舍"且闲居"，"盖即许中翰梅花墅故址也"，有叠石小山、方池"小沧浪"等。康熙间，许自昌第四代许廷铼还将宅第转给严姓，即东市上塘街130号"严大房"，1966年"文化大革命"中被拆除，今存沿街备弄石库门和更楼。

海藏寺于康熙二十七年（1688）毁于失火，乾隆三年（1738）许廷镍重建，"增建山门、韦驮殿、香花桥、禅堂、库寮、秀野堂、文昌殿，并创惜字文会"，"晨夕钟鸣，声闻十里"。"海藏钟声"称甫里八景之一。后毁于清咸丰十年（1860），同治间里人重修，民国年间渐荒废成瓦砾场。乾隆间，里人在海藏寺旁建文星阁，阁前建七级玲珑小佛塔，"浮屠夕照"亦为角直八景之一。清末里人将文星阁辟为小学，1952年后改为角直小学四院（现属叶圣陶实验小学）。1966年佛塔被拆毁，东美桥南块姚家弄，当地人仍习惯称其为"塔弄"。

### 003　遂初园

位于吴中区木渎镇东街。清沈德潜（1673—1769）《遂初园记》载："园既成，名曰遂初，取孙兴公绰赋名以托意云。"据《晋书·孙绰传》，孙绰（字兴公）曾作《遂初赋》，隐居会稽十余年。"遂其初愿，谓去官隐居"成典故。清同治《苏州府志》（卷四十五）载："遂初园，在木渎。康熙间吉安太守吴铨（字容斋）所筑，中有补闲堂。"吴铨（1672—?），字容斋，号璜川，祖籍徽州歙县璜源（今安徽休宁县汊口乡）。随高祖侨居松江之上海，后迁吴。清康熙、雍正间，官至工部都水清吏司员外郎、江西吉安知府等职。徐陶璋（1674—1738）《遂初园序》称："年未老乞假归……归无几时，度地于木渎镇之东偏，诛茆构宇，叠石穿池，极园林之胜。园既成，携家人之半以居，日取经籍，训课其幼子……先生独优游园中，罕入城市。"其藏书楼称"璜川书屋"，"架上万卷，皆秘籍也"，所藏宋元善本中最珍贵有两部，北宋刊本《礼记》《前汉书》。后来《前汉书》，被当政者进呈，入《天禄琳琅书目》；《礼记》则归曲阜孔荭谷家。吴铨子孙三代以热衷藏书闻名，人称"藏书世家"。

遂初园后因吴铨孙辈争夺祖产而失。清王昶（1724—1806）《蒲褐山房诗话》载："既而兄弟争析产，出藏书而货之，并售其园。"遂初园"后归葛氏，咸丰间，归洞庭西山徐氏"。咸丰十年（1860）毁于兵燹。民国《木渎小志》载："今已三易主而属柳氏矣。"柳氏指柳商贤（1834—?），横泾西塘人，与叶昌炽同为冯桂芬的"入室弟子"，同治九年（1870）举人。光绪年间，由浙江宁海县卸任归居，购得此园。柳氏亡故后，园渐荒废，据说园内一些门窗、石亭柱、假山石等多被人取去修葺拙政园。当年园内有桂花弄、木香棚，木渎坊间俗语有"木香棚里谈恋爱"。20世纪60年代，遂初园址为吴县教师进修学校。1978年改为木渎二中。1986年，改为木渎镇中心小学，直至2007年搬迁。

遂初园原规模很大，大门南临东街，建筑3路7进。中路第三进为正厅，额"补闲堂"；第四、第五进为藏书楼，两楼间有东、西转楼；第七进为旱船"听雨篷"，洞门上有吴铨自题"遂园"匾额，其后为大花园。西路第三进小书房与第五进、第六进大书房均为2层楼，合称"拂尘书屋"，中间第四进为假山小庭院。大书房与中路藏书楼相通，楼下中堂，有独幅银杏屏风。东路均为2层楼房，有女厅、花厅、内宅寝室等。花厅有12扇镂花轩窗，镌刻《西厢记》等戏文图案。厅东避弄通大花园，又东有功德石碑坊。大花园有掬月亭、鸥梦轩、凝远楼、清旷亭、横秀阁等，登楼可眺望灵岩、天平诸山，上阁可看无际田畴。几经沧桑，现仅存木渎东街77号残迹。所幸乾隆间徐扬《姑苏繁华图》（《盛世滋生图》）绘有木渎街及遂初园，且有园东"法云庵"，河对岸"社仓"。根据图中遂初园厅堂前轩红毹毡上演出剧情，戏曲家考证，上演的是昆曲名剧《白兔记》"送子"一折，此图后被用作《中国昆剧大辞典》一书的封皮。

### 004　潜园

又称桂隐园。位于吴中区木渎古镇西街。民国《吴县志》（卷三十九）载："潜园，在木渎斜桥西。本明李氏小隐园，见《木渎诗存初稿》。久废，歙人汪某卜筑于此，中多老树奇石。嘉庆十八年（1813），里人钱炎得之为别业，拘亭榭池阁，名曰潜园。"此园又名桂隐，清沈钦韩（1775—1832）《木渎桂隐园记》载，"先是，嘉定汪君某基而卜筑焉，买石移花，经营数年"，徽商汪某忙于嘉定做生意，以致园中池馆荒废，"佳木盖日长矣"。钱炎之父意欲购下此园，"购兰之品以十数，将买园移兰以娱老"，不料事未竟而殁。"其长子炎，亟成先志，遂易其券。"钱炎完成其父遗愿，购下此园并修缮一新，种上其父生前所购兰花，"畦菊十百本"。园在木渎虹桥南，"夹两水（指胥江、香溪）有桥，曰虹桥，桥之南颜有园焉。垣衣映水，披榛得路，入其门，望不数亩。而间架疏密，一一入画。有凉堂，可以企脚北窗；有奥室，可以围炉听雪；有山阁，掇云烟于帘幕；有水榭，招风月于坐卧。老树扶疏，浓荫覆庐，红莲蘆藕，清袭衣裾"。此园名噪一时。

钱氏为木渎望族，家有良田千顷。民国《木渎小志》（卷三）载："钱炎，字杏圃，木渎人。家故殷富，好读书，不乐进仕。与弟照、煦俱以能诗名。道光元年（1821），征举孝廉方正，辞不就试，士论高之。"钱炎与弟钱照（字端溪）、钱煦（字子舟）喜赋诗，有"渎上三诗人"之称。

钱氏三兄弟又同好购地治园。清同治《苏州府志》（卷四十五）载"弟煦去园（潜园）西百步余，得薛氏废园十余亩，重葺旧址，凿池筑亭，憩息其中，曰西潜园"。钱煦"西潜园"后称"息园"。老二钱照则构筑端园，还将自己诗集命名为《端园诗草》。"端园，在木渎王家桥畔。道光八年（1828）钱照所筑。自为记，有友于书屋、眺农楼、延青阁请胜。端溪隐居不仕，以能诗名经。庚申兵燹后，潜园、西潜园俱颓废，而端园独存。"庚申兵燹，即清咸丰十年（1860）四月十三日，一夜大火烧毁了木渎大半条西街，潜园、息园亦成瓦砾场。今木渎斜桥西俗称"老园上"，为二园故址。此时钱炎已过世，而钱照因此受惊吓，一病不起，于次年初春离世。钱家顿时举步维艰，"端园"于光绪年间售与严氏（后为严家花园），钱氏后人举家迁往上海。潜园、息园、端园，钱氏兄弟咫尺三园，在木渎园林史上留下一段佳话。

### 005　羡园

又称严家花园。位于吴中区木渎镇山塘街188号。清光绪二十八年（1902），木渎首富严国馨（1826—1905），又名严选，字德明，号兰卿，购得王家桥畔钱氏端园，改建而成。据说严氏特请香山帮名匠姚承祖把作，费时两年修葺。竣工之期，值严国馨母亲朱太夫人百岁华诞，她说此园曾逗留过很多名人贤达，向有羡慕之意，便为此园取名"羡园"。严国馨还特请清末名臣翁同龢为"羡园"写题额，人们习惯称之"严家花园"。严氏本东山镇望族，严徵祥（严国馨之父）于清嘉庆年间来木渎经商，后举家迁居木渎西街。羡园修筑后，严家几代人生活在此园，走出多位名人。1937年至1945年抗日战争期间，羡园受毁严重，后渐荒废。20世纪70年代，

为吴县家具厂址。90年代，为木渎镇金星村收购。1996年始，木渎镇政府进行修缮。2000年由镇政府回购，并进行全面整修，恢复旧貌，并对外开放。

羡园现占地16亩，大门临木渎山塘街，坐北朝南，建筑有东、中、西3路。中路为主体建筑，5进，照壁后，第一进门厅；第二进怡宾厅（轿厅），厅后檐的砖雕门楼，刻"桂馥兰芳"题额；第三进尚贤堂（大厅），为明式楠门厅，后檐砖雕门楼，题额"绿野流芳"，称为冯桂芬手书。厅、堂西侧有长廊相接；第四进明是楼；第五进见山楼、眺农楼。第四、第五进之间为大花园部分，有黄石假山依墙而立，称"壁山"。西路依次为："春景区"（属第一、第二进）有清荫居、静中观、友于书屋，因青石假山紧靠友于书屋的后檐，其景称"开门见山"。友于书屋，为原端园旧名，出自《论语》"友于兄弟"。后为严家藏书屋，独立庭院，前院湖石数片，花木扶疏。为严氏子孙幼年读书处。"明是楼"今辟"严家淦先生的史料陈列"，严家淦（1905—1993），字静波，号兰芬，严国馨五子严良肱之子，于1975年蒋介石病故后，曾接任台湾地区领导人三年。"夏景区"（属第三进）有澈亭、澹香轩、延青阁、织翠轩、锦荫山房。"秋景区"（第四与第五进之间大花园内）有鱼趣轩、闻木樨香、真趣亭，有大池塘。闻木樨香堂之前有黄石假山，漏月招云，穿崖径水，属于池上叠山，又称"池山"。东路有前、后两部分，前部为"新园"，有池塘假山、且闲亭、清漪桥等，体现江南水乡自然风光。后部西院属大花园部分，环小池塘有采秀山房、宜两亭、清苑轩、环山草庐。东院即"冬景区"，有琴室、益春、海棠书屋、疏影斋、听雨轩、忆梅等。四个特色景区，分别种植以广玉兰、荷花、桂花、梅花等为代表的季节性花木。羡园称江南名园。1935年，现代建筑学家刘敦桢（1897—1968）曾两赴木渎，考察研究羡园布局与局部处，称为"江南园林经典之作"。童寯（1900—1983）《江南园林志》又称："虽处山林，而斯园结构之精，不让城市。"

### 006 古松园

位于吴中区木渎镇山塘街23号。原是木渎富商蔡少渔旧宅，建于清末民初，因宅院内有一棵古罗汉松而得名。蔡少渔生卒年不详，祖籍洞庭西山，早年在上海经营洋货，成为巨商，回乡置产建宅，家有良田万顷，与严国馨、郑龄九、徐凤楼并称木渎"四大富翁"。蔡氏旧宅于1949年5月被收归公产，为木渎区政府驻地。20世纪60年代，为金山乡政府办公地。80年代，乡政府搬出，又为木渎派出所、吴县防爆电机厂用房，电机厂生产的"骆驼牌"电扇曾风靡一时。1996年由木渎镇政府修缮。1998年此园划归镇旅游部门，全面修复后对外开放。2004年，由镇政府投资3 000万元，在园北侧建2层楼，设为"姚建萍刺绣艺术馆"（姚建萍为苏绣非遗传承人），与古松园后花园连通，亦属游览点。

蔡宅为前宅后园布局，现存建筑3进，有门厅、大厅和后楼及附房10多间。门厅后檐砖雕门楼，有"明德惟馨"题额。天井后，即大厅"古松堂"，面宽3间，深九檩，前后设轩，厅堂梁架上的四对棹木，饰有两根翼翅（类似官帽），俗称"纱帽厅"。步轩四对棹木，分别刻宝剑、葫芦、檀板、竹笛、花篮等物，俗称"暗八仙"；方椽上雕刻八只琵琶，隐喻"八音合欢"，梁间饰件雕刻精细。后楼为5间带2厢，十分轩敞。因楼厅檐枋下端雕有16只倒挂花篮，人称"花篮楼"，又因楼上轩梁雕刻16只凤凰，故又称"凤凰楼"。据说出自清末民初木渎镇凤凰村著名雕刻艺人赵子康之手,东山"雕花楼"更是他杰作,而蔡宅"凤凰楼"在先,两座楼被人们称为"姐妹雕花楼"。"凤凰楼"东侧、北侧为后花园,东侧有古罗汉松独立天井小院,那株500多年树龄的古松,高逾10米,苍翠遒劲。环围古松天井建有斗折幽曲双层回廊,廊与后花园双层长廊接通,廊道"观景台",可凭眺远处灵岩山景色。后花园中央辟半亩大一泓池塘,环池植花木,叠湖石假山,依水亭榭错落有致。蔡少渔旧宅,1999年5月10日被列为吴县市文物保护单位。

### 007 虹饮山房

位于吴中区木渎镇山塘街66号。原为清代徐氏宅第,宅园毗邻虹桥,"虹所饮者,桥下之香溪也"。"虹饮"一词,出于传说"虹下吸水"。唐李绅《过吴门二十四韵》诗曰:"桥转攒虹饮,波通斗鹢浮。竹扉梅圃静,水巷橘园幽。"宅第建于清乾隆间,宅主徐士元,生卒不详,自号"山人",一生不慕功名,喜居家读书,嗜好饮酒,酒量极大,人戏称其为"虹饮",以孝顺父母闻名,为使双亲欢娱,园中特建戏台,每逢节庆佳日请戏班演出。

民国《木渎小志》载:"虹饮山房,在木渎虹桥堍,徐士元故宅。高庙(乾隆)四次巡幸,词臣随扈必信宿于此。刘石庵(刘墉)相国尝两寓之,手书《程子四箴》以赠,士元因写《虹饮山房图》,合装成卷。子孙世宝焉。"据称,清乾隆帝历次南巡,曾多次临幸木渎,将虹饮山房作为"民间行宫",随行大臣也都下榻园内,徐氏藏有他们的墨宝。徐士元自绘《虹饮山房图》,有很多名人题词,苏州潘遵祁(1808—1892)《题徐山人虹饮山房图》诗曰:"虹桥咫尺隐君家,想象灵岩驻翠华。野老尚能谈往事,词臣襆被访梅花。"

徐氏虹饮山房原是在明人宅院上建起来的,西园部分"秀野园",明崇祯四年(1631)筑,园主王心一即"归田园居"(今属拙政园东部)主人,嫌城中烦嚣,在此隐居。东园部分为李氏"小隐园",取意于"小隐隐于野,中隐隐于市,大隐隐于朝"。乾隆(1736—1795)初年,徐士元购得此园后,增筑厅堂四进,作起居之所。清末,徐家衰落,东西二园先后易主。"小隐园"为陈家购得,陈家的外孙女沈寿(1874—1921)自幼生长于斯,学得苏绣真谛,成为一代"刺绣皇后"。"秀野园"被里人韩崶购得,改为"乐饥园",

1949年4月后,虹饮山房址设吴县储运库,建占地22 950平方米的粮库,当地称"西库"。1992年后粮库迁出,由木渎镇政府逐步修复旧有建筑,恢复虹饮山房旧观,整修门前香溪边"御码头",建乾隆御碑亭。

虹饮山房现为木渎古镇主要旅游景点之一,占地22亩,分为三大部分:中路为门厅、舞彩堂、春晖楼(戏台)。东部恢复"小隐园"旧貌,并在原陈家绣楼"雪宦楼"设"沈寿纪念馆"。西部恢复"秀野园"旧观,环荷塘"羡鱼池"建筑,有秀野草堂、桐桂山房、乐饥斋等。池北两座轩厅,现设为"清代圣旨馆""科举制度馆"。

### 008 水木明瑟园

又称明瑟园,位于吴中区木渎镇北原上沙村。清乾隆《吴县志》(卷八十四·园林九)载:"明瑟园,在南元一图,上沙村。明隐士吴江徐白所筑,后归陆学博穦为读书别墅,极水木之胜。秀水朱彝尊颜曰'明瑟',有《水木明瑟园赋》,载《曝书亭集》。四方名流题咏不绝云。"朱彝尊(1629—1709)称,清康熙四十三年(1704)八月应邀而来,"爱其水木明瑟,取以名园"。"水木明瑟"语出北魏郦道元《水经注·济水》:"池上有客亭,左右楸桐,负日俯仰,目对鱼鸟,水木明瑟,可谓濠梁之性,物我无违矣。"

园址原为明末"松陵五才子"徐白(字介白)隐居的"澶上书屋",清康熙间易主陆积(字研北),其生平不详,爱读书而不涉科场,人称陆上舍(上舍,即监生)、陆学博(学博,学官泛称)。他将园增拓,遂称胜地,内有升月轩、听雨楼、帷林草堂、暖翠浮岚阁、冰荷壑、桐桂山房、小波塘(方池)、摘箬冈、木芙蓉溆、鱼幢、蛰窝、饭牛宫、曲盏阑及东洴桥、砚北村(修竹之内,茅舍数间,外接平畴,居然村落)等诸景。还保留和借用了"澶上书屋"旧构,"皂荚庭""介白亭"等。"明瑟园"藏书丰富,陆积不惧风险,藏有时属违禁书籍的钱谦益《牧斋初学集》《牧斋有学集》《投笔集》等。当时一些读书人特来抄书,康熙间(1662—1722)徐竺樵在此抄录了《原注补抄》(钱谦益自注),现成为研究《钱牧斋诗注》的珍贵资料。

当时称"吴中台榭甲天下,而以水木明瑟园为最"。清钱泳《履园丛话》载,乾隆五十二年(1787),陆积的孙辈陆万仞还向他出示王石谷所绘的《水木明瑟园》图,"于后忽忽三十年,又为毕秋帆尚书营兆地,今且松籁如怒涛声矣"。毕沅(1730—1797),字纕蘅,亦字秋帆,镇洋(今太仓)人,清乾隆二十五年(1760)状元。清嘉庆二年(1797)七月病逝,归葬于上沙,"明瑟园"成为毕沅墓地。1926年李根源《吴郡西山访古记》载:"毕沅祠为旧水木明瑟园故址……祠堂右侧是毕沅墓,正对白鹤顶,石牌坊刻'宫保毕公墓',神道碑二座,墓前有方池,墓道两侧石狮、石羊、石虎、石马、翁仲。"1957年,毕沅墓曾被列为江苏省文物保护单位。1970年10月,木渎金山公社天平大队和南京博物院考古组联合发掘,墓中出土随葬品110件,由江苏省博物馆收藏。毕沅坟墓已被夷为平地,今其址为一片林地。

## 009 启园

又称席家花园。位于吴中区东山镇翁巷村,启园路39号。洞庭东山望族席氏后人席启荪,为纪念祖上当年在此恭候康熙皇帝临幸,购御码头附近湖滨洼地兴建宅园,以其名字中"启"字作园名,称"启园",俗称"席家花园"。席启荪(1871—1943),又名裕焜,东山翁巷村人。上海英商汇丰银行买办席正甫(1838—1904)次子,早年随父在上海从事金融业。1930年,购轮船,创办东山至苏州内河航班。次年,又添置裕丰、裕商等轮船,辟外湖航线。

1933年,席启荪动工建造"启园"。聘请著名画家蔡铣、范少云、朱竹云等设计。耗资10万银圆,在历时3年即将完工之际,因生意上出现危机,便将启园转让给他人。民国叶承庆《乡志类稿·方舆·园林》载:"启园,在东山瞀家岭下湖滨,近人席启孙(荪)裕焜建。园地凡五十余亩,开山填湖,筑长堤,航轮可内泊,有挹波、环翠二桥,凿池叠石,功力甚巨,台榭不一其处,以四面厅最为壮。规制仿无锡蠡园而空旷过之,今属徐氏。"由旅沪棉商东山杨湾人徐子星(字介启)购下,因其字亦有"启"字,故沿用"启园"名,徐氏计划在此办医疗和慈善事业。孰料1937年抗日战争爆发,启园未及启用,便遭到厄运,遭日伪军队强占。1945

年抗战胜利。启园归还给徐氏，但已经破败不堪。1949年4月后，启园先后为苏州专区医疗院、江苏省干部疗养院使用。1971年，改为吴县晶体管厂，园内建筑多被改成车间、仓库。1986年6月，《太湖风景名胜区规划》获得批准和实施，"东山景区"包括启园开始得到整修，工厂遂迁出。经过修复，启园于1990年元旦起正式对外开放。1996年，又进行整修扩建，新辟竹园、牡丹园、杜鹃园、月季园等，并重建大门，辟设停车场，修沿湖石驳岸。后又修建御码头、湖心亭等。

启园现占地70亩，园内建筑以"镜湖"（又称转湖）及与园外太湖相通的C形半环小河为基线分布，宏敞的2层四面厅式"镜湖楼"为主建筑，有阅波阁、鉴湖堂、融春堂、翠微榭、撷银亭、晓澹亭、环翠桥等，一道20余米的"复廊"将园景隔成两部分，花园别墅原为园主住所，当年园主汽船能从别墅前码头直接驰入太湖。康熙古杨梅树、柳毅井（柳毅小院内）及御码头，称为"启园三宝"。1986年3月25日，启园被列为吴县文物保护单位。

## 010　春在楼

俗称雕花楼。位于吴中区东山镇紫金路58号。园名取自清朝俞樾（1821—1907）诗句"花落春仍在"。又因厅楼等建筑多饰以精美雕刻，人称"雕花楼"。东山富商金氏建于1922年。据称宅基原属明代状元施槃（1416—1439）故宅的一部分，清末被施巷村金叶传购得。其孙金锡之（1881—1960）在沪经商，积资达百万，曾任上海纱业公会会长。为孝敬母亲，出资翻建旧宅。工程交其弟金植操办。金家请香山帮名匠陈桂芳把作，带250多名工匠，耗时3年，花费17万银圆，建成一座豪宅。1950年，金家将"春在楼"捐献给国家。先后作为震泽县招待所、吴县招待所。1966年被封闭，成为东山镇"抄家物资"仓库。1976年后，复为招待所。20世纪70年代末，由地方政府收回并整修，作为旅游景点对外开放。2004年起，又整理出旧藏匾额楹联，按原样悬挂楼堂厅室。2010年，再次得到保护性维修，并修复了"雕花楼"旁明代施槃"状元府第"（曾为金家老宅）。

雕花楼，坐西朝东，占地约1 340平方米，建筑面积2 242平方米，四周围有一道20多米高的黑色风火墙，两侧山墙建有马头墙，整座宅院类似城堡。大门朝东，门前有曲尺照墙，上有砖雕"鸿禧"2字，喻"出门见喜"。主体建筑从东到西在中轴线上依次是门楼、前楼、后楼、附屋。前、后两楼的底层都是大厅，间有天井，两边由厢楼连接；前、后楼由回廊连通，称"走马楼"，又称"转楼"。

大门砖雕门楼，正面题刻"天锡纯嘏"4字，背面题刻"聿修厥德"4字，为清末无锡知县伊立勋（1865—1940）所题。两面雕刻着《三国演义》"古城会"、尧舜禅让和文王访贤、唐代大将郭子仪做寿等人物典故，饰以灵芝、牡丹、菊花、兰花、佛手、祥云梅花鹿等图案，隐喻"福、禄、寿、喜、财"。

前楼，面阔5间带厢2层楼，进深九桁带前后轩。天井两侧厢房，左为花厅"天香阁"，右是书厅"晚香庐"，钱大昕题额。前楼为整座雕花楼中最精彩部分，厅堂上悬"仰蓬精舍"匾，6扇雕花蝴蝶门，门槛上嵌有蝙蝠形的销眼，寓意"脚踏有福"。月梁两端及门饰等雕刻86对凤凰，故俗称"凤凰厅"，"八六"与"百乐"谐音，寓意"百年快乐"。4根厅柱上端各雕有乌纱帽的帽翼，故又叫"官帽厅"。大厅南侧耳室后的厢房板壁为"暗壁"，内藏保险箱。前楼2楼，居中客厅，悬挂"春在楼"匾额（伊立勋题写）。匾额后面有一个暗道，内藏金家贵重物品。据说，当年太湖强盗曾3次抢劫雕花楼，但始终没有发现这个暗道。客厅两侧是主卧室，其中老爷卧室有暗室和暗道，可通屋顶阁楼"藏宝暗室"；烟榻后有一条隐藏的楼道，以备应急躲避。楼后天井，两侧厢房，左为琴室，右为棋室，2楼为绣房、楼梯间。

后楼结构特殊，称"明三间、暗两间，明二楼、暗三楼"。后面3楼比前面2楼缩进2檩，依靠山墙和风火墙遮掩成"暗三楼"。一楼大厅，悬清末状元张謇题写"厚德堂"匾额。主厅左右是房间，置有一副"堂名"（清唱昆剧和演奏的"乐池"），供金家喜庆活动唱堂会时用。"厚德堂"背面为内厅（女厅），大梁和轩梁上雕刻全套"西厢记"人物故事。后楼的2楼，为女眷闺房。2楼"走马楼"中间置有探出外墙亭阁式"小姐楼"，称"观景亭"，依窗可向外观望园景。"暗三楼"为"藏宝楼"，楼梯下来可至小阳台"观山亭"，可眺望东山景致。后楼之后，靠西面为3开间带天井、厨房。花园位北部，面积318平方米。有半亭，半座曲桥，荷塘。花园东照壁上，有一圆形砖雕"停云陇"。花园西北角有佛楼，金氏为母亲特地建造。花园内有一棵"孩儿莲"，树龄已经有300多年，在江南亦属罕见。

春在楼有"江南第一楼"之称，主体建筑群共有各类雕刻3 854幅，其中木雕2 708幅，砖雕289幅，石雕86幅，金雕611幅，泥雕（塑）160幅，雕刻精致，美轮美奂，堪称香山建筑雕刻艺术的代表作。2006年5月，春在楼被列为全国重点文物保护单位。

## 011　夏荷园

又名曲溪、曲溪园。位于吴中区东山镇马家底（又称马家堤、马家弄）。叶承庆（1899—1956）《乡志类稿·方舆·园林》载："曲溪，一名夏荷园。在东山马家底安仁里，严公奕筑。""所谓曲溪者，西南诸峰之水，经秦家涧分流而入于园。沿溪皆文石，得曲水流觞之意。"曲溪利用山涧分流入园，仿晋王羲之《兰亭集序》"流觞曲水"意境，水流主体就是东山老街的"响水涧"。严公奕（一作公弈），生平不详，明代文徵明曾为曲溪题额。清乾隆间《园记》载："公弈□，公构亭东山之麓，额曰曲溪，文待诏所书也。真庆先生山居著书，承先启后。迨我友菊壤学兄复加修葺，嘉树幽岩，脩然尘外璧苍也。而手泽犹新，光景无尽，览者当有会心焉。乾隆元年（1736）丙辰仲冬，陆奎勋题。"

严氏为耕读世家，别业曲溪为子弟读书处，出了不少人物。有明弘治九年（1496）进士严经，其孙严果（1518—1600），"以布衣终其身"，著有《天隐子遗稿》，并首修《吴县洞庭安仁里严氏族谱》。曲溪"盖明诗人严果号文石者，觞咏地也"。晚明严宗显（1593—？），以图史书画自娱，暇则登严经所构读书楼，终日不履地。

夏荷园历经明、清两代多次修缮，近代由严家炽（1885—1952）重修，"族裔家炽构为别业，设家祠。有嘉树幽岩、荷沼亭榭之胜"。不过园中已失"曲溪"之溪，"今溪在垣外，马姓辟为橘圃。泉石参错，旧迹犹存"。李根源《吴郡西山访古记》载，1929年6月"归途至马家底，游夏荷园。友人严孟繁家炽别业，又名曲溪。厅堂亭阁，布置井井，花木池桥，亦具匠心，东山名园届也"。严家炽晚节不保，因任日伪"财政部次长"，抗战胜利后入狱，病殁囹圄。夏荷园从此归公。1949年4月后，夏荷园先后为驻地部队、乡镇机关等借用，后安排居民入住。20世纪90年代，为校办厂址（吴县船舶电器厂），原有建筑多改变，园景半损。目前校办厂已停办，空园闲置待修。现尚存部分旧宅院、水榭、荷池及池上3节石板桥；墙壁间保留两方碑石，一为园图，一为诗文；两株古木，500年树龄的紫薇树与600年树龄的银杏树。

### 012　爱日堂花园

俗称新厅廊（新厅上）。位于吴中区金庭镇西蔡村。为"西蔡"蔡光渭宅第，建于清乾隆三十年（1765）。宋末秘书郎蔡源长子蔡维孟（字泰伯）称"西蔡"始迁祖，蔡光渭为蔡源21世孙，生平不详。"爱日堂"为宅第主厅名，出自西汉扬雄《法言》（《扬子法言》）"孝至第十三"称："事父母自知不足者……孝子爱日。"意为珍惜与父母共处的时日，及时行孝。宅院一直为蔡氏后人居住。20世纪40年代，后楼被烧毁。50年代，"土地改革"时，宅院除蔡氏后裔居住部分外，其余分给其他村民居住。70年代，大厅"爱日堂"遭拆毁，拆下的雕花梁柱，据说被送去南京。此后，因年久失修，厅楼等建筑多有损毁。至80年代，仅原"爱日堂"西侧花园部分保持原貌。

蔡宅原有5进建筑，大门前有照墙，大门匾额题"经元"，第二进雕刻门楼，南题"竹苞松茂"，北题"福履成之"。"爱日堂"大厅3间，正中匾额"安敦协吉"；左匾额"垂裕后昆；"右匾额"福备期颐"，据称为1922年24世蔡傅纶夫人90寿辰时，时任大总统黎元洪题赠。大厅抱柱联曰："家有龙章傅上寿，筵分麟脯作常珍。"大厅西侧为书房楼，下为书房4间，正屋名为"晚香书屋"。书房南面、北面均为花园。第三进雕刻门楼，南题"斯于苞茂"，北题"和气致祥"，署有"乾隆乙酉年秋八月上浣"。后楼之北后人又建新楼。

现存建筑2路，东路有第三进雕刻门楼、后进楼厅，楼厅面阔5间带2厢，已半塌。西路有花厅、住楼。住楼面阔3间，因失修而成危楼。"爱日堂"大厅遭拆毁后，其西侧花园，包括花廊及书房等建筑保存较完整，今称"爱日堂花园"。现为某村民居所。主体建筑书房，题额"晚香书屋"，另有"蔗蓭""拜石"楹额。系单檐硬山式结构，室内为五架梁前后轩，均施覆水弯椽，上有草架，内四界立前后金柱，梁架均圆作；书屋正中原有挂落隔扇，镶嵌书画屏条，中间设坑床，两侧设客座，中堂东西墙原挂有8条板画。花廊，即原"爱日堂"大厅与书房、房前花园间的廊道，砌成齐膝高水磨砖刻半墙，上有"万福流云"，下有"美人靠"。书房走廊与东西两边园墙的水浪弯椽半轩相通，形成半环围廊，廊墙上绘有杭州西湖风景，称"西湖沿"。以纪念始祖蔡源南渡至临安（杭州），殁后厝存西湖边。书房北面的花园，面积为150平方米。以黄石假山为主景，盘曲有洞，顶部立"邀月亭"（已塌圮），假山南侧有5级石阶，下旁小池，蓄金鱼。园内有大荷花缸、水石盆景、石鼓凳等，遍植花木，其中有1株逾300年树龄的桂花树，2株200年以上树龄的"宝珠"山茶，能开18色重瓣花，俗称"十八学士"。1986年3月25日，爱日堂花园被列为吴县文物保护单位。

### 013　春熙堂花园

位于吴中区金庭镇东蔡村。为"东蔡"宅院，由"东蔡"始迁祖蔡继孟（蔡源次子）后人，建于清乾隆五十年（1785）。春熙堂为宅第主厅，堂名出自老子《道德经》（第二十章）："众人熙熙，如享太牢，如登春台。""熙熙"本义指欢乐，"春熙"则含有期望人丁兴旺、生活富足美好之意。"东蔡"一支后人在湖广经商致富，春熙堂宅院不断扩建，据称至清咸丰间因战事影响才停止建造。清末，春熙堂售与里人秦氏。20世纪60年代，春熙堂大厅遭拆毁。1984年，春熙堂由西山风景管理所收购，又拆移、转卖了部分建筑。

原蔡氏春熙堂宅院很大，占地五六亩，建筑面积有1500平方米，有门厅、大厅、门楼、女厅、书房，7座3楼3底的住屋。有书房南大花园，内有四面厅、九曲桥、八角亭等。现存建筑有门楼、女厅、书房以及两个小花园，称"春熙堂花园"。砖雕门楼，有题额"棣萼联辉"，取自唐岑参《送薛彦伟擢第东归》："一枝谁不折，棣萼独相辉。"书房，面阔3间，建于清道光二十五年（1845），原有"缀锦书屋"匾额，左右侧门题额分别为"金和""玉润"。书房前金柱有屏门挂落，挂落前为四架卷棚轩，挂落后为篮厅。梁、桁上间雕饰，有蝙蝠、寿桃、石榴、如意、灵芝、荷花、凤穿牡丹等图案，雀替构件等雕花饰件有如意绶带、多层方形花篮、万年青、聚宝盆等，雕工精细。花园分为书房前、后两部分，前部面积70平方米，以黄石假山为主景，栽有黄杨、天竺、蜡梅、棕榈、枇杷等花木，方石斜纹铺地，透空花窗的矮围墙，使书房可以充分采光。后部面积近100平方米，三面围高墙，青藤蔓墙，园内白皮松、百年牡丹、太湖石假山被称为"三绝"。两棵白皮松，高近20米，树龄超过200年。牡丹一丛，已生长百年，花开似锦。太湖石假山3峰，中峰状如弯背老人，称"老人峰"；左右两峰，大者称"太狮"，小者称"少狮"。相传此3峰太湖石为北宋朱勔花石纲遗物。春熙堂原藏有一块"飞龙"太湖石，因形似昂首腾龙得名，高2.8米，长2.3米，厚1.0米，连石座重达8吨。1984年"飞龙"太湖石被西山风景管理所售与上海收藏者。1986年3月25日，春熙学花园被列为吴县文物保护单位。

## 014 笑园

即紫藤书屋。原位于姑苏区升平桥弄14号，现为干将西路370号。园名为"笑"，既有园主心情愉悦之意，也有讥笑世事病态之意。始建于明代，占地1864.8平方米。笑园靠胥门外护城河，依城墙而筑，可登临城墙远眺大运河及西部景色。大门朝东，有墙门间，其北有轿厅。园以水池为中心。池北有船厅格局的水榭，池南土丘叠湖石假山，池上架石曲桥。围墙之侧，假山高下参差，形仿十二生肖，十分雅致。另有各式亭阁，以及白皮松、白桦各1棵。园的特点是"园在宅前，园宅相拥"，不同于一般私家花园园在宅后或园在宅左右两侧的格局。住宅为5楼5底，上宅下厅。楼廊空窗式样各殊，疏密相间。两侧有3楼3底房屋各1座。

笑园屡移其主。据叶恭绰《遐庵谈艺录》称：此为清康熙翰林院检讨吴江徐电发旧居，其后人改建为祠。后家道中落，祠逐渐散为民居。清末，徐氏后裔将此园交寡媳基督徒华氏及族孙。华氏出国，售于冯庚丞。冯传一代之后，又卖给巨商陆孟达。抗日战争初期，陆氏后裔将北部住房翻建为楼房。日军入侵苏州后，占据此园，遭破坏严重，笑园遂荒废。

1949年后，由苏州市人民政府接管，笑园归园林管理处接收，其他成为30余户民居大杂院。1985年尚存四面厅、花篮厅、楼阁、旱船、门厅、茶厅、住宅楼等建筑，有"笑园"砖额和清嘉庆年间书条石23方。四面厅东侧有300余岁白皮松一棵。1994年拓建干将路时，笑园被拆除。今有居民小区，沿用原名，但已非原貌。

### 015　亦园

原位于姑苏区十全街东端新造桥处。一说在滚绣坊。"亦园"者，也是园也。为清代剧作家尤侗故居。民国《吴县志》载："尤侍讲侗宅在新造桥，有鹤栖堂，清乾隆御书赐额。园曰亦园。"尤侗（1618—1704），字展成，一字同人，号悔庵、艮斋、西堂老人。长洲（今苏州）人，出身于葑门外斜塘农村"尤家院"。明末诸生。清顺治五年（1648），被破例作为拔贡进京应对，受到顺治皇帝的赏识，但因行为轻薄而不被重用。清康熙十八年（1679），他去应试博学鸿儒科，入选翰林院，授予检讨，分修《明史》，主撰志传。尤侗擅长诗文杂剧，作品有《桃花源》《读离骚》《吊琵琶》等。著有《西堂全集》《西堂余集》。

亦园占地约6 670平方米，池占其半。尤侗自称："天下有之，吾园无不有也，则安知姑苏非大，亦园非小乎？"园中有一亭曰"揖青亭"，此亭为登高览胜之地，白云青山、丹城绿野、竹篱茅舍尽收眼底；一轩曰"水哉轩"。此二者为园中胜景。园内共有10景，分别为："南园春晓""草阁凉风""葑溪秋月""寒村积雪""绮陌黄花""水亭菡萏""平畴禾黍""西山夕照""层城烟火""沧浪古道"。尤侗写有《亦园十景》竹枝词咏之。

主厅"鹤栖堂"匾额，为清康熙皇帝所赐。康熙三十八年（1699），康熙帝南巡来到苏州，尤侗年已八旬，仍出门迎驾，并向康熙帝献上《万寿诗》和《拟古数目体诗》2首。《万寿诗》共40韵、200言，文长不录。现将《拟古数目体诗》12句录如下。诗云："一人有庆正当阳，二月春和宜省方。三极自然成广运，四荒莫敢不来王。五行攸叙陈洪范，六律咸调奏大章。七政授图文孔焕，八风布阵武维扬。九州岂独临吴越，十世应知过夏商。百姓千官齐祝嘏，万年天子寿无疆。"这首诗体现了尤侗写作的特点，带有戏谑，但拍足了皇帝的马屁。康熙皇帝看了以后，自然龙颜大悦，要来文房四宝，当即御书"鹤栖堂"3字赐之。

鹤栖堂内悬有尤侗自撰"帝皇天语真才子，圣上玉音老名士"对联。联语与两朝皇帝有关。上联的"帝皇"，指顺治皇帝。"天语"是皇帝的话语。尤侗在京时写了一篇游戏文章，文采很好，顺治帝看后赞道："这是个真才子！"下联的"圣上"，指康熙皇帝。"玉音"是皇帝的声音。尤侗在翰林院期间，年龄数他最大，受到他人的尊重。他与同僚合作，编了一册《平蜀诗》，赞颂皇帝的功绩。康熙帝翻阅诗文，看到尤侗的名字，称赞道："这是个老名士！"于是，尤侗就自撰联语，以此炫耀。由于尤侗名声在外，四方君子至吴门者，必过访亦园主人，故酬和之作甚多。

传太平天国时，亦园为攻破苏州城之腊大王所占。腊大王能书画，曾在园墙上自绘小像及梅兰数枝。后被废。

### 016　乐圃

原位于姑苏区金门内景德路东端，在雍熙寺之西。其遗址一说在慕家花园一带，为宋代进士、教授朱长文所居。"圃"，原为种菜之地。《论语·子路》载："樊迟请学稼，子曰：'吾不如老农。'请学为圃，曰：'吾不如老圃。'"名取"乐圃"，即乐于在此种菜而居也。"圃"，园也。宋《吴郡志》载："乐圃，朱长文伯原所居，在雍熙寺之西，号'乐圃坊'。圃中有高冈清池，乔松寿桧。此地钱氏时号'金谷'。朱父光禄始得之。"朱长文（1041—1098），字伯原，号"乐圃先生"。吴县人。北宋嘉祐四年（1059）进士。因坠马伤足，居家不仕。北宋元祐间（1086—1093）由苏轼等人推荐，充本州教授，时为苏州两教授之一。北宋绍圣年间（1094—1097），被召为太常博士，迁秘书省正字。家有藏书2万余册，著有《吴郡图经续记》《乐辅余稿》等。

乐圃原为五代时"金谷园"旧址，后为朱氏所得。据朱长文撰《乐圃记》云，先由其祖母吴太夫人所购，其父与叔父均居于此。后稍加扩大，占地2万多平方米。朱长文精心构筑，外有围墙，覆以黛瓦。"虽敝屋无华，荒庭不甃，而景趣质野，若在岩谷。"圃中有堂3楹，堂旁有庑，为亲党所居。堂之南又有3楹，名曰"邃经"，为讲"六艺"之地。"邃经"之东，又有米廪，为储粮之库。有养鹤的"鹤室"，有教蒙儿童的"蒙斋"。其西北有高冈，名曰"见山"。冈上有琴台，为主人弹琴之处。琴台之西，有"咏斋"，为主人与友人吟咏之处。在冈下面有池，池水自外而入。池上有亭，名曰"墨池"，主人常将收藏之古字画在此展赏。池水流至冈侧，曲折成溪，有桥3座，可通西圃。西圃亦有草堂，草堂西有土丘，曰"西丘"。园中植有松、桧、栝、柏、黄杨、冬青、椅桐、柽柳之类，有的高或参天，有的大成合抱。其花卉之类，春、夏、秋、冬皆有，极尽山林之致。可见乐圃的规模是不小的。

《乐圃馀稿》附有张景修撰的《墓志铭》，称朱长文"因旧圃葺台榭池沼，竹石花木，有幽人之趣。州侯贵客，山翁野叟，或觞或咏，去则醉卧便腹，不知身世之在城郭也。太守章公伯望表其所居为'乐圃坊'，乡人相与尊之称'乐圃先生'。当是时也，使东南者以不荐先生为耻，游吴郡者以不见先生为恨"。

乐圃后来归于何人，史载不明。

## 017　卢园

原位于苏州市虎丘区（苏州高新区）西南越来溪西南村。民国《吴县志》载："南村在越来溪西吴山下寺簿卢瑢所居，匾曰'吴中第一林泉'。有御书得妙堂匾。"有《卢园三十咏》，分别为南村、柴关、带烟堤、佐书斋、吴山堂、正易堂、紫芝轩、瑞华轩、静空轩、玉华台、苍谷、来禽坞、逸民园、植竹处、江南烟雨图、香岩、湖山清隐、湖山清隐厅、听雪、傲襄、得妙堂、云村、香岩、玉界、古彦、玉川馆、山阴画中、杏仙堂、藕花洲、桃花源、曲水流觞等。今已无存。

## 018　壶园

原位于姑苏区庙堂巷。"壶"，本指容器，此处指小天地。传说仙人施存有一壶，壶中有天地日月。唐张乔《题古观》诗曰："洞水流花早，壶天闭雪春。"壶园，意为自家的小天地，胜似仙境地也。民国年间由潘姓所筑。面积约300平方米。园以水池为中心，西、北两面建筑皆临水，池岸低平，南轩平台挑出水面，北通一厅，南接一轩。池上架小桥两座，配合别致。中部有六角半亭，设计灵巧。园周散置石峰，高低有序。间植海棠、白皮松、蜡梅、天竹等，苍翠满目，景色自然。园虽小而层次分明，以水池为主景者，此为佳例。童寯、刘敦桢对其皆有好评。1958年被改建为工厂，园废。

又：壶园，原位于姑苏区乐桥南堍东侧孝义坊巷。一说在竹隔桥（祝家桥巷，干将路拓宽时已废）。清末词人郑文焯园居。郑文焯（1856—1918），字俊臣，号叔问、大鹤山人，又号冷红词客。奉天（今辽宁）铁岭人，属汉军正黄旗，自称原籍山东高密。清光绪元年（1875）举人，曾任内阁中书。后旅居苏州，为江苏巡抚吴元炳幕僚。郑在苏居住40余年，历任江苏巡抚19人都聘他为上宾。他善为词，工尺牍，擅长金石、书画、医方、经籍、版本、古器、音律。为晚清四大词人之一。著有《瘦碧词》《冷红词》《大鹤山房全集》等。

清光绪三十一年（1905），郑在孝义坊巷购地约3 400平方米，筑室数间，从邓尉山购回嘉树名花，种于园内。其东有高冈逶迤，被称为"吴小城"。时人有诗咏之。

张尔田在《大鹤山人逸事》中记载："小坡（文焯）晚年营别墅于孝义坊，其东坡陀绵亘，按图经知为吴小城，赋词以张之。手种梅竹，极幽窅之致。小坡殁后，吴印臣拟为保存其墅，余为题'侨吴旧筑'4字，后亦未果，闻已易主矣。"后壶园被废。

## 019 西圃

原位于姑苏区西花桥巷3号，今为白塔西路13—15号。为清道光进士潘遵祁的宅园。建于同治七年（1868），规模较大，占地约4 700平方米。仿明代建筑，有6进院落，坐北朝南，东宅西园，大厅名为"五松堂"，面阔3间13.8米，进深12.5米，梁架扁作，雕刻精细，前后翻轩，左右磨砖勒脚。园内长廊曲径，亭池假山，景色齐全，配以名贵花木，品种甚多。

清光绪年间，潘遵祁购得此园，举家迁入，改称"西圃"。潘遵祁（1808—1892），字顺之，号西圃。清道光二十五年（1845）进士，授编修，两年后即称病归里。应聘主讲于紫阳书院达20年之久，培养了大批人才。西圃，吴嘉洤有记。俞樾曾形容西圃为"泉石幽深，花木荫翳，墙头薜荔，幕青帷绿"。在太平天国时，潘遵祁避居上海，主讲上海蕊珠书院。西圃被太平军民政长官熊万荃占用，曾被称为"熊王府"。

西圃现已得到保护性修复，保存较好的有：第三进宫殿式大客厅；第四进女厅，又称鸳鸯厅；后进大厅，有花岗石石库门楼，磨砖贴壁，砖刻花纹，痕迹尚存。大厅方梁，雕空牡丹，梁卜精雕细刻有"仙鹤灵芝""群马牡丹"图案。1920年为吴姓资本家所有，吴去香港，托朱企顺代管，曾开办私立德灵女中和务实小学。中华人民共和国建立后，由吴县人民武装部使用。后因翻建房屋，原建筑和园林花木陆续被拆毁，西圃被改建成2座小型4层住房。1983年后归苏州烟草公司使用。现仅存大厅及楼厅4座，以及黄杨、木瓜各1棵，均高8米左右。

## 020 晦园

位于姑苏区，今东美巷7号。"晦"，有隐逸、自谦愚昧之意。始建于清光绪年间。占地约6 700平方米（约10亩），故又称"十亩园"。园主汪甘卿，清光绪十九年（1893）举人，曾任直隶候补道，清宣统年间任驻奥地利参赞，1911年因丁忧返苏，恰逢辛亥革命爆发，便不再出

仕。他潜心著述，著有《诸子音训拾》《读史钩沉》《德芬堂文集》《帘影楼诗词钞》等。

汪甘卿逝世后，由民国政府官员、学者叶恭绰购得此园。叶恭绰（1881—1968），字裕甫，号遐庵，晚年别署矩园，室名"宣室"。浙江余姚人，生于广东番禺。毕业于京师大学仕学馆；后留学日本，加入孙中山领导的同盟会。曾任北洋政府交通总长、孙中山广州国民政府财政部部长、南京国民政府铁道部部长。后出任北京大学国学馆馆长。中华人民共和国建立后，曾任中央文史馆副馆长。因其远祖叶梦得（宋代诗人）本籍吴中凤池乡，故易"宣室"名为"凤池精舍"。楼堂精致，有亭榭水池，梅花盆栽颇盛。抗日战争爆发，叶赴香港避居，请吴湖帆为作《凤池精舍图》，图成，叶在图上题诗七绝2首："凤池遗迹久榛芜，梦想家园有此图。聊与吴中添故事，可能清闷学倪迂。""由来明镜本非台，花木平泉耻自哀。犹有烟云堪供养，不须料理劫余灰。"

抗战胜利后，晦园曾作为新六军军官宿舍、江苏省保安司令部。中华人民共和国建立后，西部曾办过益民小学、聋哑学校，时庭院园尚在。东部小丘、池塘被划入原市第二人民医院。市机关干部业余大学向北扩展，与晦园连通，从此，晦园东美巷园门封闭，改从卫前街校门进出。1957年苏州市第十一初中在此建校，晦园全部划归学校使用。园中仅存花篮厅、轿厅、半亭及大雪松、紫玉兰、香樟树各一棵。1975年左右，花木遭毁坏、池塘淤塞。不久，园全废。2007年，市立医院本部（即原市第二人民医院）将花兰厅修复。

### 021 翕园

位于姑苏区阊门外永福桥小河边，即今南兵营一带。"翕"，含有收敛、盛貌之意。原系张祥丰蜜饯作坊主无锡张氏宅园，俗名"张家花园"。据其后裔回忆，先人张云樵创制苏式蜜饯，先后于清道光、同治、光绪年间，分别在上海、苏州、嘉兴开设鑫家"张祥丰号蜜饯行"。制作蜜饯需要原料，主要是梅、桃的果实。开始，张氏去江苏、浙江等地农村采购，为节省成本，张氏在阊门外永福桥小河边购地60余亩，种植梅、桃等果树，约有数千株，果实为制蜜饯所用。后陆续增添假山亭榭、池馆华屋，植名菊多种，在喷水池中大量蓄鱼，逐渐形成一个园林。每当梅花盛开，红云绿萼，景致优美，成为苏州人赏梅的好去处，堪与邓尉相媲美。

当年《苏州明报》如此报道翕园："添造亭馆池榭，多叠假山，增树花木，如是不三年，全园景物，几追踪盛氏之留园……每岁新花，为倾城仕女出城赏梅之唯一胜地。当炎炎夏季，临水品茗，尤宜避暑。厅榭间所张字画，更多为时贤之手笔。满园梅花，其中有异种多株，概为他园之所无。二十六年春，园之中央，复叠有假山一丛，中有喷水池，池蓄金鱼甚多，时每日游众更盛，不意未几事变即作废。"从1936年1月开始，张家花园对外发售门券，将所收券资悉数拨充五泾浜私立公益小学经费。此外还捐资重建了星桥下塘的五泾浜桥，利己利人。

1937年年底，日本占领苏州后，日军骑兵部队驻扎于翕园。园中果树花卉、假山亭台，均遭到严重破坏，几乎不成园林了。抗日战争胜利后，又有国民党部队驻军。1949年之后，为解放军驻地。为了自力更生，开荒种地，残存的金鱼池和喷泉池塘被填平，假山全部被毁。从时间上看，翕园至1937年已经不存在了，前后存在，不过10多年历史。

张氏后裔张醉樵，于清光绪三十一年（1905）考入会匮县学为附生，是张家唯一参加科考的书生。他好吟诗，善书法，喜欢结交文人雅士，为这个商人家庭平添了许多文化气息。他与三弟霎樵将阊门外遍植梅树的张家花园命名为"翕圃"，不时邀集文化人在园内雅集酬唱。因而，有人以为此是张醉樵的园林，实则非他一人所有。园已废。

**022　韬园**

位于姑苏区古城相门内濂溪坊（今干将东路）。1932年，由文学家金松岑构筑。之所以取名为"韬园"，金松岑在《韬园记》中说："今天人举无厌乱心，余方守括囊无誉之戒，安用张之以矜强雄，故字之曰韬园。"金松岑（1873—1947），原名懋基，又名天翮、天羽，号壮游、鹤望，自署天放楼主人等。吴江同里人。肄业于江阴南菁书院。中日甲午战争失败后，他与陈去病等在吴江同里创设雪耻学会，又办学校，以培养人才为己任。清光绪二十九年（1903）起，他以文字鼓吹革命，先后撰述、翻译出版《女界钟》《自由血》《日俄战争本末记》等。光绪三十一年（1905）加入兴中会。清宣统三年（1911）迁居苏州，讲学授徒。民国时期曾任吴江教育局局长、江南水利局局长。1932年夏，与章太炎、陈石遗、李根源等人成立中国国学会，研究国学。曾应聘上海光华大学中文系教授。1941年返回苏州，闭门谢客，生活穷困。他博览群书，专心著述，主要有《天放楼诗集》《天放楼文言正续集》《孽海花》（前六回）等。

金松岑定居苏州后，购得隙地，规划造园，用家乡吴江笏园之湖石，全部运到苏州来叠山构亭，成峦嶂壑谷，并植树种花，成为韬园。今为民居。

**023　废园**

位于姑苏区桃花坞，今桃花坞大街264号。据史料记载，明永乐初，养真老人沈均在此筑"废园"，因不满燕王朱棣"靖难之役"，遂隐居不出。园中有"锁烟亭""镜心池""闻香堂""环翠轩""栖鹤楼"等诸胜。园名称"废"，并非真正废圮，而是对世事的一种态度。后为宝庆知府陆俸所得。陆俸，字天爵，号桃谷。吴县人。明正德六年（1511）进士，历官刑部郎中，以谏武宗南巡被杖，谪出为府同知。世宗即位，复仕宝庆知府。后弃官归隐于此，种橘成林，号称"橘林"。

晚清归文人谢家福所得。谢家福（1847—1897），字绥之，号望炊。早年潜心史书，后进上海舆图局分校各国地图，并学习外国语言文字，接受西方科学文化。清光绪初年，以平民身份至山东青、齐一带灾区倡导处理赈灾事务，创设义塾和婴孩所，影响甚大。后以国子监学政身份参与创设中国电报事业。光绪七年（1881）参加筹备上海电报总局，同年十月调苏州电报分局任总办。光绪十八年（1892），在苏州创设电报学堂，又称"苏州电报传习所"，培养电报事业人才，在电报界颇有影响。他购下废园后，加以整修。在栖鹤楼旧址上建"望炊楼"，其厅堂即名"望炊楼"。太平天国时，曾被占用为劝王万镇坤王府。后废园复归谢氏所有，至20世纪80年代初，宅园面积尚有3 456平方米，分东西两路，西路有楼5进，东路存轿厅、大厅，大厅面宽3间12米，进深7檩11.8米，扁作梁架，前轩后廊。大厅主体结构基本完整。"废园"两字石刻仍嵌在老墙上。今属苏州市控保建筑。谢家福著有《望炊楼诗文稿》《五亩园小志》等。

## 024　向庐

位于姑苏区，今临顿路温家岸 17 号。约在 1922 年，范烟桥父范揆臣购得雅院一角，因其字葵忱，便取葵心向日之意，给宅园命名为"向庐"。

范烟桥于 1935 年 12 月 18 日在《苏州明报》撰文云："我家有院，有假山数垛，颇嵌空玲珑，有池虽天旱不涸，有榆树大可合抱，其他梧桐、蜡梅、天竺、桃杏、棕榈、山茶，点缀亦甚有致。屋后是土阜委巷，俗名雅园。原是清初诗人顾予咸别墅余址。我家或许也是该园的一角，所以我称它为'邻雅小筑'，而南院敞轩则以先君的别号为'向庐'题额。旧有'绿沼荷香''卧云石壁'等八景。"1967 年范烟桥因病去世。后向庐归公，因年久失修，墙塌屋危，房管部门拆除旱船、廊屋，改建为平房住宅，水池亦被填平。

1979 年落实政策，向庐归还给范氏后裔。尚存花厅、方厅及书房等，园内有太湖石假山，有紫薇、棕榈及白牡丹一丛。1998 年街坊改造，保留向庐旧貌，园中存湖石数块，"丰芑怡谋，文正世家"的砖额，仍留在建筑上。现临顿路温家岸 17 号仍属原雅园部分。

## 025　济园

位于姑苏区胥门外虎啸桥，又名"虎啸桥放生池园"。"济"，有济世之意。始建于清光绪年间，民国时期为灵岩山寺下院。占地近 10 亩，有放生池、湖心亭、曲桥等。1966 年"文化大革命"爆发后，有红旗化工厂等单位进驻，遭填池拆亭，毁林建房。尔后，市妇幼保健医院取而代之。1993 年开办苏州佛教安养院，园遂废。

## 026　绣园

位于姑苏区，今马医科（巷）27—29 号。始建于清光绪元年（1875）。光绪三十一年（1905），沈寿丈夫余觉在马医科购得此宅园，创办同立绣校，兼作福寿绣品公司，故名"绣园"。光绪三十二年（1906），余觉、沈寿夫妇进京教绣，此园出租与人。1913 年，余觉由张謇委派赴沪负责经营福寿绣品公司，后因经营不善，公司亏损，余觉将此园作价 4 000 元卖给张謇，以抵偿公司债务。2 年后，张謇以 4 500 元售与庞国钧。庞氏后裔将此园改为庞氏义庄，取名"居安"。1966 年由苏州市房管局整修，取名"绣园"。后售与城湾塑料厂厂长缪瑞忠。

宅园南北窄、东西长，为长方形庭园。面积虽不大，但构思巧妙，布局得体，所筑的亭、台、堂、轩，池水假山，湖石小桥，与所植的四季花木，布置合理，相得益彰。园中布局以堂、轩、廊等相围合。厅、堂、轩、亭等建筑形式，均有变化。厅，高大宽敞，飞檐翘角；轩，作卷棚式，典雅古朴。建筑物上注意色彩的搭配，用黑、白、棕、灰等中性色彩，给人以淡雅、宁静和安详之感。宅园内廊屋高低起伏、曲曲折折，在廊中漫步，有移步景换、目不暇接之感。

在堂下挖小池，取其土堆于西南方向，成小山佳构。在山上筑一座扇形半亭，为全园的制高点，可俯视园内水池及周围景点，为欣赏全园景色最佳处。

东南方向的池岸，藏尾水于廊桥下。漫行几步，有一座一步即过的石板小桥。桥下水质清例,水中倒影,无波静卧,有波斜动,动静结合,效果极佳。水域开阔处有3处湖石,高低间隔,恰似蓬莱三岛,十分优美,细细赏之,其味无穷。园中植有松、竹、梅、桃、李、杏、迎春、蜡梅等,树木遇春而绿,花卉应景而发,绿意深郁,花香撩人。

## 027 荆园

原位于姑苏区,今马医科(巷)7—8号。传为文徵明曾孙文彦可宅,一说为文徵明侄文枕烟宅。后归陆氏,俗称"陆家墙门"。清末售与太守田绍白,名"荆园"。面积约2 000平方米,荒圮失修。后由程廷恒购得。程廷恒,字守初,号月锄、蘧庐,晚号退思老人。清光绪四年(1878)生。昆山人。附贡生。由县丞分发奉天升知县,1912年任抚顺县知事,历呼海铁局董事、龙江道尹、呼伦道尹、政务厅厅长、代理省长等职。程廷恒写有《荆园记》:"丁卯冬由祁陶甫、张久馀诸君介绍,得城中护龙街九胜巷口对面有旧称陆家墙门田氏大宅,房主田绍盦陪视房地,进园转西,即见有'荆园'砖额在焉。园地约有三四亩,荒圮失修,略具池亭花竹。园东朝南有大厅及后厅,楼东西院有客房、书房、厨房、浴室等四十余间。田君称此宅,其先人得之陆氏,陆乃得之有明长洲文彦可枕烟旧宅。归告阿兄,康民谓《齐谐记》载京兆田真兄弟怡怡,紫荆重开,千百年来传为佳话。""荆园"之名与此有关。

原前门在护龙街(今人民路),朝东,因街市喧嚣,程廷恒又购马医科朝南房屋10余间,与荆园打通。以马医科新得之门为前门,护龙街门为副门。并扩大园地,悉心经营。园内以池滨湖石堆成假山数座,池址起点处建西式四面厅,题曰"蘧庐"。西北有屋3楹,分别题曰"补读斋""退思",意谓补未读之书,思已往之过。斋有前后廊,前廊辟左、右两门,左曰"锄月",右曰"枕烟"。斋西立家庙,题曰"僾见敬",为岁时祭飨追远之所。有斋联曰:"五亩桑园高士宅,四时花拱读书楼。"西南角山后,新建三角亭,拟名"半亭",题曰"求阙"。联曰:"三竿两竿之竹,一寸二寸之鱼。"园东大厅有王严士先生赠联:"解组归田,园林小筑;乐天知命,岁月长春。"常熟赵古泥先生书"宝善堂"大字堂匾。西书房题曰"养正书屋",东客房题曰"可止轩"。后厅楼匾额为园主程廷恒自题"春融草堂"。凡厅堂亭榭,均有诗文联语,琳琅满目,美不胜收。园内种植花木,绿化葱茏。花有紫荆、红绿梅、迎春、玉兰、辛夷、绣球、牡丹、芍药、樱桃、铁梗海棠、山茶、紫薇、木香、杜鹃、月季、蔷薇、剑兰、万寿菊、大利菊、木槿、红蓼、虞美人、水仙、蜡梅、各种荷花等;树有核桃、樱花、红枫、绿枫、松柏、女贞、梧桐、桃、李、杏、橘、葡萄、天竹等。

日寇侵华,荆园为日寇骑兵占据,书籍字画、细软物品,均被洗劫一空。因挖防空洞,园内乱砖山积,其园林亭台均毁于日寇与戎人之手。日寇投降后,宅园经略加修茸,但已不能恢复旧观。1985年被用作为客车服务部托儿所,残存花厅及石包土假山一座。现为民居。

## 028 勺湖

原位于姑苏区古城阊门东,系广东籍旅苏人士方还所建。民国《吴县志》载:"勺湖在阊门东,广东人方还所筑。沈德潜有记。"占地约6亩,池居其半。池本非湖,何以名"湖"?文震亨《长物志·水石》云:"一峰则太华千寻,一勺则江湖万里。"名取其意。湖中有"丹亭",

稍前西侧为"西亭";再前为"广歌堂",寓思乡之意。"丹亭"之东,峙然峙于湖者为"楮荫轩",周围丛生楮树。西为"荫台",藤木森森,块石累累。台之西侧有桥与亭相连,为"雁齿桥",因象形而名。园内隙地,半种竹,余治圃,植瓜瓠葱韭苋荠。旁有老树数十株,为梧、桂、梅、桃、榆、柳、槐、桑、柘、檀之属;又有花卉,为紫藤、白萼、美人蕉、蔷薇、刺梅、金雀、木芙蓉之类。池中遍植芙蕖、菱芡、荇藻,牵引参差,摇漾缤纷,又有游鱼跃波,或聚或散。池中遍植芙蕖、菱芡等,一派生机。主人无事,辄来园中,或孑影自适,或偕亲朋,倚栏槛,坐高阁,弹琴咏诗,酌酒为乐。今园已废。

## 029 志圃

原位于姑苏区养育巷南口太平桥南。明代缪国维宅。民国《吴县志》载:"缪参政国维宅在府治北太平桥之南,其子孙世代居之。清康熙间,参政孙侍讲肜在宅旁构志圃以奉亲。"缪肜(1627—1679),字歌起,号念斋,别署双泉老人。吴县(一说长洲,今苏州)人。清顺治十四年(1657)举人。清康熙六年(1667)状元,授翰林院修撰,后升侍讲。不久即弃官回乡,不复出仕。缪肜知识渊博,擅长诗歌,学者尊称其为"双泉先生"。

园成之日,父亲对缪肜说:你祖父宦游20年,归田之日,欲治一圃未果。今你能成祖父之志,故园名为"志圃"。园中有双泉草堂、白石亭、媚幽轩、似山居、青松坞、大魁阁、小桃源、不系舟、更芳轩、红昼亭、梅洞、莲子湾等诸胜。今志圃已废。

## 030 真趣园

位于姑苏区阊门外郦季子巷,今杨安浜16号。明嘉靖年间尚书吴一鹏建造宅第,晚年归隐于此。民国《吴县志》载:"真趣园在阊门外郦季子巷,明尚书吴一鹏所筑。"吴一鹏(1460—1542),字南夫,号白楼,长洲(苏州)人。明弘治六年(1493)进士,历任翰林院编修,累官至大学士,以太子少保、南京礼部尚书致仕。卒赠太子太保,人称"吴阁老"。其故居称"玉涵堂",也称"阁老厅"。其子孝,为父亲备游观之娱,在故居之后特建一花园,取宋王禹偁诗"忘机得真趣,怀古生远思"句意,名"真趣园"。清雍正年间,由邑人赵秩得之,重加修葺,俗名赵园,园中有梅花亭、拜石轩诸胜。后散为民居。1985年,苏州市政府拨款对吴一鹏故居做了一次大规模的整修,居民迁出,真趣园也得到修复。

真趣园虽小,但亭台轩榭齐全,曲廊环绕,高

真趣园

低起伏，景致幽静。内有梅花草堂、拜石轩、月影龙桥、问梅廊等诸景。梅花草堂为双面花篮厅结构，制作精良，两面可走通，前后不分，出入方便。左右两堂落地罩雕刻松、竹、梅岁寒三友，象征着吴一鹏高尚的人品；正中屏门一面镌刻老气横秋的百年古梅。另一面浅刻明文徵明手写梅花诗1首。其中抱子亭造型尤为别致，5个小亭组合在一起，寓意为"父严、母慈、妻贤、子孝、女淑"五福齐全，构思之巧在苏州园林中独树一帜，别无他例。

1985年真趣园被修复后，作为山塘街上一景，对外开放。

### 031　香草垞

原位于姑苏区高师巷。名取汉王逸《离骚》序"《离骚》之文，依《诗》取兴，引类譬喻，故善鸟、香草以配忠贞"之意。民国《吴县志》载："香草垞在高师巷，中书文震亨即冯氏废园以构，中有四婵娟堂……"约在明天启年间，由文徵明曾孙、园林设计师文震亨购下冯氏废园，亲为设计营构。对面即其曾祖父文徵明之"停云馆"。当初，文徵明曾拓宅其间，建"百窗楼"。至文震亨，添筑四婵娟堂、绣铗堂、笼鹅阁、斜月廊、众香廊、玉局斋、啸台等。园内乔柯、奇石、方池、曲沼、鹤栖、鹿砦、鱼林、燕幕，以至纤筠、弱草、盎峰、盆卉，无不被以嘉名。堂前叠石，峰颇高。有石榴树，为文徵明手植。入清后，园归陆纯锡，后渐废圮。清光绪时归江宁邓某，旧迹全非。

### 032　塔影园

原位于姑苏区阊门外，今山塘街845号。明上林苑录事文肇祉构建。民国《吴县志》载："塔影园即海涌山庄，在虎丘便山桥南数步，上林苑录事文肇祉所筑。"文肇祉，字基圣，号雁峰，长洲（今苏州）人。文徵明孙。塔影园初名"海涌山庄"。凿池及泉，池成而塔影见，即更名为"塔影"。张伯起先生赋诗云："雁塔朝流舍利光，半空飞影入寒塘。应知不是池中物，会有题名在上方。"园后有桥，通虎丘山，桥亦改名为"塔影桥"。园内屋宇高爽，中立一亭，苍梧修竹，清泉白石，擅山水之胜。既而有文徵明门下居士士贞住园中。士贞离去后，败瓦颓垣，风沼霜林，依然如昔。明天启间（1621—1627），属松陵赵氏，在此读书，复临池构屋，稍贮歌舞。明崇祯中（1628—1644），赵出门仕宦，世乱乃归，意欲让园与人。时顾苓退官归里，购下塔影园原址，构筑园庭，定名"云阳草堂"。顾苓（1609—1682），长洲（今苏州）人，字云美，号浊斋居士。从钱谦益学，为钱之高足。潜心篆隶，精鉴金石碑版。明亡后，避居塔影园。著有《金陵野钞》《三吴旧语》《塔影园集》等。

园内筑有松风寝、照怀亭、倚竹山房诸胜。钱谦益写有《云阳草堂记》，顾苓写有《松风寝记》，归庄写有《照怀亭记》。顾苓栖息园中，直至终老。顾苓有《移家塔影园》诗曰："为疏牛马近鱼虾，小小亭舍竹树遮。隔岸千人聚箫管，背城七里散烟霞。风流死后真娘墓，丘壑生前短簿家。万事只因颠倒见，浮屠沉影石阑斜。"

清光绪二十八年（1902），在塔影园内建李鸿章祠，题曰"靖园"。园中花木亭台，颇擅幽趣。辛亥革命后，逐渐荒废。

又：塔影园，原位于姑苏区阊门外虎丘东山浜。原为程秉义故居，几为废墟。清乾隆时，蒋重光购下程氏废墟，规划构筑。民国《吴县志》载："蒋氏塔影园，欲呼蒋园，在虎丘东南隅，蒋重光所筑别业。"蒋重光（1768—1829），字子宣。长洲（今苏州）人，诸生。好读书，藏书甚富。师从沈德潜，屡试不售。中年得疾，仍读书不辍。著有《赋琴楼稿》等。

塔影园中有宝月廊、香草庐、浮苍阁、随鸥亭、洗钵池、翻经台等诸景。沈德潜《蒋氏塔影园记》云："经营有年，断手伊始，敞者堂皇，俯者楼阁，缭者曲廊，静轩闲龛，邃窝深房，峙乃亭台，环乃垣墙。向背适宜，燠寒协序。"从这段文字中可以看出，塔影院规模甚大，分南、北两部分，南面亭台楼阁，曲廊幽轩，建筑十分华丽。园之隙地处，遍植梧、柳、榆、桧、桃、杏、芍药等。真是"寒梅成林，藤萝交络，桂树丛阴，蘸醐菶勃，葱蒨深沉"，景致甚美。北面有涧，虹桥可通，沿以莎堤，突以高冈。有翻经台、洗钵池等诸景。园三面绕河，船可从斟酌桥进来。乘舟外出，可赏园外之景，美不胜收。

清嘉庆二年（1797），苏州知府任兆坰改建为奉祀白居易的白公祠。中有思白堂、怀杜阁、仰苏楼诸构。后为校舍，园废。

据苏州市园林和绿化管理局公示，拟在文肇祉塔影园旧址处复建塔影园，目前在规划中。

## 033  芳草园

原位于姑苏区齐门内石皮巷石皮里。名取《楚辞》"惜吾不及古之人兮，吾谁与玩此芳草"句意。民国《吴县志》载："芳草园在定跨桥之北，青霞居士顾凝远所筑。一名花溪。"顾凝远，约生于1583年，卒于1652年后，号青霞，吴郡（今苏州）人。画家，隐居不仕。为人好学，喜蓄商周秦汉文物。明亡，归隐城郊蠡口。著有《画引》传世。

"芳草园"，亦名"花溪"。金宝树《芳草园记》称其园："水石清幽，花竹秀野，别馆闲亭，颇擅佳胜。"清初，归曾任开封知府、观察之职的周荃。周荃，生卒年不详，字静香，号花溪老人。长洲（今苏州）人。工书擅画，画山水宗倪、董。间作大士像，深得古法，而花鸟虫鱼，亦各得大意。其自题句尤佳，书法有生气。康熙年间，又归昆山人徐乾学，为别业。徐乾学（1631—1694），字原一、幼慧，号健庵、玉峰先生。清康熙九年（1670）进士，授编修，累官至刑部尚书。曾主持编修《明史》《大清一统志》等，著有《憺园文集》。园内平泉花木，艳耀动人。有亭，内奉康熙皇帝御书"勤耕乐织"四字。有石壁，高10米多，名"瑞云峰"。园后石碑上刻董其昌书"花溪"2字。传至徐之孙徐绳武，未能守其业，清乾隆十三年（1748）售与金传经。金传经（1732—1793）买以奉母，金氏居此园100余年。金传经之孙金宝树曾写有《芳草园记》。金宝树（1800—1857），清道光年间（1821—1850）进士，雅擅诗文，殁于太平天国战事。

据《芳草园记》载，此园自明末始建，至清道光年间仍存，在这300余年间，园虽屡易其主，但主要景观基本未变。园归金氏时，有屋159间，披廊亭棚29间。主要构筑有自香池上、春晖堂、荫远堂、致远堂、二虞书屋、在水一方、下帷处水阁、旱船绿荫等景。园中土冈回互，高出檐际，垒石多倾圮，而遗迹俱在。两面皆有溪，一在"自香池上"之南迤西，一在"荫远堂"之北，"二虞书屋"居其中，环绕映带而达于屋外之官河，积水深者丈余，浅亦数尺，雨盛水涨时倍之。园内栽树有松、柏、梧、楸、榆、柳、枫、桑、栜、楝之属。莳花有木樨、山茶、杜鹃、蔷薇、玉簪、海棠、芍药、芙蓉之属。种果有桃、梅、枣、梨、石榴、金柑、枇杷、葡萄、香橼之属。铺草有萱艾、蒲藿、马兰、薄荷、萍蓼、荇藻之属。春晚夏初，浓绿如幄；秋冬沃寥，雪月交映。晨曦乍升，夕烟将敛，坐而听之，则有鸟声、蝉声、风叶声、折竹声、络纬声、池鱼唼喋声，可以陶性情，助啸咏，如赠如答，而莫知其所以然。金氏之后，其园半归陆氏，更名为"廉石山庄"。东邻为胡氏，亦占园之一偏。清乾隆二十三年（1684），于园南建顾贞孝国本祠。清道光九年（1829），学士顾莼重书"花溪"2字于路门。1931年，画家余觉居此，时有香雪草堂、丛桂轩，水池、古柏、竹木。1949年前归陆姓所有，园内尚存二池、四亭、荷花厅、旱船、曲桥等。"文化大革命"中大部分被毁。1976年后拆亭填池，在园址上建居民住宅楼。

### 034　桃花庵

原位于姑苏区古城阊门内桃花坞。明代画家唐寅所筑。唐寅（1470—1523），字伯虎，一字子畏，自号六如居士、桃花庵主、逃禅仙吏等。祖籍山西晋昌，世居吴中，后迁桃花坞。明弘治十一年（1498）解元。后因受科场舞弊案牵连而下狱。此后，他无意于功名，潜心作画。与沈周、文徵明、仇英合称吴门画派"明四家"，为"吴门画派"创始人之一。与祝枝山、文徵明、徐祯卿合称"吴中四才子"。

桃花庵是唐寅出狱后归里所筑。其时，唐寅经济拮据，筑园十分简朴。有"读书阁""梦墨亭""峡蝶斋"等诸景。其处本名桃花坞，庵内多植桃树，故名"桃花庵"。唐寅写有著名的《桃花庵歌》："桃花坞里桃花庵，桃花庵里桃花仙。桃花仙人种桃树，又折桃花换酒钱。酒醒只在花前坐，酒醉还须花下眠。花前花落日复日，酒醉酒醒年复年。不愿鞠躬车马前，但愿老死花酒间。车尘马足贵者趣，酒盏花枝贫者缘。若将富贵比贫者，一在平地一在天。若将贫贱比车马，他得驱驰我得闲。世人笑我忒疯癫，我笑别人看不穿。记得五陵豪杰墓，无酒无花锄作田。"

清顺治年间，云间（今上海松江）名医沈明生迁居苏州，购得此园，疏浚了长宁池，种植荷花；池上建芙蓉亭，池侧建梦墨楼、六如亭等。成为当时名园，人称"沈太翁园"。清康熙年间（1622—1722），巡抚宋荦在园中增建才子亭。清嘉庆年间（1796—1820），知县唐仲冕在园中又加增葺，辟别室为唐解元祠，并祀唐寅、祝允明、文徵明3人，额题"桃花仙馆"。此后，"桃花庵"渐次荒落，散为民居。近年正在修复之中。

### 035　无梦庵

原位于姑苏区凤凰街孔付司巷，明陈仁锡别墅。民国《吴县志》载："陈文庄公仁锡宅，在葑门内下塘……又有别墅在孔副使巷，曰无梦园。中有息浪、见龙峰诸胜。"陈仁锡（1579—1634），字明卿，号芝台，长洲（今苏州）人。明天启二年（1622）殿试第三，授翰林院编修，官至南京国子监祭酒。天启七年（1627）得疾卒，谥文庄。陈仁锡性好学，喜著述，著有《四书备考》《无梦园集》《明史艺文志》等。

园内有耀远堂、白松堂、轩辕台、息浪、见龙峰等诸胜。旁有"又一村"，陈文庄自署斋联云："流水之间心自得，浮云以外梦俱无。"今为民居。

## 036　绣谷园

原位于姑苏区古城阊门内后板厂。清初，举人蒋垓购地筑园。蒋垓，号兆侯，长州（今苏州）人。清顺治十四年（1657）举人，顺治十六年（1659）会试副榜。著有《兆侯词集》。"绣谷"园名之由来，蒋垓在自撰《绣谷记》中说："予日与宾朋觞咏其中，时思被以嘉名，更欲与目前景状有合者，凡几经商略焉，卒未得也。偶课园丁薙草，有巨石横亘，尘垒所翳，隐隐若字画痕，具畚锸掘而出之，剡薛剔苔，节角尽露，是八分'绣谷'2字，字径约 0.7 米，不著题署，笔锋瘦硬，真老杜所谓'字直百金'，非北宋后人能仿佛者。余奇其事，乃举是石陷诸壁，即用以名吾园。"园不大，宽不过十笏，而背城临溪，颇无井邑之杂焉。内有绣谷、卒翠堂，堂之左有余清轩、松龛、湛华山房、羊求坐啸处，圃名"匿圃"，庐名"吾庐"，庵名"个庵"，斋名"苏斋"。园中景色绝佳："长廊回环，绕以短墙，松石之间，杂花夹莳，每至春阴始开，日气艳射，朱朱白白，上下映发，若绣错然。"

蒋垓家道中落，绣谷园为他人所得。清康熙中叶，蒋垓的嗣孙蒋深致仕回苏，又购回绣谷园。蒋深（1668—1737），字树存，号苏斋，以国子监生以荐，参与编纂《佩文斋书画谱》《佩文韵府》。除授余庆知县，擢朔州知州。书画家，善写兰，兼精画竹，曾修纂《余庆县志》，著有《绣谷诗钞》等。蒋深为园主时，是绣谷园的全盛时期，名闻远近，被公认为吴中名园。

清嘉庆中，绣谷园归闽县叶观潮。清道光元年（1821），又归南昌谢学崇。复又为婺源王昶所有。清咸丰十年（1860），绣谷园毁于兵燹，那块刻着"绣谷"的巨石，被蒋氏后人移至虎丘山塘蒋参议祠中。今园已废，其所在地产部分归桃坞中学（今苏州市第四中学）所有。

## 037　绿荫园

原位于姑苏区大儒巷仁孝里（今迎晓里），参政顾豫所筑。顾豫，字乐恬，原居光福铜坑，迁居甫里（角直镇），再迁苏州大儒坊仁孝里。他年轻时从大儒王敬臣学。由乡贡荐官至云南布政司参政。他事亲至孝，兄瘫废，敬事扶持，三十年如一日。为明嘉靖至万历间乡贤。老年后隐于渔村。卒后置仁孝祠内予以祭祀。

园内东有巢凤堂，西有介寿堂，中有燃松堂。后北部归树某，南部归文起鸿、文起潜，至文起鸿曾孙文培源扩充西隅，穿池叠石，建卓闲居。今为民居。

## 038　凤池园

原位于姑苏区钮家巷。钮家巷周围，旧属凤池乡。相传原为泰伯十六世孙武真宅。有凤集其家中，兆吉祥，有池沼，旱涝不竭，故其周围之地，称为"凤池乡"。园名依此而得。最早为顾氏"自耕园"旧圃。后由清河南巡抚顾汧所筑。民国《吴县志》载："凤池园在銮驾巷，俗呼钮家巷。顾都宪自中州归，得顾氏旧圃重修，益擅名胜。"顾汧（1646—?），字伊在，号芸岩，长洲（今苏州）人，清康熙十二年（1673）进士，授翰林院编修，历任礼部右侍郎、河南巡抚等官。著有《凤池园集》。康熙三十四年（1695），顾汧致仕返回故里，在老宅附近钮家巷内，购得"自耕园"旧圃，并大事增饰，扩建成一座规模宏大的园第，仍名"凤池园"。

当时，凤池园规模很大，园门曰"日涉"。园内石径逶迤，桐阴布濩，四时野卉，纷披苔麓。有洗心斋、赐书楼、康洽亭等诸景。顾汧好诗文，写有《凤池园答客难》，对凤池园记之甚详。并有两组《园居杂咏》，均咏园中景致，一组五言律诗8首，歌咏的依次是康洽亭、洗心斋、兰室、停云阁、得闲处、树下宿、老朴、玉立亭；一组五言绝句16首，歌咏的依次是武陵一曲、梅岭、桂岭、赐书楼、康洽亭、桃浪、岫云阁、朴亭、舫斋、芙蓉洞、退思轩、见南山房、柏冈、遂初草堂、伴吟居吾、得闲处。从这些诗的题目来看，园中建筑之丰富，景点之多，也就可想而知了。

后园归朱氏，又归陈氏，仍名"凤池园"。清乾隆时，园部分归唐氏，但唐氏子嗣不守家业，从清嘉庆（1796—1820）至道光（1821—1850）初年，唐氏将凤池园陆续出售。这样，原有凤池园为3家所有，而3家均称"凤池园"，故在谈及"凤池园"时，多有混淆。

从地理上看，凤池园东部归陈大业。陈大业，字骏周，有子六人。陈氏子孙购下东面隙地，筑有多处景点，有爱莲舟、飞云楼、楼下、知鱼轩、引仙桥、浣香洞、接翠亭、鹤坡、筠青榭等，迄今已无迹可寻。

中部归王资敬。王资敬即王鸿翥药铺的老板。购下部分宅园，仍名"凤池园"。园不大，也无特色，所以名声不显，至今阒然无闻。

西部归潘世恩。潘世恩（1770—1854），字槐庭，号芝轩，别署思补老人。吴县人。清乾隆五十八年（1793）状元，官至宰相。为官50余年，历任工部、户部、吏部尚书。清道光十四年（1834）任军机大臣。是清乾隆、嘉庆、道光、咸丰四朝元老。他学识渊博，曾任《四库全书》总裁，《文颖》馆总裁，负责《全唐文》的缮刊。著作有《读史镜古编》《思补斋笔记》《思补斋诗集》等。园内假山水池、亭台楼阁，一应俱全。有赐书楼、洗心斋、康合亭、虬翠居、凝香径、烟波画船等。太平军来到苏州，英王陈玉成进驻此园，称"英王行宫"。后园渐废，仅存一"纱帽厅"。1982年苏州市政府按原状整修一新。现存有门厅、轿厅、大厅、内厅等，主厅留余堂为楠木结构，形似乌纱帽翅，习称"纱帽厅"，雕刻精细，为少见之佳作。现已被辟为苏州状元博物馆。

### 039　五柳园

原位于姑苏区金狮巷。清代状元石韫玉构筑。石韫玉（1756—1837），字执如，号琢堂，晚号独学老人，别署花韵庵主人。清乾隆五十五年（1790）状元，授翰林院修撰，累官至山东按察使等。清嘉庆十二年（1807）石韫玉辞官后，先后主讲于杭州紫阳书院、江宁尊经书院、苏州紫阳书院等。主修《苏州府志》，著有《独学庐诗文集》《竹堂类稿》等。家有藏书二万余卷。所居之处因有五棵古柳，故名"五柳园"。

五柳园原为清康熙时翰林学士何焯赉砚斋故址。民国《吴县志》载："何学士焯宅，在金狮巷中，有赉砚斋，以尝得陶陶居赉砚，故名。后为石廉访韫玉所居，更名五柳园。"园中柳树绿荫如幄，池水常绿，名"涤山潭"。柳荫筑屋3楹，面水者名"花间草堂"。其西即何焯赉砚

斋,石韫玉易其名为"花韵庵"。其东南有屋3间,临水名"微波榭"。榭西有庐若舫,环植梅树,颜曰"旧时月色"。后有小阁,象柁楼,名"瑶华阁"。阁外玉兰1株,高与阁齐,花时如雪积于檐端。舫之北叠柘为洞,洞外石中有泉,名"在山泉"。洞内构屋3间,名"卧云精舍"。由此绕出花韵庵之左,东北有斗室,名"梦蝶斋"。园东在何氏语古斋旧基上改筑楼房5楹,因落成于鞠有黄华之时,取名为"晚香楼"。楼东有小楼2间,名"静寄阁"。楼北是鹤寿山堂。再北为独学庐,藏书20 000余卷。其东北为舒咏斋,为童子读书之所。其北为徵麟堂。还有玉兰舫、归云洞、瘿鹤堂等诸胜。清咸丰年间(1851—1861),俞樾自河南罢官归来,曾寓于此处。有诗咏道:"一椽聊借诗人屋,大好城南独学庐。"太平军攻占苏州后,成为废墟,仅留水池一掬。

### 040　秀野园

原位于姑苏区乘鲤坊(今因果巷),南为因果巷,北为间邱坊巷,系顾予咸之子顾嗣立所筑。名取宋张先《木兰花·乙卯吴兴寒食》"芳洲拾翠暮忘归,秀野踏青来不定"词意。民国《吴县志》载:"秀野园在间邱坊依园东,庶常顾嗣立选元词处。"顾嗣立,字侠君,号间邱,长洲(今苏州)人。清康熙五十一年(1712)进士,改庶吉士,散馆授知县,移疾归。在园中读书吟咏,其五七言古体纪游诸作最为擅长。著有《春树闲钞》《间邱诗集》等。

此园导以回廊,通以曲径,垒石为山,望之平远。中有秀野草堂、大小雅堂、因树亭、野人舟、间丘小圃等诸景,极水木亭台之胜。顾嗣立博学有才名,工诗,常聚宾朋酬唱于园中,极风流文宴之盛。许多诗句描绘了"秀野园"的情景,如"中庭苍翠两峰寒,修竹高梧傍曲栏""丛桂青青取次栽,小池清浅绿于苔"等句。叶燮、朱彝尊写有《秀野堂记》,文点、禹之鼎、王原祁、黄玠为作图卷。朱彝尊称它"登者免攀陟之劳,居者无尘埃之患。晓则竹鸡鸣焉,昼则佛桑放焉"。亦有诗赞道:"秀野堂深曲径通,巡檐始信画图工。小山巢石屋高下,清露戎葵花白红。"今园已废。

### 041　听枫园

位于姑苏区乐桥西塊,今庆元坊12号(原大门在金太史场4号)。因园内有古枫,可听枫叶之声,故名。此处原为宋代词人吴感"红楼阁"故址。清同治三年(1864),由苏州知府、金石书画鉴赏家吴云购得筑园。民国《吴县志》载:"听枫园在金太史场,归安吴退楼云所居。"吴云(1811—1883),字少甫,号平斋、退楼主人、罍翁,别署二百兰亭斋、两罍轩等。归安(今浙江湖州)人。清道光二十四年(1883)任镇江知府,后任苏州知府。清咸丰十年(1860),太平军攻下苏州后,吴云即丢官闲居。吴云笃学好古,喜金石书画,著有《两罍轩彝器图释》《二百兰亭斋金石记》《二百兰亭斋古铜印存》等。

听枫园面积约4 700平方米,又名"听枫山馆"。园划分为大小庭院5处。主厅听枫仙馆居中,南、北各有庭院1座。南院花木茂盛,东南隅堆假山,筑两罍轩、味道居、待霜亭、适然亭等。馆东为书房"平斋",前叠湖石假山,循蹬道至墨香阁,阁下层隐伏山中,上层突兀山巅。有花墙与院子分隔,斋阁自成院落。北院有清池一泓,金鱼成群。池畔有旱船半亭,花木峰石相映衬。吴云自称"宅居不广,却小有花木之胜"。当时,朴学大师俞樾居马医科(巷),与之相近,两人常相往来,称为"两闲人"。书画家吴昌硕曾任其家庭教师,并有机会欣赏吴云家藏之古物。吴昌硕在《削觚庐印存》中写道:"余始来吴门,封翁待以群从礼,假馆授餐,情甚笃。余得纵观法物、古书,摹印作篆,觉有寸进。"

吴云卒后,园渐衰微。宣统二年(1910),词人朱祖谋曾寓居此园。其后屡更园主。1949年后,曾相继为教师进修学校、第二中学、评弹研究室、评弹团使用。1979年,安置下放回城的评弹演员10余户暂住于此。1983年,园中单位与住户迁出,由苏州市文化局动工整修,1985年始,由苏州国画院使用至今。

### 042 范家园

位于姑苏区范庄前,即范文正公义庄。宋皇祐年间,由范仲淹所建。范仲淹(989—1052),字希文,原为汾州人,后迁吴县。宋大中祥符八年(1015)进士。曾任两溪盐官,迁大理寺丞。宋康定元年(1040),以龙图阁直学士经略陕西,驻守边防。宋庆历三年(1043)任参知政事(副宰相)。著有《范文正公集》。

范仲淹在杭州任上时,回苏州买田千亩,建立义庄,以周济族人。义庄内有岁寒堂、松风阁等建筑。范仲淹在《岁寒堂三题》小序中自称:"吾家西斋仅百载,二松对植,扶疏有轩……不出户庭,如在林壑。某少长北地,近还平江,美先人之故庐,有君子之嘉树,清阴大庇,期与千年……子子孙孙,勿剪勿伐,唯我家之旧物,在岁寒而知天地怜其材。"他在诗中写道:"双松俨可爱,高堂因以名。"后其侄孙范周在此建园,名"范家园"。宋咸淳十年(1274),知府潜说友建范文正公祠于义庄之东。元至正六年(1346)郡守吴秉彝改祠为文正书院,此后累次重修。门前建有四柱三间五楼石碑坊一座,额题"世济忠直";枋间刻有范仲淹的名言"先天下之忧而忧,后天下之乐而乐",故俗称"先忧后乐坊",惜已倒毁。

清咸丰十年(1860),范文正公义庄、文正书院大部分毁于兵燹。清同治五年(1866)重建,但未能恢复旧观。近代以来,为学校所用。现为景范中学校址。校内有范仲淹史迹陈列。

### 043 紫兰小筑

位于姑苏区甫桥西街(今凤凰街)王长河头3号,为近代文人周瘦鹃所筑。周瘦鹃(1895—1968),名国贤,字祖福,别署紫罗兰主人。吴县人。早年爱好文学,历任《申报》《新闻报》等编辑,并创办《礼拜六》《半月》等多种期刊,创作大量小说、散文。著有《周瘦鹃短篇小说选》《花花草草》《花前琐记》等。园内种有名贵花木,栽有精美盆景,并有假山、亭子等建筑,当地称为"周家花园"。

园占地四亩许,原是晚清书法家何绍基裔孙何维构的宅园,平房6间,老树满园,名"默园"。"九一八"事变后,周瘦鹃从上海回到苏州,以积累的稿费买下这个园子,易名"紫罗小筑"。意欲从此投笔毁砚,终身以花木为事。园之取名,颇有情趣。原来周瘦鹃年轻时的恋人周吟萍,因家庭的反对,两人恋爱未成。但周瘦鹃对吟萍倾心难忘。吟萍英文名为violet,即紫罗兰,故以为名,以示怀念故人。民国三十五年(1946),翻建旧屋,开拓园地,新建6间平房。

中为爱莲堂，为接待宾客之所，周恩来夫妇、朱德夫妇来访时，周瘦鹃就在这里接待。西为陈列古玩之处，名"且住"。又有"寒香阁"，厢房内杂陈奇石，名"紫罗兰庵"，盆养有一对百年绿毛乌龟。爱莲堂是主人的卧室，名"含英咀华之室"，还有六角形厢房凤来仪室。紫兰小筑以爱莲堂为中界，分为东、西两区。东区植蜡梅、天竹、白丁香、垂丝海棠、玉桂树、白皮松，古老的柿树、塔柏、玉桂树鼎足而三。梅丘周围称为"小香雪海"。六角形小花坛中央立着捷克雕塑家高奇塑造的女花神像。草坪石案上存放有象征光福镇上"清、奇、古、怪"的四盆老柏；五人墓碑义士梅；白居易手植桧柏古木；贾似道题"花下琴峰"4字的大石笋；张士诚婿潘元绍府中的九狮礅柱础；明代画家居节题"云迟"2字的灵璧石；号称"江南第一"的大型昆山石；清道光皇帝御玩竹石挂屏；潘祖荫旧藏古盆等；都是紫兰小筑的稀有珍品。西区有紫藤棚，棚旁小屋一间为"鱼乐园"，陈列各种金鱼。屋前是露

紫兰小筑

天盆景展览馆，几百盆大大小小、富有诗情画意的盆景被疏密地安置在这里，蔚为大观。盆景馆后面是5个湖石竖峰，名为"五岳起方寸"。五峰之后，竹林茂密。在东西区中间有亭榭名"梅屋"，点缀于假山池树之间，极为清幽雅致。池塘里荷花盛开，瀑布汩汩而下。一年四季百花争奇斗艳，绿树郁郁葱葱，为小筑添了山林野趣。

紫兰小筑名传海内外，一年四季参观者络绎不绝。除了国家和各地领导人以及各界人士之外，世界上先后有20多个国家的贵宾前来参观。1966年周瘦鹃辞世后其园渐废。后有所修复，现为周氏后裔居住。

### 044　渔隐小圃

原位于姑苏区外枫桥之西。先为王庭魁的"江村山斋"。王庭魁，字冈龄，工诗善画，多藏名迹。庭魁女适袁廷檮。后圃归袁氏，改葺后易名"渔隐小圃"。"渔隐"，犹隐逸之意。袁廷檮，字启蕃，号渔洲，清吴县人。读书博涉，授例得贡生，但无仕进之志，独喜五七言诗，年51卒。著有《渔洲吟草》。

园广百亩，建筑甚雅。袁枚写有《渔隐小圃记》曰："吾宗有贤曰渔洲居士，居士有园，曰渔隐小圃，在枫桥之西，袤广百亩，客之往来于吴会者，可以泛航而至。"袁廷檮卒，圃又归袁氏之弟袁廷祷（字又恺），廷祷拓而新之，园景之胜更盛于前。袁又恺写有《渔隐小圃记》，对园内景色记之甚详。入门，有"贞节堂"3楹。后为竹柏楼，为奉母之处。楼旁有洗砚池，池水湛碧。沿池遍植木芙蓉，有径达梦草轩。旁柳荫，架横石，名"柳汀倚"。由倚而入，左为"不系舟"，右为"水木清华榭"，再前为五砚楼，因藏有元明间袁氏名人所遗五砚而得名。登

楼，远山出没，平畴在目，可供吟眺。楼东有枫江草堂。南有小山丛桂馆，植桂甚繁。小阜突起，吟晖亭建于其上。亭下接稻香廊。廊尽为银藤簃。西向最高者为挹爽台。草堂之后，栽牡丹、芍药，名"锦绣谷"。东则为汉学居，为主人袁又恺著书之地。再后为红蕙山房，累计有16景。春秋佳日，吴中胜流名士，多会于此。远方贤士过吴者，亦多系舟造访，往往填咽江村。今已无存。

### 045　圆峤仙馆

原位于姑苏区悬桥巷。明末清初为高士徐波宅第。徐波，字元叹，号浪斋。善诗词，著有《浪斋新旧诗》。钱谦益曾以"天宝贞元词客尽，江东留得一徐波"誉之。明亡，徐波弃家入鄣山读书。将宅第予外孙许眉叟，改筑为"圆峤仙馆"，精雅宏敞。"圆峤"者，传说中的仙山，常指隐士、神仙所居之地。其曾孙又营造来鹤亭、碧梧龛诸胜。后归诸生祝寿眉，葺为"琢园别业"。一说为"祝园别业"。今园已废。

### 046　辟疆小筑

原位于姑苏区甫桥西街北首，今凤凰街228号。清道光二十年（1840），由教谕顾沅建。民国《吴县志》："辟疆小筑在甫桥西街，道光二十年，顾明经沅建。阮相国元题并书，严太史保庸为记。"顾沅（799—1851），字澧兰，号湘舟，又号沧浪渔父。长洲（今苏州）人。道光间官教谕，收藏富甲三吴，交游多名流耆宿。清咸丰十年（1860）卒。辑有《吴郡名贤图传赞》《玄妙观志》《吴郡文编》等，著有《赐砚堂诗集》《今雨集》等。

宣统《吴县志稿》云："辟疆小筑，在甫桥西街，顾沅所筑。"严保庸撰《辟疆小筑记》载有"食旧德而扬清芬，贤子孙之事也。顾子而无园也则已，顾子而有园也，则其必以辟疆名，固也"。晋时苏州有"辟疆园"，相传在和丰坊（今西美巷），为顾氏所筑（今已湮没无考）。所以名"辟疆小筑"，有传承、纪念之意。人亦有称"辟疆园""小辟疆园"。

据严保庸的记载，辟疆园虽不甚大，但具尘世山林之致。最胜者为思无邪斋，地势高旷，巨石突兀，罗列如儿孙。乔木数棵，直上云霄。杂花绕之，灿如云锦。西有不系舟、心妙轩、据梧楼、金粟草堂。草堂之西，又有如兰观、春晖阁。再往西为艺海楼，楼上纵横环列36橱，贮书10万余卷。楼下为"吉金乐石之斋"，商彝周鼎、晋帖唐碑之属无不具，亦无不精。又西为传砚堂，因其曾祖济美有端砚传子而得名。"白云深处"，为奉母夫人颐养之处。还有古泉精舍、不满亭等诸胜。并建苏文忠公祠于内，祠中有苏亭、苏轩、啸轩、雪浪亭等。清咸丰庚申之乱，所藏书籍碑版均散失，园遂荒废，苏文忠公祠亦划入定慧讲寺，园址所存，不及其半。

据1985年《苏州市志》载：1926年，入游者见园虽荒芜而景观尚可，众卉丛生，银杏高出云霄，九曲栏杆与碑俱断。碑亭内砌一墙，半属顾氏，半属定慧寺。据顾氏后裔顾翼东回忆，20世纪30年代初，故宅中尚存传砚堂、艺海楼、白云深处、据梧楼、不满亭、金粟草堂、如兰馆诸构，与旧志所载相符。抗战胜利后，1947年，仅古银杏尚存，余全废。

1950年，在此建云母生产合作社，后发展为合成晶体材料厂。1982年为苏州市劳动局职业技术培训中心所购，翻建新楼，为办公之处，至今犹是。

## 047　真如小筑

原位于姑苏区胥门外由斯弄，今泰让桥弄22号。"真如"，为佛教语。《成唯识论》（卷九）载："真谓真实，显非虚妄；如谓如常，表无变易。谓此真实，于一切位，常如其性，故曰真如。"据王政（憩棠）"真如小筑"额"题记"中可以看出，由沈琢堂建于清嘉庆二十五年（1820），面积约500平方米。沈琢堂，从题记中可知，为文人，素心恬澹，喜欢吟咏。因而在此筑园。

园东傍大运河，南濒胥江，近大日晖桥。"东仰旭日朝晖，西眺落日余照"，风景极好。有厅堂建筑、假山、鱼池、凉亭、曲桥、花果树木，凡园林之构无不毕具，人称"仿留园"。尤以大黄杨树两棵，及楠木厅前廊悉用彩色瓷砖铺地，为他处所少见。王政在"题记"中说：其园"清流环其右，绿水绕其左。佳木异卉之属，无不毕备"。主人"有时唱和吟诗，则夜渚月明，水流花开，触处皆心情也。有时把酒临风，则柳荫路曲，流莺比都，随遇可觞也"。后为开绣庄致富的顾荫农购下，俗称"顾家花园"。1996年后，鱼池、假山、曲桥、亭子等被毁。尚存楠木厅、书房等建筑和无花果、芍药等花木，以及书条石若干。2003年，在其地建设苏州市规划展示馆。

## 048　石涧书隐

原位于姑苏区西采莲里（后为东采莲巷）。宋靖康之后，由俞琰筑园隐居。名取隋江总《摄山栖霞寺山房夜坐简徐祭酒周尚书并同游群彦》"石涧水流静，山窗叶去寒"诗意。民国《吴县志》载："石涧书隐在府学西，亦南园故址。隐士俞琰所构，因自号石涧。"俞琰，生卒年不详，字玉吾，号全阳子、林屋山人、石涧道人。为宋末元初道教学者。吴郡（今苏州）人。俞琰幼好博览，以致废寝忘食而成疾。入元后隐居不仕，以辞赋见称，雅好鼓琴、作谱，尤精于易学。郑元祐《题石涧书隐记后》云："有花卉竹石，园池室庐，真称隐者之居焉。"

一说俞琰之子所构。俞琰之子，名仲温，字子玉，尝官平江路医学录。陈谦作《石涧书隐记》，称园中"列植以松竹果木，有井可绠，有圃可锄，通渠周流，而僧龛渔坞映带乎其右；旁舍之所联属，湾埼之所回互，石梁之所往来，烟庵水槛，迤逦缮葺；是则可舟可舆，可以觞，可以钓，书檠茶具，鼎篆之物亦且间设。环而视之，不知山林城府孰为远迩"。传至其孙俞贞木仍居此。俞贞木，字有立，号立庵，又号包山樵者、洞庭外史。又筑咏春斋，并有记云："维本始之既萌，翕辟絪缊，或磅礴以地，或浑沦而天，橐钥众万，芸芸纷纷，骞而于云，泳而于川，何物何我，陶然一春。弁而五六士，卯而六七人，浴沂以嬉，风雩以归，而音讽讽。匪列御风，匪周观鱼，造物者为徒，而曾皙之与居。舍曰咏春，其曷以名先生之斋庐者哉。"

后传至贞木之孙俞嗣之。俞嗣之，字振宗，又作"九芝堂"。俞嗣之仍以祖传为业，虽年已70岁，犹设私塾，"教生徒十数人，性坦率，与物无忤"。朱存理《题俞氏家集》云："园之中，有屋三楹，中揭以王清献公所书石涧书隐旧刻匾，祠石涧诸像，旁庋遗书。竹树荫翳，户庭潇洒，如在山林中也。屋后有秋蟾台，吴门周浩隶，亦山人，垒石为之，仍以其先命名台，上平旷，可坐四三人，荫以茂木。山人味淡泊，读书暇，灌园为事。"

此园连传数代，一代代的增建修葺，且多继承祖业，读书授徒，研究易经，著书立说，实属不易。后废。有《俞氏家集》传世。今园已废。

### 049　罗家花园

原位于姑苏区，今孔付司巷4号。此处原为明代墨池园故址一部分。民国年间为政府大员罗訚子的私家花园。罗訚子，名良鉴，湖南长沙人，清末江苏巡抚程德全幕僚，后官至国民党中央监察委员、国民政府蒙藏委员会委员长。因原址多古园旧迹、名木池沼，罗氏又广植桃树，形成宅园，即名"罗园"，或称"罗家花园"。园内散布池沼假山，植树成林，绿荫遍地。诗人金松岑《天放楼诗集·癸酉卷》中云"罗訚子（良鉴）园林水木甚美，往游者屡也"，并咏以诗云："荷叶遮披柳拂天，不妨宦隐好林泉。……罗家园子花照眼，丁香海棠相妩媚。"园北部为住屋、祠堂，屋前有一片草地，再南则桃林一片，间以枇杷，占全园五分之四左右，尤多水蜜桃树，春夏之时彩英缤纷，桃实累累。

1947年，罗辞去蒙藏委员会委员长职务。同年，罗氏夫妇在飞往香港的途中坠机而亡。子女大多去海外，园无人管理，逐渐荒芜。1956年12月，经苏州市政府同意征用罗园北部，建江苏师范学院教工宿舍，东部和南部则逐步划入第一光学仪器厂。1967年至1972年，苏州市革命委员会两次批复第一光学仪器厂续征该园土地8亩许，后又经多次翻建，罗园遗迹全无。

### 050　蒴溪草堂

原位于姑苏区葑门内姜家巷（今十梓街东端）。明景泰元年（1450）韩雍筑于蒴溪之畔，故名。韩雍（1422—1478），字永熙，长洲（今苏州）人。明正统七年（1442）进士，授御史。明景泰二年（1451）擢广东副使，代巡抚江西，官至副都御史，提督两广军务。明成化十年（1474），因被人所诬，宪宗命其致仕。成化十四年（1478）逝世，追谥"襄毅"，后世称他为"韩襄毅"。著有《襄毅文集》等。

园占地约2万平方米，园内林木茂盛，绿荫一片。韩雍写有《蒴溪草堂记》，记之甚详。园内有老桂两株，幽兰数本。植箣竹300竿，大可合围，高可四五丈。又有斑竹、紫竹、黄金间碧玉竹。又植柑橘、林檎、樱桃、枇杷、银杏、石榴、宣梨、胡桃、海门柿等300余株。西南有小池，植千叶红莲，池边又植桑、枣、槐、梓、榆、柳杂树200株，馀则皆蔬畦也。这个园林是在韩雍致仕后所建，作为其安度晚年之用。"而当雪残雨收、月白风清之时，与良朋佳客游其间，又可以恣情玩、解尘虑"。韩雍与徐有贞、祝颢、冯定、刘珏等于园中联句唱和，有"蒴溪古无名，得名自兹始""波光动园林，野色到城市""池深鱼影晦，林密鸟声喜"诸咏。刘珏并为韩雍绘《蒴溪草堂十景图》，邱濬亦作《蒴溪草堂记》，称其"治第于蒴溪之上，盖豫以为退休归宿之地也。其园林池沼之胜，甲于吴下……"今园已废。

### 051　拥翠山庄

位于姑苏区阊门外山塘街虎丘山麓，在虎丘上山路西侧。山上多植树木，一片青绿，故名。

清光绪甲申年（1884），由内阁学士兼礼部侍郎洪钧，与友人朱修庭、郑叔问、彭南屏、文小坡等发起而建。洪钧（1839—1893），字陶士，号文卿，吴县人。清同治七年（1863）状元，授翰林院修撰。曾任湖北学政、顺天府乡试同考官、内阁学士等。先后出使俄、德、荷、奥等国，是清代著名的外交官。洪钧曾娶名妓赛金花（原名赵彩云、傅彩云）为妾，并带她出使外国，人称"公使夫人"。清末四大谴责小说之一《孽海花》，即以他俩的生活经历为原型演绎而成。

山庄坐北朝南，占地约700平方米，四周有围墙，围墙门外有"龙""虎""豹""熊"4个大字。自南向北随山势升高，共分4层。第一层庄门、抱瓮轩，第二层问泉亭、月驾轩，第三层灵澜精舍，第四层送青簃。山庄间缀以湖石孤峰及栽植银杏、柏树、青竹、桂花、紫薇、石榴、黄杨等花木，有"风来摇扬，戛响空寂，日色正午，人景皆绿"之妙境，令人感悟"拥翠"之含义。

拥翠山庄

山庄因地制宜，利用自然地形造景，巧借周边景物以达到丰富园景的目的，配以合理的布局和丰富多彩的绿化手段，使其与庄外环境融为一体。它是苏州园林中独树一帜的台地园林，也是苏州唯一内部没有水的园林。2009年被列为苏州市文物保护单位。

## 052　双塔影园

位于姑苏区今官太尉桥15号、17号。清咸丰年间，为卢氏旧居。后由诗人袁学澜购得旧居，营造宅第花园，因临近双塔，题名"双塔影园"。袁学澜（1803—约1894），又名景澜，字文绮，号春巢，元和（今苏州）人。诸生。能诗，著有《吴郡岁华纪丽》《姑苏竹枝词百首》《游吴郡西山诗》等。

双塔影园坐西朝东，建筑面积3 200余平方米。有南北两路，南路临街门厅因拓宽街巷被拆除，现存3开间正房3进，第一进为轿厅，第二进为客厅，第三进为堂楼。另有2进偏房、1进下房和1座花园。北面1路现存3开间正房4进，第一进为轿厅，第二进为客厅，第三、第四进均为堂楼。另有1座花篮厅。更楼高3层，为全园最高点。园内花木有玉兰、山茶、海棠、金雀之属，出于假山垒石之间。园较为疏旷，虽无亭台观榭之崇丽、绿墀青琐之繁华，而蹊径爽垲，屋宇朴素。袁学澜在《双塔影园记》中说："今余之园，无雕镂之饰，质朴而已；鲜轮奂之美，清寂而已。杜陵诗云：'避人成小筑，乘兴即为家。'雪泥鸿爪，偶然留迹，正如鹪巢萍寄，托兴焉耳。"

全园有6座砖雕门楼，雕刻精细，为他处所罕见。其中两座为旧物，分别为"云开春晓"和"克勤克俭"，图案各异，雕刻精细，为园中一绝。另4座为新雕。

袁学澜殁后，此园屡易其主，后变为民居。据有关部门统计，1997年时园内住有68户人家，建筑被任意分隔，宅内随意搭建，屋宇失修，日渐颓败。后由某房地产开发公司接手整修，动员住户搬出，用3年时间整修完毕。现成为"吴都会馆"，由吴都学会使用。

### 053　八慵园

位于吴江区平望镇，为吴会丰店面的私家花园，也是清代平望唯一的花园。大门向东。遗址东为南前街，南前街东为古运河；南为民居，民居南为姚家弄；西民居，民居西有陈家弄；北为南大街。

清光绪《平望续志》载："八慵园，在前街，吴格所筑，德清俞樾题，殷兆镛、秀水杨象济各有记。"慵者，懒散也，古人诗中常以为意象自嘲，如杜甫有"小来习性懒，晚岁慵转剧"；白居易有"年长识命分，心慵少营为"；等等，园主当亦以自嘲之语，喻散淡不争之志。吴格（？—1884后），字梅隐，号眠鹤子，吴江平望镇人，画家。园正门为石库门，入门有小弄通园，弄内有侧门通住宅，主体建筑是楠木厅，名"鸳鸯厅"。厅前有小天井，置有单块假山石笋，栽有竹木，厅左有门出园，通小弄。厅右有花墙，墙外为主体假山和水池。假山上部筑有木楼，有砖石砌的楼梯拾级而上，假山及假山旁均有亭阁。清殷兆镛写有《吴梅隐表叔八慵园十六咏》，记录了八慵园的16景：八慵斋、得真堂、格庐、眠鹤庵、卧雪廊、小梅花庙、鸣玉廊、画眉楼、逭暑亭、岩香书屋、端友居、氶秋阁、黄石山房、邀云亭、留流亭、索笑楼。

1921年，园主将园大厅出租，设一所西医医院；1925年，八慵园借给平盛税务公所；1926年1月1日，国民党吴江县第四次代表大会在八慵园召开。抗日战争期间，八慵园被日军战机炸毁，现仅存遗屋数间。

### 054　采柏园

位于吴江区平望镇。清道光《平望志》载："采柏园，在室字圩。国朝州同知凌坛筑。"

园名取自庭院中有古柏树。园内有宛委书堂、疏虫鱼馆、晤研斋、针孔庵、披襟阁、烟波洞天、寸寸秋色廊、奉饴楼等景点。烟波洞天高可见洞庭诸山，近可望莺脰湖景色。清诗人郭麟在《园记》中写道："君之高情逸韵，固已度越流俗，而偿余宿昔未满之愿，他日扁舟过访，挈鹭提鹇登君之堂，而遍览此园之胜，作为诗歌以助欸乃之声。虽不足追踪昔贤，亦藉手以酬君见属之雅意焉。"园今已不存。

### 055　复古桃源

位于吴江区震泽镇花山头路西侧，是桃源洞旧址。花山头路东西走向，路长157米，宽3.5米，属于镇区的干道。其支路有北弄、彭康弄、四宜轩弄、混堂弄等。

震泽有一俗称"花山"的空地，原有一座土山，本是古墓。宋工部侍郎杨绍云退隐回镇后，就在其旧屋通儒堂北增建定轩，在定轩内叠成一洞，称为"桃源洞"，又在镇西筑水桃源洞，别号"小武陵溪"。杨绍云去世后，家道衰落，其后人将定轩售给震泽陈长方之孙陈行之。后定轩又数易其主，景象渐败，元代毁于战火。明万历（1573—1619）中，广东潮州通判沈有光告老

回震泽,深感"浮生若梦,人寿几何",于是复建桃源洞,名为"复古桃源"。明至天启年间(1621—1927),此处为文正老人所有。老人又增添了钓滩、鹿房、招鹤墩、牡丹台、伯夷桂、石棋枰等景物。清代,再度洞门深锁,古木萧条,一片荒凉。

20世纪五六十年代,"复古桃源"旧址为震泽山泉书场。书场的后院尚能见到几座假山和幽暗的山洞。现洞早已淤塞,仅存一土丘。1958年,取花山之土填藕河成路,土山削平而成路,从彭康弄至文武坊,仍名"花山头"。

### 056  震泽公园

位于吴江区震泽镇。东至公园路,南接周坊元民居,西临三里塘和新河交界口,北至新开河。

原为震泽八景之一"虹桥晚眺"旧处。占地60亩,1935年颐塘改道,开辟新河,两岸堆土成山。第二年,由新河协进会主任、区长沈秩安等发起,在鲤跃路(现名公园路)西募建公园。公园正门向东。1937年11月,日军侵占震泽,在公园内滥杀无辜,公园荒废。1956年,震泽镇人民政府整修公园,并在北侧建造烈士陵园。

20世纪六七十年代,公园被工厂占用。园林荒芜,建筑千疮百孔,面积仅剩24亩。1982年,退厂还园。全园布局以荷花池为中心,向四周展开,新建水榭、姐妹亭及土山、方亭等,使厅、榭、亭、台、池、桥、山、石,错落分布,互相借景。还附设了文化活动室、少儿阅览室、儿童乐园、茶室、水榭书场等设施。1985年,震泽公园大门仍设于东向,同年将原丝业公会清水砖墙移建于此,门上匾额"震泽公园"4字,为费孝通手书。2003年,因颐塘运河改扩建,将原在公园北侧的烈士陵园迁建至公园西南角。

### 057  谐赏园

位于吴江区松陵街道城西北北塘街东小园弄内。

园名取自谢灵运《山居赋》:"在兹城而谐赏,传古今之不灭。"明顾昺所建。顾昺(1489—?),字仲光,号平野,吴江松陵人,与孙赟、陈策并称"江南三才子"。明正德十二年(1517)进士,官至汝宁(今河南汝南)知府。后辞官回到吴江,移家松陵北塘,乃筑此园。

其宅以东半为园,内建有"云萝馆""清音阁""美蕉轩""载欣堂""净因庵"等。台榭池馆虽精丽,但以木石为人称道,其古木"大者数围,小者合抱",其石"苍然而泽,不露叠痕",故有"胜甲一邑"之誉。

后谐赏园传至顾昺之孙顾大典。顾大典弃官后即以此园作为燕乐终老之地。顾大典(1540—1596),字道行,号衡寓。明隆庆二年(1568)进士,官至福建提学副使,后自求解官,归吴江故宅。顾大典工诗文,善书画,嗜词曲。经常与友朋在谐赏园中作诗酒之会。家中养有一班乐工,宴会、来客时就在厅堂演出。他自己创作了《清音阁传奇》四种,其中《青衫记》和《葛衣记》最有影响。顾大典辞官回乡后不久,沈璟也辞官回到了松陵。两人情趣相投,一起交流戏曲,逐渐形成了与汤显祖"临川派"齐名的"吴江派"。

顾大典亡后,其儿孙均外出仕宦,园渐荒废。民国间曾略修整,园林学家童寯曾将此园著录于所著《江南园林志》中。此园荒废后曾开垦成桃园，后又将桃园改变为居民住宅小区"桃园新村"。顾大典自谦称其园为"小园"，现原园前之路名为"小园弄"。

### 058　共怡园

又名东园、祥园，位于吴江区松陵镇松陵街道原城隍庙东，今公共文化艺术中心址。取名"共怡"意在作为公众游乐场所，与民共乐。

当时，平望杨家港有一座"三老爷庙"，为盗贼祭拜强盗祖师之所。清乾隆五十年（1785）吴江县知县龙铎毁此庙，拆除庙房将建材运回吴江修建松陵书院；将庙中的太湖石运回，在城隍庙东建共怡园。园占地约7 000平方米，挖池筑台，种花植树，叠石为山。内有2座假山、1个池塘，还有古树、厅榭。有一株银杏粗达数围。清光绪《吴江县续志》记有张士元的《东园看花》诗："东园花木谁滋培，蓊勃香气闻池台。辛夷片片吹落地，诸花含萼黄鹂催。连朝晴霁更向暖，林端红紫争相偎。海棠欲发犹掩抑，半面已露千玫瑰。桃花正放南北坞，风容雨意骄群材。……"

园毁于清咸丰战事，民国间曾在园内建四面厅、黄楼，成为士绅聚议场所。园中有一"琴石"，击之乐声悦耳，原为顾大典谐赏园中的松化石，是从浙江丽水括苍运回松陵的，顾的后人顾子寿于清嘉庆年间（1796—1820）从广东回乡，将此石移到文昌宫，后移入共怡园。沿街东南角曾有一茶馆书场，名为"祥园书场"，其南向东有一弄堂为祥园弄。

20世纪50年代共怡园中建吴江县广播站，后由广播电视部门建造职工住房，将共怡园中房子、假山全部拆除，池塘填平。

### 059　芳草园

又名驸马园。位于吴江区松陵街道盛家库。

明洪武年间（1368—1398）朱元璋将女儿寿春公主嫁给开国功臣傅友德儿子傅忠，在吴江城建宅，在东门外盛家库建园，故称驸马园。园之南开凿小河，供公主和驸马的轿船出入，称"鸾轿浜"。洪武二十一年（1388）寿春公主病亡，遗一子名傅彦，洪武二十七年（1394）傅友德被朱元璋赐死，驸马园迅速败落。

至清代，驸马园败剩的春园被松陵人王氏购得，修葺后改名芳草园。民国《垂虹识小录》记载："芳草园在新桥河，王氏宅。宅本前朝驸马府，有春、夏、秋、冬四园，此乃春园也。"今园已不存。

## 二、寺庙、宫观、祠堂名（75条）

### 060　重元寺

位于苏州市工业园区唯亭街道阳澄半岛阳澄环路333号，初名重玄寺，宋称承天寺，后又改名能仁禅寺等。重玄之名典出佛经，菩萨究报之玄理，云玄门，已极玄理，重修凡事之玄门，故曰重玄。初建于南朝梁天监二年（504），系陆僧瓒舍宅改建，位于苏州姑苏区西北部今东中市"承天寺前（街名）"的北面。《平江图》上标作"能仁寺"。范成大《吴郡志》（卷三十一）："能仁禅寺，在长洲县西北二里，即梁重玄寺，入国朝为承天寺，庭列怪石，俗传钱王立。前有二土山，中有铜无量寿佛像，高丈余。宣和中，禁寺观、桥梁名字以'天圣皇王'等八字，改今额。"元代，能仁寺易名承天能仁寺，元至正十六年（1356），张士诚据承天寺为王宫，两旁分别兴建东宫、西宫，三面是水，唯南面为陆路，至今南面道路尚称"承天寺前"，东、西所在地今分别称东海岛、西海岛。明代重新恢复为寺，至万历年间（1573—1619），成为苏州城内最大的寺院之一。清代，因避康熙皇帝玄烨之讳，重玄寺改名重元寺。民国时，寺庙破败，至20世纪50年代，已完全毁坏，寺址移用作花线厂厂址。

2003年11月，经江苏省人民政府批准恢复，易今址重建重元寺。之所以寺建唯亭，是因为据《元和唯亭志》，唐代唯亭山原有重元禅寺，始建无考，遗迹均已湮灭。今日寺庙区布局完全按佛教传统理念进行规划，占地300余亩，主寺庙区以一条南北向主轴线统率全局，由南而北地势逐渐抬高，分为寺前广场、寺院前区、寺院后区。每个区域东西方向又分为中央主轴院落和两侧的偏院。大雄宝殿建筑面积达2 100平方米，殿内的三世主佛高16.5米，并有海岛观音雕塑群，以及寺内佛、菩萨、金刚、法器及大殿外钟楼、鼓楼等，体量硕大，均位于国内前列。观音院位于寺前广场南面阳澄湖莲花岛中，环以围廊的观音阁为中心，周边是水波浩渺的阳澄湖，水上观音阁高居于台基之上，4层四重檐，亚字形平面，黑筒瓦黄琉璃剪边，脊高44米。观音阁围廊正南北门为门屋，东、西各连接3座观音殿，合为显（密）宗六观音殿，和寺庙入口广场以一座长99米的寺内桥（普济桥）连接。观音阁中的大慈大悲观音像高33米，由青铜铸造，重达88吨，表面贴金，法相庄严，为我国室内观音之最。水上观音阁和主寺庙区相互呼应。崇宇湖光，尽现观音道场重元寺水天佛国的特色。重元寺的恢复重建，填补了姑苏区古城东面旧时寺庙全部被毁坏所形成的空白，建成以关爱生命、度生护法为宗旨的佛教文化区，表现出莲花佛国的观音道场特色、万佛庄严的独特风貌。

### 061　楞伽寺

位于苏州市虎丘区（苏州高新区）上方山顶。上方山旧名横山，又称楞伽山，山上有三座寺庙，山顶的称楞伽寺，寺旁有塔，称楞伽塔。因佛教《楞伽经》而得名。在山北部半山腰的，称治平寺。山南部半山腰的，称宝积寺。旧有"上、中、下三院"之说，统称"楞伽寺"。唐《吴地记》载："楞伽寺在县西南二里，梁天监二年置。"宋朱长文《吴郡图经续记》云："楞伽寺，在吴县西南横山下。其上有塔，据横山之巅，隋时所建，有石存焉……又有宝积、治平二寺相连，皆近建也。"明《横溪录》载："拾级而上有上方寺，隋大业四年（608）开山，郡守李显建塔七级……寺始由半山亭半里至翠微亭入山门，门内因山势为殿二重，其前观音殿，后五通。两翼亦各有神宇殿……夫治平、宝积旧皆名楞伽，则仍按《苏志》称楞伽讲寺，几混矣，故从卢《志》，书上方山。"寺旧有白云径、清镜阁、双冷泉、楞伽室、藏晖斋、先月楼、青莲峰诸景，后废。

宋咸淳年间建五通祠，别称"五圣祠"，又称"五显灵顺庙"。内供"五通神"，五通神所指历来说法不一。民间有多种传说。一说是顾野王的5个儿子。《小知录》（卷六）载：顾野王长子盛南，次子鸿南，三子周南，四子夏南，五子允南，皆被封为侯。宋建炎初，建祠翠微之阳明，初号五显顺灵庙。从这条记载来看，原本是纪念顾野王5个儿子的祠堂，后讹化为"五显"，变为神灵，再讹为"五显老爷"，名字也改为显聪、显明、显正、显直、显德。再后来，香头们为了获利，将"五显"说成"五通神"，"通"者，神通广大也。二说是朱元璋做了皇帝，开辟了大明江山，活着的人都被封官晋爵了，死去的人却一无所有。一天夜里，朱元璋做了一个梦，梦见那些阵亡将士向他讨封，但阵亡的将士太多，如何封呢？朱元璋想了一个办法，以5个亡灵为1伍，封为"五通神"。命家家祭祀，或建庙祭祀。三说是元朝末年，有个叫何五路的人，在倭寇入侵时，他奋力抗击倭寇，在战斗中英勇牺牲了。百姓为了纪念他，立庙祭祀。庙内塑他的像，人称"何五路神"，简称"五路神"。

旧时，每逢农历八月十五日，上方山举行庙会，善男信女进香者络绎不绝，大家纷纷去庙内焚香点烛。一些小商业者及贫穷人家，可向"五圣老爷"借债，称为"借阴债"，但必须每年成倍付还利息。因而，每逢庙会日，借债人提篮挑担，装满了香烛，上山焚香，所谓付还"利息"。因而，从山下至山上，直至庙内，香火旺盛，黑烟弥漫，遮空蔽日。故吴地有歇后语"上方山阴债——还不清"，即指此。时任江苏巡抚汤斌认为这是"邪神"，遂亲自上山，捉拿巫婆神汉，将神像焚火烧化或抛入石湖，"借阴债"就此绝迹。此后，神汉巫婆虽有死灰复燃，但当地官员效法汤斌，屡屡禁止，故不再发生了。

## 062 石佛寺

又名潮音寺、妙音禅院。位于苏州市虎丘区（苏州高新区）横塘茶磨山下。民国《吴县志》载："妙音禅院，今名石佛寺，在行春桥西茶磨山麓。"寺面临石湖，依茶磨山边的岩石造型，凿就一尊观音佛像，立于徒崖裂罅间，俗称"石佛""石观音"，寺名由此而来。石佛也称"观音岩"，上筑一亭，高2米，下为一泓涧水。《石湖志》云："下视沉沉，静深莫测，跨石为桥，长二丈许，护以扶栏，过者股慄眩视，左右绝壁巉岩，寒藤古木，蔽亏掩映，清气洒然，殆非人境，俗呼为'小普陀'。"

石佛寺始建于宋淳祐年间，前有佛殿山门，临通衢有僧房数间，规模虽小，甚可人意。明洪武年间重修。置"石湖佳山水"匾额。明嘉靖三年（1524），祝允明题匾"古石佛寺"。嘉靖十四年（1535），苏州郡守胡瓒宗到此游览，觉得此处风光极好，遂提笔挥毫，在崖石上题"崖石涧"3字。因有石观音像尊立于岩下，有人又题为"小天台"。明崇祯四年（1631），由郡绅司马申用懋重建大殿。寺内有申司马祠。大殿倚山构阁，设计巧妙，以山崖之势盘折而上，造成一殿。殿虽不大，但小巧玲珑，如悬于半空之中，殿外围以朱栏。游人登阁，倚栏下望，恍若仙境。其时，游人纷至沓来，十分热闹。

清乾隆二十三年（1758），乾隆皇帝南巡至苏州，游览石湖，见了石佛寺，大有好感，即兴挥毫，题了"普门香梵"的匾额，又题一联："愿力广施甘露味，闻思远应海潮音。"由于皇帝题匾，一时寺里香火极盛。

民国初年，石佛寺尚有大殿，殿前种植4棵古银杏，殿四周建围墙。1924年，吴县政府曾按照宋时的基础加以修建，后毁之以火。"文化大革命"中石佛寺遭到破坏，寺阁、盘道、石梁均被砸毁，观音石像被砸成3段，落入涧内。

20世纪80年代，由苏州市政府拨款重建石佛寺。疏浚涧中淤泥，将石观音像从涧中捞出，清洗干净，请石匠艺人拼装补修，恢复原貌。现在的石佛寺，仍依山而建，两端分别为2层小殿，殿内墙壁上挂有当今书画家费新我、张辛稼等的书画。下为观音堂，两根石柱上刻有乾隆皇帝题的楹联。崖壁上有明清石刻，隐约可见，潭前上方有石梁，上刻"梵音胜迹"。石梁左右两侧天然岩石上刻乾隆御书各一方，字迹已剥落。入内是3间正殿，正殿南为3间轩屋，曾是乾隆游览处。现已被辟为茶室，名为"茶磨山房"，供游人小憩。轩内有乾隆御书《观石湖打鱼歌》碑，碑高1.55米，宽0.75米，供游人观赏。《观石湖打鱼歌》前有"小序"云："地方大吏备观打鱼，因事已成，略观辄罢之，而作是歌。"歌云："江乡本以渔为业，烟水冲寒应不怯。而我行时欲物熙，人跼鱼毙非所悦。施罛连网围周遭，大鱼掉尾小鱼跳。烹蒸充俎供一嚼，宁如噓浪听逍遥。木兰每岁秋围即，他他藉藉曾弗惜。何慈于鱼弗慈鹿，春秋温肃殊南北。湖鱼宁实繁如斯，我惟务实命罢之。悠悠而逝诚逝矣，怀哉里革与藏僖。"

## 063 治平寺

位于苏州市虎丘区（苏州高新区）上方山北部半山腰。清徐崧、张大纯《百城烟水》云："治平教寺，在上方山下。梁天监二年（503），僧法镜建。旧名楞伽寺，宋治平元年（1064）改今名。"并有按语云："治平寺旧亦名楞伽，而《吴县志》云：'宝积寺在横山下，亦名楞伽寺……今此寺自在楞伽山上，而宝积归治平，岂皆一寺所分耶？'"宋朱长文《吴郡图经续记》云："寺旁有巨井，井有石栏，栏侧有隋人记刻，盖杨素移郡横山下，尝居此地，又有

治平寺

宝积、治平两寺相连，皆近建也。"明嘉靖元年（1522），由僧智晓再行整修，筑有环翠轩、深

秀堂、湖山堂、竹亭、石湖草堂等诸胜，并在寺内空地上遍植海棠。春日花开，一片锦绣。

清乾隆二十四年（1759），由句容宝华山慧居寺方丈选戒僧润恒来此住持，翌年重立治平寺。乾隆南巡时，在治平寺旁盖起了行宫，修建了御道。清同治九年（1870），毁于兵燹，后由僧大愚再募款修建。民国初期，北洋政府军政总长、代总理李根源一度曾借宿于寺内读书考古，以为乐事。

治平寺东侧，旧有"花墙十八垛"，极为著名。其墙上漏窗图案，设计巧妙，各不相同；在墙边配以花木，花窗相映，幽雅别致，为寺内一胜景。寺的后面，广植松树，久而成林，松涛声声，十分动听。故治平寺雅称"听松僧院"。至今，仅存寺门前1株古银杏，有4人合抱之粗，树龄有数百年，枝杆挺拔，绿荫如盖，一片生机。治平寺遗址，1982年已被列为苏州市文物保护单位。

### 064　范文穆公祠

又称范公祠、范成大祠堂。位于苏州市虎丘区（苏州高新区）石湖行春桥畔。始建于明正德十四年（1520），次年正式落成。由监察御史卢雍为纪念宋参知政事范成大而建。范成大（1126—1193），字致能，号石湖居士。吴县人。宋绍兴二十四年（1154）进士。曾任著作郎、吏部郎官，以起居郎假资政殿大学士出使金国，不辱使命，全节而归。后知静江府、安置使，拜参知政事。不久，进资政殿学士，加大学士。晚年退居石湖。所作田园诗同情农民疾苦，影响深远。范成大逝世后，诏赐文穆，故后世称"范文穆公"。著有《石湖居士诗集》。

范文穆公祠，明清时期屡经修葺。1926年，尚存祠宇3进，后年久失修，日渐倾废。中华人民共和国成立后，于1963年被列为苏州市文物保护单位。1984年苏州市政府拨款整修，重建门头。正殿上书"寿栎堂"匾额，堂正中是范成大青铜坐像，两侧有楹联曰："万里记吴船，蜀水巴山经过处；千秋崇庙祀，行春串月感怀时。"将遗存的范成大手迹《四时田园杂兴六十首》7方石刻妥善保护，并补刻范成大《蝶恋花》词碑1方，以复旧观。门内雨廊间嵌有王鏊《范文穆公祠堂记》等碑刻20方。1986年10月起对外开放。

### 065　白鹤寺

又称澄照寺。位于苏州市虎丘区（苏州高新区）高景山东麓山坡上。旧址在阳山的白鹤峰下，故名。清《浒墅关志》载："澄照教寺，在阳山东白鹤峰下，先是唐会昌中，丁氏施白马涧宅建白鹤寺。后龙兴寺僧智义募曹元祚祠堂基建于此。吴越钱氏时，有泉出于寺，因改仙泉。宋祥符初赐今额。有别院曰白莲禅院，以池生千叶白莲故名。宋端拱初，谢涛尝讲学于院之西庑，明年登第。其子绛刻石为记。"

五代钱氏建吴越国时，寺名被改为仙泉寺。寺内有座别院，因园内水池中生出千百叶白莲花，又名白莲禅院。建制恢宏，殿宇宽敞，曾为吴中巨刹，声名远播。后湮没。2006年，由寒山寺牵头，高新区佛教协会配合，寺移建于高景山，于2012年竣工。移建的白鹤寺，依山势而筑，布局风貌独特，坐西朝东，前视开阔，后列群山，有苏州的"布达拉宫"之称。寺院自山脚至山顶，纵高约108米，总建筑面积1.2万余平方米。采用明清式的建筑风格，由寺前广场、寺院、塔院、花园等组成，在中心轴线上，由近而远依次为山门、天王殿、大雄宝殿、藏经楼、塔院。山门有东、西两层重檐式钟鼓楼，有桥式回廊如过街楼，此为白鹤寺所特有。在山体上有两个自然洞穴，分别被辟为传心洞和妙法洞，两洞分别供奉达摩祖师像和观音菩萨像。

### 066　中峰寺

位于苏州市虎丘区（苏州高新区）枫桥街道支英村小华山（古名支硎山、报恩山）。《支硎山小志》称："所谓南峰东峰皆其山别峰也。"东晋咸和九年（344），东晋名士、高僧支遁创建支遁庵。民国《吴县志》载："中峰寺在支硎山寒泉上，本支公古刹也。"支遁（314—366），东晋僧人，本姓关，字道林。陈留（今河南开封南）人。一说河东林虑（治所在今河南林县）人。25岁出家，在吴地建立支遁庵（今中峰寺）。与名士谢安、王羲之等为至交。他学问高深，著有《释即色本无义》《道行指归》《辩三乘论》等，均佚。唐代中峰寺被改名为支硎山寺、报恩寺和南峰院等。北宋以后，又改名为天峰院、北峰寺、中峰寺等。唐宋年间，还在山麓下方兴建楞伽寺（后改名观音寺）等。在唐、宋、明时香火极盛。高僧文启、慧汀、赞元、维广、雪浪、巢雨等代代相继，对寺院进行大力修葺。寺承支遁宗风，着重于传法讲经，成为江南地区与华山讲经院齐名的佛教讲经院之一。但因战乱兵燹，中峰寺多次遭到毁坏，明嘉靖时被烧成一片废墟。明崇祯二年（1629）和清康熙二十二年（1683）、四十六年（1707），由苍雪、晓庵等高僧主持，募捐化缘，中峰寺得到较大规模的兴建修葺，古寺风貌再现。清乾隆曾亲临此寺，留有御笔亲书，并立石碑1方，现散失。太平天国时，寺院又遭焚毁。

后由海伦、绪诚等僧人筹资再建，因筹资不足和太湖匪患等原因，将寺址移至山麓，建筑成规模较小的寺院，但仍建有大殿、佛堂、库房、卧室及伙房等30间左右。1926年，重立"报恩山"石碑1方。1928年，李根源曾偕云南省同乡等名士多人，登中峰古寺，访古探幽，立有"苏州府中峰山苍雪法师塔铭"石碑1方。"文化大革命"中寺遭焚毁，仅存3间小屋和6方古石碑。

1994年春，吴县佛教协会请灵岩山寺法庆法师到中峰寺主持，恢复法事。1996年被正式列为佛教活动场所。2000年，复建天王殿、大雄宝殿、放生池等。寺的山门为一座悬山式建筑，与天王殿相衔接，别具一格，为国内外佛教寺院所少有。在修复过程中，先后整理出唐代观音像1座、宋石佛像1座和中峰讲院修道碑记2块。现中峰寺建筑面积约6 000平方米，有僧人10名，住持为慧亮法师。

### 067　法螺寺

位于苏州市虎丘区（苏州高新区）支硎山西南寒山坞东麓，原皇宫东边的山坡上。《寒山志》载：明万历间名士赵宧光在此筑山理水造寒山别墅，因其信佛，加之此处曾是晋代高僧支遁大师道场，遂兴法螺寺。清康熙间，高僧德深任法螺寺住持，法螺寺再度中兴，香火鼎盛数百年。乾隆帝南巡六次，每次均亲临寺中，御书楹联，颁赐匾额。清咸丰十年（1860）法螺寺遭毁，后重修屋宇，规模仅有3楹。20世纪五六十年代被全部拆除。90年代民间香客重新修建，建有山门殿、大雄宝殿、佛殿等，形似寺庙格局，故改称"法螺寺"。

## 068 观音寺

为中峰寺的下院。位于苏州市虎丘区（苏州高新区）枫桥街道支英村。民国《吴县志》："观音寺在支硎山东麓山，亦名报恩以旧有报恩寺也。晋支遁于此石室林泉以居。梁天监中建寺。唐景龙后中赐寺额，又称支硎山寺。"观音寺坐北朝南，建筑中轴线上，从前到后，依次为山门、香花桥、放生池、天王殿、圆通殿、念佛堂和罗汉堂。东侧依次为祖师殿、集贤馆和斋堂。西侧依次为大悲殿、转藏殿和地藏殿。集贤馆后有白塔。观音寺的白塔和转藏殿颇有特色，转藏殿内有一木制佛龛，高约6米，共有6面，每一面都有一层层的佛像放置，并可徐徐转动。据《止观辅行传弘决》说，此有两义，一说是佛法能摧破众生烦恼恶业；另一说是佛法不停滞于一人一处，辗转传人，犹如车轮之常转。院内还有一石观音，真人大小，由青石雕塑，为寺之珍宝。但曾遭破坏，仅剩头部。

旧时，农历二月十九观音诞辰，举办香市，苏州附近的妇女纷纷去寺内进香，十分热闹，成为传统民俗。《百城烟水》载："支硎山俗称观音山，三春香市最盛。"清代文人袁景澜写有《观支硎山香市记》，对这一风俗有详尽的描述。

## 069 万佛寺

位于苏州市虎丘区（苏州高新区）镇湖街道西京村（原称西泾村）。因寺内有万佛石塔而得名。曾有"澄觉精舍"之称，脉承南宋名刹秀峰寺。民国《吴县志》校补（三）载："澄觉精舍在吾家山秀峰寺西南三里许。竖万佛石塔，赵文敏书额，中峰国师为赞，勒于大德十年，已坠湖矣。崇祯末，岫云禅师洗刷构置。《吴门补乘》云：吾家山即马驾山音之误也。秀峰寺在西华乡聚秀山。又灵岩寺亦号秀峰。"寺门两侧有一副对联曰："晨钟暮鼓警醒世间名利客，佛号经声唤回红尘梦里人。"

万佛寺自建成后，曾多次毁坏，多次重修。中华人民共和国建立初期，尚存观音殿、弥勒殿等建筑，并住有僧人。后因扩建西泾小学而被逐步拆除。2008年，经苏州市政府拨款再次重修寺院，保留大殿的宋代建筑风格，并渐次兴建各殿宇、楼堂等。现佛寺坐北朝南，进入大门，正中为大雄宝殿。西侧由南往北依次为回廊、万佛石塔、澄觉轩、杜鹃楼。东侧由南往北依次为斋堂、藏经阁、昕日斋和法堂。万佛石塔前有藏经阁、杜鹃楼、观音殿、五佛殿、法堂等。

万佛石塔，简称"万佛塔"，始建于南宋绍兴年间（1131—1162），原名禅师塔。元大德十年（1306），高僧昕日重修。明成化年间（1465—1487），塔洗刷整修。塔由石灰石砌成，作单层造。塔体外方内圆，造

万佛寺

型简洁，比例适度，坚固朴实。它既不同于汉族传统的楼阁式宝塔，也不同于元代盛行的由印度传入中国的喇嘛塔（瓶型塔），可谓自成一体，别具一格。塔身坐北朝南，通高11.2米，分台基、塔身、塔刹3大部分。塔朝南辟一近似火焰的塔门，门高2.1米，阔0.72米，正面额上刻有"古塔重兴"4字，东西两面均刻有"阿弥陀佛"4字。塔门两侧镌有楹联曰："造塔功德普度众生，发菩提心同成佛道。"塔室似圆形井壁，上小下宽。底部直径2.14米，顶部直径1.65米，壁高3.75米，下部设有0.74米高的须弥座。须弥座正中束腰处有修塔题记"澄觉精舍记"字样，左侧刻有"吴门石匠吴德谦昆仲造"，右侧刻有"院道者志园同共斡缘"，上枭部饰有惹草如意头饰。须弥座上环筑10层武康石块，并刻满一排排浮雕小佛像。每排小佛像高4.5厘米，宽3.5厘米，仅鸡蛋大小，一个个衣冠清晰，五官可辨，结跏趺坐在莲座上。这些小佛像每排平均有180尊，共60排，计10 800尊，"万佛宝塔"名称由此而来。正对塔门有一尊高约0.3米、宽0.2米的佛祖释迦牟尼像，以示万佛端坐恭听佛祖在讲经说法。塔刹是一个石雕葫芦状花瓶，宝珠结顶，下设覆莲、相轮和四角起翘的佛龛，佛龛四周的壸门各镌刻一尊坐佛，安放在由8层宽窄不等的石块所组成的刹台上。石塔前有石屋，内壁上嵌有元代大书法家赵孟頫题写的"万佛宝塔"石刻题记1方，上首为"集忠臣晗学士朝列大夫行江浙等处儒学提举赵孟頫"，下首是"时岁次大德丁未仲春清明前之日募资建塔，释党应代"。碑已佚。2013年万佛寺被列为全国重点文物保护单位。

## 070　兰风寺

位于苏州市虎丘区（苏州高新区）浒墅关开发区新民村鹿山北麓。原名景福庵。元大德二年（1298）由道宏法师所建，明万历十三年（1585）重修。清《浒墅关志》载："景福庵，在阳山耙石岭下，元大德僧道宏建。今为兰风塔院。"清乾隆间，高僧兰风禅师主持景福庵，弘扬佛法，其道行较深，故寺院香火鼎盛。据旧志载："兰风禅师（生卒年不详）为阳山耙石岭景福庵高僧，又有道行，殿前有其遗像，故庵名为'兰风塔院'（寺后有'化塔'）。即今鹿山村处。"兰风禅师又称见月和尚，见月和尚在耙石岭上练就了一身精湛的武艺。同时，他又熟读医书，医术高明，免费为当地村民治病疗伤，深受爱戴，故寺院香火鼎盛。兰风禅师圆寂后，建化塔藏其灵骨于后院，故又名兰风塔院。1926年5月，李根源踏访兰风寺，见庵基宏大，古塔耸立，乃有记述。近代由于战乱连绵，兰风寺日趋衰落，至20世纪50年代初寺毁僧散。

2001年，兰风寺由法航法师住持，他得到信众的资助，重建兰风寺，历时10载完成。寺坐西朝东，建有山门、天王殿、大雄宝殿、观音殿、罗汉堂（二楼为藏经楼）、报恩堂、地藏殿、万佛楼、玉佛殿、钟楼等。另有孔雀园、放生池等。建筑分布自山门往内依次为福寿桥、放生池、天王殿、大雄宝殿、罗汉堂。大雄宝殿北侧为万佛楼，山顶处为钟楼，寺旁为缘忠园。寺的建筑具有苏州古典园林的风貌，略现往昔兰风塔院的旧观。

山门为牌楼式，额书"觉海圆通"，由原中国佛教协会会长一诚长老题写；背面额书"香林华雨"，由龙华寺方丈照诚法师题写。福寿桥两旁为放生池，为开山采石时留下的宕口形成，南北两侧各有1尊高约20米的石像，均是由开山采石时余下的乱石天然形成的。其中1尊与放生池中卧着的1只石龟，合成一幅"石龟拜观音"的景观；善男信女谓之"鹿山大佛"。另1尊名"老寿星"。

大雄宝殿为单层二叠重檐，翼角飞翘，十分壮观。万佛楼高达 15 米，分层供奉上万尊佛像，数量之多，为他处寺院所少有。建在海拔 81 米山顶上的钟楼，为 3 层歇山结构，飞檐雕栋，气势恢宏，高出寺院主建筑大雄宝殿。钟楼内第二层有 6 081 斤重的唐式古铜钟 1 口，为清乾隆年间景福钟之复铸。铜钟四周遍刻楞严神咒，字迹沉稳凝重。至钟楼的沿途，置有"鹿山赐福"石刻和"报恩""济苦"两座四方亭。2007 年 3 月登记为寺观教堂，现为苏州高新区佛教协会所在地。2013 年年底，兰风寺有僧人 13 人，住持法航法师为高新区佛教协会副会长。

**071　崇福寺**

又称尹山寺。位于吴中区郭巷街道，京杭大运河与吴淞江交汇处，背靠尹山。寺以积善求福为导引，故称崇福教寺。明王鏊《姑苏志》（卷二十九）载："崇福教寺，在长洲县尹山，故又称尹山寺。梁天监二年（503）僧佐律建。"明《长洲县志》载："崇福寺，梁建，即尹山寺，领庵四（集善、福源、庆福、明远）。"清《百城烟水》载，崇福寺毁于元至正十六年（1356），"明洪武间有圣僧永隆运巨木重建"，"成化十六年（1480）后裔从训重建塔院，享堂有碑。天启四年（1624）大风，寺圮。至康熙壬戌（康熙二十一年，1682），里人顾士祯倡建，云开方禅师开山"。清乾隆五十七年（1792），寺僧募修各殿廊。寺院毁于清咸丰十年（1860），清同治十三年（1874），原址结茅庐三楹以供香火，后略虽重修，但日趋衰落。清末，寺屋大多倒塌。20 世 30 年代初，寺屋剩下 8 间。60 年代中，寺屋被拆除。寺后尹山，也因当地取土制砖，于 1976 年被挖平。2013 年下半年，经有关部门批准，崇福寺重建恢复。

原寺院规模很大，占地约 3.4 万平方米，四周环河。寺前有 2 个放生池，2 座武康石拱桥。寺后有尹山（俗称大寺山），状若覆笠，遍山植松，北坡有 1 个青石叠洞。山巅方形石亭，据传即澹台子祠旧址。寺院旧有澹台灭明书院，宋代理学家程颐门人"尹和靖先生"尹焞（1071—1142）曾慕名而来，侨寓此处。

清《吴门表隐》（卷八）载："来木池，在尹山崇福寺内，明初神僧永隆于此运木建寺。"释永隆被称作"圣僧"，据传运载建寺木料经过钱塘江，突遇大风大浪，危急关头，永隆对天大声责问，竟然立刻平息。明洪武二十五年（1392）"度僧"事件中，明太祖朱元璋要严惩考核未过关的 3 000 僧人，永隆甘愿自焚求得众僧赦免并得"度牒"。永隆生前留有刻写"风调雨顺"的炷香，后朱元璋用来焚香求雨，果然得到应验。事载姚广孝《尹山崇福寺永隆禅师塔铭》。崇福寺因永隆而名声大振，明清时诸多文人有题咏。清《吴门表隐》（卷二）又载，清康熙二十一年（1682），吴三桂婿王永宁在临顿桥东的"驸马府"被籍没，"后拆改尹山崇福寺，惟斑竹厅犹在"。

**072　保圣寺**

位于吴中区甪直古镇。初称保圣教寺，名以"保圣"为旨。明王鏊《姑苏志》（卷二十九）载："保圣教寺，在长洲县甫里，唐大中（847—859）间建。"亦说梁代始建。清《吴郡甫里志》（卷十五）载："保圣寺，梁天监二年（503）创。宋祥符六年（1013），僧维吉重建大雄宝殿，供释迦牟尼像，旁列罗汉一十八尊，为圣手杨惠之所摹。神光闪耀，形貌如生，真得塑手之三昧者。寺之西北，有安隐堂，归有光记。"归有光（1506—1571），《保圣寺安隐堂记》载，明成化二十三年（1487）请来"左善世"（明代僧录司最高僧官）璇大章（俗名陈大章，甪直陈氏望族后人）重修保圣寺，2年后完工，"为殿堂七，廊庑六十"。寺院鼎盛时，有殿宇5 000多间，几占半个甪直镇。寺院被毁于清咸丰十年（1860），清同治年间（1862—1874）重修。

保圣寺

民国初，保圣寺严重失修。1922年，顾颉刚看到保圣寺大殿正梁已断裂，殿内塑壁及罗汉塑像已损半，请陈万里拍摄照片，寄与蔡元培等，并撰文在刊物上呼吁抢救唐代彩塑。日本国美术史教授大村西崖闻讯，专程至甪直保圣寺考察摄影，并撰《塑壁残影》，引起社会各界关注。1928年，由叶恭绰（1881—1968）主持，成立"保存甪直唐塑委员会"，成员有叶恭绰、蒋梦麟、马叙伦、蔡元培、顾颉刚、陈万里、沈柏寒、金家凤等19人。筹资在大殿原址建中西合璧"保圣寺古物馆"，保护残余半壁彩塑及9尊罗汉塑像。谭延闿题写馆名，蔡元培撰写《甪直保圣寺古物馆记》，由马叙伦书楷，黄蔚萱刻碑。1932年11月12日，举行了开馆仪式。1961年3月4日，保圣寺罗汉塑像被列为全国首批重点文物保护单位。

现存保圣寺天王殿，明崇祯三年（1630）重建。面阔三间，进深七檩。梁架木构中有宋代传统手法痕迹。保圣寺今存"三宝"："经幢"，高4.8米，清《吴门表隐》（卷五）载："甪直保圣寺前石幢镌尊胜陀罗尼咒，唐大中甲戌秋豳月，崔涣正书并赞。又刻宋皇祐五年重立等字。"旗杆石，"幡杆夹石"，高2.81米。"大铁钟"，为明末清初物。另有"三绝"：古紫藤、百年枸杞和千年银杏。保圣寺西有白莲寺，"盖白莲，保圣之别院也"。其址原为唐陆龟蒙旧居，宋嘉定十七年（1224）建鲁望祠，即"甫里先生祠"。元至顺（1330—1333）中，奉建书院于此。书院毁于清咸丰十年（1860），光绪间重建。光绪三十一年（1905）改为"甫里公学"。民国初，改称"县立甫里小学"，后为"吴县立第五高等小学"。1917—1922年，叶圣陶先生在此校任教，今辟为"叶圣陶纪念馆"。现属江苏省文物保护单位。甫里先生祠曾圈入校区，今存陆龟蒙墓（1934年重修），墓前有清风亭、垂虹桥、斗鸭栏等。

## 073 碛砂延圣寺

位于吴中区甪直镇碛砂村。清《吴郡甫里志》（卷十五）载："碛砂禅寺，在甫里之南，陈湖（今澄湖）之北。旧名延圣禅院，梁创。宋乾道（1165—1173）间，僧道原重修。"一说创于南宋乾道间。诗僧圆至（1256—1298）《平江府陈湖碛砂延圣院记》载："宋乾道八年（1172），寂堂禅师来自华亭，得湖中费氏之洲，曰碛砂。乃庵其上，为中流之镇……于是穹殿涌堂，屹流崛兴，据津瞰汜，碇泊凑附。既成，因所请，故额曰'延圣院'。"以求得菩萨佑护。寺建在"碛砂洲"，俗称"碛砂寺"。宋宝祐六年（1258）寺院失火，仅存藏经阁、寂堂塔。宋咸淳（1265—1274）初，寺僧募资重建。宋末住持惟吉《碛砂禅寺记略》云："寺建有天王殿、白衣观音殿、大雄宝殿、观涌堂、藏经楼等百余间，大雄宝殿雄视千顷碧波，壮观嵯峨。吴中寺院无能有与殿比隆者，蔚然是一大丛林，与云岩寺、保圣寺、灵岩寺并称吴中四大禅刹。"元至元二十四年（1287）六月，重建观音殿周围殿宇房舍百余间。明永乐十五年（1417），僧志端重修。明嘉靖（1522—1565）初，再次毁于火，仅剩天王殿屋架，寺院几成废墟，寺僧大部分出走。明崇祯（1628—1644）中，寺屋坍塌。清康熙六年（1667），"僧狮侣复创数椽于旧址"。康熙末，僧祖圆再重修。

1925 年，碛砂寺再次毁于失火。后里人捐建寺屋，供佛烧香。20 世纪 50 年代，寺院被改建为碛砂小学，寺院废址尚存砖雕门楼、础石、古井等。80 年代末，碛砂小学迁并，校舍拆除。2006 年，经有关部门批准，碛砂村民捐资重建碛砂延圣院，2007 年 2 月大殿竣工。2013 年，因常嘉高速公路建设，碛砂村拆迁，碛砂寺移址湖滨路南侧重建。

碛砂寺宋元时曾雕版刻印《大藏经》，声播海内外，传世有《平江府碛砂延圣院大藏经》，又称《宋碛砂延圣寺刻本藏经》，俗称《碛砂藏》。宋绍定二年（1229），碛砂寺创设"经坊"，绍定四年（1231）设"大藏经局"，从事刻印藏经。宋宝祐六年（1258），寺院毁于失火，一度中断。元大德元年（1297）始恢复"经坊"及"大藏经局"。元至治二年（1322）完成经卷刻印，前后历时 93 年，共翻刻《大唐三藏》等五大佛教典籍 1 532 部，计 6 362 卷，装 591 函。民国初，《碛砂藏》在西安开元寺、卧龙寺被发现，1928 年 10 月移交陕西省图书馆，成为镇馆之宝。由叶恭绰等发起成立"影印宋版藏经委员会"，影印《碛砂藏》593 册，计 500 部，时称佛教界盛事。宋元版《碛砂藏》传世稀珍，现苏州灵岩山寺藏有原版《碛砂藏》四卷，被定为国家级文物。

当年碛砂寺还刻印过唐诗，世称《碛砂唐诗》，底本为僧圆至注南宋周弼选（字伯弜，1194—?）《唐三体诗》。明都穆（1458—1525）《南濠诗话》载："长洲陈湖碛砂寺，元初有僧魁天纪者居之。魁与高安僧圆至友善，至尝注周伯弜所选《唐三体诗》，魁割其资，刻置寺中，方万里（即方回，1227—1305）特为作序。由是《三体诗》盛传人间，今吴人称《碛砂唐诗》是也。"现北京故宫博物院、日本静嘉堂文库等藏有元刻本《笺注唐贤绝句三体诗法》，署"汶阳周弼伯弜选，高安释圆至天隐注"，卷首有方回《至天隐注周伯弜三体诗序》。

## 074 司徒庙

又称邓将军祠、古柏庵、柏因社。位于吴中区光福镇香雪村。祠祀汉邓禹，因禹封司徒，故名。清《光福志》（卷八）载："司徒庙，今为邓尉山神，俗呼土地堂，相传祀邓禹。按明徐祯起先生《碑阴》（徐祯起撰《邓司徒庙碑阴》）云：汉世祖中兴洛阳，司徒杖策以从，考其里籍盖在南阳新野，其在吴中庙祀，不知始于何时。山名邓尉，庙在太湖以东……其庙之建无考，明宣德十年（1435），里人顾进倡捐重建。"司徒庙，始建年代不详，明宣德十年至明正统三年（1438）间重建，规模比前增三分之二。清《百城烟水》作"邓将军祠"，"一在山前湖滨，门有古柏；一在志理村；一在顾巷。传为东汉太尉邓禹三兄弟所居，各村祀之"。邓禹（2—58），字仲华，南阳新野（今河南南阳）人，东汉初年名将，军事家，云台二十八将第一位。"既定河北，复平关中"，协助光武帝刘秀建立东汉，功劳卓著，被封为大司徒、酂侯，后被改封为高密侯，进位太傅。谥元侯。

清同治《苏州府志》（三十六）载："司徒庙，在青芝山北，相传祀汉邓禹。庙前古柏四株，名清、奇、古、怪，皆千年物也。今名古柏庵，又名柏因社。"千年古柏原有八株，其中四株大者分别被称作"清""奇""古""怪"，据称由当年乾隆帝南巡江南时赐名。李根源《吴郡西山访古记》载，1926年访司徒庙，见到"门额'柏因社'，嘉庆己卯（嘉庆二十四年，1819）韩崶书，内刻'香林第一'四字"，大殿内"悬乾隆甲子（乾隆九年，1744）长洲顾濂联额，铜井山人潘遵祁（1808—1892）联。侧屋曰'古柏山房'，缪遵义（1701—1793）书"，内有归安吴云（1811—1883）联、潘钟瑞联。"入园，古柏七株，即世谓之清、奇、古、怪"。古柏今存6株。

今存殿宇为清末重建，主要建筑沿主轴线分布，有山门、大殿、赏柏厅、闻钟亭、藏经阁等。古柏庭院侧有碑廊，内置石刻经碑，有明末《楞严经》碑石，碑石原藏于光福下绞村小狮林寺，1976年因狮林寺年久失修塌毁，由吴县文管会移置司徒庙。《金刚经》碑石，原在天池山，后散落民间，系征集而得。另有清康熙二十八年（1689）康熙帝南巡时临幸邓尉山，御书"松风水月"碑，曾任国民政府主席林森（1868—1943）所书"般若船"碑等。庙后现辟花园，园内遍植梅树，荷池曲桥，池中置"数鱼亭"。1986年3月25日被列为吴县文物保护单位。

## 075 宁邦寺

位于吴中区木渎镇穹窿山二茅峰。初称海云禅院，南宋绍兴年间改为宁邦禅院。名以安定邦国为勖。清乾隆《吴县志》（卷八十七）载："宁邦寺，在穹窿山阴宁邦坞。宋绍兴十二年（1142）韩世忠部将战还薙发，隐此学禅，赐额宁邦禅院。嘉熙元年（1237）毁。淳祐三年（1243），僧广润重建。元末复毁……明永乐间再建，奏陞为寺。"明万历年间，经僧云川重修，宁邦寺空前兴盛。明文震孟《重修穹窿山宁邦寺记》："去余至时十有余年，僧云川为重葺之，山有门，佛有殿，空谷穷山虔虔翼翼，遂为穹窿最庄严处。"或称当年韩世忠曾隐居此地。清《吴门表隐》载："玩月台在寺内，宋韩世忠建。陆康《梅叶阁诗草》有宁邦寺诗，自注云：旧传韩蕲王隐此。"宁邦寺后有著名的"百丈泉"。寺院居二茅峰上，山势峻险。清康熙《穹窿山志》载："二茅峰，山形起伏如海波之高下，而怪石槎牙不一，

宁邦寺

其状岩径逼仄，行者不得交踵。翘首大茅，尺寸千里也。峰之东南下，为皇驾庵。西南下，为朱买臣读书处。"

明末，宁邦寺渐趋衰落。以后虽有修缮，但已无昔日境况。20世纪50年代，宁邦寺废，殿宇庙产归吴县林场管理，后属穹窿山风景区管委会。80年代，寺院殿宇得以修缮，重置原明代《穹窿山宁邦寺重修记》（文震孟撰文，赵宧光篆额，吴邦域书丹）及民国间李根源题刻勒石等。2007年，宁邦寺进行全面修缮，扩建部分殿宇，修复了玩月台，清理了百丈泉等。2008年，正式恢复宁邦寺佛事。现寺院占地面积9900平方米，建筑总面积3000平方米。宁邦精舍在海拔288米的峰顶，自山门殿至峰顶钟楼间，落差达百余米，有台阶578级，堪称苏州寺院中绝无仅有。

1986年3月25日，宁邦寺被列为吴县文物保护单位。

## 076　上真观

位于吴中区木渎镇穹窿山三茅峰。清《穹窿山志》载，汉代初，有茅盈、茅固、茅衷三兄弟入穹窿山修炼，后人称为"三茅真君"，其地称"三茅峰"。初称上真道院，以崇真君。清乾隆《吴县志》（八十九）载："上真观，在穹窿山三茅峰。相传汉平帝（刘衎，1—5年在位）初建，祠三茅真君。始额道院，宋天禧五年（1021），诏天下复废业，重建穹窿上真道院为观。景定二年（1261），敕平江西郊拓地八百亩，创建朝真观，即以上真沈道祥者为朝真开山祖。元季兵燹，朝真废，上真亦毁。"上真观复兴在清初，清顺治七年（1650），朝真观法师施道渊（又名亮生，号铁竹道人）与龙虎山第五十三代真人张洪任来至三茅峰，"盟于真君之前，以兴建为任，不数年，成巨构"。顺治十五（1658）正月，恢复"上真观"原额。康熙年间，修葺上帝殿、三茅殿及诸真殿宇。开凿山门东井泉，茂林修竹，山水清音，有灵台、上洞天等胜境。时上真观盛于玄妙观，清顾诒禄《铁竹道人画像》云："时吴中道院之盛，首推穹窿。郡城玄妙观，殿宇巍然。年久殿倾，太傅金文通公延请道渊主观复修。"康熙四十四年（1705），康熙帝南巡临幸上真观，勒赐御书"餐霞挹翠"匾额。乾隆皇帝六次南巡，五次驻跸穹窿山"句曲行宫"，并有御制咏诗。至清后期，上真观依山而筑宫殿轩阁堂40余座，由36房分管，建筑多达数千余间，对外号称"五千零四十八间"，"双阙巍峨，琼宫璀璨、危楼杰阁耸插霄汉，遂使兹山名胜甲于吴中"。

民国时，上真观殿宇除关帝殿、龙王殿、吕祖殿、财神殿等外，均毁于大火。20世纪40年代，上真观有道士20余人。60年代"文化大革命"初，上真观殿宇被拆除。1991年，上真观在原址重建。1996年，上真观正式对外开放。建有头山门、龙王殿、玉皇殿、三清殿、望湖亭等。重置旧碑《穹窿山上真观碑记》《奉免穹窿山上真观斋粮田差徭碑记》等8块。

## 077　明月寺

位于吴中区金庭镇明月湾。旧称明月庵，创建时间不详，据说明正德年间从明月湾西侧庙山嘴搬迁而来。寺以地名。自明代经清代，至民国十四年（1925），历经多次重修扩建。寺院占地面积4亩，3进院落，由低而高顺山坡而建，第一进为山门，第二进为天王殿，其左伽蓝殿，其右城隍殿，据清乾隆五十九年（1794）八月《重修城隍殿记》载："明月湾之有城隍殿，自有明以来数百春。"城隍殿建于明代。第三进为大雄宝殿，殿东有观音殿。整座寺院隐身于高墙之中，殿宇规模都不甚大，布局紧凑。寺院供奉弥勒、观音、城隍、关帝、猛将、蚕花等诸神，涉及佛教、道教及乡土崇拜神，反映民间信仰文化多元性，亦为明月寺一特点。

20世纪50年代，寺废。殿宇被当地生产队作为生产、办公等用房，有些作为村民柴草仓库，殿宇及神像等因此而未被损毁。寺中原有清嘉庆元年（1796）八月《明月湾湖滨众家地树木归公公议》碑，现此碑被移置明月湾村中。2005年，明月寺被列入苏州市控制保护建筑名录。2014年6月30日，被列为苏州市文物保护单位。

另有木渎明月寺。民国《木渎小志》载："明月寺，在木渎山塘。后唐清泰三年（936），僧明智建。其西半里许，有牧牛庵，清康熙间，僧胜契所创。李果（1679—1751）诗有'梨花明月寺，芳草牧牛庵'之句，一时传诵。今牧牛庵已改节孝分祠，明月寺犹存。光绪十六年（1890），僧道根重修。"清同治《苏州府志》（卷四十）载："明月寺……明洪武初，归并普贤寺。今废为牧牛公所。释真可《赠明月寺僧皎如》：'古寺负灵岩，湖山最深处。'"明月寺废后成为"牧牛公所"址。寺院附近旧有一大片梨树林，每逢初春"千树万树梨花开"，曾称木渎一景。寺院于1966年"文化大革命"中被拆毁。1993年当地发起重修。1998年，由镇政府征地10亩重建，称"明月古寺"，先后建天王殿、大雄宝殿等，至2003年藏经楼竣工，已具规模。2005年正式对外开放。

## 078　还带寺

又称还带庵、香山寺。位于吴中区香山街道。民国《香山小志》载："还带庵，在香山咀。唐裴晋公有香山寺还带故事借以命名。"香山寺始建年代不详，改名还带寺亦少记载。李根源《吴郡西山访古记》载，1926年4月"行经还带古刹，额嘉庆庚申兵部尚书金士松题"。嘉庆庚申，即清嘉庆五年（1800）。金士松（1718—1800），字亭立，吴江人，清乾隆二十五年（1760）进士，授编修，累迁至左都御史。清嘉庆元年（1796），迁礼部尚书。嘉庆二年（1797），调兵部。卒后"谥文简，祀贤良祠"。此寺有金士松题额，可见在清中叶有相当知名度。还带寺早废，旧址在今绕城西南线收费站。1996年，获批易址重建。2003年后扩建，大雄宝殿于2008年9月底竣工。现建成殿宇还有天王殿、藏经楼等，寺院前建有"观潮亭"，塑有裴度雕像，以兹纪念。

裴度还带的故事，民间广为流传。裴度（765—839），字中立，河东闻喜（今山西闻喜）人。唐贞元五年（789）进士。唐宪宗时累迁御史中丞，因督统诸将平定淮西之乱，以功封晋国公，世称"裴晋公"。历仕唐穆宗、敬宗、文宗3朝，数度拜相，官终中书令。去世后赠太傅，谥"文忠"，加赠太师。"裴度还带"的故事被传为佳话，元关汉卿创作《山神庙裴度还带》四折剧本，明冯梦龙（1574—1646）《喻世明言》第九卷《裴晋公义还原配》，称当年裴度"游香山寺中，于井亭栏杆上拾得一条宝带"。或说裴度游香山寺，在寺旁观潮亭拾得宝带，等候失主来以还其带，因此积德有善报。相传裴度中举入仕，官至宰相，因感恩香山寺，特修缮寺院，香山寺遂称"还带寺"。

**附：冯梦龙《喻世明言》第九卷《裴晋公义还原配》**（节选）

如今说唐朝有个裴度，少年时，贫落未遇。有人相他纵理人口，法当饿死。后游香山寺中，于井亭栏杆上拾得一条宝带。裴度自思："此乃他人遗失之物，我岂可损人利己，坏了心术？"乃坐而守之。少顷司，只见有个妇人啼哭而来，说道："老父陷狱，借得一条宝带，要去赎罪。偶到寺中盥手烧香，遗失在此。如有人拾取，可怜见还，全了老父之命。"裴度将一条宝带，即时交付与妇人，妇人拜谢而去。他日，又遇了那相士。相士大惊道："足下骨法全改，非复向日饿莩之相，得非有阴德乎？"裴度辞以没有。相士云："足下试自思之，必有拯溺救焚之事。"裴度乃言还带一节。相士云："此乃大阴功，他日富贵两全，可预贺也。"后来裴度果然进身及第，位至宰相，寿登耄耋。正是：面相不如人心准，为人须是缺阴功。假饶方寸难移相，饿莩焉能享万钟？

### 079 慈云庵

又名灵宫殿。位于吴中区东山镇莫厘峰顶。初名灵宫殿。慈云之名喻彼佛心，《鸡蹠集》云："如来慈心，如彼大云，荫注世界。"清《太湖备考》（卷六）载："慈云庵，在东山平岭。初名灵宫殿，本朝顺治间，白沙吴国璋建。雍正间，席永勋重建前殿，吴县令杨棠改题今额。"殿壁间曾发现小碣镌"康熙九年（1670）立"，应为重修纪年。慈云庵毁于清咸丰十一年（1861），清光绪三年（1877）席姓重建。清光绪三十一年（1905）十一月初八日，"钦加知府衔署理江南苏松常等处太湖抚民府何"《告示》勒石示禁："东山莫厘峰为太湖胜景，前经本山席氏建有大士殿宇……访闻有席氏无知子弟藉名在外招摇，恫吓僧人妄图渔利"，"本府以教化为先，合行出示谕禁，为此示……之后，凡遇募化乐助，均须凭给僧人"，违者"即提案严究，地保勾串需索，亦于一并究惩不贷"。《告示》"发莫厘峰顶慈云庵僧慧空执守"。此为清代官方保护寺观文书例证。20世纪40年代末，慈云庵住持在庵周围砌了石墙。60年代"文化大革命"中，殿宇被拆毁，仅存石围墙。2000年始当地义捐重建，先后建山门殿、大士殿等。2001年12月立《重建慈云庵记》碑。

慈云庵不大，因在苏州第二高峰——东山莫厘峰巅（海拔293.5米），有湖山风光，其名遂著。近人朱润生称："莫厘峰为东山主峰，俗称大尖顶。上有梵宫，危然孤峙，黄墙垩瓦，幽境如仙。"东山风俗，每年农历六月十九日（观音成道日）为慈云庵庙会日，香客爆满。尤其是正月初一烧头香，除夕夜半，香客就赶着上慈云庵，从山下直至山顶，流动的灯光、人影，宛如游龙，又称奇观。

### 080 灵源寺

位于吴中区东山镇碧螺峰下。初称灵源教寺。明王鏊《姑苏志》（卷二十九）载："灵源教寺，在太湖洞庭东山碧螺峰下，峰有灵泉故名。梁天监元年（502）僧集善建。"寺毁于元末，元叶颙《灵源寺赠友人》诗称"碧螺峰下灵源寺，草木无多屋半荒"。后多次重修。清乾隆《吴县志》（卷八十八僧坊）载："灵源教寺……元末毁。明永乐十二年（1414），僧智昕重建大殿。正统五年（1440），僧克俭建天王殿，又建观音殿。天顺四年（1460），僧惠湘建东西两廊。成化十一年（1475）建山门。后圮，崇祯十年（1637）修。"清《太湖备考》载："本朝乾隆间大殿圮，王金增倡修。"后多次修葺，寺院规模宏大，占地近百亩，僧舍千间，称东山寺庙之首。清咸丰十年（1960）灵源寺遭毁，后重修。1930年再修，李根源书门额"灵源禅寺"。20世纪60年代中，灵源寺被废，殿宇被拆除，仅存部分殿堂基石、古灵泉井及千年罗汉松，寺院遗址被改为橘林。2001年2月，经有关部门批准，灵源寺恢复重建。2006年10月，灵源寺重建奠基。

灵源寺灵泉是东山名泉之一，传说灵泉水能治眼疾，"相传患目者，掬而洗之必愈"。寺院多名人手迹。原大殿右为宿云堂，堂北为"可月堂"，由明大学士王鏊题额。文徵明有《宿灵源寺》诗曰："夜随钟梵入灵源，一笑虚堂解带眠。旋接僧谈多旧识，偎依禅榻岂前缘。离离松桧摇山月，兀兀楼台宿螟烟。尘句何年传倒此，烛灯试读已茫然。"徐祯卿等也有咏诗。今存重修碑石有：清嘉庆二十年（1815）叶长福撰《重修灵源寺碑记》、清道光二十七年（1847）叶承镳撰并书《重修灵源寺碑记》。

灵源寺

## 081 雨花禅院

又名雨花庵、雨花台。位于吴中区东山镇。在莫厘峰南麓，东街之后，茅场岭之西。初称雨花庵。"雨花"之名典出《法华经》："佛说是诸菩萨摩诃萨得大法利时，于虚空中，雨曼陀罗华，摩诃曼陀罗华。"清乾隆《吴县志》（卷八十八）载："雨花庵，在东洞庭山。明万历二十七年（1599），僧松竹建。"此处山坞原有一"雨花潭"，后人在潭上叠石作台，台上建雨花庵后，称为雨花台。明吴伟业《登东山雨花台》诗有"一水围山阁，千花夹寺门"句。钱谦益诗有"拂石登台坐白云，重湖浦溆似回文"句。清顺治五年（1648）僧戒生重修。清咸丰三年（1853）又葺，僧智能有《记雨花禅院重修缘起》。咸丰十年（1860）被毁，清同治六年（1867）禅院智能募修，恢复旧观。寺院原为叶氏家庵，民国初年捐于地方，遂为公产。1933年修缮，叶恭绰题"雨花禅院"门额，背面"法雨香花"额，右为"方等"，左为"圆觉"。大雄宝殿后"萃香泉"，为王大隆（1901—1966）篆额。庵西南侧"醉墨楼"，1920年建，以

雨花禅院

纪念叶氏先人叶翰甫（1845—1917）。清末状元张謇（1853—1926）题写楼匾，楼内环壁书画，据称藏有唐颜真卿真迹"逍遥"2字。庵东侧吟风岗上建"还云亭"，可眺湖山。雨花庵于1966年"文化大革命"中被拆毁，醉墨楼、还云亭于1968年夏被拆除。雨花禅院于1985年获准重建。1996年，东山旅港侨胞捐资重建醉墨楼、还云亭。

现雨花禅院居半山，枕山面湖，依山而建第一道山门（牌楼）；上29级台阶，为第二山门兼天王殿；再登53级台阶，为大雄宝殿，右为钟楼，左为鼓楼。寺前今辟"雨花胜境"景区，占地33.35万平方米，有古井、古道、古树、古桥（移建来）、古石雕等，建有石牌楼、凉亭、碑廊及东山民俗馆等。

### 082　紫金庵

又称金庵寺，俗称金庵。位于吴中区东山镇西坞村。明景泰三年（1452）郑杰撰《洞庭纪实》称："金庵在西卯坞内，昔（唐）有胡僧沙利各达耶于此结庵修道。玄宗时诏复修殿宇，装金佛像焕然重新焉。"据此可知庵建于唐，因金佛像而名著。也有文称"庵创自梁陈时"。庵在西坞入口，西坞古称西卯坞，"西坞闲行"为古"东山八景"之一。紫金庵山门朝南而立，大殿和其他建筑却是坐西朝东，依山而建。大殿两壁彩塑罗汉，以唐高僧玄奘译《法住记》为典设16尊。罗汉及观音塑像，出自南宋雕塑名手雷潮夫妇之手，塑像及巾帕等杰出之处在于逼真。清乾隆间邱赓熙称："殿中有十八应真像，怪伟陆离，塑出名手。余游于苏杭名山诸大刹，见应真像特高以大，未有精神超忽，呼之欲活如金庵者也。"大殿内悬古钟，清嘉庆六年（1801）住持永成募铸。大殿后净因堂，俗称"楠木厅"，门悬匾额"香林花雨"，据说出自明文徵明手笔。此堂由乾隆间主持道宏大师倡募而建，"为堂五间，前堂后室，高敞坚致"，"中供药师佛，旁为师徒栖息之地"。堂前天井植有金桂、玉兰、贴梗海棠等，树龄在300～800年，黄杨树已逾千年。殿旁现建有听松堂、白云居、晴川轩等。庵内有2碑，一为壁间古碑《唐示寂本庵开山和尚诸位觉灵之墓》，此为紫金庵唐代已存佐证。一为新立旧碑，清乾隆二十六年（1761）箬帽山人邱赓熙撰《净因堂碑记》，介绍了净因堂建造经过情况，特别提到里人"金子玉相读书金庵"，"余儿孙亦尝读书其中"。可见紫金庵虽处偏乡，亦同样为幼童启蒙习文场所。

"紫金庵古塑罗汉像"，1956年10月被列为江苏省文物保护单位。墙壁嵌1973年3月吴县革命委员会立文物保护碑，据称此碑让紫金庵躲过被毁被砸的命运。2006年5月25日，紫金庵被列为全国重点文物保护单位。

### 083　三峰寺

又称南寺。位于吴中区东山镇三山岛。因三山而得名。清乾隆《吴县志》（卷八十七）载："三峰寺，在三山。唐咸通十三年（872），僧真铨开山。"三山岛有太湖"蓬莱"之称，地方虽狭小，旧时却有寺、庙、庵等10座，三峰寺为其中最大。宋代鼎盛时期，寺院有殿堂及僧寮千余间。清《太湖备考》载："寺有田，宋曹熙记。今名南寺（注：三山中峰寺称北寺）。"曹熙《重建三峰禅寺庄田记》载："三峰古刹也，四面皆平湖，遥岭屏列空际，是山屹乎其中，孤绝而巧，世人呼为小蓬莱，以其与人境别也，钟鼓三百年，风月三万六千顷，胜概甲吴中，高士往往萃焉。"传说，当年修建三峰寺余下的金银九缸十三甏被埋藏在岛上，但后人如得此金银，须用于修寺庙。

清同治《苏州府志》载：三峰寺"明洪武初，归并灵源寺。国朝咸丰十年（1860）毁"。后重修。20世纪50年代，寺废，尚余20多间寺屋，1966年被拆毁。2004年，经批准重建三峰禅寺，占地面积3 300平方米，建筑面积1 000平方米。现有大雄宝殿、圆明堂、大觉佛法门楼、寮房等，大殿前庭院两侧有碑廊，并置菩提塔、观音石雕立像等。

### 084　水月寺

位于吴中区金庭镇堂里村。初称水月禅院，宋代改称水月寺。佛经多以水中之月喻诸法无实体，为大乘十喻之一。南宋范成大《吴郡志》载："水月禅院，在洞庭山缥缈峰下。梁大同四年（538）建，隋大业六年（610）废。唐光化（898—901）中，僧志勤因旧址结庐。天祐四年（907），刺史曹珪以'明月'名之。皇朝祥符（1008—1016）间，诏易今名。山有无碍泉，绍兴（1131—1162）间始名。"宋庆历七年（1047），苏舜钦撰《水月禅院记》云："有佛庙号水月者，阁殿甚古，像设严焕。旁有清泉，洁清甘凉。"寺院有"数十百楹"。寺院毁于元末战火。清乾隆《吴县志》（卷八十八）载，水月寺"明洪武（1368—1398）初归并上方寺。宣德七年（1432）僧妙潭重建"。清朝后期，寺院日渐衰落。清末，损于战火。20世纪60年代中，水月寺残存殿宇被拆除。2006年，水月禅院获准在原址重建，2007年正式对外开放。寺院内保存着三块古碑：明正统十四年（1449）《水月禅寺中兴记》（背面镌刻古人水月寺咏诗）、清乾隆四十四年（1779）彭启丰撰《重建水月禅寺大雄宝殿记》、清袁枚撰《水月寺大慈宝阁记》，并重刻宋苏舜钦《苏州洞庭山水月禅院记》碑。

水月寺有名泉无碍泉，泓澄莹澈，冬夏不涸，酌之甘凉；有名茶水月茶，人称二者为"水月双绝"。水月茶，又称小青茶，曾是贡品。清康熙《百城烟水》（卷之一）："水月寺，在缥缈峰西北塘皇坞……昔山产茶入贡，谓之水月茶。"明陈继儒《太平清话》载："洞庭山小青坞出茶，唐宋入贡。下有水月寺，即贡茶院也。"水月寺的水月茶，即"碧螺春"茶的前身。

### 085　罗汉寺

位于吴中区金庭镇秉场村。清乾隆《吴县志》（卷八十八）载："罗汉寺，在消夏湾北。晋天福二年，僧妙道开山。历代遇圮即葺。明洪武初，归并上方寺。永乐间，僧悟修重建。隆庆间，全圮。崇祯元年（1628），小构存迹。"清乾隆三十二年（1768）重建，有《重兴古罗汉寺碑记》。清末寺院渐废。李根源《吴郡西山访古记》（卷五）载：1929年访东山、西山，"至罗汉寺，修篁满山，林木亏蔽，寺门紫藤一柯，夭矫拏空，较拙政园文藤尤奇古可爱。罗汉松一株，亦逾千岁之物"。寺前有罗汉松一株，如金刚屹立；寺后有"军坑泉"，俗称龙王池，分雌雄两口，紧密相连。寺旁依溪，有两株古香樟，繁茂如翠盖，亦有数百年树龄。

罗汉寺，20世纪50年代被废，殿宇被当地生产队用作仓库。1984年由吴县园林管理处重建大殿，采用明月湾中清代乾隆年间民居拆迁旧料，并增建可乐堂、山门等。清代建筑罗汉寺堂，内供奉释迦牟尼及元代石雕童子面十六罗汉等20尊佛像，原在穹窿山宁邦寺，1985年移来罗汉寺。寺院现占地面积 3 亩，寺前溪旁建有石牌坊，上镌李根源 1929 年所书"古罗汉寺"隶书题额。"童子面石雕造像"，1997 年 7 月 28 日被列为吴县市文物保护单位。

## 086　禹王庙

旧称禹庙。位于吴中区金庭镇甪里村。因供奉大禹而名。初称水平王庙，明《卢志》作太湖水神庙。清同治《苏州府志》（卷三十六）载："案蔡昇《太湖志》、王文恪《震泽编》、翁澍《具区志》：太湖小山名昂者四：北杜圻洲、南众安洲、西甪头洲、东三洋洲皆有水平王庙，不载禹庙。金友理《太湖备考》，四昂山始称禹庙，然不载改置年月。"据考，水平王为"后稷庶子，佐禹治水有功，墓在马迹山，因立庙分水岭……后杜圻诸洲皆立庙"。因为庙内"并祀神禹，故亦名禹庙"。大禹为配祀，有识之士认为欠妥。清乾隆二十二年（1757）重建北昂山禹庙，始主祀"大禹"，时汪缙撰《北昂山重修禹庙碑》，文中称："《传》曰禹之明德远矣……苍苍三万六千顷，矗矗七十二峰间有禹书在焉。明明者耶，元元者耶！"其他三昂禹庙当亦然。

禹庙在西昂甪头洲郑泾港口，始建无考。清乾隆三十三年（1768）重修时，在梁木上发现书有"梁大同三年（537）重建"。清嘉庆十四年（1804）重修，蔡九龄撰《重修禹王庙记》（今存碑石）。以后历代都有修缮。20 世纪 50 年代庙被废。60 年代中神像被毁，殿宇被生产队用作仓库，因此幸存。

1983 年，禹王庙收归公有，重修大殿，增建山门，挖卫庙河，筑石护坡。1984 年被列为吴县文物保护单位。1985 年，重塑禹王像。1994 年，扩建庙园，并对外开放。现存大殿为明清建筑，面阔三间，楠木梁柱，正梁绘有二龙抢珠的苏式彩绘，具有明代风格。台基中有青石御路一方，刻双龙戏珠，为明代旧物。大殿原悬"功高底定"匾额，柱联曰："忘其身，忘其家，辛壬癸甲，阅四日而出，惟荒度土功，遂贻万世平成之治；注之海，注之江，疏沦决排，历八年于外，能奋庸帝载，乃受一心人道之传。"旧时大殿底下架石搁空，湖水直击其下，水石相搏，声若金鼓。庙前有明代古码头，踞临太湖郑泾港口，高 2 米多、长 70 米，用 120 块（宽 0.6 米、长 3.4 米）金山石条相叠而成。庙区现占地约 3.34 万平方米，有石牌坊、大禹雕像、山门、禹王殿、财神殿、天妃宫等，与梨云亭、太平军土城遗址、古码头等组成甪里游览景区。

## 087　悟真道院

位于相城区元和街道御窑村北 300 米处。俗称老河泾庙。（详见"河泾庙"条）"悟真"者，悟道修真之谓也。

始建于宋绍兴元年（1131），最初为纪念东晋著名画家"虎头将军"顾恺之而立，故先名河泾庙，俗呼何金庙。宋后称悟真道院。宋淳熙三年（1176），为宋书生何中立退修之所。历代皆有修缮。明成化十四年（1478），苏州状元吴宽过齐门之北，看望门生张嘉玉，时悟真道院尚存。有董守初者，在里人支持下，募建真武殿。遂度经有阁，讲修有堂，"兼以幽雅清绝为方外名胜，四方士大夫过苏北门者，未尝不游览焉。厥神孔灵，乡人遇水旱蝗疫必祷，祷必有应"。吴宽还写有《重修悟真道院记略》。民国《吴县志》（卷三十七）"寺观三"载："悟真道院在齐门外，宋何襄衣真人退修之所，有墓在院东。明洪武初叶，道元修葺。天顺壬午道士童守初重修。

崇祯初钮道录又修。清康熙间，道士田洪科、里人欧阳纲等恢扩旧址，募建真武殿、玉皇阁。"

据史志记载，何中立是一位以癫狂示人而颇通医术的高道，以蓑衣蔽形，故道号蓑衣道人，又称蓑衣真人。宋范成大《吴郡志》卷三十一记载颇详："天庆观殿后通神庵，有何道人者，自绍兴初，往来提举司，或观前真武堂草积中，披发癫狂，以蓑衣蔽形，故号蓑衣道人。寒暑不避，不与人亲。或云时有一语，中人灾福。两朝间遣使降香，问其安否。然庵则未始迁也。"又（宋）岳珂《桯史》（卷三）载："姑苏有二异人，曰何蓑衣，曰呆道僧，踪迹皆奇诡，淳熙间闻一时，士大夫维舟往访之，至今吴人犹能言其大略。"

悟真道院原大殿为明式建筑，存歇山大殿、偏殿、厢屋等20多间。1949年后，道院被改建成陆墓（陆慕）粮仓，一直使用到20世纪80年代末。2006年到2009年重修并扩建，现有玉皇殿、财神殿、慈航殿、吕祖殿、文昌殿、元辰殿及山门、金钟、玉磬亭等，占地面积14 550平方米。院内4棵百年桂树和古井等仍在。1986年被列为吴县文物保护单位，2005年被列为苏州市文物保护单位。

## 088　河泾侯庙

苏州城外原有3座河泾侯庙，第一座位于相城区元和街道陆墓御窑村北，又称顾恺之祠，俗称老河（湖）泾侯庙，现元和街道的悟真道院即是老河（湖）泾庙原址（详见"悟真道院条"）。第二座原在齐门外，今属姑苏区苏锦街道。民国《吴县志》（卷三十四）记载，顾侯庙在齐门外石狮泾桥西，祀晋虎头将军顾恺之，宋绍兴初建。明崇祯十年（1637）由顾恺之裔孙顾锡畴等重修，清咸丰十年（1860）毁。清同治六年（1867）由顾恺之裔孙顾培亨及木商重建，里中奉为金鹅乡土谷神。俗称中河泾侯庙。第三座位于相城区陆墓老镇下塘南街135号，称小河泾侯庙。

顾恺之（约348—406），晋陵无锡（今属江苏无锡市）人。曾任桓温、殷仲堪参军，义熙初（405—418）任通直散骑常侍。东晋画家，多才艺，工诗赋、书法，尤精绘画。尝有"才绝、画绝、痴绝"之称。顾恺之对中国绘画书法艺术的发展产生过深远影响。

民间相传，东晋义熙年间（405—418），吴中大地遭受百年未遇的大旱，领兵路过的参军顾恺之心生恻隐，便以军粮赈济救助饥民，事后被奸佞谗言所害。百姓得到消息后，用茅草搭建了一座"将军庙"，以纪念顾恺之。又相传，当时孙恩以五斗米道的名义聚众叛晋，东晋隆安五年（401）孙恩挥兵西指吴城，顾恺之陈兵于城北长板堑（湖泾河），与孙恩的兵马展开激烈的战斗。孙恩败退，苏州人民避免了一场大灾难，为了感谢和纪念顾恺之，苏州人建造起了专门祭祀他的河泾侯庙，即所谓老河泾侯庙。

至南宋时，庙圮，建康僧人慧空募化重修，俗称"得转庙"或"将军庙"。相传，清乾隆皇帝南巡，到访将军庙，御笔题写"英风千古"匾额。清光绪年间，住持僧德霖重修将军庙。大殿正中小阁，原有顾恺之塑像，还有观音殿和阎王殿等。大殿庭院有4棵古金桂，树冠都超过殿檐。后殿为圣公圣母殿，相传为顾恺之父母的塑像。1949年后，庙舍成为陆墓粮仓，直使用到20世纪80年代末。

中河泾侯庙，位于齐门外石狮泾桥西。2006年拆迁至东汇路安齐王庙内东侧。清顾震涛

《吴门表隐》记载："河泾侯庙在石狮泾内，宋绍兴初建。明崇正（祯）十年，祠裔锡畴、凝远、大任等重建。神姓顾名恺之，字长康、晋虎头将军。封金鹅乡土谷神。"民国李楚石《齐溪小志》载："湖泾庙在下塘石狮泾浜中，祀晋顾恺之。清同治里人重建。庙中有明嘉靖间乡约碑文。"

小河泾侯庙，位于陆墓下塘南街135号。《武陵小史》记载，"一在庄桥北首"。1949年后曾用作供销社采购站，尚有残存建筑。今黄墙黛瓦庙体仍在，它坐西朝东，前面是陆塘（今称市河）。庙南有一条小河浜，上有小石桥名"庄桥"，沿河有照墙。庙有3进，大门上原有一块匾额，上书"晋敕封顾恺之庙"。门房两侧有应差和马夫塑像。民间相传，农历十月十八日是顾恺之生日，从十月十七日到十九日，大、小河泾侯庙都要打三天三夜大醮。新春和传统节日其香火也很旺盛，初一、月半附近乡民也来烧香祈祷。

### 089 觉林寺

原址位于相城区北桥街道学林路北桥中心小学。初名义安寺，后名觉林教寺，今名觉林寺。新址位于北桥街道寺泾路北，觉林路西，学林路南，南张路东。与北桥中心小学相隔一河一路。

觉林者，觉人之禅林也。明《长洲县志》（卷十）载："觉林寺，冶长泾，唐建，领庵四。"明《姑苏志》（卷三十七）载："觉林教寺在长洲县十三都冶长泾。唐广明间（880—881）陈坦舍宅建，僧真清法师开山，名义安寺。五代梁开平元年（906）改永安，宋大观四年（1110）改赐今额。洪武中僧善庆大亨重建寺。"清《长洲县志》（卷三十）记载："本朝顺治十一年重修三门，康熙十一年建大悲阁。"民国《吴县志》（卷三十七）"小注"称："《尤氏家乘》载，宋尤文献公辉致政时，见寺倾圮，扩而新之。其后辉子著重修，并置田三顷。寺僧渊清以寺之旁院五楹，奉文献公香火，著为之记。江阴颜大参泽撰寺碑。"

民国三十七年（1948），国立吴县北桥初级小学迁至觉林寺，易名为北桥保国民学校。正殿西侧用房被改造为北桥小学校舍。1952年，北桥成立粮食收购站，亦设在觉林寺内，大殿被改造为仓库用房。

1998年，经吴县市人民政府批准，在寺泾路重建觉林寺，占地面积40亩。2000年1月29日竣工、开光。2008年，寺院再次扩建。2013年，新建大雄宝殿、弥勒宝殿、照壁等。大雄宝殿内供奉7米高释迦牟尼像，其背面是南海观音像。今每逢农历二月十九观音诞辰、六月十九观音出家日、十二月初八佛祖成道日，都有诵经法事活动。

### 090 太平禅寺

位于相城区太平街道北浜北岸利民桥堍，原猛将堂旧址处。

2004年4月，由原猛将堂正式易名为太平禅寺。因属地得名。初为王皋祠堂，与宋南渡三槐堂王氏有关。民国《相城小志》（卷六）张洪《槐庆堂记》云："晋公佑手植三槐，曰：吾子孙必有三公焉。其孙皋南迁姑胥。今居之长洲荻扁村者。"三槐堂三沙王氏始祖为王皋（事迹见"王皋墓"条），南渡择长洲荻扁村居，即今太平街道所辖王巷，后又称旺巷。

王氏宗祠大约建于明初，清顾震涛《吴门表隐》云："汴人从高宗南渡居此。明正统四年

（1439），裔孙彦洋建，张益记。其后裔曰征士；曰智城；曰冕；曰锜；曰潜；曰策；曰文年；曰武年；咸祔。清康熙二十四年（1685）十八世孙省重建。"清以后王皋祠堂变迁很大，民国《吴县志》（卷三十四）载："王太尉祠又称庙，又称王总管祠。在狄扁，祀宋太尉王皋。"《相城小志》（卷二）载："宋王皋祠堂在王巷关帝庙内。"可知至少在清后期王太尉祠已被易为祭祀关帝的庙宇。其后又演变成祭祀驱蝗神的猛将堂。

20世纪中叶太平禅寺变化尤烈，民国年间，正堂后建有边长为15余米的方形放生池，池底四周挖有四口深井，故池水常年丰满清澈，池中心建有一座六角形凉亭。1950年后，放生池被填，偏房亭子被拆。

20世纪80年代中期，太平禅寺由乡政府出资翻建后，用作幼儿园。90年代末，原猛将堂的正堂3间，被改为天王殿。在天王殿后重建了猛将堂。2004年4月，猛将堂正式易为今名。2006年，大雄宝殿竣工，内堂高23.1米，正中供奉高约5.34米的释迦牟尼如来佛金色座身及助侍迦叶、目健连菩萨，佛堂供奉南海观世音菩萨和18尊罗汉金身，两侧供奉文殊菩萨和普贤菩萨。2007年，建成观音殿和地藏殿。寺有南宋古银杏树，树龄800多年，树围4.5米，直径1.44米，根部周长5.8米，直径1.85米，树高20余米，至今仍然根深叶茂。

## 091　皇罗禅寺

位于相城区阳澄湖镇洋沟溇村杨家浜自然村。东到洋沟溇自然村农田（澄林路），西至洋沟溇村外小堰自然村，南到杨家浜自然村农田，北至官泾港。

2002年，由王路禅院更名为皇罗禅院，2005年始改为今名。"皇罗"者，或以为"王路"之音讹。初名积善庵。民国《吴县志》（卷三十七）、《相城小志》（卷二）均有载录，长洲县进士徐汧有记，甚详。庵初建于宋建炎元年（1127），创自西域僧人德胜。后置义田，以赡诸习教者。其后，元兵内侵，土地荒夷，僧众散去，庵废。明万历三十八年（1610），僧心光重修积善庵。心光圆寂后，尧峰开山师湛川之徒醒泉以重振积善庵为己任，力募修葺，使廊庑焕然一新，钟鼓端严。醒泉率其徒持戒修行，并复置义田，庵再度兴盛。明崇祯末年（1644），里人施嘉猷等再次捐资修缮，增置庵田，并改名为王路庵。王路者，指先王之法度，意在谨遵释迦牟尼教义。清乾隆元年（1736），里人施锡朋复加修葺，旧观重现。民国七年（1918），里人施兆麟重修，并呈请吴县知事吴其昌颁布警示，告诫民众："须知该庵之属古迹，自应保存，尔等不得任意糟蹋，侵损致害……违者严惩不贷。"民国二十年（1931），圆明法师任住持，又募资整修寺院。

20世纪50年代初，寺院仅剩局部，村里用以开办民校。1954年，村建礼堂，所剩房屋被悉数拆除。1995年，由隆学法师募款200多万元，在原址上建造天皇殿、地王殿、药师殿、伽蓝亭、妙法桥、东西通联长廊，以及僧众、香客居室等。1996年，更名为王路禅院。1999年12月，净慧继承为法师，2001年，新建念佛堂、斋堂、往生堂、座关堂、玩佛塔、弥陀村、石亭、石牌坊、寮房、放生池以及池中一尊4米高的汉白玉滴水观音像。自2002年更名为皇罗禅院起，每年举行念佛法会、三千佛忏、地藏法会、众生皈依法会、盂兰盆法会、弥陀佛七、往生普佛、延生普佛等佛事活动。2005年，又建观音殿和地藏殿。2006年，建大雄宝殿。2007年，增建僧寮和居士寮。2013年，新建3层楼的藏经阁。寺院内有两口青铜佛钟，一口在大雄宝殿内，重约2吨，钟面全刻大悲咒心经；另一口在悬钟楼，大钟重约4吨，钟面全刻佛说阿弥陀经。另外，寺院内还有两口高5米的铁质双耳三足宝鼎。

重建后的皇罗禅院占地面积53 500平方米。殿阁嵯峨，檐枋彩画，楹联匾额，横梁、殿顶、藻井等装饰华丽，雕刻精美，尽显北派寺院风格。

## 092　圣堂寺

位于相城区阳澄湖镇风阳路圣堂村圣堂港桥西堍。

初建于明万历三十四年（1606），为东岳行宫。民国《相城小志》（卷五）载："圣堂在镇之东，即东岳行宫也。嘉靖时有倭子到相城，将近湖口，贤圣显灵，因此退去，故乡民极尊重之。"民国《相城小志》（卷二）称："东岳行宫在相城，即慈圣庵前殿。"同卷又称："慈圣庵即东岳行宫后殿也。明姜家正有《义田记》。"《义田记》称，明万历三十四年（1606）秋，有募缘领袖黄有仁捐资于东岳行宫后座建观音宝殿。由此可知东岳行宫、慈圣庵、圣堂实三位一体，是同一个建筑群。

现圣堂寺前砌有照墙，上有"风调雨顺"4字，正殿中央供奉东岳大帝黄飞虎神像，两旁有站立的执事、衙役、皇班等神像。雍正八年（1651）立碑，禁止随意侵占毁坏圣堂寺。清咸丰年间（1851—1862），寺毁。后重建。清光绪二十七年（1901）再立《解饷告示》碑。1956年，圣堂寺被改建为湘城中学，拆除前殿、大殿及辅房，仅留后殿及厢房。1988年，学校建实验楼，又拆除后殿及厢房。

1998年，吴县市人民政府批准在今址重建，现有正山门、天王殿、大雄宝殿、观音殿、土地殿、东岳殿大帝殿、斋堂等。2001年6月，举行了重建圣堂寺落成暨开光仪式。2003年，又建藏经楼、聚贤楼。2006年，修建斋堂及水陆内坛。2007年，修建江南园林风格弥陀村、小桥、长廊、假山等。2009年，建念佛堂。2011年至2013年，修建灵鹫楼、千佛报恩苑、重修大雄宝殿。寺院藏有《清乾隆大藏经》（新版），还有心培法师撰、贯澈长老书"行愿无边

圣堂寺

人天同欢喜，慈云普被三界悉蒙恩"对联，以及中国台湾佛光山星云大法师书写的"圣堂寺"题字等名人字画。每年有共修法会、除夕迎春祈福法会、供天法会、观音菩萨圣诞（成道）普佛、清明法会、水陆法会、文殊菩萨圣诞、释迦牟尼佛圣诞浴佛、地藏法会、盂兰盆会、冬至华严法会、阿弥陀佛佛七等。常驻僧人16人。

每年农历三月廿六至廿八日举办圣堂庙会，各村大小庙神都来登堂诏见，贡饷，热闹非凡，史称"春会"。当天，各村都抬着彼此的土地神进庙拜东岳，并沿街巡演。圣堂庙会已逐渐演变

成阳澄湖地区一项重要的民间民俗文化活动，2013年被列为苏州市级非遗项目，2016年进入江苏省第四批非遗保护名录。2021年被列入第五批国家级非遗保护名录。

### 093　妙智庵

位于相城区阳澄湖镇人民街后弄底向东150米，西南邻陆云土地庙。

始建于南朝梁天监二年（503），由高僧西铭募建，初名法华庵。北宋宣和年间，僧紫峰重建，更名妙智禅院，俗呼妙智庵，以崇佛智之不可思议也。清《长洲县志》（卷三十）载："明初姚广孝为僧时居此，既贵重修，有敕赐碑文。"民国《吴县志》（卷三十七·寺观三）："明初归并觉林寺。"

据《明史·姚广孝传》记载，姚广孝（1335—1418），长洲（今苏州相城区）人，本医家子。年十四，度为僧，名道衍，字斯道。事道士席应真，后随朱棣。建文帝继位，道衍密劝成祖举兵。明成祖即帝位，授道衍僧录司左善世。明永乐二年（1404）四月，拜资善大夫、太子少师。复其姓，赐名广孝。监修《太祖实录》，又与解缙等纂修《永乐大典》。姚广孝去世后，明成祖朱棣亲为制神道碑铭，对他评价颇高，赞他"行通神明，功存社稷，泽被后世"。

元至正八年（1348），姚广孝时年14岁，曾到妙智庵出家当和尚。而明永乐十二年（1414），姚广孝以钦差身份出赈苏州、湖州二府，衣锦还乡，至妙智庵，"僧众冷落殆尽，仅有修学一人，守其香灯。庵宇年远，梁木腐坏，不堪修理"。（民国《相城小志》）于是姚广孝重建妙智庵，工程于当年启动，次年竣工。重建的妙智庵远比旧时壮丽，除大雄宝殿外，在西庑重装西方三圣像，塑18尊大阿罗汉像，列于观音殿之左右，还增建藏经阁、香积厨等。清光绪年间，区董姚文潞募修大雄宝殿。民国时期，妙智庵成为区、镇公所驻所，第一国民小学校址。1949年后，曾为湘东乡驻所，以及湘城中心小校校址。1954年，改建成粮库。

现旧址尚存大雄宝殿及部分廊庑、大殿梁架、斗拱等仍保持明代风格。现存古碑多方，有"皇帝御祭文"碑，又称"明御祭姚广孝文碑"。2009年妙智庵旧址及明御祭姚广孝文碑被列为苏州市文物保护单位。

### 094　濮陀庙

位于相城区阳澄湖镇戴娄村济民塘西南，东北临济民塘，西为湘太路，南邻陈家湾。

初建于宋咸平年间（998—1003），古称濮陀庵，俗称濮陀庙，纪念义士濮陀（其生平事迹不详）。清《长洲县志》（卷三十）载："濮陀庵，在十八都，宋咸平间僧士能建。"民国《吴县志》（卷三十七）载："濮陀庵，在十八都尚泽湖北，宋咸平间僧士能建，明初归并觉林寺。今村人祀土谷神于中。"由此可知，义士濮陀有恩于当地百姓，死后被奉为当地土谷神。

濮陀庙内存有清代《尚泽弛禁案碑》。尚泽湖（今盛泽荡），周围2万多米。历代为官湖，百姓均可捕鱼、捞草。巨豪王宗裕越出权限，霸占全湖。"春禁罱泥，秋挠撩草，横征鱼税，苛诈农钱，虎霸一方，殃民囊国。"渔民、农民因生计艰难而怨声载道，事控官府，状告王宗裕。布政司通令还湖于民，并立碑："凡有侵占官湖河荡，不许罱泥、捞草，苛诈农钱，横征渔税者，一并饬革（革职），其或已经升科，一概奏请开除，清乾隆三年（1738）立。"1958年，庙宇被拆除。20世纪80年代末，民众自发在濮陀庵原址建庙，现有2进5间庙舍，每逢初一、月半烧香如故。

### 095　陆云土地庙

位于相城区阳澄湖镇的湘城老镇河东街北侧后弄底。

始建于南朝梁天监二年（503）。明《长洲县志》（卷十一）载："晋陆内史祠，在相城益地乡，祀晋大将军右司马陆云士龙也。云为郡人，因督粮过吴娄地，见岁侵，吴民饥，乃以所督粮尽散以赈济之。云后遇害，乡人感其惠，具衣冠葬此，立祠祀之。"民国《相城小志》等也有相同记载。

历代对陆云土地庙都有修葺。明成化年间（1465—1487），里人沈贞吉（沈周之伯父，字南斋），"以己资兴之"，重修陆云土地庙。明代华盖殿大学士、兵部尚书徐有贞为其撰写《晋大将军右司马陆士龙祠记碑》，对陆云义行和文采赞赏有加。民国十一年（1922），里人姚文澄筹经费，发动募捐。不期月而庙工成，规模宏大，殿宇重新。民国十六年（1927），施兆麟撰写《重修陆士龙祠堂记》，碑云："相城土地神庙祀晋代陆云。相传晋惠帝时河洛之间战争不息，云奉命催饷，道出相城时遭灾，欷民有饥色，云怒焉心伤，即以所催之饷尽数赈施。民得生活，报其恩，崇其德，遂立庙以祀之。至今相城市河曰'济民塘'，桥曰'济民桥'，乃纪陆云赈施之绩，示不忘也。"现两方碑刻完好保存在陆云土地庙北墙，为相城区珍贵的历史文物。

### 096　采宝庙

位于相城区阳澄湖镇北前村大阳站，又称采宝土地庙。始建于北宋嘉祐年间（1056—1063），为祭祀宋礼部侍郎蔡抗而立。

庙初名尚宝卿，民国《吴县志》载："尚宝卿庙，俗名采宝庙。在东十八都三十五图。祀宋苏州知州蔡抗。"尚宝卿为明代官职，蔡杭曾官太常少卿，明太常卿常兼掌尚宝司事，故有此称。

俗称采宝者，据《相城小志》载冯熙成撰《采宝庙重修记》称："夫圣人制议百物，以备不虞，上之辅国家，下之惠民生，莫不奉之若宝。《书》云'所宝惟贤'，《大学》言'惟善为宝'，皆此意也。"故庙名采宝。民国吴荫培有记亦云："以采宝名，乡人士群集其中，祀神祈谷，取地不爱宝之义也。"

《宋史·列传》四百二十卷有《蔡抗传》。蔡抗，字仲节，处士蔡元定之孙，南宋绍定二年（1229）进士，曾兼任江东提点刑狱，拜太常少卿等职。宋开庆元年（1259）卒，谥文肃。民间传蔡抗兴修水利，筑堤堰，以解民疾苦，百姓深得其丰功厚德，感激万分，故立庙祀为土谷神，祈祷常显灵于此，使地无灾害，风调雨顺，庇荫嘉谷。

采宝庙在清咸丰十年（1860）毁于兵火。清同治年间（1862—1874），里人施登鳌、陆金榜、张世泰等率其社姓捐金重建。光绪甲午年（1894）春末，由张毓庆循其旧址，与众姓量力捐金千余缗，鸠工修葺一新，庙貌神像灿然改观。并在大殿之东偏，添筑书室三楹，名野趣轩。在殿前铸万年宝鼎，重三千六百余斤。捐资姓氏繁衍不能尽列，就另刊诸石，以垂不朽。事迹详见"冯熙成记"。

民国十二年（1923），施兆麟与乡人又重修此庙，时贤吴荫培撰写《采宝庙碑记》碑文，以告后人。20世纪50年代初，采宝庙被拆除改建为湘城中心小学。90年代，民众自发募集资金，在采宝庙原址建庙宇3间，至今香火旺盛。

### 097 灵应观

位于相城区阳澄湖镇湘城河东街观桥头。观前有一小河，东接阳澄湖，西达济民塘，河上有一重建于光绪年间的单孔石拱桥——观桥（通仙桥），为苏州市文物保护单位。观有神灵感应故曰灵应。

初建于宋咸淳二年（1266）。民国《吴县志》（卷三十七·寺观三）载："灵应观在县东北五十里相城。宋咸淳二年道士赵志清奉敕建。"民国《相城小志》（卷二）亦载录相关文献甚详。灵应观在元时被焚毁于兵火。后有住持苏斗南于元延祐间（1314—1320）募缘重建，升院为观。明洪武初归并玄妙观。明隆庆二年（1568），玉皇殿、三茅宫废久，湘城马俸好道乐施，捐金重建，有记。明天启三年（1623），殿堂倾圮，师祖顾娱川，金寰宇齐心募修，于是殿、厢、廊、庑、垣、墉、阶再新。明末，清兵南下，灵应观又毁于兵火。直至清康熙十五年（1676）春，由道士赵弘科跋涉3 000里，上京都募资，及其徒辈周正谊等合力修建，重复殿宇庄严。并辟东南隙地，扩建翻经、习炼之房。康熙十七年（1678），建集元堂，王时敏有记。康熙二十四年（1685），建文昌阁，施何牧有记。康熙二十九年（1690），复修玉皇殿。清雍正三年（1725）冬，法师周正谊与其徒孙张松源重建三元殿，并与师弟高维三共置斋田30余亩，新建两厢从房数十间。清道光（1821—1850）、咸丰（1851——1861）年间又两次重建之，陆镐、陆元纶有记。民国年间，灵应观逐年衰落，部分观址被征用，至1949年前后，住观道人仅有1人。1951年，改建为粮库，为湘城粮管所使用。灵应观殿、厢、廊、庑均被拆除，仅存玉皇殿（后殿）。殿面阔3间，宽11.8米，玉皇进深11.4米，通周墙体用12根石柱架构，4根大石柱与大梁轩梁连接，栋梁彩绘，后殿背面嵌有"鹤林遗胜"砖刻。2009年玉皇殿被列为苏州市文物保护单位。

### 098 况公祠

位于姑苏区今西美巷31号。民国《吴县志》载："况公祠在西美巷，祀苏州知府况钟。清道光六年，知府额腾伊即大觉寺基建。咸丰十年毁。同治十一年，吴县知县高心夔重建。"况钟（1383—1443），字伯律，号龙冈。江西靖安人。幼年生活在贫民间，对人民疾苦有所了解。初为小吏，明永乐中以荐授礼部郎中。宣德五年（1430），破格擢升为苏州知府。到任后，首诛猾吏数人，并颁布了公文

况公祠

条例，凡侵害百姓者，依法处之。协力巡抚周忱奏免赋米70余万石，深得民心。他兴利除弊，不遗余力，受到百姓的爱戴，被呼为"况青天"。明正统六年（1441），况钟任期届满，苏州百姓2万余人乞留，诏进三品俸留任。在任13载，积劳成疾，后卒于任上。

清道光六年（1826），苏州知府额腾伊倡建况公祠。门东向，砖细门楼上有"况公祠"横额。入内，享堂坐北朝南，扁作梁架，有前翻轩，面阔3间13米，进深11米。南有朝北戏台与之隔院相对，前台5米见方，高出地面约0.8米，三面敞开，顶作歇山式。南与3间后台相连，前后台总平面作凸字形。享堂西有院落2重。戏台南尚有东向房屋3进。1963年被列为苏州市文物保护单位。1993年整修。现为文化单位使用。

### 099　伍相祠

位于姑苏区盘门内，今东大街南端西侧。原名伍员庙（伍员即伍子胥），俗称"伍相公庙"。始建年代待考。其处原有"双庙"，因在城南，俗称"南双庙"。民国《吴县志》载："伍员庙在胥口胥山之上。盖自员死后，吴人即建此庙。乾道间复修之，规制犹陋。盘门里又有伍员庙，即双庙是也。"双庙，一庙祀三国时的孙坚，一庙祀伍员。宋建中靖国元年（1101），平江知府吴伯举予以重修，蔡京撰有《南双庙记》。宋人杨备诗云："出境鞭尸报父仇，吴兵勇锐越兵忧。忠魂怨气江云在，日见炉香烟上浮。"据《姑苏志》载：伍员庙因常显灵异，元大德三年（1299）当局特增封其为"忠孝威惠显圣王"。明万历四十年（1612）由伍氏后裔伍袁萃移建于胥门内朱家园。

1997年，建立盘门旅游景区，于盘门西侧内城河旁重建"伍相祠"，面积41.1平方米，集祠庙与庭园于一体。祠分两部分，西部大门朝南，进门可直达大殿，大殿正中为彩塑伍子胥坐像，高4.4米，美髯飘逸，双目炯炯，神情沉稳，透露出大智大勇的悲壮之气，上悬"气壮山河"横匾。两旁悬王西野撰、崔护书抱柱联一副："遗建重新，到此狂澜皆下拜；古城如旧，来临杰阁可凭高。"两旁为享殿，展示吴国与伍子胥的有关史料。东享殿有明人王鏊撰的对联："孝当竭力，忠则尽命；生为相国，死作涛神。"

伍相祠

西享殿有明人董其昌撰的对联："往事昭昭，亿万世长传宇内；精忠耿耿，千百年犹在人间。"祠的庭园内，点缀湖石小品，花木扶疏。四周曲廊通幽，翠竹映窗。成为盘门景区内的重要一景。

在庙东之窥塔桥北（今盘门景区内）。有青石制作夹石一对，两石相距0.41米，高出地面2.9米，宽0.6米，各厚0.37米，顶端雕覆莲。两石上下各相对凿一直径0.15米的圆孔，可供穿入圆木，用以固定旗杆，夜间则可挂灯。俗呼旗杆石。1999年拆除民房时被发现，据考证为宋代伍相公庙遗物。

### 100　曹沧洲祠

位于姑苏区养育巷瓣莲巷4号，是为纪念与祭祀名医曹沧洲而建的祠堂，始建于民国初年，坐北朝南。祠堂原有3进，现存2进。

曹沧洲（1849—1931），名元恒，字智渊，晚号兰雪老人，又号兰叟，系清末民初吴门医派名医。曹出身于医业世家，又认真学习叶天士、薛生白等人的医疗成果，对温病有丰富的治疗经验和精辟见解，治疗烂喉丹痧更有独到的办法。既专内科又治外科，人称"多面手"。清光绪三十三年（1907）与青浦名医陈莲舫同时被征入京为御医，给光绪皇帝治病。后又入京为慈禧太后治病，据说仅用三钱萝卜籽就奇迹般治愈了慈禧的沉疴，慈禧大喜，奖褒有加，被授予官职，因有"三钱萝卜籽换来红顶子"的传说。曹在长期行医实践中，总结经验，写下了不少专著，有《曹沧洲医案》《霍乱救急便览》等。曹沧洲祠一度被幼儿园、工厂等使用，主要建筑多有改动。2002年下半年起，得到修缮，2008年又进行了第二期维修，现为社区居民活动中心。

### 101　圆通寺

位于姑苏区今阔家头巷6号。原为圆通庵。宋淳熙年间僧人原净始建。明初归并东禅寺。清光绪中重建，改为寺。圆通为佛教语，《楞严经》云："阿难及诸大众蒙佛开示，慧觉圆通，得无疑惑。"民国《吴县志》载："圆通寺在阔家头巷网师园右，本名圆通庵。宋淳熙间僧人原净建。明初归并东禅寺，清光绪中改称寺。"寺朝南3路4进，东路以放生池居中，岸缀黄石假山，5开间水榭临池而筑。中路第二进为硬山顶大殿，面阔3间11.2米，进深12.5米，高6.5米，贡式梁架，前置船棚轩，青石覆盆加鼓墩柱础。第三进是法乳堂，末进为藏经楼，高耸的观音兜山墙颇有特色。民国二十年（1931），寺内尚有各类屋宇50余间，颇具规模。1958年，寺庙大部分被改为民居，部分殿宇被划入小学改作校办工厂仓库，大殿后的法乳堂楼宇，已被划入网师园，辟为茶室。寺内僧人能诗善文。抗战前，寺僧风月上人善于诗画，栖谷则知诗能琴，知名文人叶恭绰慕名拜访，与诗僧参禅说法，吟诗唱和。寺内藏经阁收藏有佛教经卷，弥足珍贵。"文化大革命"初，寺僧巧妙将经卷伪装后，乘夜晚偷运至西园寺保存，避过被砸毁之劫。

著名书法家、学者萧退闇曾寄寓圆通寺内20余年。萧退闇（1870—1958），字忠孚，改名蜕，号退闇、蜕庵。江苏常熟人。研究书法艺术，正、草、篆、隶四体皆工，篆书尤佳，有"江南第一书家"之誉。他的著作及遗物，大多散失。圆通寺所存之建筑，已被列为市控制保护建筑。2006年10月，由私人出资，在修旧如旧、保持原有风貌的基础上，建造成苏州圆通美术馆。2003年被列为苏州市控制保护建筑。

### 102　报国寺

位于姑苏区饮马桥北堍东侧穿心街。原址在文庙西南的杨家巷，始建于南宋咸淳年间，初名报国禅院。佛寺多有称"报国"者，以此可见其与国家之关系。民国《吴县志》载："报国寺在府学西，亦南园遗址也。旧为院，宋咸淳间建。"明成化年间大规模扩建，有殿宇、客寮、斋堂、库房等数百间。明万历三十年（1602）、四十五年（1617）分别重修，并为最盛时期。清咸丰后渐衰败。清末，江苏巡抚程德全没收报国寺寺产，毁寺改建植园。1921年，程德全已习佛数年，顿然悔悟当初毁寺的行为，遂出资买下穿心街的中军衙门，改建为报国寺，由楚泉住持。1930年10月，印光法师来寺住持，并在寺内闭关，在此修订普陀、九华、五台、峨眉《四大名山志》，流传于世。并办弘化社，印制佛经，流通社会，并出版《弘化》月刊，提倡慈善，赈灾济苦。弘一法师曾来此访问，与印光法师会面。其间海内外信众前往皈依者有数十万人，颇具盛况。1937年，印光法师移居灵岩寺，不久，报国寺为灵岩寺下院，有房屋53间。1950后，寺院被医院和工厂借用。1958年被改为民居，迁入居民22户。

1992年，苏州市佛教协会收回报国寺房产，并动员居民住户迁出，进行翻修。1995年，由弘法负责修复，筹建苏州市佛教博物馆，至1997年竣工，建筑面积1 300平方米。同时，苏州佛教博物馆在此成立。这是全国第一个佛教博物馆。馆内陈列分为8个部分：（一）历代寺院，自三国吴以来的历代寺院概貌。（二）佛像与藏经，有宋代的血经、明代的金银书、清代的大藏经等。（三）高僧大德，自三国以来十五位高僧和居士的生平成就。有印光法师关房和纪念堂。（四）法物法器。（五）弘扬利生事业。（六）大殿佛像的供奉方式。（七）印公关房。（八）弘化社。1998年春，寺内设立弘化义诊所，有三四名退休医师义务诊疗。至2005年，义诊所已有医师22人。当时，为老年公寓提供出诊、上门服务，每年义诊数千人次。2006年，有常住僧人6~7人，弘法为住持，兼任佛教博物馆馆长。2013年，寺院有常住僧人7人，苏州博物馆在职职工1人，退休职工2人。灵岩山寺明学方丈兼任住持。弘化义诊所保持原有规模和服务。2003年被列为苏州市控制保护建筑。

### 103　苏州文庙

位于姑苏区人民路南段。即苏州府学，初称州学。始建于北宋景祐二年（1035），为范仲淹任苏州知州时创立。范仲淹改革旧制，将孔庙与府学合为一体，"左为广殿，右为公堂，泮池在前，斋室在旁"。从创建府学起，700多年间，经重修、拓建达30多次。清末废科举、办新学后，文庙失于修护，范围也逐渐缩小。1957年下半年起，整修了大成殿、戟门、两庑及围墙，曾用于筹建苏州地志博物馆。1960年后，又长期被占作厂房、宿舍、仓库等。1966年"文化大革命"爆发后更遭严重破坏。1978年起陆续得到整修，1982年起开始筹建苏州碑刻博物馆。

苏州文庙

苏州文庙现存面积1.78万平方米，仅

为极盛时的六分之一，平面布局仍有东庙、西学两条轴线并列。东庙存棂星门、戟门、大成殿、崇圣祠等，西学存泮池、七星池、明伦堂等，主要建筑皆坐北朝南。文庙内保存石碑较多，其中以宋刻《平江图》《天文图》《地理图》《帝王绍运图》最为著名。历代"重修记"石刻则是府学文庙的历史见证，今存14种。文庙现为全国重点文物保护单位。

## 104　冯桂芬祠

位于姑苏区临顿路史家巷。该祠是祭祀冯桂芬的祠堂，即冯中允公祠，建于清光绪元年（1875），共3路2进。祠门两边为八字墙。享堂为硬山顶，面阔3间13.3米，进深14米，高9.2米，扁作梁架，柱梁壮硕，青石鼓墩柱础。前有翻轩、轩廊。堂前为石板广庭，纵深26米。左右各设廊庑8间，东庑有左宗棠撰并书《中允冯君景庭家传》碑1方。西路有1厅较古，年代似早于建祠日。现为苏州市文物保护单位。

冯桂芬（1809—1874），清代政论家、思想家。字林一，号景亭，一作景庭，苏州人。清道光二十年（1840）榜眼，授翰林院编修，官至詹事府右春坊右中允。冯重视经世致用之学，主张"采西学，制洋器"，"以中国之伦常名教为原本，辅以诸国富强之术"。他的思想理论对洋务派影响很大，并被改良派奉为先导。著有《校邠庐抗议》《显志堂稿》《苏州府志》等。

## 105　在理堂

位于姑苏区桃花坞大街今官库巷永丰一弄5号。俗称戒烟酒堂。建于清宣统三年（1911），因原堂中供奉在理菩萨（主管戒烟酒的佛）而得名。在理堂为清代施姓家族祖辈始创，后裔继承人施昌龙、施福堂、施和生相继传下。1949年4月前，戏衣公所曾设于其中。1949年5月设戏衣工会，堂屋为工人文娱活动场所。1956年戏衣行业合作化后，停止活动。施家后裔仍住在堂屋内，堂屋结构保留原貌未动。余房由房管局安排为民居。

## 106　报恩寺

位于姑苏区人民路西北街西口，香花桥北侧。全称为报恩万岁贤首教寺，又名报恩讲寺。因在城北，民间俗称北寺，寺内塔为北寺塔。报恩是佛教的基本教义，故佛寺多以为名。吴赤乌年间（238—251）始建，名通玄寺，梁武帝始建塔。隋开皇九年（589）寺废，唐时新建寺名报恩寺，后易名开元寺，唐大顺二年（891）遭焚毁。后周显德二年（955），吴越国主钱镠在开元寺建新寺，因旧款已移到盘门开元寺，便将支硎山报恩寺的匾额移用于此，遂名报恩寺。北宋元丰年间（1084年前）报恩寺中宝塔遭火焚毁，后复建。塔高11层，信徒献所藏舍利作镇塔之宝，苏轼将藏私印的龟形铜盒舍入寺内以藏舍利，并作《舍铜龟子文》以记其事。崇宁三年（1104）端阳节，迎请佛牙舍利入寺，宋徽宗特作《佛牙舍利赞》记之，并赐号"万岁"，寺遂易名为报恩万岁寺。宋建炎四年（1130），殿并塔全被毁于战火。宋绍兴二十三年（1153）后陆续重建九层宝塔、不染尘观音殿、卧佛殿等。至宋绍熙年间（1190—1194）渐复旧观，被誉为"浙西（当时苏州称平江府，隶属两浙西路）第一名刹"。宋淳祐五年（1245）奉旨称

"报恩万岁贤首教寺"。当时有文殊、普贤、法华、泗洲、水陆5个子院。元、明间华严高僧相继住持,对寺屋多有修缮、复建,且有增加庙田等举措,寺内有竹林、池塘、水阁等,为当时文人雅士探幽寻胜之所。清初,寺庙衰败。清康熙五年(1668)临济宗三峰派僧人剖石璧被邀为住持,报恩寺便由华严宗转为临济宗。剖石璧及其弟子,先后修缮寺殿、寺塔及其他建筑。中华人民共和国成立后,宝塔、寺院主体建筑等得以保存,20世纪70年代由苏州市园林局接管,筹建北塔公园。1986年修建后花园"梅圃"。1988年元旦,北塔公园对外开放,总面积2.2万余平方米。1993年8月,复由佛教协会接管,仍作公园开放,兼顾僧俗之习,名为北塔报恩寺,中国佛教协会一诚会长为寺题额。此后又逐步修缮寺内建筑、佛像、长廊等,并扩展停车场。

报恩寺

寺院主轴线上有牌坊、山门、露天弥勒、九层宝塔、七佛殿、藏经楼。东厢为长廊,西厢为沿人民路围墙、管理处办公室等建筑。主轴线东侧为华藏世界、不染尘观音殿、梅圃。

报恩寺塔即北寺塔,始建于南朝梁代中大通年间(529—534),高11层。隋代遭毁,北宋元丰七年(1084)重建,复毁于兵燹,南宋绍兴二十三年(1153)复建九级塔,此后毁兴多次,清末以后失修,日见残损。中华人民共和国成立后,遂分别于1965年、1982年、1987年、2005年先后4次修缮,特别是自2005年8月8日起的大修,为期9个月,耗资500万元,保持了9级8面砖木结构楼阁式原貌,每层挑出平座、腰檐,底层对边18.8米,基台对边34.3米,占地约835平方米,塔高74米,塔顶与刹约占1/5。重檐覆宇,翼角翚飞,朱栏紫绕,峻拔雄奇,诚为吴地诸塔之冠。塔身结构由外壁、回廊、内壁和塔心方室组成,每层各面外壁以砖砌八角槏柱分为两间,于当心间辟门。回廊转角处施木构横枋和月梁联结两壁,再以叠梁砖相对挑出,其上铺楼板,墁地砖。廊内置木制梯级。第八、第九层塔心方室中央均立刹杆,上端穿出塔顶支承刹轮,下端以东西向大柁承托。塔基分基台与基座两部分,均为八角形石雕须弥座式。基台高1.34米,台外散水海墁较现地面低0.73米。基座高1.42米,边沿距底层塔壁0.78米。据考证,塔的外壁与塔心砖造部分,以及石砌基座、基台,基本上为宋代遗构。2006年,重修后的报恩寺塔被列为全国文物保护单位。塔南临街的4石柱3间5楼木牌坊、3开间硬山顶门厅及贴砖八字墙,则是马医科申时行祠前之物,建于明万历四十五年(1617),1979年移建于此。

## 107 长洲县城隍庙

位于姑苏区景德路苏州府城隍庙(今城隍庙)东侧的雍熙寺弄8号。系长洲县供奉城隍的庙宇。明万历二十三年(1595)长洲县知县江盈科主建,清嘉庆二十年(1815)重建,知县赵日煦请列祀典。同治六年（1867）又修。现存东、西二路，正路在西，有仪门和大殿。大殿为硬山式，面阔三间12.7米，进深10.85米，扁作梁。西墙嵌有清嘉庆二十年（1815）《城隍庙碑记》1方。东路尚存楼屋2进。曾被列为苏州市控保建筑。1985年起曾作为景德路第一小学校舍，后用作平江区教育招待所。

又据《吴门表隐》（卷三）载："长洲县城隍庙在郡庙东偏，明万历二十三年建，神姓李实，兼七省漕运都城隍。十月十五日神诞。"李实（1597—1674），字如石，四川道宁人，明崇祯十六年（1643）进士，授长洲县令，清廉有政声，人称"长洲如镜"。清兵入关后，不愿为官，于清顺治二年（1645）隐居淞南上清港（今甪直清江村），杜门著书，著述甚丰，如《四书略解》《六书偏旁》等，特别是其所著《蜀语》为研究四川方言的专著，学术价值很高。李实过世被封为长洲县城隍后，被列为祀典。

### 108　蒋侯庙

位于姑苏区今蒋庙前19号、21号、22号。民国《吴县志》载："蒋侯庙在任蒋桥西。祀汉秣陵尉蒋子文，明洪武四年建，今民间奉为土谷神。"蒋子文，名歆，子文其字，三国时广陵（今扬州）人，汉末秣陵尉。讨黄巾军时亡，封乐安乡土谷神。他生前曾说自己是个硬骨头，死后当为神。孙权建都建业（今南京），有人见蒋子文骑着白马，执白羽扇而出，于是被孙权封为"蒋侯"，遂立庙钟山，并改钟山为蒋山。农历八月二十八日神诞，有庙会，必演戏酬神。清雍正四年（1726），庙颓废，里人重修。清咸丰八年（1858）被毁。清同治二年（1863）重建，庙门细砖贴门，大殿高敞，并有斗拱纱帽厅、戏台。清宣统二年（1910），遭火毁，后重建。1985年时曾为平江金属制品厂车间。现尚存细砖庙门，上为戏台。第二进大殿高敞，有斗拱、纱帽翅樟木。正面、东面、西面各有1路。现为民居。2003年被列为苏州市控制保护建筑。

### 109　让王庙

旧称交让王庙。位于姑苏区今干将路312号。民国《吴县志》载："交让王庙在干将坊巷，祀周仲雍。"南宋绍兴元年（1131）始创。建殿堂3间，坐北朝南，阔10.6米，深6.2米。明万历二十八年（1600）修。清同治七年（1868），顾文彬重建。仲雍，泰伯之弟，因避王位之争，与兄泰伯一同让王，奔往江南。泰伯被推为当地君长，死后由仲雍接位。周灭商后，封仲雍曾孙周章为吴王，列为诸侯。后人以他为吴的始祖，称为虞仲，并封其为乐安乡土谷神（五月十三日神诞）。1985年，交让王庙为干将小学二院。1992年干将路改造时拆除庙的沿街部分。2000年移建于城东中心小学。2003年被列为苏州市控制保护建筑。

### 110　昭庆寺

位于姑苏区临顿路大儒巷38号。元天历元年（1328），宣政院佥事僧人阿咱剌在一废寺院址上创建，取"昭示喜庆"之意，故名。明洪武初归并北禅寺，后被废为王氏园，明崇祯末，僧人养素赎为寺。清咸丰十年（1860）毁，清同治十年（1871）僧人启宗又重建，清光绪三十三年（1907）因住持不守戒律，昭庆寺被收归官，后用作小学校舍，后又改为元和县高等小学校，1951年易名为苏州市中心小学校，1985年学校外迁，其旧址由平江文化站使用。

昭庆寺院原建筑分为3路3进，现中路保存较好，有山门、天王殿、大殿，东、西二殿已失旧貌，东路仅存部分建筑，西路有花厅2座和花园1处。

## 111　文山寺

位于姑苏区古城阊门内今文丞相弄30号。史载，明正德十年（1515），为纪念文天祥而建忠烈祠，俗称文山祠、文丞相祠。明嘉靖二十年（1541），迁祠于旧学前，此处遂称文山寺。民国《吴县志》载："忠烈祠在旧学前，祀宋浙西江东制置使兼知平江府信国公文天祥。初在吴县永丰仓北。明正德十年，裔孙森请于巡按御史谢琛奏建赐额。又于其地建堂三楹，大学士李东阳题曰'正气堂'。"文天祥（1236—1283），字宋瑞，号文山，江西吉安人。宋宝祐年间（1253—1258）进士，为宁海军节度判官。宋咸淳十年（1274），知赣州。当时，元兵大举入侵，国家危在旦夕。他卖掉家中所有财产作为军资，组织勤王兵万人入卫，兵到临安，被通知他任平江府（今苏州）知府。明代卢《志》云："文天祥……德祐元年九月十八日到任，十月十八日除端明殿学士，仍旧职任，十二月二十二日记赴行在。"当时，元兵已到常州，他即发兵支援常州。朝廷与金邦谈判时，他以右丞相兼枢密使往元营谈判，因据理力争，不肯屈服，被元丞相伯颜押至镇江。他设法逃脱，经真州（今江苏仪征）、扬州、通州入海至温州，与陆秀夫等在福州拥立益王赵昰为帝，升为左丞相。宋祥兴元年（1278），在广东五坡岭兵败被俘，被押至大都（今北京）。元世祖屡次劝他投降，他至死不从，遂于至元十九年（1283）十二月被害。著有《文山先生全集》，流传于世。他写有"人生自古谁无死，留取丹心照汗青"的诗句，为传世名句。

文山寺规模宏大，面积1 380平方米，有大小殿宇60余间。进山门是韦驮殿，后为大殿。大殿为硬山顶，面阔3间9.9米，进深13.5米，梁架扁作，外檐列桁间牌科，殿后为净业堂，楼上是藏经楼。东路有文山厅、念佛堂、观音殿等。"文化大革命"中遭到破坏。1989年重修。内有一佛塔系由纯铜铸造，平面呈六角形，高7层6.8米，重4.5吨，塔身雕刻佛像1 042尊。现为苏州市佛教协会尼僧寺院。被列为苏州市文物保护单位。

## 112　王鏊祠

位于姑苏区景德路274号，距环秀山庄东200米。现为中国苏绣艺术博物馆址。本名王文恪公祠。1995年被列为江苏省文物保护单位。

王鏊（1449—1524），字济之，晚号震泽先生，明代吴县东山人，乡试、会试皆第一，殿试一甲第三名（探花），正德间官至少傅、户部尚书、武英殿大学士，后归居苏州，致力于地方文献著述，纂有《姑苏志》《震泽编》等。

祠堂系其子中书舍人王延喆于明嘉靖十一年（1532）奏建，其地本为景德寺废基。祠堂坐北朝南，分头门、过厅、享堂3进，彼此以庭院过渡，两侧连以廊庑，占地共约1 000平方米。头门面阔5间，进深5界，硬山式。过厅面阔5间，进深7界，硬山顶。享堂面阔3间15.02

米，进深 11 界 13.84 米，高 7.66 米，硬山造。王鏊祠是保存较完整的一座祠堂建筑，头门已被改为清式，过厅和享堂仍为明代遗构。1980 年全面整修。

### 113　唐寅祠

又称唐解元祠，位于姑苏区桃花坞大街廖家巷准提庵。准提庵又名七子庵。明弘治十五年（1502）唐寅从江西、福建、浙江游归，次年与弟唐申分家，从吴趋坊故宅搬出，至迟在弘治十七年（1504）正式迁居桃花坞（桃花坞庵于弘治十八年三月建成）。明万历十年（1582）僧旭小在廖家巷此处构建禅房数楹，明天启六年（1626）杨大漾创精舍于此，供奉准提佛像，遂名准提庵。在疏浚庵前池塘（双鱼池）时，得唐寅所书《桃花庵歌》石碑和祝允明所书庵额。清康熙时，江苏巡抚宋荦重建，清嘉庆五年（1800）吴县知县唐仲冕又修，拓庵东别室为唐解元祠，祀唐寅、祝允明、文徵明三像，署其室曰"桃花仙馆"。清同治年间（1862—1874）复修，民国十二年（1923）再修。准提庵坐北朝南，现占地面积约 2 000 平方米，山门面阔 5 间，进深 7 间，硬山造；中为广庭；大殿面阔 5 间 18.8 米，单檐硬山顶，进深 13 界 14 米，高 10.2 米，山墙作观音兜。庵中曾附祀明苏州知府金絅、复社中坚杨廷枢等。唐寅祠在大殿东侧，原系楼阁建筑，额"天章阁"，清道光间（1821—1850）倾圮，后改建平屋，即现存建筑，面阔 3 间，进深 13 界，分前后 3 殿。开间小，局促卑隘，东壁嵌有唐寅弘治十八年（1505）撰书《桃花庵歌》碑，另有《六如居士画大士像》《竹石图》等，部分碑刻已迁唐寅墓保存。准提庵大殿及两廊曾于 1989 年维修，1996 年再修。1963 年准提庵被列为苏州市文物保护单位。

### 114　云岩禅寺

位于姑苏区阊门外山塘街西端虎丘山。其地原为东晋司徒王珣、司空王珉兄弟俩的别业，于咸安二年（372）舍别业为寺，以剑池为界，建东虎丘山寺和西虎丘山寺。据《吴郡图经续记》载：寺旧在山下，东西并立。唐初因避讳曾改名东武丘寺、西武丘寺。会昌五年（845）被毁。后人重建于山上，合二寺为一寺，名武丘报恩寺。宋至道间又毁，大中祥符中重建，诏改云岩禅寺。云岩者，形容山高也。南宋时为五山十刹之一。明洪武二十六年（1393）毁于火。明永乐初建。明宣德八年（1433）复毁于火。明正统二年（1437）重建。明崇祯二年（1629）毁，十二年重建。清康熙三十六年（1697）修，赐"虎阜禅寺"额。清乾隆五十六（1791）修。清咸丰十年（1860）毁。后曾历经多次修建，但未复旧观。清同治十年（1871），重建天王殿（即三山门）故基。所供如来佛像，有陆润庠书"我佛慈悲"匾额。

二山门，建于元顺帝至元四年（1338），明清时期曾被加以修葺。1953 年、1957 年又修。单檐歇山顶，面阔 3 间共 10.88 米，进深 5 檩共 6.95 米，通高 9.2 米。翼角自当心间平柱即开始反翘。檐柱柱头铺作置海棠形栌斗，正面出华栱一跳，上施令栱；背面出华栱一跳，承月梁；正心施泥道栱、慢栱，承柱头枋。补间铺作当心间两朵，次间及山面各为一朵。栌斗正面出跳同柱头铺作，背面出华栱二跳（偷心造），第二跳栱心起挑斡，跳头施令栱与素枋，托于下平榑之下，即"若不出昂而用挑斡者"的古制。内部梁架分配承袭宋《营造法式》所录"四架椽屋分心用三柱"原则。于当心间两中柱之间设门，柱上置栌斗、令栱及素枋。脊榑中分，由左、右两段接合,形似"断樽",因此俗呼二山门为"断梁殿"。东西两次间砌砖壁分为前、后两半,前部原置频那、耶迦二像,俗称哼哈二将;后部立有元《虎丘云岩禅寺兴造记》、明《苏郡虎丘寺塔重建记》等4碑。二山门除门扉、连楹、屋顶瓦饰及局部木构件系后世修补外,多为元代遗构且继承宋式,斗拱雄健,翼角飞翘,庄重优美。

1953年云岩禅师由苏州园林管理处接管,被改建为旅游风景区,并对外开放至今。

## 115　花神庙

位于姑苏区阊门外虎丘山麓。虎丘旧时有三座花神庙。一在虎丘花神浜。《虎阜志》载:花神庙为"乾隆四十九年(1784)织造四德、知府胡世铨即梅花楼旧址建"。庙内供奉花神。《桐桥倚棹录》载:"桐桥内花神庙祀司花神像,神姓李,冥封永南王。傍列十二花神。明洪武中建,为园客赛愿之地。岁凡二月十二日百花生日,笙歌酬答,各极其盛。""神姓李,冥封永南王。"至于李姓之神是谁,因何封为"花神",没有详细的记载。就是12位花神,也众说不一,现将较为统一的说法记述如下:正月梅花柳梦梅,二月杏花杨贵妃,三月桃花息夫人,四月蔷薇张丽华,五月石榴钟馗,六月荷花周敦颐,七月凤仙石崇,八月桂花徐惠,九月菊花陶渊明,十月芙蓉范成大,十一月山茶白居易,十二月腊梅林逋。而苏州却有本地的花神。《桐桥倚棹录》载:"按:《花神庙记》云:'乾隆庚子春高宗南巡,台使者檄取唐花备进,吴市莫测其术。郡人陈维秀善植花木,得众卉性,乃仿燕京窨窖熏花法为之,花乃大盛。甲辰岁翠华六幸江南,进唐花如前例。繁葩异艳,四时花果,靡不争奇吐馥,群效灵于一月之前,以奉宸游。郡入神之,乃度地立庙,连楹曲廊,有庭有堂,并莳杂花,荫以秀石。今为都人士游观之胜。'"花神庙原有房屋3间2进,占地4 000平方米。庙内有一副对联曰:"一百八记钟声,唤起万家春梦;二十四番风信,吹香七里山塘。"相传农历二月十二为百花生日,俗称"花朝""花节"。虎丘地区的花农及爱花人士,前去进庙烧香,祈求花神普降恩泽,保佑花木茂盛。并在每棵花树挂上红布条,谓之"赏红"。唐人郑怀古《博异记》里,有这么一段记载:有个名叫崔玄微的,花神请他在花园东面,用红色的幡旌围着,用来抵挡狂风暴雨,使园内的百花不受风雨的摧残。崔玄微照着办了,才使园内百花盛开,似霞如锦,艳丽动人,如花来朝,称为"花朝"。为此,在花卉上俱要赏红,就是这个缘由。

二在虎丘乡新塘桥南堍,内供花神和猛将。庙宇被毁于20世纪60年代。

三在山塘河西山庙桥南堍,与西山庙隔河相望。清乾隆年间(1736—1795)始创,清道光(1821—1850)、光绪(1875—1908)年间里人重修,有3开间2进殿宇,两侧以厢房相连,中为天井。第二进正中供司花之神像,两旁墙上绘十二月花神。民国时期庙内曾办过敦仁小学。20世纪50年代起,曾用作叶浜乡乡政府等驻地。庙北外墙原有花岗石八仙浮雕8块,现保存在城中双塔塔院内。如今庙房空关,破败不堪。

## 116　名宦祠

位于吴江区松陵镇垂虹路今吴江区委党校内。实体今已不存。为祭祀当地仕宦名贤之祠。

明成化五年(1469)初建,在吴江县学(遗址在今垂虹路吴江区委党校内)大门内仪门外。入祀名宦 19 人。明嘉靖二十七年（1548），建在县学西墙外启圣祠北，入祀名宦 12 人。明万历六年（1578）知县伍维新在原址扩建。清沿明制，清康熙二十三年（1684）增加 3 人，五十九年（1720）增加 7 人。清雍正四年知县徐永祐移建至大成门外之东。清乾隆时移到大成殿左。十一年（1746）时增加 8 人。清咸丰十年（1860）毁。清同治四年（1865）吴江知县沈锡华、震泽知县万青选重建。以后续增入祀名宦，共有 33 人。每年要开展祭祀活动，祝文与乡贤祠相同，为："于皇列神，江海之杰。耀迹清时，宣徽笠泽。维惠维威，而明而哲。俾者迪安，蠢者遵悦。馁者遗粒，莠者归节。遗爱耿耿，芳功昭昭。循良之风，百世不灭。我酒维馨，我牲维洁。神之听之，昭假制制。"吴江县学随着天下废科举而消亡。1912 年在县学旧址建吴江县立中学，名宦祠等建筑遂被废。

### 117　三忠祠

位于吴江区松陵镇松陵街道东门外垂虹亭南。

元至正二十七年（1367），山东曲阜人、孔子第 55 代孙孔克中到吴江任知州。明洪武二年（1369）吴江改州为县，孔克中改任知县。时值元明易代，吴江历遭兵燹，民风日下。孔知州用节余的库银修葺各种设施。

在修三高祠的时候，在三高祠边上重建垂虹亭，水中立石柱构屋，前后各 3 间，前一间为三忠祠，祭祀春秋时吴国大夫伍子胥、唐朝将领张巡、宋代名将岳飞。

三忠祠教人以忠之道，当地人每年祭祀三忠。祝文为："呜呼！三公其迹不同，其所同者唯一在一忠。太宰之忠，由孝以发，直谏被谮，仁成身杀。中丞之忠，割爱保障，江淮之民，赖以无恙。乃若岳王之忠，志在恢复，大功垂成，权奸肆毒。三公之庙，固各有所，景仰同心，谁曰不可。今兹仲礼宜祀。"

历代文人墨客留下的吟咏三忠祠的诗篇甚多。明朝学者唐顺之有《吴江三忠祠》诗云："庙枕洞庭波，招魂荐楚歌。灵风鼠雀避，落日鹿麋过。东国终为沼，南兵不度湖。江淮形胜地，保障近如何？"三忠祠今已不存。

### 118　乡贤祠

位于吴江区松陵街道东孔庙内，祭祀本乡地方上的名人。

原在县学大门内仪门外，后移大成门后。明成化五年（1469），废梓橦祠改祀本县有明德的 13 位乡贤。明崇祯六年（1633），乡贤祠扩大了规模，清咸丰十年（1860）乡贤祠被战火毁，清同治四年（1865）重建。至清光绪五年（1879）入祀 51 人。

每年开展祭祀活动，祝文与名臣祠相同，内容为："猗嗟诸公，鲈乡诞生。洞庭拥休，太湖汇英。德声娓娓，贤轨峥峥。扬徽枫陛，翩翩鸰鹏。传芳梓里，迤迤杜蘅。后学之望，先民之程。万祀血食，馁我思成。"乡贤祠今已不存。

### 119　施相公庙

位于吴江区横扇街道四都村庙前港（坍阙港）北岸。所在地为庙前自然村，北靠太湖，南接溪港，西接横扇，东接南厍。庙前村因施相公庙而得名。施相公即宋代英雄施全。

庙坐北朝南，建于清代，现尚存 2 进，面积为 1 387.82 平方米。第一进为山门，面阔 5 间 14.4 米，进深 4.5 米。第二进前殿被拆。第三进为大雄宝殿，面阔 3 间 11 米，进深 16.1 米，面积为 161 平方米。前殿与山门之间是院子，院子西墙边是一药师间。药师间坐北朝南，面阔 2 间 6.5 米，进深 5.5 米。大雄宝殿前新建 1 间阔 9.9 米、进深 7.65 米的房子，并与大雄宝殿紧紧相接。施相公庙建于清代。大雄宝殿为 9 檩 5 架大梁结构。月梁、五架大梁、三架梁、双步梁上都有动物、花卉等雕刻。山门前的一对青石抱鼓石上的狮子滚绣球图案雕刻得栩栩如生，完好无损。为苏州市文物保护单位。

吴江境内另有 3 座施相公庙，一在平望镇。清道光《平望志》记载："施相公庙，在前街，明季建。"另两座在盛泽镇。清乾隆《盛湖志》记载："施相公庙，祀宋义士施全。一在充字圩杨家浜口，一在饭字圩。"今施相公庙实体都已不存。

## 120　太湖庙

又称太湖神庙。俗称松陵庙。位于吴江区松陵街道垂虹桥南，盛家厍东。乾隆《吴江县志》记载"太湖庙，祀太湖之神，旧在江南醋坊桥北，北宋祥符年间建，绍兴十五年赐额永利。"

元至元三十年（1293）千户杜福修，明宣德十年（1435）吴江知县贾忠重修。明成化八年（1472）知县王迪修，明嘉靖三十二年（1553）重修。明万历十四年（1586）知县江钟廉移建垂虹桥南。清顺治二年（1645）庙被毁，清康熙二年（1663）重建，清乾隆三年（1738）松陵驿驿丞王祐廷重修。乾隆二十二年里人重建，后又毁于太平天国战火。清同治六年（1867）重建。太湖沿岸各州县只有松陵垂虹桥旁建有太湖神庙，清光绪年间（1875—1908）太湖神庙被称作松陵庙。

民国三十六年（1947），太湖神庙有房屋 3 间，曾驻吴江县水警队。20 世纪 50 年代，太湖神庙作为吴江县粮食局仓库，后吴江粮食局将太湖神庙拆除，在庙址上建粮食局职工住房。

太湖之神有多种说法，明弘治《吴江志》载："经云太湖水神号郁使君，□□□□建，号水平王，绍兴十五年敕封永利庙。"民国《垂虹识小录》载："嘉庆十六年，诏苏湖二州祭佑民衍泽太湖之神。太湖神姓王，名天英，明朝长兴县人，前志云神即水平王。由来已久，宜仍称松陵庙。按古水平王旧传，后稷庶子佐禹平水有功，立庙平水岭，宋庆历间知州宿奏列祀典。俗传郁使君，非也。"也有一说谓"大禹神"。

每年春、秋二仲上戊日，吴江要分官致祭于太湖庙，与甘泉祠祀甘泉龙神同祝，祝文为："惟灵赫奕，镇此具区。万顷之廓，百川所潴。蛟龙不惊，风涛晏如。民居安堵，农田以畬。神之休庇，祠祀无违。"

## 121　三贤祠

位于震泽镇镇西栅顿塘河北。占地 3.6 亩。

宋宝祐元年（1253）里人沈义甫建，元至元中（1264—1294）设教谕以主祠事，二十八年（1291）教谕陈祐又立沈义甫像于别室。元至正（1341—1368）末毁于战争。后有里人沈善长重建于思范桥左。

祀宋王蘋、陈长方、杨邦弼，3位都是震泽镇人。王蘋（1082—1153），字信伯，历官著作郎。得伊川程氏之传，著《论语集解》《古今语说》及《文集》四卷行于世，时称"通儒"。陈长方（1108—1148），字齐之，曾任江阴学教授。杨邦弼，字良佐，官至中书舍人。明才子文徵明写有《跋震泽三贤祠记》。

民国《垂虹识小录》载："笠泽三贤祠前古柏鳞枝黛肤，千年物也。前人历有题咏。……俗传此柏能为神，达观禅师其化身……"

吴江境内另有两座三贤祠，一在松陵街道，民国《垂虹识小录》载："三贤祠初名爱遗亭，在垂虹桥北。"松陵三贤祠祀3位吴江水利名人：沈启（1490—1563）、吴岩、叶燮。沈启与吴岩为松陵人，叶燮为吴江北厍人。沈启，字子由，明嘉靖十七年（1538）进士，官至湖广按察副使。罢归，在吴江考察水利，写成《吴江水考》，对当今的水利事业仍然有参考价值。吴岩（1476—1524），字瞻之，明正德三年（1508）进士，官至四川参政，曾上疏请派大臣治理东南水利，开浚吴淞江、白茆河淤塞河道，泄太湖洪水，都被采纳。叶燮（1627—1703），字星期，号已畦。清康熙九年（1670）进士。任宝应知县时，整顿吏治，兴修水利驱除水患，恢复生产。一在平望镇。清道光《平望志》载："道光四年于养正堂设立三贤祠。"平望三贤祠祀明苏州府同知任环、吴江县知县杨芷及明诸生张起元。任环和杨芷一起组织了水军在平望抵抗倭寇的侵略，取得胜利。张起元为平望人，字贞仲，清初，大兵过平望，因为周边的人都未归顺，将对平望镇屠戮。张起元以身捍卫，出见某将军，一镇赖以保全。时任江苏承宣使者的湖南善化人贺长龄撰《三贤祠记》。祠今均不存。

## 122 明庆教寺

又名长庆寺。俗称南麻寺。原位于吴江区盛泽镇南麻社区，现位于盛泽镇坛丘社区。庆者，福译之谓也，是以为名。

明嘉靖《吴江县志》载："明庆教寺在南麻村，宋乾符中僧秘谧建，大明宣德中僧善应修，中有益友堂，归并寺一、院一、庵五。"清代几经修建，后因战乱频繁，屡遭破坏，至中华人民共和国成立前夕，已逐渐塌毁。

坛丘原有大庙，正名叫岳祠禅院，奉东岳泰山之神。明弘治《吴江志》记载："岳祠禅院，在十八都檀丘，宋咸淳间僧昊建，洪武中归并明庆寺。"岳祠禅院在明清几经重修。总占地面积达2 700多平方米，正殿前有戏台；第二进为天王殿，第三进是大雄宝殿，西厢房是十殿阎王，东厢房为诵经堂；后面楼下大悲阁，楼上千佛阁。殿东侧是钟楼，西侧是宿舍、藏经阁，西面的岳祠置放着关公像，东面的老塌堂里置有坛丘大老爷神像。清末民初，渔民们从太湖里请来1尊二老爷神像也置在老塌堂。1958年拆除大庙，改建为大会堂，1999年2月大会堂被确定为危房，2003年被拆除。老塌堂在1913年2月被改为国民小学。中华人民共和国成立后仍为小学校舍，1981年被改建为教师宿舍。2007年拆除老塌堂，2007年秋苏州市政府宗教事务局批准在大庙原地恢复"大庙"。因"大庙"以前曾归明庆教寺，故定名"明庆教寺"，占地面积3 000多平方米，建筑面积2 000多平方米。有山门、天王殿、大雄宝殿、般若讲堂、伽蓝殿、观音殿等。

## 123　关壮缪侯祠

俗称关帝庙，位于吴江区盛泽镇目澜洲西北，清乾隆《盛湖志》载："关壮缪侯祠，今通称关帝庙。祀汉前将军、汉寿亭侯壮缪关公之神。"清顺治十七年（1660）僧梦麟、金陵闻嘉相建。左为逸林庵，右为西爽轩。清同治四年（1865）募修，多有文人题词。1965 年被拆除。

关帝庙前有十锦塘，明天启元年（1621），里人仲大绩筑，傍植桃柳。清康熙四年（1665），金陵闻嘉相助，对十锦塘进行了修建。清盛泽人仲楷游十锦塘，写有《春日游十锦塘》诗："积雨新晴水没篙，堤边景物苦相撩。柳腰桃面人如蚁，不羡西湖有六桥。"

吴江境内平望镇也有关帝庙。清道光《平望志》载："关帝庙，在长老桥北，即敌楼故址。"实体今已不存。

## 124　圆明禅院

一作白马寺。位于吴江区盛泽镇。清乾隆《盛湖志》载："圆明禅寺旧在车溪。宋乾德中，僧月觉建。"明洪武十九年（1386）拓建。明永乐（1403—1424）初奏请"圆明禅寺"额。明正统初，移建于盛泽，在小氏圩。明嘉靖中拓建。圆明为佛语，意谓心性圆满光明真常不变，能够遍照一切法界。

历史上的圆明禅寺内有小八景：龙桥待月、古木归鸦、洞庭远翠、葭岸僧归、深芦钓艇、午市鸡鸣、别浦归帆、古院钟声。"圆明晓钟"是盛川八景之一。原殿榜与山门"衍庆""圆明禅寺"额，都为谈相所书。谈相，嘉兴人，号木泉，书法家，官工部右侍郎。嘉兴人朱国祚曾在圆明禅院内读书并留下墨迹"护法"2 字。朱国祚（1559—1624），字兆隆，号养淳，明万历十一年（1583）状元，曾任户部尚书、武英殿大学士。明代诗人高启写有《圆明寺访吕山人》《宿圆明寺早起》诗。明盛泽人、武举人卜梦熊写有《圆明晓钟》诗："古刹嶙峋曙色青，珠林钟动叶俱零。未飞楚岫惊神女，只促吴山灼晓行。估客樯帆穿树杪，渔人网罟下寒汀。三千沙界眠醒半，百八声分一卷经。"清吴江诗人徐崧有《过圆明寺示克公》诗："白马桥边寺，炎天一棹停。湖烟浮野阔，草色护墙青。境每因心转，人须仗地灵。尚期支遁力，灯火更荧荧。"

1941 年，日寇侵华时，圆明禅院寺宇被毁坏。2019 年，盛泽镇政府在圆明禅院周围规划建设"圆明小镇"，决定恢复圆明禅寺。今已建成。

## 125　秋泽寺

原名东岳庙。位于吴江区平望镇梅堰社区秋泽村。

东岳庙始建于宋祥符年间，占地 20 多亩，元、明、清 3 朝都有修缮。20 世纪六七十年代被毁，仅存一块明代万历年间（1573—1619）古碑。

2006 年恢复重建东岳庙，更名秋泽寺。有山门、大雄宝殿、三圣殿、地藏殿、斋堂、寮房等。

寺名因秋泽村而得。秋泽村,又名秋溪,因王莽始建国二年(10),会稽(今绍兴)守秋君避居于此而得名。秋君为浙江泉州福船山人,是革命先烈秋瑾的祖先。

### 126　罗汉讲寺

初名普同院。位于吴江区黎里镇西北作字圩,禊湖边老街西北处(现市场路)。

罗汉讲寺的始建有三种说法。清嘉庆《黎里志》载:"东晋咸熙元年(莫《志》载淳熙三年,徐《志》载西晋永熙三年)里人施氏舍地,僧法灯建。僧梵敷奏赐今额。"宋代至清代先后被修建15次。清康熙元年(1662)重建,五十三年(1714)重修后形成规模,内有玉带山房、毗卢阁、迎爽阁……

明清时,罗汉讲寺僧人常与当时的文人唱和,当地名人沈璟、叶燮、潘耒、徐崧、吴琼仙等都与寺僧有诗词往来。明代太学生毛以燧有《里中罗汉寺新建佛阁社集同赋》诗2首:"登临高阁恍诸天,望处飞虹落槛前。欲向莲台分半榻,青蔬白饭此安禅。""黄金初布法幢高,仿佛慈云护白毫。半日闲来浑不厌,醉中苏晋亦吾曹。"

清乾隆年间罗汉讲寺主持僧实源,擅画梅花,号称"梅花禅师"。清乾隆十六年(1751)乾隆帝南巡到吴江,实源进呈梅花长卷,乾隆十分赞赏,特御书"福"字相赐。以后实源绘画,落款处常钤一方"赐福沙门"的朱文印章。

清咸丰十年(1860),太平军占据江南进驻黎里,闯进罗汉讲寺,捣毁山门,次日又烧毁了鼓楼、天王殿和方丈室。第三天,方丈如心决心誓死捍卫佛门。将众僧召集到法堂,他登上法座,朗声宣讲佛法,一身凛然,众僧严肃虔诚、目不斜视。太平军兵士一到,被这种气氛所镇住,悄悄地退了出去,罗汉寺的主体建筑才没被破坏。

至民国初年,罗汉寺主体建筑保存尚好,颇具规模。中轴线上由南而北的建筑是正山门、山门殿、天王殿、大雄宝殿、法堂、藏经楼和方丈室。天王殿中安坐弥勒菩萨,左右为四大天王。天王殿后面置巨鼎式香炉,左右两边是相传植于南宋的两棵银杏,东首钟楼已毁,西首鼓楼破败。大雄宝殿内安置3尊佛像:东方净琉璃世界教主药师琉璃光佛、娑婆世界教主释迦牟尼佛和西方极乐世界教主阿弥陀佛。每尊佛身两边各有一位菩萨立像,为左右协侍。在药师佛旁的是日光偏照菩萨和月光偏照菩萨,在释迦牟尼佛旁的是文殊菩萨和普贤菩萨,在阿弥陀佛旁的是观世音菩萨和大势至菩萨。大殿两边供有18尊罗汉。三世佛像背后修有海岛,观音菩萨立于海岛之上。中轴线东边有云水堂、伙房、古井,西边有禅堂、宿舍、闭关房和阎王殿。

民国年间,罗汉寺方丈悟川多次募资修建大殿、天王殿等建筑。罗汉寺寺院广阔,殿宇雄伟,古树参天,曲径幽深,暮鼓晨钟。黎里旧八景有"罗汉晓钟"一景,由此而生。清黎里人周元瑛有《罗汉钟声》诗:"罗汉西归水寺幽,白云红树拥钟楼。五更敲醒千家梦,一百八声风自悠。"

1952年,罗汉寺被征用为粮管所仓库。1969年大雄宝殿被拆,寺内金刚及房屋建筑全部被毁,古井被埋。以后粮管所陆续建仓库、烘谷房、职工住宅,罗汉讲寺荡然无存。

清嘉庆《黎里志》记载了一则轶事:"罗汉讲寺,傍晚有客,衣垢敝甚,诣方丈借寓。住持僧却之,再三恳,不得已许之。宿毗卢阁,惟乞小烛半枝。天乍明,已飘然去。去后,见东西两壁画弥勒尊者、达摩祖师像二，高皆丈余，用笔绝似吕律，至今奕奕有生气。惜未落款，不知究系谁笔。或云震泽周杲作。至雍正乙巳，有宜兴张怀仁者，亦借宿此阁，为各题一绝，书法遒劲，又神似黄鲁直。"

相传乾隆皇帝下江南，一日在平望船遇大雾，迷路后停靠黎里罗汉寺，饥饿万分，和尚找来糯米粉做成小团，油煎后招待客人，皇上很快便吃个精光，然后问：此乃何物？和尚急中生智，因坐蒲礅，答曰油噔！黎里油噔现为黎里特色美食之一。

## 127　汾湖先哲祠

原为切问书院。位于吴江区黎里镇芦墟南栅。

清光绪元年（1875），知县金福曾和士人凌淦发起，利用南栅非角圩城隍庙东侧旧房舍，整修改建成书院，以供本地学子研习学问，门楣上题名"切问书院"，名称取自芦墟清官陆耀的书屋"切问斋"，并在堂上供奉陆耀神位，以激励一方文人学士。清末，切问书院已荒废。1917年，在明复社领袖杨廷枢殉难270周年忌辰之日，柳亚子等人在杨公祠举行公祭，公祭后提议，将已荒废的切问书院改建成汾湖先哲祠，以祀奉陆大猷、陆行直、袁黄、叶绍袁、洪祖烈、李枝芳、陆耀、郭麐8位先哲。祠建成，楹联为："是汾湖灵秀所钟，气节文章模型百世；就书院弦歌之地，馨香俎豆崇奉千秋。"横额为"明德馨香"。

1923年，黎里人柳亚子访杨公祠，见祠旁有一座另建的"先哲祠"。原来是芦墟巨富陆映澄（荣光）所建，擅自将南栅汾湖先哲祠中8位先哲的木主神位搬到这里，门上匾额题名"先哲祠"下面落款"后学陆荣光捐建"，想以此扬名。柳亚子就在与毛啸岑合办的《新黎里》报上推出了《汾湖先哲祠正名纪事》一文，明确指出："祠宇，无正门，是为拘囚先哲。题名去汾湖，是为贱悲本乡。署款，削中华，蔑年数，废新历，是为叛逆国制。凡我汾湖之人，不可不起而纠正之。"陆映澄父子对柳亚子、毛啸岑怀恨在心，千方百计要置他俩于死地。他们就在《新黎里》报上找岔子，《新黎里》报被勒令停刊。经过了一场斗争，《新黎里》报才复刊，不久，众人迎归诸神位至汾湖先哲祠。

1937年11月11日夜，汾湖先哲祠被日军焚毁。

## 128　杨公祠

位于吴江区黎里镇芦墟社区原泗洲寺东。祀复社领袖明末反清义士杨廷枢。

杨廷枢（1595—1647），字维斗，号复庵，苏州人。清顺治四年（1647），吴胜兆反清失败，杨廷枢受到牵连，在吴县光福被捕。严刑拷打之下，他遍体鳞伤，断然绝食，决心一死殉节。从光福押解芦墟途中，他咬破手指，在一件白布衫上，用鲜血写了《自叙》1篇和《绝命诗》20首。其中一首绝命诗云："人生自古谁无死，留取丹心照汗青。正气千秋应不散，于今重复有斯人。"杨廷枢被押到芦墟，五月初二，清军的首领巴山、陈锦与土国宝就在泗洲寺会审。杨廷枢被绑于芦墟泗洲寺桥。时四野震骇，围观者层层叠叠。临刑，杨廷枢仰天长叹："吾得死所矣！"刽子手用力按着他的颈项，要他下跪。他就是不肯屈膝，大声高呼："生为大明臣……"言未绝，头已断，头颅掉落在地，迸出下句："死为大明鬼。"杨廷枢（维斗）就义处在永安桥

（今泗洲寺桥）南，20世纪80年代在扩建时被拆除，祠碑遗失，近文体站从浙江买回。

杨廷枢的木主灵位，曾设于泗洲寺。清乾隆九年（1744）吴江知县丁元正、芦墟士绅沈芳、分湖巡检司史迁义等人议定，将泗洲寺东的社仓移建于镇中，在社仓旧址营建杨廷枢专祠。乾隆十年专祠建成，前后各五间，前进大门上方题"杨先生祠"，后进堂上供奉杨廷枢灵位。乾隆四十一年（1776），清朝官方正式对杨廷枢赐谥"忠节"。祠名也被改为"杨忠节公祠"，民间简称"杨公祠"。

清光绪元年（1875），知县金福曾离任前，捐出俸薪，经办募捐重建杨公祠。正厅北墙上嵌砌碑石，碑文系金福曾撰写的《重建杨忠节公祠记》。新祠仍坐北面南，前后两进各三间，前进是迎客厅，后进较深，檐高亮堂，供奉杨廷枢神位。清嘉庆（1796—1820）、道光（1820—1850）年间，祠堂倾圮。1917年柳亚子撰有七律《杨忠文抗虏殉国忌辰追赋》。

分湖人祭杨公祠，其辞曰："鬓发兮髣髣，项有声兮悲风刁刁，灵之来兮簫云韶。一指啮兮血雨飞，字在血兮血在衣，死为鬼雄兮将安归？分湖兮一水寒，有桥兮湖之干。灵惝恍兮去复来，荔万祀兮盟忠肝。"

1986年7月，吴江县人民政府公布杨公祠为县级文物保护单位。1990年9月因重建芦墟大桥，杨公祠被拆除。

## 129　翊灵道院

俗称北观，与镇南端的仁济道院即"南观"相对而言。位于吴江区同里镇北秘圩，习称为"新街上"（今北新村）的北端。清嘉庆《同里志》载："翊灵道院，门额作神院。在北秘圩，俗称北观。"翊灵者辅佐神灵之谓。

元皇庆二年（1312）建大士殿。明宣德间建真武殿。明正统元年（1436）重建大士殿。清雍正中，左为城隍庙。清乾隆五十年（1785）改建汉寿亭侯殿为消灾殿，真武殿为前殿。王文俊捐赀增建文武阁。

翊灵道院屡经修葺并扩建。庙貌宏伟，殿宇壮肃。正山门前有一石板小桥，为出入该庙必经之处，被称为庙桥。正山门建筑，上部为重檐翘角，门口有石狮子一对，进山门过小天井，第二进为五开间楼房，中间为主要通道，两侧亦留有边道。仪门高大壮穆，设有抱鼓石。石柱石沿的硬木戏台构造坚实，顶为翘角的砖瓦结构。戏台前为一片铺有长方形石板的大天井。北侧即为五开间单檐歇山顶的大殿（城隍殿）。清嘉庆元年（1796）十一月，天井东西两侧各建成一溜12开间的厢楼，厢楼上，每逢演戏时，观众云集，并有小贩摆长板凳供应茶水，为一时之盛。后殿为观音殿与城隍寝宫。最后边为一堂屋，是本镇乡宦士绅组成的儒、释、道三教合一的复善台，并开沙盘代人预卜吉凶。1927年秋遭火灾，道院重建，前庭南西围墙处另辟一侧门，可径通庙外。

1949年前，同里镇每当召开群众性的大型集会，或地方上筹募公益款项而举行义演，都在北观举办。1949年，翊灵道院被改作粮库，1958年，翊灵道院被拆除。

## 130 瑞云观

位于同里镇北联村澄湖边上庄前。

明弘治《吴江志》载:"瑞云观,在二十七都韩玺村,元至正二十七年里人陆志宁建。"其名取祥瑞之意,先是敬奉道教,后逐步演变成佛教。

观由三部分组成,上假山庙寺、下假山庙寺、香花桥和人行道。每逢初一、十五以及祭祀之日,烧香的人络绎不绝。现原址上仅存小庙一座。

## 131 邱老太庙

位于吴江区七都镇庙港社区。庙港历史上为五都。清乾隆《震泽县志》载:"邱老太庙,在五都。元至正四年建。明万历间敕封平沙侯。"

邱老太爷是元代人,生于七都庙港本地,后来中进士,曾为官镇江,任内清廉公正,有舍身家性命救百姓于水火之大功,死而为神,为太湖地区人民所尊奉仰赖。元代的镇江、庙港两地皆建有邱老太庙以供奉。明初,则有刘伯温以神道设教,借助邱老太爷形象化民成俗,引导民众敦品励行,耕读成才。明末,则有万历敕封爵位。若以我国沿海地区妈祖信仰类比,邱老太爷可谓太湖妈祖。太湖上往来的船只,遇到风浪,会呼唤邱老太爷的绰号(邱癞痢)以保平安。明万历年间,敕封邱老太爷为平沙侯,后晋升为平国王。

邱老太庙的庙会曾是太湖地区最大的庙会。举办庙会时,苏州府、湖州府会分别进贡 12 匹白马。庙前的古戏台有副楹联,相传是明代举人赵鸣阳所撰,联曰:"做出真如是假如是世事从来如是,看到这其间那其间人情亦在其间。"

民国年间,邱老太庙还保持着原有规模和风貌。庙宇主要建筑为 3 进。第一进,东首为马坊,养有白马 1 匹,西侧为船坊,有木船 1 艘,中间为甬道,马和船都属庙产,为僧人生活和庙事活动服务。第二进,大殿,正堂供邱老太神像,旁边供各路神像。大殿东南有一很大的天井,长有一雌一雄两棵高大的古银杏树,枝繁叶茂,遮天盖地,不同凡响,至今还存活其中一棵。第三进,夫人殿,供奉邱老太夫人和少夫人等。天井东南侧建有戏台,飞檐翘角,古朴典雅。1958 年起,庙会活动停止,邱老太庙原址仅剩下一棵古银杏树。

2001 年南怀瑾在七都庙港社区筹建国学教学基地——太湖大学堂,并定居庙港。南怀瑾(1918—2012),出生于浙江温州,中国古代文化传播者。在南怀瑾的倡导和推动下,2012 年 1 月,七都镇重建"老太庙"。2015 年复建工程基本完成,并于 2016 年获批为宗教活动场所。

重建后的老太庙文化广场依照"庙中有港,港中有庙"的思路,整体呈现苏式古建筑风格。庙堂周边三河围绕,外圆内方的设计理念,独具一格。第一进是德泽殿,供奉邱老太及其子孙的神像,是道家文化的代表。第二进大雄宝殿供奉释迦牟尼,是佛教文化。第三进是善贤殿,供奉吴鼻祖吴泰伯为代表的先贤人物,是儒家文化。老太庙的西侧是群学书院,于 2015 年 9 月正式启用,为南京大学乃至全国社会学界研究者实地研讨、调研开展各类学术活动的基地。

## 132　双塔寺

初名浮碧庵，位于吴江区七都镇双塔桥村姚家湾南。南侧稽五漾，东北侧倪家漾。

始建于明洪武年间，因建在水中的一个沙洲上，洲在漾中，故名"浮碧"。明洪武中，寺畔建有两座石桥，都是三孔桥，桥堍各镇一石塔，所以俗称双塔桥。双塔桥，原名双林桥，以"双塔、双桥、双井"著称。清雍正七年（1729），里人盛宣令、邱美中募捐重建，东桥仍建为"三拱"，西桥则易石堍而成了板桥。

清乾隆九年（1744），双塔桥阁倒塌，阁亦将圮，寺僧改建成平屋。后来建楼房。庵的形制为3进，第一进供王灵官菩萨，第二进供圣帝菩萨，第三进供观世音菩萨。

今七都是由原六都与七都合并而成，清乾隆《儒林六都志》载："浮碧庵，在双石桥水中一洲。左右两桥辅以双塔，上有高阁。登临眺望，清风帆席，夜月钟鱼，荻渚鸣榔，苔矶垂钓，为六都第一胜景。""双塔峙桥"清末被定为六都八景中的第一景。清孙起鲲有《双塔峙桥》诗："怒流东注去，陇口束双虹。地僻人稀到，溪宽楫易通。寺居红蓼内，塔对碧云中。偶借禅房坐，渔榔响晚风。"双塔在"文化大革命"时被拆除。1997年双塔桥被吴江市政府公布为第三批吴江市文物保护单位。因潘虹主演的《杜十娘》以双桥为外景，更为人所知。

2006年，恢复重建浮碧庵，定名为"双塔寺"。寺坐北朝南，共3进。第一进，山门殿面阔3间11.94米，进深8.3米，歇山顶，此进为新建；第二进，观音殿，为2层楼房，面阔3间10.95米，进深8.3米，纹头脊，硬山顶，内有6柱，中间一间长窗，两边短窗，西边有一稍间，东边有二稍间；第三进为新建的大雄宝殿。匾额为赵朴初的书法。大殿三面的墙壁上现有3 800多尊阿弥陀佛立身接引像贴壁而立。大殿后方左边有财神殿，右边有地藏殿。右边临湖的回廊，有青砖雕刻的观音图。

## 133　隐读祠山庙

位于今吴江区七都镇隐读村。初建无考。清乾隆《儒林六都志》载："祠山庙，在因（隐）渎东村。祠山神姓张，名渤，后汉时人。初建无考。康熙初为丐者所居，群聚偷窃。有少年恶丐者之踞此也，举火焚之。火方发，屋忽圮。举火者不能出，压死于神座前，火遂熄，神像俨然，无一损者。里以为神，遂延僧古泉重建焉。"祠山大帝为江南一带信奉的道教神灵。每年二月初八举行宗教活动。

1958年庙中神像被毁，庙堂设群丰小学，后设群丰中学及隐读幼儿园，房舍变成学生教室、教师宿舍、办公室。今尚存古银杏树一株。

## 134　普慈寺

位于吴江区桃源镇铜罗社区南街西端。西边是大片苗木树林，南为河滩，东面为农居点，北面为铜罗中心小学校区。普慈是普遍施予众生慈悲的意思，是称赞观音功德的法相。故有普慈观音，为观世音菩萨三十三应化身之一。

始建于南宋建炎初年，历经明万历二十三年（1595）、清乾隆四年（1739）两次修建。2009 年，普慈寺恢复重建，中轴线上依次是山门、天王殿、月台、大雄宝殿、汾阳王殿。东侧依次是观音殿、财神殿、三学堂、斋堂。西侧依次是江南第一铜罗、钟鼓楼、般若讲堂、文殊殿。2010 年在普慈寺建郭子仪纪念馆。

汾阳王庙是祭祀唐朝汾阳王郭子仪的庙宇。郭子仪（697—781），华州郑县（今陕西华县）人，祖籍山西太原，唐代政治家、军事家。汾阳王庙初建于宋乾道七年（1171），清康熙十年（1671）重建，现仅存后殿和偏屋。后殿面阔 5 间 15.76 米，进深 11.18 米，高 6.8 米，坐北朝南，砖木结构，歇山顶，后殿屋顶及大梁上均有精美雕刻。偏屋面宽 3 间 9.6 米，进深 11.18 米，西墙壁上有彩绘神像，"文化大革命"中被用石灰水盖没。2008 年得到全面修复。

## 三、古建筑、名人故居名（99 条）

### 135　光福塔

又称光福寺塔、光福方塔。位于吴中区光福镇龟山顶。塔以地名。本名舍利佛塔。清《百城烟水》（卷二）载："光福讲寺，在邓尉山龟峰下，梁大同间（535—546），九真太守顾某舍山建，有舍利塔七成（层）。"光福寺、塔相传为顾野王（519—581）舍宅而建。塔内原藏《大方广佛华严经》及光福寺开山祖师悟彻和尚的舍利子。唐会昌末（846）光福寺毁于火，唐咸通（860—873）间奉诏重建。唐光启二年（886），光福寺、塔又经顾野王后裔顾在镕重修。唐崔鹏《光福讲寺舍利塔记》载："塔著凌云之势，亦有飞阁围绕，回廊接连。石工呈奇巧之才，梓匠治雕镂之妙。壮观而龙蹲虎踞，巍峨而仙掌峰绣，柱兀兀而星攒，雕梁艳而虹脂，掩映而初唇吐，峻嶒而欲鹏飞。"后历代均有修缮，清顾震涛《吴门表隐》载："光福方塔……宋乾道五年（1169），顾清璨、沈彦荣修。明万历二十年（1592），董份重建。国朝乾隆二十一年（1756），徐坚等修。"此外，元延祐元年（1314）因塔身严重损坏，缘发重建，于至治元年（1321）二月勒石《光福重建塔记》碑，由光福寺主持佛慧雄辩大师了清撰文，赵孟頫（1254—1322）书并篆题，现存《光福重建塔记》为赵孟頫传世经典碑帖。赵孟頫在光福寺留下不少墨宝。清《吴门表隐》载："唐顾在镕诗碑，在光福寺，碑文漫漶，赵孟頫重临，字句交辉，为光福二绝。"《吴门补乘》："'观音泉'三字，赵孟頫书，在光福（寺）后。"

清嘉庆年间（1796—1820），光福塔遭雷击起火，塔外廊木构件被焚毁，失去"鹏飞"塔檐，仅乘砖结构塔心，危立近 200 年，但一直是光福古镇标志性建筑。1999 年，在江苏省、苏州市及当地政府统筹下，投入 100 多万元，修复光福塔。现光福塔为砖木混合结构，砖身木檐楼阁式，呈正方形，4 面 7 级，共 88 级台阶。塔底有 3 层条石包面的台座，底层有回廊，西北一面设门，2 层以上四面有门洞，各层用木楼板、木扶梯相通，每层有腰檐平座，塔内陈列 49 尊佛像。塔体高 22.15 米，塔刹高 8.25 米，总高 30.5 米，塔身每边长 5.18 米。以光福塔为主景今龟山峰顶辟设塔山公园。1995年4月19日被列为江苏省文物保护单位。

### 136　笃行堂

又称耕心堂，位于吴中区郭巷镇郭巷51号。原为郭巷大姓施氏祖宅，宅第主厅名"笃行堂"。"笃行"语出《礼记·儒行》："儒有博学而不穷，笃行而不倦。"建于明代中叶，称郭巷明清"四只厅"（另有大经堂、醉白堂、仁耕堂）之最。清康熙间，施氏因慷慨赈灾，获苏州知府陈鹏年（1663—1723）题匾"济世先赈"，悬于正厅东间。晚清时，笃行堂施传鐮（字云门）学识渊博，时与"尹山袁学澜、蠡墅王国宝并负时名"，著有《西台诗草》。可惜其孙辈因鸦片成瘾败尽祖产。20世纪30年代初，笃行堂正厅租给他人开办民众茶馆书场，演过文明戏，后又开烟馆。宅第部分房屋因失修而倒塌。40年代中，笃行堂楠木大梁正厅拆买给了木渎东街耿氏，"济世先赈"匾额给了荡里村陈鹏年祠。偏厅"耕心堂"，售与黄姓。50年代中，笃行堂旧址先后作为乡镇厂及郭巷供销社用房；耕心堂曾作郭巷卫生院。现耕心堂仍属黄家私宅。

原笃行堂宅院坐北朝南，大门临街，建筑3路7进，大小房屋百余间。中路有下岸房、门厅、正厅（笃行堂）、楼厅、走马堂楼、花园等。东路有偏厅（耕心堂）等，西路有小方厅等。各厅之前均有天井、门楼，天井及花园内有湖石假山。花园拱形洞门，上有砖雕题额"竹苞松茂"。宅园多名木，一株碗口粗的贴梗海棠，据称贴梗海棠比虎丘山那一株还粗壮，每值春季花盛时，常有人特地从苏州城里赶来看花。有一金一银两株古木榉树，金秋隔巷飘香。现存东路房屋，沿街门屋已改建，偏厅耕心堂基本保持原样，为3开间圆堂，进深10.7米，内四界扁作抬梁式，山界梁背设坐斗，承脊檩，梁架有彩绘，花岗石柱础。屋檐为2节出檐椽，厅前有3级花岗石阶。大天井内，两块太湖石属原花园旧物。

### 137　承德堂

位于吴中区横泾街道新路村石路浜自然村。为"薛家弄"薛氏老宅的一部分。薛氏老宅，始建年代不详。据薛氏后人称祖上属"河东薛氏"（河东，指黄河东部，为魏晋以后薛氏望族属地）无锡一支。承德堂花厅是老宅后建"新园堂"，在"老园堂"之西，建于清咸丰十年（1860）前后，因当时有战乱，薛家怕被劫财，将所聚钱财用来造了房子。取名"承德堂"，是为了"祖荫有德，子孙相传，后继有人"。薛宅大部分房屋在1958年被拆除。现存西路承德堂花厅保存完整。

薛氏老宅原有东、西2路，前后4进：第一进门堂间（东）、古井及灶间（西）；第二进厢房夹天井、老园堂（东）、新园堂（西）即承德堂花厅；第三进，5开间楼房（楼下为客厅）；第四进后屋，各进房屋之间都设石库门。现存"承德堂"花厅前后均筑"风火墙"，防盗防火。花厅面阔3间，有6扇落地窗格长门，厅内4阶，前鹤颈轩，后双步花篮厅，花篮垂柱等饰件雕刻精细，具有典型江南古建筑风格，有较高的艺术价值。院门东侧有古井一口，青石井圈。2009年7月10日被列为苏州市文物保护单位。

## 138　怡泉亭

位于吴中区木渎镇殷家弄。民国《木渎小志》载："怡泉亭，在木渎殷家弄。里人冯怡泉与殷心抑为友，尝以百金存殷所，而冯殁，无子。殷为起井亭，四周皆石阑，即以'怡泉亭'三字颜之，为行人游憩之所，事在崇祯二年（1629）。"怡泉井亭，凝结着纯朴的邻里乡情义举。明冯翼《井亭》诗云："遗金昔日有怡泉，泉下埋名亦有年，今日翼然谁肯构，怡泉亭畔说怡泉。"

怡泉亭覆于公井之上，为全花岗石构筑方形凉亭。坐东朝西，亭基为3米多边长的正方形，高4.5米。4根柱石，高2.38米，宽0.4米，厚0.3米，下段为长方体，上段抹角成八角形。4根石梁，各长2.3米，厚0.17米，宽度不一，东、南、北3根均宽0.26米，西梁略宽，下部呈对称曲皱形，对外一面当中浮雕"锭胜"，两端浮雕花草，雕刻粗犷，线条浑厚。四面石梁之上架檐石，两端外翘，组成石亭四角翘檐。歇山单檐造披屋顶，屋面用8块条石合成，排列为前3后4，上面压以一块三角形条石作脊顶。亭内东侧石梁（面西）刻楷体"怡泉亭"，3字各镌圆圈线框。东边第二块盖顶石上刻有"大清康熙肆拾叁年岁次甲申仲夏"，清康熙四十三年（1704）应为后人修缮日期。东、南、北三面亭柱之间，下部搁置石条栏，长2.16米，宽0.26米，石栏与石柱榫接为长石凳，可供人闲坐小憩。亭中间有水井1口，花岗石井栏圈高0.50米，外圆直径0.63米，古雅拙朴。木渎古镇原有4座石亭，今存"怡泉亭"。1986年3月25日被列为吴县文物保护单位。

## 139　轩辕宫

又称灵顺宫，俗称杨湾庙。位于吴中区东山镇杨湾村上湾自然村黄家山麓。始建年代不详，最初祭祀春秋吴国伍子胥，称胥王庙，后改为汉祠，正殿供奉轩辕黄帝塑像，故名轩辕宫。一说原属灵顺宫的一部分，当地笼统俗称"杨湾庙"。原有山门、碧霞元君祠、城隍庙、正殿、火神殿等建筑。据原碧霞元君祠内额枋署文字"南朝宋元嘉二年（425）春重建，唐贞观二年（628）修……"可知，其建造年代甚早，后历代修缮，有明嘉靖二十一年（1542）《重修碧霞元君祠碑记》。碧霞元君祠等殿宇毁于1966年"破四旧"。轩辕宫正殿、城隍庙得以幸存。1974年2月，吴县革命委员会立"杨湾庙正殿，1956年10月18日江苏省文物保护单位"碑石。1975年以后，地方政府多次进行修缮。轩辕宫正殿于2006年5月25日被列为全国重点文物保护单位。

现存轩辕宫正殿（俗称杨湾庙正殿）为元至正四年（1344）重建，坐东朝西，面向太湖；面阔3间，进深9檩，高10多米，单檐歇山顶，吻兽脊及屋角反翘，系江南殿宇典型风格。殿顶出檐甚深，台基明高64厘米，四周立柱，并砌砖墙，前后中间开门，两旁设窗。殿前有月台，正门前有台阶4级。殿内"月梁""攀间"完整，脊檩、上金檩尚保留彩绘痕迹，下金檩用断材（断梁），独具匠心。正殿脊枋曾发现有文字："元季里人烂钞翁王万一始创，前明太仆寺卿席本桢同夫人吴氏……清顺治岁次乙未夏……落成。"北面五架梁下亦有"清顺治乙未岁孟夏吉旦"字样，为清顺治十二年（1655）修缮留记。整座殿宇木构全靠卯榫，无一铁钉。正殿中有4根一抱粗的圆柱，均为斜形，称为断梁、斗拱、斜柱、倾壁，千年不走样，十分奇特。正殿前的城隍庙，现为碑刻陈列室，藏有明清时东山珍贵石刻，有明文徵明《东西两山图》、明王鏊《洞庭两山赋》等碑刻。另收藏一座明正德年间的"阴亭"，1971年在东山陆巷出土，为仿木结构刻花六角形全封闭石亭，高3.58米，直径2.5米，此亭体现了东山明代墓葬民俗。

### 140 惠和堂

位于吴中区东山镇陆巷村文宁巷王家里。明宰相王鏊（1450—1524）故居，宅第建于明代，清代修葺，故称"明基清体"。"惠和堂"为宅第主厅名。唐元稹有名句"睦族以惠和，煦下以慈爱"。堂名或本此意。此堂，1949年5月起，先后为太湖行政办事处湖中区政府、太湖乡公社驻地。1951年8月，为陆巷小学址，原钟英小学（1944年创办）由蒋湾康庄巷迁入后更名。1998年，陆巷小学由香港爱国同胞朱恩馀捐资50万元易址另建，同时开始对惠和堂进行修复。2002年7月惠和堂对外开放。后来，有关部门耗资3 000余万元，又进行全面修缮，2013年7月竣工。

惠和堂整个宅院有3路5进，中路依次有门楼、轿厅、大厅、堂楼（主楼）、后楼（女眷楼）、后屋及花园；左路依次是门间、花厅、客厅、书厅、书楼、住楼（用人等居住）；右路则是灶间、杂房等。相互备弄可通，其间以天井、塞口墙（风火墙）、库门相隔，布局合理。雕梁画栋，厅堂宏伟，廊轩、门窗等制作精巧，梁柱用料讲究，多为楠木。大厅悬"惠和堂"金字匾额。大厅两边侧门，有雕砖题额"磐鸿""燕翼"。花厅悬唐寅所书"笑鸿草庐"匾额，取"笑迎多鸿儒，往来无白丁"之意。书楼五开间，硬山重檐，题额"静观楼"，取宋邵雍诗句"雨后静观山，风前闲看月"。书楼建于明成化十一年（1475），王鏊探花及第之后，其父王琬辞官归里，特建此楼以励王鏊继续科举。楼前照墙，高与楼檐齐，细砖贴面，瓦滴下抛方砖面上镌有"九狮图"，故称"九狮墙"；其两端各有3块花鸟图案；照墙正中嵌有"丹凤朝阳"团圆砖雕，惜已半毁。后花园里，曲桥池塘，有寒翠亭、湖光阁。宅院东侧外墙上嵌着一块青石碑，上面镌刻连缀"七星"，下面刻"才卆"，为道家镇符。据说七星连缀，象征真武大帝，有真武帝手执神剑斩九天十方恶魔之意。宅第占地面积5 000多平方米，建筑面积约2 000平方米，有厅、堂、楼、库、房等104间，为明清官宦宅第代表建筑。1986年3月25日，被列为吴县文物保护单位。

### 141 务本堂

又名秋官第，俗称花墙门。位于吴中区东山镇光明村30号。堂名典出《论语·学而》"君子务本，本立而道生"。为明代东山望族严经宅第。严经（生卒不详），字道卿，号芥舟，称东山严氏五世祖，明弘治九年（1496）进士，曾任刑部主事，因刑部官员古称"秋官"，故称"秋官第"。1918年《重修务本堂记》碑载："芥舟公起家进士……始建务本堂于此。至今'秋官第'载之《吴县志》及王文恪公《震泽编》，斑斑可查。"秋官第，也是《金陵春梦》作者唐人（严庆澍）故居。

原"务本堂"宅院占地数十亩，建有花墙门、白墙门两大宅院，近10所楼宇。现仅存位于主轴线上的前楼、后楼及后楼前砖雕门楼等古建筑。前楼,又称瑞云楼。面宽3间达12.3米,进深7檩7.55米。楼前后单步廊,两侧带双厢房,为硬山式堂楼,台基踏步2级。底层屋内方砖一顺铺地。檐柱为抹角形,础八角提灯状。金柱圆作,方形磉石,上置柿子形青石鼓。后檐柱方形,下施为木櫍。柱头有卷杀,梁肩上施斗拱、斗垫,承山架梁。梁中施一斗三升拱及几木以承脊檩,饰山雾云。檩中间有包袱锦彩绘一幅,主体图案为"笔""锭胜"。金柱和檐间,有单步骆驼穿、穿枋相连。山面立柱全都落地,稳定牢固。厢间用料较细,顶部为四檩卷棚式轩。楼下长窗,楼上小方格半窗。瑞云楼前有照墙,俗称风火墙,门开在正中。门楣上饰一幅金钱卷草纹砖雕,上施枋木斗拱,以承檐脊。这种形似扁担式样的混水瓦脊,被称作"皮条脊",具有地方特色。后楼,比前楼高大,面阔5间达22.45米,进深9檩,连前后双步廊11.5米。左右辅以双厢房。台基由压沿石咬口,中间设踏步2级,两侧有垂带石。明间方砖斜铺,次间是木质地板。柱下仅设方形磉石,无柱础。梁架作法与前楼相同,但用材粗壮。后楼和前楼之间亦有照墙,全系青砖叠砌,正中上方照壁贴以细砖,下有皮条脊、苏瓦单披及砖枋木斗拱等结构组成库门。2006年6月5日被列为江苏省文物保护单位。

### 142　诸公井亭

位于吴中区东山镇西街(今人民街)中庙浜弄口。明嘉靖二十四年(1545)大旱,太湖干涸,东山里中父老倡募挖井,以解水荒,井成后取名"诸公井",寓诸公戮力同心以成善举之意。清代,井上建亭,故称"诸公井亭"。东山民俗,每岁正月抬刘猛,将刘猛神置于亭中井上祀之,称"井上大会",然后再将猛将神抬至庙山灵佑庙(猛将堂)。后来里人在井亭的后半部分置神座,安放猛将神像,以供祭祀。

井亭为木石构长方形亭间,单檐歇山顶,羽角翚飞。面阔1间3.35米,纵深3间7.56米。亭柱均用石柱,前檐做抹角柱身和磉形础,高2.7米。亭内分隔前后两部分,前庭为敞开式,两侧柱间施石座栏,供人休息。后庭三面砌砖墙,前有双扇木栅门,内设神座,置刘猛将塑像。梁架前后有别,前庭置纵向抬梁托歇山屋架,正脊部位做卷棚式。中间井顶面做"斗八藻井",空间加高,下对水井,井面有八角形青石素面井栏。后间作纵向横梁于两边柱上,横向搁檩子做卷棚顶。前后檐下的正面、两侧和前室内庭均施斗拱。檐下斗拱出二跳,跳头做"象鼻昂",屋脊部塑笑容可掬的和合二仙像。井亭与祠庙合一,无论从建筑还是民俗来看,都独具地方特色。1982年3月25日被列为江苏省文物保护单位。

### 143　敦裕堂

位于吴中区东山镇东新街21—22号。原是明代金家"兰言馆",清道光年间席氏购得后扩建,更名为"敦裕堂"。有"敦亲睦族,物裕后昆"之意。"敦裕堂"亦为席氏分支家族堂号名。20世纪80年代,敦裕堂曾一度被设为江苏省洞庭茶厂,人们将东山、西山产碧螺春茶汇集到这里,进行加工定级包装,并统一外销,以保证碧螺春茶质量。2004年,"东山方志名人馆"从启园迁来敦裕堂。2013年春敦裕堂又增设"侨眷馆"。

整个宅院四周有砖墙,为封闭式大宅,占地面积约2500平方米。中轴线上有照墙、墙门、轿厅、大厅、堂楼、后堂等，其间均有天井、石库门、塞口墙相隔，组成各个独立院落。左右有备弄、厢房、书楼等相连。原有7进建筑，现存门屋、前厅、大厅及两侧的轿厅、厢房等，建筑面积1 000多平方米。宅前有一株千年古紫藤，为宋代遗物。

敦裕堂大厅恢宏，硬山博风造，两坡苏瓦顶。中间堂房3间，进深7檩10米，接退堂间4米，平面呈长方形。梁柱结构，用料粗壮，制作规正。柱头有复盆形卷杀，檐柱为小八角形，下垫八角提灯形青石础，上承檐柱。金、山圆柱下垫复盆形木础，上置栌头，承支抬梁，梁曲线较长，并有虚拼做法，两侧"琴面"刻有一圈弧纹，显得庄严含蓄。梁下置梁垫、丁头拱、上承3架月梁。梁背驼峰隆起，上施令十字斗拱，山尖嵌山雾云，镂空透剔。金柱与前后檐柱间有单步月梁，下置梁枋。山柱根根下地，柱间由骆驼穿和穿枋相连，组成列架。上置檩、枋、附加方橡，出檐处又设飞橡，屋檐挑出。厅堂主脊檩正中，绘苏式彩画，为枋面上搭"反袱式"，袱中画3个菱形方块组成"三胜"，中间绘金色笔、锭，意"必定高升"。厢楼圆作施矮柱，檩与柱间有斗拱承托，矮柱榫部贴花篮雕花饰物。轿厅、堂楼、书楼等建筑构造用料精细，结构简练。大厅、堂楼前均有细砖门楼。1986年3月25日被列为吴县文物保护单位。

## 144 凝德堂

位于吴中区东山镇翁巷殿新村凝德堂路24号。据称为明代名医吴有性故居。吴有性（1582—1644），字又可，号淡斋，东山翁巷人，擅治传染病，著有《温疫论》《伤寒实录》《瘟疫合璧》等。清乾隆年间，此宅由严氏购得，更名为"凝德堂"。寄寓后土凝德之意。原宅第规模很大，依主轴线分布有墙门、大厅、住楼，左右各有厢房或边楼，侧边有备弄，附有花园、客厅、小楼等建筑。据称第一进原有5间带柜台式房屋，专家论证原为药铺。现存门屋、二门和大厅，建筑面积676平方米。

门屋面阔3间，附有耳房，进深7檩，前后带廊。二门，即门屋与大厅之间的墙门，两边磨砖院墙，硬山顶，山面加有博风装饰，为木构牌坊形式。门柱下置枕石一对，当地称"福寿墙门"。柱顶间复以木枋，架一斗六升斗拱共3垛，柱身前后用斜撑支托出跳瓦檐，称"雀宿檐"。木件制作精巧，加有木雕装饰，称为明代建筑木雕艺术珍品。凝德堂大厅面阔三间13.05米，进深七檩前后带廊12.58米。硬山顶屋面，坡度平缓。内部柱梁之间多为大斗连接，斗四隅做有海棠曲线，尚保持宋代遗风。檐柱为抹角柱，柱础为青石礩形。大梁5架，月梁形式，两端下部置梁垫为纱帽翅。山面脊檩下由出二跳的斗拱承托，拱两侧横架雕有云鹤图案的三角形花板，即山雾云。现存建筑保持画梁彩绘，共有梁方彩绘88幅，其中大厅计61幅，大厅的梁、枋、桁、斗、山垫板等处都有彩绘；仪门18幅，门厅9幅。梁、桁之间绘有包袱锦彩，上面绘着各种大小式样不同的花朵和曲线，组成图案，裹胁在梁、桁中间，又被称为"苏式锦袱图案"。梁、桁的两端箍头部分亦均绘有宝相莲花，斗拱则以色勾边上彩。彩画装金。背檩锦袱中画3个菱形方块，组成"三胜"，"三胜"中央则画上笔、锭，隐喻"必定高升"。彩绘用色明快，富丽堂皇。2006年5月25日被列为全国重点文物保护单位。

### 145　裕德堂

位于吴中区东山镇人民街18号。堂名裕德，典出《管子》"中静不留，裕德无求"。原为江淮盐官周氏宅。建于清道光十七年（1837），有称建于清中期。后为东山望族席启寓后裔席总荣所有。今存砖雕门楼上有题额"怀德维宁"，署"嘉庆乙亥桂月榖旦"，即嘉庆二十年（1815）八月良辰。原宅院规模宏大，有3路5进建筑。主轴线上有门楼、大厅、住楼、书楼等，占地1 000多平方米。现存西花厅，即裕德堂花厅，面阔3间，进深7桁，梁、柱、桁等均用方材。上有草架，屋顶间以鹤颈复水椽，制作成轩式天蓬，仰视似盛开的海棠花，故俗称"海棠椽厅"。厅的两山均以磨光细砖并嵌叠砌。前后均有天井，垒湖石假山，遍植花木。厅堂秀丽憩静，建筑上雕刻精致，有"江南第一花厅"之誉。裕德堂于1986年3月25日被列为吴县文物保护单位。

东山镇境内有3处裕德堂，另2处为：一在岱松村，始建于明代，清代刘氏重建。2005年，被列为苏州市控制保护建筑。一在嵩下村，为叶氏后裔"裕德堂"，坐东面西，宅墙外三面是橘树，南面照壁外通巷子。

### 146　遂高堂

位于吴中区东山镇陆巷村文宁巷口。为明王鏊之弟王铨住宅，建于明弘治年间。王铨（1459—1521），字秉之，曾例贡授杭州府，辞官归里。因王鏊寄诗有"输与伊人一着高"，王铨便将居所名为"遂高堂"。宅第原有东望楼、远宣堂等多幢建筑，现存布局于中轴线上的门楼、遂高堂大厅和住楼等建筑。

遂高堂有门楼1间，砖石建造。门框上方，以手枪形的砖雕件出跳，并叠涩刨有枭混线的砖数层。上做花边滴水屋檐和细巧的皮条脊。照墙浑水做，上部饰有类似"盘肠"的菱形纹和笔、锭图案。大厅，面宽5间17.1米，进深8.2米。悬"遂高堂"匾额，为文徵明题写。明、次间均以方砖斜纹铺地，东梢间已改铺地板；西梢间铺砌小砖。明、次间檐口施青石陡板及压沿石，正中踏步两级。檐柱础为青石杵头式，前金柱础为青石扁鼓墩，后金柱础为扁圆木鼓墩，梁柱用料较粗壮，金柱柱头施卢斗，有卷杀，上置抬梁。前轩后廊，进深5架。抬梁为四架式，一头串插在后金柱内，与明善堂佛楼梁架相似。山架梁正中施矮柱，上置一斗三升拱和替木，承以脊檩，两端各有一块山雾云。次间梁架为穿斗式，立柱6根，柱头亦各施卢斗替木，承托檩条。檩子、各柱间亦以扁薄的月梁及穿插枋相互攀联。门窗已佚失。梁、檩、枋等多有彩绘，已有剥落。走马板上的图案以折枝花为主，桁条上则以包袱锦为主。有金、红、白、黑等色，图案比较粗放。住楼5间，开间较小，柱下垫扁形木磶。楼下一排落地长格扇门，楼上为格扇窗。楼前天井内有古井1口。住楼与大厅间有备弄相通。遂高堂现设"钻天洞庭：洞庭商帮陈列室"。1986年3月25日被列为吴县文物保护单位。

### 147　绍德堂

位于吴中区东山镇东山老街北侧新义村8号。东山望族叶氏祖宅，建于明代中后期。"绍德

堂"为宅第主厅名。堂名绍德，旨在绍先祖之德，而兴后世之业。原宅第颇有规模，大宅面向东南，原有墙门、茶厅、大厅、住楼、花园等，各进间均有天井库门，两侧有厢房、附屋、备弄接连，屋宇紧密。现存建筑仅仪门、大厅及住楼等。仪门，位于绍德堂大厅前。硬山两披板瓦顶，纹头脊。门槛两侧为细砖八字墙，内系牌坊式样的木门楼1座。门间阔4.27米，进深3米，门槛宽1.2米，高2.82米。高门槛，两侧青石施花瓣形抱鼓石各1块，中间刻有狮子滚绣球，下设须弥座，并连后面门槛。抱柱、腰方的宽厚，与门槛成四抹"目"字形，余塞板内均披麻夹砂。中槛为一幅双狮嬉球，彩带萦绕，雕得镂空剔透。反面施连槛，并列四幅花鸟图案，中间刻"福"字，隐"出门有福"，故称"福寿墙门"。上方悬匾额1块，左右伴以木景2方，内刻松、竹、梅岁寒三友图案。上槛刻有鲤鱼跳龙门木景横勒，生动活泼，如跃眼际。上承平板方，斗拱不出昂，排科一斗六升，当心间3朵，贴墙处各半朵。在离地1.98米的抱柱上，施蒲鞋头丁头拱，上承雀宿檐支撑撩檐梁桁，梁间均斗拱结梅。门槛两侧抹角里，垫以蜂窝镂空板。八字墙内侧和塞口墙勒脚，在48厘米处，均为青石须弥座式，束腰间刻有花鸟图案。1982年3月25日被列为江苏省文物保护单位。

### 148　尊德堂

位于吴中区东山镇。有两处，一在翁巷，一在陆巷。翁巷尊德堂，在翁巷三茅弄北，其南面斜对松风馆，为洞庭东山望族严氏祖传老宅。名本词义，以德为崇。清初东山严氏在从东山镇西花墙门、白墙门迁至翁巷，严氏一族在此兴旺，出了多位官宦巨商，兴建豪宅多达20余处，胜过原席氏、翁氏。严氏宅第堂名均带有"德"字，现存有尊德堂、景德堂、修德堂、建德堂等。尊德堂建于清中期，据称是严福旧宅。清同治《苏州府志》（卷八十三）载，严福（？—1792），字景仁，世居洞庭东山，清乾隆四十年（1775）会元、进士，授内阁中书，授编修，充四库全书校对，武英殿、国史馆方略馆纂修，入直上书房。其子严荣，字瑞唐，乾隆六十年（1795）进士，曾任杭州知府。严福与其弟严徵乔曾倡设义田，"族中孤寡赖以存活"。尊德堂原有规模宏大，有门厅、轿厅、大厅、住楼、后楼及书楼、花厅、客厅、花园等建筑，现存门屋、轿厅、大厅、住楼、书楼等5进建筑，共1 010平方米。宅院有多户村民居住，原砖雕门楼已被改建为灶间，大厅亦被分割成3部分，大部分建筑失修。尊德堂严宅，2014年6月30日被列为苏州市文物保护单位。

陆巷尊德堂。位于东山镇陆巷文宁巷内，清代建筑，具体建造年月不详。现存门厅、住楼及附房，门厅3开间4厢，住楼与门厅同一轴线，为3开间2厢的2层小楼，住楼西侧有附房，面阔3间，院落花木茂盛，为陆巷传统民居典型之一。陆巷古村尊德堂被列入苏州市第五批控制保护建筑名单。

### 149　瑞霭堂

位于吴中区东山市镇殿新村。东山席氏宅第，建于明代中期。"瑞霭堂"为宅第主厅名。瑞霭者，祥云也，以喻宅第之吉。原宅第较大，四周围有砖墙，建筑3进，依次为墙门、大厅、住楼，两侧有备弄、厢房相连。各进之间，隔有天井、库门、照墙等。清咸丰年间（1851—

1860），曾用作太平军后勤部。现存第二进大厅前砖雕门楼、第三进砖雕照墙及住楼1座。大厅前砖雕门楼，面阔2.94米，高5.6米。硬山单披板瓦顶，皮条脊。中间匾额框内空白无文，额框左右刻有松、灵芝、喜鹊等花鸟图案；额框上方横勒刻"凤穿牡丹"；额框下面有砖、石的横勒各1条，砖上刻"鲤鱼跳龙门"图，石上刻"笔锭胜天"图。青石门楣，刻"五鹤图"，左右角各饰1枝垂莲柱。承支飞椽、屋顶用砖雕仿木构出昂斗拱，垫拱板镂空剔透，刻"古钱""蜂窝""卍"字等图案。左右塞口墙均以细砖镶贴，砖雕仿木构飞椽、斗拱。斗拱下抛方和左右抹角刻有春、夏、秋、冬四季景物。整座砖雕门楼，显得十分华贵。住楼前砖雕照墙，连接左右厢房，与住楼构一院落。照墙高阔，与住楼开间等宽。库门楣以下，为条形细砖交错砌法。门披顶上，有缠枝花纹饰，对应住楼分为3组。砖墙为水磨细砖菱形贴砌。中间墙顶为两落水飞椽出昂斗拱装置，垫拱板均镂空。下面抛方刻有梅花鹿奔跑跳跃、丹鹤展翅等图案。左右抹角，刻有鸳鸯、荷花等。照墙两边撩檐下亦用砖雕拱式飞椽，下面抛方刻有"笔锭胜天"吉祥图案。

住楼，硬山搏风板瓦顶，哺鸡脊。面阔3间带耳房，宽19.51米，进深7檩，带前后廊8.51米。楼面缩进半架0.6米，利于楼下采光。檐柱分上、下两截，上截压在单步梁上。左右厢房向外延伸0.67米，增加6根檐柱，柱头均有卢斗。檐柱小八角形，柱础青石八角灯形。步柱、山柱均圆作，柱础为木质，下垫青石磉。梁扁作月形有刻纹，五架梁下有梁垫、丁头拱，山架梁干施斗拱，十字斗六升拱。脊、金桁下有花几。檐上用排椽，上面复望砖、芦席、黏土，再复以板瓦，冬暖夏凉。1982年3月25日被列为江苏省文物保护单位。

### 150 松风馆

位于吴中区东山镇翁巷三号桥38号。东山清末民初书画家席璞宅居，建于晚清。《吴县志》载："席璞，字卞山，世居洞庭东山，收藏颇富，工于花鸟，所居曰松风馆。"席璞生卒年不详，别号湖心外史，其传世作有《萍踪开记》《画林新咏》《八佰遐龄图》等。

松风馆原是一座园林别墅，前厅及花园等已被拆毁。现存建筑仅主楼与住楼两座，建筑1 600平方米。楼前原有"四面厅"及荷花池、湖石假山，亦被破坏，剩废址。主楼基本保持原貌，飞檐翼角，竹节柱，垂花板，制作极精。席璞是画家，对建筑有其艺术审美要求。据说东山金氏雕花楼曾参照此楼风格。楼厅室各有砖雕题额："迎风""幽静""随月""映雪"。收藏界流传，"松风馆"匾额书写原件，在隶书"松风馆"大字旁，署有："席氏旧宅原题废于兵燹，文篆、玉书两君，属（嘱）为补书，即希钧鉴。宣统辛亥四月，阳湖汪洵。"汪洵（？—1915），原名学瀚，字子渊，号渊若，阳湖（今江苏常州）人。清光绪十八年（1892）进士，授编修。"宣统辛亥"，即1911年。据此可知，松风馆应建于清咸丰十年（1860）之前。后来松风馆建筑拆毁，精致构件散落。据说留园鸳鸯厅的"园光罩"，原是洞庭东山松风馆旧物，构图精美华丽，被刘敦桢称为"苏州园林之冠"。1986年3月25日被列为吴县文物保护单位。

### 151 明善堂

曾名三德堂。位于吴中区东山镇杨湾上湾村。堂名明善，典出《中庸》："诚身有道，不明乎善，不诚乎身矣。"洞庭东山商人张氏老宅，建于明末。曾为清顺治九年（1652）进士张延基故居。清《太湖备考》（卷七）载："东山张延基，字埴充，四川石泉县知县。"清末，"明善堂"归绸商朱鉴塘（1869—1918），经修缮后，一度改名"三德堂"。1921年，朱润生遵其父遗命在明善堂创办义学"鉴塘小学"，自任校长。1937年抗日战争爆发后，朱润生受苏州图书馆馆长蒋吟秋之托，曾将馆藏宋元善本8大箱计1558种19874册，藏于明善堂隔弄秘室。至1946年4月完璧归还苏州图书馆，此事传为文坛佳话。鉴塘小学1949年5月后改名为杨湾小学，直至1979年，学校才迁出。然后有关部门对明善堂进行了全面修缮，1988年10月1日起对外开放。

明善堂

宅院前门临街，坐北朝南，略偏西向。占地面积1000多平方米，2路4进建筑。大门设在高墙间，主体建筑在东部，有院门、轿厅、花厅及小花园、大厅、楼厅及厢房等。西部有墙门、耳房、客堂、佛楼及花园等。在各栋房屋之间，均有天井（大小有15个）、库门、塞口墙间隔，有左、右备弄。住楼及花园已被毁。明善堂大部分建筑保持原貌，大厅前门楼和塞口墙称宅中精华。门楼为砖雕仿木构式牌楼，富丽宏伟。前后两面有垂莲柱、枋子、斗拱、飞檐等。南面为单披"道士顶"，青石门楣上刻"笔锭胜天"图，上枋砖雕"卍"字嵌花长卷及三方花边。面对大厅，单檐翼角。匾额框空白无文，额框四周布砖雕图案：左右兜肚分别为"麒麟送子""独占鳌头"；上枋有"陈抟老祖一觉困千年"和"彭祖活了八百零三岁"神话故事；下枋为"凤穿牡丹"；青石天幔雕山茶、牡丹、芙蓉、金橘等，中间嵌一"福"字。门堂顶板石上雕双犀角图，意"开门大吉"。塞口墙高大如屏，砖细斜方贴面。左右壁有12只荷叶斗垫，雕有鱼、蟹等；12块垫拱板，雕花卉、"卍"字及古钱等。抛方左为"鲤鱼跳龙门"，右为"五蝠捧寿"。左、右抹角分别为"荷花游鱼""喜鹊登梅"和牡丹、梅雀。左侧青石须弥座为浮雕"双狮抢球""松鹤延年""柏鹿同春"；右壁须弥座束腰处为"百鹭荷花"，意"一路连科"，以及"凤穿牡丹""缠枝穿金钱"等图案。此外，大厅后面的库门，青石门楣浮雕日、犴、鹊、梅，隐喻"欢天喜地"。

大厅面阔3间，前有轩带廊，厅后加轩廊，尚附有副檐。平面近正方形，两坡硬山顶，下有青石台座。厅内地坪满铺斜形方砖，柱础为扁圆木鼓形，下垫青石仿木荷叶礩石、櫍形和石鼓形3种。梁架，正中为抬梁结构，山面做立贴式（柱柱落地），前后轩廊均为四架卷棚，上做"荷包梁"、斗拱、矮柱、角拱、替木（连机）、轩梁、梁垫、山雾云等均加饰木雕，雕工细巧，加以普绘彩绘，有包袱，有箍头，有松子纹，又有浅刻仿宋式的"七朱八白"（长方块）、如意纹等，木雕彩绘堪称苏州明式代表作。

明善堂于1982年3月25日被列为江苏省文物保护单位。东山民居（明善堂）于2006年5

月 25 日被列为全国重点文物保护单位。

## 152　怀荫堂

位于吴中区东山镇杨湾村南。堂名怀荫，以示不忘祖先荫庇遗泽。建造年代及房屋主人均不详，建筑风格为明代中期。现宅院由砖雕门楼、两厢及楼厅组合成独立的四合院。结构简洁的皮条脊门楼，砖刻朴素无华，规制小而低矮。门楼上面有小巧照壁。除框柱边饰外，已改为混水做法。照壁下有类似"圭脚"形式的砖雕 1 条，花纹分为 3 组，为折枝灵芝花形，砖刻线条深而流畅。

楼厅是建筑精华部分，面阔 3 间，进深 7 檩，通进深 7 米。梁架为抬梁式。明间与暗间之间有一缝，施金柱两根。金柱下有扁鼓形木础，用材较粗壮，上端有收分，柱头带"卷杀"，置座斗，并出丁头拱，承托四椽栿，上架金檩，设有"山雾云"护脊。山面的梁架结构比较简单，柱与柱之间，分别以穿插方和扁薄的月梁相攀连。外砌带有砖搏风的山墙。楼下 1 统 3 间；楼上以板壁隔为 3 间。槛窗的形式为：五抹头豆腐格子槅心的小窗。楼下出檐，檐柱上出一斜撑支承挑檐方和挑檐檩。斜撑很有特色：檐柱中出丁头拱两翘，上架饰有麻叶云的"耍头"，支斜撑木杆，木杆饰海棠曲线，上端置小斗，承麻叶云耍头，再置荷叶墩和一斗三升头拱，架替木及挑檐枋。檩、斜撑木与檐柱之间，饰有网纹垫板。

怀荫堂曾用作杨湾书场，1982 年 3 月 25 日被列为江苏省文物保护单位。东山民居（怀荫堂），2006 年 5 月 25 日被列为全国重点文物保护单位。

## 153　熙庆堂

位于吴中区东山杨湾村。明代住宅建筑，具体建造年代及建造者身份不详。宅院原有门厅、大厅、门楼、前楼、后楼及附房等建筑。现存建筑有前楼、砖雕门楼及后楼等，名本词义，熙者兴旺，庆者福泽，以此相祈。

砖雕门楼气势高宏，雕刻精细。哺鸡脊，定盘枋和斗盘方上贴做细方砖，枋下的"垂云"，刻有如意纹饰，惜原有题额已被凿毁，兜肚中饰有"八宝"图案。后楼装修浑厚古朴，带有琴面的梁和彩绘的檩等保持了明代早期建筑的特色。后楼面阔 5 间 17.4 米，进深 8.5 米，楼下前廊深 1.8 米，明间前施踏步 1 级。后廊深 1.2 米，明间后廊设楼梯，楼上前廊深 1.1 米。楼下各间之间均立墙隔断，楼上明、次间 1 统 3 间，梢间以板壁隔断，单独成间。明间左右两缝为抬梁式。金柱上施座斗，丁头拱承四椽栿并饰有"官帽翅"饰件。四椽栿梁背上施单斗只替，架上金檩，并承平梁。平梁正中置一斗三升斗拱和连载，架脊檩。梁上不事刻绘，朴素浑厚，两侧则略带"琴面"。脊檩上施金、红、白、兰诸色彩绘，有牡丹、"笔锭胜"图案。前、后檐柱与金柱之间，有扁薄隆背的月梁和穿插枋相互攀连。楼下明间设 6 扇，槅心中为小木条组成的"册"字形图案。裙板及绦环板上饰类似于门楼上的细直线组成的如意云花纹。楼上梢间以屏门隔断，单独成间。屏门下槛施雕刻，形式类似于"圭脚"。现宅院内仍居住着 10 多户村民。

1982 年 3 月 25 日被列为第三批江苏省文物保护单位。

## 154　念勤堂

俗称楠木厅。位于吴中区东山镇莫厘路与人民街交会处。建于明代中后期，原属宋姓所有。名本词义，唐韦应物有诗"沧海已云晏，皇恩犹念勤"。有太平不能忘勤之意。宅院因大厅"念勤堂"得名，现宅院余屋都已被改建，仅存正厅，因该厅用楠木作主要构架，故俗称"楠木厅"。现存正厅基本保持明式原貌，面阔3间12米，进深7檩8.12米。前轩后廊，平面呈矩形。外观为二坡硬山顶，山面墙顶饰以博风装饰。屋面坡度平缓，立于台庭之上，有石踏步2级。檐柱做抹角方形，下置青石仿木柱础，称"提灯形"，其他均做圆形直柱，鼓形石础柱下用木櫍，柱头做卷杀复盆形。梁多做月梁，梁架、柱、檩间的搭接处多置大斗或加斗拱，或大梁下置木雕荷叶墩及驼峰。六架梁下两端用垫木和斗拱承托，拱首左右横出木雕透空花板，脊檩两端加有三角形木雕山雾云，以作梁上装饰，在檩正中绘有包袱锦的彩图，悬柱头雕有狮子滚绣球等图案，色调以紫色为主体，兼以棕、黄、红、绿诸色，纹样朴实。

1953年5月，曾用作震泽县人民政府办公地。20世纪70年代，楠木厅用作吴县工艺雕刻厂的产品展览大厅。庭院内收藏了一批东山镇民间明清石雕石件，包括石盘、石狮、石圆台、石案、祭台、花盆座、莲花柱础、青石绣登、门座等。楠木厅及石雕艺术品于1982年3月25日被列为江苏省文物保护单位。

## 155　椿桂堂

位于吴中区东山镇大园村。本是叶氏祖居"守朴居"，"其正厅曰椿桂堂"，椿萱喻双亲，桂树喻腾达，孝亲与事业双全。堂建于明代。据清乾隆间《全宅总图》碑载，自乾隆五十三年（1788）至五十五年（1790）进行过大修。另据清《兑换住房余地贴银修造椿桂堂公所记》碑载，椿桂堂曾作"公所"。清嘉庆十一年（1806），叶氏"椿桂堂"曾在前山漾桥捐建"惠安堂"，为贫者、无依无靠者义施医药、施棺掩埋。

椿桂堂规模很大，周围筑石墙，有5进建筑，依中轴线有门房、茶厅、大厅、辉楼、辉屋；两侧有甬道、厢房、前路、后路、望楼、书房、花厅、水池、灶间、柴房等。因年久失修，房屋多毁圮。现存第四进建筑，或失修，或改建，大多失去原貌。仅有椿桂堂大厅基本保持原有风貌，居在西偏，3楹，庭前有花坛，湖石数事，有蜡梅一株极巨。大厅面阔3间，宽12.17米，进深7桁带前后廊，长8.72米，并拖4桁轩式退堂间。硬山搏风，苏瓦两披顶。屋基前有2级青石阶，厅内方砖一顺铺地。柱头有卷杀，上置坐斗。檐柱系梓木质，抹角形，础青石提灯状。步柱系楠木，用材粗壮。柱础扁圆柿子状，周围雕有3条舷纹，下垫覆盆形青石磉，为明式。月形梁，梁面刻一圈弦纹。五架梁承压在步柱坐斗上，下有梁垫、丁头拱。山架梁下无童柱，施斗拱及斗垫，中间略有驼峰，上有令十字斗六升拱承托脊桁。前檐柱、后轩柱与步柱之间有扁薄月形步梁连接。轩三架卷棚式，梁上施斗拱，承荷包梁。山柱皆落地，质均为楠木；柱间采用苏式眉穿和穿枋，间有山垫板。大厅两侧间隔各有6扇屏风，梃梱梱形凸线起脚，与天池山寂鉴寺石屋的隔扇相同。明间原置长窗，退堂间左右侧为半窗，为满天星式。正对大厅的青石库门，门楣饰皮条脊，为明式装饰。住楼失修，走廊顶为船篷轩，搁轩桁的雕花扁作短梁檩。窗脚臼及窗臼垫，雕刻精致。走廊两侧有雕砖题额"静寄""谵舆"。前三架为轩，轩下侧门砖雕题额"翠环"，仿祝允明笔迹。

椿桂堂现属苏州市控保建筑（标号277）。

### 156 敬修堂

位于吴中区金庭镇东村。徐氏祖宅，建于清乾隆十七年（1752）。堂名敬修寓恭敬修行之志。宅主徐联习（1684—1753），字循先，号东村，在湖南、湖北经商，其子徐伦滋承父业，长年在湘。据民间传说，清乾隆帝下江南时，曾幸一殷姓民女，为金屋藏娇，隐居敬修堂，殷氏与徐伦滋扮作假夫妻，徐伦滋却从此未回来过，而殷氏育有一女，在宅中凤栖楼终老一生。此宅第一直由徐氏后人居住，基本保存完好。20世纪90年代以来，为影视外景取景热门地，先后在此拍摄了《橘子红了》《庭院里的女人》《风雨雕花楼》等影片和电视剧。

宅第占地面积1866平方米，6进建筑，主要建筑有正宅门、轿门、大厅、凤栖楼等。外墙大门南向，经小天井，为朝东将军门式正宅门，筑船篷轩。额枋上有4个圆柱形门簪，檐枋及夹堂板上雕刻麒麟云纹图案。青石门枕石正面雕刻麒麟，内侧面雕刻荷花，下部饰如意花草。其后为南向轿厅，面宽3间10.15米，进深6.6米，5界回顶建筑。前有落地长扇门，后檐砖雕门楼，题额"洌缋连云"，刻回纹边框，左右肚兜分别深雕人物戏文，上枋雕刻人物戏文，下枋浮雕鲤鱼跳龙门，垫拱板透雕蝙蝠寿字。大厅面宽5间19米，进深12.25米，分作3明2暗，明间与次间通连，次间与梢间之间用砖墙（水磨方砖贴面）隔断。次间边帖筑"囚门子"（墙上落膛，墙心装饰），方砖正纹铺地。厅前设廊轩，次间廊前设如意纹木栏杆。轩顶架重椽，做假屋面，前步柱之间装16扇雕花落地长扇。厅后设内轩，后步柱之间装有屏风。脊檩两旁设抱梁云，山雾云透雕仙鹤祥云，四椽栿梁肩置荷叶墩大斗，梁头剥。腮底部蜂头雕刻贴金麒麟，廊檐枋间设一斗三升牌科，夹堂板透雕如意卷云纹饰，青石鼓形柱础满刻卷草花卉。厅前砖雕墙门，额题小篆"世德作本"，署"乾隆辛丑"，即清乾隆四十六年（1781）。额框雕刻"仙鹤祥云"。墙门两旁筑有六角灯景式花墙，花墙后为厢楼。凤栖楼，面阔5间，连两厢为两层楼房。楼厅面宽18.15米，进深8.68米。12扇长格门，门腰均嵌有一幅云龙木雕，形态各异。民宅用雕"龙"图案，成为当年乾隆金屋藏娇说辞。楼前亦有砖雕门楼，有题额"美哉轮奂"。

敬修堂于2002年10月22日被列为江苏省文物保护单位。

### 157 栖贤巷门

位于吴中区金庭镇东村。栖贤巷，相传当年东园公隐居时，由此巷陌出入上山而得名。巷门建在此巷北端。太湖东山、西山村落旧时为防湖匪盗贼，多筑高墙，村中巷口设巷门。栖贤巷门建于明代，简练古朴。现巷门为砖木结构，面阔1间2.15米，进深4檩1.84米，略呈长方形。地坪高出街巷地面0.18米，四周施青石压沿，中间小砖铺地。柱础为青石制，扁平而呈栀质形，直径0.31米，上部与柱相匹配。立柱4根，前柱高3.3米，柱身略呈梭形，柱头有卷杀，置栌斗，栌斗高0.2米，四周刻海棠曲线。施雀替，支承脊檩。柱前出一担梁及"丁斗拱"，挑起檐檩。前后柱之间，以月梁和穿插枋相连接。后柱高2.38米，柱头置栌斗，承檐檩。月梁梁肩正中，施单斗只替承檩。后柱旁有门臼，可以装门（门已失）。前后柱之间高0.56米处，搁有木板，类似长凳，可供人略坐小憩。

1986年3月25日被列为吴县文物保护单位。

## 158 敦仁堂

位于吴中区金庭镇石公村梧巷自然村30号。敦仁，语出《易·系辞上》："安土敦乎仁，故能爱。"东晋韩康伯注："安土敦仁者，万物之情也。物顺其情，则仁功赡矣。"敦仁意为仁厚。敦仁堂为吴姓建于清乾隆年间，原宅规模很大，据说有房屋108间。现存建筑为原宅中路部分，有门屋、轿厅和大厅。门屋为2层楼，面阔3间，进深7界。当中为大门间，将军门式，檐梁下有雕刻人物故事图案的门楣，插板门槛两侧有青石法水造型门对，满刻精致花枝饰纹。轿厅面阔3间，进深六界，为内四界前廊形式。轿厅前有砖雕门楼1座，原有题额在1966年"文化大革命"中被凿毁，残留旁署"乾隆□□"字样。大厅面阔3间，内四界前重轩后单步形式，梁柱接榫处有4对纱帽翅，上面亦浮雕人物故事。大厅前有3级青石阶，面对大厅的庭院，三面曲尺形高大院墙，全用细砖贴面；正面大墙雕刻回纹边饰作框，十分气派。院墙顶部均为砖雕仿木出檐，檐下横列砖雕长卷，为全套《西厢记》人物故事，共32幅，全部采用镂雕，是不可多得的砖雕艺术珍品，具有一定的研究价值，可惜部分人物有损毁。敦仁堂被列入吴中区全国第三次文物普查名录。

另：吴江震泽镇梅场街"敦仁堂"，为清代洞庭西山"敦仁堂"吴氏一支迁震泽后建。现存建筑临街面南，2路2进，宅中有题额"诒谋燕翼"的门楼。

姑苏区大柳枝巷18号"敦仁堂"，为邓氏宗祠，建于清代。至今正门两侧外墙间仍嵌有"敦仁堂邓"界石。现存建筑2路5进，正路为3进，依次为头门、享堂和后堂。享堂为硬山顶，面阔3间11.5米，进深12米，梁架扁作，前后翻轩，内山墙贴清水砖。前设两廊。东路有3开间花篮楼厅，前后双翻轩，贴砖内山墙。原有"蝠厅"，因建筑形似展翅飞翔的蝙蝠，人称"蝙蝠厅"。1981年，"蝠厅"被移建至古城区双塔内，设为"苏州古代石刻艺术博物馆"展厅。

## 159 畲庆堂

位于吴中区东蔡村东里村186号。"畲庆"意为"农耕有庆"。建于清乾隆十年（1745）。现存建筑总面积411.3平方米，分东、西2路，东路有门屋、花厅、后附房；西路有大厅、楼厅、住屋。间以备弄相通，各进单体建筑之间又有塞口墙与天井相隔，形成独立的院落。门屋，大门开在高墙间，门上仅一抹短檐，而大门的砖雕门楼面向内，比较简朴，题额"文采清冏"，冏，读"jiǒng"，意为"远界"。花厅，面阔3间，内五界前后轩，内五界为回顶做法，成"三轩连缀"的形式，结构小巧，具有曲线美。大厅，面阔3间，内四界前轩后双步形式；柱梁间的梁垫、蜂头、枫栱、山雾云、抱梁云及窗隔等饰件与装折形制完好，图案雕刻精美。大厅内有长扇（每间6扇）屏风，正间上悬后人重书"畲庆堂"匾额。前院落东侧有砖雕门楼，上有题额"俭德永图"，语出自《尚书·太甲训》："慎乃俭德，惟怀永图。"意为慎行节俭美德，谋得基业长久。题额旁署"乾隆乙丑孟秋",即清乾隆十年(1745)七月,此纪年提供了该宅院建造的确切年月。宅主系洞庭西山望族蔡氏后裔。其先祖是宋徽宗朝进士、焕章阁学士、秘书郎蔡源。2009年7月10日被列为苏州市文物保护单位。

### 160 后埠双井亭

位于吴中区金庭镇后埠村中。相传南宋淳熙年间(1174—1189),里人徐氏(抗金烈士徐揆后裔)开凿了此双井,元大德年间(1297—1307),宋平江知府蒋堂(980—1054)后人、里人蒋棣(字腾芳)在双井之上建造了井亭。明天顺三年(1459)蒋氏后人重修。清同治九年(1870)里人费氏又重修,民国20年(1931)里人徐氏再重修。1998年5月当地政府再次重修。

后埠双井亭

现井亭为石柱木架,四角方亭,亭口面东,亭面阔3.3米,通高3.8米。亭四角各立六角形青石柱,石柱下置鼓形石础,石料均为元初旧物,其中3根柱石顶部有裂痕。柱高2.8米,柱端架斗拱木梁,屋面歇山顶式。柱脚之间铺长条压沿石,南侧、西侧各叠高2块作亭栏,北侧傍有民居山墙。亭内双井呈南北并列,双井的井栏底座为整块青石,长2.22米、宽1.20米。两口井栏圈呈南高北低,井栏石十分光滑,北井栏圈高25厘米,圈内有4条绳索勒磨深痕,阔2.5~3厘米、深2~2.5厘米;南井栏圈高32厘米,有3条绳索磨痕,这些磨痕都朝同一方向,据说是被辘轳粗绳长期磨蚀所致,当初迁居者在井上使用辘轳,这是北方人汲井水习惯。现井亭前地面铺为水泥地。双井内井水清澈,至今仍为村民公共使用。1997年7月28日被列为吴县文物保护单位。

### 161 樟坞里方亭

位于吴中区金庭镇石公村樟坞自然村。原是清代某官员夫人墓道上的小亭,具体建筑年代不详。现存建筑为方形亭子,位于小亭坞山坡上,坐北朝南,为单檐歇山造,四坡小瓦屋面,面阔5.55米,进深6米。青石台基,门前有青石石阶4级,亭四角立花岗石方形角柱,东、西、北三面砌墙,南面为6扇花格长扇门。构架为内3界前后轩做法,檐檩与檐枋间设一斗三升牌科。亭门两侧角柱刻阴刻隶书文字,东侧为"善积于身教子著义方之训",西侧为"祥开厥后传家裕堂构之遗"。亭内壁嵌有一块石碑,亭外西南侧遗有青石驮碑石龟,亭前数十米处,有一月池;亭北侧为原古墓遗址。2009年7月10日被列为苏州市文物保护单位。

樟坞村位于西山岛的东南端,自古以种植杨梅出名,西山俗谚有"秉场里的枇杷,樟坞里的杨梅"。最优良的杨梅品种称"乌梅种"和"浪荡子",一颗"浪荡子"杨梅出口国外时,曾卖到1美元。金庭镇在此设"杨梅核心保护区",有优质杨梅基地800多亩。

## 162 榜眼府第

又名冯桂芬故居，又称志显堂。位于吴中区木渎镇下塘街32号。冯桂芬（1809—1874），字林一，又字景亭，吴县人，清道光二十年（1840）一甲二名进士，俗称"榜眼"，故其宅第被称为"榜眼府第"。冯桂芬为清代后期改良主义的先驱人物，倡导洋务运动"中体西用"（中学为体，西学为用）。曾师从林则徐（1785—1850），后入李鸿章（1823—1901）幕府。少时工骈文，中年后致力古文，尤重经世致用之学。曾在上海设广方言馆，培养西学人才，先后主讲金陵（南京）、上海、苏州诸书院，著有《校邠庐抗议》《说文解字段注考证》《显志堂诗文集》等。

榜眼府第始建于清代后期，因主厅名"志显堂"，人亦以堂名称之。冯桂芬殁后，其宅第失修败落。民国年间，曾作为"石家饭店"经营饭店、旅社。1949年4月后，为木渎区人民政府办公地。20世纪60年代始，先后作为木渎味精厂、沪光饮料厂及木渎中心小学校办厂等用房。宅第建筑在1966年爆发的"文化大革命"中遭到严重损毁。1988年始，木渎镇政府出资进行修缮，后划归木渎旅游公司。1998年，进行了全面整修，并对外开放。随后逐步重建后花园。因建筑具有官宦府第风格，曾作为《如懿传》等多部古装影视作品拍摄地。

榜眼府第位于木渎市河（胥江）南岸，坐南朝北面河，现整个宅园占地近6 700平方米，主要有前宅和后花园两大部分。前宅部分有建筑3进：第一进门厅，3间硬山顶建筑，哺鸡脊；其南门为砖雕门楼，有题额"鸣凤在林"，署款"庚寅夏日""琴涵董国华"。此"庚寅"，当为清道光十年（1830）。董国华（1773—1850），字荣若、琴涵，号琴南，吴县人。清嘉庆十三年（1808）进士，官至广东雷琼道，致仕归，曾任云间书院、紫阳书院讲习。第二进大厅"显志堂"，面阔3间，内4界，前后设轩，雕栋画梁。正间上悬冯桂芬自题"显志堂"匾额，柱联"涧流浚多生我禾稼，泽皋之上来观柘桑"亦为冯桂芬自撰并手书。大厅西侧院落有书房"校邠庐"，原为"荷花厅"，早已遭焚毁。现建筑为娄门郑氏"篮花厅"移建而来，因厅内步柱不落地，成倒挂垂莲短柱，柱端雕刻篮花，故称"篮花厅"。冯桂芬有政论代表作《校邠庐抗议》，以"校邠庐"为其书房名。第三进厅楼，3开间带2厢，正间堂上悬挂"芙蓉楼"匾额，堂中置一尊冯桂芬的青铜头像。原为冯桂芬家眷生活起居住楼，现为冯桂芬生平事迹陈列室。楼厅前有一砖雕门楼，题额"通德高风"，署款"嘉庆春日""芝轩潘世恩"。潘世恩（1769—1854），字槐堂，一作槐庭，号芝轩，清乾隆五十八年（1793）状元，历乾隆、嘉庆、道光、咸丰四朝为官，位至武英殿大学士、上书房总师傅、太子太傅。"芙蓉楼"西侧为书楼"怀铅提椠"（藏书楼），楼下亦为"篮花厅"，与"校邠庐"（篮花厅）一南一北相对。第二进与第三进之间，两侧均有长廊，东侧长廊内壁，嵌有石刻清乾隆间徐扬《盛世滋生图》（《姑苏繁华图》）长卷，分刻在8块长1.2米、高0.7米的灵岩山砚石上，堪称木渎民间雕刻艺术家杰作。

后花园在冯桂芬故居原后园遗址上修建，以荷池为中心，环布"邀月招云"水榭及曲廊、凉亭、黄石假山、石板桥等。

1999年5月10日被列为吴县市文物保护单位。2019年3月被列为江苏省文物保护单位。

## 163　熙馀草堂

位于相城区黄埭镇西市，系乡绅朱福熙祖宅。占地 1 279.58 平方米。堂名"熙馀"具有双重含义：一是取《尚书·尧典》"庶绩咸熙"；二是屋主名"福熙"，取"福乐有余"之意。

始建于清道光三十年（1850），坐北面南，南沿街，临市河。2 路 4 进带后花园，右路纵轴一线依次有门厅、前厅、正厅、门楼、后楼。左路有书房、花厅、附房等建筑。两路之间用备弄相连。正厅面积 111.30 平方米，面阔 3 间 10.6 米，通进深 10.5 米，厅内设前轩，其承重及部分木构件雕饰莲枝、牡丹等图案。厅堂正中所挂匾上蓝底金字"熙馀草堂"，为著名书法家余觉所书。厅前庭院中，左植广玉兰 1 株，右植枇杷树 1 株，有"金玉满堂"之意。民国年间，朱福熙翻建了东路，东面花厅的屋幔四周镶嵌五色玻璃窗格，厅堂高敞，具有民国中西合璧的风格。

朱福熙，字少台。民国年间，曾任黄埭公益事务所（乡公所）的乡董，黄埭商团的董事。担任过《黄埭志》的主修和《吴县志》的采访员，并创办埭川初等小学校、国民小学校，造福桑梓，颇有作为，民国《黄埭志》（卷三）有载。

自 1953 年冬到 1989 年夏，熙余草堂一直是黄埭区、人民公社、乡政府的驻所。1989 年被辟为黄埭文化活动场所。

1999 年黄埭镇人民政府，吴县市文物管理委员会出资，整修了熙余草堂建筑群，重点翻建了大门厅，修缮了两座门楼。经过装修的建筑，其建筑结构仍保持原貌。20 世纪 80 年代吴县文管会编《吴县文物精华》，全文收录了朱恶紫先生的《熙馀草堂》全篇。1986 年被列为吴县文物保护单位。2009 年被列为苏州市文物保护单位。现为黄埭镇文化站和文体中心使用。

## 164　嘉靖堂

位于相城区黄埭镇西。实体今已不存。民国《吴县志》（卷三十九）载："嘉靖堂在黄埭镇西，顾朝周所筑。祝允明有记。"据祝允明《嘉靖堂记》可知，嘉靖堂的具体位置位于姑苏区北郭 20 里许，黄埭之西，漕湖之南，逍遥河之旁。祝记对堂名嘉靖亦有详细阐发："君署之曰嘉靖，且属予记。夫嘉，美也；靖，安也。《书》曰嘉靖殷邦。斯堂则诚美且安。本此以署之，固甚宜然。堂以嘉靖宜人，人则宜之，宜而不法之则不尽人。不尽人，人且不能为堂宜，故欲宜者在法。今夫堂之为嘉靖者，以其高也，法之以高吾志；以广也，法之以广吾度；以深也，法之以深吾思；以庄直也，法之以庄直吾心；以彊干也，法之以彊干吾行；以虚明也，法之以虚明吾气；以群材小大不遗位置有定也，法之以周吾百行而有恒。每法之而居焉，以睦宗族，以树纲纪，以施条目，以勤作息，以饬威仪，则罔不美以安矣。"该建筑规模阔大，祝记亦有生动描写："门巷舒邃，垣芜宽雅。崇堂中建，无雕绩之繁缛，而宏敞靓深，庄秩矗章。言言如也，于于如也。登之者耳目朗洁，意气甯谧，有以消朴鄙，而涤喧烦焉。"

顾朝周为祝允明的朋友，家居黄埭。生平事迹已无考。

## 165　有竹居

位于相城区阳澄湖镇沈周村西宅里。实体今已不存。建于明代，是沈周的书室兼画房，也是接待文友宾客之所。远以虞山景色为衬，近叠石小泉，流水涓涓，特别是莳竹千竿，爱竹如玉，故名有竹居。明王鏊《石田先生墓志铭》称："其别业名有竹居，每黎明，门未辟，舟已塞乎其港矣。先生固喜客，至则相与谑笑咏歌，出古图书器物，摸抚品题，酬对终日不厌。间以事入城，必择地之僻隩者潜矣。好事者已物色之，比至则屦满乎其户外矣。"沈周本人亦有《奉和陶庵世父留题有竹别业韵六首》，其一云："旧宅西来无一里，别成农屋傍长川。真堪习静如方外，虽可为家尚客边。赁地旋添栽秫垄，凿池新濬沤麻泉。北窗最爱虞山色，也似香炉生紫烟。"其五云："比屋千竿见高竹，当门一曲抱清川。鸥群浩荡飞江表，鼠辈纵横到枕边。弱有添丁堪应户，勤无阿对可知泉。春来有喜将于耜，自作朝云与暮烟。"可见有竹居所在位置、环境以及作者日常之淡泊生活。

民国《相城小志》（卷二）载："有竹居在西宅里沈周画室，明季李东阳有诗，沈氏宝堂在东宅里，沈周子云鸿所居，文徵明有记。"明代与沈周交往士绅文士为有竹居赋诗者甚多，如吴宽《过沈周有竹别业》："系舟高柳下，又是十年余。遥踏无梅迳，重寻有竹居。笔精知宋画，器古鉴商书。前辈题名在，风流渺不如。"李东阳《和石田韵》："幽人住在竹深处，种有青田濯有川。欹耳夜声来枕上，卷帘秋色到床边。诗翁爱咏涓涓雨，稚子愁分袅袅泉。我向北方空煮箦，几时还共剧春烟？"

沈周长子沈云鸿居东宅里。沈云鸿，字维时。尤精古物、书画赏鉴。现西宅里、东宅里都属于沈周村，故居早已湮灭。

## 166　邓邦述故居

位于姑苏区侍其巷38号。邓邦述（1868—1939），字正闇，号孝先，别号沤梦老人、群碧居士。江宁（今南京）人。祖籍吴县洞庭东山。清光绪二十五年（1899）进士，授翰林院编修。二十七年（1901）为湖北巡抚端方幕僚。三十年（1904）奉命出国考察，回国后居住北京。他受端方影响，喜欢收藏。在京期间，不惜高价搜购善本，搜得宋元刊本、抄本达万余卷。后任吉林民政使，不久即弃官。1921年定居苏州，他将剩余的钱全部买书。家有藏书三万八千余卷。他有两部唐代的珍贵古籍，一为李群玉撰的《群玉诗集》，一为李中撰的《碧云集》，系宋版古籍，并有文徵明、徐乾学的收藏印章，故书斋取名为"群碧楼"。邓邦述为著名藏书家，《苏州民国艺文志》有传。

故居坐北朝南，分东、西两路，东路4进，中间以天井相分隔，前3进为平房，第一进早已拆除，第四进为2层楼房。西路南端为庭院，有湖石假山。其后3进均为2层楼。全部房屋为立贴式木结构。现被列为苏州市控保单位。

## 167　沈飚民故居

位于姑苏区富郎中巷德寿坊3号。为辛亥革命元老、民主革命家沈飚民故居。富巷中巷原名德寿坊，北宋时贤臣刑部郎中富严居此，为表彰其德，故名德寿坊。南宋时，又取论语"富而好礼"之义，改名好礼坊，但民间已称作富郎中巷了（范成大《吴郡志》有"好礼坊，富郎中巷"语）。1925年，富郎中巷东侧建起了一座里弄式住宅楼，坊名和宅名一体，即称德寿坊。德寿坊占地2 062平方米，建筑面积1 274平方米，整个住宅建筑坐南朝北，以长约50米的弄堂分隔成东、西两部分。东部前后3进，南面2进为楼房，最北1进为平房，平房东侧留有广约亩许的庭院。西部为传统建筑3进，依次为大厅、楼厅和平房。楼厅原为沈瓞民的起居室和书房"自得斋"。

沈瓞民（1878—1969），名祖绵，字瓞民、迪民。浙江钱塘（今杭州）人。幼承家学，及长，入浙江大学堂，留学日本后归上海，创办"时宜学塾""识字处"，宣传救国思想。戊戌变法失败后，遭清政府通缉，曾先后8次东渡日本，在日本广交革命志士，与孙中山、章太炎、陶成章、黄兴等交往，筹组光复会，参加同盟会，立志反清。辛亥革命后，先后任浙江都督府秘书，上虞民事长、宁波民事长。后参加反对袁世凯窃国的"二次革命"，失败后，再次流亡日本。袁世凯死后，沈瓞民才回到中国，在山东、山西、江西等地勘察煤矿。1921年起定居苏州，先是赁居于镇抚司前张宅。1933年，购得德寿坊住宅楼，在宅内建藏书楼，名"自得斋"。沈瓞民定居苏州后，潜心著述，一度在章氏国学会担任特约讲习。抗战期间，积极从事抗日活动。中华人民共和国成立后，任江苏省政协委员、苏州市政协委员，并被聘为中国社会科学院历史研究所特约研究员。沈瓞民长期研究《易经》，著有《三易新论》，在哲学、文学、史学、古地理学、经学等方面均有专著。1969年病逝于寓所。沈瓞民之子沈延国（1914—1985），字子玄，从小承继家学，并师从国学大师章太炎，受其教益，同时任章氏民国学会讲师。1940年，协助章太炎夫人汤国梨，在上海筹建"太炎文学院"，任教务长。抗战胜利后，任职光华大学，并协助父亲在新四军地下组织长江商行工作。中华人民共和国成立后，继续从事教育事业。1972年退休回到德寿坊3号故居，致力于古籍整理，著有《新编吕氏春秋集辑》《邓析子集证》，并编校《章太炎全集》等。

## 168 章太炎故居

位于姑苏区体育场路17号（原宋衙弄），后门为锦帆路8号。原后门为现前门。

章太炎（1869—1936），名炳麟，一名绛，字枚叔，号太炎。浙江余姚人。近代民主革命家、思想家和著名学者。早年参加维新运动，曾任《时务报》撰述和《经世报》编辑。1900年剪辫绝清，立志革命。与蔡元培共组中国教育会，设立爱国学社，倡导革命。未几，因《苏报》案被捕入狱。出狱后，被同盟会迎至日本，主编《民报》。1911年上海光复后回国。南京临时政府成立，任总统府枢密顾问，后为袁世凯禁锢，袁死后获释。1917年参加护法运动，任护法军政府秘书长。"九一八"事变后访问张学良，主张抗日救国。晚年寓居苏州讲学，在后园兴建校舍一座，举办章氏国学讲习会，各地学生闻风而来，听者近500人，寄宿者100余人。他长期从事学术研究，著有《章氏丛书》《章氏丛书丛编》《章氏丛书三编》等。夫人汤国梨（1883—1980），字志莹，号影观，诗人，著有《影观诗稿》《影观词稿》。

故居为前后两幢西式二层楼房，分别为章太炎著述、藏书、会客和合家居住之处。数十年来几经转手，后为机关使用，建筑尚完整。20世纪70年代在原2层上各加1层。北部章氏国学讲习所已不复存在，改建平房5间，为章氏后人所居。2011年被列入江苏省文物保护单位。

### 169　袁学澜故居

位于姑苏区官太尉桥15—17号。清咸丰二年（1852），诗人袁学澜购得卢氏旧宅，营造住宅花园，因近双塔寺，故名"双塔影院"。宣统《吴县志稿》云："双塔影院，在官太尉桥西，诸生袁学澜居此，自为记。"民国《吴县志》载："袁学澜，字文绮，元静春居士易后，世居尹山乡袁村，家素丰，独溺苦于学，从吴江殷寿彭学，能诗，搆静春别墅，更字春巢。"袁学澜（1804—1879），字文绮，号春巢。吴县人。诸生。袁氏在此故居住了40余年，著有《姑苏竹枝诗百首》《吴郡岁华纪丽》《苏台揽胜百咏》等。现代诗人袁水拍（1916—1982）是其玄孙，著有《沸腾的岁月》《江南进行曲》《马凡陀的山歌》等。

故居坐东朝西，面官太尉河。原有临街门厅，因拓宽街道而被拆除。现占地4亩余，建筑面积3 276平方米。分南、北两路。南路为官太尉桥15号，第一进为轿厅，第二进为客厅，第三进为堂楼，为家庭成员起居生活之内宅。北路为官太尉桥17号。现存3开间正房4进。第一进是轿厅，第二进是客厅，第三、第四进均是堂楼。另有1座更楼、1座花篮厅。更楼高3层，为全园宅之最高点。花篮厅是书房，前庭后园颇为雅致，为袁学澜会聚诗友、写作谈艺之所。故居有6座砖雕门楼，其中2座为老砖门雕，一曰"云开春晓"，一曰"克勤克俭"，皆极精湛。余4座皆新建。

袁学澜谢世后，宅屡易其主。20世纪末散为民居，有60余户住家，房屋日渐颓败。1982年，苏州市政府核定"双塔影院"为控保建筑。1995年实施街坊改造，动迁住户，清除搭建，由沧浪区房产公司负责复古修缮，浚池叠石，莳花植木，历时3载，使宅第为之生辉。现为吴都学会使用。2003年被列入苏州市控制保护建筑。

### 170　李根源故居

位于姑苏区葑门内十全街111号。又名"阙园""曲石精庐"。李根源（1879—1965），字印泉，云南腾冲人。早年追随孙中山革命，与蔡锷等人举兵起义，领导云南光复。黎元洪当总统时，曾出任陕西省省长、国务院总理等职。1923年定居苏州。因他母亲姓阙，故名"阙园"。李根源在苏州期间，曾踏访苏州历史古迹，著有《吴郡西山访古记》，参与纂修《吴县志》等，对保护文物古迹做出很大的贡献。

故居原为园林旧宅。李根源购得后进行了修葺整理，有门屋、客厅、起居楼、书房和后庭园。起居楼为中西式3层楼房，旁有李根源手植的桂树2棵、广玉兰树1棵，含意"金玉满堂"。后庭园约200平方米，有池塘，架九曲飞虹，建六角亭，十分雅趣。附有"九保全"井，为李根源手书并由匠人刻于井栏。旁立于右任手书"阙园"石碑。园内湖石假山错落有致，树木花草，姹紫嫣红，景色宜人。园内有数百棵桃树。阙园建成后，章太炎、金松岑、张一麐等经常来此谈文论艺，纵谈世事。1977年，苏州饭店因基建需要，拆去了阙园的围墙、亭子，填没了池塘。现尚存起居楼。1982年被列为苏州市文物保护单位。

## 171　彭启丰故居

亦即彭定求故居,旧称"南畇草堂"。位于姑苏区葑门内十全街67号。彭启丰(1701—1784),字翰文,号芝庭,晚号"香山老人"。长洲(今苏州)人。清雍正五年(1727)状元。历任河南、云南、江西、山东、浙江、顺天等乡试副、主考官;官至兵部尚书。因他"学问尚优,办事本非所长",清乾隆三十三年(1768)皇帝下诏:"着以原品休致。"即退休回乡。彭启丰少年时即以诗文名闻吴中,著有《芝庭文稿》《芝庭诗稿》等。其祖父彭定求,清康熙十五年(1676)状元。世称"祖孙状元"。

彭启丰故居

彭定求(1645—1719),字勤止,号访濂、止庵,晚号"南畇老人",学者称"南畇先生"。清康熙十五年状元,授翰林院修撰。历任日讲起居注、国子监司业、翰林侍讲官等。曾充纂两朝《圣训》,后退隐在家。康熙四十四年(1705),康熙帝南巡到苏州,赐彭定求"御书",并命他出任《全唐诗》总裁。他一生著作甚丰,有《学易纂录》《儒门法语》《南畇文稿》《南畇诗集》等。彭家在有清一代,共出了2名状元、1名探花、14名进士、31名举人、7名副榜,贡生多达130余名,真是人才辈出,不愧为"葑门第一家"了。

彭家宅第,从彭定求开始建造,彭启丰续建。其范围西至相王弄,南接南园,北傍十全街,占地约5 500平方米。府第仿苏州园林式建筑,规模甚大。计有3落7进,有轿厅、前厅、客厅、楼台、书斋、庭院等。垒有假山,挖有池塘,架有曲桥,建有亭榭,植有花草名木,安排合理,建筑精致,豪华大方。据记载,有"兰陔堂""环荫室""含清阁""幔仙阁""延绿轩"等诸景,时称"南畇草堂"。清雍正、乾隆两朝皇帝均赐予墨宝,雍正赐予"东涧野泉添碧沼,南园夜雨长秋蔬"对联,乾隆赐予"慈竹春晖"匾。门口立有多对旗杆石,文官至此出轿,武官至此下马,当时称为"尚书府第""葑门彭家"。2001年已被列为苏州市区控制保护建筑。

彭家的房屋,后散为民居,称"尚书里"。原有的5进房屋,近年得到全面整修。现存1路门厅、轿厅、大厅、楼厅等4进。大厅面阔3间11米,进深6檩8.4米,扁作梁。2003年被列为苏州市控制保护建筑。

## 172　金城新村

位于姑苏区五卅路。原系金城银行于20世纪30年代中期建造的高级职员住宅群,故名。现占地面积3 700余平方米,建筑面积6 400平方米,由10余幢单体建筑组成,均为砖木混合结构西式两层楼,立面简洁,线条平直,造型朴实无华。每幢建筑面积大的600平方米,中者280平方米,小的180平方米不等,均为单独门户,有卧室、起居室、浴室、厕所等,室内布局合理，设施完毕，功能齐全。这一新村住宅与里弄式住宅的区别，在于建筑群总平面布局比较松散，各幢自成建筑群中的一个独立体，楼间有小块绿地，树木掩映，环境清幽，是20世纪30年代苏州建造的新式住宅中具有独特风格的一处高标准住宅建筑群。1949年5月，中国人民解放军第三野战军曾设解放上海战役指挥部于此。中华人民共和国成立后，一段时期内成为中共苏州市委机关所在地，现为苏州市多个民主党派机关所在，苏州市方志馆也设于其中。1991年被列为苏州市文物保护单位。

### 173　沈德潜故居

位于姑苏区带城桥路阔家头巷，又名教忠堂，因沈德潜居住此地而得名。沈德潜故居坐北向南，原3路5进，东有园，西有花厅等，今仅存中路3进及照壁、东备弄，占地约540平方米，门厅面阔3间，进深7界，扁作梁，后船篷轩。原轿厅已被毁，现为移建，面阔3间，进深7界，前船篷轩，扁作雕花四界梁。大厅"教忠堂"，面阔3间10.8米，进深8界11.6米，南有廊，施船篷轩。梁架扁作，有荷叶凳，山雾云雕云鹤，楠木步柱。系清代早期建筑。大厅内的黄柏木雕明清名人书画屏门，系自铁瓶巷任宅移来。

沈德潜故居

沈德潜（1673—1769），字确士，号归愚，长洲（今苏州）人，自幼聪颖，擅诗文，早年即有令名。但参加乡试17次，均告落第。清乾隆三年（1738）中举，次年进士及第，时年已67岁了，被清高宗称为"江南老名士"，累官至内阁学士、礼部侍郎，颇受宠用。清乾隆十四年（1749），以年老致仕，先居木渎，后迁城内。曾任紫阳书院山长。先后曾4次接驾迎銮，并随同乾隆帝南巡浙江，加太子太傅、礼部尚书衔，卒赠太子太师，谥文悫，备极哀荣。卒后10年，受东台已故举人徐述夔《一柱楼诗集》案牵连，被追夺赠官，罢祠削谥，仆其墓碑。沈德潜以论诗、选诗闻名，著有《沈归愚诗文全集》《古诗源》《唐宋八家文》《唐诗别裁集》《明诗别裁集》《清诗别裁集》等。

沈德潜故居1994年得到整修，1998年被列为苏州市文物保护单位。

### 174　叶楚伧故居

位于姑苏区锦帆路皇废基。叶楚伧（1886—1946），苏州吴县周庄（今属昆山）人，原名宗源，字卓书，改字楚伧，以字行。国民党元老，曾任国民党中央常委、宣传部部长、上海市市长等职。故居建于20世纪20年代，为德国式建筑，南向，占地约540平方米。主楼为青砖外墙，2层。青瓦四落水坡顶，面阔3间，顶层中间开老虎窗。楼前部有廊，叠柱式做法，上下各立4根罗马柱。楼四周转角以花岗岩块石贴面。正面安中式门窗，已有改动。室内铺外国产地砖。2004年被列为苏州市文物保护单位。

### 175　钱大钧故居

位于姑苏区平门内人民路2211号、2213号、2215号。因近平门桥，称"平门钱氏别墅"。钱大钧（1893—1982），字慕尹。吴县人。早年积极参加反清倒袁斗争。1917年，选送日本士官学校深造。毕业回国后，曾参与筹建黄埔军校，并任总教官、参谋处处长。后任过师长、军长等职。1936年1月，蒋介石成立军委会委员长侍从室，下设两个处，钱大钧任第一处主任兼侍卫长，主管总务、参谋和警卫工作。因常年担任蒋介石的高级幕僚，与何应钦、顾祝同、蒋鼎文、陈诚、陈继承、刘峙、张治中一起，被称为蒋介石的"八大金刚"。1945年8月，钱大钧任上海市市长兼淞沪警备司令。1949年12月从海南岛去台湾。有《钱大钧上将八十自传》单行本传世。

别墅建于1928年。钱大钧接受西方国家的思想观念和生活方式，因此，其所建宅第也有西欧风味。故居为砖混结构的海式楼房，分为两个相对独立的群落。西侧一幢为单体建筑，坐西朝东，2层楼。清水砖扁砌外墙，黑洋瓦坡顶，其风格有些"怪异"。处墙立面，呈不规则状。北立面中间凸出一块长方形；南立面凸出一块梯形，涡卷花纹。大门前的台阶采用金山石。3扇并列的木门1大2小，镶嵌玻璃。客厅铺地为小方块状的马赛克，系从美国进口。东面一幢为体量颇大的联排别墅，楼为砖混结构的2层

钱大钧故居

海派洋房，洋瓦坡顶，黑砖扁砌外墙，其排列方式也很奇特。坐北朝南前后连接3幢，每幢面宽5间带2厢，每幢南北两端山墙高出屋檐，线条柔和。整座联排别墅呈长条状车厢式排列。地面铺有菱形图案马赛克，也是从美国进口的。中华人民共和国成立后，曾为学校使用。2003年被列入苏州市控制保护建筑。

### 176　吴云故居

位于姑苏区金太史场4号（正门）、庆元坊12号（边门）。吴云（1811—1883），字少甫，号平斋，晚号退楼。浙江归安（今湖州）人。早年致力于学，但屡试不第。清道光二十四年（1844）以通判分发江苏，后任苏州知府。他精通书法，工画山水，又精于金石考据之学，著有《古官私印考》《华山碑考》等。

在苏州期间，吴云在金太史场购筑宅园。坐北朝南，分东西两部分，左右并列，各有大门。园内有听枫山馆、两罍轩、待霜亭、适然亭、墨香阁等。西宅现存1路3进：门厅、轿厅、大厅；东宅南部建筑已有改建，北部听枫园，保持完整。

现在的听枫园，正门在庆元坊，边门在韩家巷。总建筑面积1 082平方米。正门朝东偏北。石库门上方有砖额"听枫园"。两扇对开黑漆大门。入门厅，方砖铺地，宫灯高悬。主厅听枫山馆（原名听枫仙馆）居园之中心，南北各有庭园一区。北庭园内随石铺地，湖石错落有致，花木蓊郁婀娜。庭园沿墙一组建筑名"平斋"，为昔日园主吴云的书斋，现被改为茶室，可在此休憩品茗。庭园右侧一泓碧波，环以嶙峋湖石。月洞门边有一条长廊，中间有半亭，步石级而上，名"适然亭"。粉墙上嵌一方书条石，镌刻《听枫园重修记》。

吴云故居

吴云卒后，园渐荒废。清宣统二年（1910），词人朱祖谋曾寓居此园。1928年，园归陈氏，曾获修治。中华人民共和国建立后，曾先后为教师进修学校、第二中学、评弹研究室、评弹团使用。1983年，园中单位与住户迁出，由苏州市文化局动工整修。现为苏州国画院管理、使用。1982年，听枫园被列为苏州市文物保护单位，2006年被列为江苏省文物保护单位。

## 177 吴梅故居

位于姑苏区蒲林巷35-1号，后门为双林巷33号。吴梅（1884—1939），字瞿安，晚号霜厓。长洲（今苏州）人。一生从事词曲教学研究，尤谙音律，精词曲，为一代曲学大师。著作甚丰，有《中国戏曲概论》《风学通论》《霜厓曲录》《霜厓三剧》等。

吴梅故居占地535平方米，建筑面积731平方米，南向，门偏东。入门折西为楼厅与厢楼组成的三合院。自厅东首小门可导至书楼"奢摩他室"，宽1间，深5檩，前后辟天井。楼厅北有堂楼，面阔5间、16.8米，进深8檩8.5米，扁作梁架。楼下设雀宿檐和一枝香鹤颈轩。楼层东部辟藏书室和"奢摩他室"及"百嘉室"。楼前石板铺地，凿水井两口。院南石库墙门上嵌砖额"乐居安天"4字，为清宣统元年（1909）吴梅自题。堂楼后一排平屋为厨房。其东西墙脚砌有"吴宅"界石。1998年被列为苏州市文物保护单位。

## 178 吴待秋故居

位于姑苏区装驾桥巷34号，名"残粒园"。园名取自唐代诗人杜甫"红豆啄残鹦鹉粒"句意。原为扬州某盐商所得，1929年归画家吴待秋所有。吴待秋（1878—1949），名征，字待秋，别署春晖外史、括苍亭友等。浙江石门（今桐乡）人。1931年起定居苏州。师从吴昌硕学花卉，得其神韵。应荣宝斋之邀，画了不少梅花笺，受到鲁迅的赞赏。与吴湖帆、吴子深、冯超然一起被誉为"三吴一冯"。日本画家见到他与吴昌硕合作的墨笔花卉，大为惊叹，曰"天下大手笔，毕竟属吴中"。一生创作甚多，出版画集有《吴待秋画稿》（第一、第二册）、《吴待秋山水册》及《吴待秋花卉册》等。后故居由其子、画家吴救木居住。

故居建于清光绪十年（1884）前后，占地面积 2 380 平方米，坐北朝南。可分为中、东、西 3 路，以中路为主，依次有门厅、轿厅、大厅、楼厅、堂楼。大厅名"春谷堂"，面阔 3 间。楼厅和堂楼前各有东、西厢房，东偏各接 1 间书房。楼厅前有清光绪十年翰林吴大衡题额"庆既令居"的砖墙门与之相对。西路有卷棚式旱船，额"来鹭草堂"。东路建筑布局自然，疏密有致。南部有一西式平房，木构部分全用欧洲产红木制作，是当年吴待秋画室及卧室、会客室，其南小院植日本红枫。北依花园，环境静谧幽雅。花园在东路中部，先名东园，后名残粒园。园小而精致，在苏州小型宅园中具有代表性，受到现代园林艺术家陈从周的赞赏。1998 年被列为苏州市文物保护单位。

### 179　艾步蟾故居

位于姑苏区萧家巷 15 号。艾步蟾（1854—1933），苏州人。少年师从李璞仁学医，学成后，于清光绪六年（1880）在此处开业。因医术高明，求治者日众，声名鹊起，尤其善治伤寒，成为吴中名医之一。1921 年，任吴县医学会副会长。1927 年，当选为苏州中医协会执行委员。行医 50 余年，救人无数。其门生弟子甚多，其中学生王逢春去北京开业，后被列为"京城四大名医"之一。

艾步蟾故居始建于清末，2 路 3 进，北向。正路为门厅、大厅、楼厅；西路为花厅和书房。花厅为卷棚顶。院中有假山。因年久失修，现岌岌可危，部分建筑已坍塌。2003 年被列为苏州市控制保护建筑。

### 180　吴钟骏故居

位于姑苏区潘儒巷 79—81 号。吴钟骏（1799—1853），字吹声，号崧甫，吴县人。出身于书香门第，智能超常，博闻强记。清道光十二年（1832）状元。授翰林院修撰，历官礼部左、右侍郎。曾两次主典乡试，四次提督学政。清咸丰三年（1853）病逝于福建任上。

吴钟骏故居占地面积 1 809 平方米，5 进 8 开间。1924 年，吴家后裔"吴阿憨"将房产卖给伤科医师闵采臣，故又称闵采臣宅。1938 年，为缪澄江所住。中华人民共和国成立后，房屋为公管，门前第一进为吴县丝织厂驻苏办事处，余为民居。1958 年被改为吴县丝织厂厂房。现尚留砖雕门楼方砖砌墙，有"麒麟送子"图案，以及"刘海戏金蟾"砖雕图案、"五福捧寿"滴水瓦当。1983 年被列为苏州市控制保护古建筑。现为民居。2003 年被列为苏州市控制保护建筑。

### 181　洪钧故居

位于姑苏区悬桥巷 27 号、29 号、31 号。洪钧（1839—1893），字陶士，号文卿，吴县人。清同治七年（1863）状元，授翰林院修撰。出督湖北学政，参与编修咸丰朝《实录》，赐花翎四品衔。嗣后曾任顺天府乡试同考官，历典陕西、山东乡试。后历任右春坊、右庶子、左庶子、翰林院侍讲学士等。清光绪九年（1883），迁升詹事府詹事，内阁学士，兼礼部侍郎。他先后出使俄、德、荷、奥等国，是清代著名的外交官。光绪十六年（1890），晋升兵部左侍郎，总理各国事务衙门行走。他娶名妓赛金花（原名赵彩云、傅彩云）为妾，并带她出使外国，人称"公使夫人"。共同生活了约6年时间。清末四大谴责小说之一《孽海花》，即以他俩为原型演绎而成。

洪钧故居于光绪十七年（1891），洪钧出使回国后所造。占地面积约3 000平方米。坐北朝南，东西2路7进。西路是主线，前有照壁。墙面亦有照壁相对，入内依次为轿厅、花厅，花厅前原有旱船、亭子、假山、桂树，现已无存。第四进大厅已被拆除，厅后2进为堂楼与上房，连接厢楼和旱桥，末进下房通后门。

后门即菉葭巷河（1958年填没）。原有廊桥，过桥即菉葭巷。东路与东路祠堂之间有避弄。东路有洪氏祠堂（桂荫义庄）。楼房和上房各1进，祠堂门厅、享堂3进，左右以两庑相接，作四合院布局，享堂面阔3间11米，进深8.6米，扁作梁架，前船棚轩，外檐施牌科，梁枋雕刻繁复，前对照壁。东次间壁上嵌有房地产执贴碑石1方。祠堂北，前为楼层3间，连东西两厢，其后还有上房1进。1998年被列为苏州市文物保护单位。

### 182　费仲琛故居

位于姑苏区桃花坞大街176号。原为费念慈所有，1923年归费仲琛，取名"宝易堂"。费仲琛（1883—1935），名树蔚，字仲琛，以字行。别号韦斋。吴江同里人，幼年随家迁居苏州。19岁考入复旦大学，后赴英国留学。曾任直隶知州，于天津入袁世凯幕府，后入京任邮传部员外郎兼理京汉铁路事。1914年，任北洋政府政事堂肃政使，直言劝阻袁世凯复辟帝制，不被采纳，于是拂袖南归。费仲琛回苏后积极从事公益事业，创办实业，为地方所尊重。他创办汇丰银行，以微利贷资赈救灾民。又创设信孚银行，任董事长。1924年，当选苏州总商会特别会董。苏浙齐卢军阀战争期间，与地方士绅张一麐、刘正康等人竭力斡旋，使苏州百姓免遭兵火之灾。费氏善诗词，常以诗会友。著有《费韦斋集》。

故居正对城内第一横河。大门是6扇排门，入排门便是门厅、轿厅（也称茶厅）。门厅与轿厅之间是天井。轿厅之后是大厅，面阔3间，扁作梁架，前置鹤胫轩和船棚轩，檐下置东西栏杆，回字花纹结构。厅内东、西两壁均有清水砖勒脚，大块金砖铺地，显得气派大方。庭前为砖雕门楼，线条简洁明快。门楼上署"光绪辛卯年"款。大厅后建有西式楼房1幢，为主人费仲琛的起居之所。大厅西侧前、后有两扇耳门，经耳门进入西路院落，内有弯曲的长廊，十分雅致。南北分别是书楼、花园半亭。书楼为上、下2层，楼下北面是花园，园中有水池，湖石堆岸，有山峰1座，下有山洞，入洞登石级而上山巅，可饱览园内景色。假山旁有1座半亭，坐在亭中可览池内游鱼。园内栽植芭蕉、修竹，生趣盎然。园虽不大，但布局不落俗套，很有诗情画意。眼下故居已年久失修，荒闲空闭。2003年被列为苏州市控制保护建筑。

### 183　潘奕藻故居

位于姑苏区临顿路西侧蒋庙前2号、4号、6号、8号、10号，作为苏州市控保建筑，现标在蒋庙前8号。称"存诚堂"，语本《易乾》"庸言之信，庸行之谨，闲邪存其诚"。又名潘太史府第，清代建筑。据考证，宅建于清咸丰年间（1851—1861），建筑宏伟，为坐北朝南的深宅大院。原正门在蒋庙前4号，大部散为民居，今遗有蒋庙前10号花篮厅，原名"存诚堂"，取《周易乾》的"闲存其诚"而名。原是一座5路5进木结构大宅，经陆续被拆改，已不成布局，现存厅堂6座，楼厅3座，门屋及下房10余间，其中翻轩、花篮厅，又称纱帽厅，富有特色，面阔3间9.4米，进深6檩7.8米，有鹤颈轩、船棚轩、垂篮等。蒋庙前6号鸳鸯厅，2进3开间亭院，厅前花园今为小型花圃等。

潘奕藻（1744—1815），字思质，号畏堂，苏州府吴县（今苏州）人，清乾隆四十九年（1784）甲辰科进士，主要任职于刑部，官至郎中。乾隆五十三年（1788）主持湖南乡试以后，即告病回乡，读书治学，优游林下，从事文物典籍的收藏和研究。潘奕藻熟娴法律，对冤案多有平反，天性俭朴，安之若素，而急人之急，千金弗惜。潘奕藻工书画，精诗文，在苏居家27年中，与兄奕隽、弟奕基，"琴尊山水，出入必偕，读书治学，优游林下"。著有《听雨楼诗稿》8卷。

潘奕藻所属潘家，即所谓"贵潘"，其父潘晃，乾隆年间曾为修行布政司理问，从此潘家开始进入家族文化发展旺盛时期，潘奕藻和其兄潘奕隽，先后考中进士，其弟潘奕基，也为杭州府庠生。侄儿潘世恩，也即潘奕基子，为乾隆五十八年（1793）状元，官至内阁学士、户部左侍郎等。另一位侄儿潘世璜、侄孙潘祖荫（潘世恩孙）均是探花及第，一门进士接连，翰林层出，仕途不绝。

### 184  潘奕隽故居

位于姑苏区人民路马医科36号、38号、40号，又称"躬厚堂"，语本《论语》"躬自厚而薄责于人"。坐北朝南，1983年《苏州市文物园林古建调查资料汇编》中有关现状特征记录为："（故居）二落五进，三间大厅结构完好，有轩，砖细门楼尚保存较好，乾隆年款。"现状与1986年记录的基本相同。整个古宅建筑朴实无华，正落第二进大厅前有门楼，额"庄敬日强"，清乾隆三十二年（1767）款，落款日期是潘奕隽考取进士的前两年，说明该年对故居进行了大修。第三进后厅面宽5间20米，进深9.5米，扁作梁架，木柱础，前设廊，建筑年代较早，是潘奕隽继承下来的潘家祖宅。东路有"三松堂"藏书楼，宅前墙脚尚存"躬厚堂"界碑石。

潘奕隽（1740—1830），字守愚，号榕皋，又号水云漫士、三松居士，晚号三松老人。是潘世恩的大伯父、潘奕藻之兄。乾隆三十四年（1769）进士，官至户部主事，但不久即辞官归里。回苏后，潘奕隽潜心研究书画、诗词，画工山水兰草，书则楷篆隶俱佳，写意花卉梅兰尤得天趣，诗跋隽妙。且藏书丰厚，著有《三松堂集》等。潘氏藏书从潘奕隽"三松堂"藏书算起，前后6代，传至第六代潘博山的"宝山楼"，共收藏图书典籍达30万卷。

### 185  许乃钊故居

位于姑苏区东北街138号、139号、140号、142号，今苏州市第六中学西侧范围内。许乃钊（1799—1878），清浙江钱塘（今杭州）人，字恂甫、贞恒，号信臣，晚号遂庵老人，清道光八年（1828）举人，十五年（1835）中进士，累官至江苏巡抚。许乃钊曾于清咸丰三年

（1853）任江苏巡抚，同治年间任吏部尚书。故居坐北朝南，占地面积4 700平方米，4路并列，正路5进，第三进为大厅，面阔3间13.5米，进深10.8米。扁作梁，无雕饰，前置船棚轩。青石鼓墩浅刻。厅前踏跺3级，院中广玉兰胸径达1米。后两进均为3间带2厢楼厅。西路以第二进花厅最精，前后船棚轩，扁作梁，雕花落地长窗。西边路楼厅前有清道光五年（1825）砖雕门楼。许乃钊兄许乃普，官至工部尚书，据考证也曾寓居于此。1983年被列为苏州市控制保护古建筑，1999年被改为民居。

### 186　方嘉谟故居

位于姑苏区临顿路悬桥巷45号、47号。坐北朝南，建于民国初，为西班牙风格小洋楼，假3层欧式别墅，红瓦屋顶，前有天井院落、门厅、廊，均已有改动。占地面积714平方米，建筑面积578.5平方米。方嘉谟是清末民初苏州有名的西医专家，与同在悬桥巷的著名中医专家钱伯煊齐名，且是校友。方嘉谟学习西医后，放弃了平江路旁钮家巷的方家祖宅，而在悬桥巷重新择地建屋，并且开办了西洋医院专门接待病人。整个建筑群坐北朝南，由悬桥巷一直通到菉葭巷。从保存的建筑形制大概可以推断出悬桥巷47号为其院落和其西洋医院的旧住院部，而悬桥巷45号则为方嘉谟住所及西花园。方嘉谟出资建造好悬桥巷45号住所及西花园后，就被日本人侵略占用，后被国民政府征用。20世纪50年代后散为民居。

方嘉谟故居

### 187　吴振声故居

位于姑苏区中街路西百花巷23号。吴振声，字华铺，苏州人，生卒年失考。民国时期苏州画家，工山水，世居桃花坞，祖上因经营酒业和漆业致富。吴振声有弟兄4人，与其兄吴子深（华源）、兄吴秉彝（华德）、弟吴似兰（华馨）均为苏沪一带的著名画家。尤其是吴子深，与吴湖帆、吴待秋、冯超然齐名，世称"三吴一冯"，在当时中国画坛上影响巨大。西百花巷旧宅为吴氏自行设计，由"香山帮"匠师姚子琴的姚琴记营造厂建造，民国二十年（1931）完工。为中西合璧建筑，清水砖外墙，中式飞檐屋顶，镂空屋脊，装修精致，门窗、石栏、外墙饰以各式雕花。2004年12月被列为苏州市文物保护单位。

### 188　荫庐

位于姑苏区景德路。荫庐是西式建筑与中式仿古园林结合的花园别墅。其地在清康熙年间

(1662—1722）是巡抚慕天颜宅园，人称慕家花园。几经易主后，东部于清乾隆间归尚书毕沅。而西部于清道光间（1821—1850）为道员黄国华所有，略加修葺，太平天国战事后变为茶肆。清宣统间（1909—1911）归刘氏，重修后名为遂园。池沼清旷，小桥曲折，奇石耸立。有容闲堂、绿天深处、养月亭、延秋台、映红轩、听雨山房、琴舫诸胜。前门在慕家花园弄，后门在景德路。民国初年曾被辟为游艺场。刘氏后人于民国二十年（1931）以2.1万银圆售与沪商吴涤尘。民国二十三年归洞庭东山叶氏，园经重修，北部建西式楼房，成为苏州当时设施最新式的私宅，取名荫庐。1937年"八一三"淞沪抗战时，一度被政府当局征用，后被占为日本领事馆。其后又被日本宪兵队用作监禁、刑讯、杀害抗日志士的秘密监狱。1958年下半年起，为苏州儿童医院所在地。主楼3间，外观具有欧洲罗马式建筑风格。正门东面，前廊排列高大挺拔的立柱4根，贯通第一、第二层，擎托第三层阳台。内部厅室宽敞明亮，扇面螺旋形楼梯和室内壁龛装饰精美。楼南紧临花园，现有面积1 400平方米，以水池为中心，周围有假山、曲桥、石舫、凉亭、喷水池、自流井等。1991年被列为苏州市文物保护单位。

### 189　盛宣怀故居

位于姑苏区西中市吴趋坊天库前。

盛宣怀（1844—1916），字杏生，号愚斋，武进（今常州）人，清末洋务派。曾创办和经办上海轮船招商局、华盛纺织总厂、中国电报局、北洋大学堂、汉阳铁厂、大冶铁矿、萍乡煤矿、芦汉铁路、中国通商银行等。苏州留园曾为盛康、盛宣怀父子所有。天库前故居曾为盛宣怀与小妾住所。前为电报局旧址，清光绪间盛宣怀主持开办的苏州电报局最早即设于此。故居坐北朝南，2路3进。正路为2进3开间楼厅，体量较大。东路前有附房，后有花园（已毁）及楼厅。2004年被列为苏州市文物保护单位。

### 190　毛啸岑旧居

位于吴江区黎里镇楼下浜25号，西面楼下浜，南接进士第。为中国农工民主党党史教育基地。

毛啸岑（1900—1976），黎里人，新南社社员，江苏省农工党创始人。1923年协助柳亚子创办《新黎里》报，宣传国民革命与孙中山三大政策，提倡新文化。1930年参加邓演达组织的"第三党"，并任省党部委员。抗日战争爆发后，在王绍鏊的帮助下，参加中共领导的抗日救亡运动。1939年8月，毛啸岑离沪赴香港从事情报工作。1941年，转赴重庆继续从事情报工作，并与友人合办保险公司。1946年，返回上海，由王绍鏊介绍在刘晓领导下做情报工作。同年12月，与叶景灏等创办由中共投资的上海中级信用信托公司，后改名为中信银行。1949年后先后担任中国通商银行公方代表、中国通商银行上海分行总经理、上海公私合营银行副经理，是上海市人大代表、政协委员。

毛啸岑旧居，原是黎里汝氏房产，始建于明代弘治年间。1923年10月毛啸岑完婚，与父母兄弟一起居住在黎里毛家弄老宅。4年后，购置了楼下浜汝家进士第后的一片房屋，在原址整修翻建，同汝家进士第隔断，自成院落，现被称为"毛啸岑旧居"。

2014年7月旧居内开设了陈列馆，布展总面积达200平方米，第一部分为旧居主楼，为2层建筑，一楼展示了毛啸岑旧居修缮过程、农工党中央已建成党史教育基地介绍等内容，并通过实物还原，再现了毛啸岑的书房"后审雨斋"；二楼展示农工党在江苏的早期革命活动概况，第二部分以毛啸岑个人生平展为主，全景式系统地介绍了毛啸岑的革命业绩。

### 191 东蔡宅

位于吴江区黎里镇东亭街东蔡家弄，黎里镇有东、西、南、北、中5条蔡家弄，弄内尚存蔡氏厅堂遗迹，南蔡家弄承裕堂，北蔡家弄执经堂，中蔡家弄德星堂，西蔡家荣肇堂，东蔡家弄正义堂。

建于清末，坐北朝南，面阔5开间，纵深达8进，面积1 787.69平方米，为典型的江南水乡乡绅居所。宅旁有备弄，长73米，宽1.6米，为黎里最宽的暗弄堂。此宅颇气派。第一进墙门5楼5底。第二进，平厅。第三进，楼厅，有砖雕门楼，额为"悬矩植规"，落款"沈同寿"。第四进，平屋。备弄是黎里最宽的暗弄堂，可以抬轿子进出。

蔡氏为黎里第八大姓，确立得最晚，迟至清嘉庆年间。根据《蔡氏支谱序》等资料可知，蔡氏本是北方望族，约在1523年，蔡槐（号湖隐）举家从德清迁至黎里。东蔡宅原房主蔡真（1900—1938），字冠雄，也作观邕，号石疆先生，室名拊焦桐馆。1929年出版过《拊焦桐馆印谱》。1925年，曾参加过南社。当时，黎里一度分为黎东镇和黎西镇，1929—1934年，蔡真曾出任黎东镇镇长。追随柳亚子。其诗文、书法均有所造诣，特别是篆刻，出版过印集《拊焦桐馆印存》上、下两册，由柳亚子、胡适、李根源、郑逸梅等人作序。

现存第一进墙门5楼5底；第二进平厅，原被用作饲料库房，现已撤出，东3间无人居住；第三进楼厅，有砖刻门楼；第四进平屋，私人已建新宅；第五、第六进，被拆除，建3层楼商品房；第七进已被拆除建民宅；第八进仅存部分建筑。东边有菜花楼，西边有桂花楼。备弄仅存50.9米。为苏州市控制保护建筑。

### 192 灵芬别馆

位于吴江区黎里镇芦墟社区袁家浜8—9号，俗称郭家场，建于清乾嘉年间。灵芬别馆，左为庞家弄，右侧为南袁家浜6号。灵芬馆原为郭麟所有，后归南社诗人夏应祥所有，改称灵芬别馆。

郭麟（1767—1831），字祥伯，号频迦，因右眉全白，又号白眉生，少有神童之目。一眉莹白如雪，举止不凡，姚鼐极称许之。为当时著名诗人，所作皆清婉颖异。著有《灵芬馆诗初集》4卷，《二集》10卷，《三集》4卷，《四集》12卷，《续集》8卷，《杂著》2卷，《杂著续编》4卷，《江行日记》1卷，《樗圃消夏录》3卷，《灵芬馆诗话》12卷，《续诗话》6卷，《蘅梦词》《浮眉楼词》《忏余绮语》各2卷等，与《清史列传》并行于世。

郭氏败落后，将灵芬馆卖给他人。1915年，南社社员夏钟麟从他人处购得，在原地基上建住宅。夏钟麟（1873—1954），字应祥，原名夏麐（与郭麐同名）。早在庚子之前，夏应祥就已经是秀才，南闱乡试连续两次不中，从此绝意仕途，在家设馆授徒。1915年，夏应祥在南袁家浜购下灵芬馆，在原基础上进行修建。灵芬别馆共有 5 进，第一进沿河为门厅，第二进为大厅，第三进为灵芬馆，第四、第五进为住宅。新宅落成后，当地名人沈昌眉、沈昌若前来庆贺，沈昌眉送了一副对联："此地是灵芬馆旧址，其人与玉樊堂同宗。"

南袁家浜是家乡前贤郭麐居住过的地方，玉樊堂是松江夏完淳的堂号，于是夏应祥就依据郭氏的灵芬馆，为自己的新宅取堂名灵芬别馆。夏应祥生性淡泊，心态平和，81 岁时安然离世。别馆与当年郭麟所植蜡梅尚存，为居民住宅。

### 193　三凤堂

位于吴江区黎里镇芦墟社区东南街 125—132 号，其门面店号名为沈裕昌。北面为百年老店施泰兴。南面汤家弄与沈氏跨家楼茂隆酱园相邻。三凤堂沈氏与茂隆沈氏两户沈氏大族合并为沈氏跨家楼。

堂为沈钰卿所建，祈盼三子均能成才。除一子夭折外，余皆成名。长子沈文杰是著名南社诗人，三子沈文倬乃国学名家。其孙沈立人是著名经济学家。堂共 4 进。民国时沈氏曾开设沈裕昌商店。

沈文杰（1881—1960），芦墟人，字龙圣，一作龙笙，19 岁得中秀才，在北平京都大学堂攻读法律。1926 年，北伐军到江苏，沈文杰出任建设厅主任秘书，代理建设厅厅长。1927 年后，从吴县地方法院推事升至最高法院推事。1956 年后定居苏州。沈文倬（1917—2009），字凤笙，曹元弼关门弟子，礼学宗师、著名经学家，浙江大学古籍研究所教授、中国古典文献学博士生导师，抗日战争时迁居苏州宝林寺前，被喻为"今世治礼经者之第一人"。沈立人（1927—2019），曾在苏州税务局、苏南财委和江苏省计委工作，曾任中国社科院经济所所长，其经济学著作获得孙冶方经济学奖，中国社科院优秀成果一等奖和江苏省哲学社会科学一、二等奖等多个奖项。

三凤堂现保存完好。宅内（内屋有弄堂）有多户居民和外来农民工居住。其门面开有生活杂货商店、棋牌室等。

### 194　流云馆

位于吴江区黎里镇芦墟袁家浜 15 号。东侧为石牌里梅家。西侧为詹家弄，现名袁家浜弄。馆以"流云"与"话雨"成对，寄慨人生。

流云馆共有 3 进，原为清乾嘉年间诗人、书画家徐涛（江庵）之"话雨楼"，后徐家败落，南社社员袁瀚清将此宅买了下来，经过了整修，成为袁氏住宅。袁瀚清（1884—1954），字镜涵，一字噤寒，号金南，早年在家坐馆，招收蒙童，赖以养家活口。民国后，到新式学堂任教师，住流云馆第三进 2 层楼房。

流云馆后为袁瀚清女婿、画家凌立如及其外孙凌怀品等居住。现尚存。

### 195　承裕堂

位于吴江区黎里镇南新街 70—72 号南蔡家弄内，建筑前后 6 进，第三进楼厅为"承裕堂"，面阔5间11.2米，进深8.4米，硬山顶。现尚存，为民居。堂名承裕，即承前裕后之谓，宋王应麟《三字经》有"光于前，裕于后"，为其所本。

承裕堂主人为黎里第八大姓蔡氏。由南社社员蔡寅所居。蔡寅（1873—1934），字冶民，别号壮怀。吴江黎里镇人。清光绪二十九年（1903），在上海参加中国教育会，光绪三十一年（1905），加入中国同盟会，结识孙中山、黄兴。辛亥革命前夕回国，初任浙江宁波地方检察厅检察官，旋即辞职。辛亥革命爆发，任临时大总统秘书。"二次革命"时担任代理江苏省都督，国民政府定都南京后，蔡寅出任浙江高等法院温州分院院长。

## 196　内省堂

位于吴江区黎里镇北库社区梅墩村。门楼南面是石街，东、西、北面均为民居。堂名典出《论语》"内省不疚，夫何忧何惧"。

原建筑共3进，现存最南的1进即内省堂。硬山头，九路头，石库门式墙门，砖雕门楼上雕有"绪绍东阳"，为书画家董其昌所书。正厅3间，耳房2间。建筑本体东西均长18.7米、南北均宽9.15米，为明万历年间北京监察御史山东籍李某所建。堂名"内省"，出自《论语·颜渊》："内省不疚，夫何忧何惧？"

堂后送给舅兄潘羹五，随后又转卖给柳氏，1949年后由村民居住。现内省堂保存尚可，正屋靠东屋脊坍塌。砖雕门楼结构开裂，"凤穿牡丹"已有破损，门额"绪绍东阳"勉强可辨认。内省堂现为苏州市控制保护建筑。

## 197　闻诗堂

位于吴江区黎里镇梨花街闻诗堂弄5号。坐北朝南，南朝黎花街道、河道，东傍商店，西临民居、杂货店，北处民居建筑群落中。

闻诗堂建于清道光年间（1821—1850），坐北朝南，其所在建筑有东、西两路，东路6进，西路7进，是一座较大的建筑群落。主体建筑"闻诗堂"（大厅）在西路第三进，面阔3间10.2米，进深11.4米，高6.88米，硬山顶；厅堂高轩、宽敞，青石鼓墩镂刻花纹，呈清初风格；梁施彩画，蠡壳长窗16扇，现基本保持了原有的框架。堂名出自《论语·季氏篇》："问一得三：闻诗，闻礼，又闻君子之远其子也。"

闻诗堂早年是黎里长田人殷寿彭（约1810—1872）、殷寿臻（约1812—1872）兄弟俩的住所，两人分别在15岁和16岁得中秀才，殷寿彭在道光十二年（1832）考中举人，8年后，进士试获二甲第一名。殷寿臻在道光十九年（1839）考中举人，5年后考中进士。其族叔一家常忆起殷氏兄弟俩读书的时光，于是将正厅更名为闻诗堂，将殷家弄更名为闻诗堂弄。

殷氏兄弟俩在闻诗堂读书，在弄东不远有黎里陈姓大户的双胞胎姐妹，姐姐名春凤，妹妹名雨凤。她们的奶妈本是殷家佣人的女儿，奶妈回殷家后，陈氏姐妹俩常来看望奶妈，常被殷氏兄弟俩琅琅读书声吸引，但不能相见。一年春节临近，殷氏兄弟俩在弄口为人写春联，于是陈氏姐妹俩在奶妈带领下，帮忙裁纸、磨墨，一来二去姐妹俩便对殷氏兄弟俩有了爱慕之心，常帮殷氏兄弟俩搜寻书籍，问寒送暖。但终因门不当户不对而未成眷属，兄弟俩铭记那春风化雨、润物无声的鼓励，将自己的诗文集取名为《春雨楼诗文集》。

今闻诗堂基本保持原有框架，为苏州市文物保护单位。

### 198　树萱堂

俗名新厅，位于吴江区黎里镇北厍社区老街中段北厍港北岸，背面为北厍办事处，正面靠居民柳建中新盖3层楼房。为柳宅"绿荫堂"的后续建筑，坐北朝南，东西宽19.5米、南北深9.6米，共5间，面积187.97平方米。上下2层，全砖木结构。堂名典出《诗经》"焉得谖草，言树之背"，寄寓孝道。

清代，分湖柳氏为避战乱，自浙江慈溪迁入，一支居东村，一支居北厍社区北厍港。其第11世孙柳昌霖，为清同治庚午科孝廉，建宅第，俗称柳家墙门，有堂楼亭台及花园，时称绿荫堂。1919年，柳昌霖次子柳文海于绿荫堂西侧重建新堂，柳文海为怀念母亲金氏，取名树萱堂，后人又称新厅。此宅后归柳书城所有。柳书城，字景明，号无痴。1942年日军在北厍扫荡，在此关押了被捕的平民两百多人，并将其全部杀戮于宅东北侧的荷花池内。柳书城父子及保姆也未逃过此厄运，命丧本宅。该宅便成为无主财产，后被当地政府接管使用。1949年后，用作北厍乡中心小学校舍，1958年被改为北厍公社中学校舍，1970年后相继改为北厍公社党委办公室、北厍公社食堂和北厍公社招待所。2000年年初，政府投资重修。2002年，被辟为"午梦堂陈列馆"。今为苏州市控制保护建筑。

午梦堂为明末崇祯年间工部主事叶绍袁居所的一个庭堂，位于汾湖北岸叶家埭村。时吴江汾湖叶氏是当地大族。叶绍袁与妻子沈宜修以及他俩生养的7男4女，形成了家族文学群体，陶醉在诗词唱和之中，并诞生出大量的诗词作品，这些作品后来收集在《午梦堂集》里。著名的社会活动家费孝通先生生前为午梦堂陈列馆题词："分湖诸叶，叶叶交辉。"楼下为图书馆，楼上为陈列馆，陈列有汾湖叶氏灿天下、满门风雅午梦堂、诗论大家叶横山等内容。现为苏州市控制保护建筑。

### 199　宁俭堂

又称唐家墙门，位于吴江区黎里镇芦墟社区西栅25号。

堂建于1912年，共6进。客堂名为"宁俭堂"，典出《论语》"礼，与其奢也，宁俭"。第一进跨街楼。第二进门楼上的砖雕刻工精美，花鸟虫鱼依稀可见，但已严重风化，上面刻有"勤俭囗声"4字。第三进楼上房间，为唐有烈卧室和"古敦室"书房。边上有条小弄堂，非常昏暗，走进去是一幢木楼。门楼是中西合璧的，西洋元素。第四进为大客堂即宁俭堂。第五进为后堂。第六进是花厅。

宁俭堂为南社社员唐有烈的住处。唐有烈，字九如，芦墟镇人，生卒年不详。自小爱好文学，喜欢作诗填词。民国年间赴北京朝阳大学学习，毕业后在水利部门工作。后又调到财政部，主持会计制度司，1949年后在财政部任秘书。20世纪50年代末定居上海。唐有烈曾将宁俭堂的3间平屋借与南社社员沈昌眉一家居住。

现除跨街楼不存外，其余5进均存。2017年起修复。

## 200　鸳鸯厅

位于吴江区黎里镇南新街46号。北面朝向街道和河道，东、西、南处民居建筑群落中。坐北朝南，共4进，面阔4间14.23米，进深17.65米，硬山顶。厅前仪门有门楼，鸳鸯厅在朝南第一进。厅为楼厅，双厅结构，故名。楼上楼下各8间。以落地雕花长窗隔成南、北两厅，楼下厅堂的木架梁上有木雕，雕刻精细，厅的中央用折板折成双厅。今为苏州市控制保护建筑。

建于清朝末年，原是沈氏私宅一部分。1972年，沈宅被改为吴江针织一厂厂房，仅存鸳鸯厅，余屋被拆建，2018年年初得到修缮。

## 201　德心堂

位于吴江区黎里镇中心街108号（原48号），中丁家弄。坐北朝南，面阔3间12米，进深14米，高大、宽敞，硬山顶。青石覆盆柱础，斗拱、纱帽翅梁架用料粗壮。堂名典出《诗经》"济济多士，克广德心"。

原为丁姓私宅，整个建筑为5开间，纵深6进，前3进、后3进分别建于清末和民国初。第一进在1983年被拆除，被改建为青砖小瓦、马头墙的沿街商住楼。今保存第三进、第六进及第二进小部分建筑，德心堂在第三进平厅。

20世纪50年代后，先后被用作镇手工业联社办公室、职工业余学校、俱乐部、镇鞋棉社（皮鞋厂）厂房、家具店仓库。后进为楼房兼两厢房，改作住宅。现对其的修缮及周边环境整治已基本完成。为苏州市控制保护建筑。

## 202　德芬堂

位于吴江区黎里镇中心街哺坊弄1号（东邱家弄内）。东邻柳亚子旧居，南面市河，西连敬承堂，邻夏家桥，西北向则处于古建筑民居群落中。邱宅纵深5进，初建于明永乐年间（1403—1424），乾隆二十三年（1758）邱玉麟对其进行了翻建，宅东西弄堂为东邱家弄（现名哺坊弄）和西邱家弄，为左右毗连的古建筑群落。第二进将两弄的厅连成双厅，东为德芬堂、西为敬承堂。"德芬"喻祖上德行高洁，德芬堂青石阶沿，覆盆柱础，梁架粗大，面阔3间11米，进深11.7米，高6.56米，硬山顶。弄后有五峰园，营建玉照峰、寻芳径、挂颊岩、梧荫桥、饯月廊、风轩、莲渚、竹坞、渔台、餐雪草堂10景。

邱玉麟（1725—1760），字书源。贡生，授布政司理问。邱玉麟3个儿子都有文才。长子邱冈，字昆奇，附监生。性平易诚朴，好方外交，读书寺院中，每经月不出。间画兰草，作隶书，晚更明于医。著有《德芬堂诗集》《集外诗诗余》。次子邱璋，字礼南，号二如，清乾隆四十四年（1779）由杭州商籍推归江垿。清嘉庆十五年（1810）岁贡生。为诗体格深稳，辞意淳雅，著有《诸花香处诗集》一卷。幼子邱睿，字琢衡，号铸人，又号东湖。清乾隆四十四年（1779）由杭州商籍推归江垿，附贡生，诗蹊径独别，晚年尤好作禅语，著有《长春草庐诗》一卷。

当年曾有德芬堂雅集，李龄寿作诗交待了此中情景。李龄寿，字君锡，号辛垞，吴江新杭里人。清代廪贡生，有《同邱紫玖（彭寿）邱吉卿（鹏）黄聘阿（尔常）集德芬堂作》诗："故人忽当眼，容我纵清狂。但尽樽中酒，能传肘后方。论交多洒落，去日剧仓皇。欢笑浑难得，虚堂恋烛光。"

1949年后，德芬堂曾被用作街道印刷厂，后空置，遗屋尚存，保存得比较完整，厅堂屋架未动。今为苏州市控制保护建筑。

### 203　敬承堂

位于吴江区黎里镇中心街西邱家弄内。东邻柳亚子旧居，西连德芬堂、邻夏家桥，南面市河，西北向为古建筑民居群落中。为邱宅第二进。与东邱家弄德芬堂连成双厅，同为清乾隆二十三年（1758）邱玉麟翻建。"敬承"喻后辈继承前辈清芬。

敬承堂和德芬堂相等，坐北朝南。面阔3间11米，进深11.7米，高6.56米，硬山顶。看柱粗壮，梁架用料厚实，斗拱、山雾云齐全，覆盆青石柱础。堂外天井三面为青石阶沿。敬承堂后第三进存1座堂楼，梁架有斗拱，并雕饰山雾云，荷花墩代替矮柱，两侧靠山墙用"月亮"串。保存得比较完整，厅堂屋架未动，旁边搭建了披屋，使原有建筑略遭损坏。今为苏州市控制保护建筑。

### 204　瑞文堂

位于吴江区黎里镇平楼街汝家湾堂弄3号。坐北朝南，南面朝向平楼街和河道，东邻万云台茶馆，西侧是迎祥桥（俗称汝家桥），其四周则处于民居建筑群中。坐北朝南，为汝氏老宅。堂名瑞文为吉兆之相。

汝宅建于清乾隆年间（1736—1795），面阔3间8.2米，进深9.2米，硬山顶，旁有2厢。厅前有砖雕门楼，上刻"八仙""和合"等，门楼左右围墙上又塑"渔樵耕读"图。门楼高5.4米，正面宽2.82米，侧面宽0.7米，内面宽2.05米，细砖雕刻，工艺精细。门楼字牌"贻谋燕翼"，落款"陆□□"。印章两枚很清晰，阴刻"从我所好"，阳刻"幽赏"。"贻谋燕翼"四字出自《诗经·大雅·文王有声》："诒厥孙谋，以燕翼子。"

汝为黎里第五大姓，系南宋建炎初年（1127）大族，后追随赵宋南渡，定居江西。元延祐元年（1314），汝尚质带领家眷迁居黎里。汝尚质豪爽质朴，心胸宽广，急公好义，常常为乡亲排难解忧，传至后代。明英宗正统五年（1440），后人汝昊召集众兄弟议定在门前建造一座3孔梁式桥，名迎祥桥。里人为了纪念汝氏一族的功劳，把迎祥桥叫作"汝家桥"。

瑞文堂建筑群，原有7进，后除第一、第三、第四进外，其余均被拆除或翻建成现代民居。第三进瑞文堂已坍塌，唯天井前的门楼孤零零耸起，岌岌可危。

### 205　修敬堂

位于吴江区黎里镇南新街徐家弄。徐家弄口面朝南新街道和河道，交通便利。东傍民居，西邻庙桥弄，南处船长浜。堂名典出《论语》"子路问君子。子曰'修己以敬'"。

建于清代，原为黎里名人徐达源继子及其后人居住。弄内建筑坐北朝南，中间备弄，东、西2路各4进。修敬堂在东路第二进楼厅，面阔3间9.25米，进深6.7米，硬山顶。北墙中间尚存砖刻横额"俭以养廉"4字，右下方存"星桥""顾宗泰"两方印章；南天井存砖刻门楼1座，门楼上部破损严重，存横额"五凤名裔"4字。

现仅门楼上部破损严重，其余建筑保存完好。

## 206　凌太常祠

位于吴江区黎里镇西栅北岸43号，望平桥北堍。南面朝向街道和河道，东临煤球厂厂房，西、北则处民居建筑群中。坐北朝南。

祠面南沿河，前后共3进，面向市河建有一座宽阔的淌水河桥，第一进3开间门面，正中1间为大门及通道，左右2个耳房，第二进5开间，主要用于族中聚会议事、宴饮与"散胙"。第三进为3开间楼房，四周圈以围墙。楼下为享堂，即祭厅。堂上有"文献芳型"匾，右侧竖有"使星槎"额。第三进楼上有匾额"宝纶阁"，宝纶阁内的紫檀木宝盒内珍藏着皇帝的圣旨、诏书和诏命。祠堂后面是凌信及其父亲凌显坟墓。

凌太常祠始建于明成化七年（1471），祀明太常寺少卿凌信。凌信（约1410—1471），字尚义，黎里镇人。明宣德九年（1434）以楷书授中书舍人，累迁至太常寺少卿。当时，东南边陲安南国王不肯臣服，动辄制造事端，骚扰边境，凌信带领使团出使安南。没有动一兵一卒，终使安南王诚心归附，维护了和顺安宁。

清道光十七年（1837），裔孙凌环、凌昱等再次重修凌太常祠，同年，黎里人徐达源有《丁酉十月松圃伯仲招同漱芸子延雨亭岭香集凌太常祠子延绘图同人赋诗纪事》："祠墓谁来问，荒庵瓦砾中。故人感风木，垂老叹孤穷。一代清名著，千秋仰望同。几曾酹樽酒，好约到孱翁。"清咸丰十年（1860）祠堂毁于寇，清同治十年（1871）裔孙凌大咸重建。1949年后成居民住宅。

现存2进，前1进4开间平屋，后1进楼房，面阔3间9.3米，进深5.5米，硬山顶，东西厢楼基本保存，西厢房原厢楼还在，被扩建成一幢钢筋水泥楼房，墙壁间镶嵌有1方同治十一年（1872）镌刻的《严禁污渎神灵记碑》。

## 207　蔚文堂

位于吴江区同里镇漆字圩范家埭鱼行街260号。坐西朝东，南为民宅，北为严文彬宅，西连式谷堂，东为街道。堂名典出《周易》"君子豹变，其文蔚也"。

堂始建于清初，民国年间改建。共有房屋4进，都是木结构，3开间，面宽12.05米，总进深37.9米，总34间636平方米。第一进为平房，中间是墙门间，方砖铺地，6扇竹丝墙门对外。第二进平房即蔚文堂，东面有轩，轩内用硬木弯椽，月梁及月梁下有花纹木雕。第三进是3楼3底两边带厢房，南厢房有楼，对天井是老式落地长窗或半窗。第四进也是3楼3底两边带厢房，北厢房有楼。在第一、第二进的南面还有小堂楼2楼2底和2间平房。天井里用花岗石石板铺成,天井东有普通门楼,门楼上未见文字和雕刻。不少窗户可以看出制作时是用蛎壳透光。

蔚文堂是范氏祖传房产。范烟桥出生、生活和学习之所,被称作范烟桥故居。范烟桥(1894—1967),乳名爱莲,学名镛,字味韶,号烟桥,别署含凉生、鸥夷室主、万年桥、愁城侠客。范氏为范仲淹从侄范纯懿之后,明末范思椿从苏州吴趋坊迁至吴江同里镇,至范烟桥已是第10世,辈号"钦"。范烟桥多才多艺,小说、电影、诗、小品文、猜谜、弹词无不通谙,还善书画、工行草、写扇册、绘画等,是红极一时的"江南才子"。1940年任金星影业公司文书,为国华影业公司改编电影剧本《西厢记》《秦淮世家》《三笑》等,拍成电影后,连连叫座。周璇主演的《西厢记》,主题曲《拷红》《月圆花好》在国内广为流行。范烟桥为南社社员,曾在蔚文堂内创办了同南社,出版《同南》社刊。

现蔚文堂为民居,第二进院内门楼有破损,其他没有大变动,包括各进门窗都还维持原状。

## 208 陈御史府

又名侍御坊,俗称陈家牌楼、刘家船坊。位于吴江区同里镇后港南岸、石皮弄之北。为明陈王道府第。

陈王道(1526—1576),字孟甫,一字敬所,号浩庵,明代吴江人,官至南京监察御史。明嘉靖己亥年(1539)为诸生,嘉靖四十四年(1565)乙丑科范应期榜三甲四十三名进士。官至南京监察御史,有直声。陈家牌楼建于明万历八年(1580)。4根方形石柱构成耸立3开间牌坊,正中刻有"清朝侍御"4个大字,下面额上镂刻"大明万历庚辰为南京河南道监察御史陈王道立",坊前有近2米高的白玉雕刻石狮子1对,旗杆石1对。牌楼上有两副对联,一副曰:"义制事礼制心检身若不及,德懋官功懋赏立政惟其人。"另一副曰:"念初者丰年为瑞贤臣为宝,心游乎道德之渊仁义之林。"

清康熙三十九年(1700)庚辰进士、陈王道五世孙陈沂震,在侍御坊西邻,朝南购造宅第、门厅、前厅、大厅、堂楼,备弄之西为花厅、旱船、书房、书楼。侍御坊后靠东隔一条备弄为花园。新宅之西又开了一个船坞,外口又造了一座梁式石桥,名为"玉带桥"。船坞上建有高大支撑的空中房屋,上可住人,下可泊舟,俗称"船坊"。雍正皇帝即位后,前代旧臣多遭黜,陈沂震虽已告老还乡,但仍受到抄家之灾,新宅和太平桥北块的旧宅均被抄没入官,陈沂震自杀于书房。

新宅于清雍正五年(1727)被官卖给本镇刘姓人家,此宅便称"刘家船坊"。旧宅于雍正九年(1731)为太湖水利同知署,即同知衙门。在20世纪中叶陈家牌楼被推倒,整个建筑遭破坏。只存宗祠、读书楼和小姐楼等少数建筑。

让陈御史府出名的是弹词《珍珠塔》,主人公方卿见姑,翠娥赠塔,陈王道嫁女的故事在同里长久流传。2003年起,陈御史府开发修复,历时2年建成,被称为"珍珠塔景区"。景区保留着宗祠、读书楼和小姐绣花楼等古迹,同时恢复珍珠塔故事中的景点。全园面积1.8万多平方米,建筑由2路5进的深宅大院组成,分东、西、北3部分。东部是陈御史府第,西部为后花园,北部为古祠堂、陈家牌楼、古戏台。主要景点有紫薇琴韵、锦园十景、秋亭待月、清远

荷风、翠舫听雨、北山深松、溪清虹影、菇古书声、碧筠藏翠等。

### 209　经笥堂

位于吴江区同里镇富观街48号,东接文衡第,南临富观街面谢家港,北为原吴江电机厂,西为民居。

"经笥"源于《后汉书·文苑传上·边韶》:"腹便便,'五经'笥。"比喻博通经书的人。经笥堂为同里任氏祖上堂号。嘉庆《同里志》载:"经笥堂,在南秘圩。修职郎任德成所居,巡抚陈大受题'南国贤良'额。""任德成,庠姓吴。字象元……雍正朝诏举贤良方正,布政鄂公列名上,德成以母老辞。邑令陈缵钦其德行,尝造庐咨访焉。"

经笥堂后被毁。1912—1915年间,任氏后人任申甫在同里西圩南旗杆建宅,也取名经笥堂,共5进38间1 161平方米。1942年,任申甫两个儿子任韵秋和任佩秋分家,各占一半,哥东弟西,大厅及中间房屋、走道等为兄弟俩共同所有。1949年后,第一、第二进曾留作任氏私房,其余房产均由地方政府使用,作为办公地点和干部宿舍,故经笥堂被同里人称为"老公社"。

现第五进在20世纪70年代因房屋濒危被拆除,80年代被翻建成砖混结构,其余各进房屋原貌未变,保存完好。第一进是3开间的墙门间,大门外墙面用红砖扁砌而成,不粉刷,大门上方用半圆形装饰门框,风火墙上有一个做人民公社办公室时建的大五角星,旁边2间南部各带蟹眼天井1个,东部留有备弄,弄口是小石库门。第二进为3开间茶厅(大厅),厅前有轩,厅内有保存完好的雕梁画栋,椁木(官帽翅)上有人物山水雕刻,山幅云上有孔雀雕刻,大梁上有凤戏牡丹雕刻,还有戏文雕刻等。第三进是3楼3底的堂楼,两边是楼式厢房,中间是石板天井,天井南有砖雕门楼。第四进是6楼6底的红洋楼,也为砖木结构,在阳台、窗台上方有用红砖砌成的西式拱形洞,楼下一条长走廊。第五进是平屋6间。有大小天井多处,大的天井中筑有花坛。整个建筑第一、第三、第四进都具有鲜明的中西合璧的建筑风格。为苏州市文物保护单位。

2000年4月起为"同里影视摄制有限责任公司"和"同里文学艺术界联合会"所用。

### 210　世德堂

位于吴江区同里镇新填街(又称明清街)158号。南面明清街,东、北均为明清街新建二期房,西邻亨福堂。坐北朝南,面街而筑,布局为前店后坊,与其他民居有异。原有6进44间1 333平方米。依次为墙门、轿厅、大厅、堂楼、后楼、下房。

堂建于清道光年间(1821—1850),为曹氏旧居,取祖辈德行世代相承之意而命名。清光绪三十二年(1906),曹氏创设"曹益隆"酱园,将沿街改建为6开间店铺,其精制独特的"白元酱油"和"本绍酒"一时风靡乡镇,远近驰名。清末,世德堂出售给敦仁堂钱氏,民国二十四年(1935)又转售给张氏。民国时期,第一、第二进为益隆门市部,第三、第四进为烟糖业作场和仓库,第五、第六进为住户。1949年后为供销社生活商店,1970年为政府所有,1997年被同里旅游公司作为景点对外开放。

现存5进,原第一、第二进改建为现第一进。其内共3处砖雕门楼,门额分别为"遗安世泽""世德贻燕""崇朴尚俭"。在内宅设"财神堂",供奉赵公元帅,建"寿仙真人"阁,供白胡子胡仙。为苏州市文物保护单位。

## 211　承恩堂

位于吴江区同里镇上元街107号。朝东面河,北连世芬堂,西、南面均为民居。门前是河埠,河边有跨街廊棚。建筑面积225平方米。前后2进,各3开间,面阔8.6米,总进深17.46米,中有厢房相连,进深6～7界,前楼厅3界。

元季范琮因避兵而隐居同里镇。范琮为明宣德八年(1433)进士,官至广东左参议,在上元街建宅。后被毁。明末清初有严氏在范琮的宅基上建宅,名承恩堂,旨在不忘祖恩,感恩报恩。房屋的结点上都有斗拱,童柱下有荷叶墩,楼上脊柱有木雕山幅云,雕有仙鹤、云层、鱼等,月梁制作精细,檐口用蛎壳半窗和裙风板,楼下全部用落地长窗,明瓦窗格青石柱础。后进房屋为5柱立帖式砖木结构,无精细雕刻,也用落地长窗和蛎壳半窗。房屋之间有厢房连接,中间是一个天井,天井地面用石板和小石子铺设,天井中门楼已损坏。东面沿河有3开间墙门间及跨街廊棚。

承恩堂现被改成民居。为苏州市控制保护建筑。

## 212　孚寄堂

亦名陈氏旧宅。位于吴江区同里镇石皮弄16号珍珠塔景园内。东为原电机厂,南是珍珠塔景园中的宏略堂,西为陈翠娥书楼,北为堂楼。坐北朝南。大厅面阔5间20.25米,进深7界9.84米,高6.73米,建筑面积199.26平方米。堂名寓以信孚寄世之意。

清嘉庆《同里志》载:"孚寄堂,在西□□圩。侍御陈王道所居。"始建于明成化年间(1465—1487),明嘉靖四十四年(1565)进士、监察御史陈王道扩建,清康熙二十七年(1688),陈王道5世孙、康熙庚辰(1700年)进士陈沂震利用老宅进行重建,定名为"孚寄堂"。当时规模恢宏,为全镇宅第之冠。

清雍正五年(1727),宅主陈沂震由于迄今仍未为人所知的原因,而被抄家查没,宅第园林连同船舫一起经官卖给了刘家,习称"刘家船舫",并被改堂名为"敦睦堂"。

现存孚寄堂大厅和书楼。为苏州市控制保护建筑。2003年4月经旅游部门整修后,被纳入陈御史府"珍珠塔景园"建筑对外开放。

## 213　慎修堂

位于吴江区同里镇东溪街97号。南面街临后港,东为民居,西邻任氏宗祠,北为商业公司宿舍。堂名典出《尚书》"慎厥身修思永"。

原为史金符故居。史金符为明正德辛未年(1511)进士,官监察御史。清咸丰年间,由章家浜金氏分支接过史金符故居的房地产,在此添建了部分房屋,并用章家浜西墙门之慎修堂定名。

堂共4有进房屋，建筑面积1 238.8平方米。第一、第二进为5开间平房，其中第二进面阔13.78米，进深6.16米。第三、第四进为5开间楼房。第四进房屋中有3个天井，每个天井南原来都有门楼，门楼上有砖雕字画和人物，第三进门楼上原有"足叟贻谋"4字。堂东、堂西各有一条金氏弄。

民国年间，归金氏"老三房"所有。1970年为政府公房，现尚存门厅、正厅和前后楼厅等建筑，门楼上砖雕字画和人物全都被砸坏。为苏州市控制保护建筑。

## 214　恩泽堂

位于吴江区同里镇东溪街凌家廊下。堂名寓不忘祖上恩荫。

建于清嘉庆年间（1796—1820）。是凌家的祖传房产。朝南向，西宅东院。东是和尚浜，南是一片白场，称第二广场，西是承启堂凌家，北是五福堂项家。共有房屋25间计397平方米。恩泽堂在1950年前全部是平屋。中华人民共和国成立后吴江县第一任副县长朱帆等共产党员此前在同里开展地下工作时曾居住恩泽堂。20世纪70年代恩泽堂为民居，部分地方成为吴江晶体管厂和煤球厂厂址。保存古树木多棵，其中有黄杨和黄天竹各一棵，树龄都有200年以上。

现恩泽堂东部是民居，中部是恩泽堂民居客栈，西部是公房。

## 215　范家埭世芬堂

位于吴江区同里镇鱼行街249号。南紧邻范敬心宅，东临丁字河，西、北面为民宅，此地处于同里镇的三桥景区，原称漆字圩范家埭世芬堂。

世芬堂建筑群分东、西两部分，共5进。面宽7米，总进深36米，西部即东起第四、第五进，是范叔敦的祖传房产。世芬者，世代芬芳之谓也。

堂建于清中叶。坐西朝东，面东临河，共5进，有房屋49间805平方米。第一进平屋由于被两条备弄走破，起墙门间作用。第二、第三进都是3楼3底，楼房两边用楼式厢房相连，房屋间各天井用石板铺面，为蛎壳窗，有少量花纹木雕。第四进主房是3间平房，北侧带3间平房，南部有厢房。第五进房屋改朝向为南，共有3进，都是平房，还带有厢房等。房屋间天井铺小石子，有花坛，普通老式门窗。备弄在南面，东通第一进房屋，西通北墙门朝天弄堂，与范敬心宅的备弄紧靠在一起，故称范家双弄。

同里另有陆家埭世芬堂，位于同里镇上元街109号。南、西二面与范家埭世芬堂紧邻，北为民宅。朝向东。建于清初。共有3进。第一进是3楼3底，北边厢房沿河岸建造，为使此路能通行，在楼房下让出一角为通道。第二、第三进位置向南移1间房的地方，都为3楼3底，北面另有1楼1底和2间平屋。第二进楼房面阔11.2米，进深7.6米，楼下第一架壁有轩，轩内及面对天井的窗上都有古式花纹木雕。在第三进房屋间有2个天井，天井东有门楼1座，第一个天井中门楼上砖雕花纹较多，有鲤鱼跳龙门，有戏文砖雕。第二个天井中的门楼上没有花纹，但中间砖雕的"纯煆尔常"4个字十分清楚。陆家埭世芬堂3进楼房正屋未变，2座门楼俱在，门楼上砖雕在"文化大革命"中被毁。第二进房屋在1992年得以解危翻建。

## 216　颐贞楼

位于吴江区同里镇石皮弄松石悟园。即"同里镇松屏石展馆"所在地，与珍珠塔景区一墙之隔，南行百步为富观桥。楼名典出《周易》"颐：贞吉"。

松石悟园原名东柳别业，主楼为颐贞楼，1924 年由东柳醉侯（金仲禹）为其母颐养天年而建造，为镇上第一座两层西式小楼。

2002 年 6 月起在此筹建"同里镇松屏石展馆"，定名松石悟园。园名出于收藏者的诗："石皮弄中石破，石皮呈天书；吾心静处吾悟，吾心得菩提。"以破译天书，感悟人生为展馆之旨要。

松石悟园占地 1 600 平方米，园内陈列着 1 200 余块松屏石版画，为原铁道部工程总公司设计部部长张家忻（苏州人）及其夫人王月军 30 多年收集之珍藏。展馆分天地篇、人文篇、禅意篇、警世篇、小品 5 个部分，分别陈列各种展品。

## 217　怀新堂

位于吴江区平望镇南河西街 20 号。坐西朝东，东为市河，南为林氏旧宅，西为平望中医院，北为南河西街居委会。

清乾隆五十七年（1780）殷焕从黎里长田村迁居平望镇东溪河三官桥堍。清同治二年（1863）战争平息，殷大坝孙子殷葆澄（字深甫、养源，号达泉）与殷葆治（字平甫，号安斋）兄弟俩迁至镇中南河西街重建家宅。同治九年（1870）新居落成。临街墙门是正门，有 6 扇长门。墙门左右两墙边有殷家炫耀祖辈官衔的木牌，俗称硬牌。墙门间与进入大厅天井之间的过道也有 6 扇长门。阁楼下有仪门，仪门门楼上雕有"荆楚奇珍"4 字，由苏州府知府李铭皖题写，落款上有"铭皖之印"和"薇生"2 方篆体方印。第一进是一幢 2 层楼房，楼下大厅即怀新堂。"怀新堂"堂匾由侍郎殷兆镛书写。陶渊明诗有"平畴交远风，良苗亦怀新"，喻禾苗孕育谷穗，生机盎然，堂名当本此意。大厅北首房间的天井与大厅天井有墙分隔，墙设月洞门供出入。大厅天井铺石板，南北两边各植桂树 1 株，北首金桂、南首银桂。第二进中厅是楼房，3 开间都有退堂（楼上称后房）。第三进后厅为主卧室。南面小天井内种有蜡梅、海棠。后花园中间有花坛，种有海棠、梅花、碧桃、山茶、玉兰，靠墙有竹林。北边为 3 进边屋，天井里有假山石。1917 年，殷家与隔壁邻居费廷桂（复岩）一起各买入近邻周家的屋基地。两家分别在屋后扩建了花园，筑围墙，开后门通蠡斯港，并沿旧宅花园旁建造南书房"劲香窝"。1920 年殷家人对住宅园进行彻底维修。1921 年交由平望电力公司开办，里面装上了电灯。1937 年抗日战争爆发，平望被日军占领，殷家老宅被日军占为司令部，后花园成了日军养马之处，遭到了严重破坏。1950 年后成为平望中医院用房。现门楼和怀新堂主体建筑尚成。

## 218　兴仁堂

位于吴江区平望镇庙头村。堂名典出《论语》"君子笃于亲，则民兴于仁"。

堂建于晚清，为李姓住宅。现存1进平房，坐北朝南，建筑面积138.39平方米。该宅原为3进，现存1进。花岗石仪门，门楼现已被毁。石板天井，两侧各有厢房。大厅面阔3间，进深7界，方砖铺地，内轩月梁，雕工细腻，置落地蛎壳长窗8扇。厅堂东侧设备弄，置后门，两侧厢房蛎壳半窗，木板铺地。为苏州市控制保护建筑。

## 219 周龄旧宅

位于吴江区平望镇梅堰社区玉堂村团圆浜，为周龄旧宅。周龄，字作朋，号鹤亭，一号萼庭，梅堰玉堂村团䦆浜（团圆浜）人，清光绪三年丁丑科（1877）进士，选翰林院庶吉士，光绪十一年（1885）任河南乡试主考官。旧宅建年无考。周龄为书香门第，高祖周云章定居梅堰，曾祖周学良、祖父周文彬都曾为朝议大夫候选同知一级的官员。父亲周丕德，号墨樵，笃学力行，是位医生，在家中闭门读书，著有《墨樵制艺》。周丕德曾为御医，相传周家大厅曾有光绪皇帝题写的匾额。

旧宅为平屋，原东西走向有3个门，有3间门墙，有3个门楼。过门楼有3个天井，走过天井为正大厅，东西各2个偏厅。后面是住宅。旧宅现存砖刻门楼和住宅遗存。西面有3开间平屋，木头格子翻窗，屋脊飞翘。屋墙北有一个庭院，西北面矗立着一个砖雕门楼。门楼顶上有3层砖雕，雕花清晰，中间原有4个大字"吸德□馨"，其中的第三个字已经掉落不能辨别。

## 220 倪征燠旧居

位于吴江区平望镇南河西街11号。东为市河，西北为平望中医院。

倪征燠（1906—2003），吴江黎里人，国际大法官，3岁时家逢火灾，房屋几乎全被烧毁，父亲倪迪民带全家迁到平望镇。先在镇南姚家弄赁屋而居。有3进房子，抗日战争爆发后被炸毁。后来在河西街倪征燠祖母的娘家居住。主人姓周，房屋共有4进，每进4开间，第二进有楼房4间，在第三进和第四进之间，有宽阔场地，种有果树和榆树，墙上有爬山虎和蔷薇花等。倪征燠在回忆录《淡泊从容莅海牙》中写道："后来在平望河西街上居住……这所院宅虽无亭台楼阁之胜，但也堪当临时住所之用，我家从此总算得以安居，我在这里度过我的童年。"

1949年后，属平望中医院用房。现存沿街第一进平屋、第二进楼房和第三进半间平房，为民居。

## 221 南溆书庄

又称湖上草堂。位于吴江区松陵街道盛家厍。明嘉靖三十二年（1553）进士徐师曾所筑。溆者，水边也。草堂位于太湖之南畔，故可称南溆。徐师曾（1517—1580），字伯鲁，号鲁菴，吴江人，嘉靖三十二年（1553）始成进士，幼先习儒，长而博学，兼通医卜、阴阳等。选庶吉士转兵科给事中，复以母丧归。明年阕补吏科。嘉靖三十九年（1560）历转左给事中。因权臣用事，明隆庆五年（1571）疏请致仕，建南溆书庄闭门著书，著有《周易演义》《礼记集注》《世统纪年》《湖上草堂集》《正蒙章句》《咏物诗编》数百卷，参与撰写《吴江县志》。徐师曾有4首《湖上偶成》诗,记述了他的退隐生活,其中2首道:"生事日蹉跎,荒郊但薜萝。客来唯设茗,兴到自高歌。囊底青蚨少,门前绿水多。只今衣食足,富贵欲如何。""老病谢簪裾,长耽水竹居。门前芳草积,林下故人疏。不揭张罗榜,何劳问字车。世情从落落,懒著绝交书。"

南溆书庄有池两三千平方米,建亭其上。清康熙中(1662—1722),南溆书庄归高邮训导马士龙所有,现不存。

### 222 柳塘别业

又名沈家花园。位于吴江区松陵街道盛家库。建年无考。清康熙《吴江县志》载:"柳塘别业,即今盛家舍,宏正间处士盛灿所居。"宏正间即明弘治、正德两朝。因别业主人姓盛,其地就名盛家舍,又名盛家库。其地原有名柳塘者,故称。赵宏,字充夫,号笠泽。明代吴江人,赵宽弟。不屑应举,隐居淞江笠泽之间,年逾70不废吟咏。有《过盛处士灿柳堂别业》诗:"出郊三四里,相觅坌人家。断岸危桥接,衡门古寺遮。地炉煨薯蓣,村酿泛松花。话尽平生抱,回塘日已斜。"

明崇祯中(1628—1644),吴江人沈珣得此别业。沈珣(1565—1634),字幼玉,明万历三十二年甲辰(1604)科进士,授中书舍人。万历四十七年(1619),以监察御史巡按贵州,后历任福建右参政、湖广按察使、山东左布政使。阉党魏忠贤正盛,沈珣不同流合污。魏阉欲加害,沈珣逃亡。回到吴江后即营缮此园,修葺一新,园内有绮云斋、翠娱堂、藤花阁、天缋楼、梅园、荷池、假山诸胜。当时人评价:"盛灿别业秀而野,沈珣之第秀而丽。"沈珣与好友周永年觞咏其中,吟诗作画。崇祯登基后阉党被诛,沈珣擢右副都御史巡抚山东,宅第由子孙居住。沈珣之孙永禋,字克将,又字醒公,号渔庄。少习举业,屡败场屋,遂淡于进取,于此园中啸歌自赏。清咸丰时园大半毁于战火,仅留部分建筑,由沈家后人居住,又名"沈家花园"。

20世纪中叶,陆续将湖石搬走,鱼池填平,建若干栅户,后又建松陵民办中学与农业中学于园中。现存旧楼1座,花厅1间。

### 223 臞庵

位于吴江区松陵街道,在钓雪滩,临松江之滨。占地约6 700平方米,揽江河入园。清乾隆《吴江县志》载:"臞庵,在东门外学宫西,宋大冶令王份归老处也。"臞,同"癯",音同"渠",瘦也,为作者自喻。

园内有与闲堂、平远堂、山堂、种德堂、聚远楼、横秋阁、凌风台、烟雨观、郁峨城、钓雪滩、琉璃沼、臞翁涧、龟巢、竹厅、云关、浮天阁、橘林、枫林等胜景,以浮天阁、聚远楼为最,名士题咏甚众。园内有形如蟠螭的太湖石,陡而隆起,像悬崖一样高而险,上面刻有隶书"蟠螭",名"蟠螭石"。臞庵毁后被移到三高祠后。

宋隆兴(1163—1164)中吴江人王份筑。王份,字文儒,少力学,工诗文。洁身清谨,湖北大冶县任县令,为官清廉,勤政爱民,在任7年,辞职返乡,大冶百姓绘像祀之。有一天登上西塞山,吟诵张志和渔父词"西塞山前白鹭飞,桃花流水鳜鱼肥"之句,慨然叹息之余,想

到了家乡，立即辞官回乡，在吴江松陵钓雪滩建筑了膪庵。宋临江（今江西清江县）人向子諲曾为膪庵题诗："仙翁五十须犹青，高卧紫门昼亦扃。茅舍已忘钟鼎梦，蒲轮休过薜萝亭。阴森门巷先生柳，寂寞江天处士星。晚岁田家农事了，闲抄宁戚相牛经。"

大诗人陆游经过吴江时膪庵已毁，他见王份膪庵遗址，在《入蜀记》中写道："午间至吴江县，渡松江，风极静，癯庵（膪庵）竹树益茂，而主人死矣。……"元代时都元帅宁玉在松陵退老，在膪庵遗址建宁武宣公第。现都不存。

### 224 致德堂

位于吴江区震泽镇下塘中市梅场街34号。东是北新桥，南是震泽幼托中心，西是倪家弄，北向沿梅场街临頔塘河，周边是居民住宅区，尚保留众多的明清建筑。《文子》曰："君子致其道而德泽流焉。"此或为堂名所本。

堂前后6进，除第五进内宅花厅面临花园坐北朝南外，其余皆因街面面北而坐南朝北，占地1 650平方米。有河埠、廊棚、商铺、行栈。第一进（即原第三进，以下所述，以此类推）为2层楼厅，面阔4间15.54米，进深13.49米。分南、北2厅，北厅进深7.31米，南厅进深6.18米。东3间为厅堂，双四界扁作雕花大梁抬架，硬山顶。前后廊均设船篷轩，北轩置倒垂花篮。北天井筑有砖雕门楼，南天井左右为厢房。第二进为平房，面阔4间14.92米，进深8.34米。东3间为厅堂，四界圆作大梁抬架，硬山顶。北天井筑有砖雕门楼，南天井西侧筑有荷花小池。第三进为花厅，坐南朝北，2层楼房，面阔4间14.92米，进深11.44米。东3间为厅堂，四界扁作雕花大梁抬架，硬山顶。前后廊均设船篷轩，南为敞廊。北天井筑有砖雕门楼，南天井两侧筑有茶亭，西旁有辅房，面阔3间12.68米，进深7.38米。2层楼房，四界圆作抬梁，硬山顶。天井西有厢房及门廊，东有古井1口及石库门，与第三进备弄相通。第四进为西洋建筑，2层楼房，面阔四间14.92米，进深4.46米。砖墙承重，硬山顶。整宅共筑有硬山封火墙。该宅第一进西侧原有平房作坊4间，面阔12.68米，进深7.45米。第五进内宅楼房，第六进为西洋建筑。第五、第六进之间有花园，东西有2座歇山顶茶亭。第六进为一排4间洋式楼房，门券和窗框上饰有西洋风格的浮雕图案，原是女主人诵经念佛的地方。

堂兴建于清宣统二年（1910），落成于1912年，堂主徐簾青为震泽富商，开设米行、丝经行、竹行及寿衣店。为便于管理，将米行、丝经行与家宅建于一处。民国年间将家业传与儿子徐子为。徐子为（1906—1958），青少年时随金松岑、章太炎研习古文，又就读于上海文学院，擅长诗文，喜以诗文传信，曾得鲁迅致信约见，并与柳亚子以诗文为友，加入了南社。成年后，他热心于地方上的教育、卫生、交通、金融等事业，他对致德堂部分建筑进行装修，呈巴洛克风格，是当时江浙一带"西风东渐"经济繁荣的一个缩影。

原为6进，现存4进，第一、第二进已被改建，第三至第六进基本保持原貌。第二进通道底有风火墙，中间为石库门，内联砖雕门楼，过楼门是石板天井。天井南为全宅主体建筑——第三进为正厅。正厅为楼厅，西隔小天井和一边厢，自成院落。正厅面阔3间，为花篮厅造型，厅内枋木，长窗雕刻梅、兰、竹、菊、花篮等图案及《西厢记》人物故事。曾是震源丝经行所在。厅西为书斋。第四进平厅，原曾悬清同治状元陆润庠所书"致德堂"匾额。第四进和第五进有宽阔的庭院，院西南有水池。为江苏省文物保护单位。

### 225　正修堂

位于吴江区震泽镇潘家扇东弄13号内。西面为潘家扇西弄，东、南、北3面均为民居。

堂坐北朝南，共3进。第一进为2层门楼，面阔3间8.97米，进深4.86米。前置木雕门楼，6扇镶花实木板门，门楼上雕有戏文故事和双凤朝阳图案。进大门有平门和仪门。仪门是石库门，全部为清水砖雕。砖雕上方中间位置，有"清介遗风"4字。因为先祖为官时清廉正直，离任时当地百姓送了一块匾额，上书"清风遗荫"。进仪门为一大天井。天井东墙葡萄棚下有一边门可通隔壁怀德堂。门上方有一扇形砖雕，上面刻着阳文"衡宇"。大天井西面是一道镂空的砖雕山水人物花墙，北出梢间有小天井。

入门厅经内门楼与第二进相连，第二进为单层大厅，面阔4间14.74米，进深9.49米，东3间为厅堂，西边间设月楼，天井西侧有厢廊，南墙筑砖雕门楼，青石须弥座雕刻麒麟和鹿回头及花卉小品。垛头用水磨青砖八方式图案贴面。厅堂明间前置6扇宫式长窗，次间为裙板短窗。屏门后设茶亭，有蟹眼天井。

花墙西面、大厅西侧的书房前面有小天井。天井西侧有一幢楼，楼下走廊通前楼。走廊楼下通前面门楼，门洞上方有一扇形阳文砖雕"蓬里"。大厅高大深长，高7米，进深4间，长度近7.2米。正厅中间，两根前柱均有一抱粗，上挂沈葆桢行书书楹联："缵绪承家莫道守成容易，光前裕后才知创业艰难。"上联题款"少彝先生正"。楹联高8尺，墨底赤金行书大字。正厅后柱挂狂草楹联，联为："惜食惜衣非为惜财缘惜福，求名求利但须求己莫求人。"正厅屏门挂对联："绵世泽莫如积德，振家声还须读书。"正厅上方悬挂"正修堂"匾额，上首题"光绪丁亥中秋"，落款"翁庆龙书"。佛有正修止观之法，以示修行之门。

第三进为两层楼厅，面阔4间15.2米，进深9.54米。东3间为厅堂，天井左右为厢房，第三进砖雕门楼上书"俭以养德"4字，厅内悬"尚古堂"匾。其楼厅之西另有上、下两间，自成院落，外墙高耸，近顶处嵌砌纹样漏窗。小院内之落地长窗堪称精品，上部镂空，其间上、下分别镶嵌圆形及扇形框，两者皆配上玻璃，四周格纹则覆一竖两幅浮雕木刻。书房两侧皆装和合窗，带有北方四合元风格。东厢南墙出石库门。厅堂明间前廊6扇宫式长窗，次间和厢房前廊为裙板短窗。屏门后设楼梯，有蟹眼天井。第三进西边间为辅房，有天井自成院落。第二、第三进筑观音兜封火墙。

清光绪十三年（1887）丝商顾少彝所建，由吴县香山建筑名匠马如龙设计监造。现房屋空间布局完整，保持原有建筑形式，主体结构稳固，墙体完整。装饰木雕整体保存较好，但局部细节受损。20世纪60年代各类人物雕刻被损坏。70年代后期街道居委会在第二进大厅内开办小工厂，后为私人购置，并把大厅东2间改建为2层楼房，使原有风貌遭到破坏。仪门砖雕被拆毁，唯剩下底部一排砖雕尚残缺犹存。现为苏州市文物保护单位。

### 226　余庆堂

位于吴江区震泽镇花山头7号。处在震泽镇旅游文化区。南、西是民居住宅区，北是花山头街面，为小巷内居民出行的主要通道。周围尚有众多的明清建筑。堂名义本"积善之家必有余庆"。

堂坐南朝北，共4进，前3进为2层楼房，最后1进为平屋。双层门楼，前店后住，市坊结合。第一进房架为双步抬架，临街面阔3间12.58米，进深6.78米。置有木雕门楼，门楼配6扇嵌花镶板木门。该宅第一、第二进后廊18扇屏门堂内一侧做成镶花格扇，厅堂梁架雕刻精细。墙面砖细墙裙上部磨砖出线，楼层厢房间用透雕"梅开五福"落地飞罩分隔，脊檩金色彩绘"平升三级"。第二进面阔3间9.3米，进深7.59米。南廊与第三进北廊均设船篷轩，置倒垂花篮。整宅均为硬山顶，第二、第三进共筑有硬山风火墙。合一天井，南北相对，东西厢房互连。第三进面阔3间9.48米，进深8.63米。为正厅，坐南面北，悬挂"余庆堂"堂匾，正梁处雕饰着金色"四季平安"图案，两侧与厢楼相通，形成一个走马堂楼。退堂门后加设两界，中为茶厅，东间楼梯后为天井，西间蟹眼天井边为过道，过西边石库门则至小花园。第四进为厨房。

余庆堂为陆家住宅，建于清末，由陆姓丝商所建。最早的主人陆振声是名震一方的丝绸商。整栋建筑雕梁画栋，具有建筑艺术、历史研究价值。房屋布局完整，保持原有建筑形色，墙体结构较稳固。第一进沿街立面木雕门楼表层已风化朽蚀，木构架腐朽较重。内部木门窗部分失存。第二、第三进保存完好。2013年，拥有余庆堂第一进产权的陆家5人和震泽镇人民政府签署了捐赠协议，人民政府对余庆堂进行了修缮。为苏州市文物保护单位。

## 227　一本堂

位于吴江区震泽镇文武坊21号。东向连接银行弄，南接城隍庙弄，西是池塘桥，北是居民区，周围是居民住宅区，明清建筑尚多。坐北朝南，原面阔3间，4进深，总面积214平方米。堂名语本《孟子·滕文公上》："且天之生物也，使之一本。"意为天生万物，一切回归本原。

堂第一进原面阔2间，现剩1间阔3.32米，进深3米，为平房门廊。4扇实木廊门，天井南墙筑低矮石库门。双步抬梁硬山顶。第二进面阔3间8.3米，进深7.75米，天井左右为厢房，南墙筑有砖雕门楼，门额有隶书"天锡纯嘏"4字。第三进面阔9.1米，进深5.7米，天井有西厢为过道和楼梯，南墙砖雕门楼已失存。第四进面阔3间7.9米，进深4.3米，天井东厢为过道，西厢是楼梯。第二、第三、第四进厅堂明间前檐均为6扇花格长窗，下部裙板雕有花卉吉祥图案。第二、第三、第四进均为2层楼房，四界扁作木雕花卉大梁抬架，硬山顶，并筑有马头封火墙。

始建于清顺治七年（1650），施氏73世祖彩石公迁移震泽时所筑，后期进行修缮与改建。施氏为震泽望族，中国红十字会创始人施则敬和"施氏三兄弟"施肇曾、施肇基、施肇祥等名人出生之所。施则敬，号子英，清光绪元年（1875）举人，因赴山东堵筑黄河漫口出力等原因，获赏二品顶戴。历办山东、江苏、河南、安徽等地抗洪劝捐义赈，光绪三十年（1904）曾5次奏保送部引见候旨，被选用创办中国红十字会，为中国红十字会创始人。施肇曾，字鹿珊，号省之。早年就读于上海圣约翰书院。光绪二十年（1894）赴美，任驻美使（领）馆随员、领事等。光绪二十三年（1897）回国，民国时期任交通银行董事长等，后创办江丰农工银行、北平医院、震泽初级中学、上海创办育英中学及附属育英小学等。施肇基（1877—1958），字植之，康奈尔大学第一位中国留学生，也是第一位在美国获得硕士学位的中国学生。回国后，历任邮传部、哈尔滨关道、吉林省、外务部各职，为中国第一任驻美国大使。施肇祥，字永公，号丙之。获美国康奈尔大学机械工程师学位，后赴美国，先后在费城保得华音火车头厂、彭雪尔非尼亚铁路公司、惠斯登奴士电机制造公司任职。

堂现基本保持原有建筑形式，房屋结构稳固，但第一进门廊经改造仅存石库墙门及廊门。第二进砖雕门楼保存较好，稍有损坏，长窗、屏门、格扇均失存，被改为砖墙。第三、第四进保存完好，但砖雕门楼失存。为苏州市文物保护单位。

### 228　敬胜堂

位于吴江区震泽镇砥定街四宜轩弄巷口东侧，为四宜轩弄1号。东侧是震泽五交化商店。沿砥定街临頔塘河，向东是砥定桥，南沿砥定街临頔塘河，西是四宜轩弄，与宝书堂相邻，北是居民区，周围尚保留众多的清代古建筑。曾国藩有联语："敬胜怠，义胜欲；知其雄，守其雌。"堂名或本此。

坐北朝南，建于清末，为丝商汤赉臣宅。敬胜堂为东4西5格局。第一进为沿街店铺，面阔5间17.8米，进深6.4米。第一进沿街店铺，面阔5间17.8米，进深6.4米，中间用砖墙与二次间相隔开为通道，屏门后设通廊，左右是小天井，双步抬架硬山顶。第二进起为高墙大院，分东、西2路。东路共3进，第二进为门楼，面阔3间，11.55米，进深4.3米，南墙筑有石库门，中间用板壁与二次间相隔开为通道，三界扁作雕花大梁抬架单坡顶。第三进大厅面阔3间11.55米，进深9.8米，天井东西两侧各有厢楼，屏门后过道连西路天井并通四宜轩弄。第四进内厅面阔3间11.9米，进深10米，前廊设船篷轩。天井东西两侧为厢楼，南是砖雕门楼，正间南为6扇花格长窗，南边间及厢房为裙板短窗。第三、第四进厅堂均为四界扁作雕花大梁抬架硬山顶，屏门后均有茶亭及蟹眼天井。西路二次间被建为辅房，共4进面阔均为1间3.76米，第二进深4.3米，第三进深7.9米，第四进深7.76米，第五进深4.45米。均为双步抬架硬山顶。第三、第四进后天井另出两个石库门通四宜轩弄。该宅第二进起为深宅大院，观音兜封火墙，硬山顶。堂东路各进均有戏文、花卉木刻，雕刻精细。四进大厅内轩梁上刻有戏文《三国故事》木雕，大梁花卉木刻，梁挑头为莲花托底舫形制式的戏文木雕。第三、第四进楼的上、中间正脊梁饰有金箔彩绘，光彩夺目。

1958年，震泽镇上22户单干户联合组成缝纫社，在敬胜堂头进5间街面房屋安置一作业组。现房屋空间布局完整，保持原有建筑形式，主体结构稳固，墙体完整。装饰木雕整体保存较好，但局部细节受损。墙面灰塑显现风化。第一进中间门楼底层过道被改成店铺，木门均已失存。第四进砖雕门楼牌额已被毁，其他砖雕尚存，但有缺损。为苏州市文物保护单位。

### 229　懋德堂

位于吴江区震泽镇宝塔街28号，堂坐北朝南，面临頔塘河（市河）东，在宝塔街中，西面紧挨师俭堂，北面为凝庆堂，东南为民居。堂名典出《尚书》"惟公懋德，克勤小物"。

堂分东西二路。沿街门面经营毕万茂丝经行，后部为库房和住宅。毕氏后裔毕康侯为震泽镇上最早的留美学生之一，经营毕万茂丝经行，1921年，由震泽丝业公会推为中国代表团内辑里丝业三人代表之一（另两人为南浔的张鹤卿和梅仲），出席在美国纽约举行的第一次万国丝绸博览会。

西路为主体房屋共4进。第一至第三进为两层楼房，第四进为平房。第一进门厅面阔3间8.79米，进深4.57米，为四界扁作雕花大梁抬架。第二进大厅面阔3间9.7米，进深9.62米，为四界扁作雕花大梁抬架，天井东西两侧为厢楼，南墙筑砖雕门楼。第三进内厅面阔3间8.95米，进深6.85米，为四界圆作大梁抬架，天井东、西、南3面均设有厢楼。第四进下房面阔2间7米，进深4.9米。

东路共4进，底层为库房，面阔均为1间3.74米，第一进深4.57米，第二进深9.79，第三进深5.7米，第四进深9.60米。每进前均有天井。第四进留有后天井。底层与西路互不相通。第一进天井面宝塔街另开石库门。堂均为硬山顶。整体建筑用材考究，砖、木、石雕刻内容丰富。砖雕门楼须弥座石雕为"鸿运高照、福禄寿喜"的吉祥图案，画面清晰。额枋及匾额已残损，略见花草与戏文。大厅雕花肩梁刻有牡丹花卉，挑头及短窗等雕有戏文故事。

堂为"毕万茂丝经行"旧址。现为苏州市文物保护单位。

## 230　凝庆堂

位于吴江区震泽镇三官堂弄9号，南面为师俭堂和懿德堂，东、西、北面均为民居。为一幢双层建筑，坐北朝南，高墙深院，共有3进，均为2层楼房，硬山顶，封火墙。堂名凝庆，有累积福泽之意。

第一进门楼面阔3间8.6米，进深4.8米，门楼为双步抬梁，门楼正间用砖墙与两边间隔断为通道。第二进大厅面阔3间10.4米，进深10.1米，大厅为四界扁作雕花大梁，檐廊起抬空，后为双步。天井西边为厢房，东边为厢廊。大厅后廊置楼梯为通道，设茶亭，有蟹眼天井。第三进内厅面阔3间10.7米，进深8.5米，为四界扁作雕花大梁，前后双步。天井左右为东西厢楼。该宅为硬山顶，筑有封火墙。

建于清末，为丝商朱季芬所建。现整幢建筑保存完好。第二、第三进梁架花卉、屋檐舫形挑头戏文等雕刻内容丰富，工艺精美，雕刻精细，地方特征明显。为苏州市文物保护单位。

## 231　康庄

位于吴江区震泽镇南浦浜村分乡桥河南岸。

明万历六年（1578），吴秀建造。吴秀（生卒年不详），字越贤，一字平山，吴江人。明隆庆五年（1571）以乌程籍中进士，历任授刑部主事、郎中，九江府知府、扬州府知府、福建按察副使。被劾免辞官回乡，筑康庄别墅，以喻宽和心境。自号匡庐道人，因而康庄别墅又称"匡庐"。匡庐本为江西庐山的别称，有人间仙境的寓意。

吴秀建石室、筑土阜、凿小池、集名人碑文、画像。别墅内筑有3间拱形石室，1大2小，紧紧相连，高高隆起，上复黄土，极似敦煌莫高窟。中间石室刻范蠡、陆龟蒙、王蘋、陈长方、杨邦弼、陆十七、沈义甫、杨绍云、张源9人画像，后人称之为"九贤祠"。东一室刻有宋文天祥（小名云孙，字天祥，号文山，宋廷封文天祥为少保、信国公草书）的草书、吴澄（字幼清，晚字伯清，学者称草庐先生）的隶书碑。还有唐吴道子绘至圣先师及十哲像碑。另有石刻"平山"两大字，系宋欧阳修书。本在扬州平山堂，吴秀回乡时摹勒于此。

康庄别墅风光锦绣，楼、馆、桥、堤、石室、土山、小池引人入胜。清道光《震泽镇志》录有施守官《吴大夫园记》，在园内"高楼望远，则百里萃于目中；华馆临深，则千顷同于几下。石梁婉娈以跨堤，屏障逶迤以夹路。密室则隆冬常燠，阴宇则盛夏恒清。又有长梧苍翠，修竹团栾，珍果累实，嘉木荫檐。其他奇葩殊卉、异形怪石耀乎灿烂，言之所不能殚也。询足遣累颐神，娱衷散赏者矣"。

"康庄别墅"是震泽旧八景之一。明朝时有庄氏二杰之称的庄宪臣、庄元臣常去康庄作客，都留下了诗。庄宪臣《宿康庄》诗曰："不知身是客，云卧意何长。山月疏棂灿，松风小阁凉。鸟呼醒梦短，絮舞得诗狂。底事横塘路，喧阗镇晓忙。"庄元臣《冬日过吴氏康庄小饮》诗曰："康庄虚寂远尘埃，有客相携共举杯。愧我蝇营迟远迈，羡渠鸟倦赋归来。林梢萧瑟秋风古，人影参差鉴水开。取醉莫愁投老计，须知松菊易为栽。"

清康熙二十八年（1689），吴秀六世孙吴嵩年重修康庄别墅。清末，康庄屡遭破坏蹂躏，荆棘丛生，满目苍凉。1930年春，震泽人沈秩安及杨剑秋、龚季博等人，募款修缮别墅，剪除杂草，搜集断碑残碣，竭力保存康庄文物。但终因无人管理，无篱墙围禁，任人放牧砍伐，挖土窃石，景点建筑俱被毁。

20世纪70年代，改为民兵训练的打靶场，现仅存一荒丘。70年代末，吴江县组织文物普查时，收集到康庄残碑20余块，现存于震泽慈云禅寺内。

## 232  世泽堂

位于吴江区盛泽镇新开弄1号。共有4进，后面有个园子。堂名寄寓祖先遗泽绵延之意。

民国时，第一、第二进为郑茂林绸行，面阔3间。第一进为店面，第二进为账房及伙计住宅。后来第二进部分租给嘉福永丝绸行。后有绍兴人许岐山从济南来到盛泽，租用了世泽堂嘉永福丝绸行处开天生酱园。第三、第四进为2层楼房，是郑家的住宅。第三进楼下为厅堂，挂有"世泽堂"匾额。现尚存第三、第四进楼房。

郑氏是盛泽的望族，郑氏源出周代郑庄公之后，明朝末年，其48世郑培祚、郑培祉兄弟又迁居盛泽镇。56世郑恭燮、郑恭和兄弟俩生于清咸丰年间，都以诗文名世。57世郑慈谷（字二贻，号式如）经营绸业，创办郑茂林绸行，清光绪三十二年（1906）与张庆镛等发起成立盛泽商会，曾被推选为会长。郑慈谷在世泽堂的大厅创办了盛泽镇第一所新式学校——郑氏小学，里人子弟争相报名。郑慈谷的儿子郑泳春、郑桐荪和女儿郑佩宜都是南社社员，小时候生活于此。郑泳春1908年任江苏高等学堂教授，又兼江苏铁路学堂讲席。1912年改任省立第二工业学校教授，在苏州执教14年。郑桐荪是历任福建马尾海军学校、安庆安徽高等学堂、上海南洋公学、北京农业专门学校等校教授。1920年任教于清华学堂，参与创办清华大学数学系并担任第一任系主任。郑佩宜是柳亚子的夫人，清光绪三十二年（1906）十月十九日，两人在世泽堂举

办了文明婚礼，新娘郑佩宜不上头面（凤冠），不戴方巾，不穿命服，改着绯色短袄及罗裙；新郎柳亚子亦仅穿长袍马褂，而非官服。一对新人以鞠躬行礼代替了跪拜，礼仪简约质朴而不失典雅，庄严隆重而不减喜色，是为近代吴江县内首例新式婚姻，轰动了全县。

1915年4月6日，盛泽镇上出马灯会。傍晚，人们拥挤在街上观灯，街边协康祥布店突然起火，观灯男女在狭窄的街巷中左冲右突，因通道不畅，不少人被烧死、踏死。当时，郑慈谷不顾危险，毅然打开大门，使许多人从他家后门逃出，得以脱险。火灾过后，郑慈谷又主动让出自家的宅基，开了一条弄堂让人行走。弄堂长90米，宽3米，铺设碎石路面（现水泥路面），因为这弄堂是盛泽"七十二条半弄"之外的新弄，故名新开弄。

### 233 盛尚书第

位于吴江区七都镇吴溇双登桥北堍。民国《儒林六都志》载："盛尚书第，在吴溇双登桥北堍，系宋理宗朝尚书盛章之宅，故双登桥一名尚书桥，今称盛家桥。"

盛章（1162—？），字如晦，一字俊卿，号如斋，南宋淳熙十四年（1187）进士，历任平江（今苏州）太守、给事中兼翰林侍读学士、兵部尚书、吏部尚书等职。盛章在当时的都城临安（今杭州）为官多年，因为都城"第宅丛集"而日用开销靡费，于是迁居到吴江。曾在吴江盛泽和七都居住。后来，朝廷论功封爵，封盛章为"吴江开国伯"，食邑于吴江。"开国伯"是宋朝的一种封爵，为正四品，食邑700户。宋朝的所谓"食邑"大多是虚衔因为按常规，只有食邑达到1 500户才加食实封。

盛章是南宋时期的名臣，相传，宋末的民族英雄文天祥曾为盛章的像作了一首赞词："雍雍儒将，矫矫名臣，吴江开国，独此一人。瞻彼盛泽，庙食常新，公何如者，呜呼其神。"可见对盛章的评价颇高。现宅第已不存。

## 四、旧（遗）址、纪念地（物）名（49条）

### 234 李公堤

位于苏州工业园区金鸡湖上，是横跨金鸡湖东、西两岸的人工堤，主持筑堤的是清代元和县令李超琼，后人为纪念他的功德，故名。

李超琼（1846—1909），四川合江人，早年曾在辽宁边境做过军府幕僚，后来在江南的溧阳、元和、阳湖、江阴、吴县、南汇、上海7个县做过8任知县。清光绪十五年（1889）至二十四年（1898）期间，他担任苏州府元和县知县（其中两年与常州府阳湖县知县对调署理），而元和县是清雍正二年（1724）建置，与吴县、长洲县同为当时江苏省省会苏州府的"三首县"之一，其行政辖区与今天的苏州工业园辖区大致相当。李超琼踏勘元和县农田水利时发现，苏州城东元和境内的金鸡湖，不仅是太湖东泻行洪的通道之一（面积逾万亩），湖东有斜塘河和吴淞江，南连独墅湖，北则连接至元塘，且有3条航线从金鸡湖经过。每值风起，湖上波涛如山，行船屡屡翻覆。乡绅们建议在湖上修一长堤，既可提升湖上水路行船安全，又可开辟一条东部乡镇百姓进城的陆路通道，还能用长堤缓冲风浪，保护周边圩田。李超琼经过详细的研究和考察，决定实施筑堤方案，在当时县财政极其困难的条件下，发动元和县的士绅和农民，采取"以工代赈"和社会捐资的方式，利用太平天国战争留下被毁民居的残砖碎瓦，在境内金鸡湖上建成了一条全长2 267米的长堤，既有效减缓了湖上风浪，提高了行船安全，又加强了县城东部乡镇与城市的沟通，改善了民生，客观上还清理了堆积位于姑苏区几十年的战争废墟。该堤自光绪十六年（1890）七月开工，十八年（1892）六月竣工，共花银14 500多两。长堤建成后，

李公堤

元和县东部的斜塘、车坊、甪直等地受益最大，农田添了屏障，交通有了便利，一批新的街市随之兴起，尤其是曾在战乱中被夷为平地的斜塘镇，在两三年中，易地重建，迅速再现了往昔的繁荣。消息传遍苏州，著名经学大师、曲园老人俞樾闻讯后十分激动，专门写了一篇《李公堤记》，还应苏州乡绅要求，写了"李公堤"3个大字，后被刊刻在长堤西端的一块青石碑上。

李公堤自建成起虽然经过100多年的风浪冲刷，水上部分有所破坏，但基础一直良好。2006年，苏州工业园区根据规划，决定在长堤原有基础上，按照"国际风情商业水街"目标，予以重建，并将100多年前俞樾手书"李公堤"石刻重新树起在题岸上。2006年12月李公堤正式开街，定位为集高端特色餐饮、娱乐、观光、休闲文化为一体的国际性风情商业水街。2009年，为纪念李超琼实心为民的历史惠政，园区工委、管委会又在李公堤上建立了李超琼雕像，供人们瞻仰。

现在，李公堤成了苏州工业园区金鸡湖上最繁华的商业街区，不仅商家林立，花木簇拥，全长1 400米，是中国最大内城湖唯一的湖中长堤，它还是观赏金鸡湖景观的最佳处，成了金鸡湖上一道最亮丽的风景。李公堤所在的环金鸡湖景观工程已成为国内混合型亲水社区的成功典范，形成了规模巨大的开放型现代城市生态公园。

## 235 鸭城

位于苏州工业园区琼姬墩东500米处。因春秋时吴王围城养鸭而得名。民国《吴县志》载："斜塘河在金鸡湖，东岸有南斜塘、北斜塘、古鸡陂、鸭城等处，东过唐（塘）浦通吴淞江。"据传说，春秋时吴王夫差发觉宠妃西施喜欢看鸭子在水里嬉游，于是就下令在金鸡湖边上筑一围城养鸭，供西施观赏，这地方沿称"鸭城"，此处，绿水掩映，碧波如镜，1949年，此地仍留有驰名江南的"鸭神土地庙"。直到20世纪90年代，当地仍有名叫"鸭城村"的自然村，农民称其"鸭城"或"鸭场里"。历代文人对鸭城遗迹屡有吟咏，明秦夔《鸭城诗》云："闻说吴

王牧鸭处，年年来此拥西施。豪华已尽江山变，落日秋风动蓣藜。"清查诜《观鸭城》云："断砖零瓦满陂塘，道是吴王养鸭场。争似姑苏台上好，藕花深处宿鸳鸯。"

### 236　越公井

位于苏州市虎丘区（苏州高新区）上方山治平寺前。隋朝越国公杨素移军驻于治平寺时，疏浚整治而成，故名。宋《吴郡志》载："越公井，今在治平寺前山岗上，井径一丈八尺，石栏如屏绕之。上有刻字，多不辨。"唐广明元年（880），僧茂乾《述大唐楞伽殿后》《重修吴朝大井记》略云："惟兹巨井，吴志当坐横山艮位，越来溪西百步。隋开皇十年，越国公杨素筑城，创斯井焉。时屯师孔多，日饮万人。"宋熙宁中，吴守赵跂建冽泉亭于井上，施清臣撰《建吴中冽泉亭记》。《石湖志略》称："井在治平寺东南方菜圃中，五十年前故老犹及见之。八角石栏，今皆无存。亭久废。"今井犹存，井栏为民国年间张一麐重置，井圈外壁刻"越公井""隋开皇十年越国公杨素凿""李根源题""民国十六年张一补习"。1999年上方山国家森林公园重建井亭，井旁原有2棵4人合抱的古银杏树，惜20世纪70年代被砍去1棵。现存的1棵枝繁叶茂，生机盎然。

越公井

### 237　窑墩遗址

位于苏州市虎丘区（苏州高新区）东渚镇淹马村范家里村的土墩处。窑墩，为当地窑厂在此取土造砖的土墩，高出地面约3.4米，面积也不大，约400平方米。1980年4月，在取土时发现东汉墓葬，曾出土铜甑、铜壶。铜甑折沿，尖唇，收胫，矮圈足，底部稍向上凸，有12条形镂孔。铜壶方唇，盘口高颈，鼓腹收胫，器壁匀薄，纹饰俭朴无华，体现了东汉初期（25—100）铜制器具的特点，很有历史价值。

再进一步发掘时，发现了良渚文化遗址。"良渚文化"是我国新石器时代的一种文化。1936年在浙江余杭良渚镇首次发现，以此定名。窑墩附近的良渚文化遗址，经考古勘察，总面积达40 000平方左右，东面延伸到窑厂小河，西面延伸到万家村边的池塘，南面延伸到村边池塘之南，北面延伸到高田。近年来，因窑厂反复取土，土墩变为平地，墩已名存实亡。

在发掘汉墓到发现良渚文化过程中，地方政府十分重视，江苏省及吴县的文物工作者专门组织了发掘和文物调查组，在该遗址上挖掘采集到了不少文物，主要有：磨制得很光滑的双孔石斧、常形石锛，这些都是上古人类用以劈斩切割的工具。有夹砂红陶鱼鳍形大鼎足，是用于烹煮食物或祭祀用的器皿，具有十分鲜明的吴地鱼稻文化特色。还有"T"字形断面鼎足、满饰划纹的夹砂红陶器耳、泥质黑衣陶豆盘等，这些文化遗物的特点，与苏州城东的草鞋山、张陵山遗址中发现的早期良渚文化遗物非常接近。由此可见，窑墩遗址当是一处距今4 500余年的古文化遗址。

这座文化遗址的发现，为进一步研究太湖流域古老的鱼稻文化提供了重要的实物史料。1986年，窑墩遗址被列为苏州市文物保护单位，1994年竖立"窑墩遗址"文化保护碑。

### 238　越城遗址

又称越王城、勾践城或黄壁山。位于吴中区长桥街道西北石湖之滨。清乾隆《吴县志》（卷二十二）载："越城，在县西南胥门外，越伐吴，吴王在姑苏，越筑此城以逼之。城堞仿佛具在，高者犹丈余，阔亦三丈，而幅员不甚广。《史记正义》'吴东门解'引《吴俗传》云：子胥亡后，越从松江北开渠，至横山东北，筑城伐吴，即此地也。"同治《苏州府志》（卷三十五）载："一云越王城，又云勾践城。"元高文度《咏越城》诗云："古意犹堪吊，南湖不惮遥。阖闾开国地，勾践进兵桥。城郭高低黍，英霾旦暮潮。苍茫遗独立，斜日下渔樵。"越城旁有越城桥。明崇祯《横溪录》（卷一）载："越城桥……跨石湖之东北口，与彩云南北相望，普福介之，西连行春桥，东傍越城废址，故名。"

越城遗址，距蠡墅镇3千米，属新石器至春秋古遗址。遗址原是高出地面5米的土墩，由于长期耕作和自然力的破坏，剩下土墩高出地面1.5米。南北长约450米，东西宽约400米，面积约18万平方米。属马家浜、良渚、吴越春秋时期文化遗存。1936年曾对遗址进行过调查，采集到石斧、鹿角等遗物。苏州解放后，进行过多次调查。1960年5月至7月，江苏省文物工作队苏州分队对越城遗址进行正式发掘。发现其文化堆积层厚近8米，可分4层，最早年代距今约6 000年。出土文物140余件，出土的石、玉、陶器中有夹砂红陶小罐、红陶釜、四口器、穿孔石斧、有段石锛、耘田器、石镰、鼎、盆、豆、杯、凿、镐、石圆饼、匜、壶、瓶、镞、钺、陶球、陶拍、陶纺纶、陶栖、三足盘、圆足盘、陶瓿、玉玦、玉璜、玉针等。越城遗址还清理出墓葬10座。

1956年10月18日，越城遗址被列为江苏省文物保护单位。

### 239　郭新河新石器遗址

位于吴中区郭巷街道尹山村，东濒尹山湖。因在尹山村郭新河两岸，故名郭新河遗址，年代为崧泽文化至商周。据苏州博物馆藏《吴县新郭河遗址发掘简报》载，1956年，该遗址由南京博物馆考古调查时发现。1974年，开挖郭新河时，出土了大量的文化遗物，但遗址被河道分辟成东、西两部分。1987—1988年，吴县文管会在对遗址全面复查期间，征集到石器数件，采集到石器、陶器200余件（片）。石器有斧、凿，陶器有鼎、壶、罐、钵、盘、盆、杯、豆把、器把、鬲足及原始瓷器盖、碗等。郭新河沿岸东西长400米、南北宽400米，面积16万平方米，文化堆积1.5米，遗址文化层堆积的时代分别为崧泽文化、马桥文化、周至汉代，为探索太湖地区古文化的内涵及分布情况提供了丰富的实物资料。因苏嘉杭高速公路工程从遗址中心通过，涉及遗址面积4 000平方米。1999年10月8日至11月11日，苏州市、吴县市文物部门抢救性发掘新郭镇六丰村东面600平方米，当地俗称"长坟"，发掘清理古墓葬14座，其中崧泽文化

墓葬6座,唐代墓葬5座,宋代墓葬3座,出土一批遗物。

1997年7月28日,郭新河遗址被列为吴县市文物保护单位。

### 240 摇城遗址

又称澄湖古遗址,位于吴中区甪直镇澄墩行政村。清乾隆《吴郡甫里志》(卷十六)载:"后越王摇居之。摇城,在甫里西南。初吴王子居焉,后越王摇居之。汉高帝时,佐诸侯平秦封之,以奉越后。稻田三百顷,极肥美,今人呼为摇盛者误。"《史记·越王勾践世家第十一》载:"后七世,至闽君摇,佐诸侯平秦。汉高帝复以摇为越王,以奉越后。"清同治《苏州府志》(卷三十五)载:"摇城,《越绝书》吴王子居焉,后越摇君居之。稻田三百顷,在邑东南,肥饶水产,去县五十里。《姑苏志》:今其地名大姚。"

或称摇城遗址亦在澄湖。1974年初春,澄湖西岸车坊在围湖造田时,发现大批古井,古井中有不少文物。随即由南京博物院和吴县文管会组织抢救性发掘,清理古井150口,出土各类器物1 200余件。这些器物分别属于新石器时代的崧泽文化、良渚文化、马桥文化、西周及汉至宋各时期。井中还出土了炭化粳稻,颗粒饱满,印证了文献中"稻田三百顷"之说。2003年9月下旬,甪直镇郭巷村一带围湖清淤取土时,又发现澄湖底历史文化遗存,由苏州博物馆和吴中区文管办再次进行发掘,发现水井402口、灰坑443个,出土各类文物近500件,有崧泽文化时期的彩绘陶瓶、黑皮陶壶,良渚文化时期的提梁壶,西周时期的陶尊,东周时期的铜削等珍贵文物,其中有一定数量的带有中原文化因素的仿铜陶器。据考,这些器物具有区别于典型良渚文化,又不同于中原夏商文化的地方性文化。

1986年3月25日,摇城遗址被列为吴县文物保护单位,石碑立甪直镇大姚村侧。

### 241 洄溪草堂遗址

位于吴中区越溪街道张桥村。洄溪草堂,清乾隆年间建,主人吴中名医徐大椿(1693—1771),又名大业,字灵胎(后以字为名),自号洄溪,江苏吴江人。工文辞,通晓音律、天文、水利诸学,尤精医学,曾评注叶天士《临症医案指南》,自著《洄溪医案》一卷,有《兰台轨范》《医学源流论》《论伤寒类方》《洄溪道情》等30余首传世。两次奉诏进京为朝臣诊病,深得乾隆帝嘉许。先于清乾隆二十六年(1761)正月,奉旨进京为大学士蒋溥、大司农李元亮等重臣治病。同年五月初,请辞回故里。后于乾隆三十六年(1771),奉命进京,年79岁,已卧病,但皇命难违,自料将有不测,让儿子徐爔陪同,"载楠柎以行"。果然到京城第三天竟病逝,"天子悯惜之,赐帑金,命爔扶榇以归"。临终前,自拟墓联:"满山灵草仙人药,一径松风处士坟。"清袁枚(1716—1798)《小仓山房诗文集》有《徐灵胎先生传》。

洄溪草堂,筑于乾隆二十六年(1761)。徐大椿从京城辞归,"自此筑室吴山之画眉泉,为静养之地,不复远行矣"。地处七子山南麓深坞,茂林修竹,泉石天成。原址为清初高僧子山所辟禅居,后被其弟子售与当地人,因太荒僻而圮。徐大椿购得后,"更筑斗室于泉旁,以为静卧之所,而后其地可得而游览矣"。当时名流及后世文士寻访洄溪草堂与画眉泉,在周边崖石遍留题刻。清咸丰间,洄溪草堂毁于兵燹,所幸摩崖石刻保存下来。

洄溪草堂遗址，在今张桥村西山坞，俗称老江北园。遗址旁高约 5 米、长 50 余米的石壁上，至今留有摩崖石刻 30 余方，除徐大椿自题"古画眉泉""回溪徐大椿：不信在人间"等外，还有清代名人袁枚题"仙境"，钱大昕题"云壑"，果亲王"为回溪先生题，满饮上池"，许玉猷"为洄溪道人书，可以濯我心"等手笔。1986 年 3 月 25 日，洄溪草堂摩崖石刻被列为吴县文物保护单位。

## 242  绩断厅

位于吴中区光福镇上街 2 号。原是光福望族靖节公（光福旧有徐靖节公祠，祀南宋"靖节"徐揆，其父徐綮为迁光福始祖，光福别称徐村）世孙徐某旧宅，人称顾鼎臣读书处。顾鼎臣（1473—1540），初名仝，字九和，号未斋，苏州府昆山人。明弘治十八年（1505）状元及第，累官至礼部尚书兼文渊阁大学士，追赠少保、太子太傅，谥号"文康"，著有《未斋集》。光福民间流传顾鼎臣与绩断厅的故事，说是顾鼎臣少时曾在光福徐家求学，拜徐夫子为师。顾鼎臣金榜及第之后，特地到光福徐宅谢恩，时徐老夫子已故，师母健在。师母欲烹茶待客，入厨房烧水，谁知锅中水未沸，却断了柴火，情急之中，随手将摇车上待织苎麻扯来，丢入灶膛将水煮沸。顾鼎臣目睹师母生活清贫如此，百感交集，随即唤随从捧出银两，师母却婉言谢绝。顾鼎臣决意为师母家翻修旧宅，据说还得到了当今皇帝恩赐，赏银为徐宅翻建新大厅，顾鼎臣为之题额"绩断厅"，以报徐师栽培之恩，铭记师母断苎麻烹茶之情。相传，顾鼎臣在石嘴墩建有"燃松园"，还在太湖边潭山建"七十二峰阁"。

绩断厅，人称楠木厅，为明代建筑。厅内栋圆檩方、弯椽雕檐，全楠木结构。20 世纪 60 年代被拆除，现光福上街绩断厅遗址，尚存徐氏旧宅部分老屋。

## 243  小狮林寺

又称小狮林，位于吴中区光福下绞村。民国《吴县志》（卷三十六）载："小狮林，在穹窿北麓岻里西山下，建置未详。两壁砌《楞严经》，全部石刻，共六十余石。为侯峒曾、归昌世、顾锡畴诸人楷书。清康熙四十二年（1703）赐额。"小狮林寺，在光福下绞村凤凰山西麓，或说建于南宋。据传当年清代乾隆帝下江南，游览玄墓山，途径小狮林寺小憩，曾御书狮林寺额。清光绪年间，定元法师住持时，该寺院曾兴过一时，后日渐衰落。民国期间，寺院有金刚殿、大雄宝殿、观音殿、飞锡堂以及僧厨用房等。20 世纪 60 年代中，寺院殿宇被拆除。

寺藏石刻《楞严经》，称镇寺之宝。《光福诸山记》称："大士殿左右两壁遍刻《楞严经》入石，计六十余块，二层至五层不等。游人须秉烛缘梯上下而读之，盖明季嘉定侯峒曾、昆山归昌世、顾锡畴、太仓王树敏等楷书也。"整部《楞严经》，分别刻在 84 块青石上，每块青石长 0.95 米，宽 0.33 米。经文有 10 卷，共 67 000 多字，自明崇祯元年（1628）抄刻第一卷，至崇祯十年（1637）冬月完成第十卷，由 10 人抄写，吴门章懋德镌刻，全部完工已是崇祯十五年（1642）。这批碑石原本要送往涿州房山入藏，时逢世变，北方战乱，不久明亡清兴，于是这批经文石刻便被藏入偏僻的小狮林寺。楞严经石刻于 1957 年 8 月 30 日被列为江苏省文物保护单位。小狮林寺被拆除后，84 块刻经碑石一度流失，甚至被当石料砌在村里大队部墙上及农民猪舍墙上。1977年，由吴县文管会出面将《楞严经》石刻收集回来，得83块（缺最末一块捐助者功德录），全部被妥善安置在司徒庙碑廊。同时征集到一块《金刚经》石碑，高1.92米，宽0.69米，用经文文字组成一座7层宝塔图案，署明万历二十七年（1599）仲春。据考此碑原在天池山麓，佛门弟子章藻为元别融禅师刻。现此碑石一同置于司徒庙碑廊。楞严经石刻（包括金刚经石刻）于1982年被重新列为江苏省文物保护单位。

### 244 三堰二池五闸

位于吴中区木渎镇穹窿社区。为穹窿山地古灌溉水利工程，宋代创建，明代将旧堰重新整修而成，有梯式上堰、下堰、过山堰，园塘池、荷花池，及上下所设5道闸口，故名"三堰二池五闸"。清乾隆《吴县志》（卷十九）载："（成化）八年（1472），吴县知县雍泰，奉檄筑西华石塘，雍见采香泾废堰旁，良田数千顷，遇旱禾稿。泰领民寻源，得于穹窿山陇阪间，盖由山腰法雨泉流出者，上为一堰，下阪分二道，一道东由白马岭南，疏踰赵墓折而西；一道西下山漊，环赵墓复迤而东，二流相合，近采香泾，潴聚成潭。仍躬相地宜，甃筑二百石堰，堰各置一闸，随水旱启闭。复市山石，由马迹山西南而东，筑堤千丈，未百日告成，湖田藉以种获。"

明、清两代经多次修治。清吴锡熊撰《重修穹窿山堰闸铭并序》称："其地有三堰二池五闸资以蓄水，相传为宋贤所筑。前明重修于成化，再修于万历。我朝康熙间巡抚汤文正（汤斌）重修，雍正十二年（1734）又修。道光十六年（1836）林文忠（林则徐）□修，至是已七十年。"因堰闸渗漏，储水无多，清光绪三十年（1904）前知县黄岩林、现知县李超琼（1846—1909）向上禀报，争取来巨额拨款，对三堰二池五闸加以修整。百姓为感恩，特立碑石以纪。

三堰二池五闸，利用山泉为"长藤结瓜"式蓄水灌溉系统，位于原藏书镇社光、兴奋、农林3村交界处，灌溉面积约50亩，其中园塘池近10亩，上、下堰各12亩。为保存至今苏州地区少有的古水利工程。

### 245 橘庄

位于吴中区东山镇金家河村。清康熙《县区志》（卷十一）载："橘庄，在社下里西，里人翁天浩筑，中有社西草堂，敞云楼最胜。"翁天浩（1645—1693），字元直，号养斋，国学生，考授县丞，娶席本祯女为妻。清内阁学士徐乾学称："昔翁氏盛时，其族人园林台榭甲于东南，数十年间渐次衰落矣，惟此社西数亩地为翁氏别业，流水周阶，青山在牖，不事雕饰，居然有林壑之胜。"（徐乾学《翁元直暨配席孺人合葬墓志铭》）橘庄，柳毅传书"洞庭之阴有大橘焉"而名。又称社西草堂，内有敞云楼、书浪亭、疑雨廊等。清康熙二十九年（1690），徐乾学告退回乡，奉康熙圣旨纂修《大清一统志》及《明史》，至东山假友人翁天浩橘庄敞云楼设书馆。徐乾学称："岁庚午，余请告，特恩以书局自随，避城市喧嚣，就君（翁天浩）假馆焉，君亦惟恐余之不往也。"随同一批知名学者亦分别寓居橘庄及芗畦小筑等处。清康熙三十二年（1693），翁天浩病逝，年仅48岁。而1年之后，徐乾学因积劳成疾而卒，享年62岁。橘庄因徐乾学修《大清一统志》而闻名遐迩，时人题咏很多，清查慎行（1650—1727）《敞云楼次顾丈景范韵》诗云："堵墙高下列丹枫，平视茫茫但碧空。地迥最宜千尺上，景奇独占一山东。湖光夜闪疑飞电，蹬道秋垂似偃虹。多愧元龙豪气在，每闻清啸发楼中。"

橘庄所在地"社下里"，又称"橘社"。清张大纯《采风类记》云："柳毅井在洞庭橘社，洞庭龙君女托毅寄书曰：'洞庭之阴有大橘焉，曰橘社，击树三，当有应者。'即此。今橘社树尚在，故名其地为社下。"今橘庄园景已失，遗址尚存，其中的敞云楼存堂屋2进。

## 246　柳毅井

又称柳毅泉。位于吴中区东山镇金家湖启园内。宋范成大《吴郡志》（卷九）载："柳毅井，在洞庭东山道侧。案小说载柳毅传书事，或以谓是岳之洞庭湖，以其说有橘社，故议者又以为即此洞庭山尔。"民间流传《柳毅传书》故事，发生地向来有二说，一说在湖北洞庭湖，一说江苏洞庭东山。因为洞庭东山有"橘社"，作为柳毅三击老橘树的标志，此处距太湖边不足200米，所以人们认为洞庭君在太湖中。传说柳毅受龙女之托，将书信传给洞庭君，就是从此井入龙宫的，故称"柳毅井"。明吴时德《柳毅井》诗云："橘树无踪征往年，寒泉村落尚依然。青鬟罢汲犹相聚，闲坐银床语旧缘。"吴伟业亦有诗云："仙井鹿卢音，原泉泻橘林。寒添玉女恨，清见柳郎心。短绠书难到，双鱼信岂沉。波澜长不起，千尺为谁深。"

柳毅井

柳毅井又称柳毅泉，清同治《苏州府志》（卷三十五）载："柳毅泉，《图经续记》：在太湖之滨，虽大风挠之不浊，虽旱不耗。"柳毅泉味甘润津，为东山名泉之一。其旁原有一片橘林，井旁有嵌入民居墙壁的古石碑。1994年，东山环山公路扩建时，柳毅井及石碑得以修整，重置明王鏊手书"柳毅井"石碑，上署"正德五年（1510）四月六日""太傅王鏊书"。古井圈石为旧物，绳痕斑驳。柳毅井与古杨梅树、御码头合称为"启园三宝"。

## 247　陆慕御窑址

位于相城区元和街道御窑村（现御窑花苑小区门东面）。今存窑址为清后期遗址，南北走向，东西长35米，南北宽33米，占地1 155平方米，双窑联体（外部）结构，内部窑膛和外部烟囱各自独立，窑内呈圆锥形，窑门拱形，烟囱圆柱形，渗水池位于窑顶。

明永乐初年，为迁都北京，朱棣起用香山帮建筑师蒯祥筑紫禁城。蒯祥小砖瓦取自山东临清窑，铺地用大砖则取自家乡苏州陆墓（后改作"慕"）各窑。"金砖"名称由来有二：其一，陆墓泥砖烧制成砖后，颗粒细腻，质地密实，敲之作金石声，故称"金砖"；其二，此砖运到北京附近的"京仓"，供皇家专用，因称"京砖"。

陆墓窑作在宋代已十分兴盛，明清更是大兴。宋万俟绍之《陆墓寺》诗云："距城才五里，野景自萧然。塘水清环寺，窑烟黑翳天。市多沽酒旅，桥列卖渔船。欲酹宣公冢，渊陵几变迁。"明《姑苏志》（卷十四·窑作）载："出齐门陆墓（土质）坚细异他处，工部兴作多于此烧造。"相传，陆墓窑作受到永乐皇帝的称赞并赐名"御窑"，但此说无考。清乾隆《长洲县志》（卷十七·物产）载："窑作，在陆墓徐庄，工部官砖亦于此烧造。"民国《吴县志》（卷五十一·物产）载："窑作，《姑苏志》：出齐门陆墓坚细异他，处工部兴作多于此烧造。按：今五溇泾乡民皆以烧窑为业，所造砖瓦不亚陆墓。见采访册。"

陆慕御窑址

明代以来陆墓烧窑业得到长足发展。然进京用砖，选材讲究，制作精良，检验亦十分严格，清乾隆十年（1739）江苏巡抚张渠在奏折中说："钦工物料，必须颜色纯青，声音响亮，端正完全，毫无斑驳者，方可起解。"这是初验，装船从运河送到北京"京仓"，窑户要随船进京复验，家中亲人担心不已，常在村头桥上翘首望归，此桥因称"望郎泾桥"。

关于金砖，明代张问之《造砖图说》一书有详细记载："自明永乐中（1403—1424），始造砖于苏州，责其役于长洲窑户六十三家。砖长二尺二寸，径一尺七寸。必取城东北陆墓所产干黄作金银色者，掘而运，运而晒，晒而椎，椎而舂，舂而磨，磨而筛，凡七转而后得土。复澄以三级之池，滤以三重之罗，筑地以晾之，布瓦以晞之，勒以铁弦，踏以人足，凡六转而后成泥。揉以手，承以托版，砑以石轮，椎以木掌，避风蔽日，置之阴室，而日日轻筑之。阅八月而后成坯。其入窑也，防骤火激烈，先以糠草熏一月，乃以片柴烧一月，又以棵柴烧一月，又以松枝柴烧四十日，凡三百三十日而后窨水出窑。或三五而选一，或数十而选一。必面背四旁，色尽纯白，无燥纹，无坠角，叩之声震而清者，乃为合格。其费不赀。嘉靖中营建宫殿，问之往督其役。凡需砖万，而造至三年有余乃成。窑户有不胜其累而自杀者。乃以采炼烧造之艰，每事绘图贴说，进之于朝，冀以感悟。"晚晴学者俞樾曾作七言长诗《京甎歌》详叙其事。

1949年4月，御窑停止生产。1952年，窑户成立互助组，合资经营协和砖瓦工场。翌年，成立新民联营砖瓦厂，后改为前进三社砖瓦部。1954年，组建御窑砖瓦厂，专门生产古建筑花色砖瓦。产品分砖、瓦、器物用具、动物花卉四大类，有方砖、嵌砖、王道砖、异型砖、筒瓦、沟瓦、脊瓦、黄瓜弯瓦、花边滴水、鸡、狮、虎、狗、麒麟、瓦将军等品种。主要用于宫殿、陵墓、寺观、院馆和庭园等古建筑工程的修复。

御窑金砖制作技艺2006年入选第一批国家级非物质文化遗产名录。2006年遗址被列为江苏省文物保护单位。2016年御窑金砖博物馆建成开放。

## 248　荻溪仓

位于相城区太平街道北浜村北岸西，南傍济民塘。荻溪仓旧址现仅剩砖园仓 6 座保存完好，为 20 世纪五六十年代粮库遗址。仓址今占地面积 2 800 平方米。

荻溪仓初设于何时，已无考。宋代已有荻溪之名，此地曾设置收储粮食的仓库，因名荻溪仓。明《姑苏志》（卷二十六）载："长洲县青丘、席墟、荻溪、苏巷、济农五仓，皆在娄门内东城下。旧有东仓在葑门外王墓村；西仓在阊门外九都；南仓在葑门外二十五都；北仓在娄门外二十四都。宣德间侍郎周忱移建于此。青丘厫四连四十八间；席墟厫四连五十四间；荻溪厫四连四十八间；苏巷厫五连六十间；济农厫四连五十四间。"民国《相城小志》（卷五）载："荻溪仓向在太平桥，今移苏城。"据此记载推断，荻溪仓历史上有过几次迁移。明前期原在荻溪建仓，明宣德间侍郎周忱移建至城东娄门，后又移至太平镇，清末至民国初年又移回城东。

民国十八年（1929）四月，沈一林投资 2 000 元在此创建裕元碾米厂。民国二十七年（1938），沈一林到娄门开办裕新碾米厂和面粉厂，将裕元碾米厂卖给朱菊祥，改名为协盛碾米厂。20 世纪 50 年代，协盛碾米厂被改为太平粮管所的太平米厂。60 年代末，米厂停办，改建成太平粮管所北库，新建粮仓 17 间，砖圆仓 7 间，可储存粮食 165 万公斤。

沈一林（1900—1962），又名沈光桂、沈亦纯。原籍吴县东山，民国十五年（1926）迁居太平桥镇。民国十八年（1929）在太平桥镇北浜开裕元米行，经营大米、面粉，又兴建裕元米厂，购进先进的机器设备，将碾成的白米销往苏州及县区各地。沈一林是太平地区第一个兴办民族工业的民族资本家，经过近 10 年的经营，成为太平桥镇最富裕的工商户。民国二十七年（1938），由他出资组建的太平镇自卫队被胡肇汉强行收编，米厂失去了安全保护。后将裕元米厂、米行卖掉。同年 2 月，他和两个儿子（沈鲸波、沈仰辉）离开太平桥去苏州创业，在苏州娄门外创建裕新米厂和裕新面粉厂。后参加公私合营。

2014 年，荻溪仓旧址被列为苏州市控制保护建筑单位。

## 249　望亭驿

位于相城区望亭镇境内。实体今已不存。历经战火焚毁，几次迁移。清道光《浒墅关志》载，镇建于三国孙吴时，镇名"御亭"。隋开皇九年（589），几乎就在吴州更名为苏州的同时，朝廷在此即设置了驿站，称御亭驿。后改名望亭驿，唐陆广微《吴地记》载，唐代苏州有全吴、盘门、通波、临顿、升月、乌鹊、江风、望亭 8 所驿站。明《姑苏志》（卷二十六）载："望亭驿去郡北五十里，先名御亭。唐李袭为守，以梁庾肩吾诗改称。庾肩吾（诗曰）：'御亭一回望，风尘千里昏。青袍异春草，白马即吴门。'"御亭改名为望亭自唐始。

隋大业年间（605—618）隋炀帝开通江南大运河时，在无锡至苏州河段借用了古鹤溪，对古水道进行了拓宽和加深。运河开通后，望亭驿地处古鹤溪之旁的古驿道上，紧靠运河，位置十分重要。明洪武《苏州府志》载："元平江路境图二十，有望亭驿于运河西岸南面。"可以从此直达苏州。元《无锡县志》（卷一）载："出州南门迤延东南行，过新安镇至望亭乌角溪口通吴桥，与平江路长洲界驿道接。从此经平江城为州之南驿道。"从望亭通吴桥沿大运河西岸经过

响水桥、仕莫泾桥、双白桥、游龙木桥、青石桥、花泾桥等达浒墅关再到苏州。至民国驿已废。民国《吴县志》（卷三十）载："旧属苏州，后属常州。今为苏州无锡分界地，驿久废。"

驿站在唐代建立在通波桥（通吴桥）南望亭界，后南迁响水桥。唐白居易《望亭驿酬别周判官》诗云："何事出长洲，通宵饮不休。醒应难作别，欢渐少于愁。灯火穿村市，笙歌上驿楼。何言五十里，已不属苏州。"唐宋时候此驿站是苏州府与常州府的分界。

明初，望亭驿站迁到问渡桥北、响水桥南堍，驿站被用作马场库房，房后土地为放牧的马场，地名马场浜，今地名仍在。民国二年（1913），驿站被裁撤，共历时1 315年。

## 250　望亭堰

位于相城区望亭镇境内，又名洪水闸（谐音洪山闸），实为石塘坝。始建于隋大业十年（604）。望亭堰地处古郡界，为太湖、鹤溪（古运河）、蠡河（今望虞河）之汇合处，堰筑于乌角溪即沙墩港泄水入运河的古鹤溪之旁。清雍正之前，望亭一直为常州府无锡县管辖，但望亭堰闸却一直归苏州府管辖。

元《无锡县志》（卷三）载："御亭，吴大帝所创，在今望亭市去县四十五里，《风土记》云：隋文帝（开皇三年，南朝陈至德元年即583年）至德元年置市并置堰，号望亭堰。"北宋嘉祐八年（1063）开河通太湖，遂废堰闸，元祐间复置闸复废。

宋范成大《吴郡志》"水利下"记载了宋代郑侠所写水利书，其中提到苏州管辖望亭堰闸的理由，其云："某所乞复常州无锡县界望亭堰闸，俾苏州管辖者，盖以常、润之地，比苏州为差高。而苏州之东，势接海岸，其地亦高。苏州介于两高之间，故每遇大水，西则为常、润之水所注，东则为大海岸道所障。其水潴蓄，无缘通泄。若不令苏州管辖望亭堰闸，则无复有防遏之理。故愚先乞开茜泾之水入于北江。若使常、润之水决下此堰，则不唯少舒苏州之水势，而常、润之水，亦自可以就近顺流而入于江矣。"明代《吴中水利通志》载："无锡县界之望亭堰俾苏州管辖，以遏常润之水。"

1955年9月，由吴县人民政府牵头会同苏州市郊区出动1 000余名民工、技工，整修枫桥—浒关—望亭部分运河塘岸。1976年，经江苏省水利厅批准，沿东、西太湖兴建环湖大堤。从胥口、光福、东渚、镇湖、通安、望亭6个公社的20余万亩农田划入保护圈环湖复堤（统称太湖大堤）。望亭地处西太湖复堤，工程分4期，从东渚龙塘港到望亭沙墩港为第四期工程。1986年冬，望亭在沙墩港至通安界全长5 100米的太湖岸线，筑起一条由石坝为基础，高7米、顶宽5米的防洪屏障，又称太湖大堤。1992年11月2日，江苏省规模最大的底涵工程——望虞河立交工程破土动工，工程于1993年8月10日竣工通水，上部为江南运河，下部为望虞河九孔泄洪底涵。1998年10月，太湖治理工程竣工后，江苏省水利厅在沙墩港（望虞河）北侧，隋望亭堰闸和望虞河望亭水利枢纽旁，建治理太湖纪念碑一座。纪念碑底座为正三棱柱，边长15米，大理石质。东侧阴雕《治太碑记》，全文252字，另两侧各阴雕"江苏太湖治理工程纪念"字样，标志着根治了太湖水患。

## 251　湘城粮仓

位于相城区阳澄湖镇湘城老街观桥头南栈。现存两排仓房,建筑面积1 100多平方米,1台地磅和3只蒙古包式的砖砌圆形粮囤。囤高7.1米,直径10.8米,圆柱形,屋顶穹式,盖苏式小瓦,屋檐挑出,墙体上部开有不同方向小窗,底部开启闸门,今保存完好。

苏州历史上设置粮仓,始于春秋,历代相沿,增减而已(详见"荻溪仓旧址"条)。1949年5月苏州行政专署粮食局直属库建立,接管原吴县县仓5处。1951年,阳城区库搬迁至"灵应观"(改观为库),称"南栈"。后又建"北栈"(在妙智庵)、"新栈"(在鹞鹰溇),仓房23只,总储量可达982万千克。1951年,中国粮食公司在吴县建立营业处,湘城分设营业所、收购组和仓库。1955年始归并阳城区粮管所(库)。1958年8月,湘城设立粮食管理所,统辖粮库管理工作。1968年,用竹片、稻草、芦苇编扎露天囤储粮仓库。1972年,改建为泥墙、洋瓦结构的土圆囤,后又改建成砖木结构砖圆粮囤。

2009年湘城粮仓被列为苏州市文物保护单位。

## 252　和靖书院

原位于姑苏区虎丘山。实体今已不存。系苏州历史上最早设立的书院,初建于南宋理宗端平年间(1234—1236),原为纪念理学家和靖先生尹焞而建,院址在虎丘原云岩寺西边,故又名虎丘和靖书院、和靖书堂,民间又俗称虎丘书院。2011年恢复书院并正式命名为虎丘书院。尹焞(1071—1142),字彦明,一字德充,河南洛阳人,系著名理学家程颐直传弟子。北宋靖康元年(1126),以荐至京,辞官还山,赐号和靖处士。金兵南侵,全家死难,唯独尹焞被人救出,流落到四川。南宋建都杭州后,召回朝廷,累官至徽猷阁待制,力主抗金,与秦桧等政见不合,辞官致仕,隐居苏州虎丘10年,日夕研读,并聚众讲学,将寓居书斋题名"三畏斋"(在原虎丘云岩寺北西"西庵"故址,即今虎丘后山玉兰山房、通幽轩一带),著有《论语解》《和靖集》等。南宋嘉定七年(1214),知府陈苹在三畏斋旧址绘像建和靖祠祀之。南宋理宗端平二年(1235),提举曹豳奏准,改祠堂为书院,以和靖为名,并扩增校舍,建三省、务本、朋来、时习4斋,广招生徒。后又建君子堂、藏书堂、燕居堂等。当时的规制和北宋四大书院相似。诗人郑起有《虎丘尹和靖书院示开讲》云:"和靖书堂八面开,新分半席在山隈。若无人听都归去,传语生公借石来。"描绘的就是当时吴地人在书院读书的文化环境。元初,书院为"江南释教总统"杨琏真迦所毁,屋舍并为僧人所据。据《姑苏志》《虎阜志》等记载,元延祐元年(1314),书院并和靖祠曾移建"郡治"(今苏州平桥直街南段一带)。明初,仍于虎丘"西庵"故址建"和靖读书台"等,而书院有否复建,已失考。

2011年,苏州大学唐文治国学研究会等申报恢复书院,并经苏州市文联批准,在虎丘东侧占地约8 700平方米的虎阜路31号恢复书院。目前已复建的书院,正式改名为虎丘书院,成为开放性的读书会讲学及苏州图书馆"虎丘书院分馆"等纯公益性文化活动场所。

### 253 学道书院

位于今苏州干将东路平江实验学校一带。实体不存。学道书院实际上是一座为纪念言子而建的祠堂，据民国《吴县志》（卷二十七）载，这所"学道书院，祀吴公言偃，初在府城东南隅"。南宋咸淳五年（1269），苏州奏请立言子祠，并"扁以'学道书院'"（陈宜中《学道书院记》）。"学道"语出《论语·阳货》："夫子莞尔而笑曰：'割鸡焉用牛刀？'子游对曰："昔者偃也闻诸夫子曰：君子学道则爱人，小人学道则易使也。'子曰：'二三子！偃之言是也，前言戏之耳。'"书院挑选言子及其他先贤后裔及民间优秀子弟入院读书。孔子弟子有3 000人，但大多数都是"北方之士"，只有言偃是吴人，"迨言公北学而孔子之道渐于吴，吴俗乃大变。千载之下，学者亦众，家诗书而户礼乐，东南学道之宗，实言氏启之"（徐缙《学道书院记》）。言偃从孔子学后返吴，是在吴地推广孔子之学的第一人。建立祠堂，充分体现了吴人对言子的崇敬之情。

学道书院建成于南宋咸淳六年（1270），除祭祀祠堂外，另外还建置了以奉先圣的燕居殿及正已、选贤、问祀、知本4个讲堂，统称为"师友渊源斋"，又拨官田等，以收租作为书院经费来源。咸淳七年（1271），又在堂西建先贤祠，"以祀颜、曾、思、孟，左次澹台子羽，两序列周、程以及九贤"。元初，书院被豪僧"据为僧司，田悉夺去"。元至元二十九年（1292），又在"徐贵子桥高氏园"重行改建书院，但不久又废。直至明嘉靖二年（1523）苏州知府胡缵宗以景德寺改建，并建学礼堂，塑言子像于其中。堂后为讲堂，又建弦歌楼等。之后，学堂屡有修缮，正常办学。明嘉靖三十年（1551），知府金城把书院迁出，将原屋舍改为督粮道署。之后，不再见书院开办的记录。

### 254 鹤山书院

位于原姑苏区人民路书院巷内。始建于元初。它的创建与宋初名臣、著名理学家魏了翁有关。魏了翁（1178—1237），南宋邛州蒲江（今四川省）人，字华父，号鹤山，世称鹤山先生，生前曾创办"鹤山书院"而形成鹤山学派。魏了翁为北宋庆元五年（1199）进士，曾任礼部尚书兼直学院、瑞明殿学士、同签书枢密院事等，为官刚正不阿，屡受同僚排挤。南宋瑞平二年（1235）十二月，魏了翁受命赴江淮"督视军马"，十四日朝辞出京（杭州），二十二日午间抵平江府（苏州），随后一路西行至江洲（九江），奉命建立幕府，颇有功绩。南宋嘉熙元年（1237）正月初三，宋理宗下诏命魏了翁出任"知福州、福建路安抚使"，魏了翁在返京途中接到诏命，上书请辞。二月十五日，魏抵达苏州，再次上书请辞，并以"沉疴（重病）"为由，请求致仕，没有等到朝廷回音，于三月十八日病逝于苏州。宋理宗"诏赠太师，谥文靖，赐第宅苏州"（《宋史·魏了翁传》）。所赐的第宅即在今苏州书院巷，唐时名南宫坊，五代时吴越广陵王钱王璙曾在这一带建南园，故又称南园巷。魏了翁逝世后，即葬在苏州西郊高景山："魏文靖公墓在高景山金盆坞"（《姑苏志》）。魏了翁后人也从此定居苏州。元至顺元年（1330）魏了翁曾孙魏起"请于朝，愿即苏之故居设学奉祠"，元文宗非常赞成魏起的设想，并命人题额"鹤山书院"，虞集还撰写了《鹤山书院记》。苏州鹤山书院得到官方的重视。明初洪武年间，一度革除书院，魏了翁故居归官有。明宣德五年（1430），魏宅"改为巡抚行台，移书院于东南"[《吴县志》（卷二十七）]。虽然明弘治十一年（1498）魏氏后裔奏请以书院为"专祠"，后也屡经修缮，但所在是作为"江南巡抚衙门旧址"而保存至今，1982年被列为苏州市文物保护单位，2005年曾获得整修，现保护良好。而"南宫坊南园巷"地名也因鹤山书院而正式改名"书院巷"，沿用至今。

### 255　紫阳书院

位于姑苏区苏州府学内尊经阁后（今苏州中学内），清康熙五十二年（1713），巡抚都御史张伯行建。当时，康熙皇帝倡导宋代的朱熹之学，钦定《紫阳全书》，用以"教天下万世"。因朱熹号紫阳，故而取名紫阳书院。紫阳书院提出"学者之所以为学，与教者之所以为教，当以紫阳为宗"（张伯行《紫阳书院记》）。也就是主张学习朱子的性理之学，强化道德修养，探求儒家义理，学习辞章知识，从而达到提高士子文化素质、维系风教人心之目的。苏州紫阳书院与南京钟山学院和杭州敷文书院合称"江南三大书院"。该书院以紫阳之学为宗旨，"择所属高才诸生"[《吴县志》（卷二十七）]，传授朱子之道。清雍正三年（1725），江苏布政使鄂尔泰扩建校舍，增屋数十间，"士风一时振起"。紫阳书院曾得到朝廷的关注，并多次获得政府相关部门的资助。创办之初，康熙皇帝亲自题"学道还淳"赐额。清乾隆皇帝六次南巡，每次都到紫阳书院题字作诗，以示嘉勉。清道光时，紫阳书院学生一度多达1 300～1 400人。在紫阳书院开办的190余年中，先后有掌院（山长）27人，多为饱学之士，其中有状元2人，榜眼1人，会元1人，进士23人。书院的规章制度、课程设置等也较为详尽，注重精研古学。清光绪二十八年（1902）书院改名为校士馆，3年后废除旧学，书院也即停办。

### 256　正谊书院

位于姑苏区苏州府学（今人民路文庙）东、沧浪亭北。是以原白云精舍及可园（近山林）为基础，由两江总督铁保、江苏巡抚汪志伊，于清嘉庆十年（1805）主持创办。铁保在《正谊书院记》中说，"夫谊者，义也。官正其谊则治期探本，士正其谊则志在立身"，故取名正谊书院。正谊书院创办之初，效仿紫阳书院，"初与紫阳书院俱以经艺课士"[《吴县志》（卷二十七）]，后屡有修建，也多次获得相关行政部门的支持与赞助。正谊书院完全毁于太平天国战乱中，后又重建。历来掌院的也都是名流宿老，其中以朱珔和冯桂芬最为士林推重。冯桂芬是正谊书院第十四任掌院（山长），也是正谊书院重建后的首任掌院。冯桂芬是晚清著名思想家，"中体西学"的首倡者，他自幼博学群书，通经史，精历算、勾股之学，清道光八年（1828），进入正谊书院读书，受到来书院讲学的林则徐赏识。道光二十年（1840）冯桂芬高中榜眼，先后任翰林院编修、乡试考官等。清同治三年（1864），冯桂芬返回苏州，应李鸿章之聘，出任重建的正谊书院山长，掌院3年间，倡导西学，注重革新，不遗余力。对近代吴地书院的学风产生了重要影响，书院也为近代中国培养了众多人才，著名的有吴大澂、叶昌炽、陆润庠、王颂蔚、管礼耕、柳商贤、潘锡爵、袁宝璜等。原正谊书院所在，部分又在清光绪十四年（1888），由江苏布政使黄彭年重修，成立"学古堂"，建"博约楼"，藏书8万卷。光绪三十三年

（1907）改为存古学堂。1902年，江苏巡抚聂缉椝将正谊书院正式改为苏州府中学堂。1912年，江苏省都督府下令撤销苏州府中学堂，并入当时由苏州公立第一中学改名的吴县县立第一中学（史称草桥中学）。而原存古学堂所在，即"可园"部分，1914年被移用为苏州省立第二图书馆，1951年为苏南工业专科学校办公及师生疗养处，1957年为苏州医学院（今属苏州大学）占用，2002年划归苏州市园林局管理。2014年全面修复，2015年10月对外开放。2016年二期开始修复，2018年5月对外开放，正式成为"学府园林"。

## 257　文星阁

位于姑苏区干将东路苏州大学本部内。1982年被列为苏州市文物保护单位。原为祀奉文曲星的楼阁。文星，即文昌星，又名文曲星，相传是主管文运文才的星宿，故名。

文星阁俗称钟楼（挂有铁钟）、方塔（外形如方柱）。明嘉靖二十年（1541），苏州府长洲县学从旧学前迁至城东福宁寺故址。明万历十七年（1589）至二十五年于县学东南之东禅寺中阁故址建文星阁，附属于长洲县学，与县学西南之双塔左右对峙，"以补形胜之不足，并壮学宫之声势"。万历四十年（1612）重建时，稍向南移至今址。明崇祯六年（1633）修。"阁之中为洪钟，一响可闻千万户。南向为文星像，以奉香火。"清初蒋门彭家出"祖孙状元"，被认为就是"文星钟灵之验"，曾于清康熙二年（1663）、清乾隆十七年（1752）出资修阁，并于阁旁建桂香殿、朝元阁、时习堂、三贤堂等，成为名儒文士讲学会文胜地。清咸丰十年（1860）至清同治二年（1863），文星阁曾被太平军用作瞭望军情的"望楼"，附属殿阁斋堂皆毁于兵火。同治九年（1870）修阁，现阁南仅存桂香殿为同治十一年（1872）重建。

阁南向，下承3级青石方形台基，高6.5米，底边宽14.4米，逐级向上递减，南面有石级作八字形，可以两侧拾级而登。阁高4层，上覆四角攒尖顶，翼角起翘，葫芦结顶，连台基通高约28米，阁身平面为正方形，各层四面辟拱门，层间无腰檐平座。底层边宽8.6米，自下而上逐层做不甚明显的收分，形成有层次而又挺直的轮廓线。第三层以下以砖结构为主，仅第二、第三层楼板与梯级为木制。底层砖级藏于夹墙内。方室四隅有砖砌八角形倚柱，柱端隐出斗拱。顶层用木结构梁架支承阁顶。第三层与顶层间无楼板，仅于四周沿墙构回廊，中心形成四方空井，中架横梁悬钟。铸有"文星宝阁"铭文的清代铁钟尚存于阁内。桂香殿为硬山式，面阔五间，圆作梁。壁嵌明万历四十年（1612）《长洲县儒学重建文星阁记》、明崇祯六年（1633）《重修长洲县学文星阁记》两方碑刻。文星阁是一座形制独特的古建筑，其石台基和底层砖砌阁体尚属明代遗物。1954年和20世纪80年代曾获得整修。

## 258　梓义公所

位于姑苏区清洲观前34号。又名公输子祠。公输子，名般，一作班。春秋时鲁国人，故称"鲁班"。相传他发明了木作工技，长于制作攻城器械，工艺精巧，被尊为木匠的祖师。梓，木名，为优质木材。义，正义，合乎道德规范。梓义公所，即木工办事之处也。

公所最早建于憩桥巷。据清道光元年（1821）至清同治九年（1870）间小木公所同业公立碑记，初在憩桥巷者，乃"合城内外锯木、床作、杂木、机子作"共组之"小木公所"。"庚申兵燹，公所房屋被毁"，同治九年十月仍由同业捐款"复兴公所，即于（憩桥巷）地基上请示起建上下楼房六间，现已成工"。清咸丰十年（1860）毁于兵燹。同治中移建今所，为木工业供奉香火，名梓义公所。

公所坐北朝南，最后一进通牛角浜，边门东脚门有梓义小学。建筑布局为正门、边门、临街戏楼、天井、大殿、后进附屋等。临街戏楼两层6间，硬山顶，坐南向北，正对大殿，属镜框型戏台，以酬神演出为主。上层中间为演区，宽4.3米，深4.35米，其两侧砌粉墙。自楼板至屋脊通高3.9米。面向大殿之台口高2.45米，置有一式活络长窗6扇，窗外底部台沿围以镂空花格矮栏。两端专辟边门与戏房相通。上层东、西2间为戏房，各宽2.9米，深5.75米，通高4.6米，下层中间为的出入通道，方砖铺地。下层东、西2间各高2.5米，边门高2.1米。露天戏坪宽10.1米，深4.95米。

公输子祠自清道光三十年（1850）起至1946年止，共立石碑9座，现存苏州碑刻博物馆。内有戏楼，演出昆剧与清音堂名等，明清时期较盛。辛亥革命后，始有大小京班等参加演出。现为民居。戏台尚存。原大门尚存"公所"2字，门框上有"咸丰十二年"字迹。2003年被列为苏州市控制保护建筑。

### 259　范义庄

位于姑苏区人民路中段横巷范庄前。1963年被列为苏州市文物保护单位。北宋著名政治家、思想家、文学家范仲淹（989—1052），于皇祐元年（1049）以苏州灵芝坊祖宅创立范氏义庄，购置义田千亩，作为宗族公产，用以救济族人，并附设义学，供族人子弟免费入学。这是我国历史上最早的义庄。范义庄原有岁寒堂、松风阁等建筑。南宋咸淳十年（1274）知府潜说友（1216—1288）建范文正公祠于义庄东部。元至正六年（1316）郡守吴秉彝改祠为文正书院。此后多次重修。清咸丰十年（1860）义庄、书院大部被毁。清同治五年（1866）重建，但未能恢复旧观。清末以来，先后成为崇范学校、景范中学等校址。已陆续改建新式校舍，现仅存旧日祭祀范仲淹的享堂，为原范文正公祠的主体建筑。享堂为单檐山造，南向，面阔7间24米，进深12米，高约9米，规制宏大。现存享堂虽是清代重修，但扁作梁架和青石覆盆柱础犹是明代遗制，苏式彩绘依稀可辨。1985年曾得到大修。现大门东首临巷尚存石库门一座，上有砖额，题"有唐故址"4字，也为范义庄遗存。

范义庄门前原来还有一座雕刻精致的4柱3间5楼石牌坊，高约8米，建于明嘉靖四十四年（1565），清康熙三十四年（1695）、清嘉庆二十四年（1819）修。额题"世济忠直"，枋间刻范仲淹名言"先天下之忧而忧，后天下之乐而乐"，俗称"先忧后乐坊"。1957年被列为江苏省文物保护单位，1963年获得维修加固，倒毁于1966年。1989年为纪念范仲淹千岁诞辰，在天平山范文正公忠烈庙前仿建了"先忧后乐"石坊一座。

### 260　太平天国忠王府

位于姑苏区古城娄门内东北街204号、206号。原为拙政园的一部分。清咸丰十年（1860）四月，忠王李秀成率太平军攻克苏州，同年10月，就拙政园西一部分，并扩收东面潘姓和西面

汪姓等富户宅第,建设忠王府第。有大门、仪门、正殿、后堂、后殿等。大门面阔3间13米,进深8.8米,单檐歇山改硬山顶。前后檐柱上置阑额枋,架平板枋,施三出参单昂斗拱,承檐桁,架抹角梁,置斗拱,托下金桁,承角梁。梁枋为彩绘。柱础均为青石覆盆式。次间脊柱之间砌隔墙,明间设断砌门,置抱鼓石。大门左右翼为八字墙,前踞石狮。抱鼓石和石狮镂刻精细。仪门为硬山式,面阔3间15米,进深8.2米,梁、枋、桁间饰以彩绘。门后为广庭,东西廊庑相对,各宽7间。正殿与后堂均硬山顶,各面阔3间,以纵深5架的卷棚顶穿廊过渡,联结为一整体。平面呈工字形,故俗称"工字殿"。正殿通高约12米,面阔17米,进深17.4米。前置步廊,额枋上置平板枋,列一斗三升斗拱,置连机承檐桁。廊柱头置丁字科,前出挑檐桁,后出梁垫承月梁。步柱间共设海棠花格心长窗14扇,裙板浮雕云龙,绦环板饰以云凤纹。殿内梁架结构如厅堂抬头轩贴式,步柱与金柱间作船棚轩,金柱与后步柱间架大梁,连后双步檐廊。明间后步柱间设屏门。后堂面阔15米,进深8.6米,后置步廊。梁架为圆作,与正殿扁作相异。正殿与后堂的梁、枋、桁间均饰有彩绘。后堂与后殿之间,有东、西两厢相对。后殿亦硬山顶,高与正殿相等,面阔3间15米,进深11.5米,前设步廊,额枋上置平板枋,列一斗三升斗拱。廊柱头置单面出跳的丁字科。步柱与金柱间亦施船棚轩,金柱与后步柱间架大梁,后步柱之间设屏门18扇,门枋与后步枋间设垫板,以引条分隔为9方,皆绘以壁画,内容以鹿、鹤、虎、豹、狮、象、鸳鸯、绶带鸟、白兔、花猫等鸟兽为主,配以树石花草,各有寓意。现存壁画9幅,彩画495方。其中包袱锦285方,如意头210个。这些绘画具有苏式彩绘精致秀丽的独特艺术风格。后檐柱与后步柱相距仅1米,后檐墙高达7米,超出前廊桁2米,实属罕见,或为记载中忠王府举行礼拜仪式的"圣殿"或"天厅",因而做此特殊处理。

为妥善保护这座具有历史意义和艺术价值的建筑,1951年至1975年,曾对其官署部分进行7次修缮,1983年起又陆续将大门、仪门、两庑、正殿、后堂、后殿等全面修葺,基本上恢复了忠王府官署建筑的原貌。

王府内苏式彩绘堪称一绝,数量之多,水平之高,为全国罕见。这也是国内太平天国留存最完整的建筑群。清同治二年十一月(1863),太平军失守苏州。

清兵进入苏州城后,李鸿章据忠王府为江苏巡抚行辕,清同治十一年(1872)改为八旗奉直会馆。1938年,日伪在此设立"江苏省维新政府"。1946年,由国立社会教育学院借作校舍。中华人民共和国成立后,由苏州行政专员公署使用。1951年划归苏南区文物管理委员会。1954年改为江苏省博物馆筹备处,同年由忠王府分出单独管理。1961年,被列为全国重点文物保护单位。

### 261 蛇王庙

位于姑苏区娄门原"江海扬华"牌坊西侧,前后两进,内有蛇王和蛇的雕像。蛇王庙是长期活跃在苏州市民口语中的一处带有神秘含义的地名,据《吴门表隐》(卷三)载:"蛇王庙在娄门城下,向在城外,地名毒蛇墩。凡捕蛙者,祭献不绝,明末移建今所。或云神即方孝孺,并为娄关土谷神。"《清嘉录》(卷四·蛇王生日)载:"(四月)十二日为蛇王生日,进香者骈集于娄门内之庙,焚香乞符,归粘户牖,能远毒蛇。"又引钱希言《狯园》说:"蛇王庙在娄门外,葑门捕蛙者祭献其中,庙旋废,不知何年重建于娄门内。祭赛者不独捕蛙船矣。"钱思元

《吴门补乘》载："蛇王庙在娄门内，负城临水，杰阁巍然，与毗陵舣舟亭相似。前殿塑蛇将军，特假蛇耳，或相传蛇王为方正学，正堪喷饭。"《红兰逸乘》（卷三·咫述）载："娄门蛇神，相传方正学殁为蛇王，立庙于此，或曰士诚之弟士信，死于蛇门，后人思其惠爱而祀之。"众说纷纭，一说是为纪念方孝孺的，一说是为纪念张士诚弟张士信的，又说是封娄关土地神的，又说祭奠焚香乞得法符带回家能避毒蛇的。但传说中最为大众认可的是，蛇王为方孝孺，蛇王庙就是纪念方孝孺的。方孝孺（1357—1402），字希直，一字希古，号逊志，在汉中府任教授时，读书处被蜀王赐名"正学"，是建文帝近臣，故居在苏州。传说明成祖朱棣夺得皇权后，方孝孺拒绝为朱棣写即位诏书而被灭十族（九族加门生故友），成祖命人于方家掘地三尺查抄，见蛇无数，后人因建蛇王庙祭祀。清光绪二十六年（1900）重修。清末民初，庙产归东北街关帝庙，由仰高和尚张德昌执管，原正殿楹柱间，满布大小塑蛇，形态不一。旧时每逢农历四月十二日蛇王诞辰日，苏州市民为之举办庙会，端午节也香客频繁（与祛蛇有关）。日军侵占苏州时，庙被日军占为警戒区域，庙会等活动日渐冷落。1956年寺僧转业为漳绒厂工人，庙被改为漳绒厂仓库，1967年庙被拆除时在庙基下发现不少蛇骨。1985年起庙被改为农贸市场。

## 262　眼目司庙

位于姑苏区临顿路潘儒巷。因是供奉治疗眼疾之神，故名。主庙1954年因拓宽神道街时被拆除（所在为今园林路39—41号）。又名任敬子庙，祭奠的是南朝文学家任昉。眼目司庙是任昉的专祠。始建年月失考，宋嘉泰三年（1203），其28世孙浙西提举任清雯重建，明宣德二年（1427），裔孙任伯通重建。据顾震涛《吴门表隐》（卷三）载，眼目司庙内庭中有宋时紫荆树，树叶能疗目疾，"眼目司堂"俗称因此得名。清初，某亲王驻苏，军士多患目疾，因祷于神，折枝煎服，尽愈，于是香火日盛，列入祀典。清康熙二十年（1681），里绅韩菼、顾起鸿、赵炳、金芝等重建。清咸丰十年（1860）被大火烧毁，清同治六年（1867）又重建，赐额"眼目睁睛"。清末民初至解放初期，庙产归金家私有。其间，民国二十七年（1938），部分庙屋改为吴县县内初级小学。1985年时改为拙政园小学。另有"老眼目司堂"，也称任敬子堂，也是祀任昉，堂址在大儒巷迎晓里南口，1楼1底，旁有过街楼，由里绅顾豫捐地创建，1960年过街楼被拆除，1985年时楼下曾作为街道生活服务站。

任昉（460—508），字彦升，乐安郡博昌（今山东寿光市）人，南朝文学家、方志学家、藏书家，为"竟陵八友"之一。16岁时即被刘宋丹阳尹刘秉聘为主簿，又被朝廷征召为太常博士，后任司徒右长史。梁高祖萧衍即位后，任黄门侍郎，旋升任吏部郎中。梁天监二年（503）出任义兴太守，此后先后任御史中丞、秘书监、领前军将军。天监六年（507）春出任宁朔将军、新安太守，次年在任上去世。追赠太常卿，谥号"敬子"。任为官关心民间疾苦，而且十分清廉，在文学创作上，他是以学问为诗，以博见为文的。他的作品中有大量的骈文，最擅长用典，人称"五经笥"。在诗歌创作中，因善用事义，却不滞碍于典故，直率明达，呈现出质朴的风貌，而且作诗不关心声律平仄，这在永明体兴起并风行的当时也较特殊，特色鲜明。他的方志学成就集中体现于《地记》一书，《地记》是任昉在陆澄《地理书》基础上增补84部志书汇编而成，共计252卷，是继陆澄《地理书》之后，中国历史上第二部方志学丛书。这部方志学

丛书，对于方志保存有重要意义，它不仅收录《山海经》等全国性总志，还收录大量地方郡县志、山川图志、都邑志、异物志、外域传奇等，全面反映了汉代至南朝萧齐时期中国及外域诸国的地理、历史、政治、经济、文化、特产、民俗、外资等情况，《四库全书总目》把《地记》称作"丛书之祖"。任昉藏书有上万卷，是梁代三大藏书家之一，据《梁书》记载，任昉藏书有书目，这是史上最早的有明文记载的私人藏书编目。任藏书中善本异本书很多，能补充国家藏书之缺漏。任昉去世后，梁高祖派学士贺纵同沈约一起校勘他的书目，官家没有的书，就拿任昉家的书补充，为国家藏书起到了保存典籍、传承文化的功用。

## 263　外安齐王庙

位于姑苏区齐门外东汇路68号。民国《吴县志》（卷三十四）载："外安齐王庙，在齐门外东汇，祀后唐中书令安重诲，清康熙三年建，咸丰十年毁，同治中木业同人重建，今奉为金鹅乡土谷神。"因在齐门，故称"安齐王"。这就是说，这座外安齐王庙，祭祀的是后唐中书令安重诲，庙始建于清康熙三年（1664）。安重诲（？—931），后唐大臣，有济世安邦之经略，辅佐后唐明宗，颇有成效，加上当时战事稀少，屡有丰年，百姓安康，一时称为"小康之局"。可是安重诲刚愎自用，独断专行，终于被人杀害。安重诲掌权时曾派亲信出使过吴越国，或许因此与苏州结了缘。外安齐王庙于太平天国战乱时被毁。清代东汇路一带多木行，各处运来木材多安置路旁运河及空旷地，所以木行业主在清同治年间又共同出资重建了外安齐王庙，当时规模较大，并建有戏台。2003年拓建东汇路时，修复了外安齐王庙部分建筑，但戏台被移建到山塘街176号——现为山塘街著名景观。外安齐王庙在1982年文物普查中定名。1983年被列为苏州市控保建筑。现存大殿，面阔前后两进，山门两侧有青砖门额"扬仁""惠麻"4字。近年东侧又复建了中湖泾庙（供奉顾恺之），两庙合并。

注：苏州齐门一带，旧时有两座被封为"安齐王"的神庙，一座在齐门内北园原渔郎桥浜（原电视机厂厂区，已被拆迁），一座在齐门外东汇路，两座庙都称安齐王庙，为了区别，所以分别称作为内安齐王庙、外安齐王庙。民国《吴县志》（卷三十五·内安齐王庙）载："安齐王庙，在齐门内北园渔郎桥浜，神为安万年，元末张士诚破齐门，万年拒战，故土人以为社神。明洪熙初建，清同治中重建。"可见，庙内供奉的神主并不是一个人，而是分别指安万年、安重诲。前者是元末人，后者是后唐人，两人所处年代相差了400多年。

## 264　铁铃关

又名枫桥敌楼。位于姑苏区枫桥路西首，因楼檐"负昈带铃"，风触有声，由此得名。明嘉靖三十六年（1557），巡按御史尚维持为抗御倭寇窜扰苏州城，在城外创建敌楼3座，一在木渎镇，一在葑门外，一在枫桥铁铃关，现仅存铁铃关一处。铁铃关"下垒石为基，四面甃砖，中为三层，上覆以瓦，旁置多孔发矢石铳炮"，与关前运河、枫桥组成一个完整的古代军事防御体系，是扼守苏州西郊运河和官道水陆要冲的重要关隘。后屡有修建。清道光十年（1830）巡抚陶澍曾改铁铃关为文星阁以昌文运。1986年至1987年大修，加固关台拱门，重砌雉堞、女墙，并于台上建单檐歇山顶单层楼阁3间，大体恢复到清代的模样。1998年维修后，陈列明代任环领导苏州军民抗倭的文物史料，并对公众开放。关台以条石为基，城砖砌墙，底平面长方形，面阔15米，纵深10.2米，高7米，正中辟拱门，西跨枫桥东埭，东接枫桥大街，拱门内南北壁面辟大小拱门各1个，内砌登关砖级，并有藏兵和存储武器的空间。1982年被列为江苏省文物保护单位。

铁铃关

### 265　群乐旅社

位于吴江区平望镇司前街21号。东距京杭古运河50米。坐南朝北，计有房间14间。占地面积134.58平方米，建筑面积310.53平方米。背枕顿塘，依水临街。

群乐旅社旧址坐落在曾是明朝时期的平望驿站和巡检司所在地。群乐者，百姓所乐也。

旅社为3层楼房，中间筑有玻璃穹顶，弧形车木楼梯，"回"形走廊，车木栏杆，木板铺地。借以增加室内采光，底层磨石子彩色水门汀地皮，原嵌有龙形图案，已被毁。旅社建筑具有西洋风格，布局较为别致，原貌尚存。该建筑建于1926年，为吴梅先所建，先后有吴梅先、唐海金、叶洪昌经营，有床位50张。1948年11月群乐又转由叶洪昌经营。后来，老板生了4个子女，就把"群乐旅社"4字分别嵌入4个子女的名字之中，分别取名：叶群生、叶乐生、叶旅珍、叶社珍。1956年与东方旅社合并为旅社合作商店。20世纪70年代，旅社关并后改为公房，由房管所管理。

2016—2017年，起动第一、第二期修缮保护工程，2018年成为平望旅游公司办公场所，也作为景点供人参观。为苏州市文物保护单位。

### 266　艺英书院

位于吴江区平望镇蠡斯港北岸20号。南为蠡斯港，现填没为路；东、西、北均为民居。

平望书院起源于义学，清乾隆十一年（1746）建"养正堂"为艺英书院前身。清光绪《平望续志》载："平望书院本义学也，旧在蠡斯港。乾隆十一年，邑令陈和志奉府檄改建于吉祥庵故址，颜其堂曰'养正'，中祀先贤朱子。"乾隆四十年（1775）由里人张廷衡、赵思敬在义学之西增建学舍，定名艺英书院。艺英者，培植英才之谓也。当时增建正屋3间，东西偏各1间，庭前凿池，叠石莳花，又于西北隅建小楼1间，名"湖山平远阁"，颇饶泉石之胜。阁的下面，有三贤祠，祀明苏州府同知任环、吴江知县杨芷、邑诸生张起元。地基共1.4亩，亦属义学。凡诸肄业及清寒子弟就学能学有书斋、食有应厨，盛极一时。清咸丰十年（1860）战事爆发，艺英书院被毁。清光绪三年（1877）五月，震泽知县王树荣捐廉倡举，并劝谕里中士商量力捐助，鸠工庀材，光绪四年（1878）就旧基重建瓦舍20余间，虽未能恢复旧观，但肄业诵读之处又称完备，由江苏巡抚兼署两江的吴元炳写记。光绪五年（1879），有平望人吴沐三募建养正堂及花厅。

光绪二十四年（1898），戊戌变法，废科举、兴学堂，更名蠡斯港小学校。1905年改为小学校舍。光绪三十年（1904）七月，原艺英书院改为平望高等小学校。辛亥革命后，学校数次更名。抗战中校舍被毁，夷为平地。抗战胜利后于1947年重建，艺英书院旧址全部被改变用途。1950年后改称河西街小学。现艺英书院旧址为平望公共事业中心。

### 267　平望驿

位于吴江区平望镇京杭运河和頔塘交汇处。建于唐朝。清道光《平望志》载："平望驿，在安德桥南。唐时建，兼理水、马二站。宋因之。元分水站，设安德桥南，马站设通安桥西。"

平望驿东临大运河，南枕莺脰湖。驿楼有栏、有槛。登上楼台，莺脰湖景色尽收眼底。"驿楼揽胜"为古"莺湖八景"之一。唐代文学家张祜写有《平望驿》一诗，发出了"何堪秋草色，到处重离群"的感慨。元朝诗人萨都剌过平望，看到了"左带吴淞右五湖，人家笑语隔菰蒲"，吟出了《平望驿道》诗。清代诗人查慎行，在平望驿楼上吟出了《临江仙》词："两岸菰蒲闻笑语，人家只隔轻烟，银鱼晓市上来鲜。一湖莺脰水，双橹燕梢船。屈指邮亭刚第一，眼中长路三千。东风吹梦到江天。故乡桑苎外，无此好山川。"

明洪武元年（1368），革马站，存水站。后驿丞孟德重建驿舍。明正统三年（1438），驿丞田景义再建。明嘉靖年间，倭夷入寇，而平望寔受战之地，倭寇入侵，平望驿毁于战争。嘉靖四十一年（1562），知县李迁梧重建。其地前临运河，后枕莺脰湖，湖之浒建亭，亭内有正门和仪门。其内为堂，有匾额曰"皇华"。堂之东、西为两庑。平望驿焕然一新。诸生曹尔埏有《泊平望驿》诗："停桡依古驿，隔岸动渔歌。极浦残红断，遥山落日多。乡心悬鼓角，客路畏干戈。咫尺松陵道，浮云渺逝波。"

明天启元年（1621）知县晏清又修了平望驿。到清顺治六年（1649）知县李德淳详请移驿舍，置吴江县城东门外，平望仅有驿马。清雍正年间（1723—1735），平望驿已废。雍正《平望镇志》载："今也沧桑顿改，物是人非，莺湖之瀛森犹存，而驿楼之峨巍安在，兰亭已矣。"还录了一首释寂朗《莺湖杂感》，其中有诗句："跃马堤空溪店冷，钓鱼仙去驿楼荒。"

### 268　望仙亭

一名平望亭，俗呼望湖亭。位于吴江区平望镇。东、北为古运河，南为莺脰湖（现为莺脰湖路），西为小岛（现小九华寺所在）。

清道光《平望志》载："望仙亭，一名平望亭。相传张志和于此升仙，故名。宋咸淳中建。明成化中，殊胜寺僧宗式重建。下临莺脰湖，景物颇胜。嘉靖十三年，知县张明道匾以'洗天浴日'。"明代文学家、史学家王世贞月亮在望仙亭饮酒，留下了《洗天亭月夜与周天球、弟世懋饮别诗》2首："湖光天色淡相和，今夜离筵乐更多。云作翠屏装宝镜，风为金斗熨青罗。""尊前鹦鹉知衡在，曲里含桃奈郑何。一水峭帆归便得，不须低首怨骊歌。"明嘉靖年间（1522—1566），倭寇入侵平望，战火中殊胜寺被毁，而望仙亭岿然独存。到万历中（1573—1619），重新募建殊胜寺，有寺僧毁亭为屋，以收租息，将将其匾移置山门。清周芳有诗记：

"仙驾当年去不还，一亭凝望重盘桓。而今亭废仙踪杳，惟见莺湖落照残。"

张志和（732—774），字子同，初名龟龄，号玄真子，唐大历九年（774），张志和应时湖州刺史颜真卿的邀请，前往湖州拜会颜真卿，同年冬十二月，和颜真卿等东游平望驿时，不慎在平望莺脰湖落水身亡。《广列仙传》演绎了张志和在平望成仙的故事："与真卿游平望驿，志和酒酣，铺席于水上，独坐而酌，其席来去如舟。复有云鹤随覆其上，真卿僚佐观者莫不骇异。寻于水上挥手谢真卿，以上升而去。"

清乾隆二十六年（1761），乾隆皇帝南巡经平望，写下《莺脰湖词》："春草碧色水绿波，遥看吴岫濯青螺。此间谁是相宜者，闻道前人有志和。"

望仙亭后被毁，今重建。

### 269　放鸭滩

俗名鸭脚浜。位于吴江区平望镇莺脰湖东滨安德桥南，平望驿后。清道光《平望志》载："放鸭滩俗呼鸭脚浜，在莺脰湖东，平望驿和玄坛庙后。"

相传为唐陆龟蒙养鸭处。陆龟蒙（？—881），字鲁望，号天随子、江湖散人、甫里先生，长洲（今苏州）人，唐代诗人、农学家。曾任湖州、苏州刺史幕僚，后隐居松江甫里（今苏州甪直镇），编著有《甫里先生文集》等。

陆龟蒙《钓鳌集》中有诗句"户绕鸭阑开驿舍"。清道光《平望志》中也收录了平望人写放鸭滩的诗："溪头泛泛浪轻翻，倦憩平沙莎草繁。中贵不来时代远，已无金弹打能言。"（张世炜）"浪迹江湖烟水寒，笔床茶灶一舟安。当时岂有能言鸭，今日犹传放鸭滩。"（周芳）"吴中高士着贤声，游戏何妨俗客惊。今日滩头芦荻里，一群新鸭尚呼名。"（吴雷发）

放鸭滩毁于明嘉靖年间，今无存。

### 270　唐家湖遗址

位于吴江区平望镇胜墩村唐家湖北岸。东为227省道和京杭大运河，南为鲈中路（南北快速干线连接线）。唐家湖遗址面积4万平方米，经1961年、1982年和1985年调查，确定为新石器时代至商周时期的古遗址。

地层分4层，其中第二、第三层为主要堆积，厚度1米左右。遗址分布面积大，以遗址东北堆积最为丰富。保存尚好。遗址出土有新石器时代良渚文化典型黑皮陶罐、灰陶罐以及石器等，还出土有印纹陶罐等东周时期的器物。

现湖体已基本被填平，为苏州市文物保护单位。

### 271　升记绸庄旧址

又名沈家绸行旧址。位于吴江区盛泽镇北分金弄29号。建于清代，该建筑坐北面南，面阔5间，共3进楼厅，建筑面积6 405平方米。

升记绸行为盛泽实力雄厚的九大广（绸）庄之一，绸行和后一进厅堂中的升大钱庄，都为胡季良等人所开设。绸行内有走马堂楼，厅上为理货处及账房，楼上为职员宿舍。1916年，升记绸行和汪鞠如等合作在上海创办了当时全国最大的丝织厂——物华丝织厂。

现第一进西侧两间已不存，存有3楼3底；第二、第三进5楼5底保存完整。第二进前有砖雕门楼1座，门额为"蹈无"。为苏州市文物保护单位。

## 272 庄面

位于吴江区盛泽镇花园街之南杀猪弄30—43号。东为牧童湾弄，东南面为板箱弄，西为茭白荡，北为庄横头弄。周边多为民居，尚保留较多民国时期的民居老宅。

明末清初时，盛泽绸市交易集中于市河两岸，以中段善嘉桥一带最为密集，称庄面，意为绸庄林立的街面。后来称旧庄或老庄面。清乾隆十七年（1752）三月十三日，桥南新街口失火，善嘉桥延烧至北岸，毁房500余间。稍后，盛泽绸业公所在盛泽绸业界集资于西肠圩南建"新庄"，形成新的交易市场。新庄由市场两栋构成，中为夹道。

清光绪二十三年（1897）培元公所出资在新庄之南增建市一，称为南庄。庄面是绸庄集中的街面（区），由盛泽绸业界集资筹建，形成于清乾隆年间，晚清不敷使用，为中国古代第一个专业的丝绸交易市场，庄面的运营绵延至20世纪50年代。

原为一封闭形建筑，四周围墙，东、西、北各设一门，庄内一律砖木结构矮房，由一条南北通道和两条东西夹道分割。每间店面均一隔为两，由经营者租用。绸行朝南领户面北，室内有柜台、账桌、秤具、量具和钱柜，收摊后货、款由各户携归，庄面雇工守夜。

后整个庄面形成了一个建筑群，均为平房，分布面积约3 600平方米。以杀猪弄为界，弄东为庄面一弄，弄长64.3米；庄面二弄，弄长65.09米。

庄　面

弄西从北往南依次为庄横头，弄长46米；第一条庄，第一进坐西朝东，面阔3间8米，进深7.2米，西面中间为东西向天井，天井阔4米，南北两侧各一幢房，北侧坐北朝南面阔4间12米，进深5米，南侧坐南朝北面阔4间12米，进深6米；再西另有一幢房，结构比较特殊，东、西各有一大门，上为东西向的3只"人"字形顶，相互连接，中间顶较高，两边顶略低，东西长26.33米，南北之间宽15米；第二条庄，中间为1条东西43米、宽4米的石板天井，南、北两侧分别为坐南朝北、坐北朝南的二幢房，各面阔13间43米，进深各为5米；第三条庄，中间也为1条东西长50米、宽4米的天井，两侧也分别为坐南朝北、坐北朝南的二幢房，均面阔13间50米，进深6米；在第一条庄和第三条庄的车头间，面杀猪弄、坐西朝东的一幢房，面阔9间23.14米，进深6米。而且庄横头和第一、第二、第三条庄之间还有夹弄。于第三条庄东北角面杀猪弄与茭白荡庄横头相接处墙基向西尚有绸业公所所立的界碑。

1956年，蚕桑丝绸产品由国家委托加工收购渠道改变，庄面丧失其专业市场功能。1986年

10月，地处盛泽镇西的东方丝绸市场开业，经数年发展，成为全国著名的纺织品市场。现庄面旧址分布面积为2 941.27平方米，建筑占地面积为2 516.85平方米，包括庄面弄、庄面二弄和徽州庄等，多为民居。为苏州市文物保护单位。

## 273　思子亭

位于吴江区盛泽镇在茅塔村菉葭浜。清乾隆《盛湖志》载："思子亭，在茅塔村菉葭浜。国朝举人计东因其长子诸生准早卒，思之，乃构斯亭。"计东（1625—1676）明末清初学者。字甫草，号改亭，年15补诸生，声誉日起。尝著《筹南五论》，谒阁部史可法，史可法看认为他是奇才。清顺治十四年（1657）举顺天乡试。后以江南奏销案被黜。大学士王熙重之，屡荐没成功。浪游四方，所交皆贤士大夫。与顾茂伦（顾有孝）、潘稼堂（潘耒）、吴汉槎（吴兆骞）被合称为"吴中四才子"。宋荦为江苏巡抚时，计东已经去世20多年了，他特意让人收集了计东的遗文，编了《改亭集》并亲自为之作序。计东的长子计准，15岁补吴江诸生不幸早逝。计东丧子非常悲伤，不久就收集了当时士大夫写的哀悼文章及其遗文刻印。过了4年，计东在所住的地方构筑了一个亭子，以"思子"名亭。清初官吏学者、散文家汪琬写有《计氏思子亭记》。后来也有不少文人为思子亭题了诗。金作霖《思子亭》诗曰："童乌嗟已矣，乃有草元亭。老泪求题记，稚龄殉讨经。生儿原忌慧，造物偶钟灵。我正伤心者，遥瞻涕辄零。"

## 274　竹堂

一作石塘，位于吴江区盛泽镇斜桥西堍。因有茂林修竹，故名。宋崇宁二年（1103）里人仲世昌曾将竹堂改为僧庵，因所在地名北胜，故名北胜庵。盛泽旧有盛湖八景，竹堂古寺为八景之一。

相传晋竹林七贤和张翰曾寓于此。清顺治《盛湖志》载："竹堂，在斜桥西堍。相传晋竹林七贤、张翰曾寓于此。按：季鹰为吴江三高士之一，或曾来寓。七贤咸聚，未敢遂沿旧说。景仰流风，何妨并祀。"故又有竹堂古祠。

竹林七贤即三国魏正始年间（240—249）嵇康、阮籍、山涛、向秀、刘伶、王戎及阮咸7人，先有七贤之称，因常在当时的山阳县（今河南省新乡市辉县和河南省焦作市修武县交界一带）竹林之下，喝酒、纵歌，肆意酣畅，世谓七贤，后与地名竹林合称。

张翰，字季鹰，西晋著名文学家，吴江莘塔人氏。有清才，善属文，性格放纵不拘，时人比之为阮籍，号为"江东步兵"。齐王司马冏执政，辟为大司马东曹掾。见祸乱方兴，以莼鲈之思为由，辞官而归。

明朝人陈宣曾画"盛湖八景"，刻石置竹堂古祠壁间。明沈登有《古竹堂》诗云："梵响阴阴寄一椽，竹堂古迹故依然。斜桥曲水萦如带，高韵犹留落照边。"

竹堂清代已废，清顺治《盛湖志》载："竹堂古祠，一作石塘。宋崇宁二年，里人仲世昌建，今废。"清朝宋景和《古竹堂》诗也有记述："七贤把臂竹林游，筇屐曾闻此暂留。今日荒祠余粉壁，倩谁重写晋风流。"

## 275 龙庵厂

位于吴江区盛泽镇西肠圩东南。清乾隆《盛湖志》载:"龙庵厂在西肠圩东南,先是两岸无桥,后渡者恒有,故立茅厂以休行役。万历年间(1573—1619),建木桥五架。康熙时改石桥三拱,名迎龙桥。庵亦移数武,盖为大厦。"

明朱之蕃未及第时寓龙庵厂读书,古龙庵额是他手书。朱之蕃(1575—1624),字元升,一作元介。上元(今南京)人。明万历二十三年(1595)状元,官至礼部右侍郎。为史官时,出使朝鲜,尽却其赠贿。好名画古器,收藏甲于白下。盛泽人明诸生卜舜年亦曾读书于此。卜舜年(1613—1644),字孟硕,小字日桂,盛泽镇人。明末才子,擅诗、工书画。才思敏捷,雄视千古。生平狂放不羁,但又深受儒家思想影响,极富民族气节。深为董思白(其昌)、陈眉公(继儒)等赞誉。他写有《读书龙庵厂》:"僧寮明敞我参居,薏饭蒿汤好读书。恢复龙庵千载后,卷舒乌阵夕阳余。关深地险无人到,僧老心空我不如。身外徒萦过去事,讹言清敕墨兵除。"惜龙庵厂今已废不存。

## 276 江丰农工银行旧址

位于吴江区震泽镇文武坊26号。东向出银行弄达砥定街,西接文武坊通池塘桥。周围均是居民住宅区。坐北朝南,双层西式楼房一幢。面阔5间18.2米,进深8.5米。该建筑窗口窄小,门框装饰为半圆形拱券并逐层挑出,门柱为高大的爱奥尼亚柱式,为典型的罗马式建筑风格。建于1922年,由邑绅施肇曾创设,这是震泽第一家商办银行。施肇曾(1867—1945),字鹿珊,号省之。苏州吴江震泽人。早就读上海圣约翰书院。光绪二十一年(1896)奏补纽约正领事官,补以知县。1912年任陇海铁路局长,漕运局总办,1915年任交通银行董事长等。

江丰农工银行股份有限公司成立,施肇曾任董事长,庞、倪两位大股份分别担任常务董事和董事,聘请施士彬任总经理管理银行日常业务。银行以"扶农辅工"为办行宗旨,主要服务范围是震泽及附近地区,支撑了震泽地区一批像开弦丝厂那样的合作社,企业业务一度相当红火,1932年营业额达80余万银圆,金融业股份制营的管理办法在江丰农工银行股份有限公司曾经获得成功。费达生新建震丰缫丝厂、开弦弓小丝厂都曾得到江丰农工银行的支持。费达生是吴江人,著名社会学家费孝通的姐姐。

1937年冬,震泽被日军侵占,江丰农工银行股份有限公司房产被侵略军炸毁,账册被焚毁。1938年,股东大会决定于上海设立临时办事处。1945年日本投降,银行原址已成废墟,新的营业所设在现震泽商办房屋内,新中国成立前停业。1950年后,由中国人民银行接管,经清理,银行实有存款1 150元,因账册被毁或散失,存户清单不明,1953年进行存户登记,共记存款25 709元。1979年,经苏省人民银行批准,吴江县人民银行进行清存偿付,共付57户,计21 840元;依法没收5户10笔,计186元;应付未付3笔,计137元。至此,江丰农工银行股份有限公司画上了句号。

建筑现存,为苏州市文物保护单位。建筑旁有银行弄,从砥定街起,至文武坊,全长83米,因弄内有江丰农工银行而得名。

## 277　松陵驿

又名松江亭、如归亭、松陵公署。位于吴江区松陵街道。驿址曾多次变化。

松陵驿建于唐朝，在县南1.5里之地，当时吴江还未建县，设驿站以接待使者，名松陵驿。古时候驿也称亭，松陵驿也称松江亭。北宋天圣（1023—1031）中知县赵球重修以作为招待使客之所，改名如归亭，取宾到如归意。

元末明初，松陵驿是南来北往客人的休息之所，与杨基、张羽、徐贲被誉为"吴中四杰"的著名诗人高启（1336—1373）在《姑苏杂咏·松江亭》诗中这样写松陵驿："泊舟登危亭，江风堕轻帻。空明入远眺，天水如不隔。日落震泽浦，潮来松陵驿。绵绵洲溆平，莽莽葭菼积。……"明洪武元年（1368）松陵驿移建到学宫左，枕三江口，有"松陵驿"匾额。松陵驿的首任驿丞杨春开始建屋宇。到了明天顺年间，近百年的松陵驿由于岁久风雨震凌，几不可支，天顺七年（1463）浙江桐庐人孙麒来当驿丞，进行了重修。曾任吴江县儒学训导的东莞人陈用桢作《松陵驿记》，记载了天顺七年重修松陵驿的过程："恐其日就颓朽，使客艰于舍至，乃具实达于上司，遂撤其旧而重修之。前后厅堂左右两厢暨房库庖湢之所，凡二十余间。复楼其门，门外有亭一座，东西立迎恩、怀远二坊，高明爽朗，焕然一新，视诸往者尤有加焉。"

明成化十六年（1480）移建于三里桥仓东隅。松陵驿前有登云坊，后来又废。明嘉靖八年（1529）知县徐岱又在南津口迎宾馆旧址重建松陵驿，嘉靖二十八年（1549）知府金城奏革，易名松陵公署。今不存。

## 278　圣寿禅寺

又名兴宝院，俗称北寺。位于原吴江县治西北延寿坊内（今吴江区太湖新城松陵街道三角井银杏广场北部），明弘治《吴江志》载："圣寿禅寺，在县治西，俗称北寺，吴赤乌间开山，名兴宝院。"

三国吴赤乌（238—251）年间建，梁开平三年（909）、后晋天福七年（942）重建。圣寿意为帝王生日，寺名或与帝王庆生有关。圣寿禅寺是吴江佛教史上可考的最早寺院，北宋诗人、散文家，宋初有名的直臣王禹偁（954—1001）到吴江，写有《圣寿禅寺》一诗，曰："松江江寺对峰峦，槛外清池接野滩。幽鹭静翻春草碧，病僧闲说夜涛寒。晨斋施笋惟溪叟，国忌行香只县官。尽日门前照流水，濯缨无便对阑干。"宋天圣二年（1024）赐"圣寿禅寺"额。宋建炎中，毁于金兵。宋淳熙三年（1176）重建，用作十方禅院。宋绍定三年（1230）增建观音殿。

元至正元年（1341）重建。镇守吴江长桥管军总管张闻达建钟楼，铸铜钟。明洪武中重开山，为祈求福佑的道场。至正十年（1350），设僧会司，为管理佛教事务之机构。寺内有制敕符验，都是明太祖朱元璋所赐之物。明嘉靖时，寺内有钟楼以警昏晓，明嘉靖三十二年（1553）四月起，倭寇来犯，知县杨芷将铜钟悬挂东城门楼，以击钟召集士卒抵抗倭寇，直至清康熙年间才将钟归于寺中。明万历三十六年（1608），明末四大高僧之一、松陵人真可（达观）募捐建藏经阁，并在阁前铸铁塔，塔为7级，高5丈。并铸铁香炉，为角端形，也有一说为云狮形。

真可大师所书铁塔序碑，文呈塔形，每个塔檐尖均为佛字。明崇祯二年（1629）在寺西建大悲堂，明崇祯十五年（1642）在寺东募建准提坛。清康熙二十二年（1683），仓重建山门，清康熙四十一年（1702）正殿毁于火灾。清乾隆五年（1740）观音殿废址建例谷仓。清咸丰十年（1860）毁于战火。仅存一古银杏树，今地名为银杏广场。

### 279　崇吴教寺

位于吴江区横扇街道四都村。占地9亩。梁开平二年（908），僧妙义建。明正统中，僧师贞重建。归并十二庵。明嘉靖间毁。明万历三十九（1611）年，本地人屠大化建并置饭僧田。清咸丰元年（1851）毁于火灾。数年后士绅屠翁弃产出资重建。中华人民共和国成立时，单剩头山门四金刚殿。1958年被拆除，现尚存参天银杏1棵。相传这棵银杏是元代百花公主所赐，五台山的一位高僧为了完成百花公主的心愿，曾特地来到吴江，在平望殊胜寺、双阳永乐寺、四都崇吴教寺各栽下1棵银杏树。

有关屠翁重建崇吴教寺之事，民间有个传说：清咸丰元年寺焚被毁数年后，四乡士绅会聚，共商修复大事。开缘簿请大家施舍募捐，可到场士绅都推诿观望。吴江星角里（今属平望）有位屠姓富绅屠翁，其孙屠阳春，12岁，代祖父到会，因后到，不知缘由，坐上主位。士绅们让他先开缘簿写疏。年小志大的屠阳春见状竟大胆写下"小小屠阳春，独建崇吴寺"10个大字。后屠翁勇挑这副重担，弃产出资，3年内重建崇吴教寺。村人为纪念屠阳春功德，曾在头山门为其塑像。

### 280　感梅亭

位于在吴江区同里镇乐寿堂西。顾宽为思念母亲而建。今不存。

顾宽，字惟仁，明朝同里人，曾当过承事郎，为文官第二十三阶，正八品，居乐寿堂，乐寿堂中有同心堂，才子唐寅撰了记，性孝友，乐做善事。是同里社学的董事，参与修建或重建了庆荣桥、普安桥、会川桥、大通桥等。顾宽的母亲曾经在乐寿堂西种植梅花，母亲去世后，顾宽不入内房，见到了母亲植的梅花就想到母亲，常常哭泣不止。后来在梅花旁筑一个亭子，他每次来，在亭子内依依不忍离去，于是这亭子就取名为"感梅亭"，顾宽自己取号"感梅"。自题诗一首："中秋月明感梅轩，儿在梅边泪泫然。明月去来还有约，种梅人不返重泉。"

当时人听说了顾宽孝母的故事，都深受感动，纷纷题诗，明代画家、书法家、文学家文徵明有《题感梅亭》诗："百年嘉树未凋零，手泽聊存阿母灵。小槛春风新结构，疏篱残雪旧仪形。芳情脉脉寒输鼻，夜色离离月印庭。珍重诸郎好培植，自拈遹语作诗铭。"顾宽曾编有《感梅诗集》。

### 281　何家坟遗址

位于苏州市吴江区同里镇九里村南。遗址属新石器时代，现为苏州市控制保护建筑。
2009年3~4月苏州市考古研究所为配合同里湖纺织有限公司员工宿舍建设，新发现同里何家坟遗址，进行了抢救性考古发掘。

遗址中心现为一高出地面 4~5 米的土墩，南北 60 米，东西 50 米，系人工堆筑而成，原有面积更大。土墩东 160 米、北 60 米、南 50 米、西 240 米均为遗址范围。主要堆积为灰黑土夹黄锈斑地层，厚度在 0.7~2 米，位于地表 0.7 米下。为新石器时代良渚文化的堆积，曾出土良渚文化的黑皮陶豆、灰陶罐、红陶罐和石器等。

另外，墩上还埋藏有宋、元、明、清时期的墓葬多座，以明代何源墓最为著名，故称何家坟。何源，初名德源，字幼澄。明洪武乙亥（1395）充贡，明年举于乡，会试副榜，授德州学正。以荐擢知本州，为政廉明。人称"赛包公"。

### 282　龙船渚

位于吴江区七都镇隐读村（旧名隐渎村）。清乾隆《儒林六都志》载："龙船渚，在日辉桥东，相传为宋高宗临幸驻龙舟之所。孙阳顾诗云：'古杨萦御缆，断岸驻龙舟。荇藻鱼翻影，长疑翠萍浮。'"

七都有吴驸马第，在因渎东村往字圩。驸马名莫考，号瑞宇，当地人祀他，称因渎神主。相传驸马和公主曾在此居住，宋高宗曾幸临。《儒林六都志》载："宋高宗时尚公主，高宗幸上林观梅，因幸其第。至今有天到桥，乡人犹艳称之。"吴驸马府中有梳妆台，四围皆水，植以荷花。中一洲可数亩，上建高楼，周边以朱栏石砌。梳妆台南有浣衣池、洗垢湾。现都不存。

## 五、古墓、名人墓名（10 条）

### 283　章钰墓

位于苏州市虎丘区（苏州高新区）横塘乡梅湾村福寿山东麓。章钰，字式元（1865—1927），长洲县（今苏州）人。清光绪二十九年（1903）进士。先后在苏州紫阳书院、正谊书院、学古堂和江苏高等学堂任教。清光绪三十一年（1905），奉命创办苏州初等小学堂 40 所，为苏州新式学堂之创办人。后侨居天津、北平，长期从事古籍校勘工作。1927 年于北京逝世，临终时遗言将藏书 7 万余卷交给燕京大学保存。1952 年，章钰长子章元善代表章氏家属，将这批书分赠予北京图书馆和北京大学图书馆。

章钰原于葬在北京。1947 年冬，由其长子主持迁柩，安葬于苏州城胥门外横塘乡梅湾村境内福寿山东麓。占地面积 1 亩多，东向有一条甬道。墓地四角有 4 块界石，上刻"永思堂章"，两侧有扁界石 2 块，前面 4 根矮方莲花柱，中夹 2 块云栏石，四侧有石栏凳。1966 年前后，墓上石条、云栏相继被毁，甬道尚存，墓穴无损。20 世纪 90 年代初期，由其亲属加以整修。

### 284　大休上人墓

位于吴中区木渎镇天马山无隐庵遗址旁。大休（1870—1932），法名演章，号大休、醉禅、石道人等，四川仁寿县人，清末民初临济宗高僧。俗姓鄢，13岁在峨眉山皈佛，17岁受戒于新都宝光寺。先后住持过杭州圣水寺、富阳天中寺、孤山寺照胎台。1923年来苏州城内龙池庵驻锡修行。后应僧、俗两界之荐，大休至寒山寺当住持。当时寒山寺破败，3年间大休修葺寺院40多间。1925年3月，康有为游寒山寺，有题诗赞大休："曾踏天台入化城，寒山频到听钟声。大休又饶丰干舌，更建经楼续国清。"1926年，大休住持西山包山禅寺，重修寺院。1930年，因思退隐，回龙池庵。1932年，应报恩寺住持昭三上人之请，大休至无隐庵居住，在庵旁崖壁凿生圹石龛。同年农历十一月初七始，大休自入石龛趺坐；十一日，在石龛圆寂。一时传为奇闻。大休

大休上人墓

生前遗稿及画作《百怪图》等，由其弟子辑成《大休上人遗著》，1933年刊行。

大休墓地，20世纪60年代中曾遭毁损。近期重修，墓塚上置石塔，正面镌刻李根源题隶书"大休息处"，两侧刻"是自大名大之大也，抑无休可休之休乎"。背面镌刻"无大无小无挂碍，自休自了自安埋"。墓后摩崖有题刻："大休和尚前于包山营生圹，特题'大休息处'四字。今大休爱无隐之胜，移锡来住，重治圹基于寺之右，属余书此。大休，四川仁寿人，披剃峨眉，能诗善画工琴。腾冲李根源识。"另有题刻"干净地""大休在""止矣休哉"等。墓前立有1933年《苏州寒山寺前住持大休大师墓志铭》碑，2010年5月苏州寒山寺立《大休上人灵塔重修记》碑。2014年6月30日被列为苏州市文物保护单位。

### 285　金圣叹墓

位于吴中区木渎镇五峰山博士坞。金圣叹（1608—1661），名采，字若采，明亡后改名人瑞，字圣叹，自称泐庵法师；一说本姓张，名喟。苏州府吴县人，明末清初著名文学家、文学批评家。人称才子，中过秀才，后绝意科举，以读书著述为乐，尤以评注经典古籍著称，吴地有谚"百批金圣叹"。传世有《唱经堂诗文全集》《唱经堂才子书汇稿》等。清顺治十八年（1661）二月，顺治帝驾崩，苏州百姓因不满地方官亏空常平仓漕粮而暴力追缴欠税，聚集孔庙哭诉，史称"哭庙事件"。被当政者诬为"抗纳兵饷，聚众倡乱"，以严刑逼供指认金圣叹等18名秀才为幕后指使者，同年七月十三日在南京处斩。金圣叹遗骸由亲友冒险收殓，回苏安葬。

民国《木渎小志》（卷五）载："文学金人瑞墓，五峰山博士坞。"李根源《吴郡西山访古记》载：1926年4月"入博士坞，访金圣叹墓"，"走遍博士坞，终不得圣叹墓。适遇一老妇，

询之，云金墓在西山坞，非博士坞。前年吴探花重修之。转入西山坞，经吴江史氏墓坊，山坞尽处为圣叹冢。建清文学金人瑞墓碑，吴荫培书"。吴荫培（1851—1930），清光绪十六年探花。20世纪40年代初，侵华日军将金圣叹墓冢拉平，在墓旁山岗筑防空洞式军事仓库。1959年，普查文物时，苏州市有关方面曾整修金圣叹墓，并在墓地四周栽植松树。20世纪70年代初，"批《水浒》"热潮中，因金圣叹曾评点《水浒传》，"清文学金人瑞之墓"碑石被弃于水塘，后无下落。现金圣叹墓冢仍在博士坞原址，其旁残存废弃洞式仓库。墓前立"金圣叹墓"文物保护单位碑石。1960年3月17日曾被列为苏州市文物保护单位。1986年3月25日被列为吴县文物保护单位。

## 286　路振飞墓

位于吴中区东山镇法海坞。路振飞（1580—1648），字见白，号皓月。河北真定府曲周人，明天启五年（1625）进士，官至右佥都御史、总督漕运、巡抚淮扬。明崇祯九年（1636）"巡抚苏松，吴中积弊皆悉心厘剔"。路振飞为官清正方刚，"烛奸指佞，不党不阿"。明亡后，流寓洞庭东山，乱世之时，湖寇猖獗，路振飞率家丁与乡绅席本桢等所集乡勇，共同抵御湖寇，时时操练防范，保一方平安。路振飞为南明王朝遣使召入闽，授吏部尚书兼文渊阁大学士，后辗转多地，航海至广东顺德，悲愤成疾而卒。南明朝赠左柱国太傅，谥文贞公。清同治七年（1868）杨象济《重修路文贞公祠墓记碑》载："按公行状，殁岭南十年，柩归留葬法海坞新阡，为我清顺治十五年（1658）……又公殁以顺治四年（1647）。"路振飞归葬洞庭东山法海坞路氏母茔处。

路振飞墓，有清初钱谦益撰《路文贞公神道碑》。同治七年（1868）唐翰摄太湖厅事曾修整，并题篆"路氏先茔"墓碣。清光绪五年（1879），太湖同知桂昌修葺，并撰《修明路文贞公墓道记碑》，有"遂检勘墓道四至八到，培修完整，立石绘图，属之惠安堂主者岁时稽察，毋使圮毁"。墓前原有墓道，自法海坞山道至山坡墓地200余米。现墓道已废，碑碣、石坎、石垣尽失，原墓残损，仅存堆土坟墩，当地称此处"路家坟"。现墓侧山坡辟有机动车碎石山路，法海坞已成为华侨公墓法海墓区。

路文贞公祠，在龙头山莳山禅院星宿殿外进，建于清初，同治七年（1868）重修。1966年"文化大革命"爆发，祠被毁，1987年修复。祠内置有五块碑刻：清道光十七年（1837）《重修莳山路文贞公祠记》、清同治七年（1868）《重修路文贞公祠墓记》、清光绪五年（1879）《明路文贞公传》、光绪七年（1881）《东山龙头山路振飞后裔记事》及《修明路文贞公墓道记》。

## 287　阚泽墓

在金庭镇秉汇村。阚泽（？—243），字德润，三国会稽郡山阴县（今浙江省绍兴市）人。《三国志·吴书·阚泽传》："家世农夫，至泽好学，居贫无资，常为人佣书，以供纸笔，所写既毕，诵读亦遍。"阚泽学识渊博，汉末被举为孝廉，出任钱塘长，升郴县令。东吴孙权为骠骑将军时，被征召为西曹掾，后官至中书令、太子太傅，封都乡侯。撰有《乾象历注》《九章算术》，均佚。据称祖冲之创圆周率，曾借鉴阚泽算法。在《三国演义》"赤壁之战"中，有阚泽机智渡江至曹营为黄盖献诈降书的情节。东汉学者虞翻（164—233）称他"盖蜀之扬雄""亦今之仲舒"（载《吴录》）。《西山镇志》载，阚泽曾隐居洞庭西山，原文化寺及盘龙寺传为阚泽旧宅。

阚泽墓，在前湾山下原文化寺前，俗称将军坟。清光绪年间，甪头司巡检暴式昭（1847—1895）曾整修其墓地，经学家俞樾（1821—1907）撰写墓碣。民国时，"吴中保墓会"曾加修葺，由李根源捐资重立墓碑，吴荫培书写碑文。20世纪60年代，当地开挖文化港河道时，挖泥堆土将阚泽墓埋没，仅露出墓碑端头，后墓碑不知去向。近年有村民在河道中捞得青石碑1块，上面镌刻3行文字：中间大字"吴太子太傅阚公之墓"，右侧小字"公讳□□（残缺2字应为'泽字'）德润，会稽郡山阴人，见《三国志》本传"，左侧小字"大清光绪十一年（1885）仲冬月德清俞樾书并记，滑县暴式昭树石"。似为俞樾所撰墓碣，而吴荫培书墓碑石则至今无下落。

### 288　文徵明墓

位于相城区元和街道御窑社区文陵村。

明《长洲县志》（卷十二）载："翰林待诏文徵明墓，在武丘乡花泾桥之原。"今墓园坐东面西，呈长方形。东西长120米，南北宽70米。封土存高2米，底径3.8米，虎皮石护围。神道长40米，宽2.7米，道旁立有石虎、石马，前有照池。青石碑镌"明公文徵明之墓"竖行阴文楷书，碑前神道长28.5米，碑道前重立牌坊，有石马、石兽各一对。墓区占地面积8 500平方米，墓周有罗城。墓前立有青石碑与祭台。碑高0.77米，宽1.15米，厚0.16米。碑座高0.89米，宽0.51米，厚0.44米。1957年被列为江苏省文物保护单位。

文徵明（1470—1559），初名璧（亦作壁），字徵明，又字征仲，自号衡山居士，世称"文衡山"，长洲（今苏州）人。19岁学画于沈周，与唐伯虎、祝枝

文徵明墓

山、徐祯卿切磋诗文，被并称为"吴中四才子"。54岁以岁贡生诣吏部试，授翰林院待诏，故世称"文待诏"。3年即辞归，致力艺事，工行草书，又擅小楷，以精整见长，最擅山水，追宋元意，而自成一家。明代吴门画派"明四家"之一。《明史》有传。黄佐《泰泉集》卷五四有《将仕佐郎翰林院待诏衡山文公墓志》，文嘉有《先君行略》叙文徵明事甚详。1984年，吴县人民政府拨款修墓复址于文陵村。目前文徵明墓保存完好。

### 289　王皋墓

位于相城区太平街道旺巷村里河潭兴隆桥西。墓地原占地2 340平方米。

据民国《相城小志》载:"宋王皋墓,在里河潭兴隆桥。民国辛酉施兆麟请吴中保墓会立石保护。"1956年,文物普查记录云:"墓穴完整,前有一河,南首一木桥。保护等级2。"20世纪80年代初,墓穴被平,墓坑未掘,被改为农田。

王皋(1081—1156),字子高,世居汴京开封府开封县新里乡大边村,祖籍山东莘县。官太尉、柱国太傅。北宋晋国公王祐曾曰"盖手植三槐于庭曰:吾子孙必有为三公者"(引自苏轼《三槐堂铭》并叙)。故形成了三槐王氏一支。王皋在宋室南渡时两度护驾,功勋卓著。后因与时政不合而隐居苏州荻扁终老。胸怀磊落、性情刚直,得罪了一些朝贵,死后竟在史书中无传,幸有石湖居士范成大撰《子高公传》留世。由此,王皋成为三槐堂南渡始祖。其长子王易(1101—1167),字吾置,袭授太尉,徙昆山为东沙支祖;仲子王铎,字吾伍(一作护),尚书郎,守荻扁父业为中沙支祖;三子王胤(1134——?)(又作王允、王商),官显谟阁直学士,徙无锡为西沙支祖,合称三沙王氏。荻扁自王皋定居后改名为王巷村。南宋绍兴二十六年(1156)九月十七日,王皋病逝,墓葬于长洲益地乡下十七都三图(现旺巷村里河潭),后来也成为王氏家族墓地,民国《相城小志》(卷二)记载,至明代其后人仍葬此,如"王智墓在下十七都纺字圩,明代宋濂、尤礼安有墓志"。

王皋墓坐西向东,墓域南北23米,东西19米。墓地平坦,地表见民间墓葬多处,墓址北侧水沟碑石上有"王墓界"3字。2009年被列为相城区控保单位。

## 290　陆贽墓

位于元和街道陆墓老街下塘塔莲桥北堍。东临元和塘,南朝玉带河。实体今已不存。原来墓地面积4亩左右,坟茔坐西朝东,封土为馒头形,高2米多,直径8米多。坟地上留有一块青石碑座,长103厘米,宽38厘米,高41厘米。周围是罗城。墓前原有石人、石马、石牌楼,石牌高六七米,四周有院墙。墓地原建有塔院,还有陆宣公祠,祠内有陆贽塑像等物,墓地上有200多棵古柏。

陆宣公墓历代有两种说法,一说葬于苏州,另一说葬于卒地忠州(现重庆忠县)。明《长洲县志》(卷十一)载:"唐陆宣公墓祠,在齐门外六里,即公葬地陆墓也。公卒于忠州,归葬于苏州。墓旁有塔院,太宰吴一鹏尝塑像其中,岁久为僧所鬻。嘉靖十一年,工部正郎张问之来吴,特原其事,檄县追复之。仍增拓祠宇,修设像位,题其堂曰仰贤。冢宰朱希周有记。然昔之修葺者,今复萧然凋圮,司风教者,愿留意焉。"元陆友仁《吴中旧事》载:"郡城北六里有一大冢,在官塘之西,相传为陆宣公墓,故其地名陆墓,水名陆塘。淳熙间有于墓旁得遗刻与所传合,郡人周虎、张震皆记其事,或谓公郡人。生于嘉兴宝华寺,乃公故宅,自贬忠州别驾,卒于忠州。陆宣公墓在(忠州)玉虚观南三十步,岂尝藁葬于此。又谓公已归葬而忠州特设虚冢尔。或云系陆文通墓。"又卷十二载:"陆墓,去县北二十里,因宣公墓在焉。西庄,陆墓,晋陆云衣冠葬处。在十八都。"明吴一鹏撰《陆宣公年谱》则谓:"宣公卒于忠州,葬忠州屏风山玉虚观侧。"

明末就有关于陆宣公墓葬于何处的争论。钱谦益有长诗《陆宣公墓道行》,曰:"苏州宰相忠州死,天道宁论乃如此。千年遗榇归不归,两地孤坟竟谁是。人言藁葬在忠州,又云征还返故邱。图经聚讼故老哄，争此朽骨如天球。"清徐崧、张大纯《百城烟水》载，顺治五年（1648）秋，徐崧、张大纯等在陆塘寓斋倡南字韵诗，远近和者几及两百人。杨昭《陆墓》诗曰："望齐门外路，陆贽有高坟。见说衣冠葬，难寻碑碣文。"可见，清初陆墓是衣冠冢已经为世人所公认，且至明末清初时陆墓旧迹就已难辨了。1984年，陆墓镇文物普查时，夏圩村农民发现《重建圆通庵记》石碑，这是清乾隆二十六年（1761）的石碑。碑长1.6米，宽0.8米。其上刻有"齐门外三里陆墓镇，唐陆宣公衣冠墓之地"。

陆贽（754—805），字敬舆，苏州府嘉兴（今属浙江）人。唐朝著名政治家、文学家、政论家、医学家。秘书监齐望之侄曾孙，溧阳令侃之子。唐大历六年（771），18岁进士及第，授华州郑县尉。太子李适继位为德宗皇帝后，召陆贽为翰林学士，不久又迁任祠部员外郎。与德宗皇帝朝夕相处，故政或有缺，巨细必陈。唐建中四年（783），德宗避朱泚乱于奉天，诏书皆由陆贽草拟。唐贞元八年（792）为中书侍郎、同平章事。勇于指陈时病，建议积谷防边。"虽有宰臣而谋猷参决多出于贽"，被当时朝臣视为"内相"。由于德宗采纳陆贽所提的一系列的策略，终于平定了叛乱，挽救了危局，使唐王朝从危亡中得以恢复。同年，陆贽39岁，受命为宰相，任上，广开才路，改革选官制度和税法，减轻人民负担，制定边防御敌方略。又贞刚律己，是著名的廉相。后因裴延龄进谗被贬忠州，居忠州10年而死。终年51岁。谥曰宣，人称"陆宣公"。权德舆称其"榷古扬今，雄文藻思"，苏轼赞其"才本王佐，学为帝师""智如子房而文则过，辩如贾谊而术不疏"。清乾隆御赐其"内相经纶"金匾。所作奏议多用排偶，条理精密，文笔流畅，成为历代宰相的典范。《全唐诗》存其诗，遗著有《翰苑集》（或称《陆宣公奏议》）及《陆氏集验方》。

今相城陆宣公墓已不存，变成宣公路旁的一片草地。而忠州墓也已在1977年被掘毁埋土，墓地文物尽散，墓旁千年黄檩古树也被砍去。

## 291　沈周墓

位于今相城区阳澄湖镇沈周村西。

现墓地占地面积850平方米，墓南向，封土高3米，地径9.1米，花岗石护围，青石罗城。墓前立青石碑与祭台，碑镌"明沈公启南处士之墓"阴文楷书。碑前神道长29.8米，宽3.43米。墓碑亭在墓道前东南侧。1956年被列为江苏省文物保护单位。

沈周墓及沈氏家族墓，历代史志均有记载，民国《吴县志》（卷四十）载："石田先生沈周墓在相城西庵桥牒字圩。王鏊铭，吴荫培立碣。"民国《相城小志》（卷二）载："沈周墓在西牒字圩内西庵桥东堍，民国辛酉由施兆麟请吴中保墓会立石保护……非独先生墓也，盖先生高祖考懋卿，曾祖考

沈周墓

良琛所葬。"民国二十七年（1938），沈氏后裔沈彦良建碑亭一座，碑亭占地 17.64 平方米，石柱四出歇山式，内立沈氏墓碑 4 块，一是沈良琛（沈周之曾祖）妻《故孺人徐氏墓志铭》；一是沈维时（沈周之长子）墓志铭，文徵明撰，志石立于明弘治十五年（1502）；一是沈周墓志铭，明宰相王鏊撰，立于明正德四年（1509）；一是沈石田先生墓碑亭记，施兆麟撰，立于民国十七年（1928）。

关于沈石田墓碑及亭寻找过程，民国施兆麟撰《沈石田先生墓碑亭记》有详述："兆麟（字济众）承乏吴县修志局采访员，躬搜古迹，于是先生遗宅所谓有竹居者，见之禾黍荆棘中矣。宅西半里许一抔荒冢，农家向指为先生之墓。戊辰（1928）秋，与同乡姚仲舫君诸同志有纂辑《相城小志》之议。兆麟举采访册属于相城者请作蓝本，乃益从事征求，幸得先生墓铭、先生考同斋墓铭、先生子维时墓铭，以及李东阳诸先哲题有竹居诗，文徵明《保堂记》，清沈德潜《石田墓·百字令词》，一一网罗之。先生有裔孙彦良（沈良安）为兆麟旧交，尝在先生之墓间查获先生曾祖妣徐孺人墓志，始详悉此非独先生墓也。"

沈周（1427—1509），字启南，号石田，晚号白石翁，苏州相城人。沈周擅画山水、花鸟、人物，是画苑中的全才。他将画、诗、书熔于一炉，时称"三绝"。以沈周为发端，与文徵明、唐寅、仇英形成吴门画派，时称"明四家"。清《长洲县志》（卷二十四·人物）载，沈周"以读书治稼为业，筑有竹居，列鼎彝、图史、古法书名画，摩挲讨论，故其诗潇洒简远，间出入香山眉山；书逼似山谷，画则董巨以来未之见也。以布衣而抗卿相名人，长德千里。诣门青帘白舫系缆常满"。著有《石田集》《客座新闻》等。葬沈氏祖茔（西院桥东塽）。由文徵明写行状，王鏊撰墓志铭。

民国《相城小志》载有明清文人拜谒沈周墓的诗词，中有清乾隆间苏州进士沈德潜有《百字令》《谒沈石田墓》："弥漫湖水认阳城，纡折石田翁墓。当日幽居名有竹，不愿声华流露。小遁初爻，辞名乡荐，信烟霞眠痼。荆关董巨，从心岂独趋步。老去色养，慈亲偏延邻姥，陪侍欢朝暮。八十哀亲旋奄忽，盼咐子孙清素。犁雨锄云，艺菘剪韭，奕代勤农圃。遗安先泽，世人斯意难悟。"可见，沈周去世后，其墓园已成为历代文人墨客拜谒之地。

抗战时期，国民党军队修筑公路及军事设施，沈周墓墓碑及石构件遭到破坏。1958 年，墓地进一步遭破坏。1959 年，沈周妾及部分祖墓先后被盗挖。1961 年，曾获得维修。1983 年，政府修整其墓道，重立墓碑，修葺碑亭。1986 年，吴县人民政府设立标志牌。1990 年，政府划定保护范围。1993 年，政府重修了外罗城。

## 292　梁鸿墓

原位于姑苏区金阊亭南。梁鸿，字伯鸾，生卒年不详。东汉初隐士，扶风平陵（今陕西兴平）人。家中贫穷，父为城门校尉，早卒，席卷而葬。梁鸿初受业于太学，博通群籍。竟业后入上林苑中牧猪，诚实厚道，为当地人所敬。归乡里后，娶同县女孟光为妻，夫妻隐居于霸陵山中，草屋而居，以耕织为生。后出关经过洛阳，作《五噫之歌》，内容讥讽朝廷奢侈，朝廷即下令捉拿他。他易姓改名，离开洛阳，隐居于齐鲁之间。后又奔赴吴地，帮佣于苏州阊门内皋伯通家。梁鸿深得孟光敬仰，每回家中，孟光"举案齐眉"，送上饭食，后世传为佳话。梁鸿所作多为诗歌，今已散佚。

梁鸿积劳成疾，死于苏州，葬于阊门金阊亭南。《吴郡志》云："梁鸿墓，在金阊亭南。皋伯通以要离烈士，梁生清高，因附葬之。《吴地记》云，在泰伯庙南，与要离坟相并。陆龟蒙云：'伯鸾墓，在吴门金昌亭下几一里。尝作文以祭焉。'"《续吴郡志》云："今阊门南城内法会庵西，有古冢二，相传为要离、梁鸿墓。案：石门李嘉福（笙渔）尝得碑于穿珠巷城下，文曰'汉梁伯鸾、烈士要离'，下残泐，当为'墓'字。"文中的穿珠巷，即今之专诸巷，位于阊门内城根。但墓址至今已无遗迹可寻。

# 参 考 文 献

## 历史文献（当代以前）

### 一、舆地志

[1] 郦道元. 水经注校证 [M]. 陈桥驿, 校证. 北京：中华书局, 2007.

[2] 李吉甫. 元和郡县图志 [M]. 贺次君, 点校. 北京：中华书局, 1983.

[3] 李泰, 等. 括地志辑校 [M]. 贺次君, 辑校. 北京：中华书局, 1980.

[4] 乐史. 太平寰宇记 [M]. 王文楚, 等点校. 北京：中华书局, 2007.

[5] 祝穆, 祝洙. 方舆胜览 [M]. 施和金, 点校. 北京：中华书局, 2003.

[6] 王象之. 舆地纪胜 [M]. 北京：中华书局, 1992.

[7] 王存撰, 王文楚. 元丰九域志 [M]. 魏嵩山, 点校. 北京：中华书局, 1984.

[8] 欧阳忞. 舆地广记 [M]. 成都：四川大学出版社, 2003.

[9] 顾炎武. 肇域志 [M]. 谭其骧, 王文楚, 朱惠荣, 整理点校. 上海：上海古籍出版社, 2004.

[10] 顾祖禹. 读史方舆纪要 [M]. 贺次君, 施和金, 点校. 北京：中华书局, 2005.

[11] 穆彰阿, 等. 嘉庆重修一统志 [M]. 牟华林, 钟桂玲, 整理. 北京：光明日报出版社, 2019.

[12] 郑若曾. 江南经略 [M]. 上海：上海古籍出版社, 2009.

[13] 朱长文. 吴郡图经续记 [M]. 北京：中国书店, 2016.

[14] 崇辨蒙塾. 吴郡地理志要 [M]. 刻本. [出版地不详]：[出版者不详], 1902（清光绪二十八年）.

[15] 范本礼. 吴疆域图说 [M]. 刻本. 江阴：南菁书院, 1888（清光绪十四年）.

[16] 蔡昇. 震泽编 [M]. 王鏊, 重修. 陈其弟, 校注. 苏州：古吴轩出版社, 2014.

[17] 金友理. 太湖备考 [M]. 薛正兴, 校点. 南京：江苏古籍出版社, 1998.

[18] 翁澍. 具区志 [M]. 济南：齐鲁书社, 1996.

[19] 常州市图书馆. 常州古地图集 [M]. 南京：凤凰出版社, 2013.

### 二、史志

#### 1. 通史

[1] 中华书局编辑部. 中华书局点校本二十四史 [M]. 北京：中华书局, 2010.

［2］赵尔巽. 清史稿［M］. 北京：中华书局，1977.

2. 全省通志

［1］江苏省地方志编纂委员会办公室编. 江苏历代方志全书（省部）［M］. 南京：凤凰出版社，2015.

3. 府县志

［1］陆广微. 吴地记［M］. 曹林娣，校注. 南京：江苏古籍出版社，1986.

［2］范成大. 吴郡志［M］. 陆振岳，点校. 南京：江苏古籍出版社，1986.

［3］李詡. 续吴郡志［M］. 台北：台湾成文出版社，1983.

［4］王鏊. 天一阁藏明代方志选刊续编·姑苏志［M］. 上海：上海书店，1990.

［5］雅尔哈善. 苏州府志［M］. 刻本. ［出版地不详］：［出版者不详］，1748（清乾隆十三年）.

［6］石韫玉. 苏州府志［M］. 刻本. ［出版地不详］：［出版者不详］，1824（清道光四年）.

［7］佚名. 苏州府志（民国）［M］// 江苏古籍出版社. 中国地方志集成·江苏府县志辑. 南京：江苏古籍出版社，1991.

［8］杨循吉. 天一阁藏明代方志选刊续编·吴邑志［M］. 上海：上海书店，1990.

［9］孙佩. 吴县志［M］. 扬州：广陵古籍刻印社，1989.

［10］孙佩. 吴县志［M］// 凤凰出版社. 中国地方志集成·善本方志辑. 南京：凤凰出版社，2014.

［11］孙佩. 吴县志［M］// 江苏古籍出版社. 中国地方志集成·江苏府县志辑. 南京：江苏古籍出版社，1991.

［12］佚名. 续吴县志稿［M］// 江苏古籍出版社. 中国地方志集成·江苏府县志辑. 南京：江苏古籍出版社，1991.

［13］佚名. 长洲县志（民国）［M］// 江苏古籍出版社. 中国地方志集成·江苏府县志辑. 南京：江苏古籍出版社，1991.

［14］佚名. 元和县志（民国）［M］// 江苏古籍出版社. 中国地方志集成·江苏府县志辑. 南京：江苏古籍出版社，1991.

［15］莫旦. 弘治吴江志［M］. 扬州：广陵书社，2017.

［16］佚名. 吴江县志［M］// 凤凰出版社. 中国地方志集成·善本方志辑. 南京：凤凰出版社，2014.

［17］佚名. 吴江县志［M］// 吴江市文化广播电视管理局. 纵览吴江·吴江五百年古代地方志汇编. 南京：江苏电子音像出版社，1999.

［18］王前，包咸，等. 吴江县志续编［M］// 南京图书馆. 南京图书馆藏稀见方志丛刊. 北京：国家图书馆出版社，2012.

［19］佚名. 吴江县志（民国）［M］// 凤凰出版社. 中国地方志集成·江苏府县志辑. 南京：凤凰出版社，2008.

［20］吴江市档案馆. 道光吴江县志汇编［M］. 扬州：广陵书社，2010.

［21］佚名. 吴江县续志（民国）［M］// 凤凰出版社. 中国地方志集成·江苏府县志辑. 南

京：凤凰出版社，2008.

[22] 佚名. 震泽县志（民国）[M] // 凤凰出版社. 中国地方志集成·江苏府县志辑. 南京：凤凰出版社，2008.

4. 乡镇志

[1] 凌寿祺. 浒墅关志 [M] // 江苏古籍出版社. 中国地方志集成·乡镇志专集. 南京：江苏古籍出版社，1992.

[2] 徐鸣时. 横溪录 [M] // 江苏古籍出版社. 中国地方志集成·乡镇志专集. 南京：江苏古籍出版社，1992.

[3] 陈维中. 吴郡甫里志 [M] // 江苏古籍出版社. 中国地方志集成·乡镇志专集. 南京：江苏古籍出版社，1992.

[4] 彭方周. 吴郡甫里志 [M] // 江苏古籍出版社. 中国地方志集成·乡镇志专集. 南京：江苏古籍出版社，1992.

[5] 徐傅. 光福志（民国）[M] // 江苏古籍出版社. 中国地方志集成·乡镇志专集. 南京：江苏古籍出版社，1992.

[6] 张郁文. 光福志补编（民国）[M] // 江苏古籍出版社. 中国地方志集成·乡镇志专集. 南京：江苏古籍出版社，1992.

[7] 沈藻采. 元和唯亭志 [M] // 江苏古籍出版社. 中国地方志集成·乡镇志专集. 南京：江苏古籍出版社，1992.

[8] 柳商贤. 横金志 [M] // 江苏古籍出版社. 中国地方志集成·乡镇志专集. 南京：江苏古籍出版社，1992.

[9] 张郁文. 木渎小志（民国）[M] // 江苏古籍出版社. 中国地方志集成·乡镇志专集. 南京：江苏古籍出版社，1992.

[10] 朱福熙，等. 黄埭志（民国）[M] // 江苏古籍出版社. 中国地方志集成·乡镇志专集. 南京：江苏古籍出版社，1992.

[11] 李楚石. 齐溪小志 [M] // 江苏古籍出版社. 中国地方志集成·乡镇志专集. 南京：江苏古籍出版社，1992.

[12] 陶惟坻. 相城小志（民国）[M] // 江苏古籍出版社. 中国地方志集成·乡镇志专集. 南京：江苏古籍出版社，1992.

[13] 叶承庆. 乡志类稿（民国）[M] // 江苏古籍出版社. 中国地方志集成·乡镇志专集. 南京：江苏古籍出版社，1992.

[14] 叶承庆. 江苏省吴县东山镇志（民国）[M] // 江苏古籍出版社. 中国地方志集成·乡镇志专集. 南京：江苏古籍出版社，1992.

[15] 曹焯. 庵村志 [M] // 江苏古籍出版社. 中国地方志集成·乡镇志专集. 南京：江苏古籍出版社，1992.

[16] 孙阳顾. 儒林六都志 [M] // 江苏古籍出版社. 中国地方志集成·乡镇志专集. 南京：江苏古籍出版社，1992.

[17] 钱墀. 黄溪志 [M] // 江苏古籍出版社. 中国地方志集成·乡镇志专集. 南京：江苏古籍出版社，1992.

[18] 阎登云. 同里志 [M] // 江苏古籍出版社. 中国地方志集成·乡镇志专集. 南京：江苏古籍出版社，1992.

[19] 徐达源. 黎里志 [M] // 江苏古籍出版社. 中国地方志集成·乡镇志专集. 南京：江苏古籍出版社，1992.

[20] 蔡丙圻. 黎里续志 [M] // 江苏古籍出版社. 中国地方志集成·乡镇志专集. 南京：江苏古籍出版社，1992.

[21] 翁广平. 平望镇志 [M] // 江苏古籍出版社. 中国地方志集成·乡镇志专集. 南京：江苏古籍出版社，1992.

[22] 翁广平. 平望志 [M] // 江苏古籍出版社. 中国地方志集成·乡镇志专集. 南京：江苏古籍出版社，1992.

[23] 黄兆柽. 平望续志 [M] // 江苏古籍出版社. 中国地方志集成·乡镇志专集. 南京：江苏古籍出版社，1992.

[24] 纪磊，沈眉寿. 震泽镇志 [M] // 江苏古籍出版社. 中国地方志集成·乡镇志专集. 南京：江苏古籍出版社，1992.

[25] 金鹤翀. 金村小志 [M] // 江苏古籍出版社. 中国地方志集成·乡镇志专集. 南京：江苏古籍出版社，1992.

[26] 仲沈洙. 盛湖志 [M] // 江苏古籍出版社. 中国地方志集成·乡镇志专集. 南京：江苏古籍出版社，1992.

[27] 仲廷机. 盛湖志 [M] // 江苏古籍出版社. 中国地方志集成·乡镇志专集. 南京：江苏古籍出版社，1992.

[28] 佚名. 庙村志 [M] // 吴江市文化广播电视管理局. 纵览吴江·吴江五百年古代地方志汇编. 南京：江苏电子音像出版社，1999.

[29] 叶绍袁. 湖隐外史 [M]. 扬州：广陵书社，2008.

[30] 沈刚中. 分湖志 [M]. 扬州：广陵书社，2008.

[31] 佚名. 分湖小识 [M] // 吴江市文化广播电视管理局. 纵览吴江·吴江五百年古代地方志汇编. 南京：江苏电子音像出版社，1999.

5. 专志

[1] 张国维. 吴中水利全书 [M] // 马宁. 中国水利志丛刊（第49—56册）. 扬州：广陵书社，2006.

[2] 张国维. 吴中水利通志 [M] // 马宁. 中国水利志丛刊（第57册）. 扬州：广陵书社，2006.

[3] 王圻. 东吴水利考 [M] // 马宁. 中国水利志丛刊（第58册）. 扬州：广陵书社，2006.

[4] 沈启. 吴江水考 [M] // 马宁. 中国水利志丛刊（第60册）. 扬州：广陵书社，2006.

［5］归有光. 三吴水利录［M］// 马宁. 中国水利志丛刊（第61册）. 扬州：广陵书社，2006.

［6］张内蕴，周大韶. 三吴水考［M］// 纪昀文. 影印文渊阁四库全书. 北京：北京出版社，2012.

［7］钱中谐. 三吴水利条议［M］// 马宁. 中国水利志丛刊（第57册）. 扬州：广陵书社，2006.

［8］周永年. 吴都法乘［M］// 白化文，刘永明，张智. 中国佛寺志丛刊. 扬州：广陵古籍刻印社，1996.

［9］周永年. 邓尉圣恩寺志［M］. 影印本.［出版地不详］：[出版者不详]，1930（民国十九年）.

［10］还初道人. 列仙传［M］. 北京：中国社会科学出版社，1996.

［11］陆肇域，任兆麟. 虎阜志［M］. 苏州：古吴轩出版社，1995.

［12］陈仁锡. 尧峰山志［M］. 扬州：广陵书社，2006.

［13］徐翥先. 香山小志［M］// 江苏古籍出版社. 中国地方志集成·乡镇志专集. 南京：江苏古籍出版社，1992.

［14］张郁文. 光福诸山记［M］// 江苏古籍出版社. 中国地方志集成·乡镇志专集. 南京：江苏古籍出版社，1992.

［15］张大纯. 采风类记［M］// 张智. 中国风土志丛刊. 扬州：广陵书社，2003.

［16］王维德. 林屋民风［M］. 上海：上海古籍出版社，2018.

［17］范烟桥. 吴江县乡土志［M］. 铅印本.［出版地不详］：[出版者不详]，1919（民国八年）.

［18］范烟桥，等. 同里乡土志［M］// 吴江市文化广播电视管理局. 纵览吴江·吴江五百年古代地方志汇编. 南京：江苏电子音像出版社，1999.

### 三、杂著

［1］袁学澜. 适园丛稿［M］. 刻本.［出版地不详］：[出版者不详]，清道光间.

［2］江瀚. 吴门销夏记［M］. 刻本.［出版地不详］：[出版者不详]，1895（清光绪二十一年）.

［3］顾禄. 桐桥倚棹录［M］. 上海：上海古籍出版社，1980.

［4］徐崧，张大纯. 百城烟水［M］// 薛正兴. 江苏地方文献丛书. 南京：江苏古籍出版社，1986.

［5］顾震涛. 吴门表隐［M］// 薛正兴. 江苏地方文献丛书. 南京：江苏古籍出版社，1986.

［6］顾禄. 清嘉录［M］// 薛正兴. 江苏地方文献丛书. 南京：江苏古籍出版社，1986.

［7］王謇. 宋平江城坊考［M］. 张维明，校理. 南京：江苏古籍出版社，1986.

［8］袁学澜. 吴郡岁华纪丽［M］. 南京：江苏古籍出版社，1998.

［9］姚承绪. 吴趋访古录［M］. 南京：江苏古籍出版社，1999.

[10] 杨循吉，等. 吴中小志丛刊［M］. 陈其弟，点校. 扬州：广陵书社，2004.

[11] 王稼句. 苏州文献丛钞初编［M］. 苏州：古吴轩出版社，2005.

[12] 徐建良. 枫桥地方文献汇纂［M］. 北京：中国文史出版社，2005.

[13] 王鲲. 松陵见闻录［M］. 扬州：广陵书社，2010.

[14] 钱思元. 吴门补乘［M］. 朱琴，点校. 上海古籍出版社，2014年.

### 四、诗文

[1] 郑虎臣. 吴都文萃［M］// 纪昀，等. 文渊阁四库全书. 北京：北京出版社，2012.

[2] 钱谷辑. 吴都文萃续编［M］// 纪昀，等. 文渊阁四库全书. 北京：北京出版社，2012.

[3] 潘柽章. 松陵文献［M］. 刻本. ［出版地不详］：［出版者不详］，1693（清康熙三十二年）.

[4] 吴定璋. 七十二峰足征集［M］// 四库全书存目丛书编纂委员会. 四库全书存目丛书. 济南：齐鲁书社，1997.

[5] 周希夔. 姑苏杂咏合刻［M］. 济南：齐鲁书社，1997.

[6] 周枝茂. 姑苏杨柳枝词［M］. 周靖，笺注. 济南：齐鲁书社，1997.

[7] 袁学澜. 姑苏竹枝词［M］// 张智. 中国风土志丛刊. 扬州：广陵书社，2003.

[8] 倪以埴. 斜塘竹枝词［M］// 张智. 中国风土志丛刊. 扬州：广陵书社，2003.

[9] 顾沅. 吴郡文编［M］. 上海：上海古籍出版社，2011.

[10] 范广宪. 吴门园墅文献［M］// 宫楚涵，齐希. 中国稀见地方史料集成. 北京：学苑出版社，2014.

[11] 范广宪. 吴门坊巷待辅吟［M］// 宫楚涵，齐希. 中国稀见地方史料集成. 北京：学苑出版社，2014.

## 当代文献

### 一、舆地

[1]《中华人民共和国地名词典》总编纂委员会. 中华人民共和国地名词典［M］. 北京：商务印书馆，1987.

[2] 胡伟华，苏州市地名委员会. 江苏省苏州市地名录［M］. 福州：福建省地图出版社，2005.

[3] 徐叔鹰，雷秋生，朱剑刚. 苏州地理［M］. 苏州：古吴轩出版社，2010.

[4] 苏州太湖新城指挥部. 苏州湾·太湖名片 苏州太湖新城地名志［M］. 苏州：古吴轩出版社，2016.

[5] 蒋健，沈卫新. 苏州市吴文化地名保护名录［M］. 北京：光明日报出版社，2016.

[6] 张英霖. 苏州古城地图［M］. 苏州：古吴轩出版社，2004.

[7] 中图北斗文化传媒. 2013苏州CITY城市地图［M］. 北京：中国地图出版社，2013.

[8] 中图北斗文化传媒. 2014苏州CITY城市地图［M］. 北京：中国地图出版社，2014.

[9] 中图北斗文化传媒. 2015苏州CITY城市地图[M]. 北京：中国地图出版社, 2015.

[10] 中图北斗文化传媒. 2016苏州CITY城市地图[M]. 北京：中国地图出版社, 2016.

[11] 周为群. 苏州城市地图集[M]. 北京：中国地图出版社, 2017.

## 二、史志

### 1. 市县（区）志

[1] 陈晖, 苏州市地方志编纂委员会. 苏州市志[M]. 南京：江苏人民出版社, 1995.

[2]《苏州郊区志》编纂委员会. 苏州郊区志[M]. 上海：上海社会科学院出版社, 2003.

[3]《金阊区志》编纂委员会. 金阊区志[M]. 南京：东南大学出版社, 2005.

[4]《沧浪区志》编纂委员会. 沧浪区志[M]. 上海：上海社会科学院出版社, 2006.

[5] 苏州市平江区地方志编纂委员会. 平江区志[M]. 上海：上海社会科学院出版社, 2006.

[6] 詹一先, 吴县地方志编纂委员会. 吴县志[M]. 上海：上海古籍出版社, 1994.

[7] 周凤鸣. 苏州市吴中区志[M]. 上海：上海社会科学院出版社, 2012.

[8] 裔正明. 苏州市相城区志[M]. 南京：江苏人民出版社, 2014.

[9] 吴江市地方志编纂委员会. 吴江县志[M]. 南京：江苏科学技术出版社, 1994.

[10] 吴江市地方志编纂委员会. 吴江市志（1986—2005）[M]. 上海：上海社会科学院出版社, 2013.

### 2. 乡镇志（以时间先后排序）

[1] 薛利华, 洞庭东山志编纂委员会. 洞庭东山志[M]. 上海：上海人民出版社, 1991.

[2] 李炳华, 盛泽镇地方志办公室. 盛泽镇志[M]. 南京：江苏古籍出版社, 1991.

[3]《木渎镇志》编纂委员会. 木渎镇志[M]. 上海：上海社会科学院出版社, 1999.

[4]《震泽镇志》编纂委员会. 震泽镇志[M]. 徐州：中国矿业大学出版社, 1999.

[5] 张菊生, 吴江市《南麻镇志》编纂委员会. 南麻镇志[M]. 北京：方志出版社, 1999.

[6] 苏州市吴中区《西山镇志》编纂委员会. 西山镇志[M]. 苏州：苏州大学出版社, 2001.

[7]《娄葑镇志》编纂委员会. 娄葑镇志[M]. 北京：方志出版社, 2001.

[8]《胜浦镇志》编纂委员会. 胜浦镇志[M]. 北京：方志出版社, 2001.

[9]《唯亭镇志》编纂委员会. 唯亭镇志[M]. 北京：方志出版社, 2001.

[10]《跨塘镇志》编纂委员会. 跨塘镇志[M]. 北京：方志出版社, 2001.

[11]《斜塘镇志》编纂委员会. 斜塘镇志[M]. 北京：方志出版社, 2001.

[12] 丁学明, 吴江市七都镇地方志编纂委员会. 七都镇志[M]. 南京：江苏古籍出版社, 2001.

[13]《东山镇志》编纂委员会. 东山镇志[M]. 南京：东南大学出版社, 2002.

[14]《庙港镇志》编纂委员会. 庙港镇志[M]. 杭州：浙江大学出版社, 2002.

[15] 吴江市梅堰镇地方志编纂委员会. 梅堰镇志[M]. 南京：江苏古籍出版社, 2002.

[16] 金波. 渡村镇志[M]. 苏州：古吴轩出版社, 2003.

[17]《越溪镇志》编纂委员会. 越溪镇志[M]. 苏州：苏州大学出版社，2003.

[18]《长桥镇志》编纂委员会. 长桥镇志[M]. 苏州：苏州大学出版社，2003.

[19]虎丘镇志编纂委员会. 虎丘镇志[M]. 上海：上海社会科学院出版社，2003.

[20]吴江市北厍镇地方志编纂委员会. 北厍镇志[M]. 上海：文汇出版社，2003.

[21]《阳澄湖镇志》编纂委员会. 阳澄湖镇志[M]. 上海：上海社会科学院出版社，2004.

[22]《藏书镇志》编纂委员会. 藏书镇志[M]. 苏州：古吴轩出版社，2004.

[23]薛利华. 席家湖村志[M]. 香港：香港文汇出版社，2004.

[24]《横塘镇志》编纂委员会. 横塘镇志[M]. 上海：上海社会科学院出版社，2004.

[25]朱国亮，吴江市横扇镇地方志委员会. 横扇镇志[M]. 北京：中央文献出版社，2004.

[26]吴江市菀坪镇地方志编纂委员会. 菀坪镇志[M]. 哈尔滨：黑龙江人民出版社，2004.

[27]《芦墟镇志》编纂委员会. 芦墟镇志[M]. 上海：上海社会科学院出版社，2004.

[28]苏州高新区浒墅关镇人民政府，苏州浒墅关高新技术开发区管理委员会. 浒墅关志[M]. 上海：上海社会科学院出版社，2005.

[29]徐双林，《枫桥镇志》编志领导小组. 枫桥镇志[M]. 上海：上海社会科学院出版社，2005.

[30]赵云发，金波，《浦庄镇志》编纂委员会. 浦庄镇志[M]. 苏州：苏州大学出版社，2005.

[31]陆复渊，《郭巷镇志》编纂委员会. 郭巷镇志[M]. 苏州：苏州大学出版社，2005.

[32]朱锡华，《光福镇志》编纂委员会. 光福镇志[M]. 苏州：苏州大学出版社，2005.

[33]张春法，《陆慕镇志》编纂委员会. 陆慕镇志[M]. 苏州：苏州大学出版社，2005.

[34]张必武，《渭塘镇志》编纂委员会. 渭塘镇志[M]. 上海：上海社会科学院出版社，2006.

[35]《蠡口镇志》编纂委员会. 蠡口镇志[M]. 苏州：苏州大学出版社，2006.

[36]《湘城镇志》编纂委员会. 湘城镇志[M]. 上海：上海辞书出版社，2006.

[37]《北桥镇志》编纂委员会. 北桥镇志[M]. 苏州：苏州大学出版社，2007.

[38]尤建平，周晓东，《望亭镇志》编纂委员会. 望亭镇志[M]. 苏州：苏州大学出版社，2007.

[39]《东渚镇志》编纂委员会. 东渚镇志[M]. 上海：上海辞书出版社，2007.

[40]镇湖镇志编纂委员会. 镇湖镇志[M]. 上海：上海辞书出版社，2007.

[41]《通安镇志》编纂委员会. 通安镇志[M]. 上海：上海辞书出版社，2007.

[42]沈学群，《横泾镇志》编纂委员会. 横泾镇志[M]. 苏州：古吴轩出版社，2007.

[43]《同里镇志》编纂委员会编. 同里镇志[M]. 扬州：广陵书社，2007.

[44]路军. 友新六村志[M]. 苏州：古吴轩出版社，2008.

[45]王炳荣. 尧南社区志[M]. 苏州：古吴轩出版社，2009.

[46] 李福男. 太平镇志［M］. 扬州：广陵书社，2009.

[47] 金根祥. 黄桥镇志［M］. 苏州：古吴轩出版社，2010.

[48]《黄埭镇志》编纂委员会. 黄埭镇志［M］. 上海：上海辞书出版社，2010.

[49]《东桥镇志》编纂委员会. 东桥镇志［M］. 上海：上海社会科学院出版社，2012.

[50] 江苏省苏州市吴江区黎里镇志编纂委员会. 黎里镇志［M］. 北京：方志出版社，2017.

[51]《平望镇志》编纂委员会. 平望镇［M］. 上海：上海社会科学院出版社，2019.

3. 专志

[1] 苏州市教育局，《苏州教育志》编纂组，徐世仁. 苏州教育志［M］. 上海：上海三联书店，1991.

[2] 苏州市交通史（志）编纂委员会. 苏州市交通志［M］. 上海：上海科技文献出版社，1994.

[3] 苏州市水利史志编纂委员会. 苏州水利志［M］. 上海：上海社会科学院出版社，1997.

[4] 金德门，《苏州中学校史》编委会. 苏州中学校史（1035—1949）［M］. 苏州：苏州大学出版社，1999.

[5]《苏州河道志》编委会. 苏州河道志［M］. 长春：吉林人民出版社，2007.

[6] 沈文娟. 苏州市旅游志［M］. 扬州：广陵书社，2009.

[7] 张振雄. 苏州山水志［M］. 扬州：广陵书社，2010.

[8] 柯继承，等. 苏州老街志［M］. 扬州：广陵书社，2011.

[9] 苏州市地方志办公室. 苏州老桥志［M］. 扬州：广陵书社，2013.

[10]《吴江市水利志》编纂委员会. 吴江市水利志［M］. 扬州：广陵书社，2014.

三、杂著（以时间先后排序）

[1] 魏嘉瓒. 苏州历代园林录［M］. 北京：燕山出版社，1992.

[2] 邵忠. 苏州园墅胜迹录［M］. 上海：上海交通大学出版社，1992.

[3] 李嘉球. 苏州状元［M］. 上海：上海社会科学院出版社，1993.

[4] 邵忠，李瑾. 吴中名贤传集［M］. 南京：江苏古籍出版社，1997.

[5] 钱公麟，徐亦鹏. 苏州考古［M］. 苏州：苏州大学出版社，2000.

[6] 王仁宇. 苏州名人故居［M］. 西安：西安出版社，2001.

[7] 徐文涛. 苏州胜景［M］. 上海：上海文化出版社，2001.

[8] 张耘田，陈巍. 苏州民国艺文志［M］. 扬州：广陵书社，2005.

[9] 潘君明，高福民. 苏州民间故事大全［M］. 苏州：古吴轩出版社，2006.

[10] 潘君明. 苏州街巷文化［M］. 苏州：古吴轩出版社，2007.

[11] 衣学领，王稼句. 苏州园林历代文钞［M］. 上海：上海三联书店，2008.

[12] 秦兆基，苏州记忆［M］. 南京：南京师范大学出版社，2009.

[13] 刘伟明，朱威. 苏州古桥文化［M］. 苏州：古吴轩出版社，2009.

[14] 潘君明. 苏州楹联集成［M］. 南京：凤凰出版传媒集团，2010.

［15］汤钰林. 苏州文化遗产丛书［M］. 上海：文汇出版社，2010.

［16］衣学领，王稼句. 苏州山水名胜历代文钞［M］. 上海：上海三联书店，2010.

［17］潘君明. 苏州古城街巷梳辨录［M］. 苏州：古吴轩出版社，2013.

［18］沈庆年. 古城遗珠：苏州控保建筑探幽［M］. 苏州：苏州大学出版社，2014.

［19］苏州市地方志编纂委员会. 苏州往昔［M］. 苏州：古吴轩出版社，2015.

［20］张英霖. 考辨苏州［M］. 苏州：古吴轩出版社，2016.

［21］苏州市地方志办公室. 苏州佛教寺院志［M］. 北京：宗教文化出版社，2017.

［22］潘家炎. 足迹下的苏州［M］. 苏州：苏州大学出版社，2017.

［23］潘君明. 苏州风景名胜传说［M］. 苏州：古吴轩出版社，2018.

［24］苏州市民政局. 苏州地名传说［M］. 苏州：古吴轩出版社，2020.

［25］王仁宇，姚勤德. 吴中古迹［M］. 南京：凤凰出版社，2015.

［26］苏州市吴中区文物管理委员会办公室. 吴中文物：古镇、古村、古建筑［M］. 上海：上海科学技术出版社，2017.

［27］吴国良. 吴江古桥［M］. 苏州：古吴轩出版社，2002.

［28］杨阳. 吴江学者碑传集［M］. 扬州：广陵书社，2017.

［29］陈志强. 吴江古镇［M］. 南京：江苏凤凰文艺出版社，2014.

［30］张舫澜. 吴江传说［M］. 南京：江苏凤凰文艺出版社，2014.

［31］俞前. 吴江历代名胜［M］. 北京：光明日报出版社，2014.

## 四、辞书

［1］吴宗锡. 评弹文化词典［M］. 上海：汉语大辞典出版社，1996.

［2］江洪，等. 苏州词典［M］. 苏州：苏州大学出版社，1999.

［3］《苏州指南》编委会. 苏州指南2017［M］. 苏州：古吴轩出版社，2007.

［4］李峰，汤钰林. 苏州历代人物大辞典［M］. 上海：上海辞书出版社，2016.

# 编 后 记

本书为苏州市政府招标项目，苏州市唐文治国学研究会自2017年7月中标该项目以来，即组织专家组成编写组在苏州市民政局地名办公室指导下开展本书的编写工作。第一步是筛选地名条目，经过对大量史料的爬梳钩稽以及广泛的田野调查，反复斟酌，最后确定了苏州市区第二批吴文化地名保护名录，共计958条（包括自然地理实体地名115条，行政区域及居民点地名125条，道路与桥梁地名426条，纪念地和旅游地地名292条），并于2019年1月23日由苏州市人民政府正式公布。第二步是以政府正式公布的名录作为编写内容，按照区划分别由不同专家负责编写。姑苏区、工业园区、虎丘区部分由潘君明、柯继承先生编写；吴中区部分由臧寿元先生编写；相城区部分由沈建东先生负责，杜祯彬、金建英参加了编写；吴江区部分由俞前先生负责，刘洋、邱芳芳、凌云参加了编写。潘振亮先生负责相关图片的采集，选用了徐刚毅、潘君明、俞小康、吴眉眉、柳天惠摄制和翻拍的照片。第三步是由主编马亚中、副主编潘君明和柯继承对全书稿件内容进行审稽修改。上下反复切磋，力求减少讹误。最终经苏州市民政局地名办审核通过予以付梓。虽然追求完美是我们的理想，但追求完美之途永无尽头。明末清初常熟席氏于苏州建刻书坊，名之曰"扫叶山房"，取古人"校书如扫落叶，随扫随落"之意，以示校勘之难，必须忧勤惕厉，毫不懈怠。苏州历史悠久，其地名之原始、变更、迁徙、沿革都非常复杂，可以说，每个历史地名背后都有极其丰富的人文内涵，历史地名可谓历史的浓缩、人文的化石。今之编写地名录涉及知识内容极为广泛，亦有秋扫落叶之叹，错误在所难免，由衷欢迎方家指谬。

时光如石火电闪，永不够用，虽然我们已经勠力与共、尽其所能，但总会留下种种遗憾。不过编写组的驿站觉悟草堂营造的氛围非常温馨，当我们回想起在觉悟草堂品茗笑谈、纵论议题，又会觉得我们所做的工作非常有意义，值得殚精竭虑，因而无怨无悔。苏州人杰地灵、人文荟萃，地名人文积淀深厚、意义丰富，是极其重要宝贵的历史文化遗产。苏州也盛产舆地学家，比如明末清初常熟的顾祖禹，他所著《读史方舆纪要》共130卷（后附《舆地要览》4卷），约280万字，皇皇巨著，被誉为"千古绝作""海内奇书"。今天我们所做的工作虽然无法与先贤媲美，但其精神脉络却是相通的，

我们愿以效法前贤的心志,行远自迩,踔厉奋发。本书得以顺利编写,首先要感谢苏州市民政局地名办公室莫俊洪处长自始至终的精心指导,提出具体修改意见,同时也要感谢诸位幕后英雄的鼎力支持,苏州市唐文治国学研究会秘书长陈东兴先生,觉悟草堂汉文化传播有限公司董事长詹雪莱女士率领马志军、邵演虹等,全力做好编务工作,以俾编写组能够在人力物力方面无后顾之忧,并得以有条不紊地按计划推进项目完成。同时还要感谢苏州思美特表面材料科技有限公司董事长龚强先生,他是一个搞高科技研发的专家,但富有人文情怀,对本项目也给予了多方面的支持。最后当然还要感谢苏州大学出版社副编审周建国先生,他对本书的顺利出版给予了大力帮助。一个文化项目的完成是个综合的系统工程,每个环节都会影响项目的成功,所以和衷共济、同心协力是最重要的。

马亚中

辛丑春于苏州大学

苏州市区（相城区）第二批吴文化地名保护名录分布示意图

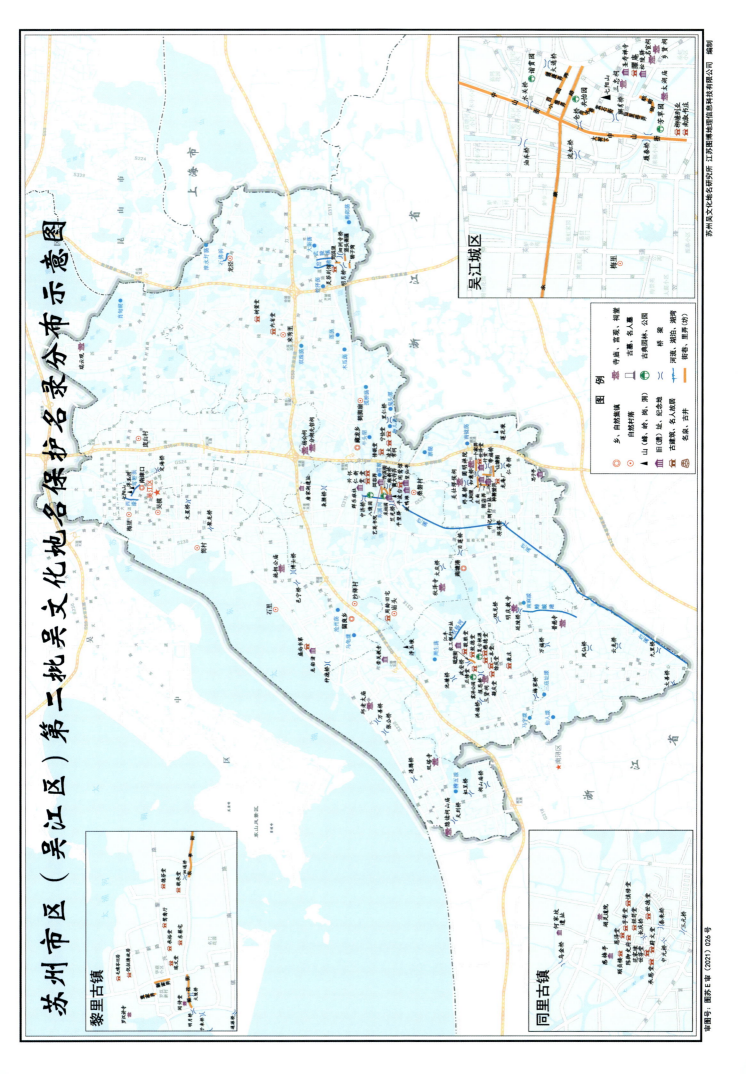

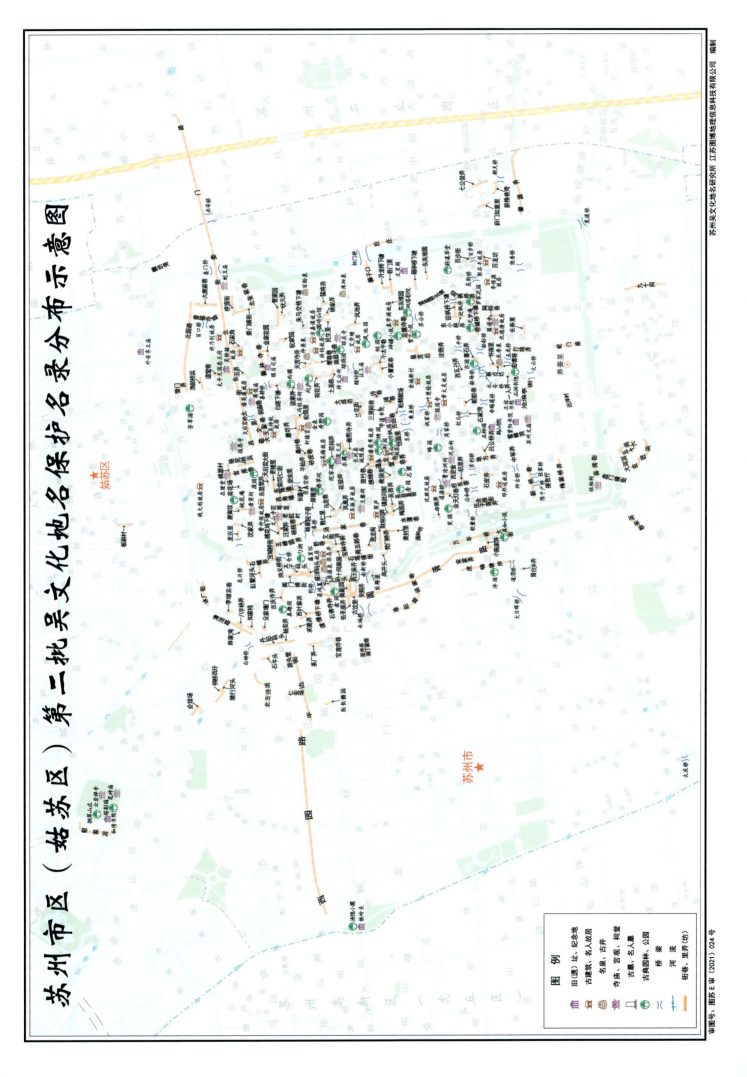

苏州市区（苏州工业园区）第二批吴文化地名保护名录分布示意图